Wirtschafts- und Steuerrecht

Herausgegeben von

Prof. Dr. Christian Jahndorf, HLB Schumacher,
Universität Münster

Prof. Dr. Marc Desens, Universität Leipzig

Prof. Dr. Rolf Eckhoff, Universität Regensburg

RA u. StB Michael Wendt, VRiBFH a.D., Köln

Band 27

Matti Illgen

Die Investmentfondsbesteuerung im Systemwandel

Eine anwendungsorientierte Untersuchung von Vorabpauschale und Teilfreistellung im intransparenten Besteuerungsregime der Investmentfonds

Nomos

HLB

Onlineversion
Nomos eLibrary

Die Deutsche Nationalbibliothek verzeichnet diese Publikation in der Deutschen Nationalbibliografie; detaillierte bibliografische Daten sind im Internet über http://dnb.d-nb.de abrufbar.

Zugl.: Leipzig, Univ., Diss., 2022

ISBN 978-3-7560-0328-0 (Print)
ISBN 978-3-7489-3632-9 (ePDF)

1. Auflage 2023

Meiner Familie
und
meinen Freunden

Vorwort

Die vorliegende Arbeit wurde im Wintersemester 2021/22 von der Juristenfakultät der Universität Leipzig als Dissertation angenommen. Sie entstand hauptsächlich während meiner Zeit als Rechtsanwalt in Frankfurt am Main.

Die Arbeit hat sich zum Ziel gesetzt, das geltende InvStG in dessen Entwicklungsgeschichte einzubetten und anhand von Modelltypen zu beleuchten. Den Schwerpunkt der Arbeit stellt die Prüfung der beiden grundlegenden Elemente des intransparenten Besteuerungsregimes der Investmentfonds – Vorabpauschale und Teilfreistellung – dar. Demgegenüber erhebt sie nicht den Anspruch, auf alle derzeit im InvStG umstrittenen Fragen und sich stetig im Veränderungsfluss befindlichen Problemfelder entsprechende Antworten zu finden.

Zielgruppe dieser Arbeit sind zunächst investmentsteuerrechtliche Praktiker, welche in den Kapiteln 5.2 sowie 5.3 eine anwendungsorientierte Prüfung der Vorabpauschale und der Teilfreistellung vorfinden. Zudem wendet sie sich an wissenschaftlich Interessierte, welche ferner die verfassungsrechtliche Würdigung der beiden Prinzipien (vgl. 5.2.7 und 5.3.7) entdecken werden. Unter diesem Blickwinkel sind zudem die Entwicklungsgeschichte (vgl. 3.2), die Besteuerungsgrundformen (vgl. 4) als auch die Verbesserungsvorschläge (vgl. 6.2) von besonderer Relevanz. In der Materie weniger erfahrene Leser finden ebenso Grundlagen des KAGB (vgl. 3.1) und des InvStG (vgl. 5.1) in dieser Arbeit, um hierdurch einen raschen Zugang zu den Grundstrukturen zu erlangen. Aufgrund dieser Mischung hat die Arbeit den Ehrgeiz, als Orientierung und gleichzeitig als Nachschlagewerk für die Theorie und die Praxis zu dienen.

Ein ganz besonderer Dank gebührt meinem Doktorvater und Erstgutachter, Herrn Prof. Dr. Marc Desens, für die vorzügliche Betreuung, die erkenntnisreichen und motivierenden Gespräche sowie die wertvollen Anregungen, welche wesentlich zum Gelingen dieser Dissertation beigetragen haben. Herrn Prof. Dr. Gregor Roth danke ich für die Zweitbegutachtung. Danken möchte ich zudem den Herausgebern der Schriftenreihe „Wirtschafts- und Steuerrecht“, Herrn RA Prof. Dr. Christian Jahndorf, Herrn Prof. Dr. Rolf Eckhoff, Herrn RA/StB Michael Wendt, VRiBFH a.D., und Herrn Prof. Dr. Marc Desens, für die Aufnahme meiner Arbeit.

Meinen größten Dank möchte ich an meine Familie und meine Freunde richten, die mein Promotionsvorhaben in jeder Hinsicht stets selbstlos unterstützt sowie ein dahin gehendes unermüdliches Verständnis aufgebracht haben. Ich danke euch für die bedingungslose Empathie während dieser intensiven und aufopferungsreichen Zeit, die fortwährend motivierenden Worte, den notwendigen Rückhalt, die regen Gedankenaustausche und oftmals weitschweifenden Auseinandersetzungen mit dieser komplexen Materie. Euch, insbesondere meiner Frau, widme ich diese Arbeit in liebevoller Dankbarkeit.

Erfurt, im September 2022 *Matti Illgen*

Inhaltsverzeichnis

Abkürzungsverzeichnis

Für nicht aufgeführte Abkürzungen wird verwiesen auf:
Kirchner, Hildebert, Abkürzungsverzeichnis der Rechtssprache, 10. Auflage, Berlin 2021

A	Ausschüttungen (*in Abbildungen und Tabellen*)
A.	Anfang des Jahres (*in Abbildungen und Tabellen*)
a.A.	andere Ansicht
a.E.	am Ende
a.F.	alte Fassung
ABl. EU	Amtsblatt der Europäischen Union
Abs.	Absatz/Absätze
abzgl.	abzüglich
AbzStEntModG	Gesetz zur Modernisierung der Entlastung von Abzugsteuern und der Bescheinigung der Kapitalertragsteuer (Abzugsteuerentlastungsmodernisierungsgesetz)
ADIG	Allgemeine Deutsche Investment-GmbH
AEUV	Vertrag über die Arbeitsweise der Europäischen Union
AG	Aktiengesellschaft bzw. Die Aktiengesellschaft (Zeitschrift)
AIF	Alternative Investment Fund (≙ Alternativer Investmentfonds)
AIFM-Richtlinie	Richtlinie 2011/61/EU des Europäischen Parlaments und des Rates vom 8. Juni 2011 über die Verwalter alternativer Investmentfonds und zur Änderung der Richtlinien 2003/41/EG und 2009/65/EG und der Verordnungen (EG) Nr. 1060/2009 und (EU) Nr. 1095/2010
AIFM-StAnpG	Gesetz zur Anpassung des Investmentsteuergesetzes und anderer Gesetze an das AIFM-Umsetzungsgesetz (AIFM-Steuer-Anpassungsgesetz)
akkum.	akkumuliert/akkumulierter/akkumulierte/akkumuliertes/akkumulierten (*in Abbildungen und Tabellen*)
AO	Abgabenordnung
AO-StB	Der AO-Steuerberater (Zeitschrift)
Art.	Artikel
AStG	Gesetz über die Besteuerung bei Auslandsbeziehungen (Außensteuergesetz)
ATAD	Anti Tax Avoidance Directive (≙ Anti-Steuervermeidungs-Richtlinie)

ATADUmsG	Gesetzes zur Umsetzung der Anti-Steuervermeidungsrichtlinie (ATAD-Umsetzungsgesetz)
Aufl.	Auflage
AuslInvestmG	Gesetz über den Vertrieb ausländischer Investmentanteile, über die Besteuerung ihrer Erträge sowie zur Änderung und Ergänzung des Gesetzes über Kapitalanlagegesellschaften (Auslandinvestment-Gesetz)
BaFin	Bundesanstalt für Finanzdienstleistungsaufsicht
BAI	Bundesverband Alternative Investments e.V.
BankR-Hdb.	Bankrechts-Handbuch
BB	Betriebs-Berater (Zeitschrift)
Bb.	Begrenzungsbetrag (*in Abbildungen und Tabellen*)
Bd.	Band
BDA	Bundesvereinigung der Deutschen Arbeitgeberverbände e.V.
BdB	Bundesverband deutscher Banken e.V.
BDI	Bundesverband der Deutschen Industrie e.V.
BDL	Bundesverband der Lohnsteuerhilfevereine e.V.
Be.	Basisertrag (*in Abbildungen und Tabellen*)
Beck Bil-Kommentar	Beck'scher Bilanz-Kommentar
BeckOK	Beck'scher Onlinekommentar
Beschl.	Beschluss
BetrAVG	Gesetz zur Verbesserung der betrieblichen Altersversorgung (Betriebsrentengesetz)
BewG	Bewertungsgesetz
BFH	Bundesfinanzhof
BFH/NV	Sammlung der nicht amtlich veröffentlichten Entscheidungen des Bundesfinanzhofs
BFHE	Entscheidungen des Bundesfinanzhofs
BGA	Bundesverband Großhandel, Außenhandel, Dienstleistungen e.V.
BGB	Bürgerliches Gesetzbuch
BGBl.	Bundesgesetzblatt
BilR	Bilanzrecht
BKR	Zeitschrift für Bank- und Kapitalmarktrecht (Zeitschrift)
BMF	Bundesministerium der Finanzen
BR	Bundesrat
BR-Drs.	Bundesrats-Drucksache
BSI	Bundesverband Sachwerte und Investmentvermögen e.V.
bspw.	beispielsweise
BStBK	Bundessteuerberaterkammer Körperschaft des öffentlichen Rechts
BStBl.	Bundessteuerblatt
BT	Bundestag
BT-Drs.	Bundestags-Drucksache

BVerfG	Bundesverfassungsgericht
BVerfGE	Entscheidungen des Bundesverfassungsgerichts
BVI	Bundesverband Investment und Asset Management e.V.
BVK	Bundesverband Deutscher Kapitalbeteiligungsgesellschaften e.V.
BVMW	Bundesverband mittelständische Wirtschaft, Unternehmerverband Deutschlands e.V.
BVR	Bundesverband der Deutschen Volksbanken und Raiffeisenbanken e.V.
BZ	Börsen-Zeitung (Tageszeitung)
bzgl.	bezüglich/bezüglicher/bezügliche/bezügliches/bezüglichen
BZSt	Bundeszentralamt für Steuern
bzw.	beziehungsweise
ca.	circa
CB	Compliance Berater (Zeitschrift)
CDU	Christlich Demokratische Union Deutschlands
CF	Corporate Finance (Zeitschrift)
CFC-rules	Controlled Foreign Corporation rules (≙ Hinzurechnungsbesteuerung)
CSU	Christlich-Soziale Union in Bayern e.V.
d.h.	das heißt
DAI	Deutsches Aktieninstitut e.V.
DAX	Deutscher Aktienindex
DB	Der Betrieb (Zeitschrift)
DB-S	Der Betrieb, Sonderausgabe (Zeitschrift)
DBA	Doppelbesteuerungsabkommen
DepotG	Gesetz über die Verwahrung und Anschaffung von Wertpapieren (Depotgesetz)
diesbzgl.	diesbezüglich/diesbezüglicher/diesbezügliche/diesbezügliches/diesbezüglichen
DIHK	Deutscher Industrie- und Handelskammertag e.V.
Diss.	Dissertation
DK	Deutsche Kreditwirtschaft e.V.
DSGV	Deutscher Sparkassen- und Giroverband e.V.
DStJG	Deutsche Steuerjuristische Gesellschaft (Tagungsband)
DStR	Deutsches Steuerrecht (Zeitschrift)
DStR-Beih.	Deutsches Steuerrecht, Beihefter (Zeitschrift)
DStRE	Deutsches Steuerrecht, Entscheidungsdienst (Zeitschrift)
DStZ	Deutsche Steuer-Zeitung (Zeitschrift)
DStZ/A	Deutsche Steuer-Zeitung, Ausgabe A (Zeitschrift)
E.	Ende des Jahres (*in Abbildungen und Tabellen*)
e.V.	eingetragener Verein
Ed.	Edition
EFG	Entscheidungen der Finanzgerichte

EFTA-GH	Gerichtshof der Europäischen Freihandelsassoziation (≙ European Free Trade Association)
EG	Europäische Gemeinschaft
ErbR	Zeitschrift für die gesamte erbrechtliche Praxis (Zeitschrift)
ErbStB	Der Erbschaft-Steuerberater (Zeitschrift)
ErfKo	Erfurter Kommentar
EStB	Der Ertrag-Steuerberater (Zeitschrift)
EStDV	Einkommensteuer-Durchführungsverordnung
EStG	Einkommensteuergesetz
etc.	et cetera
ETF	Exchange Traded Funds (≙ börsengehandelter Indexfonds)
EU	Europäische Union
EuGH	Gerichtshof der Europäischen Union
EuZW	Europäische Zeitschrift für Wirtschaftsrecht (Zeitschrift)
EWR	Europäischer Wirtschaftsraum
EZB	Europäische Zentralbank
f.	folgend/folgende
FBI	fiscale beleggingsinstelling (≙ Investmentfonds)
FCP	fonds communs de placement (≙ Investmentfonds)
ff.	fortfolgend/fortfolgende
FG	Finanzgericht
FGO	Finanzgerichtsordnung
Fn.	Fußnote/Fußnoten
Fondak	Fonds für deutsche Aktien
Fondra	Fonds für deutsche Renten und Aktien
FoStoG	Gesetz zur Stärkung des Fondsstandorts Deutschland und zur Umsetzung der Richtlinie (EU) 2019/1160 zur Änderung der Richtlinien 2009/65/EG und 2011/61/EU im Hinblick auf den grenzüberschreitenden Vertrieb von Organismen für gemeinsame Anlagen (Fondsstandortgesetz)
FR	Finanz-Rundschau (Zeitschrift)
FraKo	Frankfurter Kommentar
FS	Festschrift
GDV	Gesamtverband der Deutschen Versicherungswirtschaft e.V.
GewStG	Gewerbesteuergesetz
GG	Grundgesetz
ggf.	gegebenenfalls
gGmbH	gemeinnützige Gesellschaft mit beschränkter Haftung
GmbH	Gesellschaft mit beschränkter Haftung
GmbH & Co. KG	Gesellschaft mit beschränkter Haftung und Compagnie Kommanditgesellschaft
GmbHR	GmbH-Rundschau (Zeitschrift)
grds.	grundsätzlich/grundsätzlicher/grundsätzliche/grundsätzliches/grundsätzlichen
GStB	Gestaltende Steuerberatung (Zeitschrift)

GWB	Gesetz gegen Wettbewerbsbeschränkungen
GWR	Gesellschafts- und Wirtschaftsrecht (Zeitschrift)
Habil.	Habilitation
Hdb.	Handbuch
HDE	Handelsverband Deutschland e.V.
HGB	Handelsgesetzbuch
Hrsg.	Herausgeber
Hs.	Halbsatz
i.d.R.	in der Regel
i.H.d.	in Höhe der/des
i.H.v.	in Höhe von
i.R.d.	im Rahmen der/des
i.R.e.	im Rahmen einer/eines
i.R.v.	im Rahmen von
i.S.d.	im Sinne der/des
i.S.e.	im Sinne einer/eines
i.S.v.	im Sinne von
i.V.m.	in Verbindung mit
IDW	Institut der Wirtschaftsprüfer in Deutschland e.V.
Information StW	Die Information für Steuerberater und Wirtschaftsprüfer (Zeitschrift)
inkl.	inklusive
InsO	Insolvenzordnung
InvÄndG	Gesetz zur Änderung des Investmentgesetzes und zur Anpassung anderer Vorschriften (Investmentänderungsgesetz)
InvG	Investmentgesetz
InvStG	Investmentsteuergesetz
InvStG-DiskE	Diskussionsentwurf eines Gesetzes zur Reform der Investmentbesteuerung (Investmentsteuerreformgesetz)
InvStG-RefE	Referentenentwurf eines Gesetzes zur Reform der Investmentbesteuerung (Investmentsteuerreformgesetz)
InvStRefG	Gesetz zur Reform der Investmentbesteuerung (Investmentsteuerreformgesetz)
IRZ	Zeitschrift für Internationale Rechnungslegung (Zeitschrift)
ISIN	International Securities Identification Number (≙ Internationale Wertpapierkennnummer)
ISR	Internationale Steuer-Rundschau (Zeitschrift)
IStR	Internationales Steuerrecht (Zeitschrift)
IWB	Internationale Wirtschafts-Briefe (Zeitschrift)
JbFfSt	Jahrbuch der Fachanwälte für Steuerrecht (Tagungsband)
Jh.	Jahrhundert
jM	juris, Die Monatszeitschrift (Zeitschrift)
JStG	Jahressteuergesetz
jurisPK	juris Praxiskommentar

JZ	Juristenzeitung (Zeitschrift)
KAGB	Kapitalanlagegesetzbuch
KAGG	Gesetz über Kapitalanlagegesellschaften
Kap.	Kapitel
KapESt	Kapitalertragsteuer (*in Abbildungen und Tabellen*)
KG	Kommanditgesellschaft
KÖSDI	Kölner Steuerdialog (Zeitschrift)
KStG	Körperschaftsteuergesetz
KuK	Kredit und Kapital (Zeitschrift)
LG	Landgericht
lit.	litera/literas
LLC	Limited Liability Company (≙ Gesellschaft)
MüKo	Münchener Kommentar
n.v.	nicht veröffentlicht
NJW	Neue Juristische Wochenschrift (Zeitschrift)
Nr.	Nummer/Nummern
NVL	Neuer Verband der Lohnsteuerhilfevereine e.V.
NVwZ	Neue Zeitschrift für Verwaltungsrecht (Zeitschrift)
NWB	Neue Wirtschafts-Briefe (Zeitschrift)
NWB-EV	Neue Wirtschafts-Briefe Erben und Vermögen (Zeitschrift)
NZG	Neue Zeitschrift für Gesellschaftsrecht (Zeitschrift)
NZKart	Neue Zeitschrift für Kartellrecht (Zeitschrift)
OECD	Organisation for Economic Co-operation and Development (≙ Organisation für wirtschaftliche Zusammenarbeit und Entwicklung)
OECD-MA	Musterabkommen der Organisation for Economic Co-operation and Development (≙ Organisation für wirtschaftliche Zusammenarbeit und Entwicklung) zur Vermeidung von Doppelbesteuerung
OFD	Oberfinanzdirektion
OGAW	Organismus für gemeinsame Anlagen in Wertpapieren
OGAW-Richtlinie	Richtlinie 2009/65/EG des Europäischen Parlaments und des Rates vom 13. Juli 2009 zur Koordinierung der Rechts- und Verwaltungsvorschriften betreffend bestimmte Organismen für gemeinsame Anlagen in Wertpapieren (OGAW)
OLG	Oberlandesgericht
Pkw	Personenkraftwagen
RdF	Recht der Finanzinstrumente (Zeitschrift)
REIT	Real Estate Investment Trust (≙ Immobilien-Aktiengesellschaften mit börsennotierten Anteilen)
REITG	Gesetz über deutsche Immobilien-Aktiengesellschaften mit börsennotierten Anteilen (REIT-Gesetz)
REXP	Performanceindex auf Basis des deutschen Rentenindex
RFH	Reichsfinanzhof
RFHE	Entscheidungen des Reichsfinanzhofs

RIW	Recht der Internationalen Wirtschaft (Zeitschrift)
rkr.	rechtskräftig
Rn.	Randnummer
Rnrn.	Randnummern
S.	Satz/Sätze bzw. Seite/Seiten
SAM	Steueranwaltsmagazin (Zeitschrift)
SICAV	société d'investissement à capital variable (≙ Investmentfonds)
Slg.	Sammlung der Rechtsprechung des Europäischen Gerichtshofs und des Gerichts Erster Instanz
sog.	sogenannt/sogenannter/sogenannte/sogenanntes/sogenannten
SolZ	Solidaritätszuschlag
SPD	Sozialdemokratische Partei Deutschlands
SPF	société de gestion patrimoine familial (≙ Verwaltungsgesellschaft für Familienvermögen)
StAbwG	Gesetz zur Abwehr von Steuervermeidung und unfairem Steuerwettbewerb und zur Änderung weiterer Gesetze (Steueroasen-Abwehrgesetz)
StB	Der Steuerberater (Zeitschrift)
StBerG	Steuerberatungsgesetz
Stbg	Die Steuerberatung (Zeitschrift)
StbJb	Steuerberater-Jahrbuch (Tagungsband)
StBp	Die steuerliche Betriebsprüfung (Zeitschrift)
StBW	Steuerberater Woche (Zeitschrift)
SteuerStud	Steuer und Studium (Zeitschrift)
SteuK	Steuerrecht kurzgefaßt (Zeitschrift)
StuB	Steuern und Bilanzen (Zeitschrift)
StuW	Steuer und Wirtschaft (Zeitschrift)
SWI	Steuer und Wirtschaft International (Zeitschrift)
T	Thesaurierungen (*in Abbildungen und Tabellen*)
Tth. If.	Teilthesaurierender bzw. -ausschüttender Investmentfonds (*in Abbildungen und Tabellen*)
Tz.	Textziffer/Textziffern
u.a.	und andere/und anderes bzw. unter anderem/unter anderen
u.ä.	und ähnlich
Ubg	Die Unternehmensbesteuerung (Zeitschrift)
UBGG	Gesetz über Unternehmensbeteiligungsgesellschaften
UCITS	Undertakings for Collective Investments in Transferable Securities (≙ Organismen für gemeinsame Anlagen in Wertpapieren (OGAW))
Urt.	Urteil
US	United States (of America) (≙ Vereinigte Staaten (von Amerika))

USA	United States of America (≙ Vereinigte Staaten von Amerika)
usw.	und so weiter
v.	vom/von/vor
Vaus. If.	Vollausschüttender Investmentfonds (*in Abbildungen und Tabellen*)
VDP	Verband Deutscher Pfandbriefbanken e.V.
VermAnlG	Gesetz über Vermögensanlagen (Vermögensanlagengesetz)
vgl.	vergleiche
VÖB	Bundesverband Öffentlicher Banken Deutschlands e.V.
Vth. If.	Vollthesaurierender Investmentfonds (*in Abbildungen und Tabellen*)
VW	Versicherungswirtschaft (Zeitschrift)
VWL	Volkswirtschaftslehre
WiSt	Wirtschaftswissenschaftliches Studium (Zeitschrift)
WKN	Wertpapierkennnummer
WM	Wertpapier-Mitteilungen (Zeitschrift)
WM-Datenservice	Datenservice der Herausgebergemeinschaft Wertpapier-Mitteilungen (Finanzdatenbank)
WpPG	Gesetz über die Erstellung, Billigung und Veröffentlichung des Prospekts, der beim öffentlichen Angebot von Wertpapieren oder bei der Zulassung von Wertpapieren zum Handel an einem organisierten Markt zu veröffentlichen ist (Wertpapierprospektgesetz)
WRV	Verfassung des Deutschen Reichs (Weimarer Reichsverfassung)
WuW	Wirtschaft und Wettbewerb (Zeitschrift)
z.B.	zum Beispiel
ZBB	Zeitschrift für Bankrecht und Bankwirtschaft (Zeitschrift)
ZDH	Zentralverband des Deutschen Handwerks e.V.
ZEV	Zeitschrift für Erbrecht und Vermögensnachfolge (Zeitschrift)
ZfgK	Zeitschrift für das gesamte Kreditwesen (Zeitschrift)
ZfIR	Zeitschrift für Immobilienrecht (Zeitschrift)
ZIA	Zentraler Immobilien Ausschuss e.V.
ZVglRWiss	Zeitschrift für Vergleichende Rechtswissenschaft (Zeitschrift)
zzgl.	zuzüglich

1 Einleitung

„Das Transparenzprinzip steht in einem nicht auflösbaren Widerspruch zu der Forderung nach Schaffung eines einfachen Steuerrechts. Seine Abschaffung (z.B. durch Streichung der Steuerfreiheit des Fonds) würde aber, da es das international übliche Besteuerungsverfahren ist, zu fühlbaren Wettbewerbsnachteilen der deutschen Fondsindustrie bei bestimmten Fondstypen führen."

Bundesregierung[1]

1.1 Problemaufriss

Im Investmentsteuerrecht gilt das Transparenzprinzip. Diese pauschale Aussage über eine Leitidee ist jedoch bereits mit Blick auf das Normengefüge vor dem Gesetz zur Reform der Investmentbesteuerung[2] zu undifferenziert und gilt spätestens seit der Novellierung nicht mehr für Investmentfonds i.S.d. zweiten Kapitels (im Folgenden: „Investmentfonds")[3] des seit dem 1. Januar 2018 geltenden Investmentsteuergesetzes.

Bereits die Transparenz des bis zum 31. Dezember 2017 geltenden Investmentsteuergesetzes war zu keinem Zeitpunkt als Volltransparenz zu verstehen, wie sie bspw. für Personengesellschaften nach den §§ 179 Abs. 1, Abs. 2 S. 2; 180 Abs. 1 S. 1 Nr. 2 lit. a) AO i.V.m. § 39 Abs. 2 Nr. 2 AO bzw. § 15 Abs. 1 S. 1 Nr. 2 EStG anwendbar ist. Hiernach gelten Personengesellschaften für Besteuerungszwecke selbst nicht als Einkommensteuer-

---

1 Gesetzentwurf der Bundesregierung, „Entwurf eines Gesetzes zur Modernisierung des Investmentwesens und zur Besteuerung von Investmentvermögen (Investmentmodernisierungsgesetz)", 19.9.2003 – BT-Drs. 15/1553, 120. Das Gesetz wurde am 15. Dezember 2003 verkündet (BGBl. I 2003, 2676) und trat grds. zum 1. Januar 2004 in Kraft.

2 BGBl. I 2016, 1730.

3 Investmentfonds i.S.d. zweiten Kapitels werden oft als Publikumsinvestmentfonds oder aufgrund ihrer systematischen Stellung im Gesetz als Kapitel-II-Fonds bezeichnet.
Der Begriff des Investmentfonds wird neben seiner eigentlichen Bedeutung, ebenso wie derjenige des Fonds, in dieser Arbeit zudem kontextabhängig als allgemeiner Oberbegriff verwandt.

subjekte. Gleichwohl sind ihre Gewinne i.R.d. Zurechnung an ihre Gesellschafter einer sog. einheitlichen und gesonderten Gewinnfeststellung zu unterziehen.

Grundvorstellung des InvStG a.F. – wie auch der Vorgängerregelungen – war es, dass ein Investmentfondsanleger[4] so gestellt sein sollte, als hätte er die im Wege des Fondsinvestments erwirtschafteten Erträge selbst erzielt.[5] Ausgehend von diesem Wahlspruch wurde die Transparenz teilweise wieder normativ eingeschränkt. Sie erfolgte damit nur insoweit, als das Gesetz dessen Anwendung konkret vorzeichnete (sog. semi-transparenten bzw. eingeschränkten Transparenz).

Das InvStG als „eines der bedeutendsten steuerpolitischen Vorhaben der letzten Jahre"[6] beschreitet nunmehr durch die Implementierung eines intransparenten Systems einen bislang im deutschen Investmentsteuerrecht unbekannten Weg. Dabei wendet es sich nicht in jedem Fall vollständig vom semi-transparenten Transparenzprinzip ab. Denn nur für Investmentfonds gilt seitdem eine unausweichliche Intransparenz nebst grds. Abschirmwirkung. Sowohl auf Ebene des Investmentfonds als auch derjenigen des Anlegers wird eine eigenständige Besteuerung vorgenommen. Für alle anderen Investmentfonds i.S.d. dritten Kapitels (im Folgenden: „Spezial-Investmentfonds") gilt dies zwar im Grundsatz auch, sie können jedoch für bestimmte Einkünfte zur Transparenz optieren.

Der Paradigmenwechsel in Gestalt der Neukonzeption der Investmentbesteuerung begann mit der Finanzministerkonferenz und der Einsetzung einer Bund-Länder-Arbeitsgruppe im Jahr 2011 sowie mit dem gleichnamigen Entwurf auf Initiative des Bundes und der Länder Hessen sowie Nordrhein-Westfalen zu einem einfachen und aufkommenssicheren Investmentsteuerrecht aus 2012 zu reifen.[7]

---

4 Zur einfacheren Lesbarkeit wird im weiteren Verlauf stets die maskuline Bezeichnung für jedwede Personengruppen verwendet und von einer verschiedengeschlechtlichen Ausdrucksweise abgesehen. Gleichwohl sind hierunter – geschlechtsunabhängig – alle Personen zu verstehen.

5 Vgl. BT-Drs. 15/1553, 120.

6 Dr. Thomas Schäfer, 8.7.2016 – BR-Plenarprotokoll 947, 289; vgl. Koalitionsvertrag zwischen CDU, CSU und SPD, 18. Legislaturperiode, „Deutschlands Zukunft gestalten, Koalitionsvertrag zwischen CDU, CSU und SPD", 14.12.2013, S. 64 (abrufbar unter: www.cdu.de/sites/default/files/media/dokumente/koalitionsvertrag.pdf – letztes Abrufdatum: 19.10.2021).

7 Vgl. Bund-Länder-Arbeitsgruppe, Berichtsentwurf der Arbeitsgruppe, „Neukonzeption der Investmentbesteuerung", 24.2.2012, S. 4 ff. (n.v.).

Neben dem Wandel in der steuerrechtlichen Systematik wird der damit einhergehende ökonomische Entwicklungsschritt für den Fondsstandort Deutschland virulent. Denn Ziel des Investmentsteuerrechts ist es auf der einen Seite, das Investmentverhältnis so zu gestalten, dass es die erforderliche Wahrung der Interessen der Anleger an Kapitalwerterhaltung, Ertrag und Liquidierbarkeit gewährleistet.[8] Auf der anderen Seite soll der finanzielle Beitrag zur staatlichen Gemeinschaft in Form von Steuern nicht untergraben werden und für den Staat eine planbare Größe zur Bestimmung des Umfangs seiner Aufgaben und zur Festlegung des finanziellen Spielraums seiner Aufgabenerfüllung sein.[9] Insoweit muss das Investmentsteuerrecht, welches wirtschaftspolitisch als Bestandteil der europarechtlich vorgeprägten Regulierung des Investmentwesens anzusehen ist, den Spagat schaffen, eine taugliche Lösung für Massenverfahren anzubieten sowie die im Vergleich zur Direktanlage auftretenden Mehrfachbelastungen zu unterbinden.[10] Dabei gilt es zu berücksichtigen, dass die Bundesrepublik Deutschland in einem ebenso hart umkämpften wie steuersensiblen Wettbewerbsumfeld einen der erfolgreichsten Investmentfondsstandorte Europas beheimatet, der im besonderen Maße von der hohen und verhältnismäßig robusten Wirtschaftskraft, der politischen Stabilität sowie der Bevölkerungsgröße profitiert.[11]

Um letztlich das nationale Steuersubstrat zu erhalten und das Kapital des Anlegers zu schützen, wurden i.R.d. grds. Abkehr vom semi-transparenten Transparenzprinzip neue Prinzipien und Regelungselemente in den Mittelpunkt der Besteuerung gestellt. Dies sind die Vorabpauschale[12], welche einen kontinuierlichen Steuerzufluss im Thesaurierungsfall gewährleisten soll, und die Teilfreistellung[13], welche die steuerliche Vorbelastung auf Fondsebene – aufgrund des nunmehr intransparenten Besteuerungssystems – beim Anleger würdigen soll. Diese beiden Mechanismen, welche die widerstreitenden Interessenströmungen auszugleichen versuchen, rücken nunmehr im besonderen Maße in das Prüflicht.

8 Fragos, Das europäische und deutsche Investmentrecht, Diss., S. 2.
9 Birk/Desens/Tappe, Steuerrecht, Einführung, Rn. 2; vgl. Tappe/Wernsmann, Öffentliches Finanzrecht, § 1, Rnrn. 28 ff.
10 Klein in Herrmann/Heuer/Raupach, EStG/KStG, Einführung zum InvStG, Rn. 2.
11 Kloster, Neukonzeption der Investmentbesteuerung, Diss., S. 2.
12 Vgl. BT-Drs. 18/8045, 88 ff.
13 Vgl. BT-Drs. 18/8045, 90 ff.

1.2 Gegenstand, Maßstab und Zielrichtung der Untersuchung

Gegenstand dieser Arbeit ist die Inaugenscheinnahme der beiden Ausgestaltungselemente im intransparenten InvStG der Investmentfonds. Die Prüfung fußt auf einem anwendungsspezifischen Ansatz und orientiert sich zugleich an den gesetzgeberischen Leitmotiven der Neukonzeption[14] als finaler Maßstab und Rahmen für eine Untersuchung der Vorabpauschale und der Teilfreistellung.

Der Untersuchungsansatz dieser Arbeit beschränkt sich auf die Vorabpauschale (vgl. § 18 InvStG) und die Teilfreistellung (vgl. § 20 InvStG) im intransparenten Besteuerungsnexus für Investmentfonds, welche die Nachbesteuerung beim Anleger betreffen. Auf aperiodische Steuerfolgen i.R.e. Beteiligung an einem (Spezial-)Investmentfonds sowie auf die Besteuerung von Spezial-Investmentfonds und den damit einhergehenden Transparenzoptionen wird nur in groben Zügen an den relevanten Stellen eingegangen.

Um gleichwohl eine möglichst umfassende Begutachtung des Untersuchungsgegenstands zu gewährleisten, werden die beiden Regelungselemente nicht nur hinsichtlich ihrer Einbettung im InvStG beurteilt, sondern es werden u.a. der historische Kontext nachvollzogen und Parallelen zu Vorgängerregelungen sowie vergleichbaren Mechanismen aufgezeigt. Als Grundlage hierfür dient die steuersystematische Aufbereitung und Einordnung des InvStG in die intransparenten Besteuerungsgrundformen.

Dieses – für die steuerrechtliche Debatte unabdingbare – Komplettverständnis soll neben der steuerrechtsdogmatischen Relevanz ebenso Grundzüge der volkswirtschaftlichen und rechtspolitischen Rolle des Investmentsparens sowie der Investmentfonds im Allgemeinen mitumfassen und hierdurch helfen, den Blick auf die Materie in seiner Gänze zu schärfen. Insbesondere sollen so die hinter der praktischen Umsetzung relevanten Gesichtspunkte beleuchtet werden, die oftmals für das (höchst-)richterliche Ergebnis von entscheidender Bedeutung sind.

Zielsetzung dieser Arbeit ist es mithin, die mit dem bedeutenden Systemwechsel eingefügten Elemente der Vorabpauschale und der Teilfreistellung im intransparenten System des InvStG kritisch zu würdigen, die wesentlichen Fragen zu beantworten und damit einen entsprechenden Beitrag zum Diskurs zu leisten.

14 Vgl. BT-Drs. 18/8045, 49 ff.

Die für diesen Untersuchungsgegenstand maßgebliche Literatur sowie die hierzu ergangene Rechtsprechung basieren auf dem Rechtsstand vom 19. Oktober 2021.

1.3 Gang der Arbeit

Im Folgenden wird in Kapitel 2 auf die Idee des Investmentsparens, die Historie und die Klassifizierung der Investmentanlage eingegangen. Hierdurch soll, ohne bereits auf das Steuerrecht vorzugreifen, ein erstes Verständnis für die verschiedenen damaligen und heutigen Erscheinungsformen geschaffen werden. Abgerundet wird dies mit einem Blick auf die volkswirtschaftlichen Bedeutung der Investmentanlage, welcher die markt- und staatsrelevante Einbettung sowie die damit einhergehende herausragende Rolle des InvStG verdeutlichen soll.

Die regulatorischen Grundlagen und die Entwicklung des Rechts der Investmentfonds werden in Kapitel 3 aufgegriffen. Dabei werden die steuer- und aufsichtsrechtlichen Charakteristika im Wandel der Zeit beleuchtet und unter besonderer Berücksichtigung der Strukturprinzipien und Steuertatbestände i.R.d. InvStG a.F. zum Abschluss gebracht. Anschließend wird auf die Probleme und Schwächen dieses Gesetzes eingegangen. Die damit in Zusammenhang stehenden gesetzgeberischen Leitmotive, welche Katalysatoren für das InvStRefG waren, werden entsprechend nachgezeichnet.

Kapitel 4 beschäftigt sich alsdann mit dem investmentsteuerrechtlichen Besteuerungskonzept i.S.e. lex ferenda. Dabei steht die Frage im Raum, welche steuersystematischen Weichenstellungen im Allgemeinen und schließlich für das InvStG im Raum standen. Da sich der Gesetzgeber i.R.d. Neukonzeption für eine intransparente Besteuerung entschieden hat, werden ausgehend von den Besteuerungsgrundformen der Körperschaftsteuersysteme – als konzeptioneller Ausgangspunkt zur Vermeidung einer Doppelbesteuerung innerhalb der intransparenten Besteuerungssysteme – die gefundenen Ergebnisse auf die Investmentsteuersysteme übertragen. Dabei wird einerseits ein Überblick über die Grundformen (bspw. der Doppelbelastung vermeidenden bzw. mildernden Systemen) geboten und andererseits die Umsetzung der Grundformen i.R.d. Investmentbesteuerung umrissen. Das Kapitel gibt die diskutierten Besteuerungsmodelle und -prinzipien auf internationaler und nationaler Ebene wieder. Zugleich wird neben den Rahmenbedingungen auf die konkreten Modelltypen eingegangen sowie deren Vor- und Nachteile beleuchtet.

Das darauffolgende Kapitel 5 befasst sich mit dem InvStG. Nach einem Überblick über die Strukturprinzipien in 5.1 wird auf die einzelnen Steuertatbestände eingegangen. Im Anschluss erfolgt eine zusammenfassende Systematisierung anhand der in Kapitel 4 aufgeworfenen Weichenstellungen.

Herzstück der Arbeit ist die Untersuchung der Vorabpauschale in 5.2 und diejenige der Teilfreistellung in 5.3 Insoweit wird neben einer anwendungsspezifischen Ausrichtung der Begutachtung hinsichtlich dem Zweck der Vorschrift sowie ihrer konkreten Ausgestaltung ebenso ein verfassungsrechtlicher Blickwinkel eingenommen und die beiden tragenden Ausgestaltungselemente des intransparenten InvStG unter diesem Aspekt gewürdigt.

Kapitel 6 schließt die Ausführungen mit lösungsorientierten Ansätzen für eine Nachbesserung. Ausgangspunkt ist die Frage, ob der aktuelle Zustand des intransparenten Systems mit den beiden Ausgestaltungselementen dem gesetzgeberischen Anspruch tatsächlich entspricht. In diesem Zusammenhang werden für Normierungsaspekte, die aufgrund der Art und Weise ihrer Umsetzung Kritikpunkte bieten, etwaige Nachbesserungsmöglichkeiten vorschlagen, welche der gesetzgeberischen Ausgangslage im Idealfall hinreichend gerecht werden könnten.

2 Idee, Historie, Klassifizierung und Bedeutung der Investmentanlage

„Investmentsparen ist eine Veranstaltung für den Sparer, der schon Anleger, und für den Anleger, der kein „Sparer“ mehr ist. Dieses Geschöpf ist so wenig beschreibbar wie eine Welle im Meer – und so wesentlich wie sie, die sich dem Strom mitteilt, dessen Hervorbringung sie ist und der ohne sie nicht gedacht werden kann.“

Bernd Baehring[15]

2.1 Ökonomische Idee der Investmentanlage

Der Investmentanlage liegt seit jeher die Idee zugrunde, viele insbesondere kleinere und mittlere Geldbeträge zusammenzufassen, um sie nach dem Prinzip der Diversifizierung i.S.d. Optimierung von Ertrag einerseits und Risiko andererseits auf verschiedene Anlagen zu verteilen.[16] Dabei wird die kollektive Kapitalanlage regelmäßig mit einem (professionellen) Fondsmanagement versehen.[17] Die Kapitalverwaltungsgesellschaft sammelt das Geld der vielen Sparer zunächst ein und erwirbt damit in der Folge Wertpapiere. Aus diesen Wertpapieren wird der Investmentfonds gebildet, an

---

15 Baehring, Investment in Deutschland, S. 13.

16 Schmitz, Individuelle Depotverwaltung, Diss., S. 71; vgl. Wohlschlägl-Aschberger, Praxiswissen Finanzinstrumente, S. 43, nutzt hierfür den Terminus „pooled money“; Busse, Bank- und Kapitalmarktrecht, Bd. 2, 897 (905 f.).
Vgl. zur Risikostreuung als Faktor der Kapitalwertsicherung: Baur, Investmentgesetze, Bd. 1, 2. Aufl., Einleitung I, Rn. 5.
Vgl. zum Begriff des Investments im allgemeinen Sprachgebrauch: Baur, Investmentgesetze, Bd. 1, 2. Aufl., Einleitung I, Rn. 2; Neudecker, Die deutsche REIT-AG, Diss., S. 40.
Vgl. zur frühen Geschichte der Diversifikation: Fischer, Finanzwirtschaft für Fortgeschrittene, S. 42 ff.; Thießen/Troschke, Die Geschichte der Diversifikation, S. 6 ff.; Troschke, Strategien der Diversifikation, Diss., S. 13 ff.

17 Vgl. Baur, Investmentgesetze, 1. Aufl., S. 1; Görg, Das Wichtigste über Investmentfonds, S. 8; Harbeck, Geldanlage mit Investmentfonds, S. 12.

dessen Vermögen der einzelne Anleger[18] aufgrund seiner Einlage verbriefte Anteile erhält (sog. Anteilscheine).[19]

Dabei bietet ein Investmentfonds für den einzelnen Investor eine Vielzahl von Vorteilen, die i.R.e. separaten Anlage nicht genutzt werden können. Solche ergeben sich insbesondere mit Blick auf die Reduktion von Aufwands- und Verwaltungskosten aufgrund der Kompetenzbündelung durch den Fonds.[20] Zudem kann sich der private Anleger ein professionelles Wertpapiermanagement, welches jedenfalls in der heutigen Ära der schnelllebigen Finanzmärkte für den Erfolg – nicht zuletzt aufgrund des Mangels an Geld, Fachkenntnis und Zeit des Einzelnen – unbedingt nötig ist, in den wenigsten Fällen selbst leisten.[21]

Einerseits wird damit der breiten Bevölkerung ein Anlageinstrument an die Hand gegeben, welches ihr den Zugang zu neuen Märkten und Einkunftsquellen erschließt. Andererseits werden simultan die Anlagesorgen des Einzelanlegers abgemildert.[22] Damit verfolgte Sekundärzwecke des Investors, wie bspw. die Altersvorsorge, können bestmöglich realisiert werden. Die Bündelung dieser attraktiven Faktoren ebnete den Weg für den späteren Erfolg der Idee der Investmentanlage.

2.2 Historie der Investmentanlage

Die historischen Vorläufer der Investmentanlage haben ihren Ursprung außerhalb Deutschlands. Erst im Nachgang hierzu wuchs die nationale Bedeutung.

---

18 Vgl. 3.1.1.

19 Harbeck, Geldanlage mit Investmentfonds, S. 13.

20 Vgl. Behrenwaldt, Die Bank 1991, 489 (490).

21 Natter, Investmentfonds, S. 21; Tormann, Das Wertpapier 1956, 206 (206).

22 Bär, Hdb. der Wertpapieranlage, 667 (669).

2.2.1 Ursprünge der Investmentanlage außerhalb Deutschlands

2.2.1.1 Eendracht Maakt Macht (1774)

„Eintracht macht stark“ lautet die Übersetzung des im Juli 1774 in den Niederlanden von Abraham van Ketwich[23], einem Banker aus Amsterdam, gegründeten weltweit ersten Investmentfonds mit dem Namen Eendracht Maakt Macht.[24]

Wie bereits der Titel des Investmentfonds nahe legt, verfolgte der Pionier van Ketwich mit diesem innovativen Produkt zwei Leitlinien: die Idee der gemeinsamen Geldanlage bei gleichzeitiger Reduzierung von Verlustrisiken. Dabei orientierte sich der Vater der Investmentanlage an Grundpfeilern, die auf seinen Erfahrungen aus dem Börsenkollaps von 1772/73[25] basierten. Anleger hatten bis dahin in risikoreichen Anlagen oftmals ihr gesamtes Vermögen und den Glauben an Investments verloren. Dies war die Geburtsstunde der gemeinschaftlichen, risikodiversifizierten Investmentanlage.

Die Risikoreduzierung bei gleichzeitig hoher Rendite erreichte van Ketwich durch Investments in ein weit gestreutes Portfolio u.a. aus dänischen, österreichischen und spanischen Anleihen sowie verschiedenen weiteren Krediten[26], insbesondere solchen aus den niederländischen Kolonien. Die geographische Spreizung war damit das Mittel der Wahl.

---

23 Seit 2012 findet jährlich am 19. April – anlässlich des Geburtstags von van Ketwich im Jahr 1744 – der Weltfondstag statt. Vgl. Weber, Alle Tage Feiertage, S. 75.

24 Vgl. Götz, Offene Investmentfonds, S. 130; Hahne/Völker, Investmentsteuerrecht visuell, S. 1; Hammer, Fondsindustrie in Deutschland, S. 6; Busse, Bank- und Kapitalmarktrecht, Bd. 2, 897 (905 f.); Groves, Exchange Traded Funds, S. 5 f.; de Jong/Jonker/Röell, Handbook of Key Global Financial Markets, 73 (81); de Vries/van der Woude, The First Modern Economy, S. 143.
Die Bezeichnung als Investmentfonds ist bei dem Konstrukt von van Ketwich dann anzunehmen, wenn man die bloße gemeinsame Anlage in ein risikodiversifiziertes Portfolio genügen lässt und keine ergänzenden Anforderungen – i.S.d. modernen Begriffsdefinition – stellt. Vgl. zu den vier Merkmalen der heutigen Investmentanlage: Bödecker in Bödecker/Ernst/Hartmann, BeckOK InvStG, 18. Ed., Einleitung zum InvStG, Rn. 1.

25 Vgl. Kosmetatos, The British Credit Crisis, S. 8 ff.; Schubert in Glasner, Business Cycles and Depressions, „Crises of 1763 and 1772–1773“, S. 122 f.

26 de Vries/van der Woude, The First Modern Economy, S. 143; vgl. Baur, Investmentgesetze, Bd. 1, 2. Aufl., Einleitung III, Rn. 125.

Die Anlagestrategie sowie die Anlegerrechte waren in einem Fondsprospekt[27] festgelegt. Der Investmentfonds versprach eine jährliche Rendite von 4 %, die sich im Laufe der Zeit an den tatsächlich erzielten Erträgen orientieren sollte.[28]

Der Investmentfonds emittierte insgesamt 2.000 Anteilscheine, die in 20 Klassen unterteilt waren; wobei jede Klasse (Unterportfolio) aus 50 Wertpapieren bestand, die wiederum einer Diversifikation unterlagen.[29] Die Zeichnung erfolgte zunächst öffentlich. Die spätere Teilnahme war hingegen lediglich über den Zweitmarkt[30] möglich.[31] Gemanagt wurde der Fonds von zwei Kommissaren, die van Ketwich eingesetzt hatte. Ihnen oblag die Aufsicht über die Anlagepolitik. Er selbst übernahm nur die geschäftstäglich übliche Verwaltung.

Der von van Ketwich 1774 gegründete Eendracht Maakt Macht wurde zunächst für 25 Jahre ins Leben gerufen und sollte im Anschluss unter Verteilung des Liquidationserlöses auf die verbliebenen Investoren aufgelöst werden. Gleichwohl hatte er noch bis ins Jahr 1824 Bestand. Er unterlag jedoch den späteren politischen Umwälzungen Europas zu dieser Zeit.[32]

2.2.1.2 Société Générale des Pays-Bas (1822)

Im Jahr 1822 rief William I., König der Vereinigten Niederlande, in Brüssel, per königlichem Dekret, die erste Kapitalanlage- bzw. Investmentge-

---

27 Der Fondsprospekt ist auch heutzutage neben der rechtlichen Vertragskonstruktion Hauptbestandteil der Fondsdokumentation. Vgl. Schwarz van Berk/Euhus, Private Equity und Venture Capital Fonds, 7 (8).

28 Kahn, The Future of Investment Management, S. 8.

29 Troschke, Strategien der Diversifikation, Diss., S. 35.

30 Vgl. 2.4.3.

31 Dies führt nach heutigem Verständnis zu einer Einordnung als geschlossener Investmentfonds. Vgl. 2.3.2.2.2.

32 Basierend auf dem großen Erfolg entstanden weitere Investmentfonds dieser Art. Van Ketwich legte 1776 den Fonds Voordelig en Vorsigtig („Vorteilhaft und vorsichtig") und 1779 Concordia Res Parvae Crescunt („Mit Eintracht werden kleine Werte groß") auf, die, ähnlich wie Eendracht Maakt Macht, die Risikostreuung in den Mittelpunkt stellten. Vgl. Chambers/Dimson, Financial Market History, S. 217 ff.
Wenngleich die Fonds ebenfalls ursprünglich für jeweils nur 25 Jahre aufgelegt wurden, so existierte bspw. der Concordia Res Parvae Crescunt bis 1893 und damit insgesamt 114 Jahre.

sellschaft[33] ins Leben – die Société Générale des Pays-Bas.[34] Ihr Geschäftszweck beschränkte sich ursprünglich nicht auf das reine Investmentgeschäft, sondern lag im Kauf, Verkauf und in der Beleihung von Staatspapieren sowie von Effekten, sonstigen Wertpapieren, Waren und Grundbe-

---

33 Vgl. Baehring, Investment in Deutschland, S. 53; Baur, Investmentgesetze, 1. Aufl., S. 15; Jacob, Asset Management, S. 60; Liefmann, Beteiligungs- und Finanzierungsgesellschaften, S. 148; Werner, Ökologische Investments, S. 111 f.; Schuster, Hdb. der Wertpapieranlage, 563 (564); Janssens, ZfgK 1977, 1161 (1161); Baum, Schutz und Sicherung des Investmentsparers, Diss., S. 2; vom Berge und Herrendorff, Der Schutz des Investmentsparers, Diss., S. 1; Walter, Die Entwicklung der Investment-Gesellschaften, Diss., S. 67.
In der Literatur werden in diesem Zuge teilweise auch die 1849 in Genf gegründete Société Civile Genévoise d'Emploi de Fonds oder die 1852 etablierte Société Générale de Crédit Mobilier als erste Investmentgesellschaften bezeichnet. Vgl. von Oetinger, Amerikanische Investmentgesellschaften, S. 1 f.; Berndt, Strukturen und Funktionen des Marktes für Investmentzertifikate, Diss., S. 4 f.; Senn, Die westdeutschen Investmentgesellschaften, Diss., S. 31.
Aufgrund der Tatsache, dass insbesondere die Société Générale des Pays-Bas eine Kombination der verschiedenen Effektensubstitutionsgesellschaften war, sich also an der Gründung von Unternehmen beteiligte und ihr parallel die Verwaltung der Staatsfinanzen oblag, wird in der Literatur die erste Investmentgesellschaft teilweise um das Jahr 1860 in England und Schottland gesehen. Vgl. Linhardt, Die Britischen Investment Trusts, S. 51; von Caemmerer, JZ 1958, 41 (41); Baum, Schutz und Sicherung des Investmentsparers, Diss., S. 3; Bruppacher, Investment Trusts, Diss., S. 76; Stotz, Besteuerung von Wertpapier-Investmentfonds, Diss., S. 37.
Letztlich ist die Divergenz der Nennungen als erste Investmentgesellschaft ebenso vielfältig wie ihre damaligen Voraussetzungen. Vgl. Baehring, Investment in Deutschland, S. 53 ff.; Barocka, Investment-Sparen und Investment-Gesellschaft, S. 17 ff.; Baur, Investmentgesetze, Bd. 1, 2. Aufl., Einleitung I, Rn. 1 sowie Einleitung III, Rnrn. 8/56/125; Höring, Investmentrecht, § 2, Rn. 22; Plenge, Gründung und Geschichte des Crédit Mobilier, S. 34 f.
Vgl. zu Trusts: Linhardt, Die Britischen Investment Trusts, S. 48 ff.; Elsner, Das Recht der Wertpapier-Investmentunternehmen, Diss., S. 13 ff.
Allen diesen Gesellschaften ist gemein, dass sie nicht ausschließlich dem Investmentgeschäft nachgingen. Somit ist jedenfalls die Bezeichnung als Vorläuferin bzw. investmentähnliche Gesellschaft nachvollziehbar. Vgl. Podewils, Investmentgesellschaften, Diss., S. 23; Senn, Die westdeutschen Investmentgesellschaften, Diss., S. 31.

34 Vgl. Liefmann, Beteiligungs- und Finanzierungsgesellschaften, S. 148; vom Berge und Herrendorff, Der Schutz des Investmentsparers, Diss., S. 1; Houtman-De Smedt, Handbook on the History of European Banks, 47 (50 ff.).
Die Gesellschaft wurde mehrfach umbenannt. Sie hieß danach Société Générale des Pays-Bas pour favoriser l'industrie nationale und zuletzt Société Générale de Belgique.

sitz.[35] Sie war an insgesamt 62 Gesellschaftsunternehmungen beteiligt, die sie direkt oder indirekt selbst gegründet hatte.[36]

Da der regionale Fokus auf dem Staats- bzw. Kolonialgebiet lag, was den Anforderungen an eine (geographisch) risikodiversifizierte Kapitalanlage nicht vollends genügte, ist indiziell davon auszugehen, dass die Société Générale des Pays-Bas vielmehr die Funktion einer Holdinggesellschaft und Förderbank des Staats einnahm.[37] Erst 1835 wurde die Gründungs- und Finanzierungstätigkeit als Hauptzweck der Bank verfolgt.[38] Sie hatte bis zu einer Fusion im Jahr 2003 Bestand.[39]

---

35 Schmitz, Individuelle Depotverwaltung, Diss., S. 72.

36 Liefmann, Beteiligungs- und Finanzierungsgesellschaften, S. 154; Troschke, Strategien der Diversifikation, Diss., S. 48.

37 Vgl. Troschke, Strategien der Diversifikation, Diss., S. 50; Houtman-De Smedt, Handbook on the History of European Banks, 47 (50).

38 Schuster, Hdb. der Wertpapieranlage, 563 (564).
Der grds. Überlappung mehrerer Geschäftsbereiche der Bank machte die Weltwirtschaftskrise Anfang der 1930er und damit einhergehend der sog. Zweite Glass-Steagall Act 1933 auf amerikanischem Boden als Vorreiter – und im Speziellen in Bezug auf die Société Générale des Pays-Bas als etwaigem Vorbild folgender Institutionen die belgische Gesetzgebung 1934 – einen Strich durch die Rechnung. In diesem Jahr verabschiedeten die Gesetzgeber entsprechende Novellen, welche die Aufspaltung von sog. mixed banks vorsahen. Hauptargument hierfür war, dass die Geschäftsbanken in Erwartung immer größerer Renditen zu viel Risiko mit den Geldern der Anleger eingingen. In der Folge war es Finanzinstituten untersagt, Bankhandels- und Investmentgeschäfte unter einem Dach zu kombinieren. Vgl. Theunisse/Aerts in Ordelheide, Transnational Accounting, Bd. 1, S. 502 f.
Heutzutage wurde die strikte Trennung von Geschäfts- und Investmentbanken vielerorts (bspw. in den USA durch den sog. Gramm-Leach-Bliley Act) aufgehoben und wird von vielen als Grund für die finanzmarktpolitischen Fehlentwicklungen der Neuzeit angesehen.
Identisches gilt für Deutschland, denn auch hierzulande gilt das Universalbankenprinzip uneingeschränkt fort. D.h., dass Banken die unterschiedlichsten Geschäftsbereiche ihr Eigen nennen und somit ganzheitliche Leistungen aus einer Hand anbieten dürfen. Hierdurch können sog. cross-selling-Effekte genutzt werden. Wenngleich dies nach Bekenntnissen der Banken zu einer finanzmarktpolitischen Stabilisierung führt, wohnen diesem Gebaren erhebliche Risiken inne. Daher ist es nicht verwunderlich, dass im Zuge der Finanzkrise der Jahre 2008/09 erneut der Ruf nach einer expliziten Trennung der Sparten laut wurde.

39 Vgl. Becht, Business Groups in the West, 147 (163).

2.2.1.3 Foreign & Colonial Government Trust (1868)

Drei Jahrzehnte, nachdem sich die Société Générale des Pays-Bas zu entwickeln begann, sind Kapitalverwaltungsgesellschaften, ausschließlich zu dem Zweck, durch Kauf von schon emittierten Wertpapieren das Risiko der Anlage zu verteilen, in England und Schottland entstanden.[40] Bei den ab 1860 gegründeten Investment Trusts wurde als weitere Komponente der Investmentidee neben der Risikostreuung und der Beteiligung eines größeren Anlegerkreises die Treuhänderschaft[41] eingeführt.[42] Diese diente dem Anlegerschutz, denn hierdurch wurde insbesondere das Sondervermögen vom Fondsgesellschaftsvermögen getrennt behandelt und entsprechend überwacht.

Mit dem Foreign & Colonial Government Trust wurde 1868 die erste englische Investmentgesellschaft gegründet.[43] Im Gegensatz zu ihrer niederländischen Vorreiterin war ihr Hauptzweck stets die risikodiversifizierte Investmenttätigkeit.[44] Der Trust ist auch heutzutage noch an der London Stock Exchange gelistet.[45]

2.2.2 Entstehung der Investmentanlage in Deutschland

2.2.2.1 AG für Rheinisch-Westfälische Industrie (1871)

Vorläufer des Investmentgedankens in Deutschland war – soweit nachweisbar – die 1871 durch den Schaafhausenschen Bankverein gegründete AG für Rheinisch-Westfälische Industrie, welche teilweise Investment-,

---

40 Baehring, Investment in Deutschland, S. 54.

41 Vgl. 2.3.2.1.3.

42 Höring, Investmentrecht, § 2, Rn. 22.

43 Vgl. Seeger/Thielking, Geld verdienen mit Investmentfonds, S. 11; Schmidt, Präferenzbasierte Segmentierung von Fondskäufern, Diss., S. 10; Morecroft, The Origins of Asset Management, S. 55 ff.
Die Gesellschaft nannte sich später in Foreign & Colonial Investment Trust um.

44 Vgl. Troschke, Strategien der Diversifikation, Diss., S. 83.
Nach diesem Muster wurden bis 1875 noch weitere Trusts gegründet. Vgl. Frühstück in Achterberg/Lanz, Lexikon für das Geld-, Bank- und Börsenwesen, Bd. 2, „Großbritannien", S. 864 ff.; Schuster, Hdb. der Wertpapieranlage, 563 (564).

45 ISIN: GB0003466074; WKN: 874698.

aber auch teilweise Finanzierungsgesellschaft war.[46] Die Vermögensverwaltung war zu diesem Zeitpunkt noch nicht Hauptgegenstand des Gesellschaftszwecks. Vielmehr sicherten Kommissionserträge aus dem Erwerb sowie die Emission von Unternehmensaktien das Geschäft der Gesellschaft.[47] Die Grenze zwischen Beteiligungsgesellschaft und den sog. Effekten- oder Spekulationsbanken verlief fließend.[48] Obwohl sie anfangs hohe Dividenden ausschüttete, wurde sie später unrentabel.[49] Ihre Liquidation erfolgte im Jahr 1921.[50]

2.2.2.2 Zickertscher Kapitalverein (1923)

Hermann Zickert gründete 1923 in Königs Wusterhausen bei Berlin den sog. Zickertschen Kapitalverein und versuchte so, den (modernen) Investmentgedanken in Deutschland tiefgreifend zu etablieren.[51]

Bemerkenswert ist, dass die Gründung fernab der großen Finanzzentren in Deutschland und ohne Beteiligung von Banken realisiert wurde.[52] Zickert war jedoch als Herausgeber und Wirtschaftsjournalist durchaus mit der Börse und der Finanzwelt vertraut.[53] An diesem Wissen orientierte sich die Arbeitsweise des Zickertschen Kapitalvereins. Dabei ging es stets um

---

46 Vgl. Liefmann, Beteiligungs- und Finanzierungsgesellschaften, S. 218; Palyi/Quittner, Handwörterbuch des Bankwesens, „Investment Trusts", S. 291; vom Berge und Herrendorff, Der Schutz des Investmentsparers, Diss., S. 3.

47 Vgl. Jörgens, Finanzielle Trustgesellschaften, S. 146 ff.

48 Zetzsche, Prinzipien der kollektiven Vermögensanlage, Habil., S. 302.

49 Vgl. Palyi/Quittner, Handwörterbuch des Bankwesens, „Investment Trusts", S. 291.

50 vom Berge und Herrendorff, Der Schutz des Investmentsparers, Diss., S. 3.

51 Heeb, Der deutsche Börsenpionier Zickert, S. 110.
1928 erfolgte die Umbenennung in Deutschen Kapitalverein.

52 Müller, History of Financial Institutions, 142 (151).

53 Müller, History of Financial Institutions, 142 (151).
In Zickert, Die acht Gebote der Finanzkunst, S. 7 ff., aus dem Jahr 1924, beschreibt der Visionär seine acht Gebote, die auch aus heutiger Perspektive für alle Investoren nur allzu treffend erscheinen: „1. Gebot: Arbeiten Sie mit Ihrem Kapital!, 2. Gebot: Streben Sie nach Rente, nicht nach Kursgewinn!, 3. Gebot: Kaufen Sie nur marktgängige Sachen!, 4. Gebot: Lassen Sie sich nicht durch Versprechungen blenden!, 5. Gebot: Prüfen Sie, bevor Sie kaufen!, 6. Gebot: Fragen Sie nicht den Bankier um Rat!, 7. Gebot: Versäumen Sie nicht den rechtzeitigen Verkauf! und 8. Gebot: Machen Sie keine Bankschulden!".

ein transparentes Handeln und um das Erlangen des Anlegervertrauens für Folgeinvestitionen.[54]

Ursprünglich hatte der Kapitalverein den Charakter einer Spekulationsgesellschaft und entwickelte sich erst später zu einer gemanagten Gesellschaft.[55] Die einzelnen Mitglieder hatten nur wenige Einflussmöglichkeiten auf die Geschäftsführung und auch keine dieses Defizit ausgleichenden Kontrollbefugnisse.[56] Die geringe bzw. fehlende Regulierung führte in Verbindung mit historischen Ereignissen, wie der Weltwirtschaftskrise und dem sog. Schwarzen Donnerstag von 1929, zu teilweise erheblichen Anlageverlusten.[57] Das Prinzip der geographischen Risikoverteilung scheiterte nunmehr am Grad der weltwirtschaftlichen Verflechtung, der politischen Abhängigkeit und der Verbundenheit der Kapitalmärkte der westlichen Welt.[58]

Ende 1928 verwaltete die Gesellschaft ein Vermögen von rund 3 Millionen Reichsmark, das in etwa 300.000 Anteile auf ca. 1.500 Anleger zerfiel.[59] Die Rendite belief sich auf ca. 8 bis 10 % pro Anteil.[60] Der Verein erlitt 1929 einen hohen Verlust, der ihn schließlich Mitte 1931 zur Liquidation zwang.[61]

2.2.2.3 Bayerische Investment-AG (1926)

Eine weitere Wegbereiterin der Investmentidee in Deutschland war die 1926 in München gegründete Bayerische Investment-AG. Diese nahm sich die englischen Investmentgesellschaften und deren Ausgestaltung als Trust mit fester Zusammensetzung der Anlagewerte zum Vorbild.[62]

---

54 Vgl. Goldschmidt, Investment Trusts in Deutschland, S. 64 ff.

55 Offner, Die kapitalwirtschaftliche Funktion der Holdinggesellschaften und Investment Trusts, Diss., S. 77.

56 Jesch/Klebeck/Bragrock in Jesch/Klebeck/Dobrauz, Investmentrecht, Kap. A, Rn. 9.

57 Rehm/Nagler, BB 2015, 1248 (1248).

58 Schuster, Hdb. der Wertpapieranlage, 563 (568 f.); vgl. Zeller in Brinkhaus/Scherer, KAGG/AuslInvestmG, Einleitung KAGG, Rn. 5.

59 Podewils, Investmentgesellschaften, Diss., S. 35.

60 Offner, Die kapitalwirtschaftliche Funktion der Holdinggesellschaften und Investment Trusts, Diss., S. 77.

61 vom Berge und Herrendorff, Der Schutz des Investmentsparers, Diss., S. 3.

62 Jesch/Klebeck/Bragrock in Jesch/Klebeck/Dobrauz, Investmentrecht, Kap. A, Rn. 11; Kilgus, Kapitalanlage-Gesellschaften, S. 158 f.; Bruppacher, Investment Trusts, Diss., S. 237.

Überwiegend beschäftigte sie sich jedoch mit der Erteilung und Vermittlung von Krediten an die öffentliche Hand.[63] Die Investmentgeschäfte wurden zunächst nur studienmäßig betrieben, da man den Gerichten und Finanzbehörden Gelegenheit geben wollte, zu den für deutsche Rechtsverhältnisse neuartigen Investmentzertifikaten Stellung zu nehmen.[64] Das ist der Grund, warum die Zertifikate zunächst nicht öffentlich vertrieben wurden.[65] Trotz des durchaus positiven Ausgangs diverser Rechtssachen[66] wurde sie nach erheblichen Verlusten 1931 liquidiert.

2.2.2.4 Allgemeine Deutsche Investment-GmbH (1949)

Während bis 1945 die politische Auffassung der damaligen Regierung die Bildung von Investmentgesellschaften verhinderte, war es nach dem zweiten Weltkrieg die wirtschaftliche Zerrüttung mit all ihren Neben- und Folgeerscheinungen, die einer geregelten Spartätigkeit entgegenstand.[67] Gleichwohl brachte die Währungsreform von 1948 – als Triebfeder – die Investmentidee zurück nach Deutschland. Obwohl die Wirtschaft Deutschlands am Boden lag und das Sparkapital gering war, gründeten u.a. einige Banken 1949 die ADIG in München.[68] Die Anteile wurden von zahlreichen in- und ausländischen Groß-, Regional- und Privatbanken sowie einer Versicherungsgesellschaft gehalten.[69]

Die ADIG galt als Visionärin der Investmentbranche in Deutschland. Sie folgte einem systematischen, vorwiegend fundamental ausgerichteten und langfristig orientierten Managementansatz unter Zugrundelegung

63 Jesch/Klebeck/Bragrock in Jesch/Klebeck/Dobrauz, Investmentrecht, Kap. A, Rn. 11.

64 Knoblich, Die Rechtsverhältnisse bei den Investment-Gesellschaften, Diss., S. 85; vgl. Baur, Investmentgesetze, Bd. 1, 2. Aufl., Vorbemerkungen zu § 1 KAGG, Rn. 4; Kilgus, Kapitalanlage-Gesellschaften, S. 159.

65 Vgl. Baur, Investmentgesetze, Bd. 1, 2. Aufl., Vorbemerkungen zu § 1 KAGG, Rn. 4; Knoblich, Die Rechtsverhältnisse bei den Investment-Gesellschaften, Diss., S. 86.

66 Vgl. RFH, Urt. v. 11.3.1930, II A 103/30 – RFHE 26, 254; RFH, Urt. v. 11.3.1930, II A 104/30 – RFHE 26, 248; RFH, Urt. v. 18.3.1930, II A 133/30 – RFHE 26, 256.

67 Podewils, Investmentgesellschaften, Diss., S. 37.

68 Baehring, Investment in Deutschland, S. 62; vgl. Früstück in Achterberg/Lanz, Lexikon für das Geld-, Bank- und Börsenwesen, Bd. 2, „Bundesrepublik Deutschland“, S. 873 f.; Podewils, Investmentgesellschaften, Diss., S. 37 ff.

69 Harbeck, Geldanlage mit Investmentfonds, S. 15; Podewils, Investmentgesellschaften, Diss., S. 41.

fondsspezifischer Benchmarks und dem Einsatz der modernen Portfoliotheorie.[70] Diese Gesichtspunkte bilden bis heute die Grundpfeiler für das erfolgreiche Wirtschaften ihrer Nachfolgegesellschaft.[71]

2.2.2.5 Fondra und Fondak (1950)

Als die ersten Produkte der ADIG werden seit dem 18. August 1950 der Mischfonds[72] Fondra[73] sowie seit dem 30. Oktober 1950 der Aktienfonds[74] Fondak[75] vertrieben. Sie haben bis heute Bestand und seitdem eine beachtliche Performance erzielt. Nicht umsonst wird insbesondere der Fondak innerhalb der Fondsindustrie als Symbol für die Beständigkeit der Anlageklasse Fonds angesehen und unterstreicht aus Renditegesichtspunkten die erfolgreiche Langfristanlage dieser Assetklasse.[76]

2.2.3 Auswirkungen auf die Entwicklung in Deutschland

Obwohl sich die deutsche Bevölkerung in der ersten Zeit der Entstehung des Investmentsparens eher zurückhaltend zeigte[77], hat sich dies heutzutage gewandelt.[78] Privatanleger entdecken zunehmend die Anlagemöglichkeit, mit der institutionelle Investoren schon längst hinlänglich vertraut sind.

Tatsächlich trieb die Investmentindustrie zwischen 1920 und 1940 bunte Blüten und verkehrte die Idee des Investmentsparens in eine Idee der

70 Vgl. Gesellschaft für Fondsanalyse, FondsGuide Deutschland, Kap. 2, S. 14.

71 Vgl. Dembowski, Hdb. Investmentfonds, S. 15; Podewils, Investmentgesellschaften, Diss., S. 42 ff.; Janssen, British and German Banking Strategies, S. 135.

72 Vgl. 5.3.3.1.1.2.

73 ISIN: DE0008471004; WKN: 847100.

74 Vgl. 5.3.3.1.1.1.

75 ISIN: DE0008471012; WKN: 847101.

76 Hammer, Fondsindustrie in Deutschland, S. 6.

77 Vgl. Natter, Grundwissen Investmentfonds, S. 145 ff.; Seeger/Thielking, Geld verdienen mit Investmentfonds, S. 12 ff.; Podewils, Investmentgesellschaften, Diss., S. 38.

78 Vgl. Hinz/Schmeisser, Vom Gründungsmanagement zum Neuen Markt, 323 (326); Neiße, Hdb. Investmentfonds, 3 (3 ff.); Täske, FS Flick, 587 (587 ff.); Flach/Schwarz, BZ 1998, B1 (B1).

schamlosen Bereicherung der Investmentmanager.[79] Dies verunsicherte die Anleger, welche mit ihrer Sehnsucht nach Sicherheit allein gelassen wurden. Zwar wagten dank dem Fondra und dem Fondak schließlich immer mehr (Klein-)Anleger den Schritt, ihr Geld über einen Fonds zu investieren. Dennoch wurde – insbesondere nach den Weltkriegen – lieber konsumiert, um der Erhöhung des Lebensstandards einen materiellen Ausdruck zu verleihen.[80] Durch die Zerstörungen vielerorts war ein verständliches Bedürfnis nach Neu- bzw. Wiederaufbau und nicht (nur) nach Sparen erwachsen[81], welches durchaus ein Wiedererstarken des zerrütteten Vertrauens der Bevölkerung vorausgesetzt hätte.

Anfang der 1970er sorgte zudem die Krise um die Investors Overseas Services für einen Finanzskandal, die zahlreichen Anlegern von einem Tag auf den anderen das gesamte Vermögen kostete.[82] Weitere Crashs und Krisen[83] folgten, die bei den Anlegern einen bleibenden Eindruck hinterließen. Die damit in Zusammenhang stehenden Befürchtungen und die darauf basierende Motivationslage i.S.e. Angst vor dem Unbekannten, welche mangels Zeitinvestition in die Materie sukzessive stieg, wurde im Gros ebenso an die nachfolgenden Generationen weitergegeben.[84] Gleichwohl ist eine zunehmende Trendwende[85] zu beachten, die nicht unmerklich durch den Generationenwechsel bedingt ist.

Die Deutschen, die (un-)mittelbar in Fonds investieren, erkennen die Vorteile dieses Modells. Dabei sind neben der besseren Sicherung des Lebensabends wohl auch die niedrige Eintrittsschwelle – weil bereits mit wenigen Euro an einem Fondsvorhaben partizipiert werden kann – als auch die heutige, der Aufsicht unterfallende, Idee des Investmentsparens nicht unmaßgeblich für den Zuspruch und Erfolg verantwortlich. Dies kommt der Mentalität der Bundesbürger näher als jemals zuvor. Denn Investmentfonds sind durch ihre Fondsdokumentationen äußerst transparent und

---

79 Bödecker in Bödecker/Ernst/Hartmann, BeckOK InvStG, 18. Ed., Einleitung zum InvStG, Rn. 2.

80 Vgl. Herbert, Geschichte Deutschlands im 20. Jh., S. 619 ff.; Wehler, Deutsche Gesellschaftsgeschichte, Bd. 5, S. 48 ff.; Jäckel/Kochhan, Konsum, 73 (87 ff.).

81 Vgl. Herbert, Geschichte Deutschlands im 20. Jh., S. 682 ff.; Wehler, Deutsche Gesellschaftsgeschichte, Bd. 5, S. 48 ff.

82 Seeger/Thielking, Geld verdienen mit Investmentfonds, S. 12.

83 Vgl. Wichmann, ZfgK 1993, 854 (854).

84 Vgl. zu psychologischen Aspekten: Kirchler, Wirtschaftspsychologie, S. 20 ff.; Landes/Spörrle/Steiner, Psychologie der Wirtschaft, 71 (71 ff.).

85 Vgl. Sieper, Geldanlage, S. 243 f.

aufgrund der Risikodiversifizierung[86] nahezu sicher vor einem Totalverlust bei gleichzeitig steigenden Renditechancen. Neben weiteren Vorteilen ist ebenso der Durchschnittskosteneffekt (sog. cost-average-Effekt[87]) nicht zu verachten.

Dass dennoch die Mehrzahl der Deutschen entgegen dieser Marktchancen handelt, ist misslich. In Zeiten der Nullzinsphase und der zugleich sinkenden Erwartung nach einer gesetzlich gesicherten Rente wäre es erwartbar, dass ein wirtschaftlich handelndes Individuum (sog. homo oeconomicus[88]) sein Geld möglichst gewinnbringend und mit abgemildertem Risiko anzulegen versucht. Mögliche Gründe für das Ausbleiben solcher Investments könnten die vorgenannten schlechten Erfahrungen und die generelle zurückhaltende Mentalität der deutschen Bundesbürger sein.[89] Dies weicht letztlich von einem rein rationalen Verhalten ab und verdeutlicht, dass das menschliche Handeln nicht immer von Zweckmäßigkeitserwägungen getrieben wird. Denn Tradition, Gewohnheit und eine gewisse Furcht vor dem Neuen sind Gründe einer ablehnenden Haltung gegenüber der Änderung des Althergebrachten.[90] Dabei wird nur allzu oft der

---

86 Hervorzuheben ist dabei im besonderen Maße die Risikodiversifikation des amerikanischen Ökonomen Harry Markowitz, die spätestens 1952 mit der (modernen) Portfoliotheorie ein geringes Verlustrisiko und eine hohe Renditechance mit sich brachte. Hiernach ist eine hohe Diversifikationsdichte sinnvoll, wenn für den Anleger eben nicht nur die Rendite, sondern gerade auch das Risiko von Bedeutung ist. Vgl. Markowitz, The Journal of Finance 1952, 77 (77 ff.). Diese Theorie wurde 1990 mit dem Wirtschaftsnobelpreis ausgezeichnet.
Vgl. hierzu sowie zur Weiterentwicklung des Prinzips von Markowitz: Kreuzberg, Offenlegungspolitik von Investmentfonds, Diss., S. 7 ff.

87 Dieser tritt auf, wenn immer der gleiche Anlagebetrag in eine Assetklasse investiert wird und gleichzeitig diese Assetklasse einen vorübergehenden Wertverlust erleidet, sodass hierdurch automatisch mehr Anteile in schwachen Marktphasen gekauft werden als in normalen oder starken Phasen. Söhnholz/Rieken/Kaiser, Asset Allocation, S. 43.
Ergebnis dieses Vorgehens ist, dass i.R.e. langfristigen Anlage ein besserer Durchschnittspreis für den Investmentanteil erzielt wird. Im Zuge einer späteren Erholung des Markts profitiert der Anleger proportional. Vgl. Albrecht, Finanzmathematik für Wirtschaftswissenschaftler, S. 102 ff.; Götz, Sachkunde Finanzanlagen, S. 262/448 f.

88 Vgl. Bardmann, Grundlagen der Allgemeinen Betriebswirtschaftslehre, Kap. 5, S. 233 ff.; Corsten/Corsten, Betriebswirtschaftslehre, Kap. 1, S. 21; Thommen/Achleitner/Gilbert/Hachmeister/Jarchow/Kaiser, Allgemeine Betriebswirtschaftslehre, S. 62.

89 Vgl. Natter, Investmentfonds, S. 33; Hinz/Schmeisser, Vom Gründungsmanagement zum Neuen Markt, 323 (326 ff.).

90 Weisser, Bargeldlose Lohn- und Gehaltszahlung, Vorwort, S. 5.

negative Aspekt stärker gewichtet und der positive Blickwinkel, d.h. die Chance auf Wertzuwachs, unterbewertet belassen.[91]

Mithin ist es nicht verwunderlich, dass das deutsche private Investitionsvolumen in Investmentfonds immer noch weit hinter demjenigen anderer Länder rangiert. Wenngleich die Deutschen ein über dem europäischen Durchschnitt liegendes Geldvermögen zur Verfügung haben, investieren sie es weit unterdurchschnittlich in Fonds. So legten deutsche Bundesbürger 2020 nur durchschnittlich 11 % ihres Geldvermögens in Investmentfonds an, weitere 13 % entfielen auf Anleihen/Aktien, 35 % auf Versicherungen/Pensionsfonds, 1 % auf sonstige Anlagemöglichkeiten und sogar ganze 40 % wurden weiterhin in bar gehalten oder schlicht bei der Bank hinterlegt.[92] Gleichwohl nahm das Anlagevolumen in offene Investmentfonds in Deutschland seit der Auflegung des ersten deutschen Investmentfonds 1950 von ca. 1 Millionen € auf rund 3,85 Billionen € zu.[93] Diese Zahlen verdeutlichen das große Anlagepotenzial deutscher Investoren.[94]

2.3 *Klassifizierung der Investmentanlage*

Die Investmentanlage fungiert grds. als Sammelbegriff, da Investmentfonds anhand eines mannigfaltigen Kriterienkatalogs unterschieden und klassifiziert werden können.

2.3.1 Differenzierungsmerkmale

Allerdings ist eine ausschließliche Abgrenzung nach Anlagegegenständen einerseits und Anlagegrundsätzen, -zielen und -politik andererseits nicht möglich, da sich die Einteilungskriterien häufig überschneiden.[95] So wenig wie ein Fondstyp mit nur einem Einzelkriterium präzise charakterisiert werden kann, so wenig ist eine abschließende Aufzählung der Unterschei-

91 Wichmann, ZfgK 1993, 854 (854).

92 Vgl. BVI, „Jahrbuch 2021, Daten, Fakten, Perspektiven", Mai 2021, S. 71 (abrufbar unter: www.bvi.de/uploads/tx_bvibcenter/BVI_Jahrbuch_2021_Webversion_02.pdf – letztes Abrufdatum: 19.10.2021).

93 Vgl. BVI, „Jahrbuch 2021, Daten, Fakten, Perspektiven", Mai 2021, S. 4/84 (abrufbar unter: www.bvi.de/uploads/tx_bvibcenter/BVI_Jahrbuch_2021_Webversion_02.pdf – letztes Abrufdatum: 19.10.2021).

94 Vgl. Täske, FS Flick, 587 (587).

95 Baur, Investmentgesetze, Bd. 1, 2. Aufl., Einleitung I, Rn. 12.

dungskriterien aufgrund der nahezu grenzenlosen und einer stetigen Entwicklung unterliegenden Kombinationsmöglichkeiten realisierbar.[96] Dennoch existieren klassische Differenzierungsmerkmale.[97]

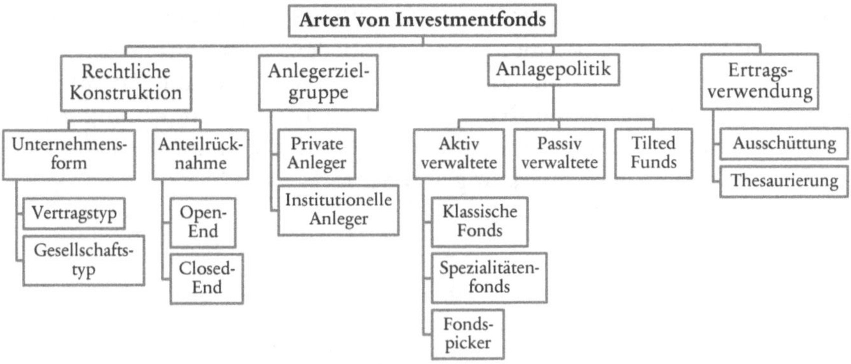

Abbildung 1: Arten von Investmentfonds.

Quelle: Vgl. Perridon/Steiner/Rathgeber, Finanzwirtschaft der Unternehmung, S. 323.

2.3.2 Rechtliche Konstruktion

Hinsichtlich der rechtlichen Konstruktion gilt es zwischen der gewählten Unternehmensform als auch der Ausgestaltung der Anteilrücknahme zu unterscheiden.

---

96 Vgl. Baur, Investmentgesetze, Bd. 1, 2. Aufl., Einleitung I, Rn. 12; Postert, Der Anlagestil deutscher Aktienfonds, Diss., S. 15; § 4 Abs. 2 KAGB i.V.m. Art. 2, Art. 3 BaFin, „Fondskategorien-Richtlinie“, 22.7.2013, (abrufbar unter: www.bafin.de/SharedDocs/Veroeffentlichungen/DE/Aufsichtsrecht/Richtlinie/rl_130722_fondskategorien.html – letztes Abrufdatum: 19.10.2021).

97 Vgl. Gondring/Wagner, Real Estate Asset Management, S. 148; Perridon/Steiner/Rathgeber, Finanzwirtschaft der Unternehmung, S. 323; Podewils, Investmentgesellschaften, Diss., S. 11 ff.; Rinsoz, Zur Rechnungsführung der Investment Trusts, Diss., S. 22; Stotz, Besteuerung von Wertpapier-Investmentfonds, Diss., S. 27.

2.3.2.1 Unternehmensform

2.3.2.1.1 Investmentvermögen

Investmentvermögen – so der aufsichtsrechtliche Sprachduktus des KAGB für Investmentfonds – können alternativ in der Rechtsform einer Personen-, Kapitalgesellschaft oder alternativ als sog. Sondervermögen aufgelegt werden. Die entsprechende Rechtsstruktur ist für die Einordnung als Investmentvermögen i.S.d. § 1 Abs. 1 KAGB grds. irrelevant, solange die aufsichtsrechtlichen Voraussetzungen beachtet werden.[98]

2.3.2.1.2 Sondervermögen

Unter einem Sondervermögen (vgl. § 92 KAGB) versteht man grds. eine Vermögensmasse einer Person, die von dem übrigen Vermögen dadurch getrennt ist, dass sie durch besondere gesetzliche Regelungen (etwa hinsichtlich Verwaltung und Haftung) rechtlich anders behandelt wird als das übrige Vermögen der Person und dabei einer besonderen, überindividuellen Zweckbindung unterliegt.[99] Dieses Sondervermögen besitzt dabei weder eine eigene Rechtspersönlichkeit noch ist es sonst rechts- oder selbstständig handlungsfähig.[100] Es ist lediglich ein vertragliches Gebilde, bei dem für gewöhnlich eine Differenzierung in die Vertrags- bzw. Gesellschaftsform vorgenommen wird.[101] Denn insoweit bedarf es einer rechtlichen Konstruktion, die über die fehlende Rechtssubjekteigenschaft hinweghilft.[102]

---

98 Vgl. Buge/Bujotzek/Blischke, Private Equity und Venture Capital Fonds, 327 (327 ff.); BaFin, „Auslegungsschreiben zum Anwendungsbereich des KAGB und zum Begriff des „Investmentvermögens"", 14.6.2013, Tz. I.1 (abrufbar unter: www.bafin.de/SharedDocs/Veroeffentlichungen/DE/Auslegungsentscheidung/WA/ae_130614_Anwendungsber_KAGB_begriff_invvermoegen.html – letztes Abrufdatum: 19.10.2021).

99 Dorn, Investmentsteuerrecht, S. 18.

100 Vgl. zum Sondervermögen: Stresemann in Säcker/Rixecker/Oetker/Limperg, MüKo BGB, Bd. 1, § 90, Rn. 44; Stieper in von Staudinger, BGB, Buch 1, § 90, Rnrn. 76 ff.; Schmitz in Berger/Steck/Lübbehüsen, InvG/InvStG, Vorbemerkungen zu §§ 30–45 InvG, Rnrn. 10 f.

101 Vgl. Weitnauer, Hdb. Venture Capital, Teil B., Rnrn. 9 ff.

102 Hoch/Preller, BKR 2019, 22 (23).

2.3.2.1.2.1 Vertragstyp

Der sog. Vertragstyp ist in Deutschland i.R.v. offenen Investmentvermögen vorzufinden.[103] Dabei werden die Anleger keine Gesellschafter und können auch keine Gesellschaftsrechte ausüben.[104] Vielmehr werden sie lediglich an dem Sondervermögen beteiligt, das von der Kapitalverwaltungsgesellschaft i.R.e. Geschäftsbesorgungsvertrags für den Investor verwaltet wird.[105]

Durch eine strikte Trennung zwischen dem Betriebsvermögen der Kapitalverwaltungsgesellschaft und dem Anlagevermögen der Investoren[106] wird regelmäßig eine Bank als Verwahrer des Sondervermögens eingesetzt. Diese Vermögensseparierung dient insbesondere dem (haftungsrechtlichen) Schutz der Anleger vor dem Verlust ihrer Gelder durch Forderungen Dritter gegenüber der Verwaltungsgesellschaft oder bei einem eventuellen Konkurs der Verwaltungsgesellschaft.[107]

Aufgrund dieser Splittung kann zudem eine weitere Unterscheidung vorgenommen werden. Die Vermögensgegenstände eines in Vertragsform ausgestalteten Investmentvermögens können entweder im Miteigentum der Gesamtheit der Anleger (sog. Miteigentumslösung) oder im wirtschaftlichen Eigentum der Anleger, das die Kapitalverwaltungsgesellschaft treuhänderisch verwaltet (sog. Treuhandlösung), stehen.[108] Beiden Formen ist gemein, dass Anteilscheininhaber und Aktionäre mit dem von ihnen investierten Kapital Anteile an einem Vermögen erwerben, das nach dem Grundsatz der Risikomischung und ggf. weiteren, in den Vertragsbedingungen oder der Satzung festgelegten, Grundsätzen in bestimmte Vermögensgegenstände angelegt wird.[109]

---

103 Vgl. §§ 91 Abs. 1 Alt. 1; 92 Abs. 1 KAGB.
104 Wassermeyer, IStR 2001, 193 (193).
105 Vgl. Baur, Investmentgesetze, 1. Aufl., S. 7; Wassermeyer, IStR 2001, 193 (193).
106 Vgl. Pflaum, Wertpapier-Investmentfonds in Lebensversicherungsunternehmen, Diss., S. 7.
107 Päsler, Hdb. des Investmentsparens, S. 8.
108 Päsler, Hdb. des Investmentsparens, S. 8; von Caemmerer, JZ 1958, 41 (41). Bei der Miteigentumslösung haben die Anleger ein Aussonderungsrecht für ihr Eigentum (vgl. § 47 InsO), bei der Treuhandlösung i.d.R. nicht. Tormann, Das Wertpapier 1956, 206 (207); Stotz, Besteuerung von Wertpapier-Investmentfonds, Diss., S. 14.
109 Meinhardt, DStR 2003, 1234 (1234).

2.3.2.1.2.2 Gesellschaftstyp

Hiervon zu unterscheiden sind die Investmentvermögen, die nach dem sog. Gesellschaftstyp[110] organisiert sind. Diese kommen überwiegend aus dem amerikanischen Raum, aus den Niederlanden sowie aus Frankreich oder Luxemburg.[111] National ist dieser Typus sowohl bei offenen als auch bei geschlossenen Investmentfonds anzutreffen.[112]

Der Gesellschaftsform entsprechend verschafft dieser Investmentfonds dem Sparer durch Ausgabe von Aktien oder Gesellschaftsanteilen Mitgliedschaftsrechte an der Gesellschaft.[113] Die Anleger können damit über die Zusammensetzung der Gesellschaft entscheiden und Einfluss auf die Geschäftsleitung und -politik nehmen.[114] Die Anteile sind jederzeit handelbar. Ihr Wert richtet sich nach Angebot und Nachfrage am Markt.

Maßgeblich für dieses Konstrukt ist, dass dieses als Gesellschaft ausgestaltete Investmentvermögen Gesellschafts- und Fondsvermögen organisatorisch vereinheitlicht. Somit beteiligen sich die Investoren unmittelbar an der Gesellschaft, die ihrerseits die betreffende Investition tätigt.[115] Die Gesellschaft benutzt das von den Investoren erhaltene Geld, um damit Wertpapiere im eigenen Namen und auf eigene Rechnung zu kaufen.[116] Die Anleger selbst erwerben kein eigenes Eigentum an den von der Investmentgesellschaft erworbenen Vermögensgegenständen.[117]

---

110 Zwischen einer Investmentgesellschaft vom Gesellschaftstyp und einem entsprechenden Unternehmen besteht gesellschaftsrechtlich kein Unterschied, da in beiden Fällen das Gesellschaftsvermögen aus den verbrieften oder unverbrieften Kapitalanteilen der Aktionäre bzw. Gesellschafter gebildet wird. Der einzige und wesentliche Unterschied liegt in der Anlage des Gesellschaftskapitals. Beim industriellen Unternehmen wird es hauptsächlich in Produktionsgüter angelegt, bei einer Investmentgesellschaft grds. in Wertpapiere. Podewils, Investmentgesellschaften, Diss., S. 12; Stotz, Besteuerung von Wertpapier-Investmentfonds, Diss., S. 13.

111 Päsler, Hdb. des Investmentsparens, S. 7.

112 Vgl. §§ 91 Abs. 1 Alt. 2, Abs. 2; 108 Abs. 1; 124 Abs. 1 S. 1 KAGB und §§ 139; 140 Abs. 1 S. 1; 149 Abs. 1 S. 1 KAGB.

113 Baur, Investmentgesetze, 1. Aufl., S. 6; Pflaum, VW 1992, 40 (40).

114 Stotz, Besteuerung von Wertpapier-Investmentfonds, Diss., S. 13 f.

115 Wassermeyer, IStR 2001, 193 (193).

116 Baur, Investmentgesetze, 1. Aufl., S. 6.

117 Päsler, Hdb. des Investmentsparens, S. 7.

2.3.2.1.3 Sonderform: Trust

Der Trust stammt aus dem anglo-amerikanischen Rechtsraum.[118] Obwohl das sog. Hague Trust Convention[119] den Trust definiert, so ist diesem Rechtsinstitut doch kein Schema eigen. Bspw. sind die Unit Trusts aus Großbritannien und die amerikanischen US Unit Investment Trusts sowie Mutual Funds dem Vertragstyp i.V.m. dem Open-End-Prinzip zuzuordnen, während die britischen Investment Trusts dem Gesellschaftstyp i.V.m. dem Closed-End-Prinzip zuzuordnen sind.[120]

Die bekannteste Erscheinungsform ist der Unit Trust. Dieser wird durch den Abschluss eines Treuhandvertrags zwischen einer Verwaltungs- und einer Treuhandgesellschaft gebildet, indem es zur Gründung eines zweckgebundenen Treuhandvermögens kommt.[121] Während die Treuhandgesellschaft das Anlagevermögen verwahrt, übernimmt die Verwaltungsgesellschaft dessen Verwaltung.[122] Das Eigentum an dem, in einem rechtlich selbständigen Trust nach Common Law[123] gehaltenen, Gegenstand wird zwischen Trustee und Beneficiary aufgespalten bzw. verdoppelt.[124] Dieses Konstrukt ist dem deutschen Recht fremd.

---

118 Vgl. Jörgens, Finanzielle Trustgesellschaften, S. 7 ff.; Klett, Die Trust-Struktur im Vertragsmodell des Investmentrechts, Diss., S. 28 ff.

119 Vgl. Übereinkommen über das auf Trusts anzuwendende Recht und über ihre Anerkennung vom 1.7.1985 (abrufbar unter: https://assets.hcch.net/upload/text30d_ch.pdf – letztes Abrufdatum: 19.10.2021).

120 Perridon/Steiner/Rathgeber, Finanzwirtschaft der Unternehmung, S. 325; vgl. Klett, Die Trust-Struktur im Vertragsmodell des Investmentrechts, Diss., S. 38 ff.

121 Baur, Investmentgesetze, Bd. 1, 2. Aufl., Einleitung I, Rn. 8; vgl. Jesch/Klebeck/Bragrock in Jesch/Klebeck/Dobrauz, Investmentrecht, Kap. A, Rn. 1; von Caemmerer, JZ 1958, 41 (42); Sachtleber, Zivilrechtliche Strukturen von open-end-Investmentfonds, Diss., S. 196 ff.

122 Vgl. Merkt/Göthel, US-amerikanisches Gesellschaftsrecht, Teil 1, Rn. 160.

123 Als Common Law wird ein im englischsprachigen Raum vorherrschender Rechtskreis bezeichnet, der sich maßgeblich an Präzedenzfällen orientiert. Dies weicht insoweit von den anderen (kontinental-)europäischen Rechtsordnungen ab. Vgl. Blumenwitz, Einführung in das anglo-amerikanische Recht, S. 11 ff.; Hay, US-amerikanisches Recht, Kap. 1, Rnrn. 1 ff.

124 Baur, Investmentgesetze, Bd. 1, 2. Aufl., Einleitung I, Rn. 74; Wienbracke, Trusts in Deutschland, S. 20; Klein, ZVglRWiss 2002, 175 (181 f.); Neu, Der Trust im italienischen Recht, Diss., S. 23 ff.; **kritisch:** vgl. Daragan, ZEV 2007, 204 (207 f.), der das gespaltene Eigentum nicht bei allen Trusts sieht.
Bei dem Trustee handelt es sich um den treuhänderischen Verwalter. Diese Begrifflichkeit ist vom Trustor bzw. Settlor, dem Errichter des Trusts, zu unterscheiden. Der Beneficiary ist der Begünstigte des Trusts. Vgl. Hudson, Principles of Equity and Trusts, S. 31 ff.

2.3.2.2 Anteilrücknahme

2.3.2.2.1 Offene Investmentfonds (Open-End)

Offene Investmentfonds[125] sind solche, bei denen die Höhe des Kapitals und damit die des Anlagevermögens nicht von vornherein fixiert ist und die überdies verpflichtet sind, ihre Anteile jederzeit[126] zu einem Preis zurückzukaufen, der dem Anteil am Nettovermögen ganz oder nahezu entspricht.[127] Bei diesen offenen Investmentfonds können zudem neue Zertifikate laufend in Anpassung an die Entwicklung der Nachfrage ausgegeben werden.[128] Durch die börsentägliche Veröffentlichung der jeweiligen Preise wird für ein transparentes Geschäftsgebaren i.S.e. Stärkung des Anlegerschutzes gesorgt. Diese sehr flexible Möglichkeit der Anlage gewährleistet dem (potenziellen) Investor eine tagtägliche Investitionsmöglichkeit sowie die Rückführung des investierten Geldes.

2.3.2.2.2 Geschlossene Investmentfonds (Closed-End)

Unter geschlossenen Investmentfonds[129] versteht man solche mit fester Kapitalisierung, deren Anteile, einmal ausgegeben, nicht mehr zurückgekauft und diese Anteile nur anlässlich der Gründung sowie einzelner fester Kapi-

---

125 Offene Investmentfonds sind zivilrechtlich Investmentvermögen, die von einer Kapitalverwaltungsgesellschaft verwaltet werden. Dorn, Investmentsteuerrecht, S. 10.

126 Nach § 1 Abs. 4, Abs. 5 KAGB i.V.m. BaFin, „Rundschreiben 11/2017 (VA)“, 12.12.2017, Tz. B.4.11 (abrufbar unter: www.bafin.de/SharedDocs/Veroeffentlichungen/DE/Rundschreiben/2017/rs_1711_hinweise_anlage_sicherungsvermoegen_va.html – letztes Abrufdatum: 19.10.2021) gilt ein Investmentfonds als offen, wenn er mindestens einmal im Jahr das Recht zur Rückgabe des Investmentanteils zugesteht. Alle anderen gelten als geschlossene Investmentfonds.

127 Vgl. Lau, Ratgeber Investmentfonds, S. 59; Baur, Investmentgesetze, 1. Aufl., S. 9.

128 von Caemmerer, JZ 1958, 41 (41).

129 Geschlossene Investmentfonds werden in der Praxis als vermögensverwaltende, gewerbliche oder gewerblich geprägte Personengesellschaften konstruiert. Dabei sind sie oft als KG ausgestaltet, deren Geschäftsführung in nicht wenigen Fällen einer Komplementär-GmbH obliegt (GmbH & Co. KG). Zudem wird – um eine gewerbliche Prägung auszuschließen – eine weitere GmbH zur geschäftsführenden Kommanditistin bestellt, die häufig ebenfalls im Lager des Emissionshauses steht. Dies ist, sofern der Investmentfonds nicht in den Anwendungsbereich des InvStG fällt, notwendig, da die Besteuerung in diesen

talerhöhungen zu einem im Voraus festgelegten Preis emittiert werden.[130] Beim Verkauf der Anteile an einen Dritten am Sekundärmarkt – sofern vorhanden – kann der Anleger regelmäßig nicht den seinem Anteil entsprechenden Wert seiner Anlage verlangen, sondern muss diesen vielmehr an Angebot und Nachfrage messen lassen.[131]

Ist das vorher definierte Anlagevolumen erreicht, wird der Fonds „geschlossen" und die Anteilsemission eingestellt. Er hat somit ein fixes Kapital. Wenngleich dies als namensgebendes Indiz erscheint, ist für die Einordnung als geschlossener Investmentfonds vielmehr die nicht vorhandene Rückgabemöglichkeit maßgeblich. Eine solche Rücknahmeverpflichtung der Anteile durch den geschlossenen Investmentfonds besteht nämlich explizit nicht.[132] Eine Kündigung der Beteiligung bleibt zwar rechtlich möglich, ist aber meist durch den Gesellschaftsvertrag für eine festgelegte Dauer von Jahren ausgeschlossen.[133] Die Nichtaufnahme weiterer Anleger beruht dabei lediglich auf einem Entschluss oder auf der Zweckerreichung, nicht aber auf rechtlichen Zwängen.[134]

2.3.3 Anlegerzielgruppe

Investmentfonds haben zudem grds. einen Fokus auf bestimmte Anlegertypen, d.h. private oder institutionelle Anleger.

Fällen nach den allgemeinen Regeln erfolgt (bspw. §§ 15 Abs. 3 Nr. 2; 23 Abs. 1 S. 1 EStG). Vgl. Dorn, Investmentsteuerrecht, S. 9 f.

130 Vgl. Lau, Ratgeber Investmentfonds, S. 59; Baur, Investmentgesetze, 1. Aufl., S. 9.
Geschlossene Investmentfonds werden oft auf zehn Jahre u.ä. aufgelegt und finanzieren meist wenige größere Projekte oder ein einziges Großprojekt. Im Fokus liegen Immobilien, aber auch Flugzeuge oder Schiffe. Eine besondere Diversifikation ist dadurch nicht gegeben. Zudem kann durch die Kapitalbindung schlechter negativen Trends entgegengewirkt werden. Eine entsprechende Umstrukturierung des Anlagekapitals gestaltet sich äußerst schwierig bis unmöglich.

131 Päsler, Hdb. Vermögensanlage, 339 (344).

132 Harbeck, Geldanlage mit Investmentfonds, S. 17.

133 Dorn, Investmentsteuerrecht, S. 11.

134 Dorn, Investmentsteuerrecht, S. 12.

2.3.3.1 Publikumsfonds (für private Anleger)

Ausgehend vom Grundgedanken der Investmentidee, dass das Geld des kleinen Anlegers eingesammelt werden soll, sind Privatanleger regelmäßig die Hauptzielgruppe von Investmentfonds. Gleichwohl stehen Publikumsfonds auch allen anderen Anlegern offen.[135] Anteile daran können nicht nur von einer unbegrenzten Anzahl von privaten Kleinanlegern, sondern auch von institutionellen Investoren erworben werden (vgl. § 1 Abs. 6 S. 2 KAGB). Sie werden öffentlich vertrieben.

Die Investoren sind regelmäßig anonym und werden von unterschiedlichen Motivationen getrieben. Aufgrund dessen ist es verständlich, dass sie bei dieser Form der Investmentfonds keinen Einfluss auf die Investmentstrategie haben.[136] Auch ein weitergehendes Mitspracherecht, welches dieses Defizit ausgleichen würde, gibt es nicht. Vielmehr soll allein die Zugänglichmachung dieser Investitionsmöglichkeit für den Sparer schon Anreiz genug sein. Ohnehin wird von dieser Zielgruppe gerade die Expertise eines Fondsmanagers regelmäßig gesucht, anstatt sie untergraben zu wollen.

2.3.3.2 Spezialfonds (für institutionelle Anleger)

Spezialfonds werden grds.[137] nur für institutionelle Investoren aufgelegt, die die Verwaltung ihrer Vermögensbestände auf den Fonds übertragen.[138] Derartige (semi-) professionelle Anleger i.S.d. § 1 Abs. 6 S. 1 KAGB i.V.m. § 1 Abs. 19 Nr. 32, Nr. 33 KAGB sind bspw. Versicherungsgesellschaften, Pensionskassen, betriebliche Unterstützungskassen und Stiftungen.

---

135 Lehmann, Grundriss des Bank- und Kapitalmarktrechts, § 12, Rn. 450.

136 Schöffel, Hdb. Immobilieninvestments, 253 (271).

137 Privatanlegern ist es grds. verwehrt, an Spezialfonds zu partizipieren. Allenfalls mittelbar, d.h. im Wege eines sog. Vorschaltvehikels, ist dies dennoch möglich. Vgl. Dorn, Investmentsteuerrecht, S. 17; Hertz-Eichenrode/Illenberger/Jesch/Keller/Klebeck/Rocholl, Private-Equity-Lexikon, „Special Purpose Vehicle", S. 184.

138 Perridon/Steiner/Rathgeber, Finanzwirtschaft der Unternehmung, S. 325; vgl. BaFin, „Auslegungsschreiben zum Anwendungsbereich des KAGB und zum Begriff des „Investmentvermögens"", 14.6.2013, Tz. I.4. (abrufbar unter: www.bafin.de/SharedDocs/Veroeffentlichungen/DE/Auslegungsentscheidung/WA/ae_130614_Anwendungsber_KAGB_begriff_invvermoegen.html – letztes Abrufdatum: 19.10.2021).

Da bei Spezialfonds Anleger und Fondsgesellschaft eng zusammenarbeiten sowie von einem institutionellen Investor Erfahrung und Know-how im Wertpapiergeschäft erwartet werden, gelten für Spezialfonds weniger strenge Veröffentlichungspflichten und Schutzvorschriften.[139] Aufgrund ihrer besonderen Kenntnisse verwundert es nicht, dass diesen Anlegern ein Mitspracherecht zugestanden wird.[140]

2.3.4 Anlagepolitik

Überdies können Investmentfonds grds. aktiv oder passiv verwaltet werden.

2.3.4.1 Aktiv verwaltete Investmentfonds

Aktiv verwaltete Investmentfonds werden durch einen Fondsmanager gemanagt. Sie stehen und fallen mit dessen Qualität, d.h. der Erfahrung für die Kapitalmärkte.

Der Fondsmanager hat eine eigene Strategie.[141] Er muss sich nicht an die Zusammensetzung des Index halten, sondern kann strukturell davon abweichen.[142] Dabei versucht er, durch gezielte Über- oder Untergewichtungen von Ländern, Branchen oder Einzelwerten einen bestimmten Vergleichsmaßstab für seinen Investmentfonds (Benchmark) zu schlagen.[143]

Die aktiven Beeinflussungen durch die Geschicke einer Einzelperson müssen durch eine Managementgebühr erkauft werden. Dieser Kostenanteil ist stets von der Rendite abzuziehen. Schon allein deshalb gelingt es den meisten Fondsmanagern nicht, ihren Benchmark zu schlagen.[144] Daher ist es nicht verwunderlich, dass die Performance aktiv gemanagter Investmentfonds in der Vergangenheit schlechter war als diejenige von passiven Fonds.[145]

---

139 Dembowski, Hdb. Investmentfonds, S. 168.
140 Vgl. Eller/Heinrich/Perrot/Reif, Kompaktwissen Risikomanagement, S. 129; Trenner, Aktienanalyse und Anlegerverhalten, S. 227.
141 Vgl. Gygax, Hdb. der Wertpapieranlage, 578 (584).
142 Dembowski, Hdb. Investmentfonds, S. 244.
143 Lau, Ratgeber Investmentfonds, S. 62.
144 den Otter, Investmentfonds, S. 83.
145 Vgl. Jones, Das krisensichere Portfolio, S. 252 ff.

2.3.4.1.1 Klassische Investmentfonds

Klassisches Unterscheidungskriterium hinsichtlich der strategischen Ausrichtung ist die gemäß der Anlagepolitik gewichtete Investition in die jeweiligen Vermögensgegenstände (sog. Assets[146]).

Neben diesen Schwerpunktinvestments gibt es sog. gemischte Fonds, die grds. ohne ein konkretes Übergewicht in Aktien, festverzinsliche Wertpapiere etc. investieren. Sie können sich durch ihr breites Anlagespektrum von negativen Tendenzen in einzelnen Marktsegmenten lösen.[147] Diese wenigen Vorgaben bedeuten gleichsam eine gesteigerte Reaktionsgeschwindigkeit bzgl. der Quoteneinhaltung.

Aber gerade durch die Strategie des stetigen Wechselns steht der gemischte Fonds in der Gefahr, durch ein planloses Hin und Her hohe Umschichtungskosten zu produzieren, die sich negativ auf die Gesamtperformance auswirken.[148] Nicht umsonst sollte bei aktiv verwalteten Fonds die Anlageentscheidung dahin gehen, dass nicht in den Investmentfonds, sondern in den Investmentmanager investiert wird.

2.3.4.1.2 Spezialitätenfonds

Überdies können aktiv verwaltete Investmentfonds besondere Anlageschwerpunkte auf bestimmte Teilmärkte haben (bspw. Länder-, Rohstoff-, Geldmarkt-, Umwelt- oder Energiefonds). Mit den Spezialitätenfonds kann der Anleger aus geographisch oder branchenmäßig bedingten Konjunkturzyklen Nutzen ziehen.[149] Zudem kann er durch diese Segmentierung gezielt einzelne Märkte unterstützen oder aber sein Investment, sei es aus marktpolitischen, wirtschaftlichen oder ethischen Gründen, gezielt versagen.

---

146 Wichtige Assetklassen sind etwa Aktien und Immobilien, aber auch erneuerbare Energien, Schiffe, Flugzeuge etc.
Wann ein Investmentfonds überwiegend in ein Asset investiert und sich damit bspw. als Aktien- oder Immobilienfonds bezeichnen darf, bestimmt etwa § 2 Abs. 6, Abs. 9 InvStG. Vgl. § 4 Abs. 2 KAGB i.V.m. Art. 2 BaFin, „Fondskategorien-Richtlinie", 22.7.2013 (abrufbar unter: www.bafin.de/SharedDocs/Veroeffentlichungen/DE/Aufsichtsrecht/Richtlinie/rl_130722_fondskategorien.html – letztes Abrufdatum: 19.10.2021).

147 Demuth/Bustorf/Thiel, Investmentfonds, S. 69.

148 Lau, Ratgeber Investmentfonds, S. 85.

149 Gygax, Hdb. der Wertpapieranlage, 578 (594).

Dabei ist zu beachten, dass die Beschränkung auf Marktsegmente gleichzeitig stets die Reduzierung einer Risikodiversifikation mit sich bringt, wodurch das Anlagerisiko steigt.[150] Der Fokus auf Wirtschaftssektoren stellt zudem den Sachverstand des Fondsmanagers im besonderen Maße in den Mittelpunkt des Geschehens.[151]

2.3.4.1.3 Fondspicker

Sog. Fondspicker betreiben eine Form der Wertpapierauswahl i.R.d. Vermögensverwaltung, die aus allen am Markt angebotenen Investmentfonds die besten herauszupicken versucht.[152] Es geht mithin um das Fondspicking als Tätigkeit, d.h. einer regelmäßig auf Erfahrungswerten basierten Auswahl der Investmentfonds – in Entsprechung der Anlagemaßgaben – mit dem optimalsten Entwicklungspotenzial. Je nachdem, wie die erwartete Rendite eingeschätzt wird, erfolgt eine entsprechende Anlageentscheidung. Der Begriff wird meist bei professionellem Picking durch professionelle Vermögensverwalter verwendet, wenngleich gemäß der Definition grds. auch Privatanleger in Eigenregie und -verantwortung Fondspicking betreiben.[153]

Das Ziel ist es, Markttendenzen frühzeitig zu erkennen und zielgerichtet zu nutzen.[154] Dabei wird dem Diversifizierungsgedanken durch die Kombination verschiedener Fonds Rechnung getragen.[155]

Das entspricht im Allgemeinen dem selektiven Vorgehen eines Dachfonds.[156] Der Unterschied zur vorgenannten Kategorie der Fondspicker

150 Vgl. Demuth/Bustorf/Thiel, Investmentfonds, S. 59.

151 Vgl. Natter, Investmentfonds, S. 62.

152 Natter, Investmentfonds, S. 301; vgl. Natter, Grundwissen Investmentfonds, S. 139 ff.

153 Andres/Heuft, Vermögensverwaltung mit Fondspicking, S. 15.

154 Andres/Heuft, Vermögensverwaltung mit Fondspicking, S. 16.

155 Perridon/Steiner/Rathgeber, Finanzwirtschaft der Unternehmung, S. 327.

156 Dachfonds betreiben im Grunde Fondspicking für den Investor und investieren die Gelder in andere Fonds. Vgl. Baur, Investmentgesetze, 1. Aufl., S. 12; Baur, Investmentgesetze, Bd. 1, 2. Aufl., Einleitung I, Rn. 44; Kühn, Private Equity Investments, 29 (30 ff.); Rapp, Private-Equity, S. 68 f.; Wohlschlägl-Aschberger, Praxiswissen Finanzinstrumente, S. 56; Levedag, Münchener Hdb. des Gesellschaftsrechts, Bd. 2, 1823 (1899 f.).
Ähnliches gilt für Feeder-Fonds, die das Ganze bzw. den Großteil ihres Vermögens in einen Master-Fonds anlegen. Vgl. Baur, Investmentgesetze, Bd. 1, 2. Aufl., Einleitung I, Rnrn. 44 f.; Höring, Investmentrecht, § 11, Rnrn. 88 ff.;

besteht lediglich in einer (zwischengeschalteten) Ebenenperspektive. Ein Dachfonds qualifiziert regelmäßig selbst als Investmentfonds und investiert seinerseits sein Anlagevolumen in die ausgewählten Zielfonds. Daher werden bei Dachfonds die Anteilscheine an diesem ausgegeben.[157] Beim originären Fondspicking hingegen erfolgt die unmittelbare Beteiligung an den (Ziel-)Fonds.

Schwerpunkte gibt es i.S.e. bewussten Sortierung beim Fondspicking selten.[158] Dies ergibt sich jedoch oft von selbst, sodass die Streuung auf Investmentfondstypen, geographische Bereiche und Branchen zu einer entsprechenden Risikodiversifikation führt. Gleichzeitig setzt dies, wie bei allen aktiv verwalteten Investmentfonds, einen gewissen Grundstock an Erfahrung, Marktkenntnis und Weitsicht des Fondsmanagers voraus.

2.3.4.2 Passiv verwaltete Investmentfonds

Demgegenüber werden passiv verwaltete Fonds durch den Markt geleitet. Sie bilden vorab bestimmte Indizes nach, wobei es sich grds. um bekannte Marktindizes oder um nach den Investorenbedürfnissen konstruierte Indexportfolios handelt.[159] So wird bspw. der DAX als vordefinierter Börsenindex bestimmt und versucht, diesen so präzise und kostengünstig wie nur möglich nachzuempfinden.

Dies ist der einzige Verwaltungsanteil. Hierdurch werden einerseits Transaktionskosten gespart und wird andererseits gewährleistet, dass die Rendite diejenige des maßgeblichen Index erreicht.[160] Dass dabei der Index nicht übertroffen werden kann, wie es im denkbar besten Fall nur aktiv gemanagte Investmentfonds schaffen, liegt in der Natur der Sache. Er ist vielmehr Leitbild des passiv verwalteten Fonds.

Wohlschlägl-Aschberger, Praxiswissen Finanzinstrumente, S. 55; Zetzsche, Prinzipien der kollektiven Vermögensanlage, Habil., S. 819 ff.

157 Vgl. Andres/Heuft, Vermögensverwaltung mit Fondspicking, S. 44.

158 Da es per definitionem keinen Fokus gibt (anderenfalls wäre es bspw. ein Spezialitätenfonds), kann der Investor grds. nicht von den investitionssicheren Branchen – wie der Immobilienbranche – profitieren. Da anhand eines Auswahlverfahrens gleichwohl die vielversprechendsten Investmentfonds recherchiert werden, kann es (kurzfristig) zu Übertritten in die vorgenannten Kategorien kommen.

159 Perridon/Steiner/Rathgeber, Finanzwirtschaft der Unternehmung, S. 325 f.

160 Vgl. den Otter, Investmentfonds, S. 83 ff.

ETF sind referenznachbildende Indexfonds, die an der Börse gehandelt werden. Dies macht sie besonders attraktiv. Insoweit unterscheiden sie sich von den klassischen offenen Investmentfonds, bei denen der Kauf und Verkauf von Fondsanteilen i.d.R. direkt mit dem Fondsanbieter abgewickelt wird.[161] Ihnen sind ansonsten die identischen Vor- und Nachteile eines passiv verwalteten Fonds zuzuschreiben.

2.3.4.3 Tilted Funds

Einen Mittelweg zwischen aktiv und passiv gemanagten Fonds stellen die sog. Tilted Funds dar, die, ausgehend von einer Nachbildung eines vorab festgelegten Index, eine Übergewichtung bestimmter Werte vornehmen.[162] Zwar ist und bleibt der Großteil des Fonds indexiert, gleichwohl wird bewusst durch eine Kombination mit dem Element des aktiven Managements versucht, schlechte Sektoren auszuschließen oder sich auf besser performende Bereiche zu konzentrieren.[163] Sie weisen einen sog. Tilt („Neigung“) auf und sind damit gegenüber einem bestimmten Faktor sensitiver als der Index (z.B. höhere Dividendenrendite).[164]

2.3.5 Ertragsverwendung

Aber auch die Ertragsverwendung kann als Gesichtspunkt der Klassifizierung dienen. Investmentfonds können die Erträge entweder ausschütten oder thesaurieren.

2.3.5.1 Ausschüttende Investmentfonds

Investmentfonds, die an ihre Anteilseigner die erzielten Erträge weitergeben, werden als ausschüttende Investmentfonds bezeichnet. Im Ergebnis

---

161 Deutsche Bundesbank, Monatsbericht, Oktober 2018, S. 83 (abrufbar unter: www.bundesbank.de/resource/blob/764254/548f430a5ff7d61c9d237cb7ba157fd4/mL/2018-10-monatsbericht-data.pdf – letztes Abrufdatum: 19.10.2021).

162 Perridon/Steiner/Rathgeber, Finanzwirtschaft der Unternehmung, S. 326.

163 Vgl. Steiner/Bruns/Stöckl, Wertpapiermanagement, S. 318; Willnow, Derivative Finanzinstrumente, S. 147; Foley, Capital Markets, S. 192; Haslem, Mutual Funds, S. 237.

164 Willnow, Derivative Finanzinstrumente, S. 147.

stellen die Ausschüttungen des Fonds eine Reduzierung des Fondswerts und schlussendlich des Preises dar. Denn am Tag der Ausschüttung wird der Ausschüttungsbetrag dem Fondsvermögen entnommen, wodurch sich bei gleichbleibender Anzahl von Anteilen ein niedrigerer Fondspreis errechnet.[165] Damit fällt der Anteilswert. Im Zuge einer sofortigen Wiederanlage kann dann die Anzahl der Anteile bei gleichbleibendem Vermögen vermehrt werden. Das Vermögen des Anlegers verändert sich damit nur aufgrund der täglichen Schwankungen.[166]

Diese Fonds, welche die anfallenden Zinsen und Dividenden sowie Gewinne aus der Veräußerung von Wertpapieren ausschütten, sind für solche Anleger geeignet, die über die Weiterverwendung der Erträge selbst verfügen wollen, bspw. indem sie die Erträge verbrauchen, um ihren Lebensunterhalt zu finanzieren oder weil sie zusätzliche Einnahmen i.R.d. Altersversorgung benötigen.[167] Die gewonnene Liquidität bedeutet eine gewisse Planungssicherheit, wenngleich diese durch Ausschüttungskosten erkauft wird. Denn grds. gehen regelmäßige Ausschüttungen mit einem erhöhten Verwaltungsaufwand – auch auf Seiten des Anlegers – einher.[168]

2.3.5.2 Vollthesaurierende Investmentfonds

Vollthesaurierende[169] Investmentfonds behalten im Gegensatz zu den ausschüttenden Fonds die erwirtschafteten Erträge insgesamt zur Substanzstärkung ein.[170] Dies ist gesetzlich nicht verboten. Die entsprechenden Anteilswerte erhöhen sich um den nicht erfolgten Ausschüttungsbetrag. Das Vermögen steigt – ähnlich einem Sparbuch – im Wege der Nutzung des Zinseszinseffekts[171] kontinuierlich.

---

165 Raab, Grundlagen des Investmentfondsgeschäftes, S. 258.

166 Foitzik/Schmidt/Schwarz, Finanzdienstleistungen, S. 253.

167 Päsler, Hdb. des Investmentsparens, S. 16.
Insoweit ist für die Planung beachtlich, dass es Fonds gibt, die hinsichtlich ihrer Ausschüttungen bspw. einem Jahres-, Quartals- oder Monatsturnus folgen.

168 Dembowski, Hdb. Investmentfonds, S. 46.

169 Der Begriff der Thesaurierung hat seinen Ursprung im lateinischen Wort „thesaurus" bzw. im griechischen Ausdruck „thesauros" und bedeutet soviel wie Vorrat bzw. Schatz. Vgl. Kluge, Etymologisches Wörterbuch, „Thesaurus", S. 916.

170 Görg, Das Wichtigste über Investmentfonds, S. 31.

171 Vgl. Albrecht, Finanzmathematik für Wirtschaftswissenschaftler, S. 11 ff.; Auer/Seitz, Grundkurs Wirtschaftsmathematik, S. 73 ff.; Kosiol, Finanzmathematik, S. 36 ff.; Kruschwitz, Finanzmathematik, S. 8 ff.

Thesaurierende Fonds eignen sich besonders für Anleger, die ausschließlich am Wachstum ihrer Anlage interessiert und nicht auf laufende Erträge angewiesen sind bzw. regelmäßige Ausschüttungen nicht wünschen.[172] Dabei steht der langfristige Aufbau des Vermögens im Vordergrund. Zudem fallen etwaige Kosten einer Ausschüttung, mangels einer solchen, nicht an.

2.3.5.3 Teilthesaurierende bzw. -ausschüttende Investmentfonds

Gleichwohl gibt es zwischen den vorgenannten Ertragsverwendungen vielgestaltige Mittelwege. So ist es Investmentfonds möglich, einen Teil des Erwirtschafteten zu thesaurieren und einen anderen Anteil hiervon an die Investoren auszuschütten.[173]

In welchem Umfang eine teilweise Thesaurierung bzw. Ausschüttung erfolgt, ist von Gesetzes wegen nicht vorgegeben. Vielmehr kann dies aufgrund strategischer Bedürfnisse oder den angemeldeten Ansprüchen der Anleger in die ein oder andere Richtung tendieren. Die Gründe hierfür können facettenreich sein.

2.4 *Volkswirtschaftliche Bedeutung der Investmentanlage*

Investmentfonds stellen eine wichtige Säule einer liberalen, marktwirtschaftlich orientierten Wirtschaftsverfassung dar.[174] Sie sammeln Kapital ein und steuern dieses. Investmentfonds erlangen insbesondere volkswirtschaftliche Bedeutung i.R.v. sozial-, finanzmarkt- und kapitalmarktpolitischen Aspekten.

Damit ist der volkswirtschaftliche Stellenwert des Investmentsparens nicht nur in Anbetracht der steigenden Nachfragetendenzen enorm. Diese Tragweite der Investmentanlage untermauert in der Folge die Notwendigkeit eines funktionierenden Steuersystems auf nationaler, aber auch auf internationaler – grenzüberschreitender – Ebene.[175]

---

172 Päsler, Hdb. des Investmentsparens, S. 16.

173 Vgl. Jansen in Farkas-Richling/Fischer/Richter, Private Banking und Family Office, S. 303.

174 Dorn, Investmentsteuerrecht, S. 8; vgl. BT-Drs. 1957 II/2973 (neu), 1.

175 Vgl. Kronat, Die Besteuerung von Wertpapier-Investmentfonds, Diss., S. 1. Vgl. zu aktienmarkt-, währungs-, sozial- sowie arbeitsmarktpolitischen Erwägungen: Barocka, Investment-Sparen und Investment-Gesellschaft, S. 32 ff.

2.4.1 Sozialpolitische Aspekte

Zunächst ist eine aktive Bevölkerungsbeteiligung an der Bildung von Produktivkapital für die Erhaltung der sozialen Marktwirtschaft wichtig.[176] Notwendigerweise bedarf es für den Privatanleger eines vertrauenswürdigen Anlagekonzepts, welches geeignet ist, Sorgen zu streuen und dessen Bedürfnissen gerecht zu werden. Die Faktoren Risikostreuung, Vermögensverwaltung und Interessenvertretung tragen dazu bei, weiten Bevölkerungskreisen die Kapitalmarktbeteiligung zu ermöglichen, die ihnen sonst verschlossen bliebe.[177]

Zwar wurde in der Geschichte wirtschaftspolitisch zunächst nur die innerbetriebliche Vermögensbildung – i.S.e. staatlichen Förderung einer Beteiligung der Arbeitnehmer am Unternehmen des Arbeitgebers – bevorzugt.[178] Im Lichte der Gleichbehandlung mit anderen Unternehmen, den freien Berufen und öffentlichen Körperschaften, die zur Ausgabe eigener Beteiligungspapiere nicht in der Lage waren, wurde das Investmentsparen in der Folge auch außerbetrieblich ermöglicht.[179]

Als zweiter Aspekt ist zu erwähnen, dass durch die Investmentfondsanlage gewisse Inflationsgefahren bekämpft werden. Die Bildung von Kapital anstelle des Verbrauchs von Einkommen ist eines der entscheidenden Mittel, die Güterproduktion mit der Nachfrage im Gleichgewicht zu halten und einer Verminderung der Kaufkraft des Geldes entgegenzuwirken.[180]

Sozialpolitisch rückt als dritter Gesichtspunkt der individuelle Vermögensaufbau i.R.d. Altersvorsorge verstärkt in den Mittelpunkt. Sie ist in Deutschland – historisch – auf drei Säulen aufgebaut: der gesetzlichen, betrieblichen sowie privaten Altersvorsorge.[181] Zwar stellt der Generationenvertrag[182] grds. ein probates Mittel für den Erhalt des Lebensstandards im Alter dar[183], jedoch ist die Grundlage des vieldiskutierten Vertrags

---

176 Lau, Ratgeber Investmentfonds, S. 19; Laux/Päsler, Wertpapier-Investmentfonds, S. 14; vgl. Schäcker, Entwicklung und System des Investmentsparens, S. 33; von Caemmerer, JZ 1958, 41 (44).

177 Kronat, Die Besteuerung von Wertpapier-Investmentfonds, Diss., S. 2.

178 Laux/Päsler, Wertpapier-Investmentfonds, S. 14.

179 Lau, Ratgeber Investmentfonds, S. 20.

180 Barocka, Investment-Sparen und Investment-Gesellschaft, S. 32 f.

181 Ilg, Die Altersversorgung, S. 3; Tepper, Die drei Säulen der Altersvorsorge, S. 39 ff.

182 Es handelt sich hierbei um einen informellen Solidarpakt zwischen den Generationen. Vgl. Schaller, Der neue Generationenvertrag, 70 (70 ff.); Velladics, Generationenvertrag und demographischer Wandel, Diss., S. 63.

183 Schmitz, Private Altersvorsorge, S. 12.

aus demographischen Gründen in eine Schieflage geraten, wodurch die private Altersvorsorge zunehmend an Bedeutung gewinnt. Die gesetzliche Rentenversicherung kann nicht mehr als (alleinig) ausreichend angesehen werden.[184] Der individuelle Vermögensaufbau ist damit in einem sozialen Rechtsstaat eine zwingende Notwendigkeit, wenn die zweifellos vorhandenen Unterschiede in der Altersversorgung wenigstens teilweise abgemildert werden sollen.[185] Diese Lücke kann durch das Fondssparen geschlossen werden. In zunehmender Art und Weise gilt dies auch für die betriebliche Altersvorsorge. Eine stärkere Einbindung des Investmentgedankens erscheint ebenso i.R.v. Pensionszusagen unausweichlich.[186]

2.4.2 Finanzmarktpolitische Aspekte

Investmentfonds haben aus finanzmarktpolitischer Perspektive eine herausragende Bedeutung. Der Investitionsbedarf der Wirtschaft muss, soweit er nicht durch Selbstfinanzierung aufgebracht werden kann, durch Beteiligungsfinanzierung und Aufnahme von Leihkapital gedeckt werden.[187] Dieses Bedürfnis gilt es zu befriedigen, um eine intakte ökonomische Landschaft zu erhalten. Das gelingt Investmentfonds, da sie anlagebereite Spargelder kanalisieren und an den Kapitalmarkt weiterleiten, wodurch sie die Finanzierungskraft der Unternehmen erhöhen und dadurch zu einer positiven Entwicklung der Volkswirtschaft beitragen.[188] Dies sichert den Zufluss liquider Mittel in den Wirtschaftskreislauf.

Dabei treffen oftmals kurz- bis mittelfristig getätigte Anlagen des Investors auf das langfristige Kapitalbedürfnis am Markt. Dies bedeutet grds. einen Interessenkonflikt. Investmentfonds lösen diese Krux, indem sie die Mittel, die der Anleger kurz- oder mittelfristig zur Verfügung stellen will, zu in den Unternehmen langfristig zur Verfügung stehendes Kapital transformieren.[189] Will der Anleger seine Investition zurück, dann bleibt das Engagement eines Fonds in das Asset grds. unberührt.[190]

Daneben kommt Investmentfonds eine Markterweiterungsfunktion zu. Da inzwischen die größeren Vermögen in aller Regel fest angelegt sind,

184 Vgl. Henke, Investmentfonds in der Altersversorgung, Diss., S. 25 ff.
185 Lau, Ratgeber Investmentfonds, S. 20.
186 Täske, FS Flick, 587 (589 f.).
187 Barocka, Investment-Sparen und Investment-Gesellschaft, S. 27.
188 Lau, Ratgeber Investmentfonds, S. 21.
189 Kronat, Die Besteuerung von Wertpapier-Investmentfonds, Diss., S. 3.
190 Kronat, Die Besteuerung von Wertpapier-Investmentfonds, Diss., S. 3.

d.h. von ihnen kein Zufluss mehr erwartet werden kann, muss man versuchen, dem Kapitalmarkt neue Quellen zu erschließen.[191] Dies betrifft insbesondere die potenziellen (privaten) Investoren, die ihr Geld bisher lediglich in die gängigen Sparanlagen angelegt haben.

2.4.3 Kapitalmarktpolitische Aspekte

Ferner sind ein funktionsfähiger Wertpapierprimärmarkt und der daran anknüpfende Sekundärmarkt von fundamentaler Bedeutung für die volkswirtschaftliche Kapitalversorgung.[192]

Primärmarkt ist der erste Angebot-Nachfrage-Markt. Auf diesem treffen der Emittent der Wertpapiere und der potenzielle Investor aufeinander. Soweit Finanzierungstitel vom Inhaber auch an Dritte veräußert werden dürfen, kann neben dem Primär- ein Sekundärmarkt entstehen, auf welchem bestehende Finanzierungstitel gehandelt werden.[193] Der Zyklus eines Wertpapiers geht folglich zunächst über den Erstmarkt und mündet im Zweitmarkt, auf dem es dann seitens der Anleger zirkuliert (sog. Zirkulationsmarkt[194]).

Beide Märkte zeichnen Auswirkungen für- und gegeneinander. Denn wer Kapital anlegen will, indem er es gegen künftig zu leistende Zahlungen einem Unternehmen zur Verfügung stellt, ist Anbieter von Kapital, zugleich aber auch Nachfrager nach Finanzierungstiteln.[195] Dabei wird ein potenzieller Investor eher zum Kauf tendieren, wenn er sich einer Wiederverkaufsmöglichkeit des Wertpapieres (ggf. mit Kostenaufschlägen) sicher ist. Die Funktionsfähigkeit des Sekundärmarkts fördert damit die Entscheidungsfreude am Primärmarkt i.R.d. Erstemission und schließlich gleichzeitig den Sekundärmarkt selbst. Da Fonds das eingesammelte An-

---

191 Schäcker, Entwicklung und System des Investmentsparens, S. 32.

192 Lau, Ratgeber Investmentfonds, S. 22.

193 Franke/Hax, Finanzwirtschaft, S. 32.
Für geschlossene Investmentfonds existiert grds. ein Sekundärmarkt, wenngleich dieser kleiner ist als bei offenen Investmentfonds. Dies fußt nicht zuletzt auf der Tatsache, dass die Zielgruppe der potenziellen (Zweit-)Käufer geringer ist; einerseits aufgrund der regelmäßig nicht vorhandenen Bereitschaft, sein Geld für einen vordefinierten Zeitraum zu binden und andererseits aufgrund der grds. eingedämmten Fungibilität der Anteile.

194 Vgl. Loistl, Grundzüge der betrieblichen Kapitalwirtschaft, S. 220; Staehle, Die Schuldscheindarlehen, S. 71 ff.

195 Franke/Hax, Finanzwirtschaft, S. 32.

legerkapital rentabel anzulegen und auf die Marktveränderungen durch Umschichtungen zu reagieren haben, kommt dies einer Sekundärmarktstärkung gleich.[196]

Parallel tragen Investmentfonds zur Stabilität des Finanzmarkts bei. Der private Anleger verhält sich im Allgemeinen prozyklisch, d.h., dass er in der Hausse (bei steigenden Kursen) kauft und in der Baisse (bei sinkenden Kursen) verkauft.[197] Durch dieses großflächige Investorenverhalten nimmt die Kurstendenz entsprechend Schaden. Derartige Einbußen fielen noch gravierender aus, wenn nicht insbesondere Investmentfonds über ein bewusst antizyklisches – meist perspektivisch orientiertes – Verhalten eine Marktausgleichsfunktion ausüben würden.[198]

Als Ausfluss des Vorgenannten kommt Fonds zudem eine wesentliche Informationsfunktion bzgl. des aktuellen Marktgeschehens zu.[199] Informationen über die Kapitalmärkte und den Finanzsektor werden zusammengetragen, gesichtet, aufbereitet und den Anlegern sowie der interessierten Öffentlichkeit zur Verfügung gestellt.[200] Mit dem Wissen können zielgerichtet (Re-)Investitionen forciert werden.

Zuletzt wurde allerdings das sog. common ownership[201] und dessen Folgen als finanz- bzw. kapitalmarktpolitische Kritikpunkte der Investmentanlage betrachtet. Dabei geht es darum, dass einzelne Investoren sich mit Minderheitsbeteiligungen an Wettbewerbern innerhalb ein und desselben relevanten Markts beteiligen, was schließlich zu einem Absinken der Wettbewerbsintensität führen kann.[202] Denn gerade das Interesse am Gesamtwachstum einer Branche schmälert die Konkurrenz innerhalb dieses Teilmarkts. Problematisch ist folglich die entsprechende Machtkonzentration

---

196 Laux/Päsler, Wertpapier-Investmentfonds, S. 20 f.

197 Lau, Ratgeber Investmentfonds, S. 22; vgl. Kaderli, Das Geheimnis der Börse, S. 179 ff.

198 Laux/Päsler, Wertpapier-Investmentfonds, S. 21.

199 Vgl. Dorn, Investmentsteuerrecht, S. 14.

200 Dorn, Investmentsteuerrecht, S. 14.

201 Vgl. Monopolkommission, XXII. Hauptgutachten, Wettbewerb 2018, S. 89 ff.; BT-Drs. 19/6675, S. 1; Schwalbe, WuW 2020, 130 (130 ff.); Schwalbe, WuW 2020, 191 (191 ff.); Seitz, NZKart 2021, 225 (225 ff.); Rosati/Bomprezzi/Ferraresi/Frigo/Nardo, Common Shareholding in Europe, 2020, S. 1 ff. (abrufbar unter: https://publications.jrc.ec.europa.eu/repository/handle/JRC121476 – letztes Abrufdatum: 30.4.2022).

202 Thomas in Immenga/Mestmäcker, Wettbewerbsrecht, Bd. 3, § 36 GWB, Rn. 360.

und der damit einhergehende Markteinfluss.[203] Dieser Mangel an Wettbewerb kann zu Wohlstandsverlusten für Verbraucher und die Gesamtwirtschaft führen.[204]

203 Vgl. Rosati/Bomprezzi/Ferraresi/Frigo/Nardo, Common Shareholding in Europe, 2020, S. 4 (abrufbar unter: https://publications.jrc.ec.europa.eu/repository/handle/JRC121476 – letztes Abrufdatum: 30.4.2022).

204 BT-Drs. 19/6675, S. 1.

3 Grundlagen und Entwicklung des Rechts der Investmentfonds

„Rechtspolitisch ging es vor allem darum, richtig abzuwägen, welche Sicherungen getroffen werden mussten, um unsolides Geschäftsgebaren und verlustbringende Manipulationen zu verhindern, die dem in Deutschland noch jungen Investmentgedanken Abbruch tun könnten. Traf man keine ausreichenden Sicherungen, so waren nach den Erfahrungen des Auslands Mißbräuche – sei es auch nur von Außenseitern – kaum auszuschließen. Schaltete man zur Abwehr allein die Bankenaufsicht ein, so wäre diese leicht überfordert worden. Ging man dagegen in den gesetzlichen Bindungen zu weit, so konnte man die Entwicklung leicht hemmen statt sie zu fördern."

Ernst von Caemmerer[205]

3.1 Beziehungen und Akteure im Investmentdreieck

Das investmentrechtliche Anlagekonstrukt ist geprägt von engmaschigen Verflechtungen der Rechte und Pflichten der Beteiligten untereinander. Im Mittelpunkt der Beziehungen steht das Investmentvermögen. Um dieses herum existiert das sog. Investmentdreieck[206]. Die zwischen den Beteiligten geschlossenen Verträge sind zwar durchgängig bilateral, beeinflussen aber auch die Rechtsstellungen von an dieser Vertragsbeziehung nicht unmittelbar Beteiligten.[207] Dabei bildet das Investmentvermögen aber selbst keinen Baustein dieser aufsichtsrechtlichen Anordnung, sondern stellt sich vielmehr als Ausfluss der vorgenannten Rechtsverhältnisse dar. Ausgehend vom Betrachtungsschwerpunkt auf die rechtlichen Verhältnisse oder die wirtschaftlichen Sachverhalte werden die Eckpunkte und Kanten des Dreiecks unterschiedlich definiert.[208]

---

205 von Caemmerer, JZ 1958, 41 (44).

206 Teilweise wird bei einem Konstrukt mit einer externen Kapitalverwaltungsgesellschaft von einem sog. Investmentviereck gesprochen. Vgl. Dorn, Investmentsteuerrecht, S. 54; Zetzsche, FS Köndgen, 677 (680); Hoch/Preller, BKR 2019, 22 (22 ff.).

207 Hoch/Preller, BKR 2019, 22 (22).

208 Oldenburg, Ein Marktprozeßansatz in der Analyse des KAGG, Diss., S. 77.

Für das Investmentdreieck gilt: Anleger sind als Investoren an einem Investmentvermögen – welches als Bündelungsvehikel fungiert – beteiligt, das von einer Kapitalverwaltungsgesellschaft verwaltet und organisatorisch getrennt von einer Verwahrstelle gehalten wird.[209] Die Aufgaben der Akteure sind klar (gesetzlich) definiert. Diese institutionelle Trennung dient dem Anlegerschutz und zugleich dem Schutz der Kapitalmärkte.[210] All dies wird durch die BaFin überwacht. Sie kontrolliert im Interesse der Anleger sowohl die Kapitalverwaltungsgesellschaft als auch die Verwahrstelle im Hinblick auf die Einhaltung der gesetzlichen Vorschriften.[211]

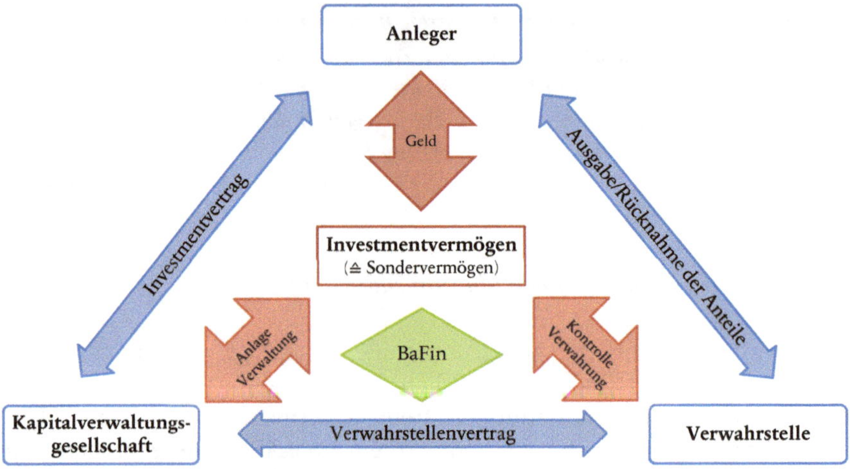

Abbildung 2: Investmentdreieck.

Quelle: Vgl. Seip, Investmentfonds, 13 (19); BVI, „Offene Investmentfonds, Flexibel und vor Insolvenz geschützt", 4.2014, S. 8 (abrufbar unter: www.bvi.de/uploads/tx_bvibcenter/BVI_2014_Offene_Investmentfonds_.pdf – letztes Abrufdatum: 19.10.2021).

209 Dorn, Investmentsteuerrecht, S. 54.

210 Vgl. Jakovou in Langenbucher/Bliesener/Spindler, Bankrecht, Kap. 39, Rn. 175; Hoch/Preller, BKR 2019, 22 (24).

211 Vgl. Emde in Emde/Dornseifer/Dreibus/Hölscher, InvG, Einleitung, Rn. 33; Braus, Investmentfonds, 61 (70).

3.1.1 Anleger

Im Fokus der Konstruktion steht die Rechtsbeziehung zwischen dem Anleger und der Kapitalverwaltungsgesellschaft.[212] Der Anleger ist die Quelle des Geldstromes. Er zahlt zunächst das zu investierende Geld in das Investmentvermögen ein. Als Anleger kommen sowohl professionelle (vgl. § 1 Abs. 19 Nr. 32 KAGB), semiprofessionelle Anleger (vgl. § 1 Abs. 19 Nr. 33 KAGB) als auch Privatanleger (vgl. § 1 Abs. 19 Nr. 31 KAGB) in Betracht.

Professioneller Anleger ist jeder Anleger i.S.d. Richtlinie 2014/65/EU[213]. Zu dieser Anlegergruppe gehören die sog. geborenen professionellen Kunden, wie bspw. regulierte Unternehmen (Kreditinstitute, Wertpapierfirmen und Versicherungsunternehmen) aber auch nicht regulierte Unternehmen, wenn diese bestimmte Finanzkennzahlen erfüllen oder deren Haupttätigkeit in der Anlage von Finanzinstrumenten besteht, sowie die sog. gekorenen professionellen Kunden, welche nur auf Antrag als professionelle Anleger behandelt werden.[214]

Semiprofessioneller Anleger ist u.a. gemäß § 1 Abs. 19 Nr. 33 lit. a) lit. aa) bis cc) KAGB derjenige, (1) der sich verpflichtet, mindestens 200.000 € zu investieren, (2) schriftlich in einem vom Vertrag über die Investitionsverpflichtung getrennten Dokument angibt, dass er sich der Risiken im Zusammenhang mit der beabsichtigten Verpflichtung oder Investition bewusst ist sowie insbesondere (3) über einen entsprechenden Sachverstand, die notwendige Erfahrung und Kenntnisse verfügt (sog. Kompetenzerklärung). Sofern er allerdings eine Verpflichtung eingeht, einen Betrag i.H.v. mindestens 10 Millionen € zu investieren, bedarf es keiner weiteren Voraussetzungen (vgl. § 1 Abs. 19 Nr. 33 lit. c) KAGB). Daneben sind grds. Geschäftsleiter, Mitarbeiter oder sonstige Risikoträger der Kapitalverwaltungsgesellschaft sowie bestimmte Rechtsformen per se semiprofessionelle Anleger (vgl. § 1 Abs. 19 Nr. 33 lit. b), lit. d) KAGB).

Alle anderen Investoren sind Privatanleger i.S.d. § 1 Abs. 19 Nr. 31 KAGB.

Die konkrete Anlegereigenschaft wird in Anbetracht der Fondsspezifika relevant und letztlich determiniert, d.h., dass die Einteilung der An-

---

212 Jakovou in Langenbucher/Bliesener/Spindler, Bankrecht, Kap. 39, Rn. 174.

213 Richtlinie 2014/65/EU des Europäischen Parlaments und des Rates vom 15.5.2014 über Märkte für Finanzinstrumente sowie zur Änderung der Richtlinien 2002/92/EG und 2011/61/EU – ABl. EU 2014, Nr. L 173, 349.

214 Dorn, Investmentsteuerrecht, S. 55.

leger auf einer dem Anlegerschutz unterfallenden Ausgestaltung der Anlagemöglichkeiten fußt. Daher existieren – je nach Erfahrungsgrad und Kompetenz, der sich aufgrund vorgenannter Einteilung ergibt – spezielle Vorschriften für den Vertrieb und den Erwerb von Investmentvermögen (vgl. §§ 293 ff. KAGB), d.h. von AIF[215] (vgl. § 1 Abs. 3 KAGB) sowie von OGAW[216] (§vgl. 1 Abs. 2 KAGB).

Der Erstkontakt des Anlegers mit der Kapitalverwaltungsgesellschaft erfolgt häufig über ein Bankinstitut, welches die Fondsanteile vertreibt. Im Hinblick auf börsengehandelte Anteile ist zunehmend ein direkter Kauf bzw. Verkauf vom Fondsanbieter zu beobachten. Das Verhältnis mündet im Abschluss des sog. Investmentvertrags. Zivilrechtlich wird dieser nahezu einheitlich als Geschäftsbesorgungsvertrag i.S.d. § 675 Abs. 1 BGB, welcher eine Dienstleistung gemäß §§ 611 ff. BGB zum Inhalt hat, klassifiziert.[217] Hiernach verpflichtet sich der Anleger, einem bestimmten Investmentvermögen Kapital zuzuführen und im Gegenzug verpflichtet sich die Kapitalverwaltungsgesellschaft, das Investmentvermögen für gemeinschaftliche Rechnung der Kapitalgeber gegen eine Vergütung zu verwalten.[218] Zentraler Vertragsbestandteil ist, dass die Kapitalverwaltungsgesellschaft ausschließlich im Anlegerinteresse handelt (vgl. § 26 Abs. 1 KAGB). Ferner geben die Vertragsbedingungen der Kapitalverwaltungsgesellschaft vor,

---

215 Die AIF-Regelungen sehen für den Vertrieb an sowie den Erwerb durch Privatanleger strengere Auflagen vor als für andere Anlegergruppen. Vgl. Siering in Baas/Buck-Heeb/Werner, Anlegerschutzgesetze, § 295 KAGB, Rnrn. 116 ff.; Jansen in Emde/Dornseifer/Dreibus, KAGB, § 295, Rnrn. 2 ff.; Art. 43 Abs. 1 S. 2 der Richtlinie 2011/61/EU des Europäischen Parlaments und des Rates vom 8.6.2011 über die Verwalter alternativer Investmentfonds und zur Änderung der Richtlinien 2003/41/EG und 2009/65/EG und der Verordnungen (EG) Nr. 1060/2009 und (EU) Nr. 1095/2010 – ABl. EU 2011, Nr. L 174, 1.

216 OGAW werden international oftmals als UCITS bezeichnet.

217 Vgl. Schmitz in Berger/Steck/Lübbehüsen, InvG/InvStG, § 43 InvG, Rn. 6; Schödermeier/Baltzer in Brinkhaus/Scherer, KAGG/AuslInvestmG, § 15 KAGG, Rn. 8; Baur, Investmentgesetze, Bd. 1, 2. Aufl., § 15 KAGG, Rn. 5; Baur/Ziegler, Das Investmentgeschäft, Kap. E, Rnrn. 9/269; Lenenbach, Kapitalmarkt- und Börsenrecht, § 11, Rn. 11.22; Schäcker, Entwicklung und System des Investmentsparens, S. 55 ff.; Schönle, Bank- und Börsenrecht, S. 315; Eckhold/Balzer, Hdb. des Kapitalanlagerechts, 1061 (1111 f.); Klenk, Die rechtliche Behandlung des Investmentanteils, Diss., S. 12; Mauser, Anlegerschutzlücken, Diss., S. 69; Reuter, Investmentfonds und die Rechtsstellung der Anteilinhaber, Diss., S. 109; Seegebarth, Stellung und Haftung der Depotbank im Investment-Dreieck, Diss., S. 22; **a.A.:** Köndgen/Schmies, BankR-Hdb., Bd. 2, 1566 (1632); Ohl, Die Rechtsbeziehungen innerhalb des Investment-Dreiecks, Diss., S. 88 ff.

218 Jakovou in Langenbucher/Bliesener/Spindler, Bankrecht, Kap. 39, Rn. 176.

welche Beschränkungen sie bei der Verwaltung speziell zu beachten hat und prägen damit den Fondscharakter (sog. Produktwahrheit und -klarheit).[219]

Für das eingezahlte Sparkapital erhält der Anleger ein Wertpapier, das seine Ansprüche gegen die Kapitalverwaltungsgesellschaft auf Anlage und Verwaltung der Gelder, Ausschüttung der Erträge und Rücktausch der Anteile gegen Geld verbrieft.[220] Weitergehende Risiken treffen ihn nicht. Selbst wenn der Fonds überschuldet wäre, bliebe der Verlust des Anlegers auf das eingesetzte Kapital begrenzt.[221]

3.1.2 Kapitalverwaltungsgesellschaft

Die Kapitalverwaltungsgesellschaft ist die Fondsmanagerin des Investmentvermögens, die ohne BaFin-Erlaubnis bzw. -Registrierung keine Geschäfte betreiben darf.[222] Sie initiiert regelmäßig das Sondervermögen.[223]

Die Kapitalverwaltungsgesellschaft ist gemäß § 17 Abs. 1 S. 1 KAGB ein Unternehmen mit satzungsmäßigem Sitz und Hauptverwaltung im Inland, deren Geschäftsbetrieb darauf gerichtet ist, inländische Investmentvermögen, EU-Investmentvermögen oder ausländische AIF zu verwalten. Für jedes Investmentvermögen kann nur eine Gesellschaft zuständig sein (§ 17 Abs. 3 KAGB); jedoch kann eine solche mehrere Investmentvermögen verwalten. Das Rechtsverhältnis zum Investmentvermögen definiert sich wahlweise über die Miteigentums- oder Treuhandlösung (vgl. § 92 Abs. 1 S. 1 KAGB).[224]

Eine Kapitalverwaltungsgesellschaft kann als externe oder interne Gesellschaft in Erscheinung treten (vgl. § 17 Abs. 2 KAGB i.V.m. § 1 Abs. 12, Abs. 13 KAGB). D.h., dass sie entweder (a) eine – vom Investmentvermögen bzw. in dessen Namen bestellte und aufgrund dieser Bestellung für die Verwaltung des Investmentvermögens verantwortliche – eigenständige Gesellschaft oder (b) das Investmentvermögen selbst ist, wenn die Rechtsform des Investmentvermögens eine interne Verwaltung zulässt und der

219 Seip, Investmentfonds, 13 (19).
220 Klug, Offene Immobilienfonds, S. 9.
221 Seip, Investmentfonds, 13 (19).
222 Dorn, Investmentsteuerrecht, S. 56; Raab, Grundlagen des Investmentfondsgeschäftes, S. 52.
223 Vgl. Hoch/Preller, BKR 2019, 22 (23).
224 Vgl. 2.3.2.1.2.1.
Für Immobilien-Sondervermögen ist § 245 KAGB zu beachten.

Vorstand oder die Geschäftsführung des Investmentvermögens entscheidet, keine externe Kapitalverwaltungsgesellschaft zu bestellen. Im letzteren Fall wird das Investmentvermögen als Kapitalverwaltungsgesellschaft gemäß § 17 Abs. 2 Nr. 2 S. 2 KAGB zugelassen.

Ein Mindestanfangskapital ist in beiden Fällen von Nöten (vgl. § 25 Abs. 1 Nr. 1 KAGB). Vergleichbares gilt für die grds. vorherige Zulassung durch die BaFin (vgl. §§ 20 ff.; 44 KAGB). Ein Rechtstypenzwang existiert lediglich für externe Kapitalverwaltungsgesellschaften (vgl. § 18 Abs. 1 KAGB).

Ihre Hauptaufgabe ist die Verwaltung des Investmentvermögens (vgl. § 20 Abs. 2, Abs. 3 KAGB). Insoweit fällt die gesamte Anlagepolitik – nicht zuletzt aufgrund des Investmentvertrags mit dem Anleger[225] – in ihren Aufgabenbereich. Gegenstand der fortlaufenden Verwaltungspflicht ist insbesondere die Anlage des zugeführten Kapitals in nach den Anlagebedingungen zugelassene Vermögensgegenstände, die Wiederanlage der dem Investmentvermögen zugeflossenen Erträge, alternativ dazu die Gewinnausschüttung sowie die Vornahme etwaiger Umschichtungen.[226] Dabei muss nach § 17 Abs. 1 S. 2 KAGB im Mindestmaß, jedenfalls die Portfolioverwaltung oder das Risikomanagement – selbst oder im Wege der Aufgabenauslagerung (vgl. § 36 KAGB) – erbracht werden.

Es ist damit die grundlegende Aufgabe der Kapitalverwaltungsgesellschaft, das für Anlagezwecke zur Verfügung stehende Vermögen für Rechnung der Anleger zu verwalten und sicherzustellen, dass eine von ihr unabhängige Verwahrstelle mit der Verwahrung der Vermögensgegenstände bzw., wenn dies wie bspw. bei Immobilien nicht möglich ist, mit der laufenden Überwachung des Bestands beauftragt wird.[227] Dabei nimmt sie zugleich sowohl den spezifischen als auch den überindividuellen Anlegerschutz wahr.[228] So hat sie bspw. für offene inländische Investmentvermögen gemäß § 92 Abs. 1 S. 2 KAGB das Sondervermögen vom eigenen Vermögen getrennt zu halten. Dieses unterliegt damit keiner Haftung für Gesellschaftsverbindlichkeiten (vgl. § 93 Abs. 2 S. 1 KAGB) und ist insolvenzfest (vgl. § 99 Abs. 3 S. 2 KAGB).

Die rechtliche Beziehung und damit die Aufgabenverteilung zwischen der Kapitalverwaltungsgesellschaft und der Verwahrstelle ist ebenso gesetzlich determiniert. Der Kapitalverwaltungsgesellschaft ist es – aus Gründen

225 Vgl. 3.1.1.
226 Jakovou in Langenbucher/Bliesener/Spindler, Bankrecht, Kap. 39, Rn. 181.
227 Jakovou in Langenbucher/Bliesener/Spindler, Bankrecht, Kap. 39, Rn. 174.
228 Vgl. Dorn, Investmentsteuerrecht, S. 20.

des Anlegerschutzes – normativ verboten, das eingezahlte Geld selbst zu verwahren (vgl. §§ 68 Abs. 1, 80 Abs. 1 KAGB). Insofern muss sie hierfür eine Verwahrstelle beauftragen und mit ihr einen sog. Verwahrstellenvertrag (vgl. §§ 68 Abs. 1 S. 2; 80 Abs. 1 S. 2 KAGB) schließen. Dies ist ein typengemischter Vertrag, der Elemente eines Depot-, Dienst- bzw. Werk- und Geschäftsbesorgungsvertrags in sich vereint und dem grds. Drittwirkung mit Blick auf die Anleger zukommt.[229]

3.1.3 Verwahrstelle

Letzter Eckpunkt des Dreiecks ist die Verwahrstelle, welche eine Kontroll- und Verwahrungsfunktionen im Investmentdreieck wahrnimmt.

Sie ist grds. ein Kreditinstitut (vgl. §§ 68 Abs. 2; 80 Abs. 2 KAGB). Wenngleich sie oft innerhalb der Institutsgruppe wie die Kapitalverwaltungsgesellschaft befindlich ist, muss diese unabhängig von ihr agieren (vgl. §§ 70 Abs. 1; 85 Abs. 1 KAGB). Dies ist zentral für das Vertrauen der Anleger in die Institution eines Investmentfonds.[230] Die Unabhängigkeit wird u.a. dadurch sichergestellt, dass Geschäftsleiter, Prokuristen und die zum gesamten Geschäftsbetrieb ermächtigten Handlungsbevollmächtigten der Verwahrstelle nicht gleichzeitig Angestellte der Kapitalverwaltungsgesellschaft sein dürfen – dies gilt auch umgekehrt für den Leiter der Kapitalverwaltungsgesellschaft.[231]

Gleichwohl ist die Verwahrstelle verpflichtet, die Weisungen der Kapitalverwaltungsgesellschaft auszuführen, wenn diese im Interesse des Anlegers sind und nicht gegen das Gesetz oder die Vertragsbedingungen verstoßen.[232] In diesem Zuge wickelt sie den gesamten, in Zusammenhang mit dem Sondervermögen stehenden Zahlungsverkehr über gesonderte, gesperrte Konten ab und verwahrt die für den Fonds erworbenen Vermögensgegenstände.[233] Dieser Sperrvermerk verhindert, dass Wertpapiere

229 Vgl. Köndgen in Berger/Steck/Lübbehüsen, InvG/InvStG, Vorbemerkungen zu §§ 20–29 InvG, Rnrn. 10 f.; Canaris, Bankvertragsrecht, Kap. 4, Rn. 2464; Schönle, Bank- und Börsenrecht, S. 317 f.; Geibel, Bank- und Kapitalmarktrecht, Bd. 2, 649 (714); Köndgen/Schmies, BankR-Hdb., Bd. 2, 1566 (1643 ff.).

230 von Schmettow/Brückner/Stabenow, Hdb. Investmentfonds, 407 (408).

231 Raab, Grundlagen des Investmentfondsgeschäftes, S. 56.

232 Dorn, Investmentsteuerrecht, S. 62 f.

233 Klug, Offene Immobilienfonds, S. 10; vgl. Päsler, Hdb. des Investmentsparens, S. 170 f.

oder Gelder des Sondervermögens für eigene Geschäfte der Kapitalverwaltungsgesellschaft verwendet werden können.[234]

Im Wesentlichen befasst sich die Verwahrstelle sonach mit der Verwahrung und Überwachung des Investmentvermögens.[235] Sie wird mit diesen Aufgaben durch die Kapitalverwaltungsgesellschaft beauftragt (vgl. §§ 68 Abs. 1; 80 Abs. 1 KAGB), welche das Vermögen nicht selbst verwalten darf. Eine der maßgeblichen Aufgaben der Verwahrstelle in der Beziehung zum Investor ist u.a. die Ausgabe und Rücknahme von Anteilen oder Aktien eines inländischen OGAW (vgl. §§ 71 Abs. 1 S. 1; 72 ff. KAGB). Die Verwahrstelle kann gewisse Verwahraufgaben auslagern (vgl. §§ 73; 82 KAGB).

Ihre Einbindung in das Investmentdreieck erfolgt über den Verwahrstellenvertrag mit der Kapitalverwaltungsgesellschaft.[236] Zwischen den Anlegern und der Verwahrstelle bestehen mit Ausnahme der Ausgabe und Rücknahme von Investmentanteilen dem Grunde nach keine unmittelbaren rechtsgeschäftlichen oder tatsächlichen Beziehungen.[237]

3.2 *Steuer- und aufsichtsrechtliche Charakteristika im Wandel*

Innerhalb des Rasters des Investmentdreiecks haben sich im Laufe der Zeit verschiedenste gesetzliche Ausgestaltungen des nationalen Steuer- und Aufsichtsrechts herausgebildet, welche unterschiedliche Parameter in den Vordergrund stellten.

3.2.1 Gesetz über Kapitalanlagegesellschaften

Der sich zunehmend verbreitende Gedanke des Investmentsparens und der damit einhergehende Anstieg von inländischen Investmentfonds(-an-

234 Päsler, Hdb. des Investmentsparens, S. 171.

235 Vgl. Chromek, Bank- und Kapitalmarktrecht, 2129 (2183); Köndgen/Schmies, BankR-Hdb., Bd. 2, 1566 (1603); BaFin, „Rundschreiben 08/2015 (WA) – Aufgaben und Pflichten der Verwahrstelle nach Kapitel 1 Abschnitt 3 des Kapitalanlagegesetzbuches“, 7.10.2015, Tz. 4. ff. (abrufbar unter: www.bafin.de/SharedDocs/Veroeffentlichungen/DE/Rundschreiben/2015/rs_1508_wa_verwahrstellen.html – letztes Abrufdatum: 19.10.2021).

236 Vgl. 3.1.2.

237 Hoch/Preller, BKR 2019, 22 (26).

bietern) rief den deutschen Gesetzgeber auf den Plan.[238] Er wollte nicht mehr tatenlos zusehen und das Richterrecht[239] gewähren lassen, sondern in die insbesondere aufsichts- sowie steuerrechtliche Investmentfondslandschaft eingreifen. Zahlreiche höchstrichterliche Urteile[240] dienten hierfür als Initialzündung.

So verwundert es nicht, dass das KAGG vom 16. April 1957[241] die entsprechenden Grundpfeiler festlegte und gleichzeitig Lehren aus der Historie des Investmentsparens umsetzte. Es wurde als Aufsichts- und Organisationsgesetz konzipiert.[242] Parallel zu den steuerrechtlichen Normierungen sah es einen umfassenden Katalog an Anleger- und Publizitätsvorschriften vor.

Der Zweck des Gesetzes bestand in erster Linie darin, den Schutz der Sparer vor Missbräuchen durch Schaffung einer gesetzlichen Grundlage zu gewährleisten, ohne die Bewegungsfreiheit der Kapitalanlagegesellschaft[243] mehr als unbedingt notwendig zu beschränken und so von Anfang an eine gesunde Vertrauensbasis zu schaffen.[244] Dabei sollte es sowohl zur Strukturverbesserung des Kapitalmarkts beitragen als auch den Gedanken

---

238 Jesch/Klebeck/Bragrock in Jesch/Klebeck/Dobrauz, Investmentrecht, Kap. A, Rn. 34; vgl. Otterbach, Verwaltung und Besteuerung von Spezialfonds, Diss., S. 14.

239 Vgl. Ossenbühl, Hdb. des Staatsrechts, Bd. 5, 135 (160 ff.).

240 Vgl. RFH, Urt. v. 11.3.1930, II A 103/30 – RFHE 26, 254; RFH, Urt. v. 11.3.1930, II A 104/30 – RFHE 26, 248; RFH, Urt. v. 18.3.1930, II A 133/30 – RFHE 26, 256. Der RFH bescheinigte u.a., dass es keinen Missbrauch von Formen und Gestaltungsmöglichkeiten des bürgerlichen Rechts darstellt, wenn eine AG, um Interessenten die Möglichkeit einer gesicherten Kapitalanlage in verzinslichen Schuldverschreibungen zu bieten, Anteilscheine über eine Beteiligung des Inhabers an den darin aufgeführten verzinslichen Schuldverschreibungen nach Bruchteilen ausgibt und die Verwaltung der Schuldverschreibungen als Treuhänderin übernimmt.

241 BGBl. I 1957, 378.
Das Gesetz unterlag bis zu seiner Abschaffung einem stetigen Wandel durch zahlreiche Gesetze und Änderungsrichtlinien. Vgl. Zeller in Brinkhaus/Scherer, KAGG/AuslInvestmG, Einleitung KAGG, Rnrn. 13 ff.; Baur, Investmentgesetze, Bd. 1, 2. Aufl., Einleitung I, Rnrn. 6 ff. sowie Einleitung II, Rnrn. 4 ff.

242 Zeller in Brinkhaus/Scherer, KAGG/AuslInvestmG, Einleitung KAGG, Rn. 8.

243 Dabei handelt es sich um die spätere Kapitalverwaltungsgesellschaft. Vgl. 3.1.2.

244 Schäcker, Entwicklung und System des Investmentsparens, S. 35; Neudecker, Die deutsche REIT-AG, Diss., S. 41.
Dem Anlegerschutz diente zudem die Prospektpflicht i.S.d. § 19 Abs. 1 KAGG. Vgl. Assmann in Assmann/Schlitt/von Kopp-Colomb, WpPG/VermAnlG, Einleitung WpPG, Rnrn. 2 ff.

einer breit gestreuten Eigentumsbildung fördern[245] und simultan die steuerlichen Nachteile, die sich aus der Zwischenschaltung der Kapitalverwaltungsgesellschaft ergaben, bestmöglich beseitigen.[246]

Im Mittelpunkt stand zunächst das Sondervermögen in der Konstruktionsweise des Vertragstyps (Treuhandlösung).[247] Hierfür wurde ein formelles Begriffsverständnis zugrunde gelegt[248], d.h., dass nur dasjenige Konstrukt als Investmentvermögen qualifizieren konnte, welches auch die normierten Voraussetzungen erfüllte. Dabei trennte das deutsche Recht zwischen offenen Fonds, die vom Anwendungsbereich des KAGG erfasst wurden, und geschlossenen Fonds außerhalb des KAGG.[249]

Den steuerrechtlichen Vorschriften (zuletzt: vgl. §§ 38 ff. KAGG) lag die Idee zugrunde, dass ein Besteuerungsverfahren trotz der großen Anzahl an Investoren – insbesondere privaten Kleinanlegern – praktikabel und ohne Mehrbelastung sein muss. Daher wurden die Fondsinvestoren parallel zu den Direktanlegern behandelt.[250] Dies war die Geburtsstunde der investmentsteuerlichen Transparenz.[251]

3.2.2 Auslandinvestmentgesetz

Ausländische Investmentgesellschaften wurden vom Anwendungsbereich des KAGG nicht erfasst. Dieser rein nationale Blickwinkel stand allerdings im Widerspruch zu den zunehmend internationalen Tendenzen der Investmentbranche.

In der Folge trat 1969 das AuslInvestmG in Kraft.[252] Es erschien aus Gründen des Verkehrsschutzes, aber auch aus ordnungspolitischen Aspekten heraus, insbesondere zur Herstellung möglichst gleicher Wettbewerbs-

245 Baehring, Investment in Deutschland, S. 68.

246 Zeller in Brinkhaus/Scherer, KAGG/AuslInvestmG, Einleitung KAGG, Rn. 7.

247 Vgl. von Caemmerer, JZ 1958, 41 (44).

248 Hagen/Groseta/Schilling/Jenett in Baur/Tappen, Investmentgesetze, Bd. 2, § 1 Abs. 1–2a InvStG, Rn. 1.

249 Jesch/Klebeck/Bragrock in Jesch/Klebeck/Dobrauz, Investmentrecht, Kap. A, Rn. 34.

250 Das Sondervermögen galt als Zweckvermögen und war von jeglichen Steuern befreit, sodass es transparent behandelt wurde. I.R.d. Nichtregelung dieses Sachverhalts hätte eine einheitliche und gesonderte Feststellung vorgenommen werden müssen. Vgl. Jesch/Klebeck/Bragrock in Jesch/Klebeck/Dobrauz, Investmentrecht, Kap. A, Rn. 38; Steinberg, DB 1957, 196 (197).

251 Vgl. Kohl, Ubg 2017, 643 (643 ff.).

252 BGBl. I 1969, 986.

bedingungen zwischen in- und ausländischen Investmentgesellschaften und deren Vertriebsgesellschaften, geboten, den Vertrieb ausländischer Investmentanteile künftig nur noch unter bestimmten Voraussetzungen zuzulassen.[253]

Im Gegensatz zum KAGG herrschte im AuslInvestmG ein materieller Fondsbegriff, d.h. die wirtschaftliche Betrachtungsweise war ausschlaggebend; die rechtliche Ausgestaltung hingegen irrelevant.[254]

Gleichwohl sah das Gesetz auf Anlegerebene im Wesentlichen eine ähnliche Besteuerung vor, wie sie das KAGG für Anleger in deutsche Investmentfonds anordnete.[255] Das damit bei Auslandsfonds realisierte Transparenzprinzip stellte sicher, dass das Finanzamt ebenso deutsche Anleger in Auslandsfonds bereits während der Haltedauer besteuern konnte.[256] Die Besteuerung richtete sich nach der Einordnung in sog. weiße, graue oder schwarze Fonds (vgl. §§ 17; 18 AuslInvestmG).[257]

3.2.3 Investmentgesetz

Eine Vereinigung von KAGG und AuslInvestmG erfolgte mit dem InvG, welches 2004 in Kraft trat[258] und diverse Richtlinien[259] umsetzte. Erklärtes Ziel des InvG war, über die Implementierung der Änderungsrichtlinien hinaus, die Schaffung eines modernen und einheitlichen Gesetzes, das die Entwicklungen im Investmentwesen aufgriff und der Investmentbranche attraktive Rahmenbedingungen für die Ausübung ihrer Geschäftstätigkeit bot, ohne jedoch Gesichtspunkte der Aufsicht und des Anlegerschutzes zu vernachlässigen.[260]

---

253 BT-Drs. V/3494, 15.

254 Hagen/Groseta/Schilling/Jenett in Baur/Tappen, Investmentgesetze, Bd. 2, § 1 Abs. 1–2a InvStG, Rn. 1; vgl. Kohl, Ubg 2017, 643 (644).

255 Rehm/Nagler, BB 2015, 1248 (1248).

256 Rehm/Nagler, BB 2015, 1248 (1248).

257 Dabei ging es grds. um die Einteilung nach dem Erfüllungsgrad von Nachweis-, Bekanntgabe- und Veröffentlichungspflichten. Im schlimmsten Fall der Nichterfüllung mündete dies in einer Pauschalbesteuerung. Vgl. BFH, Urt. v. 28.7.2015, VIII R 39/12 – BStBl. II 2016, 464; Jacob/Geese/Ebner, Hdb. für die Besteuerung von Fondsvermögen, S. 173 f.

258 BGBl. I 2003, 2676.

259 Vgl. Manger-Nestler in Gramlich/Gluchowski/Horsch/Schäfer/Waschbusch, Banklexikon, Bd. 1, „Investmentgesetz“, S. 1113 f.

260 BT-Drs. 15/1553, 65.

Ausgegangen wurde für inländische Investmentfonds von einem formellen Fondsbegriff, wohingegen ausländische Investmentfonds einem weitgehend materiellen Verständnis – mit an formellen Kriterien orientierten Bereichsausnahmen – unterfielen.[261] Grundlegend war vor allem die Aufhebung der nach dem KAGG vorherrschenden Typentrennung. Das InvG sollte für Publikumsfonds keine Investmentkategorien vorgeben, sondern nur noch zwischen richtlinienkonformen und nicht-richtlinienkonformen Sondervermögen unterscheiden.[262]

Wesentliche Neuerungen waren eine eigenständige Regulierung für sog. Hedgefonds (vgl. §§ 112 ff. InvG) sowie die Einführung der Investment-AG mit veränderlichem Kapital (vgl. § 105 InvG) nach luxemburgischem Vorbild.[263]

Im Jahr 2007 wurde das InvG durch das InvÄndG[264] umfangreich novelliert.

3.2.4 Investmentsteuergesetz

Parallel zum InvG wurde mit dem Inkrafttreten des InvStG a.F. am 1. Januar 2004[265] erstmals eine selbständige Regelung der steuerlichen Vorschriften für in- und ausländische Investmentfonds vorgenommen.

Mit insgesamt zunächst 19 Paragraphen[266] war das Gesetz recht übersichtlich. Die steuerliche Grundsystematik blieb zunächst angesichts der vielen Bezugnahmen auf die Vorgängerregelungen erhalten.[267] Zudem war die Erfassung von Investmentstrukturen vom Vorliegen eines Investmentvermögens abhängig.[268] Insoweit war damit grds. eine Kombination aus

261 Vgl. Hagen/Groseta/Schilling/Jenett in Baur/Tappen, Investmentgesetze, Bd. 2, § 1 Abs. 1–2a InvStG, Rn. 2.

262 Jesch/Klebeck/Bragrock in Jesch/Klebeck/Dobrauz, Investmentrecht, Kap. A, Rn. 56.

263 Köndgen in Berger/Steck/Lübbehüsen, InvG/InvStG, Einleitung zum InvG, Rn. 26.

264 BGBl. I 2007, 3089; vgl. Emde in Emde/Dornseifer/Dreibus/Hölscher, InvG, Einleitung, Rnrn. 45 ff.; Kempf, Novellierung des Investmentrechts, S. 27 ff.

265 BGBl. I 2003, 2724.

266 28 Paragraphen im Bereich von §§ 1 bis 24 InvStG a.F. hatte hingegen das InvStG a.F. bis zum 31. Dezember 2017.

267 Vgl. BT-Drs. 15/1553, 122 ff.

268 Stadler, FS Haarmann, 891 (895).

formellem und materiellem Investmentbegriff maßgeblich (vgl. § 1 Abs. 1 Nr. 1, Nr. 2 InvStG a.F.).[269]

Die transparente Besteuerung war weiterhin maßgeblicher Bestandteil. Bemerkenswert ist in diesem Zusammenhang, dass der Gesetzgeber trotz des Erkennens des semi-transparenten Transparenzprinzips als Unruheherd an diesem festhielt.[270]

3.2.5 Kapitalanlagegesetzbuch

Das KAGB[271] – als „Grundgesetz für Investmentfonds"[272] –, welches 2013 in Kraft trat[273] und das InvG ablöste, setzte im Besonderen die AIFM-Richtlinie[274] um. Ausgegebenes Ziel war es, ein in sich geschlossenes Regelwerk für Investmentfonds und ihre Manager zu schaffen und damit den Aufsichts- und Regulierungsrahmen fortzuentwickeln sowie an die geänderten europäischen Vorgaben anzupassen.[275] Neben der Umsetzung der AIFM-Richtlinie bedeutete dies die Integration der OGAW-Richtlinie[276] und die Aufnahme von Regelungen, die für die Anwendung der Europäischen Verordnungen über Risikokapitalfonds und über Europäische Fonds für soziale Unternehmen erforderlich waren.[277] Insbesondere wurde mit dem KAGB ein Paradigmenwechsel vom grds. formellen Fondsbegriff des InvG zu einem materiellen Fondsbegriff vollzogen.[278]

---

269 Vgl. Elser/Gütle-Kunz, BB 2010, 414 (414).

270 Vgl. BT-Drs. 15/1553, 120.

271 Aufgrund der Verweistechnik des InvStG a.F. sowie des InvStG werden aufsichtsrechtlichen Voraussetzungen des KAGB nicht hier behandelt, sondern an der entsprechenden Stelle des jeweiligen Anwendungsbereichs. Vgl. 3.2.6.3.1.1 und 5.1.3.1.1.

272 Vgl. Raab, Grundlagen des Investmentfondsgeschäftes, Vorwort, S. V.

273 BGBl. I 2013, 1981.

274 Richtlinie 2011/61/EU des Europäischen Parlaments und des Rates vom 8.6.2011 über die Verwalter alternativer Investmentfonds und zur Änderung der Richtlinien 2003/41/EG und 2009/65/EG und der Verordnungen (EG) Nr. 1060/2009 und (EU) Nr. 1095/2010 – ABl. EU 2011, Nr. L 174, 1.

275 BT-Drs. 17/12294, 2.

276 Richtlinie 2009/65/EG des Europäischen Parlaments und des Rates vom 13.7.2009 zur Koordinierung der Rechts- und Verwaltungsvorschriften betreffend bestimmte Organismen für gemeinsame Anlagen in Wertpapieren (OGAW) – ABl. EU 2009, Nr. L 302, 32.

277 BT-Drs. 17/12294, 2.

278 Wollenhaupt/Beck, DB 2013, 1950 (1950); vgl. Haase/Dorn, Investmentsteuerrecht, S. 45.

3.2.6 Investmentsteuergesetz gemäß AIFM-Richtlinie

3.2.6.1 Steuerrechtliche Systemangleichung

Aufgrund der Erarbeitung des KAGB als deutsche Kodifikation zur Regulierung von gemeinsamen Kapitalanlagen musste auch eine dementsprechende systembedingte Anpassung[279] der steuerrechtlichen Komponente – des InvStG a.F.[280] – erfolgen. Es handelt sich bei dem AIFM-StAnpG[281] aus dem Jahre 2013 um die letzte wesentliche steuerrechtliche Modernisierung des InvStG a.F.

Das InvStG a.F. in dieser Fassung wird im Nachfolgenden überblicksartig und reduziert auf die wichtigsten Elementen dargestellt, um die Ausgangspunkte und Gründe der Neukonzeption der Investmentbesteuerung nachvollziehen zu können. Auf die Einzelheiten der Besteuerung, auf die

279 Vgl. Haisch/Helios, BB 2013, 23 (23 ff.); Jesch/Haug, DStZ 2013, 771 (771 ff.).

280 Vgl. u.a. zum InvStG a.F.: Briese, StuB 2003, 1089 (1089 ff.); Fock, BB 2003, 1589 (1589 ff.); Leistikow/Ellerkmann, BB 2003, 2693 (2693 ff.); Lindemann, FR 2003, 890 (890 ff.); Lübbehüsen/Schmitt, DB 2003, 1696 (1696 ff.); Sradj/Mertes, DStR 2003, 1681 (1681 ff.); Wassermeyer, DB 2003, 2085 (2085 ff.); Carlé, KÖSDI 2004, 14300 (14300 ff.); Forst/Frings, EStB 2004, 85 (85 ff.); Kaune/Oulds, ZBB 2004, 114 (114 ff.); Kayser/Steinmüller, FR 2004, 137 (137 ff.); Lang, WM 2004, 53 (53 ff.); Schmitt/Hagen, DStR 2004, 837 (837 ff.); Sradj/Mertes, DStR 2004, 201 (201 ff.); Wagner, ZfIR 2004, 399 (399 ff.); Welling/Kayser, FR 2004, 435 (435 ff.); Geißelmeier/Gemmel, DStR 2005, 45 (45 ff.); Schultz/Halbig, DStR 2005, 1669 (1669 ff.); Wagner, Information StW 2005, 420 (420 ff.); Wagner, Stbg 2005, 298 (298 ff.); Fock, IStR 2006, 734 (734 ff.); Petersen, FR 2006, 1065 (1065 ff.); Schick/Bickert, BB 2006, 1999 (1999 ff.); Bacmeister, IStR 2007, 169 (169 ff.); Carlé, AO-StB 2007, 44 (44 ff.); Schnitger/Schachinger, BB 2007, 801 (801 ff.); Zinkeisen/Walter, IStR 2007, 583 (583 ff.); Bäuml, FR 2008, 174 (174 ff.); Feyerabend/Vollmer, BB 2008, 1088 (1088 ff.); Gemmel/Schierle, BB 2008, 1144 (1144 ff.); Grabbe/Behrens, DStR 2008, 950 (950 ff.); Helios/Link, DStR 2008, 386 (386 ff.); Ebner/Helios, BB 2010, 1565 (1565 ff.); Elser/Stadler, DStR 2012, 2561 (2561 ff.); Haase, SteuerStud 2012, 266 (266 ff.); Haisch/Helios, BB 2013, 23 (23 ff.); Haisch/Helios, BB 2013, 1687 (1687 ff.); Jesch/Haug, DStZ 2013, 771 (771 ff.); Patzner/Wiese, IStR 2013, 73 (73 ff.); Carlé, ErbStB 2014, 80 (80 ff.); Dyckmans, Ubg 2014, 217 (217 ff.); Elser/Stadler, DStR 2014, 233 (233 ff.); Fiand, NWB 2014, 500 (500 ff.); Gottschling/Schatz, ISR 2014, 30 (30 ff.); Haisch/Helios, FR 2014, 313 (313 ff.); Jansen/Lübbehüsen, RdF 2014, 28 (28 ff.); Jesch/Haug, DStZ 2014, 345 (345 ff.); Kleutgens/Geißler, IStR 2014, 280 (280 ff.); Simonis/Grabbe/Faller, DB 2014, 16 (16 ff.); Angsten, IWB 2015, 199 (199 ff.); Lübbehüsen/Walter/Sotta, StBp 2016, 10 (10 ff.).

281 BGBl. I 2013, 4318.

es aufgrund des Inkrafttretens des InvStG letztlich nicht mehr ankommt, wird nicht explizit eingegangen.

3.2.6.2 Prägende Strukturprinzipien – Begriffe und Grundsätze

3.2.6.2.1 Lex specialis

Sobald das InvStG a.F. Anwendung fand, galt es als lex specialis zu den allgemeinen steuerrechtlichen Regelungen.[282] Die zahlreichen Verweise auf Einzelsteuergesetze waren hierfür unschädlich. Vielmehr bedingten diese den Status als Vorrangmaterie. So begründete das InvStG a.F. etwa eine grds. Körper- oder Gewerbesteuerpflicht auf der Investmentfondsebene unter Verweis auf das KStG bzw. GewStG.

Im Hinblick auf einige Aspekte (bspw. Thesaurierungsprivileg[283]) konnte die Einordnung als Investmentfonds und die damit geltenden Spezialregelungen vorteilhaft sein. Praxisrelevant war jedoch meist der Wunsch, nicht in den Anwendungsbereich zu gelangen, da anderenfalls mannigfaltige Berichtspflichten drohten, welche im schlimmsten Fall in der Pauschalbesteuerung[284] des Anlegers mündeten.

3.2.6.2.2 Ebenenbesteuerung

Dem InvStG a.F. lag eine Ebenenbesteuerung zugrunde, welche i.R.d. steuerlichen Behandlung zwischen der Besteuerung an der Quelle des Investments, der Investmentfondsebene (sog. Fondseingangsseite) und der Anlegerebene (sog. Fondsausgangsseite) differenzierte (vgl. §§ 3 Abs. 1; 2 Abs. 1 S. 1 InvStG a.F.).[285]

Der Investmentfonds wurde i.S.e. rechtsformneutralen Betrachtung zunächst steuerrechtlich intransparent behandelt. Jedoch stellte ihn das Gesetz durch die zahlreichen steuerbefreienden Vorschriften wieder überwiegend transparent.[286] Gleichwohl ließ dies die Investmentfondsebene als Steuersubjekt nicht unbeachtlich werden. Vielmehr war diese Steuersub-

282 Haase/Dorn, Investmentsteuerrecht, S. 31.
283 Vgl. 3.2.6.2.5.
284 Vgl. 3.2.6.2.4.
285 Vgl. Haase/Dorn, Investmentsteuerrecht, S. 21.
286 Vgl. 3.2.6.2.3.

jekteigenschaft zentraler Bestandteil i.R.d. Ermittlung der beim Anleger zu versteuernden Erträge.

Das Kapital floss regelmäßig vom Anleger (Erste Ebene) über den Investmentfonds (Zweite Ebene) zum Anlagegegenstand (Dritte Ebene). Das Steuerrecht blickte – diametral – in die Gegenrichtung des Kapitalstroms i.R.d. Investments und schöpfte damit die erwirtschafteten Gewinne steuerlich ab.

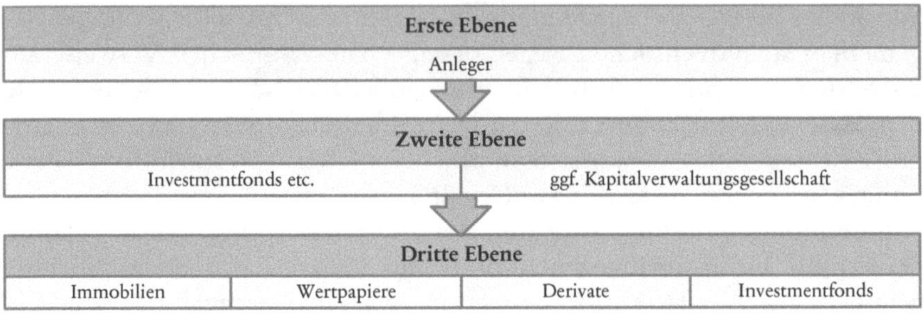

Abbildung 3: Kapitalfluss und Ebenenbesteuerung.

Quelle: Vgl. Haase/Dorn, Investmentsteuerrecht, S. 20.

3.2.6.2.3 Das semi-transparente bzw. eingeschränkte Transparenzprinzip

Leitbild der Besteuerung von Investmentfonds nach dem InvStG a.F. war das semi-transparente bzw. eingeschränkte Transparenzprinzip. D.h., dass der Anleger im Fall der mittelbaren Investition über einen Investmentfonds grds. so gestellt wurde, als habe er direkt in die Anlagegegenstände des Fonds investiert.[287] Im Ergebnis sollte die Kapitalbündelungseinheit

287 Vgl. BFH, Urt. v. 4.3.1980, VIII R 48/76 – BStBl. II 1980, 453; BFH, Urt. v. 7.4.1992, VIII R 79/88 – BStBl. II 1992, 786; BFH, Urt. v. 11.10.2000, I R 99/96 – BStBl. II 2001, 22; BFH, Urt. v. 27.3.2001, I R 120/98 – BFH/NV 2001, 1539; Lübbehüsen in Berger/Steck/Lübbehüsen, InvG/InvStG, Vorbemerkungen zu §§ 1 ff. InvStG, Rn. 20 ff.; Wenzel in Brandis/Heuermann, Ertragsteuerrecht, Vorbemerkungen zu § 1 InvStG a.F., Rn. 9; Bödecker in Bödecker/Ernst/Hartmann, BeckOK InvStG, 18. Ed., § 2, Rnrn. 21 ff.; Brill/Reislhuber in Haase, InvStG, § 2, Rn. 2; Haase/Dorn, Investmentsteuerrecht, S. 24 ff.; Bieling, Hdb. privater Kapitaleinkünfte, 293 (306); Feierabend/Ernst, Besteuerung privater Kapitalanlagen, 459 (466 ff.); Helios/Gstädtner, Hdb. Finanzinstrumente, 367 (374 ff.); Patzner, Besteuerung privater Kapitalanlagen, 121 (121 f.).

als steuerlich nicht existent behandelt werden; wirtschaftlich vergleichbar einer zivilrechtlich rechtsfähigen, aber steuerlich transparenten Personengesellschaft.[288] Die Besteuerung sollte – von den Fällen mit einem Steuerabzug abgesehen – erst beim Anleger unter Anwendung der allgemeinen Besteuerungsnormen ansetzen.

Dabei handelt es sich nicht um ein übergeordnetes Prinzip, sondern um eine Idee, die, soweit die Anwendung durch das Gesetz vorgeschrieben war, selektiv eingriff. Eine generalisierende, rechtliche Transparenz, wie es bei der Besteuerung nach dem einkommensteuerrechtlichen Transparenzprinzip (vgl. §§ 179 Abs. 1, Abs. 2 S. 2; 180 Abs. 1 S. 1 Nr. 2 lit. a) AO i.V.m. § 39 Abs. 2 Nr. 2 AO bzw. § 15 Abs. 1 S. 1 Nr. 2 EStG[289]) der Fall ist, war im InvStG a.F. nicht vorgesehen.

Insoweit wird die Bezeichnung als Transparenzgrundsatz teilweise abgelehnt, da die Begrifflichkeit zu der falschen Annahme verleite, dass die Erträge des Investmentfonds dem Anleger direkt zuzurechnen wären und es sich nicht nur um eine wirtschaftliche Zielvorgabe handele.[290] Es empfiehlt sich daher von einer „wirtschaftlichen Transparenz“[291] i.R.e. semi-transparenten Trennungsprinzips zu sprechen.

Grds. ist zu statuieren, dass Investmentfonds in Form von inländischen Sondervermögen – neben den Kapital-Investitionsgesellschaften (vgl. § 19 Abs. 1 S. 2 InvStG a.F.) – eigenständige, intransparente Steuersubjekte der Körperschaft- und Gewerbesteuer waren (vgl. § 11 Abs. 1 S. 1 InvStG a.F.). Prägend für Sondervermögen waren jedoch Ausnahmen. § 11 Abs. 1 S. 1, S. 2 InvStG a.F. normierten, dass inländische Sondervermögen (vgl. § 1 Abs. 1f Nr. 1, Abs. 2 S. 3 InvStG a.F.) zwar als Zweckvermögen i.S.d. § 1

Vgl. zum Transparenzprinzip des InvStG a.F. und dessen verfassungs- sowie europarechtlicher Würdigung: Engl, Erträge aus Investmentvermögen, Diss., S. 73 ff./222 ff.

288 Vgl. Kloster, Neukonzeption der Investmentbesteuerung, Diss., S. 135.

289 Vgl. Söhn in Hübschmann/Hepp/Spitaler, AO/FGO, § 179 AO, Rnrn. 14 ff.; Brandis in Tipke/Kruse, AO/FGO, § 179 AO, Rn. 4; Ratschow in Klein, AO, § 179, Rnrn. 22 ff.; Koenig in Koenig, AO, § 179, Rnrn. 19 ff.; Intemann/Paul/Rätke/Stapperfend/Witt in Herrmann/Heuer/Raupach, EStG/KStG, § 15 EStG, Rn. 72; Bode in Brandis/Heuermann, Ertragsteuerrecht, § 15 EStG, Rnrn. 566 ff.; Wacker in Schmidt, EStG, § 15, Rnrn. 160 ff.; Meyer/Bäuml in Kanzler/Kraft/Bäuml/Marx/Hechtner/Geserich, EStG, § 15, Rn. 701; Hennrichs in Tipke/Lang, Steuerrecht, Kap. 10, Rnrn. 10.10 ff.; Birk/Desens/Tappe, Steuerrecht, § 6, Rnrn. 1138 ff.

290 Vgl. Bödecker in Bödecker/Ernst/Hartmann, BeckOK InvStG, 18. Ed., § 2, Rn. 21.

291 So auch: Vgl. Kloster, Neukonzeption der Investmentbesteuerung, Diss., S. 136.

Abs. 1 Nr. 5 KStG und als sonstige juristische Person des privaten Rechts i.S.d. § 2 Abs. 3 GewStG galten, aber zeitgleich von der Körperschaft- und Gewerbesteuer befreit waren. Gleiches galt grds. für die Investment-AG mit veränderlichem Kapital, welche bereits aufgrund ihrer Rechtsform der Körperschaft- und Gewerbesteuer unterfiel. Sie wurde – vorbehaltlich etwaiger Ausnahmen – ebenso hiervon befreit (vgl. § 11 Abs. 1 S. 2, S. 4 InvStG a.F.). Bei Investmentfonds i.S.v. offenen Investment-KG wurde eine Gewerbesteuerbefreiung über § 11 Abs. 1 S. 3 InvStG a.F. normiert. Der Körperschaftsteuer unterlag die Investment-KG bereits aufgrund ihrer Rechtsform nicht. Diese generalisierende subjektive Steuerbefreiung diente der Gleichbehandlung der drei aufsichtsrechtlich normierten Formen offener Fonds.[292] Einzig für ausländische Investmentfonds galt dies grds. nicht.[293]

3.2.6.2.4 Pauschal- bzw. Strafbesteuerung

Die Anwendung des Transparenzprinzips für Investmentfonds war mit den §§ 5; 6 InvStG a.F. (transparente, semi-transparente bzw. intransparen-

292 BT-Drs. 18/68 (neu), 58.

293 Vgl. 3.2.6.3.1.2.1.1.3.
Dies führte nicht zuletzt vor dem Hintergrund der EuGH-Rechtsprechung (vgl. 3.2.6.4.2.2) zu zahlreichen Erstattungsanträgen der auf den deutschen Dividenden lastenden Kapitalertragsteuer. Entscheidungen hierüber stehen aus und werden wohl an die Sichtweise des BFH in hierzu erwarteten Urteilen geknüpft werden. Vgl. FG Münster, Urt. v. 20.4.2017, 10 K 3059/14 K – EFG 2017, 1110 (Revision: BFH, EuGH-Vorlage v. 18.12.2019, I R 33/17 – BFHE 269, 225); FG Hessen, Urt. v. 21.8.2019, 4 K 999/17 – IStR 2020, 143 (Revision anhängig: BFH, I R 1/20 – juris); FG Hessen, Urt. v. 21.8.2019, 4 K 2079/16 – EFG 2020, 462 (Revision anhängig: BFH, I R 2/20 – juris); Bundesrechnungshof, „Bericht an den Finanzausschuss des Deutschen Bundestages nach § 88 Abs. 2 BHO, Dringender Reformbedarf im Investmentsteuerrecht“, 24.2.2016, S. 16 ff. (abrufbar unter: https://epflicht.ulb.uni-bonn.de/download/pdf/316260?originalFilename=true – letztes Abrufdatum: 19.10.2021); Bundesrechnungshof, „Stellungnahme des Bundesrechnungshofes zur Öffentlichen Anhörung des Finanzausschusses des Deutschen Bundestages am 9. Mai 2016 zum Gesetzesentwurf der Bundesregierung „Entwurf eines Gesetzes zur Reform der Investmentbesteuerung“ Bundestags-Drucksache 18/8045“, 4.5.2016, S. 2 f. (abrufbar unter: www.bundestag.de/resource/blob/421940/e1421e516f8007d691b5f641f87a90b2/03-Bur-Kornelia-Bundesrechnungshof-data.pdf – letztes Abrufdatum: 19.10.2021).

te Besteuerung, sog. Transparenzstatus[294]) eng verbunden.[295] Entscheidend für die Einordnung war, ob der in- wie ausländische Investmentfonds den in § 5 Abs. 1 InvStG a.F. genannten notwendigen Bekanntmachungs- und Veröffentlichungspflichten (Publizitätspflichten)[296] nachkam. Tat er dies, so gestaltete sich die Besteuerung und damit die Zurechnung der Einkünfte in transparenter Weise. Kam der Investmentfonds diesen nicht oder nicht rechtzeitig nach, so wurde der Anleger (semi-)transparent bis pauschal besteuert. Graduelle Abstufungen innerhalb dieser Spanne waren möglich (vgl. § 5 Abs. 1 S. 2 InvStG a.F.).

Waren die Voraussetzungen des § 5 Abs. 1 InvStG a.F. nicht erfüllt, waren beim Anleger gemäß § 6 Abs. 1 S. 1 InvStG a.F. – bestrafend – die Ausschüttungen auf Investmentanteile, der Zwischengewinn sowie 70 % des Mehrbetrags anzusetzen, der sich zwischen dem ersten im Kalenderjahr festgesetzten Rücknahmepreis und dem letzten im Kalenderjahr festgesetzten Rücknahmepreis eines Investmentanteils ergab; mindestens waren 6 % des letzten im Kalenderjahr festgesetzten Rücknahmepreises anzusetzen. Dies galt sogar im Verlustfall.[297]

Es handelte sich letztlich um ein Auseinanderfallen von Pflicht und Wirkung. Gerade bei ausländischen Fonds mit wenigen deutschen Anlegern führte dies regelmäßig zu Missmut, da zwei Interessenwelten aufeinandertrafen: Der Anleger wollte die entsprechende Bescheinigung und der ausländische Investmentfonds scheute den unverhältnismäßig hohen Aufwand. Letztlich wurde der Anleger für etwas bestraft, das nicht in seiner Verantwortungssphäre lag. Daher rührte die Bezeichnung als Strafbesteuerung.[298]

Nachdem ursprünglich keine eigenständige Beibringung der Besteuerungsgrundlagen seitens der Anleger gesetzlich vorgesehen war und sie in diesen Fällen somit stets der pauschalen Besteuerung unterfielen, reagierte der Gesetzgeber mit der Umsetzung des § 6 Abs. 2 InvStG a.F. auf Urtei-

294 Oft wird in Anlehnung an das AuslInvestmG die Bezeichnung als weiße, graue bzw. schwarze Fonds gewählt. Vgl. Haase/Dorn, Investmentsteuerrecht, S. 124; Höring, Die Pauschalbesteuerung im Investmentsteuerrecht, S. 7 ff.; 3.2.2.

295 Dies galt insoweit grds. nicht für Spezial-Investmentfonds (vgl. §§ 15 Abs. 1 S. 1; 16 S. 1 InvStG a.F.).

296 Vgl. Hartmann in Bödecker/Ernst/Hartmann, BeckOK InvStG, 18. Ed., § 5, Rn. 1.

297 Vgl. Wenzel in Brandis/Heuermann, Ertragsteuerrecht, § 6 InvStG a.F., Rn. 1; Ernst in Bödecker/Ernst/Hartmann, BeckOK InvStG, 18. Ed., § 6, Rn. 5.

298 Vgl. Haase/Dorn, Investmentsteuerrecht, S. 27.

le[299] des EuGH. In der Folge konnte der Anleger bis zur Bestandskraft seiner Steuerfestsetzung die Besteuerungsgrundlagen i.S.d. § 5 Abs. 1 Nr. 1 InvStG a.F. mit Ausnahme der § 5 Abs. 1 S. 1 Nr. 1 lit. c), lit. f) InvStG a.F. abweichend von der Pauschalbesteuerung erklären. In diesem Fall musste er die Richtigkeit der Angaben nachweisen.

3.2.6.2.5 Fonds- bzw. Thesaurierungsprivileg

Darüber hinaus existierte auf Anlegerseite das sog. Fonds- bzw. Thesaurierungsprivileg[300], d.h., dass i.R.d. Thesaurierung durch den Investmentfonds auf Ebene der Anteilscheininhaber gewisse Erträge (zunächst) nicht steuerbar waren (vgl. § 2 Abs. 1 S. 1 InvStG a.F.). Dabei handelte es sich um solche ausschüttungsgleichen Erträge, die in § 1 Abs. 3 S. 3 InvStG a.F. nicht enumerativ aufgezählt waren.[301]

Diese – darin nicht enthaltenen – Erträge, wie bspw. Veräußerungsgewinne aus Anteilen an Körperschaften, waren im Thesaurierungsfall nicht steuerbar, was zu einer Thesaurierungsbegünstigung i.S.e. Steuerpause (sog. Steuerstundungseffekte) führte.[302] Diese wurden erst im Zuge der Veräußerung bzw. der Anteilsrückgabe besteuert. Die spätere Ausschüttung ausschüttungsgleicher Erträge unterfiel keiner nochmaligen Besteuerung, wenn diese Beträge ordnungsgemäß bekannt gemacht oder veröffentlicht bzw. bei in- und ausländischen Spezial-Investmentfonds auf anderem Wege nachgewiesen wurden.[303]

---

299 Vgl. insbesondere EuGH, Urt. v. 9.10.2014, C-326/12 – IStR 2014, 808 („van Caster“).

300 Vgl. Hoch, Die Besteuerungssystematik von Kapitalanlagen, Diss., S. 122.

301 Anderweitige thesaurierte – in § 1 Abs. 3 S. 3 InvStG a.F. benannte – Erträge unterlagen einer Besteuerung, welche der Direktanlage glich.

302 Vgl. BMF, „Investmentsteuergesetz (InvStG), Zweifels- und Auslegungsfragen; Aktualisierung des BMF-Schreibens vom 2. Juni 2005 (BStBl 2005 I S. 728)“, 18.8.2009 – BStBl. I 2009, 931, Rnrn. 18 ff.; Haase/Dorn, Investmentsteuerrecht, S. 134; Feierabend/Ernst, Besteuerung privater Kapitalanlagen, 459 (467); Behrens, BB 2007, 1025 (1031).

303 BMF, „Investmentsteuergesetz (InvStG), Zweifels- und Auslegungsfragen; Aktualisierung des BMF-Schreibens vom 2. Juni 2005 (BStBl 2005 I S. 728)“, 18.8.2009 – BStBl. I 2009, 931, Rn. 12a.

3.2.6.3 Steuertatbestände im Kontext des InvStG a.F.

Der Steuertatbestand ist der räumliche Anwendungsbereich der entsprechenden Steuerrechtsnorm, der die Beziehungen zwischen Steuerhoheitsträger und Steuersubjekten oder die Beziehungen zwischen Steuerobjekten und dem Träger der Steuerhoheit normiert.[304] Er ist deshalb der Inbegriff der Tatbestandsmerkmale, die in den materiellen Steuerrechtsnormen enthalten sind und die Steuerschuld auslösen (vgl. § 38 AO).[305]

Im Folgenden werden daher die Steuertatbestände des InvStG a.F. vorgestellt. Dabei wird nur auf die relevanten investmentsteuerrechtlichen Vorschriften Bezug genommen.[306] Im Übrigen richtete sich die Besteuerung nach den allgemeinen Regeln; auf diese wird nur auszugsweise eingegangen und im Übrigen verwiesen.

3.2.6.3.1 Tatbestände der Investmentvermögen – Originäre Steuertatbestände

Originärer Steuertatbestand war derjenige der Investmentvermögen, d.h. der Investmentfonds sowie der Investitionsgesellschaften. Dabei galt es zuvorderst eine anwendungsbereichsspezifische Separierung im Lichte der Steuerfolgen vorzunehmen.

3.2.6.3.1.1 Anwendungsbereich

Für die Frage der Anwendbarkeit des Gesetzes und damit des Vorliegens eines Investmentvermögens knüpfte das InvStG a.F. maßgeblich an den aufsichtsrechtlichen Anwendungsbereich an. Insoweit musste ein Investmentvermögen in Form eines OGAW oder AIF vorliegen (vgl. § 1 Abs. 1 S. 1 InvStG a.F. i.V.m. § 1 Abs. 1 bis 3 KAGB).[307] Investmentsteuerspezifische Anwendungsbereichsausnahmen sah das InvStG a.F. in § 1 Abs. 1a

304 Hahn, Die Grundsätze der Gesetzmäßigkeit der Besteuerung, Diss., S. 150.

305 Birk/Desens/Tappe, Steuerrecht, § 1, Rn. 88.

306 Die Besteuerung der Kapitalverwaltungsgesellschaft und anderer Akteure wird ausgeklammert, da diese nicht dem Investmentsteuerrecht unterfielen und für die Untersuchung der steuerlichen Belastung unerheblich sind. Vgl. Kühn, Die Investmentsteuerreform, Diss., S. 23.

307 Dies galt ebenso für Teilfonds (vgl. § 1 Abs. 1 S. 2 InvStG a.F.).

InvStG a.F. vor.[308] Begriffsbestimmungen des KAGB galten entsprechend, soweit sich keine abweichende Begriffsbestimmungen ergaben (§ 1 Abs. 2 S. 1 InvStG a.F.).

Ein Investmentvermögen war und ist – auch aus heutiger Perspektive, da sich die wesentlichen aufsichtsrechtlichen Maßgaben nicht geändert haben – jeder Organismus für gemeinsame Geldanlagen, der von einer Anzahl von Anlegern Kapital einsammelt, um es gemäß einer festgelegten Anlagestrategie zum Nutzen dieser Anleger zu investieren und der kein operativ tätiges Unternehmen außerhalb des Finanzsektors ist (§ 1 Abs. 1 S. 1 KAGB).[309] Insbesondere der Begriff des Organismus meint dabei ein rechtsformunabhängiges, rechtlich oder wirtschaftlich verselbständigtes Vermögen, durch welches das extern bereitgestellte Kapital der Anleger gepoolt wird.[310]

Investmentvermögen lassen sich ihrerseits in Publikumsinvestmentvermögen (vgl. §§ 162 ff. KAGB) und Spezial-AIF (vgl. §§ 273 ff. KAGB) teilen. Erstere sind Investmentvermögen, die von jedem Anleger – auch Privatanlegern – erworben werden können. Sie unterfallen bestimmten Anlegerschutzregeln, insbesondere der Zugänglichmachung des Verkaufsprospekts und der wesentlichen Anlegerinformationen (vgl. § 164 KAGB). Demgegenüber bedürfen Spezial-AIF, deren Anteile ausschließlich von professionellen und semi-professionellen Anlegern gehalten werden dürfen, weder eines Verkaufsprospekts noch wesentlicher Anlegerinformationen.[311]

---

308 Das InvStG a.F. fand bspw. nach § 1 Abs. 1a Nr. 1 InvStG a.F. dann keine Anwendung, wenn es sich um Gesellschaften, Einrichtungen oder Organisationen handelte, für die nach § 2 Abs. 1, Abs. 2 KAGB das KAGB nicht anwendbar war. So fielen u.a. konzernintern verwaltete AIF, die durch § 2 Abs. 3 KAGB nicht in den Anwendungsbereich des KAGB gelangten, allerdings in denjenigen des InvStG a.F. Haase/Dorn, Investmentsteuerrecht, S. 42.

309 Vgl. BaFin, „Auslegungsschreiben zum Anwendungsbereich des KAGB und zum Begriff des „Investmentvermögens"", 14.6.2013, Tz. I. (abrufbar unter: www.bafin.de/SharedDocs/Veroeffentlichungen/DE/Auslegungsentscheidung/WA/ae_130614_Anwendungsber_KAGB_begriff_invvermoegen.html – letztes Abrufdatum: 19.10.2021).
Bei den Tatbestandsmerkmalen handelte es sich um weitgehend unbestimmte Rechtsbegriffe, deren Bedeutungsgehalt im Wege der Auslegung festzustellen war. Kloster, Neukonzeption der Investmentbesteuerung, Diss., S. 301/303 ff.

310 Vgl. Wenzel in Brandis/Heuermann, Ertragsteuerrecht, § 1 InvStG a.F., Rn. 14.

311 Vgl. Buck-Heeb, Kapitalmarktrecht, § 17, Rn. 1140.

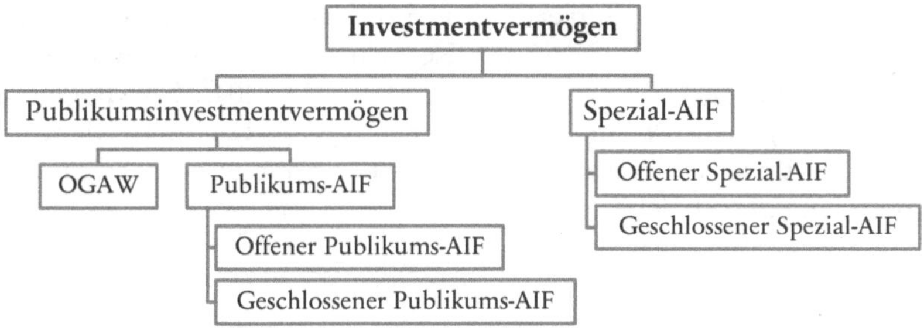

Abbildung 4: (Inländische) Investmentvermögen i.S.d. KAGB.

Quelle: BaFin, „AIFM-Umsetzungsgesetz: Anforderungen an Kapitalverwaltungsgesellschaften und Regelungen zu inländischen Investmentvermögen", 1.5.2013 (abrufbar unter: www.bafin.de/SharedDocs/Veroeffentlichungen/DE/Fachartikel/2013/fa_bj_2013_05_aifm-umsetzungsgesetz_kvg.html – letztes Abrufdatum: 19.10.2021).

OGAW sind gemäß den Definitionsmaßgaben des KAGB solche Investmentvermögen, welche die Anforderungen der OGAW-Richtlinie, die zuletzt durch die Richtlinie 2014/91/EU[312] geändert worden ist, erfüllen (§ 1 Abs. 2 KAGB). Vereinfacht ausgedrückt sind OGAW Wertpapierfonds.[313]

Im Umkehrschluss sind alle Investmentvermögen, die nicht hierunter subsumiert werden konnten, AIF (§ 1 Abs. 3 KAGB). Damit waren geschlossene und sonstige offene Fonds gemeint.[314] Diese Auffangfunktion, die den AIF durch die Negativabgrenzung zukam, wurde im Zuge von Rückausnahmen in § 2 Abs. 1 bis 3 KAGB relativiert; u.a. für bestimmte Holdinggesellschaften, Einrichtungen der betrieblichen Altersversorgung und Verbriefungszweckgesellschaften (vgl. § 2 Abs. 1 Nr. 1, Nr. 2, Nr. 7 KAGB). Auf diese nahm das InvStG a.F. in dessen Anwendungsbereichsausnahmen separaten Bezug.[315]

312 Richtlinie 2014/91/EU des Europäischen Parlaments und des Rates vom 23.7.2014 zur Änderung der Richtlinie 2009/65/EG zur Koordinierung der Rechts- und Verwaltungsvorschriften betreffend bestimmte Organismen für gemeinsame Anlagen in Wertpapieren (OGAW) im Hinblick auf die Aufgaben der Verwahrstelle, die Vergütungspolitik und Sanktionen – ABl. EU 2014, Nr. L 257, 186.

313 Dorn, Investmentsteuerrecht, S. 48 f.; Haase/Dorn, Investmentsteuerrecht, S. 45.

314 Vgl. Schneider-Deters in Patzner/Döser/Kempf, Investmentrecht, § 1 KAGB, Rn. 24.

315 An diese Anwendungsbereichsausnahmen knüpfte das InvStG a.F. in § 1 Abs. 1a InvStG a.F. an und verwies insoweit auf die Regelungen des KAGB. Da § 1 Abs. 1 InvStG a.F. nicht auf die Ausnahmen des KAGB Bezug nahm, war die-

Entsprechende Investmentvermögen i.S.d. KAGB können als Sondervermögen (vgl. §§ 92 ff. KAGB), in der Rechtsform der Investment-AG mit veränderlichem oder fixem Kapital (vgl. §§ 108 ff.; 140 ff. KAGB) und der offenen bzw. geschlossenen Investment-KG (vgl. §§ 124 ff.; 149 ff. KAGB) bestehen.[316] Etwas anderes gilt für Investmentvermögen die lediglich der Registrierung unterfallen.

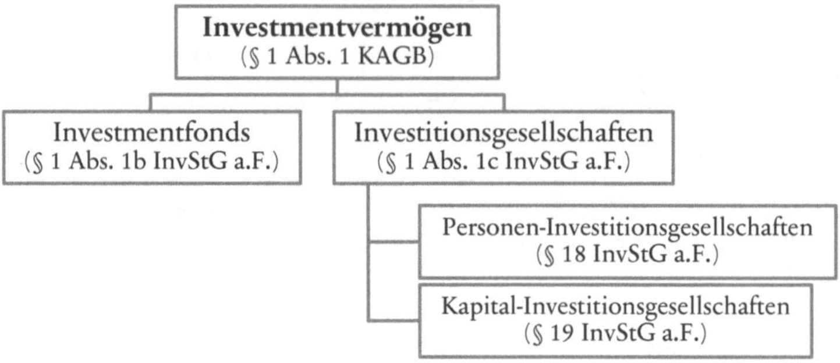

Abbildung 5: Investmentvermögen im Kontext des InvStG a.F. Eigene Darstellung.

Diese exzessive Ausdehnung des persönlichen Anwendungsbereichs führte jedoch nicht dazu, dass auf alle Investmentvermögen und Investmentanteile i.S.d. KAGB das Regime der semi-transparenten Besteuerung des InvStG a.F., einschließlich deren Vorteile, wie die Steuerfreiheit von thesaurierten Veräußerungs- und Termingeschäftsgewinnen, die Anwendung der Abgeltungsteuer für Privatinvestoren, die Gewerbesteuerbefreiung und die Freistellung bzw. Erstattung der Kapitalertragsteuer auf Fondsebene, Anwendung fand.[317] Tatsächlich war ein Gleichlauf der Anwendungsbereiche beider Gesetze nicht vorgesehen.[318] Vielmehr ging das InvStG a.F. unter Anknüpfung an das KAGB einen anderen Weg. Es wurden steuerlich zwei Systeme nebeneinander behandelt: dasjenige für Investmentfonds (vgl. § 1

---

ses Vorgehen notwendig, um die notwendigen aufsichtsrechtlichen Maßgaben ebenfalls investmentsteuerrechtlich nachzuzeichnen.

316 BaFin, „Auslegungsschreiben zum Anwendungsbereich des KAGB und zum Begriff des „Investmentvermögens"", 14.6.2013, Tz. I.1, Fn. 2 (abrufbar unter: www.bafin.de/SharedDocs/Veroeffentlichungen/DE/Auslegungsentscheidung/WA/ae_130614_Anwendungsber_KAGB_begriff_invvermoegen.html – letztes Abrufdatum: 19.10.2021).

317 Haisch/Helios, BB 2013, 1687 (1687); vgl. Stadler, FS Haarmann, 891 (896).

318 Vgl. Haase/Dorn, Investmentsteuerrecht, S. 65.

Abs. 1b InvStG a.F.) und ein solches für Investitionsgesellschaften (vgl. § 1 Abs. 1c InvStG a.F.), d.h. Personen- bzw. Kapital-Investitionsgesellschaften.

3.2.6.3.1.1.1 Investmentfonds

Wenngleich ein Investmentfonds[319] grds. ein Investmentvermögen i.S.d. KAGB darstellte, so qualifizierte umgekehrt ein Investmentvermögen nicht simultan als Fonds. Vielmehr musste, um dies zu erreichen, kumulativ der Kriterienkatalog des § 1 Abs. 1b S. 2 InvStG a.F. erfüllt werden. Diese anwendungsbereichsspezifische Trennung zwischen beiden Gesetzen bedeutete, dass eine einheitliche Prüfung nach Aufsichts- und Steuerrecht nicht möglich war.[320]

§ 1 Abs. 1b S. 2 InvStG a.F. statuierte als kumulative Voraussetzungen für einen Investmentfonds (1) eine Investmentaufsicht, (2) ein mindestens jährliches Rückgaberecht, (3) die beschränkte Ausrichtung des objektiven Geschäftszwecks auf die Anlage und Verwaltung der Mittel für gemeinschaftliche Rechnung der Anteils- oder Aktieninhaber und einen Ausschluss einer aktiven unternehmerischen Bewirtschaftung[321] der Vermögensgegenstände, (4) die Anlage nach dem Grundsatz der Risikomischung sowie insbesondere (5) die Einhaltung bestimmter Anlagebestimmungen. Insoweit musste bspw. in Bezug auf den letztgenannten Punkt die Vermögensanlage zu mindestens 90 % des Investmentfonds in die in § 1 Abs. 1b S. 2 Nr. 5 InvStG a.F. enumerativ aufgelisteten Vermögensgegenstände erfolgen. § 1 Abs. 1b S. 2 Nr. 6, Nr. 7 InvStG a.F. normierten, dass (6) höchstens 20 % des Investmentfondswertes in Beteiligungen an Kapitalgesellschaften, die weder zum Börsenhandel noch in einem anderen organisierten Markt zugelassen oder in diesen einbezogen sind, inves-

---

319 Waren die Investmentanteile allen zugänglich, handelte es sich um Publikums-Investmentfonds. Waren hingegen natürliche Personen als Anleger ausgeschlossen und wurden weitere Voraussetzungen erfüllt, lagen Spezial-Investmentfonds vor (vgl. §§ 15 Abs. 1 S. 1; 16 S. 1 InvStG a.F.).

320 Wenzel in Brandis/Heuermann, Ertragsteuerrecht, § 1 InvStG a.F., Rnrn. 11 f. Folglich war zunächst zu prüfen, ob das vorliegende Konstrukt ein Investmentvermögen i.S.d. KAGB ist (Erster Schritt). Anschließend stellte sich die Frage nach der Qualifikation als OGAW oder AIF (Zweiter Schritt) ist. Erst dann waren die Voraussetzungen des InvStG a.F. zu prüfen und für dessen Besteuerung entsprechend einzuordnen (Dritter Schritt).

321 Vgl. BMF, „Investmentsteuergesetz i.d.F. des AIFM-StAnpG", 3.3.2015 – BStBl. I 2015, 227.

tiert werden durften und (7) die Höchstbeteiligung an Kapitalgesellschaften unter 10 % des Kapitals der Kapitalgesellschaft liegen musste. Zudem war (8) die Fremdfinanzierung entsprechend limitiert (vgl. § 1 Abs. 1b S. 2 Nr. 8 InvStG a.F.). Ferner mussten (9) diese Anlagebestimmungen aus den Anlagebedingungen hervorgehen (§ 1 Abs. 1b S. 2 Nr. 9 InvStG a.F.).[322] Zudem galt es besondere Voraussetzungen zu erfüllen um ggf. als inländischer Spezial-Investmentfonds zu qualifizieren (vgl. § 15 InvStG a.F.), welche aber mit gewissen Abwandlungen dem Besteuerungsregime für (Publikums-)Investmentfonds unterlagen.

Inländische Investmentfonds konnten nach den investmentsteuerrechtlichen Regelungen nur als Sondervermögen, Investment-AG mit veränderlichem Kapital oder in Form einer Investment-KG gebildet werden (vgl. § 1 Abs. 1f InvStG a.F.).

3.2.6.3.1.1.2 Investitionsgesellschaften

Geschlossene Fonds und sonstige offene Fonds (OGAW und AIF), welche die Kriterien für Investmentfonds i.S.d. InvStG a.F. nicht erfüllten, qualifizierten als Investitionsgesellschaften (§ 1 Abs. 1c InvStG a.F.). Diese Investmentvermögen wurden in Personen- und Kapital-Investitionsgesellschaften (vgl. §§ 18; 19 InvStG a.F.) unterschieden, die sich normativ nur negativ von Ersteren abgrenzten. Sie unterlagen den allgemeinen Besteuerungsregularien. Das Transparenzprinzip, auf welchem das InvStG a.F. basierte, fand in diesen Fällen keine Anwendung.[323] Entsprechend ihrer Herkunft war die personenrechtliche Prägung ertragsteuerlich transparent und die kapitalrechtliche Ausgestaltung intransparent zu behandeln.

Unter Personen-Investitionsgesellschaften fielen sowohl geschlossene Investmentstrukturen, bei denen die Rückgabe der Anteile nicht gewährleistet war, als auch offene Investmentvehikel, die bspw. in andere als die

---

322 Sofern ein Investmentfonds diese Anlagebedingungen in der Weise abänderte, dass die Anlagebestimmungen des § 1 Abs. 1b InvStG a.F. nicht mehr erfüllt wurden oder ein in der Anlagepraxis wesentlicher Verstoß gegen die Anlagebestimmungen vorlag, so hatte das Finanzamt bzw. das Bundeszentralamt für Steuern das Fehlen der Anlagebestimmungen festzustellen (§ 1 Abs. 1d S. 1 InvStG a.F.). Nach Ablauf des Geschäftsjahres des Investmentfonds, in dem der Feststellungsbescheid unanfechtbar wurde, galt der Investmentfonds dann für einen Zeitraum von mindestens drei Jahren als Investitionsgesellschaft (§ 1 Abs. 1d S. 3 InvStG a.F.).

323 Haase/Dorn, Investmentsteuerrecht, S. 175.

nach § 1 Abs. 1b S. 2 Nr. 5 InvStG a.F. zulässigen Vermögensgegenstände investierten.[324] Diese Gesellschaften durften nur in der Rechtsform einer Personengesellschaft oder einer vergleichbaren ausländischen Rechtsform geführt werden (§ 18 Abs. 1 S. 1 InvStG a.F.).

Demgegenüber waren Kapital-Investitionsgesellschaften gemäß § 19 Abs. 1 S. 1 InvStG a.F. alle Investitionsgesellschaften, die nicht als Personen-Investitionsgesellschaften qualifizierten.

3.2.6.3.1.2 Besteuerung der Investmentfonds

Ein Investmentfonds unterlag in der Folge der Körperschaft- und Gewerbesteuer. Außerdem galt es die Frage der Abkommensberechtigung zu klären.

3.2.6.3.1.2.1 Körperschaftsteuer

3.2.6.3.1.2.1.1 Steuersubjekt

Steuersubjekt ist, wer eine Steuer schuldet.[325] Mit anderen Worten handelt es sich dabei um den Steuerschuldner als das Subjekt, dem das Steuergesetz das Steuerobjekt (und die damit verbundene Steuerschuld) zurechnet.[326]

3.2.6.3.1.2.1.1.1 Unbeschränkte Steuerpflicht

Für die unbeschränkte Körperschaftsteuerpflicht des Fonds mussten im Regelfall zwei Voraussetzungen vorliegen. Ausgehend vom Grundsatz musste er, um als Steuersubjekt zu qualifizieren, grds. einerseits ein Investmentfonds sein und andererseits die Geschäftsleitung oder den Sitz gemäß §§ 10; 11 AO im Inland haben (vgl. § 1 Abs. 1 KStG i.V.m. § 11 Abs. 1 S. 1 InvStG a.F.).

Inländische Sondervermögen galten allerdings bereits per gesetzlicher Fiktion als Zweckvermögen gemäß § 1 Abs. 1 Nr. 5 KStG (§ 11 Abs. 1

324 BT-Drs. 17/12603, 37.
325 Birk/Desens/Tappe, Steuerrecht, § 1, Rn. 89.
326 Große in Ax/Große/Melchior/Lotz/Ziegler, AO/FGO, Kap. 1, Teil A, Rn. 70.

S. 1 InvStG a.F.) und unterlagen damit der unbeschränkten Steuerpflicht. Maßgebend für diese Einordnung war das anwendbare Recht, unabhängig vom Ort der Geschäftsleitung oder des Sitzes (vgl. § 1 Abs. 2 S. 3 InvStG a.F.). Inländische Investment-AG waren bereits aufgrund ihrer Rechtsform körperschaftsteuerpflichtig und qualifizierten so als Steuersubjekt. Im Umkehrschluss kam den inländischen Investment-KG als Personengesellschaften keine Steuersubjekteigenschaft zu.

Ausländische Investmentfonds unterfielen regelmäßig keiner unbeschränkten Steuerpflicht (vgl. § 1 Abs. 2 S. 5 InvStG a.F.).[327] Bei diesen war mit Rücksicht auf die verbreitete Pflicht, die Geschäftsleitung am ausländischen Satzungssitz zu belassen, regelmäßig nicht von einer inländischen Geschäftsleitung auszugehen.[328]

3.2.6.3.1.2.1.1.2 Beschränkte Steuerpflicht

Beschränkt steuerpflichtig waren Investmentfonds ohne Geschäftsleitung oder Sitz im Inland, soweit sie inländische Einkünfte i.S.v. § 49 Abs. 1 EStG erzielten (vgl. § 2 Nr. 1 KStG). So kam bspw. für einen ausländischen Wertpapierfonds eine Besteuerung nach § 49 Abs. 1 Nr. 2 lit. e), Nr. 5 EStG in Betracht.[329]

Für sie galten gleichsam die Voraussetzungen des § 1 Abs. 1b InvStG a.F. Die Rechtsformerfordernisse für inländische Investmentfonds waren hingegen auf ausländische Fonds nicht anzuwenden. Ausländische Sondervermögen qualifizierten regelmäßig als Zweckvermögen (vgl. §§ 2 Nr. 1; 1 Abs. 1 Nr. 5 KStG).[330]

3.2.6.3.1.2.1.1.3 Subjektive Steuerbefreiungen

Inländische Investmentfonds waren, soweit sie hiervon aufgrund ihrer Rechtsform betroffen waren, wiederum von der Körperschaftsteuer subjek-

---

327 Patzner/Kempf in Patzner/Kempf/Nagler, InvStG, § 11 InvStG a.F., Rn. 2; vgl. Bödecker/Hartmann in Bödecker/Ernst/Hartmann, BeckOK InvStG, 18. Ed., § 1, Rn. 208.

328 BMF, „Investmentsteuergesetz (InvStG), Zweifels- und Auslegungsfragen; Aktualisierung des BMF-Schreibens vom 2. Juni 2005 (BStBl 2005 I S. 728)", 18.8.2009 – BStBl. I 2009, 931, Rn. 213.

329 Vgl. Fock, FR 2006, 369 (369).

330 Vgl. Kühn, Die Investmentsteuerreform, Diss., S. 27 f.

tiv steuerbefreit (vgl. § 11 Abs. 1 S. 1 bis 3 InvStG a.F.). Gewisse Ausnahmen hiervon sah § 11 Abs. 1 S. 4 InvStG a.F. für die Investment-AG mit veränderlichem Kapital vor.

Sinn und Zweck der Steuerbefreiung war es, zu verhindern, dass die Fondseingangsseite bereits mit Ertragsteuern belastet wurde, die im Vergleich zu einer Direktanlage nachteilige Renditeauswirkungen beim Anleger gehabt hätte.[331]

Steuern auf Einkünfte, die dem Quellensteuerabzug unterlagen, wurden erstattet, soweit nicht ohnehin vom Steuerabzug Abstand zu nehmen war (§ 11 Abs. 2 S. 1 InvStG a.F.).[332] Die Vorschrift war zur Umsetzung des Transparenzprinzips notwendig, da etwa die Steuerbefreiungen nach

331 Patzner/Kempf in Patzner/Kempf/Nagler, InvStG, § 11 InvStG a.F., Rn. 1d.

332 Inländische Quellensteuern (vgl. §§ 43 ff. EStG) waren auf Investmentfondsebene zu berücksichtigen. So musste etwa i.R.v. originären Einkünften aus Kapitalvermögen auf Fondseingangsseite Kapitalertragsteuer einbehalten werden. Die von den Kapitalerträgen des inländischen Investmentfonds einbehaltene und abgeführte Kapitalertragsteuer wurde dem Investmentfonds allerdings unter Einschaltung der Verwahrstelle erstattet, soweit nicht nach § 44a EStG vom Steuerabzug Abstand zu nehmen war; dies galt auch für den als Zuschlag zur Kapitalertragsteuer einbehaltenen und abgeführten SolZ (vgl. § 11 Abs. 2 S. 1 InvStG a.F.). Vgl. Desens/Hummel, FR 2012, 605 (605 ff.).
Von der Abstandnahme bzgl. des Steuerabzugs war regelmäßig bereits aufgrund des steuerbefreiten Status des Investmentfonds Gebrauch zu machen (vgl. § 44a Abs. 4 S. 1, Abs. 10 EStG). Voraussetzung war grds. eine Nichtveranlagungsbescheinigung. Vgl. BMF, „Investmentsteuergesetz (InvStG), Zweifels- und Auslegungsfragen; Aktualisierung des BMF-Schreibens vom 2. Juni 2005 (BStBl 2005 I S. 728)“, 18.8.2009 – BStBl. I 2009, 931, Rnrn. 214 ff.
Inländische Kapitalerträge wurden vom inländischen Investmentfonds damit brutto vereinnahmt. Haase/Dorn, Investmentsteuerrecht, S. 115.
Der Einbehalt ausländischer Quellensteuern von inländischen Investmentfonds sowie der damit einhergehende etwaige Erstattungsanspruch richteten sich nach ausländischem Recht. Unilateral bestand die Möglichkeit für den inländischen Fonds, die beim Anleger anrechenbaren oder abziehbaren ausländischen Steuern bei der Ermittlung der Erträge als Werbungskosten abzuziehen (§ 4 Abs. 4 S. 1 InvStG a.F.). I.R.d. Ausübung dieses Wahlrechts hatte der Anleger dann keinen Anspruch auf Anrechnung oder Abzug dieser Steuern (sog. Sperrwirkung des Steuerabzugs). Vgl. Haase/Dorn, Investmentsteuerrecht, S. 119.
Vgl. zur DBA-Abkommensberechtigung deutscher Investmentfonds: 3.2.6.3.1.2.3.
Die vorstehenden Mechanismen und Regelungen zum Kapitalertragsteuereinbehalt bzw. zu dessen Abstandnahme galten gleichsam für inländische Einkünfte eines ausländischen Fonds. Ausländische Investmentfonds vereinnahmten die Kapitalerträge – von etwaigen DBA-Regelungen abgesehen – hingegen i.d.R. netto, da zwar die Regelungen für den Einbehalt und die Abstandnahme eben-

§ 5 Abs. 2 Nr. 1 KStG nicht für inländische Einkünfte mit Steuerabzug galten.[333] Kapitalerträge konnten so ohne inländische Steuerbelastung im Fonds ankommen und oblagen erst bei ihrer Weiterleitung der Kapitalertragsteuerbelastung.[334]

Für ausländische Investmentfonds galt § 11 InvStG a.F. nicht. Hintergrund dieser Ausnahme von der Steuerbefreiung war, dass bei ausländischen Investmentfonds regelmäßig keine unbeschränkte Steuerpflicht im Inland existierte.[335] Für eine Analogie war zudem kein Raum, denn die Regelung stand unter der Überschrift des zweiten Abschnitts „Regelungen nur für inländische Investmentfonds“, sodass davon auszugehen war, dass der Gesetzgeber eine unterschiedliche Behandlung von in- und ausländischen Fonds explizit beabsichtigte.[336] Eine Ausnahme existierte lediglich für ausländische Investmentfonds des Vertragstyps unter den Voraussetzungen des § 1 Abs. 1g S. 2 InvStG a.F. (vgl. § 11 Abs. 1 S. 5 InvStG a.F.).

3.2.6.3.1.2.1.2 Steuerobjekt

Als Steuerobjekt wird der Gegenstand bezeichnet, der der Besteuerung unterliegt; d.h. steuerpflichtig ist.[337] Er ist der sachliche Anknüpfungspunkt für die Entstehung der Steuerschuld.[338]

Unbeschränkt steuerpflichtige Körperschaftsteuersubjekte sind i.d.R. mit ihrem Welteinkommen steuerpflichtig.

Bemessungsgrundlage für die investmentsteuerrechtlichen Steuersubjekte, die als Körperschaftsteuersubjekte fungierten, war das zu versteuernde Einkommen (§ 7 Abs. 1 KStG). Dabei ist vorauszuschicken, dass die Investmentfondsebene aufgrund der subjektiven Steuerbefreiung der inländischen Investmentvermögen im Regelfall als Besteuerungsebene ausschied.

---

so galten, aber § 11 InvStG a.F. nicht griff. Vgl. Haase/Dorn, Investmentsteuerrecht, S. 116.

333 Mann in Brandis/Heuermann, Ertragsteuerrecht, § 11 InvStG a.F., Rn. 11.

334 Bödecker/Intemann/Ronig in Bödecker/Ernst/Hartmann, BeckOK InvStG, 18. Ed., § 11, Rn. 30.

335 Patzner/Kempf in Patzner/Kempf/Nagler, InvStG, § 11 InvStG a.F., Rn. 2.

336 Vgl. FG Hessen, Urt. v. 21.8.2019, 4 K 999/17 – IStR 2020, 143, Rnrn. 30 ff. (Revision anhängig: BFH, I R 1/20 – juris); FG Hessen, Urt. v. 21.8.2019, 4 K 2079/16 – EFG 2020, 462, Rnrn. 30 ff. (Revision anhängig: BFH, I R 2/20 – juris).

337 Birk/Desens/Tappe, Steuerrecht, § 1, Rn. 91.

338 Große in Ax/Große/Melchior/Lotz/Ziegler, AO/FGO, Kap. 1, Teil A, Rn. 70.

Eine Besteuerung fand – soweit gesetzlich vorgesehen – lediglich auf Anlegerebene statt. Nichts anderes galt für den Kapitalertragsteuerabzug auf der Fondsausgangsseite, der zweifelsohne als Anlegersteuer zu beurteilen war.[339] Nichtsdestotrotz ist dies der faktische Ausgangspunkt der Einkünfteermittlung auf der Anlegerebene. Der Investmentfonds diente damit als Zurechnungshilfe.

Der Fonds erwirtschaftete über die zulässigen Vermögensgegenstände des § 1 Abs. 1b S. 2 Nr. 5 InvStG a.F. den Großteil seiner Erträge. Dabei konnte er grds. sämtliche Einkunftsarten gemäß § 2 Abs. 1 S. 1 EStG realisieren[340], wenngleich es sich in der Praxis regelmäßig um Einkünfte aus Kapitalvermögen, Vermietung und Verpachtung sowie aus Gewerbebetrieb handelte. Diese Einordnung hatte im Einzelfall Bedeutung für die Besteuerung auf der Anlegerebene.[341]

Die Erträge des Investmentfonds, die dem Anleger zuzurechnen waren, wurden über § 3 InvStG a.F. eingefangen. Unabhängig von der Einkünftequalifikation war bei der Ermittlung der Erträge des Investmentfonds § 2 Abs. 2 S. 1 Nr. 2 EStG (Überschusseinkünfte) sinngemäß anzuwenden (§ 3 Abs. 1 InvStG a.F.). Dies galt unbeeinflusst vom jeweiligen Anlegertyp.

Aufgrund der Ermittlung nach den Überschusseinkünften griff das Zu- bzw. Abflussprinzip des § 11 EStG. Einige Veränderungen nahm § 3 Abs. 2 InvStG a.F. vor. Hiernach galten bspw. Dividenden bereits am Tag des Dividendenabschlags als zugeflossen. Einzelheiten zum Werbungskostenabzug und der Verlustverrechnung ergaben sich aus § 3 Abs. 3, Abs. 4 InvStG a.F.

Für das Besteuerungsverfahren war festzuhalten, dass die Besteuerungsgrundlagen des Investmentfonds i.S.d. § 5 Abs. 1 InvStG a.F. gemäß § 13 Abs. 1 InvStG a.F. nach den Maßgaben des § 13 Abs. 2 InvStG a.F. gesondert festzustellen waren. Insoweit entfaltete die gesonderte Feststellung nur gegenüber dem Fonds eine Bindungswirkung.[342] Eine einheitliche Feststellung erfolgte nicht, da es mit dem Fonds nur einen Feststellungs-

---

339 Vgl. Kloster, Neukonzeption der Investmentbesteuerung, Diss., S. 329; Zeller, DStR 2005, 899 (899); Birk/Desens/Tappe, Steuerrecht, § 6, Rn. 1321.

340 Vgl. Steinmüller in Haase, InvStG, § 3, Rnrn. 70 ff.

341 Durch das Transparenzprinzip bestand im Hinblick auf die vorhergehende Einkünfteeinordnung auf Fondsebene (teilweise) ein steuerlicher Konnex zur Besteuerung auf Anlegerebene (bspw. §§ 2 Abs. 2, 3; 4 Abs. 1 InvStG a.F.). So gab es Besteuerungsfolgen auf der Ausgangsseite, die an die Einkünftequalifikation auf der Eingangsseite anknüpften.

342 Vgl. Intemann in Bödecker/Ernst/Hartmann, BeckOK InvStG, 18. Ed., § 13, Rn. 1.

beteiligten gab.[343] Die Anleger waren nur mittelbar vom Feststellungsverfahren betroffen, denn ihnen standen grds. nur die im Bundesanzeiger veröffentlichten Besteuerungsgrundlagen zur Verfügung, die sich nach § 13 Abs. 3 S. 2 InvStG a.F. mit den erklärten Besteuerungsgrundlagen decken sollten.[344]

3.2.6.3.1.2.1.3 Steuersatz

Der Steuersatz ist die regelmäßig prozentuale Rechengröße[345], durch deren Anwendung auf die steuerliche Bemessungsgrundlage sich der im Einzelfall zu zahlende Steuerbetrag ergibt.[346]

Der Steuersatz auf Investmentfondsebene orientierte sich i.R.d. Veranlagungsverfahrens an den Maßgaben des KStG und betrug 15 % zzgl. SolZ (vgl. § 23 Abs. 1 KStG). Aufgrund der subjektiven Steuerbefreiung des § 11 Abs. 1 InvStG a.F. kam er allerdings im Regelfall nicht zur Anwendung.

Im Falle eines Kapitalertragsteuerabzugs kamen die allgemeinen Vorschriften, d.h. ein Steuerabzug i.H.v. 25 % zzgl. SolZ sowie eine entsprechende Abstandnahme bzw. Erstattung, zur Anwendung.

3.2.6.3.1.2.2 Gewerbesteuer

3.2.6.3.1.2.2.1 Steuergegenstand

Die Gewerbesteuer als Objektsteuer knüpft für ihren Steuergegenstand an den im Inland betriebenen stehenden Gewerbebetrieb an (§ 2 Abs. 1 S. 1 GewStG). Ein solcher Gewerbebetrieb ist ein gewerbliches Unternehmen i.S.d. EStG (vgl. § 15 EStG i.V.m. § 2 Abs. 1 S. 2 GewStG). Ausgangspunkt ist dabei gemäß § 2 Abs. 1 S. 3 GewStG regelmäßig die inländische Betriebstätte.

---

343 Vgl. Hammer in Brandis/Heuermann, Ertragsteuerrecht, § 13 InvStG a.F., Rn. 13.

344 Intemann in Bödecker/Ernst/Hartmann, BeckOK InvStG, 18. Ed., § 13, Rn. 1.

345 Die wichtigsten Tarifformen sind der proportionale Tarif (konstanter Durchschnittssteuersatz), der progressive Tarif (anwachsender Durchschnittssteuersatz) sowie der Stufentarif. Vgl. von Campenhausen/Grawert, Steuerrecht im Überblick, S. 15.

346 Birk/Desens/Tappe, Steuerrecht, § 1, Rn. 94.

Für das inländische Sondervermögen folgte die Steuerpflicht dem Grunde nach aufgrund ihrer Einordnung als sonstige juristische Person des privaten Rechts i.S.d. § 2 Abs. 3 GewStG (vgl. § 11 Abs. 1 S. 1 InvStG a.F.)[347], soweit sie einen wirtschaftlichen Geschäftsbetrieb unterhielt (vgl. § 14 AO). Demgegenüber bestand für die Investment-AG ein Gewerbebetrieb kraft Rechtsform gemäß § 2 Abs. 2 S. 1 GewStG. Die Investment-KG war mit ihren gewerblichen Einkünften gewerbesteuerpflichtig; ihr Betrieb unterlag daher der Gewerbesteuer.

Die Steuerschuldner hatten aber regelmäßig keine Gewerbesteuer zu entrichten, da die Investmentvermögen aufgrund der Regelung des § 11 Abs. 1 S. 2, S. 3 InvStG a.F. umfassend als gewerbesteuerbefreit behandelt wurden. Eine besondere Ausnahme für die Investment-AG mit veränderlichem Kapital sah wiederum § 11 Abs. 1 S. 4 InvStG a.F. vor.

3.2.6.3.1.2.2.2 Ermittlung und Festsetzung

Sofern die Steuerbefreiungen im Einzelfall nicht griffen, war die Ermittlung nach den allgemeinen Regeln (vgl. §§ 7 ff. GewStG) vorzunehmen. Das Verfahren zur Festsetzung der Gewerbesteuer erfolgte mehrstufig.[348] Die Gewerbesteuer wurde nach den gewerbesteuerlichen Vorschriften berechnet (vgl. §§ 11 ff. GewStG).

3.2.6.3.1.2.3 Abkommensberechtigung von Investmentfonds

Darüber hinaus stellte sich aufgrund der semi-transparenten Ebenenbesteuerung insbesondere bei originären Dividendenerträgen auf der Fondseingangsseite die bilaterale Frage nach der Abkommensberechtigung inländischer Investmentfonds[349] bzgl. der Begünstigung durch DBA (bspw. Quellensteuerreduktion bei Dividenden, vgl. Art. 10 Abs. 2 OECD-MA), d.h. inwieweit sich der Investmentfonds auf die Begünstigungen der DBA berufen konnte.

---

347 Vgl. BT-Drs. 18/68 (neu), 58.

348 Vgl. Birk/Desens/Tappe, Steuerrecht, § 6, Rn. 1411.

349 Vgl. zur Abkommensberechtigung ausländischer Investmentfonds: Angsten, Die Besteuerung von Erträgen aus ausländischen Investmentfonds, Diss., S. 106 ff.; Kühn, Die Investmentsteuerreform, Diss., S. 28 ff.

Das entsprechende Abkommen gilt für (natürliche und juristische) Personen, die in einem Vertragsstaat oder in beiden Vertragsstaaten ansässig sind (Art. 1 Abs. 1; 3 Abs. 1 lit. a), lit. b) OECD-MA). Eine Person ist in einem Vertragsstaat ansässig, wenn sie nach dem Recht dieses Staates dort aufgrund ihres Wohnsitzes, ständigen Aufenthalts, des Ortes ihrer Geschäftsleitung oder eines anderen ähnlichen Merkmals steuerpflichtig ist (Art. 4 Abs. 1 S. 1 OECD-MA). Der Ausdruck umfasst jedoch keine – beschränkt steuerpflichtige – Person, die in diesem Staat nur mit Einkünften aus Quellen in diesem Staat oder mit in diesem Staat gelegenem Vermögen steuerpflichtig ist (Art. 4 Abs. 1 S. 2 OECD-MA).

Eine bloße sachliche Steuerbefreiung steht einer Abkommensberechtigung bei gleichzeitiger abstrakter Steuerpflicht nicht entgegen, da die Ansässigkeit eben nur eine abstrakte Steuerpflicht fordert.[350] Im Umkehrschluss ist eine ausschließlich auf bestimmte Bereiche abzielende Steuerpflicht für Abkommenszwecke schädlich.

Vor dem Hintergrund, dass der inländische Investmentfonds i.S.d. InvStG a.F. generalisierend als eigenständiges Steuersubjekt fungierte und gleichwohl grds. von der Steuer befreit war (vgl. § 11 Abs. 1 InvStG a.F.), war mit den besseren Gründen von der Abkommensberechtigung[351] auszugehen.[352]

---

350 Vgl. BFH, Urt. v. 6.6.2012, I R 52/11 – BStBl. II 2014, 240, Rnrn. 11 ff.; FG Rheinland-Pfalz, Urt. v. 15.6.2011, 1 K 2422/08 – EFG 2011, 1828, Rn. 36 (Revision: BFH, Urt. v. 6.6.2012, I R 52/11 – BStBl. II 2014, 240); Bödecker in Bödecker/Ernst/Hartmann, BeckOK InvStG, 18. Ed., Einleitung zum InvStG, Rn. 24; Englisch in Berger/Steck/Lübbehüsen, InvG/InvStG, § 11 InvStG, Rn. 84; Bauderer/Mundel in Haase, InvStG, § 11, Rn. 26; Ismer/Blank in Vogel/Lehner, DBA, Art. 4 OECD-MA, Rnrn. 82 ff.; Meinhardt, DStR 2003, 1780 (1781 f.); Geurts/Jacob, IStR 2007, 737 (738); Zinkeisen/Walter, IStR 2007, 583 (583); **a.A.:** FG Niedersachsen, Urt. v. 29.3.2007, 6 K 514/03 – EFG 2007, 1223, Rnrn. 23 ff. (rkr.); Kirchmayr, IStR 2011, 673 (675).

351 Die praktischen Auswirkungen einer Einordnung waren allerdings begrenzt: Entweder sahen die Abkommen – sofern sie nicht schon vom Dividendenbegriff mitumfasst waren – Sonderregelungen für diese Erträge vor oder die Abkommensberechtigung war jedenfalls dem hinter dem Investmentfonds stehenden Anleger zuzusprechen, sodass diesem gegenüber der Direktanlage insoweit auch kein Nachteil entstand. Vgl. Haase/Dorn, Investmentsteuerrecht, S. 116.

352 Vgl. Englisch in Berger/Steck/Lübbehüsen, InvG/InvStG, § 11 InvStG, Rnrn. 82 ff.; Bauderer/Mundel in Haase, InvStG, § 11, Rn. 26; Bödecker in Bödecker/Ernst/Hartmann, BeckOK InvStG, 18. Ed., Einleitung zum InvStG, Rn. 24; Patzner/Kempf in Patzner/Kempf/Nagler, InvStG, § 4 InvStG a.F., Rnrn. 4 ff.; **a.A.:** Haase/Dorn, Investmentsteuerrecht, S. 116; Haug, IStR 2020, 866 (867 ff.).

3.2.6.3.1.3 Besteuerung der Investitionsgesellschaften

Demgegenüber unterlagen auch Investitionsgesellschaften einer entsprechenden Besteuerung nach den körperschaft- und gewerbesteuerlichen Vorschriften.

3.2.6.3.1.3.1 Körperschaftsteuer

3.2.6.3.1.3.1.1 Steuersubjekt

3.2.6.3.1.3.1.1.1 Unbeschränkte Steuerpflicht

Für Personen-Investitionsgesellschaften bestand bereits aufgrund der gewählten Rechtsform keine Körperschaftsteuerpflicht. Die Einkünfte waren nach § 180 Abs. 1 Nr. 2 AO gesondert und einheitlich festzustellen und nach den allgemeinen Regeln beim Anleger zu versteuern (§ 18 S. 2, S. 3 InvStG a.F.).[353] Im Übrigen richteten sich die Besteuerungsfolgen nach der Einordnung der Gesellschaft als gewerbliche, gewerblich tätige oder vermögensverwaltende Personengesellschaft.

Alle Investitionsgesellschaften, die keine Personen-Investitionsgesellschaften waren, qualifizierten als Kapital-Investitionsgesellschaften (§ 19 Abs. 1 S. 1 InvStG a.F.). Die Besteuerung erfolgte grds. nach den allgemeinen steuerrechtlichen Regeln für Kapitalgesellschaften.[354] Kapital-Investitionsgesellschaften in der Rechtsform eines Sondervermögens galten gemäß § 19 Abs. 1 S. 2 InvStG a.F. als Zweckvermögen i.S.d. § 1 Abs. 1 Nr. 5 KStG und waren unbeschränkt körperschaftsteuerpflichtig. Weitere Modifikationen wurden in § 19 Abs. 2 bis 4 InvStG a.F. normiert.

---

353 Eine Feststellung der Einkünfte einer ausländischen Personen-Investitionsgesellschaft war in entsprechender Anwendung des § 180 Abs. 3 S. 1 Nr. 1 AO nicht vorzunehmen, wenn nicht mindestens zwei Anleger mit diesen Einkünften im Inland steuerpflichtig waren. BMF, „Auslegungsfragen zu § 18 InvStG (Personen-Investitionsgesellschaften)", 12.2.2015 – BStBl. I 2015, 185, Rn. 3; Mann in Brandis/Heuermann, Ertragsteuerrecht, § 18 InvStG a.F., Rn. 17; Ernst in Bödecker/Ernst/Hartmann, BeckOK InvStG, 18. Ed., § 18, Rn. 8; Kammeter in Moritz/Jesch, FraKo Kapitalanlagerecht, Bd. 2, 1. Aufl., § 18 InvStG, Rn. 25; Haisch/Helios, BB 2013, 23 (28 f.); Dyckmans, Ubg 2014, 217 (225); Gottschling/Schatz, ISR 2014, 30 (34); Kleutgens/Geißler, IStR 2014, 280 (283); **a. A.:** Elser/Stadler, DStR 2012, 2561 (2565); Elser/Stadler, DStR 2014, 233 (236); Jansen/Lübbehüsen, RdF 2014, 28 (34).

354 Vgl. Haase/Dorn, Investmentsteuerrecht, S. 178.

3.2.6.3.1.3.1.1.2 Beschränkte Steuerpflicht

Im Hinblick auf eine beschränkte Steuerpflicht lieferte der Rechtstypenvergleich[355] gewichtige Anhaltspunkte für eine Einordnung in den Typus der jeweiligen Investitionsgesellschaft.

Für ausländische Personen-Investitionsgesellschaft gilt das zu den inländischen Gesagte entsprechend. Ausländische Kapital-Investitionsgesellschaften, die keine Kapitalgesellschaften waren, galten regelmäßig als Vermögensmassen gemäß § 2 Nr. 1 KStG (§ 19 Abs. 1 S. 3 InvStG a.F.) und unterfielen damit der beschränkten Steuerpflicht mit ihren inländischen Einkünften.

3.2.6.3.1.3.1.2 Steuerobjekt und Steuersatz

Steuerobjekt und Steuersatz richteten sich nach den allgemeinen Besteuerungsregelungen; auf sie wird dahin gehend Bezug genommen.

3.2.6.3.1.3.2 Gewerbesteuer

Für die Gewerbesteuer galten bei den Personen- und Kapital-Investitionsgesellschaften die allgemeinen Regelungsgrundsätze. Kapital-Investitionsgesellschaften in der Rechtsform eines Sondervermögens waren als sonstige juristische Person des privaten Rechts i.S.d. § 2 Abs. 3 GewStG zu behandeln (§ 19 Abs. 1 S. 2 InvStG a.F.). Ausländische Kapital-Investitionsgesellschaften, die keine Kapitalgesellschaften waren, fungierten als sonstige juristische Person des privaten Rechts gemäß § 2 Abs. 3 GewStG (§ 19 Abs. 1 S. 3 InvStG a.F.).

---

355 Vgl. BMF, „Grundsätze der Verwaltung für die Prüfung der Aufteilung der Einkünfte bei Betriebsstätten international tätiger Unternehmen (Betriebsstätten-Verwaltungsgrundsätze)“, 24.12.1999 – BStBl. I 1999, 1076, insbesondere Tabellen 1 und 2; BMF, „Steuerliche Einordnung der nach dem Recht der Bundesstaaten der USA gegründeten Limited Liability Company“, 19.3.2004 – BStBl. I 2004, 411 (sog. LLC-Schreiben); BMF, „Anwendung der Doppelbesteuerungsabkommen (DBA) auf Personengesellschaften“, 26.9.2014 – BStBl. I 2014, 1258, Rn. 1.2.

3.2.6.3.2 Besteuerung der Anleger – Derivative Steuertatbestände

Das InvStG a.F. ordnete dem Anleger – als derivatives Steuersubjekt[356] – die auf Fondsebene erzielten Erträge steuerlich zu.[357] Die Unterteilung der Anlegerschaft erfolgte grds. in Privatanleger, betriebliche Anleger und Körperschaften.[358]

3.2.6.3.2.1 Steuersubjekt

3.2.6.3.2.1.1 Unbeschränkte Steuerpflicht

Unabhängig von der Einordnung der Investorentypen waren für die Anlegerebene die allgemeinen Grundsätze im Hinblick auf die Bestimmung der unbeschränkten Steuerpflicht heranzuziehen. Dies gilt insbesondere für die Steuersubjekteigenschaft i.R.d. Einkommensteuer (vgl. § 1 Abs. 1, Abs. 4 EStG i.V.m. §§ 8; 9 AO) als auch der Körperschaftsteuer (vgl. §§ 1 Abs. 1; 2 KStG i.V.m. §§ 10; 11 AO).

3.2.6.3.2.1.2 Beschränkte Steuerpflicht

Ausländische Anleger, die in deutsche Investmentfonds investierten, unterlagen mit ihren Inlandseinkünften grds. der beschränkten Steuerpflicht (vgl. § 49 Abs. 1 EStG).[359]

---

356 Im Einzelfall bestand zudem für den jeweiligen Anleger eine Gewerbesteuerpflicht. Auf diese wird mangels investmentsteuerrechtlicher Regelungsmaterie nicht eingegangen.

357 Thiems, Die Verwirklichung des Transparenzprinzips, Diss., S. 22.

358 Ergänzend kommen bspw. noch steuerbefreite Anleger hinzu.

359 Erträge aus Vermietung und Verpachtung von inländischen Grundstücken und grundstücksgleichen Rechten und Gewinnen aus privaten Veräußerungsgeschäften mit inländischen Grundstücken und grundstücksgleichen Rechten galten beim beschränkt steuerpflichtigen Anleger als unmittelbar bezogene Einkünfte gemäß § 49 Abs. 1 Nr. 2 lit. f), Nr. 6 oder Nr. 8 EStG (§ 15 Abs. 2 S. 2 InvStG a.F.). Beschränkt steuerpflichtige Anleger, deren Fondsanteile zu ihrem inländischen Betriebsstättenvermögen gehörten, erzielten etwa Dividendeneinkünfte i.S.d. § 49 Abs. 1 Nr. 2 lit. a) EStG. Haase/Dorn, Investmentsteuerrecht, S. 137.

3.2.6.3.2.2 Steuerobjekt

Maßgeblich für die Bemessungsgrundlagenermittlung und damit die Besteuerung auf Anlegerebene war einerseits die Frage, ob es sich um in- oder ausländische Einkünfte handelt, und andererseits die Thematik der Qualifikation des Anlagevehikels im Bereich der Investmentvermögen. War es als Investmentfonds einzuordnen, so galt ein privilegiertes Besteuerungsregime; für Investitionsgesellschaften, die der allgemeinen Regelbesteuerung unterlagen, galt dieses nicht.

3.2.6.3.2.2.1 Inländische Einkünfte

So konnte der Anleger etwa inländische Einkünfte aus inländischen Investmentfonds oder Investitionsgesellschaften beziehen.

3.2.6.3.2.2.1.1 Einkünfte aus inländischen Investmentfonds

3.2.6.3.2.2.1.1.1 Steuerpflichtige Erträge

Beim Anleger wurden die Ausschüttungen und die ausschüttungsgleichen Erträge besteuert. Zentrale Vorschrift für die transparente Besteuerung der laufenden Erträge war § 2 InvStG a.F. Sie regelte insbesondere die für jeden Investor separat zu bestimmenden steuerlichen Einordnung der Ausschüttungen und ausschüttungsgleichen Erträge i.S.d. § 1 Abs. 3 InvStG a.F. Die konkrete Ermittlung der Besteuerungsgrundlagen und schließlich die Besteuerung beim Anleger stand dabei zuvorderst in Abhängigkeit von vorgenannten Publizitätspflichten des Investmentfonds. Erfüllte der Fonds diese Maßgaben, wurde der Anleger transparent besteuert. Es galten die Maßgaben der vorgenannten Pauschalbesteuerung[360] (vgl. §§ 5; 6 InvStG a.F.).

Ausschüttungen waren die dem Anleger tatsächlich gezahlten oder gutgeschriebenen Beträge einschließlich der einbehaltenen Kapitalertragsteuer (§ 1 Abs. 3 S. 1 InvStG a.F.). Gemäß § 1 Abs. 3 S. 2 InvStG a.F. waren ausgeschüttete Erträge die von einem Investmentfonds zur Ausschüttung verwendeten Kapitalerträge, Erträge aus der Vermietung und Verpachtung

360 Vgl. 3.2.6.2.4.

von Grundstücken und grundstücksgleichen Rechten sowie sonstige Erträge und Gewinne aus Veräußerungsgeschäften.

Bei den ausschüttungsgleichen Erträgen, d.h. Thesaurierungen, handelte es sich um vom Investmentfonds nach Abzug der abziehbaren Werbungskosten nicht zur Ausschüttung verwendeten Kapitalerträge, Erträge aus Vermietung und Verpachtung von Grundstücken und grundstücksgleichen Rechten sowie sonstigen Erträgen und Gewinnen aus privaten Veräußerungsgeschäften i.S.d. § 23 Abs. 1 S. 1 Nr. 1, Abs. 2, Abs. 3 EStG (vgl. § 1 Abs. 3 S. 3 InvStG a.F.). Sie galten – anlegerunabhängig – grds. mit dem Ablauf des Geschäftsjahres, in dem sie vereinnahmt wurden, als zugeflossen (§ 2 Abs. 1 S. 2 InvStG a.F.).

Die in dieser Vorschrift nicht genannten Erträge qualifizierten nicht als ausschüttungsgleiche Erträge. Hier setzte das bereits vorab erwähnte Thesaurierungsprivileg[361] an.

Für die steuerliche Behandlung der Einnahmen aus der Rückgabe oder Veräußerung von Investmentanteilen gab es mit § 8 InvStG a.F. eine eigenständige Regelung. Für Privatanleger war für die Ermittlung des Veräußerungsgewinns § 8 Abs. 5, Abs. 6 InvStG a.F. maßgeblich, wohingegen § 8 Abs. 1 bis 4 InvStG a.F. die Normierungen für betriebliche Anleger vornahm. Unter bestimmten Voraussetzungen waren in diesen Fällen die Beteiligungserleichterungen (vgl. § 3 Nr. 40 EStG; § 8b KStG) anwendbar. Auf die Besteuerung nach (semi-)transparenten Grundsätzen oder die Rechtsform des Fonds kam es insoweit nicht an.[362]

3.2.6.3.2.2.1.1.2 Steuererleichterungen

Die steuerlichen Beteiligungserleichterungen (vgl. § 3 Nr. 40 EStG; § 8b KStG) waren allerdings – soweit insbesondere Anteile im Betriebsvermögen vorlagen – grds. nicht anwendbar (vgl. §§ 2 Abs. 1 S. 1 Hs. 2, Abs. 2; 8 Abs. 1 bis 5 InvStG a.F.). Letztlich fand das Teileinkünfteverfahren i.S.d. § 3 Nr. 40 EStG bzw. das Beteiligungsprivileg des § 8b KStG regelmäßig nur dann Anwendung, wenn der Fonds entsprechende Erträge erwirtschaftete.[363] Dies ergab im Lichte der Steuerbefreiung auf Fondsebene durchaus Sinn. Letztlich wurde durch dieses Vorgehen die Gleichsetzung der Direkt-

361 Vgl. 3.2.6.2.5.
362 Haase/Dorn, Investmentsteuerrecht, S. 171.
363 Haase/Dorn, Investmentsteuerrecht, S. 145.

anlage mit dem Fondsinvestment i.R.e. Wiederherstellung quellenspezifischer Merkmale erreicht.[364]

Weitergehende Steuerbefreiungen bestanden etwa nach § 2 Abs. 3, 4 InvStG a.F. unter den dortigen Maßgaben.

3.2.6.3.2.2.1.1.3 Besteuerungsgrundsätze

Die auf Anlegerebene erzielten Einkünfte im Privatvermögen qualifizierten grds.[365] als Einkünfte aus Kapitalvermögen nach § 20 Abs. 1 Nr. 1 EStG (§ 2 Abs. 1 S. 1 InvStG a.F.) – unabhängig von der Qualifikation auf Fondseingangsseite.[366] I.R.e. Beteiligung im Betriebsvermögen handelte es sich um Betriebseinnahmen, welche entsprechend dem Wortlaut des § 2 Abs. 1 S. 1 InvStG a.F. grds. nicht als Einkünfte aus Kapitalvermögen einzuordnen waren[367], sondern aufgrund der Subsidiaritätsregelung regelmäßig als Einkünfte aus Gewerbebetrieb (vgl. §§ 15 Abs. 1; 20 Abs. 8 S. 1 EStG). Unter bestimmten Umständen konnte es sich aber auch um Einkünfte aus selbständiger Tätigkeit (vgl. § 18 EStG) oder gar um Einkünfte aus Land- und Forstwirtschaft (vgl. § 13 EStG) handeln. Eine einheitliche Verknüpfung der Einkünftequalifikation für alle Anleger, wie bspw. i.R.e. gewerblichen Infektion einer Personengesellschaft, kannte das InvStG a.F. nicht.[368]

Der Zuflusszeitpunkt für Ausschüttungen an einen Privatanleger richtete sich nach dem Zuflussprinzip des § 11 EStG, d.h., dass ihm diese mit dem Zahlungseingang zugerechnet wurden. Gleiches galt für den be-

---

364 Obwohl dieses Vorgehen auf den ersten Blick unnötig kompliziert erschien, war es in Anbetracht des Transparenzprinzips durchaus sinnvoll. Denn nach § 2 Abs. 2 InvStG a.F. sollte der Steuerpflichtige nur dann die Begünstigung des Teileinkünfteverfahrens und des Beteiligungsprivilegs erfahren, wenn er diese auch im Fall der Direktanlage in Anspruch hätte nehmen können. Haase/Dorn, Investmentsteuerrecht, S. 142 f.; vgl. Wenzel in Brandis/Heuermann, Ertragsteuerrecht, § 2 InvStG a.F., Rnrn. 17 ff.

365 Ausgenommen von dieser Einordnung i.S.d. § 20 Abs. 1 Nr. 1 EStG waren Betriebseinnahmen des Anlegers, Leistungen nach § 22 Nr. 1 S. 3 lit. a) lit. aa) EStG i.V.m. § 10 Abs. 1 Nr. 2 lit. b) EStG oder Leistungen i.S.d. § 22 Nr. 5 EStG (vgl. § 2 Abs. 1 S. 1 InvStG a.F.). Vgl. Haase/Dorn, Investmentsteuerrecht, S. 135.

366 Insoweit unterschied sich die Investition über einen Investmentfonds von der Direktanlage. Dies konnte beim Anleger zu Vorteilen, aber auch Nachteilen – gerade mit Blick auf das Teileinkünfteverfahren – führen.

367 Vgl. Patzner/Kempf in Patzner/Kempf/Nagler, InvStG, § 2 InvStG a.F., Rn. 2.

368 Haase/Dorn, Investmentsteuerrecht, S. 135.

trieblichen Anleger sofern er seinen Gewinn im Zuge der Einnahmenüberschussrechnung gemäß § 4 Abs. 3 EStG ermittelte. Im Übrigen war für die betriebliche Anlegergruppe das Realisationsprinzip anzuwenden. Teilausschüttungen, d.h. weder vollständige Ausschüttungen noch Thesaurierungen, wurden grds. nach § 2 Abs. 1 S. 3 InvStG a.F. einheitlich im Zeitpunkt der teilweisen Ausschüttung zugerechnet. Besondere Ausnahmen hierzu hielt § 2 Abs. 1 S. 4 InvStG a.F. vor.

Die Einkünfte aus Kapitalvermögen unterlagen nach den Maßgaben des § 7 InvStG a.F. grds.[369] dem Kapitalertragsteuerabzug (vgl. §§ 43 ff. EStG). Es galten regelmäßig die allgemeinen Vorschriften.[370]

3.2.6.3.2.2.1.2 Einkünfte aus inländischen Investitionsgesellschaften

Für die Ausschüttungen einer Personen-Investitionsgesellschaft galt die Regelbesteuerung entsprechend der einheitlichen und gesonderten Feststellung. Sie unterlagen nicht dem Abzug von Kapitalertragsteuer.[371]

Die Ausschüttungen einer Kapital-Investitionsgesellschaft galten nach § 19 Abs. 2 S. 1 InvStG a.F. bei Anlegern, die ihre Anteile im Privatvermögen hielten, als Einkünfte aus Kapitalvermögen. Anderenfalls handelte es sich um Betriebseinnahmen.

Ob auf die Ausschüttung einer Kapital-Investitionsgesellschaft die Steuerbegünstigungen des § 3 Nr. 40 EStG bzw. § 8b KStG anzuwenden waren, hing entsprechend der Auflistung des § 19 Abs. 2 S. 2 InvStG a.F. von der durch den Anleger nachgewiesenen Steuerbelastung der Kapital-Investitionsgesellschaft ab. Im Übrigen war die Kapitalertragsteuer gemäß den in § 19 Abs. 2 S. 3 bis 5 InvStG a.F. genannten Maßgaben einzubehalten und abzuführen.

Im Falle der Veräußerung der Anteile galten vergleichbare Mechanismen wie für Investmentfonds (vgl. § 19 Abs. 3 InvStG a.F.). Die steuerlichen Erleichterungen waren in diesem Fall wiederum nur unter den Maßgaben des § 19 Abs. 2 S. 2 InvStG a.F. anzuwenden.

---

369 Vgl. zu Ausnahmen: BMF, „Investmentsteuergesetz (InvStG), Zweifels- und Auslegungsfragen; Aktualisierung des BMF-Schreibens vom 2. Juni 2005 (BStBl 2005 I S. 728)“, 18.8.2009 – BStBl. I 2009, 931, Rnrn. 134 ff.

370 Vgl. Gloßner in Brandis/Heuermann, Ertragsteuerrecht, § 7 InvStG a.F., Rn. 8.

371 Rhodius/Lofing, Kapitalertragsteuer und Abgeltungsteuer, S. 74.

3.2.6.3.2.2.2 Ausländische Einkünfte

Die Besteuerung ausländischer Einkünfte regelte § 4 InvStG a.F.[372], der den Anleger als Ausfluss des eingeschränkten Transparenzprinzips auch in diesem Fall grds. wie einen Direktanleger behandelte.[373] Der Anleger kam damit wie ein Fonds selbst in den Genuss der entsprechenden Vergünstigungen. Im Speziellen regelte die Vorschrift u.a., ob auf eine Besteuerung auf aus einem ausländischen Staat stammende Einkünfte verzichtet werden konnte oder ob diese ggf. anrechenbar war (sog. Anrechnungs- oder Freistellungsmethode, vgl. § 4 Abs. 1 S. 1, Abs. 2 S. 1 InvStG a.F.). Zudem galten Sonderregelungen wie bspw. § 4 Abs. 3, Abs. 4 InvStG a.F.

3.2.6.3.2.3 Steuersatz

Der Steuerabzug fand unabhängig von der Einordnung als Privat- oder Betriebsvermögen statt[374] und folgte den allgemeinen Regelungen. Insoweit unterlagen etwa Beteiligungen im Privatvermögen grds. einem einheitlichen Steuersatz i.H.v. 25 % zzgl. SolZ mit Abgeltungswirkung (vgl. §§ 32d Abs. 1 S. 1; 43 Abs. 1 S. 1 Nr. 1, Nr. 1a, Abs. 5 S. 1 Hs. 1; 43a Abs. 1 S. 1 Nr. 1 EStG)[375]. Alternativ konnten die Kapitaleinkünfte i.R.e zu beantragenden Veranlagung der tariflichen Einkommensteuer unterzogen werden (sog. Günstigerprüfung, vgl. § 32d Abs. 6 S. 1 EStG).

3.2.6.4 Probleme und Schwächen

3.2.6.4.1 Eckpunkte der Neukonzeption der Investmentbesteuerung

Bereits i.R.d. Etablierung des InvStG a.F. wurde das Bedürfnis nach einer großen Reform laut. Stützten sich die Rufe anfangs insbesondere auf das Transparenzprinzip als Problemquelle, so entwickelten sich in erheblichem Maße die verfassungs- und europarechtsproblematischen Ausgestaltungen des Gesetzes als Reformtreiber.

---

372 Vgl. zu Anwendungsfällen: Haase/Dorn, Investmentsteuerrecht, S. 151 ff.

373 Vgl. Kühn, Die Investmentsteuerreform, Diss., S. 46.

374 Kühn, Die Investmentsteuerreform, Diss., S. 57.

375 Auf Kirchensteuer wird nicht eingegangen.

Vordergründig wurden mit der Neukonzeption der Investmentbesteuerung die folgenden Ziele verfolgt: (1) die Ausräumung europarechtlicher Risiken, (2) die Verringerung des Aufwands für die Ermittlung der Besteuerungsgrundlagen auf Seiten der Wirtschaft und der Bürger einerseits sowie des Kontrollaufwands der Verwaltung in Massenverfahren bei Investmentfonds und deren Anlegern andererseits, (3) die Korrektur von Systemfehlern des geltenden Rechts und (4) die Verhinderung einzelner aggressiver Steuergestaltungen sowie die Reduzierung der Gestaltungsanfälligkeit des Investmentsteuerrechts insgesamt.[376]

3.2.6.4.2 Europarechtswidrigkeit

Das Investment(steuer)recht sah bzw. sieht sich kontinuierlich – und in seiner Gänze recht häufig – mit europarechtlichen Fragen konfrontiert.[377] Wenngleich die Konstellationen häufig keine deutschen Sachverhalte betreffen, so zeichnen sie nicht selten eine faktische, mittelbare Wirkung für das inländische Normengeflecht. Maßgebende Hauptpfeiler der Novellierung waren insbesondere die nachfolgenden Urteile des EuGH, welche in der Gesetzesbegründung aufgriffen wurden.[378]

376 BT-Drs. 18/8045, 1/49 ff.
All diesen Faktoren ist gemein, dass sie durch das semi-transparente Transparenzprinzip veranlasst oder zumindest begünstigt wurden. Hahne/Völker, Investmentsteuerrecht visuell, S. 18.

377 Vgl. EuGH, Urt. v. 14.12.2006, C-170/05 – Slg. 2006, I-11949 („Denkavit International und Denkavit France"); EuGH, Urt. v. 8.11.2007, C-379/05 – Slg. 2007, I-9569 („Amurta"); EuGH, Urt. v. 20.5.2008, C-194/06 – Slg. 2008, I-3747 („Orange European Smallcap Fund"); EuGH, Urt. v. 18.6.2009, C-303/07 – Slg. 2009, I-5145 („Aberdeen Property Fininvest Alpha"); EuGH, Urt. v. 20.10.2011, C-284/09 – Slg. 2011, I-9879; EuGH, Urt. v. 21.5.2015, C-560/13 – DStR 2015, 1235 („Wagner-Raith"); EFTA-GH, Urt. v. 23.11.2004, E-1/04 – IStR 2005, 55.

378 Vgl. BT-Drs. 18/8045, 49 ff.

3.2.6.4.2.1 Europarechtswidrigkeit der Pauschalbesteuerung

Der EuGH hatte im Urteil vom 9. Oktober 2014 (Rechtssache „van Caster“)[379] darüber zu entscheiden, ob die Pauschalbesteuerung[380] der Einkünfte aus intransparenten Fonds nach § 6 InvStG a.F. gegen die Kapitalverkehrsfreiheit verstößt.[381]

Der Prozedur waren Unstimmigkeiten deutscher Gerichte vorausgegangen. So waren das FG Berlin-Brandenburg[382] als auch das FG Hamburg[383] in ihren Entscheidungen von der europarechtskonformen Ausgestaltung der Vorschrift ausgegangen. Erst das FG Düsseldorf[384] sah sich veranlasst, diese Frage dem EuGH vorzulegen und hierdurch eine abschließende Rechtssicherheit zu schaffen.

---

379 EuGH, Urt. v. 9.10.2014, C-326/12 – IStR 2014, 808 („van Caster“); vgl. Geurts, IStR 2012, 953 (953 ff.); Brielmaier/Wünsche, IStR 2013, 731 (733 ff.); Egner/Wölfert, DStR 2013, 381 (387); Patzner/Nagler, IStR 2014, 848 (848 ff.); Rohde, DStR 2014, 2494 (2494 ff.); Simonis/Faller/Oehlschlägel, DB 2014, 2855 (2855 ff.); Höring, StBp 2015, 295 (298 f.); Meinert, NWB 2015, 1325 (1326 ff.); Schönfeld, IStR 2015, 671 (672 ff.); Kußmaul/Kloster, Ubg 2016, 527 (527 ff.); Levedag, IWB 2016, 262 (266 ff.); Reiner, GWR 2016, 269 (270 ff.).

380 Vgl. 3.2.6.2.4.

381 Vgl. zur Europarechtswidrigkeit des § 6 InvStG a.F.: **Bejahend:** FG Düsseldorf, EuGH-Vorlage v. 3.5.2012, 16 K 3383/10 F – IStR 2012, 663 (EuGH, Urt. v. 9.10.2014, C-326/12 – IStR 2014, 808 („van Caster“); FG Düsseldorf, Urt. v. 3.11.2016, 16 K 3383/10 F – EFG 2016, 2076 (Revision: BFH, Urt. v. 14.5.2019, VIII R 31/16 – BStBl. II 2019, 562); Ernst in Bödecker/Ernst/Hartmann, BeckOK InvStG, 18. Ed., § 6, Rn. 5; Büttner/Mücke in Berger/Steck/Lübbehüsen, InvG/InvStG, § 6 InvStG, Rn. 5; Gnutzmann/Welzel in Haase, InvStG, § 6, Rn. 16; Carlé in Korn, EStG, § 6 InvStG a.F., Rnrn. 7 f.; Kirchmayr, DStJG 2007, 235 (240); Eicker, IStR 2005, 342 (346); Kayser/Bujotzek, FR 2006, 49 (62); Rohde/Neumann, FR 2012, 247 (253); Rohde/Neumann, IStR 2012, 663 (666); Brielmaier/Wünsche, IStR 2013, 731 (738); Egner/Wölfert, DStR 2013, 381 (387); Simonis/Faller/Oehlschlägel, DB 2014, 2855 (2855 ff.); Ebner/Meinert, NWB 2015, 416 (423); **verneinend:** FG Berlin-Brandenburg, Urt. v. 23.5.2012, 1 K 1159/08 – EFG 2012, 1727 (Revision: BFH, Urt. v. 17.11.2015, VIII R 27/12 – BStBl. II 2016, 539); FG Hamburg, Urt. v. 13.7.2012, 3 K 131/11 – EFG 2012, 1856 (Revision: BFH, Beschl. v. 30.6.2015, VIII R 36/12 – juris).

382 Vgl. FG Berlin-Brandenburg, Urt. v. 23.5.2012, 1 K 1159/08 – EFG 2012, 1727 (Revision: BFH, Urt. v. 17.11.2015, VIII R 27/12 – BStBl. II 2016, 539).

383 Vgl. FG Hamburg, Urt. v. 13.7.2012, 3 K 131/11 – EFG 2012, 1856 (Revision: BFH, Beschl. v. 30.6.2015, VIII R 36/12 – juris).

384 Vgl. FG Düsseldorf, EuGH-Vorlage v. 3.5.2012, 16 K 3383/10 F – IStR 2012, 663 (EuGH, Urt. v. 9.10.2014, C-326/12 – IStR 2014, 808 („van Caster“); FG Düsseldorf, Urt. v. 3.11.2016, 16 K 3383/10 F – EFG 2016, 2076 (Revision: BFH, Urt. v. 14.5.2019, VIII R 31/16 – BStBl. II 2019, 562).

Im Konkreten lag der nachfolgend verkürzt dargestellte Sachverhalt der Materie zugrunde: Die Kläger (Mutter und Sohn), beide in Deutschland unbeschränkt steuerpflichtig, wurden im Zuge eines Erbfalls gemeinsame Inhaber eines Depots in Belgien. Dieses bestand aus Anteilen an ausländischen, thesaurierenden Investmentfonds. Bei sämtlichen Investmentanteilen handelte es sich unstreitig um Anteile an sog. intransparenten Fonds. Die Kläger erzielten hieraus Zinsen sowie Erträge, welche sie in ihren Erklärungen angaben und den Ansatz unter Bezugnahme auf beigefügte Listen bzw. die Börsen-Zeitung deklarierten. Sie machten geltend, dass die Belege und Informationen als Ermittlungsgrundlage herangezogen werden müssten. Das Finanzamt hingegen akzeptierte die individuellen Nachweise der Kläger nicht und stützte die Berechnungen ausschließlich auf § 6 InvStG a.F.

Das FG Düsseldorf vermutete in der pauschalen Nichtberücksichtigung vorgebrachter Individualnachweise eine verdeckte Diskriminierung. Eine Verletzung der Kapitalverkehrsfreiheit (vgl. Art. 63 AEUV) könne darin bestanden haben, dass der ausländische Fonds keine deutschen Anleger für sich gewinnen konnte, wenn er nicht die Anforderungen des § 5 InvStG a.F. erfüllte.[385] Diese Voraussetzungen wurden bereits dann gerissen, wenn bspw. die Investmenterträge nicht in deutscher Sprache mitgeteilt oder die erforderlichen Angaben nicht veröffentlicht wurden.

Der EuGH bestätigte in seinem Urteil[386] die Einschätzung des FG Düsseldorf, dass es sich bei der pauschalen Besteuerung i.S.d. § 6 InvStG a.F. um eine Beschränkung des freien Kapitalverkehrs handele. Art. 63 AEUV stehe daher einer nationalen Regelung entgegen, wonach, wenn ein ausländischer Investmentfonds die in dieser Regelung vorgesehenen, unterschiedslos für inländische und ausländische Fonds geltenden Verpflichtungen zur Bekanntmachung und Veröffentlichung bestimmter Angaben nicht erfülle, die Erträge, die der Steuerpflichtige aus diesem Investmentfonds erziele, pauschal zu besteuern seien.[387] Denn die deutsche Regelung ermöglichte es dem Steuerpflichtigen nicht, Unterlagen oder Informationen beizubringen, mit denen sich die tatsächlichen Einkünfte nachweisen ließen. Eine individuelle Nachweismöglichkeit sei aber aus europarechtlicher Perspektive notwendig.

---

385 FG Düsseldorf, EuGH-Vorlage v. 3.5.2012, 16 K 3383/10 F – IStR 2012, 663, Rn. 27 (EuGH, Urt. v. 9.10.2014, C-326/12 – IStR 2014, 808 („van Caster").

386 Vgl. EuGH, Urt. v. 9.10.2014, C-326/12 – IStR 2014, 808 („van Caster").

387 EuGH, Urt. v. 9.10.2014, C-326/12 – IStR 2014, 808, Rn. 58 („van Caster").

Nach der deutschen Finanzverwaltung[388] hat auch der Gesetzgeber zunächst mit § 6 Abs. 2 InvStG a.F. und letztlich mit der Neukonzeption des InvStG reagiert.

3.2.6.4.2.2 Europarechtswidrigkeit der Dividendenbesteuerung

Zudem wurde die Dividendenbesteuerung einer europarechtlichen Würdigung unterzogen. Objektiv betrachtet wurde im EuGH-Urteil vom 10. Mai 2012 (Rechtssache „Santander“)[389] nur eine Frage der französischen Dividendenbesteuerung bzw. Kapitalertragsteuer geklärt, die jedoch gleichsam Konsequenzen für die nationale Rechtslage zeichnete.

Der Entscheidung lag die folgende Problemkonstellation zugrunde: Klägerinnen waren OGAW verschiedenster Herkunft (u.a. Deutschland), die insbesondere in Aktien französischer Gesellschaften investierten und aus diesen Investitionen Dividenden bezogen.[390] Diese inländischen Dividenden unterlagen grds. der französischen Quellenbesteuerung. OGAW nach französischem Recht, d.h. SICAV und FCP, waren hingegen von der Ertragssteuer befreit.[391] Die Klägerinnen rügten die nachteilige Behandlung gebietsfremder Investmentfonds.

388 Vgl. BMF, „§ 6 Investmentsteuergesetz (InvStG); Verfahren bis zu einer gesetzlichen Umsetzung des EuGH-Urteils vom 9. Oktober 2014 in der Rechtssache C-326/12 (van Caster und van Caster)“, 4.2.2015 – BStBl. I 2015, 135; BMF, „§ 6 Investmentsteuergesetz (InvStG); Verfahren bis zu einer gesetzlichen Umsetzung des EuGH-Urteils vom 9. Oktober 2014 in der Rechtssache C-326/12 (van Caster und van Caster)“, 28.7.2015 – BStBl. I 2015, 610; BMF, „§ 6 Investmentsteuergesetz (InvStG); Verfahren bis zu einer gesetzlichen Umsetzung des EuGH-Urteils vom 9. Oktober 2014 in der Rechtssache C-326/12 (van Caster); BFH-Urteil vom 17. November 2015 – VIII R 27/12, BStBl II 2016 S. 539“, 23.5.2016 – BStBl. I 2016, 504.

389 EuGH, Urt. v. 10.5.2012, C-338/11, C-339/11, C-340/11, C-341/11, C-342/11, C-343/11, C-344/11, C-345/11, C-346/11, C-347/11 – DStR 2012, 1016 („Santander Asset Management SGIIC u.a.“); vgl. Johannemann/Herr, ISR 2012, 94 (97 ff.); Linn, IStR 2012, 455 (455 ff.); Patzner/Nagler, IStR 2012, 255 (255 ff.); Wünsche/Brielmaier, BB 2012, 2467 (2467 ff.); Zetzsche, IStR 2015, 8 (8 ff.); Bannes/Holle, FR 2016, 661 (662 ff.).

390 EuGH, Urt. v. 10.5.2012, C-338/11, C-339/11, C-340/11, C-341/11, C-342/11, C-343/11, C-344/11, C-345/11, C-346/11, C-347/11 – DStR 2012, 1016, Rn. 6 („Santander Asset Management SGIIC u.a.“).

391 EuGH, Urt. v. 10.5.2012, C-338/11, C-339/11, C-340/11, C-341/11, C-342/11, C-343/11, C-344/11, C-345/11, C-346/11, C-347/11 – DStR 2012, 1016, Rn. 3 („Santander Asset Management SGIIC u.a.“).

Der EuGH sah in dieser Handhabung einen Verstoß gegen die Kapitalverkehrsfreiheit gemäß Art. 63 AEUV. Insbesondere lehnte der EuGH die Argumentation der Beklagten i.S.e. gemeinsamen, verklammernden Ebenenbetrachtung der steuerlichen Belastung auf Fonds- und Anlegerebene ab. Entscheide sich daher ein Mitgliedstaat dafür, seine Befugnis zur Besteuerung der Dividenden, die von gebietsansässigen Gesellschaften ausgeschüttet werden, allein nach Maßgabe des Sitzortes der die Dividenden beziehenden OGAW auszuüben, sei die steuerliche Situation ihrer Anteilinhaber für die Beurteilung, ob diese Regelung diskriminierend sei, unerheblich.[392] Dies gelte unabhängig von einer steuerneutralen Zwischenschaltung eines OGAW. Überdies lasse sich auf keinen darüber hinausgehenden Zusammenhang in der fraglichen Fallkonstellation, der eine kumulative Betrachtung der Nichtbesteuerung der Dividenden auf Fondsebene einerseits und der Besteuerung dieser Dividenden auf Investorenebene andererseits nahe lege, schließen.[393]

Das EuGH-Urteil vom 10. April 2014 (Rechtssache „Emerging Markets")[394] bestätigte diese Rechtsprechung i.R.e. polnischen Sachverhalts und erstreckte sie unter gewissen Maßgaben auf Drittstaatenfälle.

Letztlich ging es i.R.d. Rechtsprechung ebenso um die auch für Deutschland interessante Weichenstellung bzgl. der Frage, ob Dividenden inländischer Herkunft einer Quellensteuer unterworfen werden können, wenn sie von einem ausländischen Investmentfonds bezogen werden, obwohl Dividenden, die von einem inländischen Fonds bezogen werden, einer Steuerbefreiung unterliegen. Konkret betraf dies die Regelungen des § 11 Abs. 1 S. 2, S. 3, Abs. 2 S. 1 bis 3 InvStG a.F.[395], welche explizit in-

---

392 EuGH, Urt. v. 10.5.2012, C-338/11, C-339/11, C-340/11, C-341/11, C-342/11, C-343/11, C-344/11, C-345/11, C-346/11, C-347/11 – DStR 2012, 1016, Rn. 28 („Santander Asset Management SGIIC u.a.").

393 EuGH, Urt. v. 10.5.2012, C-338/11, C-339/11, C-340/11, C-341/11, C-342/11, C-343/11, C-344/11, C-345/11, C-346/11, C-347/11 – DStR 2012, 1016, Rn. 30 („Santander Asset Management SGIIC u.a.").

394 EuGH, Urt. v. 10.4.2014, C-190/12 – IStR 2014, 333 („Emerging Markets Series of DFA Investment Trust Company"); vgl. von Brocke/Wohlhöfler, IWB 2014, 468 (468 ff.); Kammeter, ISR 2014, 165 (167 ff.); Zetzsche, IStR 2015, 8 (8 ff.); Bannes/Holle, StuW 2017, 112 (112 ff.).

395 Vgl. zur Europarechtswidrigkeit des § 11 InvStG a.F.: **Bejahend:** Mann in Brandis/Heuermann, Ertragsteuerrecht, § 11 InvStG a.F., Rn. 18; Bödecker/Intemann/Ronig in Bödecker/Ernst/Hartmann, BeckOK InvStG, 18. Ed., § 11, Rnrn. 24 ff.; Englisch in Berger/Steck/Lübbehüsen, InvG/InvStG, § 11 InvStG, Rnrn. 27 ff.; Bauderer/Mundel in Haase, InvStG, § 11, Rnrn. 29 ff.; Schäfer in Moritz/Jesch, FraKo Kapitalanlagerecht, Bd. 2, 1. Aufl., § 11 InvStG, Rn. 220;

ländische Investmentfonds als steuerbefreit behandelten.[396] Die Vorschrift ordnete eine Anwendung des § 44a EStG für inländische Investmentfonds ohne Bezugnahme auf die steuerliche Situation des Anteilinhabers an.[397]

Bei ausländischen Investmentfonds wurde dies anders gehandhabt, da § 11 InvStG a.F. für diese nicht – auch nicht analog – galt.[398] Bei ihnen wurde gemäß § 44 Abs. 1 S. 4 Nr. 3 EStG der Kapitalertragsteuerabzug durch eine auszahlende Stelle spätestens bei Auszahlung der Dividende an einen ausländischen Empfänger vorgenommen.[399] Das bedeutete, dass die einbehaltene Kapitalertragsteuer bei ausländischen Fonds zu einer Definitivbelastung wurde. Dies galt unabhängig von der Tatsache, dass sich der Anleger des Fonds die bereits gezahlte Kapitalertragsteuer über § 4 Abs. 2 S. 8 InvStG a.F. auf die Ausschüttungen hat anrechnen lassen können.

Für Deutschland bedeutete dies vor dem Hintergrund der EuGH-Urteile wohl ebenfalls eine europarechtswidrige unterschiedliche Behandlung der jeweiligen Dividenden. Zwar ist die deutsche Regelung der Steuerbefreiung nicht vollständig deckungs- und geltungsgleich mit den französischen bzw. polnischen Fassungen[400], nichtsdestotrotz bestand ein dahin

---

Fock, FR 2006, 369 (372); Linn, IStR 2012, 455 (455 ff.); Patzner/Nagler, IStR 2012, 255 (257); Hahne, BB 2017, 2010 (2015); Nagler/Niedling/Patzner, RdF 2017, 289 (289 ff.); Patzner/Nagler, IStR 2018, 590 (599); Kleinert, IStR 2020, 210 (210 ff.); Patzner/Nagler, IStR 2020, 143 (154 f.); Bundesrechnungshof, „Bericht an den Finanzausschuss des Deutschen Bundestages nach § 88 Abs. 2 BHO, Dringender Reformbedarf im Investmentsteuerrecht", 24.2.2016, S. 18 ff. (abrufbar unter: https://epflicht.ulb.uni-bonn.de/download/pdf/316260?originalFilename=true – letztes Abrufdatum: 19.10.2021); **verneinend:** FG Münster, Urt. v. 20.4.2017, 10 K 3059/14 K – EFG 2017, 1110 (Revision: BFH, EuGH-Vorlage v. 18.12.2019, I R 33/17 – BFHE 269, 225); FG Hessen, Urt. v. 21.8.2019, 4 K 999/17 – IStR 2020, 143 (Revision anhängig: BFH, I R 1/20 – juris); FG Hessen, Urt. v. 21.8.2019, 4 K 2079/16 – EFG 2020, 462 (Revision anhängig: BFH, I R 2/20 – juris).

396 Vgl. 3.2.6.2.3.

397 Kloster, Neukonzeption der Investmentbesteuerung, Diss., S. 521.

398 Vgl. FG Münster, Urt. v. 20.4.2017, 10 K 3059/14 K – EFG 2017, 1110, Rnrn. 89 f. (Revision: BFH, EuGH-Vorlage v. 18.12.2019, I R 33/17 – BFHE 269, 225).

399 Hahne, DStR 2012, 1016 (1022).

400 Vgl. BVI/BVR/BdB/DSGV/VÖB/VDP, Stellungnahme, 1.9.2015, S. 4 (Anschreiben) (abrufbar unter: www.bvi.de/fileadmin/user_upload/Regulierung/Positionen/Investmentsteuerreform/2015-09-01_BVI-DK-Stn_DiskussionsE_BMF_InvStReform.pdf – letztes Abrufdatum: 19.10.2021); ZIA, Stellungnahme, 1.9.2015, S. 2 (abrufbar unter: www.zia-deutschland.de/wp-content/uploads/2021/05/150901_Stellungnahme_BMF_Investmentsteuerreformgesetz_Diskussionsentwur

gehendes Risiko. Aufgrund dessen entschied sich der Gesetzgeber für die Neukonzeption des InvStG.

3.2.6.4.3 Komplexität des Systems und des administrativen Aufwands

Das System des InvStG a.F., welches eine Gleichstellung mit dem Direktanleger intendierte, bedeutete in der Praxis einen beträchtlichen administrativen Aufwand. Im Mittelpunkt stand das Transparenzprinzip als Unruheherd.[401] Bis dato waren bei jeder Ausschüttung und Ertragsthesaurierung bis zu 33 unterschiedliche Besteuerungsgrundlagen zu ermitteln sowie zu veröffentlichen und Verluste in bis zu zwölf verschiedene Verlustverrechnungskategorien zu unterteilen.[402] Einen solch immensen Marathon galt es bereits bei gängigen Investmentstrukturen zu bewältigen, d.h., wenn ein Fonds nur in darunterliegende Zielinvestments, die selbst keine Fonds waren, investierte. Dieser kaum noch handhabbare Zustand erreichte bei Dachfonds-Zielfonds-Strukturen ein organisatorisches Limit.[403]

Eine zunehmende Verkomplizierung war ebenfalls mit Blick auf die neu eingeführte Selbstbeibringung der Besteuerungsgrundlagen nach § 6 Abs. 2 InvStG a.F. zu sehen. Der hierfür zu betreibende Aufwand dürfte im Endeffekt außer Verhältnis zur Höhe der zu erwartenden Steuer gestanden haben.[404]

Zudem ging es, wie in allen Bereichen des Steuerrechts – als Eingriffsrecht –, um die Schaffung einer nachhaltigen und rechtmäßigen Über-

---

f_eines_Gesetzes_zur_Reform_der_Investmentbesteuerung_fin1.pdf – letztes Abrufdatum: 19.10.2021).

401 Vgl. Bund-Länder-Arbeitsgruppe, Berichtsentwurf der Arbeitsgruppe, „Neukonzeption der Investmentbesteuerung", 24.2.2012, S. 5 ff. (n.v.); BT-Drs. 18/8045, 52.
Insgesamt bedeutete diese Komplexität allein auf Investmentfondsebene einen Aufwand von ca. 50 Millionen €, um die transparente Besteuerung der Investmentfondsanleger zu ermöglichen, d.h., die Besteuerungsgrundlagen zu ermitteln, durch einen Steuerberater oder Wirtschaftsprüfer prüfen und mit einer Richtigkeitsbescheinigung versehen zu lassen sowie in der Folge im Bundesanzeiger zu veröffentlichen. BT-Drs. 18/8045, 52.
Dieser Mehraufwand ging zulasten des Anlegers und der insoweit zurückfließenden Höhe der Erträge aus den Anlagen. Sie mussten dies mit einer verminderten Rendite bezahlen.

402 BT-Drs. 18/8045, 52.

403 BT-Drs. 18/8045, 52.

404 BT-Drs. 18/8045, 53.

prüfungsmöglichkeit der steuerlichen Prozesse. Dass die Materie des Investmentsteuerrechts aber aus Finanzverwaltungsperspektive zunehmend unnahbar wurde, zeigt sowohl die große Anzahl der zu diesem Gesetz ergangenen BMF-Schreiben als auch der Umfang dieser Schreiben.[405] Der hohe Komplexitätsgrad gipfelte im BMF-Schreiben[406] zu Zweifels- und Auslegungsfragen zum InvStG a.F., welches in ca. 300 Randnummern Einzelproblematiken erörterte. Hierdurch sollte zwar ein einheitlicher, praxisorientierter Umgang mit der Gesetzeslage geschaffen werden, nichtsdestotrotz verwandelte sich dadurch die Gesetzessystematik zunehmend in eine Kasuistik.

Auf Seiten der Finanzverwaltung keimte zudem ein tatsächliches Problem. Die tagesgeschäftliche Schwerpunktarbeit der Finanzämter lag in der Bearbeitung von Fällen, deren Komplexitätsgrad unter Berücksichtigung der Personalressourcen der Finanzverwaltung meist noch bewältigbar war. Demgegenüber stand eine Vielzahl von Kanzleien, welche ihr Geschäftsmodell u.a. auf die investmentsteuerrechtliche Beratung, d.h. Strukturierung und Prüfung von Finanzprodukten – gerade auch in komplexen Sachverhaltsgestaltungen –, fokussierten. Dabei gab es ausgewiesene Experten, welche die Materie meist vorab sogar über die einschlägigen Verbände i.R.d. Erarbeitung des Gesetzes (mit-)gesteuert hatten. Es bestand daher zunehmend die Gefahr eines quantitativen Machtungleichgewichts zulasten der Finanzverwaltung.[407] Dies galt es, mit einer Reform zu nivellieren.

3.2.6.4.4 Systemimmanente Fehler

Im besonderen Maße war die rückwirkende Korrektur des § 13 Abs. 4 InvStG a.F. Fehlerquell des Systems.[408] Das lag daran, dass die Besteuerungsgrundlagen erst im Nachhinein für alle Anleger durch das für den Investmentfonds zuständige Finanzamt i.R.e. Betriebsprüfung oder bei ausländischen Investmentfonds durch das Bundeszentralamt für Steuern überprüft wurden.[409] Materielle Fehler wurden nicht durch eine rückwir-

---

405 Vgl. BMF, „Anwendung von BMF-Schreiben; BMF-Schreiben, die bis zum 15. März 2019 ergangen sind“, 18.3.2019 – BStBl. I 2019, 270.

406 Vgl. BMF, „Investmentsteuergesetz (InvStG), Zweifels- und Auslegungsfragen; Aktualisierung des BMF-Schreibens vom 2. Juni 2005 (BStBl 2005 I S. 728)“, 18.8.2009 – BStBl. I 2009, 931.

407 Anzinger, FR 2016, 101 (101).

408 Vgl. BT-Drs. 18/8045, 52.

409 Helios/Mann, DB-S 2016, 1 (3).

kende Änderung der vorgenommenen gesonderten Feststellung behoben, sondern vielmehr waren die Unterschiedsbeträge zwischen den erklärten und den zutreffenden Besteuerungsgrundlagen gesondert festzustellen.

Solche Fehlerkorrekturen waren praktisch meist nicht umsetzbar.[410] Einerseits waren dem Investmentfonds seine Anleger im anonymen Massenverfahren i.d.R. nicht bekannt und andererseits scheiterten Korrekturen mit Wirkung für das Jahr der Fehlerverursachung. Denn nicht selten betrafen diese Korrekturen Anleger, die noch nicht oder schon nicht mehr am Fonds partizipierten. Diese Investoren hatten einen Anspruch darauf, dass die von dem Investmentfonds und den Kreditinstituten angewandte Fehlerkorrektur im Veranlagungsverfahren wieder rückgängig gemacht wurden.[411]

3.2.6.4.5 Gestaltungsanfälligkeit

Ein erheblicher Faktor, welcher für eine Reform sprach, war die Offenheit und Anfälligkeit des InvStG a.F. für steuerliche Gestaltungen. Dies betraf insbesondere Cum-Ex-, Cum-Cum-, Bondstripping-Gestaltungen sowie Kopplungsgeschäfte.

3.2.6.4.5.1 Cum-Ex-Gestaltungen

Bei den sog. Cum-Ex-Geschäften[412] wurde durch einen Leerverkauf, d.h. Verkauf der Anteile und Lieferung zu einem späteren Zeitpunkt, über den Dividendenstichtag ein Anspruch auf mehrfache Erstattung bzw. An-

---

410 BT-Drs. 18/8045, 52.

411 BT-Drs. 18/8045, 52.

412 Vgl. BFH, Urt. v. 16.4.2014, I R 2/12 – BFHE 246, 15; FG Hessen, Urt. v. 10.2.2016, 4 K 1684/14 – EFG 2016, 761 (rkr.); FG Düsseldorf, Urt. v. 12.12.2016, 6 K 1544/11 K, AO – EFG 2017, 602 (rkr.); FG Hessen, Urt. v. 10.3.2017, 4 K 977/14 – EFG 2017, 656 (rkr.); FG Köln, Urt. v. 19.7.2019, 2 K 2672/17 – EFG 2020, 367 (Revision: BFH, Urt. v. 2.2.2022, I R 22/20 – BStBl. II 2022, 324); OLG Frankfurt am Main, Beschl. v. 9.3.2021, 2 Ws 132/20 – StB 2021, 228; LG Bonn, Urt. v. 18.3.2020, 62 KLs 1/19 – juris; Englisch, FR 2010, 1023 (1023 ff.); Rau, DStR 2010, 1267 (1267 ff.); Rau, DStR 2011, 510 (510 ff.); Rau, FR 2011, 366 (366 ff.); Desens, DStR 2012, 2473 (2473 ff.); Desens, DStZ 2012, 142 (142 ff.); Desens, DStZ 2012, 246 (246 ff.); Desens/Hummel, FR 2012, 605 (605 ff.); Desens, DStR 2014, 2317 (2317 ff.); Desens, DStZ 2014, 154 (154 ff.); Desens, FR 2014, 265 (265 ff.); Desens, FR 2014, 305 (305 ff.); Schön,

rechnung der (erhobenen) Kapitalertragsteuer erzeugt (vgl. §§ 45a Abs. 2, Abs. 3; 36 Abs. 2 Nr. 2 EStG).

Vereinfacht dargestellt hielt Anleger A eine Unternehmensaktie. Person B verkaufte an Anleger C eine Aktie desselben Unternehmens kurz vor dem Dividendenstichtag (cum Dividende), die er noch nicht besaß. Die Lieferung sollte zu einem späteren Zeitpunkt erfolgen. Am Ausschüttungstag erhielt A eine Dividende. Auf diese zahlte er eine 25%ige Kapitalertragsteuer, die er sich regelmäßig später per Bankbescheinigung zurückholte. Nach dem Tag der Ausschüttung (ex Dividende) verkaufte A diese Aktie an B. Beim Verkauf der Aktie wurde die im Vorfeld an Anleger A ausgezahlte Dividende vom Verkaufspreis der Aktie in Abzug gebracht. Danach lieferte B die Aktie an Anleger C. Da C die Aktie aber zu einem höheren Preis, der sich vor dem Dividendenstichtag ergab, gekauft hatte, bekam er die Differenz abzgl. der Kapitalertragsteuer von B mitüberwiesen. Da C diese Aktie zudem bereits formell vor dem Ausschüttungstag besaß, bekam er ebenfalls eine Bankbescheinigung ausgestellt. Diese befähigte ihn – unter bestimmten Umständen – nunmehr ebenfalls Kapitalertragsteuer zurückzufordern, wenngleich er diese nie gezahlt hatte.

Investmentfonds eigneten sich in besonderem Maße für diese (missbräuchlichen) Gestaltungen, da sie die Kapitalertragsteuer auf Dividenden erstattet bekamen und das Investmentsteuerrecht keine hinreichenden Instrumente enthielt, um unberechtigte Steuererstattungen auf der Anlegerebene zurückfordern zu können.[413] Da die Erstattungssummen über die Depotbanken der Fonds flossen und in deren Kapitalertragsteueranmeldung nicht mehr identifizierbar waren, konnten die Finanzämter den immensen Zufluss der Erstattungen letztlich nicht erkennen.[414]

3.2.6.4.5.2 Cum-Cum-Gestaltungen

Bei den sog. Cum-Cum-Geschäften[415] handelte es sich um Aktientransaktionen im zeitlichen Zusammenhang mit dem Dividendenstichtag, bei

---

RdF 2015, 115 (115 ff.); Spengel/Eisgruber, DStR 2015, 785 (785 ff.); Loritz, BB 2017, 2327 (2327 ff.); Loritz, BB 2017, 2394 (2394 ff.); Rau, DStR 2021, 6 (6 ff.).

413 BT-Drs. 18/8045, 49 f.

414 BT-Drs. 18/8045, 50.

415 Vgl. Altvater/Buchholz, RdF 2016, 132 (132 ff.); Haisch, RdF 2016, 85 (85 f.); Spengel, DB 2016, 2988 (2988 ff.); Helios/Lenz, DB 2017, 1738 (1738 ff.); Loritz, BB 2017, 2327 (2327 ff.); Loritz, BB 2017, 2394 (2394 ff.); Nagler/Niedling/Patzner, RdF 2017, 289 (289 ff.); Rau, FR 2017, 1043 (1043 ff.); Salzmann/Heu-

denen sich – grds. beschränkt steuerpflichtige – Anteilseigner von Aktien inländischer (börsennotierter) Gesellschaften nicht nur schuldrechtlich dazu verpflichteten, die Aktien vor dem Dividendenstichtag, also mit Dividendenberechtigung (cum Dividende), zu übertragen, sondern auch die dinglich wirksame Übertragung der Aktien vor dem Dividendenstichtag (cum Dividende) erfolgte.[416] Anders als bei den Cum-Ex-Gestaltungen bestand daher keine bewusste Trennung um den Dividendenstichtag zwischen schuldrechtlicher und dinglicher Sphäre.

Die Idee hinter diesen Geschäften fußte auf der Tatsache, dass inländische Anleger bei der Dividendenausschüttung inländischer Unternehmen anders behandelt wurden als ausländische Anleger (vgl. §§ 50 Abs. 2 S. 1; 44a Abs. 9; 49 Abs. 1 Nr. 5 lit. a) EStG; § 32 Abs. 1 Nr. 2 KStG).

Beispielhaft hielt der ausländische Anleger A eine Aktie an einem deutschen Unternehmen. Diese verlieh er vor dem Dividendenstichtag an einen in Deutschland ansässigen Investmentfonds B (oder einen anderen Finanzdienstleister). Am Ausschüttungstag erlangte B als Aktieninhaber die Dividende. Aufgrund der Steuerbefreiung inländischer Investmentfonds zahlte er keine Kapitalertragsteuer. Im Anschluss wurde das Wertpapier von B wieder auf A zurückübertragen. Der inländische Investmentfonds B zahlte an A eine Wertpapierleihgebühr in annähernd der gleichen Höhe wie die Dividende.[417] Die Leihgebühr wurde als Werbungskosten mit den Dividenden verrechnet, sodass keine ausschüttungsfähigen Dividenden auf Ebene des Investmentfonds verblieben.[418] Aufgrund von entsprechenden DBA-Regelungen lag das Besteuerungsrecht hinsichtlich der Wertpapierleihgebühr regelmäßig beim ausländischen Wohnsitzstaat des Anlegers und nicht in Deutschland.

3.2.6.4.5.3 Bondstripping-Gestaltungen

Beim sog. Bondstripping[419] ging es um das Abtrennen des Zinsanspruches vom Stammrecht einer Anleihe bzw. Schuldverschreibung, wodurch Null-

---

felder, IStR 2017, 125 (125 ff.); Kußmaul/Knobloch/Kloster, StB 2018, 254 (254 ff.); Spilker/Kremer, BB 2018, 2775 (2775 ff.); Bindl/Haisch, DStR 2021, 1520 (1520 ff.); Rau, DStR 2021, 6 (6 ff.).

416 Salzmann/Heufelder, IStR 2017, 125 (125).

417 Vgl. BT-Drs. 18/8045, 50.

418 BT-Drs. 18/8045, 50.

419 Vgl. Krawitz, DStR 1994, 881 (881 ff.); Scheurle, DB 1997, 1839 (1839 f.); Kußmaul, BB 1998, 1868 (1868 ff.); Kußmaul, BB 1998, 2083 (2083 ff.); Kußmaul,

kuponanleihen (sog. Zerobonds[420]) entstanden. Beide waren in der Folge getrennte Wirtschaftsgüter und konnten separat gehandelt werden.

Gestaltungsmissbräuchlich (vgl. § 42 AO) wurde das Abtrennen, wenn das Bondstripping ohne wirtschaftlichen Sinn allein den Nutzen hatte, eine Steuerminderung zu realisieren.[421] Im Ergebnis sollten hierdurch regelmäßig künstlich erzeugte Verluste temporär ausgeglichen bzw. verschoben werden.

Beispielhaft[422] hielt die Privatperson A eine deutsche Bundesanleihe. Diese wurde gestrippt. Nach der Trennung von Anleihemantel und Zinsschein verkaufte A den Zinsschein an eine Bank (Kapitalertragsteuer, vgl. § 32d Abs. 1 S. 1 EStG). Den Anleihemantel veräußerte er an die B-GmbH, an der A eine 100%ige Beteiligung hielt (individueller Steuersatz, vgl. § 32d Abs. 2 Nr. 1 S. 1 lit. b) EStG). Damit die GmbH hinreichende Mittel für den Erwerb zur Verfügung hatte, gewährte A ihr ein (zinsloses) Darlehen. Die B-GmbH veräußerte den jeweiligen Anleihemantel sodann weiter. A ordnete in seiner Einkommensteuererklärung die Anschaffungskosten der Bundesanleihe vollständig den Anleihemänteln – mit dem individuellen Steuersatz – zu, wodurch sich eine für ihn steuerlich günstige Konstellation ergab.

Das FG Düsseldorf stellte fest, dass bei der Ermittlung des Gewinns aus der Veräußerung der Anleihemäntel, nach deren Abtrennung von den Zinsscheinen, die Anschaffungskosten der ungetrennten Anleihen auch bei im Privatvermögen gehaltenen Anleihen, im Verhältnis der jeweiligen Marktwerte, auf den Anleihemantel und die Zinsscheine aufzuteilen ge-

---

BB 1998, 2236 (2236 ff.); Strothenke, DStR 2016, 2893 (2893 ff.); Becker-Pennrich, FR 2017, 7 (7 ff.); Kußmaul/Kloster, StB 2017, 22 (22 ff.); Rau, FR 2019, 511 (511 ff.).

420 Vgl. Bentlage, Analyse von Zero-Bonds, Diss., S. 4 ff.; Remmel, Besteuerung von Finanzinnovationen, Diss., S. 169 ff.

421 Vgl. BT-Drs. 18/8045, 50; FG Düsseldorf, Urt. v. 29.3.2019, 1 K 2163/16 E, F – EFG 2019, 1389, Rn. 47 (Revision anhängig: BFH, VIII R 15/19 – juris); BMF, „Gestaltungsmodelle mit Investmentvermögen; Erzeugung künstlicher Verluste durch Bondstripping und Ausnutzung des Schachtelprivilegs im geltenden Doppelbesteuerungsabkommen (DBA) mit Luxemburg“, 2.12.2013 – BStBl. I 2013, 1506; BMF, „Gesetz zur Reform der Investmentbesteuerung; Verhinderung von Gestaltungen mit Bond-Stripping im Privatvermögen“, 11.11.2016 – BStBl. I 2016, 1245.

422 In Anlehnung an den Sachverhalt des FG Düsseldorf, Urt. v. 29.3.2019, 1 K 2163/16 E, F – EFG 2019, 1389 (Revision anhängig: BFH, VIII R 15/19 – juris).

wesen seien.[423] Eine Ausnutzung des Strippings dahin gehend, den Unterschied zwischen dem Abgeltungsteuersatz und dem individuellen Einkommensteuertarif als steuerlichen Vorteil zu beanspruchen, sei rechtswidrig gewesen.

3.2.6.4.5.4 Kopplungsgeschäfte

Eine weitere gestalterische Nuance waren sog. Kopplungsgeschäfte (Bull-and-Bear-Gestaltungen)[424]. Bei diesen wurden Verträge in die Zukunft mit Optionen zum Kauf und gleichzeitigem Verkauf von Wertpapieren – gegenläufige Derivategeschäfte – geschlossen und dergestalt durchgeführt, dass Gewinne sowie Verluste in ähnlicher Höhe aus den Geschäften entstanden.[425] Die Erträge aus den Veräußerungsgeschäften sollten nicht besteuert und die Verluste steuermindernd berücksichtigt werden. Schließlich war beabsichtigt, im Zuge einer künstlichen Verlustverrechnung, eine Herabsetzung der Unternehmensgewinne zu erzielen.

So hatte bspw. der BFH[426] einen Fall zu beurteilen, bei dem die Klägerin (GmbH) verschiedenste Aktien- bzw. Termingeschäfte auf Aktien und Zertifikate durchführte. Wahlweise war es der Klägerin entsprechend der vertraglichen Ausgestaltung gestattet, zum festgelegten Termin statt der Aktien ein Aktienzertifikat zu liefern, dessen Börsenpreis mit dem Preis der Aktie der betreffenden AG zu jenem Zeitpunkt identisch war.[427] Die Klägerin machte in der Folge mehrfach von ihrem Wahlrecht i.R.d. Erfüllung der Termingeschäfte durch Lieferung von Zertifikaten Gebrauch, wodurch ihr Verluste entstanden. Die Rückveräußerung der Aktien brachte ihr entsprechende Gewinne ein. Nach Auffassung der Klägerin waren die Gewinne aus den Aktienverkäufen nach § 8b Abs. 2 KStG steuerfrei,

---

423 Vgl. FG Düsseldorf, Urt. v. 29.3.2019, 1 K 2163/16 E, F – EFG 2019, 1389, Rnrn. 33 ff. (Revision anhängig: BFH, VIII R 15/19 – juris).

424 Vgl. BFH, Urt. v. 9.4.2014, I R 52/12 – BStBl. II 2014, 861; Tappen, SteuK 2011, 55 (55 ff.); Tappen, SteuK 2011, 278 (278 ff.); Rau, DStR 2014, 2201 (2201 ff.); Altvater/Buchholz, RdF 2015, 132 (132 ff.); Völker, DStR 2016, 265 (265 ff.); Völker, DStR 2016, 334 (334 ff.).

425 Wissenschaftlicher Dienst des Bundestags, „Vermeidung von Steuergestaltungen – Vorschläge im Entwurf eines Gesetzes zur Reform der Investmentbesteuerung", 16.3.2015, S. 12 (abrufbar unter: www.bundestag.de/resource/blob/417670/217e24bf840ec785915abde69f670099/WD-4-015-16-pdf-data.pdf – letztes Abrufdatum: 19.10.2021); vgl. BT-Drs. 18/8045, 50.

426 Vgl. BFH, Urt. v. 9.4.2014, I R 52/12 – BStBl. II 2014, 861.

427 BFH, Urt. v. 9.4.2014, I R 52/12 – BStBl. II 2014, 861, Rn. 2.

während die Verluste aus den Verkäufen der Zertifikate in voller Höhe gewinnmindernd zu berücksichtigen gewesen seien.[428]

Dem folgte der BFH nicht. Veräußerungsgewinn i.S.d. § 8b Abs. 2 S. 1 KStG sei der Betrag, um den der Veräußerungspreis oder der an dessen Stelle tretende Wert nach Abzug der Veräußerungskosten den Wert übersteigt, der sich nach den Vorschriften über die steuerliche Gewinnermittlung im Zeitpunkt der Veräußerung ergebe (§ 8b Abs. 2 S. 2 KStG). Zu den Veräußerungskosten gehörten alle Aufwendungen, welche durch die Veräußerung der Anteile veranlasst worden sind, d.h. bei Wertpapiergeschäften auch die Verluste aus der Veräußerung von Zertifikaten auf die entsprechenden Aktien.[429] Diese seien insoweit in Abzug zu bringen und erst dann § 8b Abs. 3 S. 1 KStG zu unterziehen.

Ergebnis

Mit dem InvStG a.F. entschied sich der Gesetzgeber von den bekannten und bewährten Strukturen – insbesondere dem semi-transparenten Transparenzprinzip – zunächst nicht abzuweichen. Gleichwohl zeigte sich im weiteren Verlauf, dass dieser Normenkomplex in allen Belangen erhebliche Probleme und Schwächen aufwies. Diese auszumerzen war das auserkorene Ziel i.R.d. Neukonzeption der Investmentbesteuerung.

428 BFH, Urt. v. 9.4.2014, I R 52/12 – BStBl. II 2014, 861, Rn. 3.
429 Vgl. BFH, Urt. v. 9.4.2014, I R 52/12 – BStBl. II 2014, 861, Rnrn. 12 ff.

4 Besteuerungskonzepte i.S.e. lex ferenda

„Das Gesetz wird um so weniger diskutiert, als man es für eine Selbstverständlichkeit hält und vergißt, daß es sich um lediglich eine von mehreren in Frage kommenden Regelungsmodi handelt.“

Jürgen Rödig[430]

4.1 Besteuerungsgrundformen

Mit dem Ausfindigmachen der Probleme und Schwächen des InvStG a.F. orientierte sich der Gesetzgeber weg vom semi-transparenten Transparenzprinzip. Vielmehr gingen die Überlegungen in Richtung eines Intransparenzprinzips.

Diese grundlegende Entscheidung mit enormer Tragweite musste alsdann umgesetzt werden. Hierfür hatte der Gesetzgeber zahlreiche Fragestellungen zu klären und Grundsatzentscheidungen zu treffen, die – gerade im Lichte einer möglichen wirtschaftlichen Doppelbelastung[431] aufgrund der Ebenenbesteuerung – letztlich in das heutige InvStG einflossen. Als potenzielle Leitmotive dienten dabei sowohl die auf internationaler Ebene praktizierten Besteuerungsprototypen als auch die national diskutierten Besteuerungsmodelle. Das jeweilige systematische Fundament, d.h. die Aspekte, durch welche die Unterschiede der einzelnen Modelle deutlich werden, verbleibt jedoch anhand der bloßen Lesart und Betitelung der vorgenannten Konzepte unklar. Nachfolgend soll daher i.S.e. theoretischen Darstellung und Kategorisierung die Palette der körperschaftsteuerlichen Besteuerungsgrundformen i.R.e. Intransparenzsystems überblicksartig aufbereitet werden, um daraus systematische Schlussfolgerungen für das InvStG zu ziehen.

---

430 Rödig, Einführung in eine analytische Rechtslehre, S. 89.

431 Terminologisch handelt es sich dabei um eine wirtschaftliche Doppelbelastung und nicht um eine Doppelbesteuerung im juristischen Sinne, da die Steuersubjekte nicht dieselben sind. Identität besteht lediglich im Hinblick auf das Steuerobjekt; derselbe Gewinn wird nacheinander zweimal belastet. Desens in Herrmann/Heuer/Raupach, EStG/KStG, Einführung zum KStG, Rn. 15; Desens, Das Halbeinkünfteverfahren, Diss., S. 6 f.

4.1.1 Rahmenbedingungen zur Vermeidung einer Doppelbelastung

Besteuerungsgrundformen an der Schnittstelle zwischen zwei steuerpflichtigen Ebenen und mit dem Ziel einen hinreichenden Ausgleich der steuerlichen Vorbelastung zu schaffen, zeichnen sich innerhalb der jeweiligen Rahmenbedingungen durch besondere Merkmale aus. Sie sind letztlich meist Ausdruck der Vermeidung einer Doppelbelastung.

Daher verwundert es nicht, dass auch dieser Gesichtspunkt als maßgeblicher Aspekt i.R.d. Neukonzeption des intransparenten InvStG berücksichtigt wurde. Gleichwohl ist, um ein umfängliches Verständnis für die verschiedenen Ausgestaltungsvarianten zu schaffen, auf die Basis dieser Steuersysteme zu blicken. Daher sind die Körperschaftsteuersysteme – gerade wegen der grds. Körperschaftsteuerpflicht eines intransparenten Investmentfonds – prädestiniert für eine solche Parallelenziehung zu den Investmentsteuersystemen.

4.1.1.1 Körperschaftsteuersysteme

Das Besteuerungssystem der Körperschaften und ihren Anteilseignern, mit der Frage nach dem Verhältnis zwischen dem KStG sowie dem EStG und dem steuerlichen Zusammenspiel dieser Vermögenssphären nebst der Vermeidung von Doppelbelastungen, ist ein Musterbeispiel für die Implementierung des Trennungsprinzips. Entsprechend den einschlägigen Vorschriften werden die Gewinne auf beiden Ebenen grds. einer eigenständigen Besteuerung unterzogen. Ausschüttungen der Gesellschaften sind aus dem versteuerten Gewinn zu bestreiten.[432] Beim Anteilseigner unterliegen sie als steuerlich vorbelastete Ausschüttung wiederum der Besteuerung. Dies hat zur Folge, dass es aufgrund der Steuererhebung auf den verschiedenen Ebenen grds. zu einer wirtschaftlichen Doppelbelastung kommen kann.

Um diese wirtschaftliche Doppelbelastung zu regulieren, existieren diverse Körperschaftsteuersysteme in Gestalt von Besteuerungsgrundformen, welche die Beziehung zwischen der Besteuerung auf den Ebenen und damit das Ausmaß der Doppelbelastung festlegen.[433] Die Behandlung aus-

---

432 Desens in Herrmann/Heuer/Raupach, EStG/KStG, Einführung zum KStG, Rn. 15.

433 Vgl. Desens in Herrmann/Heuer/Raupach, EStG/KStG, Einführung zum KStG, Rn. 15.

geschütteter Gewinne steht im Mittelpunkt dieser Systemfrage.[434] Thesaurierte Gewinne werden nach diesen Systemkonzeptionen stets auf Gesellschaftsebene besteuert.[435]

Die Systeme kommen – wenn man das Ausmaß der Beseitigung der Doppelbelastung in den Vordergrund stellt[436] – grds. in drei Grundausprägungen vor: den klassischen Systemen, den Doppelbelastung mildernden (Teilentlastungssysteme) und den Doppelbelastung vermeidenden Systemen (Vollentlastungssysteme).[437] Zwar gibt es keine einheitliche Definition der Begriffe, jedoch entspricht diese Einteilung der gängigen Systematisierung.[438]

Einen besonderen weiteren Ansatz verfolgen Teilhabermodelle, die nicht nur den ausgeschütteten Gewinn, sondern eine vollständige Integration der Körperschaftsteuer in die Einkommensteuer, auch für die einbehaltenen Gewinne, anstreben.[439]

---

434 Dinkelbach, Ertragsteuern, S. 337.

435 I.H.d. thesaurierten Gewinns verfügt die Körperschaft über eine eigene, allerdings nur vorübergehende Leistungsfähigkeit. Hey in Tipke/Lang, Steuerrecht, Kap. 11, Rn. 11.6.

436 Vgl. Desens in Herrmann/Heuer/Raupach, EStG/KStG, Einführung zum KStG, Rn. 22.

437 Vgl. Desens in Herrmann/Heuer/Raupach, EStG/KStG, Einführung zum KStG, Rnrn. 16 ff.; Jacobs, Internationale Unternehmensbesteuerung, S. 136 ff.
Da die europäischen Steuersysteme – geleitet von politischen Strömungen – einerseits durch die europäischen Rechtsakte und andererseits durch das nationale Gesellschafts- und Handelsrecht einem permanenten Wandel unterliegen, kann eine Zuordnung der Systeme nur eine Momentaufnahme darstellen. Vgl. Zajicek, Körperschaftsteuersysteme, Diss., S. 30.

438 Zajicek, Körperschaftsteuersysteme, Diss., S. 30; vgl. Desens in Herrmann/Heuer/Raupach, EStG/KStG, Einführung zum KStG, Rn. 22; Ban, Harmonisierung der Unternehmensbesteuerung, Diss., S. 81 ff.; Hey, Harmonisierung der Unternehmensbesteuerung, Diss., S. 7 ff.; Sapusek, Ökonomische und juristische Analyse der Steuerharmonisierung, Diss., S. 866 ff.; Schraufl, Körperschaftsteuersysteme im internationalen Rahmen, Diss., S. 13 ff.; Tsouroufiis, Die Harmonisierung der Körperschaftsteuer, Diss., S. 232 ff.

439 Desens in Herrmann/Heuer/Raupach, EStG/KStG, Einführung zum KStG, Rn. 15.

Eine ergänzende Zuordnung dieser Konzepte kann anhand der Entlastungstechnik, d.h. ob die Entlastung auf der Ebene der Kapitalgesellschaft oder auf derjenigen des Anteilseigners[440] erfolgt, vorgenommen werden.[441]

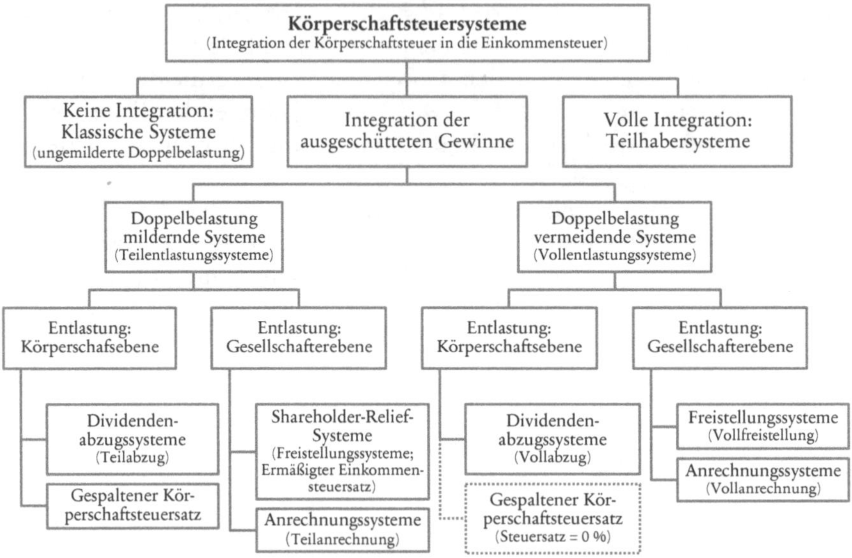

Abbildung 6: Grundformen der Körperschaftsteuersysteme.

Quelle: Vgl. Desens in Herrmann/Heuer/Raupach, EStG/KStG, Einführung zum KStG, Rn. 22; Jacobs, Internationale Unternehmensbesteuerung, S. 137.

Die körperschaftsteuerliche Systematisierung nach der Entlastungstechnik einerseits und nach dem Ausmaß der Beseitigung der Doppelbelastung andererseits lassen sich für eine bessere Vergleichbarkeit der Systeme zusammenführen. So nivellieren in ihren Reinformen auf Ebene der Körperschaft ein Dividendenabzugssystem sowie ggf. ein gespaltener Körperschaftsteuersatz und auf Ebene der Gesellschafter ein Freistellungssystem

---

440 Die Begrifflichkeit der Betriebsteuermodelle, welche auf Ebene der Körperschaften die Körperschaftsteuer erheben und Ausschüttungen als steuerfrei behandeln, ist grds. nur eine andere Bezeichnung hierfür. Dieses Konzept entspricht letztlich den (vollständigen) Freistellungs- bzw. Anrechnungssystemen auf Anlegerebene. Vgl. 4.1.2.2.2.

441 Desens in Herrmann/Heuer/Raupach, EStG/KStG, Einführung zum KStG, Rn. 22.

sowie ein Anrechnungssystem die wirtschaftlichen Doppelbelastungen. Modifiziert als Teilentlastungssysteme zeichnen sie sich dadurch aus, dass sie die Vorbelastung nur pauschal berücksichtigen, ohne dass eine doppelte Steuerbelastung zielgenau vermieden wird.[442] Diese Zwischenmodelle können in unzähligen Formen vorkommen; konkrete Abgrenzungskonturen existieren nicht. Demgegenüber stehen die klassischen System mit einer ungemilderten Doppelbelastung. Ergänzend treten Teilhabersysteme mit einer vollständigen Integration in den Raum der Systemvarianten.

4.1.1.2 Investmentsteuersysteme

Für die Investmentbesteuerung gilt es zwischen drei Besteuerungsebenen zu differenzieren: der Ebene der Ertragsquellen des Investmentfonds, der Ebene des Investmentfonds sowie der Ebene des Anlegers.[443] Diese Situation ist letztlich vergleichbar mit derjenigen i.R.d. Körperschaftsteuersysteme. Die Doppelbelastung kann daher – in Anlehnung an die Körperschaftsteuersysteme aufgrund ihrer vergleichbaren Ausgangslage i.S.e. Ebenenbesteuerung[444] – ebenso sowohl auf Investmentfonds- als auch auf Anlegerebene vorkommen und damit durch die Implementierung gewisser Instrumente gemildert bzw. vollständig vermieden werden.

Die erwähnten Fragestellungen und Kategorisierungsansätze gelten mithin gleichsam für die Investmentbesteuerung, obwohl die Methoden der Investmentbesteuerung aufgrund der maßgeblichen Bedeutung und Behandlung von Thesaurierungen im Regelfall noch ausufernder sind als die Körperschaftsteuersysteme. Somit sind auch weitergehende Konzeptgedanken möglich und notwendig. Nichtsdestotrotz bietet das Wissen um die Körperschaftsteuersysteme und die schablonenhafte Einordnung der Investmentsteuersystematiken in die Besteuerungsgrundformen einen Profit für eine bessere Systematisierung. Denn ein übliches System der (internationalen) Investmentbesteuerung gibt es nicht.[445]

---

442 Desens in Herrmann/Heuer/Raupach, EStG/KStG, Einführung zum KStG, Rn. 16.
443 Bödecker in Bödecker/Ernst/Hartmann, BeckOK InvStG, 18. Ed., Einleitung zum InvStG, Rn. 5.
444 Vgl. Birk/Desens/Tappe, Steuerrecht, § 6, Rn. 1219.
445 Anzinger, FR 2016, 101 (108).

4.1.2 Überblick über die Besteuerungsgrundformen

Die körperschaftsteuerlichen Besteuerungsgrundformen und ihre Ausprägungen fungieren daher nachfolgend als Ankerpunkt für die investmentsteuerrechtliche Einordnung. Es wird mithin grds. die körperschaftsteuerliche Terminologie verwendet, wenngleich diese Sachverhalte in dieser Form ebenso in einem investmentsteuerrechtlichen Kontext zwischen Fonds und Anleger vorkommen könnten.

Um eine theoretische Durchdringung und Vergleichbarkeit der Systeme zu ermöglichen, gilt es unter Differenzierung nach der Besteuerung auf der Körperschaftsebene sowie derjenigen auf der Gesellschafterebene bestimmte konzeptionelle Aspekte und die strukturellen Eigenschaften der gewählten Besteuerungsgrundform zu erörtern. Insoweit rücken die Ebenenbesteuerung, wirtschaftliche Doppelbelastungs- und Steuerstundungseffekte sowie das Maß des systemimmanenten Verwaltungsaufwands in das Blickfeld.[446]

4.1.2.1 Klassische Systeme

Klassische Besteuerungssysteme (sog. classical system) zeichnen sich dadurch aus, dass die ausgeschütteten Gewinne sowohl auf Körperschafts- als auch auf Anteilseignerebene jeweils in voller Höhe besteuert werden.[447] Im klassischen System ist weder die Freistellung des Existenzminimums noch eine Berücksichtigung der individuellen Leistungsfähigkeit des Anteilseigners vorgesehen.[448]

Durch die wiederholte Besteuerung des steuerlichen Sachverhalts bei den Dividenden kommt es zu einer ungemilderten wirtschaftlichen Doppelbelastung ohne Entlastungen in der Gesamtbetrachtung von Körperschafts- und Anteilseignerebene. Dies führt grds. zu einer höheren Belastung als bei einer bloßen Thesaurierung.[449] Insbesondere i.R.v. mehrstöckigen Strukturen – bspw. unter Zwischenschaltung einer weiteren

446 Aufgrund der vordergründig dogmatischen Perspektive dieses Kapitels wird vorliegend auf die Betrachtung der jeweiligen Modelle hinsichtlich ihrer Auswirkungen auf das inländische Steueraufkommen verzichtet.

447 Vgl. Hey in Tipke/Lang, Steuerrecht, Kap. 11, Rnrn. 11.6 f.

448 Desens in Herrmann/Heuer/Raupach, EStG/KStG, Einführung zum KStG, Rn. 17.

449 Schwarzkopf, Die Problematik unterschiedlicher Körperschaftsteuersysteme, Diss., S. 31.

Kapitalgesellschaft – gipfelt dies in der Reinform des Systems, d.h., dass auch Ausschüttungen an andere Kapitalgesellschaften nicht steuerbefreit sind, in einer zusätzlichen Mehrfachbelastung.[450] Steuerstundungseffekte bestehen hingegen nicht. Eine weitergehende Unterscheidung etwa nach ordentlichen oder außerordentlichen Erträgen erfolgt nicht.

Bzgl. des Verwaltungsaufwands handelt es sich aufgrund der sachlichen Trennung der Ebenen und der undifferenzierten Besteuerung grds. um das technisch einfachste Verfahren.[451] Verrechnungsschritte oder besondere Überträge müssen nicht beachtet werden. Ein Informationsaustausch zwischen den Beteiligten ist damit nicht notwendig, sodass der administrative Aufwand bei gleichzeitig hoher Durchsetzungseffektivität bzw. ergiebiger Aufkommenswirkung verhältnismäßig gering ist.[452] Dieser Vorteil zeigt sich insbesondere in der gleichmäßigen Erfassung von grenzüberschreitenden und reinen Inlandssachverhalten, da auch Steuerausländer in gleicher Weise besteuert werden.[453] Dies ist der Grund, weshalb das klassische System grds. bei der Konzeption des OECD-MA zugrunde gelegt wurde.[454]

4.1.2.2 Doppelbelastung vermeidende Systeme (Vollentlastungssysteme)

Die Vollentlastungssysteme, welche eine Doppelbelastung vollständig vermeiden, können sowohl auf der Ebene der Körperschaften als auch derjenigen der Anteilseigner existieren. Eine Berücksichtigung auf Gesellschaftsebene kann durch Dividendenabzugssysteme oder ggf. Systeme mit einem gespaltenen Körperschaftsteuersatz für Ausschüttungen und Thesaurierungen geschehen. Alternativ können auf der Ebene der Gesellschafter Freistellungs- oder Anrechnungsmechanismen im Hinblick auf die bereits auf Körperschaftsebene entrichtete Körperschaftsteuer bzgl. der Dividenden implementiert werden.

---

450 Vgl. Jaeger, Die Körperschaftsteuersysteme, Diss., S. 121.

451 Schwarzkopf, Die Problematik unterschiedlicher Körperschaftsteuersysteme, Diss., S. 31.

452 Zajicek, Körperschaftsteuersysteme, Diss., S. 33; vgl. Desens in Herrmann/Heuer/Raupach, EStG/KStG, Einführung zum KStG, Rn. 17.

453 Vgl. Desens in Herrmann/Heuer/Raupach, EStG/KStG, Einführung zum KStG, Rn. 17.

454 Desens in Herrmann/Heuer/Raupach, EStG/KStG, Einführung zum KStG, Rn. 17.

4.1.2.2.1 Entlastung auf Körperschaftsebene

4.1.2.2.1.1 Dividendenabzugssysteme (Vollabzug)

Bei den Dividendenabzugssystemen (sog. corporate deduction) erfolgt die Besteuerung der Dividenden nicht auf Körperschaftsebene. Gewinnausschüttungen werden von der Bemessungsgrundlage der Körperschaftsteuer abgezogen und als steuerfrei behandelt.[455] Beim Anteilseigner erhalten sie dann eine volle steuerliche Berücksichtigung nach den allgemeinen Regeln.[456] Diese Abzugssysteme führen im Ergebnis zu einer einmaligen Besteuerung ausgeschütteter Gewinne zum individuellen Steuersatz des Empfängers.[457]

Wirtschaftliche Doppelbelastungen bestehen nicht. Da bei den Dividendenabzugssystemen thesaurierte Gewinne der Besteuerung auf Ebene der Gesellschaft unterfallen, existieren ebenfalls keine Steuerstundungseffekte. Eine etwaig weitergehende Ertragsdifferenzierung erfolgt nicht.

Der Verwaltungsaufwand der Dividendenabzugssysteme in seiner Reinform ist im Gegensatz zu Systemen, welche die Steuerentlastung auf die Ebene des Gesellschafters verlagern, als geringer einzuschätzen. Das Problem der Anrechnung und mitunter Erstattung der gezahlten Körperschaftsteuer auf der Ebene des Anteilseigners tritt nicht auf.[458] Gleichwohl muss bspw. ein Reportingmechanismus etabliert werden. Nur so kann sichergestellt werden, dass eine etwa i.R.d. Thesaurierung gezahlte Steuer auf Gesellschaftsebene eine entsprechende steuerliche Berücksichtigung bei der späteren Ausschüttung erfährt. Dieses Vorgehen ist notwendig, da anderenfalls eine Doppelbelastung entstehen würde.

---

455 Desens in Herrmann/Heuer/Raupach, EStG/KStG, Einführung zum KStG, Rn. 20.

456 Um die Dividendenbesteuerung beim Anteilseigner sicherzustellen, werden die Dividendenabzugssysteme i.d.R. mit einer von der Kapitalgesellschaft abzuführenden Kapitalertragsteuer kombiniert, die auf die (Einkommen-)Steuer der Anteilseigner angerechnet wird. Desens in Herrmann/Heuer/Raupach, EStG/KStG, Einführung zum KStG, Rn. 20.
In diesem Fall nähert sich diese Besteuerungsgrundform den Anrechnungssystemen an.

457 Desens in Herrmann/Heuer/Raupach, EStG/KStG, Einführung zum KStG, Rn. 20.

458 Schwarzkopf, Die Problematik unterschiedlicher Körperschaftsteuersysteme, Diss., S. 35.

4.1.2.2.1.2 Gespaltener Körperschaftsteuersatz (Steuersatz: 0 %)

Eine Entlastung der in den klassischen Systemen auftretenden wirtschaftlichen Doppelbelastung der Dividendeneinkünfte kann dadurch erreicht werden, dass der Körperschaftsteuersatz auf ausgeschüttete Gewinne unterhalb desjenigen für einbehaltene Gewinne angesetzt wird.[459] Damit kommt es für die Frage des Steuersatzes – und damit der Spaltung der verschiedenen Steuersätze (sog. split rate system) – auf die Art der Gewinnverwendung auf Ebene der Körperschaft an.

Allerdings muss für eine vollständige Vermeidung einer Doppelbelastung durch einen alleinigen Eingriff in die Besteuerungsebene der Gesellschaft insoweit denknotwendig auf dieser Ebene überhaupt keine Steuer auf die Dividenden anfallen. Dies führt letztlich zu den Dividendenabzugssystemen und den dort erörterten Maßgaben. Wenngleich die Systeme des gespaltenen Körperschaftsteuersatzes i.R.e. lückenlosen Vermeidung der Doppelbelastung vermehrt genannt werden[460], sind Körperschaftsteuersysteme mit einem gespaltenen Körperschaftsteuersatz nur als Teilentlastungssysteme denkbar.[461] Die Grenzen dieser Steuersatzsplittung auf die Dividenden gehen von einem Steuersatz i.H.v. 100 % (dann klassisches System) bis hin zur einem solchen i.H.v. 0 % (dann Dividendenabzugssystem).

4.1.2.2.2 Entlastung auf Gesellschafterebene

4.1.2.2.2.1 Freistellungssysteme (Vollfreistellung)

Bei den Freistellungssystemen (sog. no shareholder taxation of dividends) wird zunächst auf Ebene der Körperschaft eine (Einmal-)Besteuerung des Gewinns[462] vorgenommen. Im Anschluss werden auf Gesellschafterebene die Dividenden wiederum von der Steuer in vollem Umfang freigestellt.

---

459 Schwarzkopf, Die Problematik unterschiedlicher Körperschaftsteuersysteme, Diss., S. 32.

460 Vgl. Jacobs, Internationale Unternehmensbesteuerung, S. 137; Zajicek, Körperschaftsteuersysteme, Diss., S. 58.

461 Desens in Herrmann/Heuer/Raupach, EStG/KStG, Einführung zum KStG, Rn. 21.

462 Wenn der Gewinn ausschließlich dort wo er erwirtschaftet wird – somit bei der Kapitalgesellschaft – besteuert wird, spricht man von einer Betriebsteuer. Vgl. Polzer, Aktuelle Herausforderungen der Betriebswirtschaft, 123 (128).

Die Gewinnausschüttungen haben damit keinen Einfluss auf die Bemessungsgrundlage.[463] Im gleichen Zuge führt die Freistellungssystematik zu einer proportionalen Belastung von Dividenden mit dem Körperschaftsteuertarif.[464] Die Dividenden unterliegen nämlich nur der Körperschaftsteuer und gerade nicht der individuellen Steuer beim Empfänger der Ausschüttungen.[465] Anleger mit einem Spitzensteuersatz können somit den sonst hohen Progressionssätzen entgehen und werden schließlich begünstigt.[466]

Doppelbelastungs- und Steuerstundungseffekte entstehen keine. Dies gilt für die letztgenannte Auswirkung deshalb, weil die Freistellung erst zu einem späteren Zeitpunkt – i.R.d. Ausschüttung auf Anteilseignerebene – erfolgt. Eine vorherige Steuerfreistellung auf Gesellschaftsebene, welche zugunsten des Gesellschafters entsprechend genutzt werden kann, existiert mithin nicht. Eine Differenzierung der ordentlichen bzw. außerordentlichen Erträge wird nicht vorgenommen.

Das Freistellungsverfahren zeichnet sich durch seine enorme Einfachheit aus.[467] Mangels steuerlicher Relevanz der Gewinnausschüttung beim Anteilseigner braucht es grds. weder eines steuerliches Zurechnungsverfahrens zum Gesellschafter noch ist ein Quellensteuerabzug notwendig.[468]

4.1.2.2.2.2 Anrechnungssysteme (Vollanrechnung)

Anrechnungssysteme (sog. full imputation) zeichnen sich dadurch aus, dass Dividenden aus dem auf Ebene der Körperschaft versteuerten Gewinn gezahlt werden und der Gesellschafter diese gezahlte Steuer im Anschluss auf seine Steuerlast vollständig angerechnet bzw. gutgeschrieben

463 Zajicek, Körperschaftsteuersysteme, Diss., S. 65.

464 Vgl. Desens in Herrmann/Heuer/Raupach, EStG/KStG, Einführung zum KStG, Rn. 18.
Die proportionale Besteuerung von Dividendeneinkünften ist in einer grds. progressiv ausgestalteten Einkommensteuer ein Fremdkörper und widerspricht dem Grundsatz der Gleichmäßigkeit der Besteuerung. Desens in Herrmann/Heuer/Raupach, EStG/KStG, Einführung zum KStG, Rn. 18.

465 Zajicek, Körperschaftsteuersysteme, Diss., S. 65.

466 Vgl. Dornemann, FinanzArchiv 1949, 355 (358).

467 Desens in Herrmann/Heuer/Raupach, EStG/KStG, Einführung zum KStG, Rn. 18.

468 Zajicek, Körperschaftsteuersysteme, Diss., S. 65.

bekommt. Auf Ebene des Ausschüttungsempfängers gehört neben der Barausschüttung die Steuergutschrift zur Bemessungsgrundlage.[469]

Um eine vollständige Vermeidung der Doppelbelastung auf den Ebenen zu vermeiden, muss eine vollständige Anrechnung der von der Gesellschaft gezahlten Steuern auf Gesellschafterebene erfolgen. Die Steuerlast hat insoweit in vollem Umfang Vorauszahlungscharakter[470] auf die Steuer des Anteilseigners. Es kommt damit zu einer Einmalbelastung ausgeschütteter Gewinne auf der Ebene des Ausschüttungsempfängers und zwar in der Höhe des individuellen Steuersatzes.[471] Insoweit führt dies zu einer entsprechenden Berücksichtigung der persönlichen Steuermerkmale des Gesellschafters.[472] Denn wenn der durchschnittliche Steuersatz des Gesellschafters unterhalb der Steuer auf die im Vorfeld erhobenen Erträge auf Gesellschaftsebene liegt, so resultiert dies in einem Steuererstattungsanspruch.[473] Gleiches gilt für Thesaurierungen, die faktisch erst in Form von Ausschüttungen in das Konzept der Vollanrechnung gelangen. Hierdurch werden jegliche Doppelbelastungen ausgeschlossen.[474] Steuerstundungseffekte bestehen nicht. Eine weitergehende Differenzierung nach ordentlichen und außerordentlichen Erträgen erfolgt nicht.

Der Verwaltungsaufwand ist aufgrund der technischen Handhabung und Reportingmaßgaben[475], um eine Anrechnung beim Anteilseigner sicherzustellen, erheblich höher als beim klassischen Verfahren.[476] Daher verwundert es nicht, dass diese Systeme für ihre Kompliziertheit verpönt sind.[477] Ergänzend tritt eine Nichtberücksichtigung von insbesondere steu-

---

469 Vgl. Desens in Herrmann/Heuer/Raupach, EStG/KStG, Einführung zum KStG, Rn. 19.

470 Vgl. Wehrheim/Fross, Grundzüge der Unternehmensbesteuerung, S. 2; Schwarzkopf, Die Problematik unterschiedlicher Körperschaftsteuersysteme, Diss., S. 33.

471 Dinkelbach, Ertragsteuern, S. 338.

472 Vgl. Birk/Desens/Tappe, Steuerrecht, § 6, Rn. 1220.

473 Vgl. Desens in Herrmann/Heuer/Raupach, EStG/KStG, Einführung zum KStG, Rn. 19.

474 Vgl. Schwarzkopf, Die Problematik unterschiedlicher Körperschaftsteuersysteme, Diss., S. 34.

475 Vgl. Hey, Harmonisierung der Unternehmensbesteuerung, Diss., S. 324 ff.

476 Vgl. Schwarzkopf, Die Problematik unterschiedlicher Körperschaftsteuersysteme, Diss., S. 33; Desens in Herrmann/Heuer/Raupach, EStG/KStG, Einführung zum KStG, Rn. 19.

477 Vgl. Raupach, DStJG 1997, 21 (42); Krebs, BB 1984, 1862 (1862 ff.); Herzig, GmbHR 1985, 37 (37 ff.); Maas, BB 1985, 45 (47); Clouth, DStR 1986, 752 (752 f.); Herzig, StuW 1990, 22 (25 f.); Schulze zur Wiesche, FR 1999, 698 (698).

erbefreiten und beschränkt steuerpflichtigen Personen hinzu.[478] Die Missbrauchsanfälligkeit[479] ist wie die beschränkte Tauglichkeit bei grenzüberschreiten Sachverhalten[480] bereits in der Literatur moniert bzw. im Einzelfall vom EuGH als europarechtswidrig eingestuft worden.[481]

4.1.2.3 Doppelbelastung mildernde Systeme (Teilentlastungssysteme)

Systeme, welche die Doppelbelastung lediglich mindern, sind als Zwischenposition inmitten den vorgenannten Grundtypen anzutreffen.[482] Sie gehen von den klassischen Systemen aus und fügen eine teilweise Steuerentlastung hinzu, sodass im Ergebnis gleichwohl Doppelbelastungseffekte in abgemilderter Form bestehen bleiben. Durch eine Absenkung bzw. Erhöhung der jeweiligen Entlastung nähern sich die Doppelbelastung mildernden Systeme den klassischen Systemen bzw. den Doppelbelastung (vollständig) vermeidenden Systemen in ihren Reinformen an.

Pauschale Entlastungsmechanismen sind in nahezu beliebiger Form denkbar, z.B. in Form eines gespaltenen Körperschaftsteuersatzes für thesaurierte und ausgeschüttete Gewinne, Teilanrechnungssysteme, Halb- oder Teilsatzverfahren, Halb- oder Teileinkünfteverfahren und Abgeltungs-/Endbesteuerungssysteme.[483]

---

478 Vgl. Raupach, JbFfSt 1977/78, 424 (424 ff.); Debatin, RIW 1967, 249 (253 f.); Mersmann, DStZ/A 1971, 310 (310 ff.); Görlich, FR 1978, 367 (367 ff.); Böckli, StuW 1979, 1 (1 ff.); Leisner, StuW 1984, 244 (244 ff.); Dautzenberg, Unternehmensbesteuerung im EG-Binnenmarkt, Diss., S. 503 ff.; Schnitter, Europatauglichkeit des deutschen Körperschaftsteuersystems, Diss., S. 92 ff.

479 Vgl. Krebühl, FS Fischer, 137 (141 f.); Herzig/Dötsch, DB 1998, 15 (15 ff.).

480 Vgl. Reuter, AG 1978, 228 (231 f.); Kühn, FR 1979, 313 (315); Pöllath, RIW 1979, 757 (757 ff.); Ritter, BB 1983, 325 (325 ff.); Heibel, DB 1984, 2060 (2066); Herzig, StuW 1990, 22 (32 ff.); Dautzenberg, Unternehmensbesteuerung im EG-Binnenmarkt, Diss., 532 ff.; Hey, Harmonisierung der Unternehmensbesteuerung, Diss., S. 327 ff.

481 Vgl. EuGH, Urt. v. 6.6.2000, C-35/98 – Slg. 2000, I-4071 („Verkooijen"); EuGH, Urt. v. 7.9.2004, C-319/02 – Slg. 2004, I-7477 („Manninen"); EuGH, Urt. v. 6.3.2007, C-292/04 – Slg. 2007, I-1835 („Meilicke").

482 Teilweise erfolgt daher eine abweichende Bezeichnung als klassische Systeme mit Entlastungsmechanismus oder unvollständige Entlastungssysteme. Vgl. Hey, Harmonisierung der Unternehmensbesteuerung, Diss., S. 30; Zajicek, Körperschaftsteuersysteme, Diss., S. 39.

483 Desens in Herrmann/Heuer/Raupach, EStG/KStG, Einführung zum KStG, Rn. 21.

Im Hinblick auf den Verwaltungsaufwand ist dabei überschlägig bereits vorab zu statuieren, dass aufgrund der teilweisen Überlappung der steuerlichen Ebenen im Hinblick auf ein Verrechnungs- bzw. Entlastungsmechanismus die Administration im Allgemeinen durchaus aufwändiger ist, als bei den entsprechenden Vollentlastungssystemen.

4.1.2.3.1 Entlastung auf Körperschaftsebene

4.1.2.3.1.1 Dividendenabzugssysteme (Teilabzug)

Für die teilweisen Dividendenabzugssysteme, d.h. ein Teilabzug zwischen 0 % und 100 % gilt das zu den Volldividendenabzugssystemen[484] Erörterte in gleichem Maße. Divergierend ist lediglich die Tatsache, dass eben kein Dividendenabzug in voller Höhe, sondern eben nur teilweise erfolgt. Da eine Entlastung im Hinblick auf die Körperschaftsteuer auf Gesellschaftsebene nur sporadisch stattfindet, wird ein Teil davon definitiv. Dies führt im Ergebnis zu einer höheren Gesamtsteuerbelastung.

4.1.2.3.1.2 Gespaltener Körperschaftsteuersatz

Ebenso lässt sich für Systeme des gespaltenen Körperschaftsteuersatzes grds. auf die bereits getätigten Erörterungen zu den die Doppelbelastung vollständig vermeidenden Systemen[485] verweisen. Die steuerliche Entlastung knüpft i.R.e. gespaltenen Körperschaftsteuersatzes ausschließlich an die Körperschaftsebene an und lässt den Anteilseigner vollständig außer Acht. Der einzige Unterschied ist, dass in dem hiesigen Fall die Steuer auf Ausschüttungen inmitten von 0 % und 100 % liegt. Daher greift auch in diesen Systemen eine definitive steuerliche Doppelbelastung Platz. Wie bereits erwähnt sind Systeme des gespaltenen Körperschaftsteuersatzes nur als Teilentlastungssysteme denkbar.[486] Es handelt sich mithin um eine Va-

484 Vgl. 4.1.2.2.1.1.
485 Vgl. 4.1.2.2.1.2.
486 Desens in Herrmann/Heuer/Raupach, EStG/KStG, Einführung zum KStG, Rn. 21.

riante der Dividendenabzugssysteme.[487] Die dortigen Ausführungen gelten entsprechend.

Der administrative Aufwand dieses Verfahrens hält sich regelmäßig in Grenzen, da sich im Vergleich zu den klassischen Systemen – aufgrund der beiden nebeneinander existierenden Besteuerungsmodalitäten auf Körperschaftsebene – lediglich die Ermittlung der Körperschaftsteuerschuld im Gesamten schwieriger gestaltet.[488]

4.1.2.3.2 Entlastung auf Gesellschafterebene

4.1.2.3.2.1 Shareholder-Relief-Systeme

Shareholder-Relief-Systeme sind die Systeme, die aktuell international am weitesten verbreitet sind. Sie zeichnen sich durch eine – regelmäßig pauschale – begünstigte Besteuerung der ausgeschütteten Gewinne beim Anteilseigner aus. Die Entlastung kann entweder durch eine teilweise Steuerbefreiung für Dividenden (dann Teileinkünftesysteme) oder durch Anwendung eines reduzierten Steuersatzes (dann Teilsatzsysteme) erfolgen.[489] Ein ermäßigter Steuersatz kann dabei in Form eines festgesetzten Sondersteuersatzes, über eine Steuersatzobergrenze für Dividenden oder über eine prozentuale Minderung des Einkommensteuersatzes erfolgen.[490] I.R.e. pauschal ermäßigten Steuer auf die Dividenden beim Anteilseigner spricht man von modifizierten klassischen Systemen (sog. modified classical system).[491]

Allerdings gilt dieses Konstrukt in der körperschaftsteuerlichen Systematik regelmäßig grds. nur für natürliche Personen als Gesellschafter, nicht hingegen für Kapitalgesellschaften. Vielmehr bleibt es in diesen Konstellationen bei einer doppelten Belastung, sofern nicht – in Abweichung von

---

487 Desens in Herrmann/Heuer/Raupach, EStG/KStG, Einführung zum KStG, Rn. 21.

488 Schwarzkopf, Die Problematik unterschiedlicher Körperschaftsteuersysteme, Diss., S. 32.

489 Jacobs/Scheffler/Spengel, Unternehmensbesteuerung und Rechtsform, S. 170; vgl. Desens in Herrmann/Heuer/Raupach, EStG/KStG, Einführung zum KStG, Rn. 21.

490 Zajicek, Körperschaftsteuersysteme, Diss., S. 40; vgl. Jaeger, Die Körperschaftsteuersysteme, Diss., S. 127 f.

491 Vgl. Desens in Herrmann/Heuer/Raupach, EStG/KStG, Einführung zum KStG, Rn. 21.

der Reinform dieser Grundform – bspw. Dividendenfreistellungen, wie in Deutschland, gewährt werden.[492]

Letztlich wird aber auch in Shareholder-Relief-Systemen eine Doppelbelastung lediglich pauschal gemildert; in der Gesamtschau verbleibt ein Teil regelmäßig weiterhin als definitive Steuerlast. In Abhängigkeit von der Höhe des Körperschaftsteuersatzes und dem Ausmaß der begünstigten Besteuerung der Dividenden auf Ebene des Anteilseigners kommt es im Vergleich zu normalbesteuerten einkommensteuerpflichtigen Einkünften zu einer Mehr- oder Minderbelastung.[493] Nur in absoluten Einzelfällen kommt es zu einer Entsprechung von steuerlicher Vorbelastung, Nachbelastung auf Gesellschafterebene und der Höhe der Steuerentlastung. In diesen Fällen kommt es (ausnahmsweise) zu einer faktischen Einmalbelastung. Steuerstundungseffekte existieren grds. keine. Eine Differenzierung nach ordentlichen und außerordentlichen Erträgen gibt es in der Reinform dieser Systeme nicht.

Aufgrund der Trennung der Besteuerungsebenen ohne übergreifende Entlastungsmechanismen überzeugt das System durch seine administrative Einfachheit.[494] Ermittlungs-, Erstattungs- oder Anrechnungsmechanismen sind grds. nicht notwendig.[495]

4.1.2.3.2.2 Anrechnungssysteme (Teilanrechnung)

Teilanrechnungssysteme waren früher die international populärsten Systeme.[496] Bei ihnen wird wie in den Vollanrechnungssystemen zwar eine Steuergutschrift gewährt, aber nicht in der Höhe, die der tatsächlichen Vorbelastung entspricht, sodass diese daher nur zu einer pauschalen Teilentlastung führen.[497] Insoweit verbleibt es im Übrigen faktisch bei den klassischen Systemen mit einer damit einhergehenden wirtschaftlichen Doppelbelastung. Die Vor- und Nachteile dieser Systeme sind im Übrigen grds. dieselben wie in den Vollanrechnungssystemen[498].

---

492 Vgl. Jaeger, Die Körperschaftsteuersysteme, Diss., S. 127 ff.

493 Jacobs/Scheffler/Spengel, Unternehmensbesteuerung und Rechtsform, S. 170.

494 Vgl. Recker, Direkte Unternehmenssteuern, Diss., S. 16.

495 Zajicek, Körperschaftsteuersysteme, Diss., S. 41.

496 Vgl. Hey, Harmonisierung der Unternehmensbesteuerung, Diss., S. 316.

497 Desens in Herrmann/Heuer/Raupach, EStG/KStG, Einführung zum KStG, Rn. 21.

498 Vgl. 4.1.2.2.2.2.

4.1.2.4 Teilhabersysteme

Wie den vorgenannten Betriebsteuermodellen liegt auch der Teilhabersteuer[499] (sog. full integration system) die Idee der Gleichbehandlung von Kapital- und Personengesellschaft zugrunde (sog. Rechtsformneutralität).[500] Allerdings betraf das bei den bisher dargestellten Grundtypen von Körperschaftsteuersystemen lediglich die ausgeschütteten Gewinne.[501] Demgegenüber wird bei der Teilhabesteuer das Unternehmensergebnis – vergleichbar dem Transparenzprinzip – den Gesellschaftern in vollem Umfang zugerechnet, mit der Folge, dass eine Besteuerung auf Unternehmensebene unterbleibt.[502] Der Körperschaft wird dabei regelmäßig die Steuersubjekteigenschaft abgesprochen.[503] Damit werden auch Thesaurierungen erfasst, was letztlich in einer vollständigen Systemintegration gipfelt.

Im Hinblick auf die Besteuerung wird ausschließlich an die persönlichen Verhältnisse des konkreten Anteilseigners angeknüpft. Es erfolgt in der Reinform der Teilhabersysteme eine Einmalbesteuerung entsprechend der Beteiligungsverhältnisse sowie aufgrund des individuellen Steuersatzes.[504] Das gilt im gleichen Maße für thesaurierte wie ausgeschüttete Gewinne.

Doppelbelastungs- oder Steuerstundungseffekte entstehen durch dieses Vorgehen nicht. Vielmehr werden sie durch die transparente Handhabung auf Gesellschaftsebene vermieden. Eine weitergehende Differenzierung der Erträge erfolgt nicht.

Der Verwaltungsaufwand dieser Systeme ist nicht zu unterschätzen. Die Probleme sind allerdings überwiegend technischer Natur.[505] So müssen bspw. die Gesellschafter bekannt sein, um eine genaue Zurechnung und Besteuerung der (Perioden-)Gewinne zu gewährleisten. Im Vergleich zu einer Steuerfreistellung auf Gesellschafterebene, welche steuerlich nur auf

499 Vgl. Engels/Stützel, Teilhabersteuer, Rnrn. 1 ff.

500 Desens in Herrmann/Heuer/Raupach, EStG/KStG, Einführung zum KStG, Rn. 174; vgl. Tipke, Die Steuerrechtsordnung, Bd. 2, S. 1199.

501 Schwarzkopf, Die Problematik unterschiedlicher Körperschaftsteuersysteme, Diss., S. 36.

502 Sigloch/Egner/Wildner, Einführung in die Betriebswirtschaftslehre, S. 274.

503 Vgl. Jacobs/Scheffler/Spengel, Unternehmensbesteuerung und Rechtsform, S. 109.

504 Vgl. zu Defiziten des Systems: Desens in Herrmann/Heuer/Raupach, EStG/KStG, Einführung zum KStG, Rn. 174.

505 Vgl. Schwarzkopf, Die Problematik unterschiedlicher Körperschaftsteuersysteme, Diss., S. 37 ff.

die Körperschaft abstellt, bedarf es daher eines erheblichen Ermittlungsaufwands und Reportingsystems.[506] Weitere Nachteile sind in diesen Systemen etwa das Auseinanderfallen von Gewinnzufluss und Steuerbelastung, das Auseinanderfallen von Verlustentstehung und Steuerentlastung sowie die Steuerfreiheit von Unternehmensgewinnen bei ausländischen Anteilseignern.[507]

4.1.3 Zusammenfassende Systematisierung

Nachfolgend wird eine zusammenfassende und vergleichende Systematisierung der vorgenannten Grundformen der Körperschaftsteuersysteme vorgenommen. Dabei wird allerdings ausgehend von der körperschaftsteuerlichen Kategorisierung nachfolgend der investmentsteuerrechtliche Sachverhalt, d.h. das Verhältnis zwischen Investmentfonds- und Anlegerebene, abgebildet. Thesaurierungskonstellationen werden in diesem Zusammenhang noch nicht behandelt.

Herauszustellen ist, dass die vorgenannten Besteuerungsgrundformen bis auf die Teilhabersysteme nur die ausgeschütteten Dividenden in den Fokus rücken. Tatsächlich sind in diesen Besteuerungstypen gleichwohl auch Modifizierungen im Hinblick auf die thesaurierten Erträge denkbar; dies ist gerade für die Investmentbesteuerung äußerst relevant.

---

506 Vgl. Jacobs/Scheffler/Spengel, Unternehmensbesteuerung und Rechtsform, S. 110.

507 Vgl. Jacobs/Scheffler/Spengel, Unternehmensbesteuerung und Rechtsform, S. 110; Desens in Herrmann/Heuer/Raupach, EStG/KStG, Einführung zum KStG, Rn. 174.

	Grundformen der Investmentbesteuerung (in Anlehnung an die Integration der Körperschaftsteuer in die Einkommensteuer i.R.d. Körperschaftsteuersysteme)									
	Keine Integration	Integration der ausgeschütteten Gewinne								Volle Integration
		Doppelbelastung mildernd				Doppelbelastung vermeidend				
		Entlastung: Investmentfondsebene		Entlastung: Anlegerebene		Entlastung: Investmentfondsebene		Entlastung: Anlegerebene		
Investmentfondsebene	T / A	T / (A)	T / (A)	T / A	T / A	T / (A)	T / (A)	T / A	T / A	T / A
Anlegerebene										
Einmalbelastung						T / A	T / A	T / (A)	T / (A)	T / A
teilweise Doppelbelastung		T / A	T / A	T / (A)	T / (A)					
Doppelbelastung	T / A									
Besteuerungsgrundform	Klassische Systeme	Dividendenabzugssysteme (Teilabzug)	Gespaltener Körperschaftsteuersatz	Shareholder-Relief-Systeme	Anrechnungssysteme (Teilanrechnung)	Dividendenabzugssysteme (Vollabzug)	Gespaltener Körperschaftsteuersatz (0 %)	Freistellungssysteme (Vollfreistellung)	Anrechnungssysteme (Vollanrechnung)	Teilhabersysteme

Abkürzungen: A ≙ Ausschüttungen; T ≙ Thesaurierungen. Legende: A/T ≙ Volle Besteuerung; (A)/(T) ≙ Ermäßigte Besteuerung (durch teilweise Freistellung bzw. Anrechnung); (A)/(T) ≙ Keine Besteuerung (durch volle Freistellung bzw. Anrechnung); A/T ≙ Keine Besteuerung (originär bzw. nicht steuerbar).

Abbildung 7: Zusammenfassende Systematisierung der Grundformen der Investmentbesteuerung in Anlehnung an die Integration der Körperschaftsteuer in die Einkommensteuer i.R.d. Körperschaftsteuersysteme. Eigene Darstellung unter Bezugnahme und Adaption einiger Elemente aus der Abbildung zur Ausprägung des Trennungsprinzips in Sigloch/Egner/Wildner, Einführung in die Betriebswirtschaftslehre, S. 274.

4.2 Umsetzung der Besteuerungsgrundformen i.R.d. Investmentbesteuerung

Die vorgenannten Besteuerungsgrundformen bildeten Grundbausteine des Gesetzgebers auf dem Weg zum InvStG. Hieran orientierten sich die Diskussionen und Reformbestrebungen. Gleichwohl war ein Blick über dieses Raster hinaus angezeigt. Dies gilt nicht zuletzt hinsichtlich der Vorgehensweise i.R.d. Thesaurierungsbesteuerung.

Daher wurden die letztendlich vorgeschlagenen Konzepte der Investmentbesteuerung sowohl durch internationale wie weitergehende nationale Bestrebungen geprägt. Im Folgenden sollen mithin selektiv die bekanntesten internationalen Prototypen und die schließlich anknüpfenden nationalen Modellvorschläge – die alle ihren Ursprung in den körperschaftsteuerlichen Besteuerungssystemen haben – dargestellt und schließlich in die Besteuerungsgrundformen eingeordnet werden.

4.2.1 Internationale Prototypen

4.2.1.1 Rahmenbedingungen und Maßgaben

Damit sich in dem Kontext der Besteuerungsgrundformen i.R.d. Trennungsprinzips keine Benachteiligung der Investmentfondsanlage in Form einer wirtschaftlichen Doppelbelastung ergibt, gilt es die steuerliche Ebene des Investmentfonds zu neutralisieren. Dies ist bei der Investmentanlage sowohl für Ausschüttungen als auch für Thesaurierungen von erheblicher Bedeutung.[508] Vollständige Neutralität würde allerdings voraussetzen, dass auf die Anlageerträge die gleiche Gesamtsteuer erhoben wird, wenn die Anlage über einen Investmentfonds erfolgt, wie wenn sie direkt (ggf. über ein anderes Vehikel) getätigt wird – unabhängig von der Art des Anlegers oder den Erträgen aus den Anteilen.[509]

Die Umsetzung dieses Ziels der Einmalbesteuerung ist in vielfältigen Konzeptionen und Ausgestaltungen denkbar, wie die vorgenannten Grundformen der Besteuerungssysteme – jedenfalls hinsichtlich der Aus-

508 Insoweit besteht die Möglichkeit, die Systeme – ergänzend zur Frage der Behandlung von Ausschüttungen – nach Thesaurierungsaspekten zu unterteilen. Wenngleich es oftmals zu Überschneidungen i.R.d. Handhabung der Erträge kommt, eröffnet dies eine noch tiefgehendere Differenzierung für die Investmentsteuersysteme als sie schon für die Körperschaftsteuersysteme existiert.

509 King, Taxing the Financial Sector, 32 (38).

schüttungen – auch für das InvStG veranschaulicht haben. Die Spanne i.R.d. Investmentbesteuerung reicht von der Vollbesteuerung auf Fondsebene bei gleichzeitiger Steuerbefreiung der Anleger über die häufiger praktizierte steuerlich intransparente Behandlung der Investmentfondsebene – unter Berücksichtigung einer etwaigen Steuerbefreiung, verminderten Bemessungsgrundlage oder eines Sondersteuersatzes (Neutralisierung der Intransparenz i.R.e. Entlastungstechnik) – sowie der korrespondierenden Besteuerung auf Anlegerebene bis hin zur international seltenen Aberkennung der Besteuerungssubjekteigenschaft des Investmentfonds unter unmittelbarer Zurechnung der Erträge bei den Anlegern.[510] Anknüpfungspunkt für diese Weichenstellung ist dabei nicht selten die Rechtsform des Investmentvehikels.[511]

Vor diesem Hintergrund werden auf internationaler Ebene verschiedene Prototypen i.R.d. Investmentfondsbesteuerung praktiziert, die sich an den jeweiligen nationalen Rahmenbedingungen, d.h. den geltenden Grundprinzipien[512], orientieren.

---

510 Vgl. Bödecker in Bödecker/Ernst/Hartmann, BeckOK InvStG, 18. Ed., Einleitung zum InvStG, Rnrn. 7/11.45 ff.

511 Bödecker in Bödecker/Ernst/Hartmann, BeckOK InvStG, 18. Ed., Einleitung zum InvStG, Rn. 11.3.

512 Dazu gehören: „(1) die Bandbreite der Steuersätze für natürliche und juristische Personen sowie das Verhältnis zwischen diesen Steuersätzen; (2) die Frage, ob natürliche Personen pauschal im Hinblick auf ihre Dividenden besteuert werden oder ob sie ihre Erträge aus Dividenden mit anderen Einkommensquellen kombinieren müssen und auf globaler Basis steuerpflichtig sind; (3) die Verwendung eines entweder vorläufigen oder endgültigen Quellensteuerabzugs für Dividenden; (4) die Frage, ob Unternehmen Dividenden von anderen Unternehmen (steuerlich) ausschließen können, die möglicherweise an die Höhe des Anteilsbesitzes am Unternehmen gebunden sind; (5) die Frage, ob Zinsen auf einer pauschalen oder globalen Basis besteuert werden; (6) die Verwendung des vorläufigen oder endgültigen Quellensteuerabzugs für Zinsen und die Beibehaltung des bestehenden steuerfreien Status vieler Arten von Zinsen; (7) die Behandlung von Kapitalgewinnen, insbesondere ob für natürliche Personen und Unternehmen dieselben Regeln gelten; (8) die Regeln für die Steuererleichterung bei Kapitalverlusten; (9) die Regelung zur Integration der individuellen und der Unternehmenssteuersysteme, insbesondere die Art der Integration; (10) die Regeln für die Besteuerung von Einkünften aus dem Ausland, insbesondere ob ausländische Einkünfte ausgeschlossen sind oder ob ein Abzug bzw. eine Gutschrift für gezahlte ausländische Steuern zulässig ist und (11) die Regeln für die Besteuerung gebietsfremder Steuerpflichtiger, insbesondere die Regeln für natürliche und juristische Personen, die entweder passive Investoren sind oder Einkünfte im Zusammenhang mit einem inländischen Gewerbe bzw. Unternehmen erzielen.“ Zolt, Tax Law, Bd. 2, 969 (976 f.).

4.2.1.2 Überblick über die Prototypen

Obgleich die Modellvielfalt in ihren Einzelausprägungen unüberschaubar ist, haben sich international insbesondere vier Prototypen herausgebildet, welche versuchen, diesen Neutralitätszustand zwischen Investment- und Direktanlage herzustellen.[513] Diese werden nachfolgend in das Muster der Entlastungsebenen (Fonds- bzw. Anlegerebene) eingebettet und dort in ihren Reinformen umrissen.

In Weiterführung der Systematisierung der Besteuerungsgrundformen werden zunächst ebenfalls dieselben Parameter (Doppelbelastungs- und Steuerstundungseffekte sowie Verwaltungsaufwand) herangezogen. Überdies wird aufgrund der besonderen Zielrichtung der investmentsteuerrechtlichen Prototypen die Marktneutralität, d.h. die Frage nach der Gleichstellung mit dem Direktanleger, beurteilt.

Ein zusammenfassender, strukturierter Überblick über die Einordnung der Prototypen in die Besteuerungsgrundformen befindet sich sowohl innerhalb der Kurzvorstellung der Prototypen als auch am Ende des Kapitels[514]. Diese Zuordnung soll als Hilfsmittel dienen, um die konkret in Deutschland diskutierten Reformvorschläge für eine Neukonzeption der Investmentbesteuerung noch besser systematisch verorten zu können.

4.2.1.2.1 Entlastung auf Investmentfondsebene

4.2.1.2.1.1 Tax-Advantaged Prototype

Der erste Prototyp (sog. Tax-Advantaged Prototype) auf internationalem Parkett zeichnet sich durch eine – ggf. temporär wirkende – steuerlich relevante Besserstellung des Fondsinvestments gegenüber der Direktanlage aus.[515] Dies wird durch die Gewährung von Steuervorteilen erreicht, indem etwa ein Teil (bspw. beschränkt auf außerordentliche Erträge wie Veräußerungen) oder auch die gesamten Erträge auf Fonds- oder Anlegere-

513 Vgl. Oestreicher/Hammer, Taxation of Income from Collective Investment, S. 7 ff.; King, Taxing the Financial Sector, 32 (38 ff.); Zolt, Tax Law, Bd. 2, 969 (981 ff.); Anzinger, FR 2016, 101 (108); Thiems, Die Verwirklichung des Transparenzprinzips, Diss., S. 171 ff.

514 Vgl. 4.3.

515 Vgl. King, Taxing the Financial Sector, 32 (38 f.); Zolt, Tax Law, Bd. 2, 969 (981).

bene steuerfrei gestellt werden.[516] Die Vielzahl der Möglichkeiten erinnert grds. an das gesamte Spektrum der vorgenannten Besteuerungsgrundformen, welche die wirtschaftliche Doppelbelastung vollständig vermeiden bzw. mildern. Je nach konkreter Ausprägung gibt es ggf. auch in diesem Prototyp graduelle Abstufungen der Begünstigungen.

Um dennoch eine praktische Annäherung an den Tax-Advantaged Prototype zu ermöglichen, wird daher im Folgenden eine Variante herausgegriffen. Es handelt sich dabei um die Abwandlung, bei der sämtliche Erträge i.R.d. Thesaurierung auf Fondsausgangsseite steuerfrei gestellt werden.[517] Annahmegemäß erfolgt in dieser Spielart auch keine Besteuerung der übrigen Erträge (Ausschüttungen) auf der Investmentfondsebene. Der Investmentfonds fungiert damit nur als Gewinnermittlungsvehikel. Vielmehr unterliegen die ausgeschütteten Erträge beim Anleger den allgemeinen Besteuerungsmechanismen. Für die thesaurierten Erträge wird der Sachverhalt erst dann steuerlich relevant, wenn diese Gewinne an den Anleger ausgeschüttet werden oder er seine Anteile am Investmentfonds veräußert bzw. zurückgibt.[518] Thesaurierungen erhöhen nämlich – im Vergleich zu Ausschüttungen – den Wert der Anteile i.S.e. Substanzstärkung[519] und werden mithin erst i.R.e. Realisation steuerlich berücksichtigt.

Wirtschaftliche Doppelbelastungen entstehen hierdurch keine. Demgegenüber findet in diesem Prototyp eine Besserstellung gegenüber der Direktanlage statt. Denn insbesondere durch die steuerfreie Thesaurierung auf Investmentfondsebene entstehen Steuerstundungseffekte.[520] Je nach Variante kann zudem eine Differenzierung nach ordentlichen und außerordentlichen Erträgen relevant werden. Man denke nur an die Möglichkeit, dass ausschließlich realisierte und unrealisierte Veräußerungsgewinne, d.h. sämtliche außerordentlichen Erträge, auf Investmentfondsebene steuerfrei wären.[521]

Anknüpfend an die eingangs erwähnte Modifikation dieses Prototyps und unterstellt die Tatsachen, dass sowohl Ausschüttungen als auch Thesaurierungen auf Investmentfondsebene steuerfrei sind und Ausschüttungen beim Anleger einer Besteuerung unterfallen, nähert sich dieser Pro-

---

516 Thiems, Die Verwirklichung des Transparenzprinzips, Diss., S. 176.
517 Vgl. King, Taxing the Financial Sector, 32 (39); Thiems, Die Verwirklichung des Transparenzprinzips, Diss., S. 177.
518 Vgl. King, Taxing the Financial Sector, 32 (39); Zolt, Tax Law, Bd. 2, 969 (981).
519 Vgl. 2.3.5.2.
520 Vgl. Thiems, Die Verwirklichung des Transparenzprinzips, Diss., S. 177.
521 Thiems, Die Verwirklichung des Transparenzprinzips, Diss., S. 176.

totyp einem Dividendenabzugssystem[522] mit einem simultanen Thesaurierungsabzug in voller Höhe auf Investmentfondsebene (Vollabzug auf Fondsebene) an. Von einer Teilhabesteuer[523] ist insoweit nicht zu sprechen, da der Fonds nicht als steuerrechtlich transparentes Vehikel behandelt wird. Es erfolgt keine direkte Ertragszurechnung beim Anleger.

Die Marktneutralität leidet naturgemäß unter dieser bewussten Besserstellung des Fondsanlegers gegenüber dem Direktanleger. Ergänzend tritt aufgrund der Ebenenbesteuerung die Umqualifikation der Einkünfte auf Anlegerebene hinzu; es handelt sich somit nicht um originäre Erträge. Eine positive Eignung zur Realisierung einer dahin gehenden Entscheidungsneutralität ist diesem Modell daher nicht zu bescheinigen.

Ziel dieses Prototyps ist damit offensichtlich die Stärkung des nationalen Investmentstandorts durch die simultane Förderung des Investmentsparens. Flankierend hierzu wird eine Lenkungsfunktion hin zur Investmentanlage realisiert.[524] Abhängig von der konkreten nationalen Ausgestaltung des Tax-Advantaged Prototype kann dies im Einzelfall zu einer massiven Stimulation des Binnenmarkts führen.

Das Modell verringert die Komplexität des Besteuerungskonzepts, wenn es sämtliche Erträge auf Fondsebene freistellt, enorm. Dies bedeutet, dass sich die Aufzeichnungs- und Berichtspflichten minimieren, da bei einer späteren Ausschüttung der Erträge die Gefahr einer Doppelbelastung der Erträge nicht besteht.[525] Erstattungs- oder Anrechnungstechniken sind mit Blick auf die Anlegerebene in der vorgenannten Prototypvariante ebenso nicht von Relevanz. Je nach anders gearteter Option dieses Prototyps und damit der Zuordnung der Besserstellung auf Investmentfonds- oder Anlegerebene kann sich der Verwaltungsaufwand ggf. drastisch erhöhen. Gleichzeitig wohnt diesem Prototyp in Abhängigkeit von seiner konkreten Ausgestaltung – man denke nur an die Variante einer ausschließlichen Schlussbesteuerung i.R.d. Anteilsveräußerung – eine enorme Gestaltungsanfälligkeit inne.

---

522 Vgl. 4.1.2.2.1.1.
523 Vgl. 4.1.2.4.
524 Vgl. Thiems, Die Verwirklichung des Transparenzprinzips, Diss., S. 176.
525 Thiems, Die Verwirklichung des Transparenzprinzips, Diss., S. 177.

4.2.1.2.1.2 Distribution-Deduction Prototype

Der zweite Prototyp (sog. Distribution-Deduction Prototype) nimmt beide Ebenen, d.h. die des Investmentfonds und diejenige des Investors, in sein Blickfeld.[526] Alle im Investmentfonds zurückbehaltenen, thesaurierten Gewinne werden nach diesem Modell in seiner Reinform bei ihm besteuert, während die an den Investor ausgeschütteten Erträge[527] von der Steuer auf Fondsebene befreit sind, aber stattdessen in den Händen der Anleger besteuert werden.[528] Die thesaurierten Gewinne werden nach dem Körperschaft- bzw. Quellensteuersatz beim Fonds und die Ausschüttungen beim Investor nach den allgemeinen Vorschriften besteuert.

Eine Einmalbesteuerung wird damit für Thesaurierungen und Ausschüttungen innerhalb der Ebenen gewährleistet.[529] Doppelbelastungen werden grds. vermieden. Aufgrund der Besteuerung von Thesaurierungen auf Investmentfondsebene entstehen grds. keine Steuerstundungseffekte. Gestalterisch kann allerdings der Körperschaftsteuersatz auf Investmentfondsebene i.R.v. thesaurierten Erträgen ausgenutzt werden, sofern dieser niedriger als der Anlegersteuersatz ist. Eine Differenzierung im Hinblick auf ordentliche bzw. außerordentliche Erträge ist nicht gegeben.

Dieses Besteuerungsprinzip des Prototyps gleicht dem Dividendenabzugssystem[530]. Gerade die Behandlung der thesaurierten und ausgeschütteten Erträgen sowie die diesbzgl. divergierenden Besteuerungsebenen sprechen für diese Einordnung. Insoweit ist auf die dortigen Ausführungen zu verweisen.

Eine Direktanlegergleichstellung ist wegen der getrennten Ebenenbesteuerung und der damit einhergehenden Verschiebung der steuerlichen Niveaus zwischen Steuersatz auf Fondsebene und den anlegerspezifischen Steuersätzen nur schwerlich erreichbar.[531] Nur in den Fällen, in denen

---

526 Vgl. King, Taxing the Financial Sector, 32 (40); Zolt, Tax Law, Bd. 2, 969 (984).

527 Teilweise verlangen die praktizierenden Länder, dass jedes Jahr ein wesentlicher Teil der Gewinne auf Investmentfondsebene an die Anleger ausgeschüttet wird. Alternativ kann dieser Prototyp auch dergestalt etabliert werden, dass der Investmentfonds die thesaurierten Erträge als ausgeschüttet behandeln kann, ohne dass tatsächlich eine Ausschüttung an die Anleger erforderlich ist. Vgl. Zolt, Tax Law, Bd. 2, 969 (984 f.).

528 King, Taxing the Financial Sector, 32 (40).

529 Thiems, Die Verwirklichung des Transparenzprinzips, Diss., S. 172; vgl. Zolt, Tax Law, Bd. 2, 969 (984).

530 Vgl. 4.1.2.2.1.1.

531 Vgl. Thiems, Die Verwirklichung des Transparenzprinzips, Diss., S. 173.

eine (Thesaurierungs-)Besteuerung des Investmentfonds an den Spezifika der Investoren ausgerichtet ist, d.h., dass sowohl auf Investmentfonds- als auch Anlegerebene zufällig der identische Steuersatz zur Anwendung kommt, ist im Einzelfall eine partielle Vergleichbarkeit gegeben.[532]

Die dadurch in Frage gestellte Attraktivität des Investmentfondsstandortes hängt somit maßgeblich von der Besteuerungshöhe der Thesaurierungen auf Investmentfondsebene ab.

Folge des Distribution-Deduction-Konzepts ist, dass sich mit einem nicht zu unterschätzender Berichts- und Verwaltungsaufwand arrangiert werden muss. Tatsächlich ist dieser administrative Ansatz aber im Vergleich zu Systemen, welche die Steuerentlastung vollumfänglich auf Anlegerebene bspw. im Wege einer Anrechnung verlagern, als geringer zu beurteilen. Reportingaufgaben sind dennoch nicht von der Hand zu weisen. Insoweit ist darauf zu achten, dass die auf Investmentfondsebene besteuerten, thesaurierten Erträge i.R.e. späteren Ausschüttung eine entsprechende steuerliche Berücksichtigung erfahren. Anderenfalls besteht schließlich doch die Gefahr von wirtschaftlichen Doppelbelastungen.

4.2.1.2.2 Entlastung auf Anlegerebene: Surrogate Prototype

Ein dritter Prototyp (sog. Surrogate Prototype) visiert anstelle des Investors den Investmentfonds als Ersatzsteuersubjekt an[533], d.h., dass der Gewinn auf Investmentfondsebene ermittelt und dort besteuert wird. Auf Anlegerebene fließen die Erträge zu, welche auf Fondsebene um die Steuern gemindert wurden. Dort unterliegen sie grds. keiner individuellen Besteuerung unter Berücksichtigung der steuerlichen Merkmale des Anlegers.[534]

Insoweit wird in der Reinform des Prototyps eine bloße Einmalbesteuerung vorgenommen und Doppelbelastungen sowie Steuerstundungseffekte vermieden. Eine darüberhinausgehende Differenzierung nach ordentlichen und außerordentlichen Erträgen erfolgt nicht.

Die Ersatzbesteuerung bildet faktisch das Gegenstück zu einer transparenten Besteuerung, bei dem jegliche Erträge auf Anlegerebene besteuert werden. Die hier stattfindende Ersatzbesteuerung auf Investmentfondsebene erinnert mithin an ein vollumfängliches, die wirtschaftliche Doppelbelastung auf Anlegerebene vermeidendes System in Gestalt eines Freistel-

532 Vgl. Thiems, Die Verwirklichung des Transparenzprinzips, Diss., S. 183.
533 King, Taxing the Financial Sector, 32 (39); Zolt, Tax Law, Bd. 2, 969 (983).
534 Vgl. Zolt, Tax Law, Bd. 2, 969 (983).

lungs-[535] bzw. Anrechnungssystems[536]. Die exakte Einordnung hängt von der konkreten Ausgestaltung des Prototyps ab.

Eine absolute Gleichstellung mit dem Direktanleger wird i.R.d. Modells mit einer bloßen Freistellung auf Anlegerebene mangels eines investorenspezifischen Steuersatzes regelmäßig nicht erreicht werden können.[537] Dies ist aufgrund der vielen Variablen des Einzelfalls kaum realisierbar. Die Erträge unterliegen in diesem Fall unterschiedslos dem Körperschaftsteuersatz auf Investmentfondsebene.

Im Einzelfall ist jedoch eine Gleichstellung mit der Direktanlage rein rechnerisch möglich. Dies ist bspw. i.R.e. Freistellungsmechanismus dann denkbar, wenn aus der Saldierung sowohl des Körperschaftsteuersatzes auf Investmentfondsebene als auch des (ggf. teilweisen) Freistellungssatzes für den Anleger exakt eine solche Gesamtsteuerlast folgt, die der Höhe nach dem individuellen Steuersatz entspricht. Wenn anstelle einer Freistellung alternativ ein Anrechnungsmechanismus implementiert würde, käme es zu einer Berücksichtigung der persönlichen Steuermerkmale. Mittels einer zielgenauen Anrechnung erfolgt dann tatsächlich eine Gleichstellung mit dem Direktanleger. Sofern bspw. Anrechnungsüberhänge bestehen, resultiert dies ggf. in einem (ebenso gleichstellenden) Steuererstattungsanspruch.

Im Hinblick auf die Förderung des entsprechenden Investmentstandortes kommt es in einem Freistellungsmodell auf die Höhe und das Ausmaß der Steuerpflicht auf Fondsebene an.[538] Ist diese geringer als die eigene, so wird die Investmentanlage zum Mittel der Wahl werden. I.R.e. Anrechnungskonzepts nivelliert sich diese Problematik.

Die Ersatzbesteuerung ist wohl das am einfachsten zu verwaltende Steuersystem[539], da – jedenfalls in Gestalt der Freistellungsmethode – eine Betrachtung durch die Ebenen hinweg entbehrlich wird. Vielmehr beschränkt sich der Administrations- und Verwaltungsaufwand in dieser Form des Prototyps ausschließlich auf eine Sphäre: den Investmentfonds. Auch die Berichtspflichten für die dahinterstehenden Investoren beschränken sich auf ein Minimum bzw. tendieren gegen Null, da es für diese aufgrund ihrer steuerlichen Freistellungen grds. keiner für die Veranlagung

535 Vgl. 4.1.2.2.2.1.

536 Vgl. 4.1.2.2.2.2.

537 Thiems, Die Verwirklichung des Transparenzprinzips, Diss., S. 174 f.

538 Vgl. King, Taxing the Financial Sector, 32 (39 f.); Zolt, Tax Law, Bd. 2, 969 (984).

539 King, Taxing the Financial Sector, 32 (39); Zolt, Tax Law, Bd. 2, 969 (984).

relevanten Meldungen mehr bedarf. Im Hinblick auf die andere Alternative einer Anrechnung beim Anleger ist der administrative Aufwand naturgemäß größer.

4.2.1.2.3 Teilhabersystem: Pass-Through Prototype

Im Zuge einer Durchgriffsbesteuerung versucht der vierte Prototyp (sog. Pass-Through Prototype) in transparenter Weise den Anleger eines Investmentfonds steuerlich identisch zum Direktanleger zu behandeln.[540] Dabei werden alle Ertragsposten ausschließlich dem Anleger in voller Höhe direkt zugerechnet. Er wird so behandelt, als hätte er die Gewinne selbst erzielt (originäre Einkünfte) und das unabhängig davon, ob diese Beträge tatsächlich an ihn ausgeschüttet oder thesauriert werden.[541] Der Anleger ist damit das originäre Steuersubjekt.[542] Die Besteuerung erfolgt entsprechend den allgemeinen Vorschriften unter Berücksichtigung der jeweiligen Qualifikation der Erträge. Die Investmentfondsebene selbst wird steuerlich transparent behandelt und nicht besteuert.

Um diese Zurechnung zu gewährleisten, wird ein Berichtsmechanismus in den Mittelpunkt des Geschehens gestellt; denn ein transparenter Durchgriff erfordert ein Zuordnungssystem aller Gewinn- und Verlustpositionen.[543] Der Investmentfonds fungiert in der Reinform dieses Prototyps als Berichterstatter.[544]

Damit findet eine rechtsformneutrale[545] Einmalbesteuerung auf Anlegerebene statt und Doppelbelastungseffekte werden gänzlich vermieden. Steuerstundungseffekte entstehen regelmäßig aufgrund der sofortigen Zurechnung ebenfalls keine. Eine Separierung nach ordentlichen und außerordentlichen Erträgen erfolgt nicht.

Insoweit gleicht dieser Prototyp mit den vorgenannten Voraussetzungen in seiner Reinform einer Besteuerung nach einem Teilhabersystem[546]. Die Erträge werden den Investoren direkt und unmittelbar zugerechnet.

540 King, Taxing the Financial Sector, 32 (39); Zolt, Tax Law, Bd. 2, 969 (982).
541 King, Taxing the Financial Sector, 32 (39).
542 Vgl. Thiems, Die Verwirklichung des Transparenzprinzips, Diss., S. 179.
543 Zolt, Tax Law, Bd. 2, 969 (982).
544 King, Taxing the Financial Sector, 32 (39).
545 Vgl. hinsichtlich der Teilhabersteuer: Tipke, Die Steuerrechtsordnung, Bd. 2, S. 1199.
546 Vgl. 4.1.2.4.

Durch dieses steuerlich transparente Durchgriffskonzept auf den Anleger wird die Marktneutralität, d.h. die Gleichmäßigkeit der Besteuerung im Vergleich zum Direktanleger, theoretisch vollständig verwirklicht.[547]

Mit der Gleichbehandlung wird allerdings der investmentwirtschaftliche Binnenmarkt weder gefördert noch benachteiligt. Vielmehr stellt er im Vergleich zur Direktanlage eine Möglichkeit von vielen dar und ist im Ergebnis eine Mentalitätsfrage.

Die Kehrseite dieses Prototyps ist, dass sowohl den Anlegern als auch den Steuerbehörden erhebliche Verwaltungslasten auferlegt werden.[548] Man bedenke nur, dass die zu erfüllenden Berichtspflichten in einem Turnus (bspw. täglich, monatlich, jährlich oder auch im jeweiligen Zeitpunkt der Ausschüttung/Thesaurierung) zu erbringen sind.[549] Dies stellt gerade vor dem Hintergrund der großen Investorenzahl einen deutlichen Nachteil gegenüber der Direktanlage dar. So müssen über die Ebenen hinweg Informationen gesammelt, gespeichert, verarbeitet und in der Folge ggf. gemeldet werden. Dabei ist aber nicht nur die Quantität der Berichtspflichten regelmäßig hoch, sondern auch die Qualität, d.h. die Anforderungen an selbige, enorm. Erkennbar wird dies etwa an der transparenten Besteuerung des InvStG a.F. und den damit in Zusammenhang stehenden Berichtspflichten sowie den 33 Besteuerungsgrundlagen für die Veranlagung des einzelnen Steuerpflichtigen.[550] Dies erhöht gleichzeitig die Kostenlast.[551]

4.2.2 Deutsche Modellvorschläge

4.2.2.1 Rahmenbedingungen und Maßgaben

An diesen Besteuerungsgrundformen bzw. den Prototypen als Ausfluss der Grundformen orientierten sich die deutschen Diskussionen im Zuge der Neukonzeption der Investmentbesteuerung. Eine grundlegende Reform hatten sich die regierenden Parteien bereits im Jahr 2013, vor dem Hintergrund der Probleme und Schwächen des InvStG a.F.[552], in ihren Koali-

547 Vgl. Thiems, Die Verwirklichung des Transparenzprinzips, Diss., S. 180; King, Taxing the Financial Sector, 32 (39).
548 Vgl. King, Taxing the Financial Sector, 32 (39).
549 Vgl. Thiems, Die Verwirklichung des Transparenzprinzips, Diss., S. 180.
550 Vgl. 3.2.6.4.3.
551 Vgl. Thiems, Die Verwirklichung des Transparenzprinzips, Diss., S. 180.
552 Vgl. 3.2.6.4.

tionsvertrag als Zielmaßgabe geschrieben.[553] Die eigentliche Debatte, insbesondere um die Komplexität und Missbrauchsanfälligkeit des Gesetzes, begann allerdings schon 2011/12. Ausgangspunkt war die Einsetzung und der anschließende Entwurf der Bund-Länder-Arbeitsgruppe.[554]

4.2.2.2 Überblick über die Modelltypen

Nachfolgend werden die relevantesten nationalen Modelltypen extrahiert, die letztlich die Besteuerungsvielfalt ebenfalls nur ausschnittweise abbilden können. Dabei ist es in Fortführung der bislang vorgenommenen Systematisierung u.a. angezeigt, weiterhin zwischen den Entlastungsebenen zu differenzieren und die entsprechenden Gesichtspunkte abzuprüfen. Ein Überblick über die Einordnung der Modellvorschläge in ihren Reinformen in die Besteuerungsgrundformen befindet sich am Ende dieses Kapitels[555].

4.2.2.2.1 Entlastung auf Investmentfondsebene

4.2.2.2.1.1 Wortlautanpassung im semi-transparenten Transparenzprinzip

Von Seiten der Verbände wurde für den deutschen Weg eine minimalinvasive Lösung für die Probleme des InvStG a.F. ins Feld geführt.[556] Ein weit-

---

553 Vgl. Koalitionsvertrag zwischen CDU, CSU und SPD, 18. Legislaturperiode, „Deutschlands Zukunft gestalten, Koalitionsvertrag zwischen CDU, CSU und SPD“, 14.12.2013, S. 64 (abrufbar unter: www.cdu.de/sites/default/files/media/dokumente/koalitionsvertrag.pdf – letztes Abrufdatum: 19.10.2021); BT-Drs. 17/13562, 2 ff.; BT-Plenarprotokoll 17/225, 28160 f.

554 Vgl. Bund-Länder-Arbeitsgruppe, Berichtsentwurf der Arbeitsgruppe, „Neukonzeption der Investmentbesteuerung“, 24.2.2012, S. 4 ff. (n.v.).

555 Vgl. 4.3.

556 Vgl. BVI/BVR/BdB/DSGV/VÖB/VDP, Stellungnahme, 1.9.2015, S. 1 (Anschreiben) (abrufbar unter: www.bvi.de/fileadmin/user_upload/Regulierung/Positionen/Investmentsteuerreform/2015-09-01_BVI-DK-Stn_DiskussionsE_BMF_InvStReform.pdf – letztes Abrufdatum: 19.10.2021); IDW, Stellungnahme, 1.9.2015, S. 2 (n.v.); zuletzt abrufbar unter: www.idw.de/blob/86772/805d3141fc00f90a4d3cb97ace2f4606/down-bmf-investmentbesteuerung-diske-data.pdf – letztes Abrufdatum: 14.8.2020); ZIA, Stellungnahme, 1.9.2015, S. 2 (abrufbar unter: www.zia-deutschland.de/wp-content/uploads/2021/05/150901_Stellungnahme_BMF_Investmentsteuerreformgesetz_Diskussionsentwurf_eines_Gese

reichender Systemwechsel setze nicht nur Ausweichreaktionen in Gang und schaffe neue europarechtliche Risiken, sondern gefährde sowohl den Fondsstandort als auch Arbeitsplätze.[557]

Unionsrechtliche Zweifel[558] sollten zerstreut werden, indem § 11 InvStG a.F. umformuliert werde, um die innere Verbindung zwischen Steuerbefreiung auf der Fondseingangsseite und Steuerabzug auf der Fondsausgangsseite zu rearrangieren.[559] Im Ergebnis wären die vom EuGH geforderten Anpassungen durch die Aufnahme eines an die Besteuerung der Anlegerebene bzw. Ausgangsseite des Investmentfonds anknüpfenden Merkmals zugänglich.[560] Weitere (europarechtliche) Risiken bestünden nicht.[561] Dem steuerrechtlichen Nexus des bisherigen InvStG a.F. solle

---

tzes_zur_Reform_der_Investmentbesteuerung_fin1.pdf – letztes Abrufdatum: 19.10.2021); BSI, Stellungnahme, 15.1.2016, S. 2 (abrufbar unter: www.bundesfinanzministerium.de/Content/DE/Gesetzestexte/Gesetze_Gesetzesvorhaben/Abteilungen/Abteilung_IV/18_Legislaturperiode/Gesetze_Verordnungen/2016–07-26-Investmentsteuerreformgesetz/Stellungnahme-10-bsi.pdf;jsessionid=D3F89E6EDE415C83273453C29C371E2A.delivery1-replication?__blob=publicationFile&v=3 – letztes Abrufdatum: 19.10.2021); DK, Stellungnahme, 15.1.2016, S. 1 (Anschreiben) (abrufbar unter: www.bundesfinanzministerium.de/Content/DE/Gesetzestexte/Gesetze_Gesetzesvorhaben/Abteilungen/Abteilung_IV/18_Legislaturperiode/Gesetze_Verordnungen/2016–07–26-Investmentsteuerreformgesetz/Stellungnahme-14-Die-Deutsche-Kreditwirtschaft.pdf?__blob=publicationFile&v=3 – letztes Abrufdatum: 19.10.2021); NVL, Stellungnahme, 15.1.2016, S. 2 (abrufbar unter: www.bvl-verband.de/fileadmin/nvl-archiv/nvl-stellungnahmen/2016/SN_NVL_16_01_15.pdf – letztes Abrufdatum: 19.10.2021); IDW, Stellungnahme, 19.1.2016, S. 2 (abrufbar unter: www.idw.de/blob/86880/e05b5dbbfdeb237d4554bd902625d174/down-refe-investmentsteuerreformgesetz-data.pdf – letztes Abrufdatum: 19.10.2021).

557 IDW, Stellungnahme, 1.9.2015, S. 2 (n.v.); zuletzt abrufbar unter: www.idw.de/blob/86772/805d3141fc00f90a4d3cb97ace2f4606/down-bmf-investmentbesteuerung-diske-data.pdf – letztes Abrufdatum: 14.8.2020).

558 Vgl. 3.2.6.4.2.2.

559 Anzinger, FR 2016, 101 (108).

560 Kloster, Neukonzeption der Investmentbesteuerung, Diss., S. 558.

561 Von den Verbänden wurde unter Verweis auf die EuGH-Rechtsprechung in Sachen „Santander“ (vgl. EuGH, Urt. v. 10.5.2012, C-338/11, C-339/11, C-340/11, C-341/11, C-342/11, C-343/11, C-344/11, C-345/11, C-346/11, C-347/11 – DStR 2012, 1016 („Santander Asset Management SGIIC u.a.“)) sowie „Emerging Markets“ (vgl. EuGH, Urt. v. 10.4.2014, C-190/12 – IStR 2014, 333 („Emerging Markets Series of DFA Investment Trust Company“)) und den damit einhergehenden haushaltspolitischen Risiken angeführt, dass bereits die Begründung zum Diskussionsentwurf des InvStG die maßgeblichen Abweichungen der deutschen Rechtslage zu der französischen bzw. polnischen Rechtsordnung herausstelle. Vgl. BVI/BVR/BdB/DSGV/VÖB/VDP, Stellungnahme, 1.9.2015, S. 4 (Anschrei-

dabei keineswegs der Boden entzogen werden. Damit verbliebe es bei dem

---

ben) (abrufbar unter: www.bvi.de/fileadmin/user_upload/Regulierung/Positionen/Investmentsteuerreform/2015-09-01_BVI-DK-Stn_DiskussionsE_BMF_InvStReform.pdf – letztes Abrufdatum: 19.10.2021); ZIA, Stellungnahme, 1.9.2015, S. 2 (abrufbar unter: www.zia-deutschland.de/wp-content/uploads/2021/05/150901_Stellungnahme_BMF_Investmentsteuerreformgesetz_Diskussionsentwurf_eines_Gesetzes_zur_Reform_der_Investmentbesteuerung_fin1.pdf – letztes Abrufdatum: 19.10.2021).

Im Unterschied zum französischen und polnischen Recht müssten in Deutschland ansässige Investmentfonds bei der Ausschüttung von inländischen Dividenden oder bei Nichtausschüttung an ihrem Geschäftsjahresende gegenüber ihren Anlegern gemäß dem InvStG a.F. Kapitalertragsteuer erheben, sodass eine Einmalbesteuerung bei ausländischen Investmentfonds auf Ebene der Fonds und bei inländischen Investmentfonds auf Ebene der Anleger sichergestellt sei. BMF, „Diskussionsentwurf des Bundesministeriums für Finanzen, Entwurf eines Gesetzes zur Reform der Investmentbesteuerung (Investmentsteuerreformgesetz – InvStRefG)“, 21.7.2015, S. 36 (n.v.).

Unterstützend wurde eine Entscheidung des höchsten niederländischen Gerichts (vgl. Hoge Raad, Urt. v. 10.7.2015, 14/03956 – ECLI:NL:HR:2015:1777) ins Feld geführt. Dieses hat entschieden, dass ein in Luxemburg ansässiger Investmentfonds (SICAV) nicht wie ein niederländischer Investmentfonds (FBI) eine Quellensteuererstattung in den Niederlanden verlangen kann, da deren Ausgangslagen objektiv nicht miteinander vergleichbar seien. Der niederländische FBI werde zwar auf der Fondseingangsseite zunächst von der Quellensteuer freigestellt, jedoch sei er im Zuge der vorgeschriebenen Ausschüttung von Dividenden an die Investoren zum Einbehalt einer niederländischen Quellensteuer verpflichtet. Da die Niederlande nicht in die Besteuerungssphären der SICAV eingreifen könne und damit weder eine Ausschüttungsverpflichtung noch eine anders geartete Pflicht bestehe, niederländische Steuern auf der Fondsausgangsseite einzubehalten bzw. abzuführen, mangele es an einer Vergleichbarkeit.

Dies würde grds. für die damalige Rechtslage bedeuten, dass soweit ein ausländisches Besteuerungsregime für Investmentfonds über keinen dem Mechanismus der ausschüttungsgleichen Erträge gleichwertigen Mechanismus verfügt habe, das Vorliegen einer vergleichbaren Situation zu verneinen gewesen wäre. Kloster, Neukonzeption der Investmentbesteuerung, Diss., S. 559.

Gleichwohl legte der Hoge Raad in einer anderen Sache – dieses niederländische Besteuerungskonzept betreffend – dem EuGH entsprechende Vorlagefragen vor. Dieser hat mit Urteil vom 30. Januar 2020 (vgl. EuGH, Urt. v. 30.1.2020, C-156/17 – RIW 2020, 162 („Köln-Aktienfonds Deka“)) hierzu entschieden. Zwar sehe die niederländische Fondsbesteuerung eine Ausschüttungsverpflichtung auf Fondsebene vor, allerdings stehe das Nichterfüllen von diesen inländischen Voraussetzungen einer Vergleichbarkeit grds. nicht entgegen. Ob es dabei im Einzelfall zu einer Diskriminierung komme, hänge vom Gesetzestelos ab. Vgl. EuGH, Urt. v. 14.9.1999, C-391/97 – Slg. 1999, I-5451, Rn. 26; EuGH, Urt. v. 25.2.2010, C-337/08 – Slg. 2010, I-1215, Rn. 22 („X Holding“); EuGH, Urt. v. 10.5.2012, C-39/10 – IStR 2012, 466, Rn. 51 („Komission/Estland“); EuGH, Urt. v. 6.9.2012, C-18/11 – IStR 2012, 847, Rn. 17 („Philips semi-transparenten Transparenzprinzip des InvStG a.F., d.h., dass der Anleger grds. so gestellt würde, als habe er direkt in die Anlagegegenstände des Investmentfonds investiert. Damit kommt es zu einer Entlastung auf Fondsebene.

Hierdurch wird zwar eine Doppelbelastung vermieden. Jedoch unterfallen mit dem Thesaurierungsprivileg auf Investmentfondsebene gewisse Erträge im Thesaurierungsfall nicht der Besteuerung. Dies führt zu Steuerstundungseffekten. Eine ergänzende Separierung der Behandlung von ordentlichen oder außerordentlichen Erträge erfolgt nicht.

Dieses Modell gleicht damit dem Tax-Advantaged Prototype[562] mit einer nur teilweisen Besteuerung von thesaurierten Erträgen auf Anlegerebene. Für die Einordnung in die Besteuerungsgrundformen kommen grds. mehrere Konzeptionen in Betracht. Am ehesten kann aber wohl von einem Dividendenabzugssystem[563] mit gleichzeitigem Thesaurierungsabzug ausgegangen werden.

Die Marktneutralität, d.h. die Gleichstellung zwischen Fonds- und Direktanleger, wird durch dieses System am ehesten verwirklicht. Allerdings ist an dieser Stelle die insoweit gegenläufige Besserstellung einer Investition über einen Investmentfonds aufgrund des Thesaurierungsprivilegs ins Feld zu führen.

Der Verwaltungsaufwand bleibt in dieser konkreten Ausgestaltung verhältnismäßig hoch, da die Administrationsaufgaben im Vergleich zum InvStG a.F. teilweise identisch blieben. Dies bedeutet insoweit die Erfüllung von 33 Besteuerungskennzahlen. Somit müssen weiterhin in großem Umfang Berichtspflichten erfüllt sowie Informationen gesammelt, gespeichert sowie verarbeitet werden. Zudem würden die weiteren, bekannten

---

Electronics UK"); EuGH, Urt. v. 8.11.2012, C-342/10 – IStR 2013, 204, Rn. 36 („Kommission/Finnland"); EuGH, Urt. v. 2.6.2016, C-252/14 – juris, Rn. 48 („Pensioenfonds Metaal en Techniek"); EuGH, Urt. v. 21.6.2018, C-480/16 – IStR 2018, 590, Rn. 50 („Fidelity Funds u.a.").

Unter den vorgenannten Umständen stehe Art. 63 AEUV einer Regelung eines Mitgliedsstaats entgegen, wonach einem gebietsfremden Investmentfonds keine Erstattung der in diesem Mitgliedstaat entrichteten Dividendensteuer gewährt wird, weil er nicht die dafür vorgesehenen gesetzlichen Voraussetzungen, wie bspw. eine Ausschüttungsverpflichtung, erfülle. EuGH, Urt. v. 30.1.2020, C-156/17 – RIW 2020, 162, Rn. 85 („Köln-Aktienfonds Deka").

Im Ergebnis erscheint dieses Modell aufgrund der (neuen) europarechtlichen Bedenken, welche der Argumentationsstrang der Verbände mit sich bringt, daher wohl ebenfalls ungeeignet, um diese Schwachstellen zu eliminieren.

562 Vgl. 4.2.1.2.1.1.

563 Vgl. 4.1.2.2.1.1.

Schwachstellen des InvStG a.F.[564] nicht angegangen. Gleiches gilt für die Kostenlast und die Gestaltungsmodelle. Demnach wäre dieses Modell einer Vereinfachung mangels entsprechender Nachbesserungen nicht zuträglich.

4.2.2.2.1.2 Europarechtskonforme Auslegung im semi-transparenten Transparenzprinzip

In der Literatur wurde zudem als Lösungsansatz eine europarechtskonforme Auslegung vorgeschlagen.[565] D.h., dass (erkannte) europarechtswidrige Normen des InvStG a.F. entsprechend den Maßgaben des EuGH auszulegen seien. Ein Eingriff in das geschriebene Recht – und sei es nur i.S.e. Reformulierung – sei damit obsolet.

Im Grundsatz sollen nach dieser Herangehensweise die Steuerbefreiung von inländischen Investmentfonds (vgl. § 11 Abs. 1 S. 2, S. 3 InvStG a.F.) sowie die Neutralisierung der Kapitalertragsteuer so ausgelegt werden, dass die Erstattungs- und Abstandnahmeberechtigung sowohl für in- wie ausländische Investmentfonds greife.[566] Anderenfalls käme es zur Verletzung der Kapitalverkehrsfreiheit.[567] Denn der inländische Investmentfonds, der die Abstandnahme erreiche, dürfe bis zur Ausschüttung oder Thesaurierung insbesondere mit dem vollen Kapital arbeiten, wohingegen der ausländische Fonds bis zu einer etwaigen Erstattung – von ca. einem Jahr – mit einem Weniger arbeiten müsse.[568]

Nach diesem Konzept würde es bei dem semi-transparenten Transparenzprinzip bleiben. Insoweit gilt das zum Konzept der Wortlautanpassung[569] Gesagte sowohl bzgl. der Besteuerungsmodalitäten und Doppelbelastungs- sowie Steuerstundungseffekte als auch dasjenige zur systematischen Einordnung, zur Marktneutralität sowie zum Verwaltungsaufwand entsprechend. Die Ausführungen decken sich.

Nachteil dieser Methode ist insbesondere, dass in diesem Fall das geschriebene Recht nicht im Einklang mit der entsprechenden Auslegung

---

564 Vgl. 3.2.6.4.

565 Vgl. Englisch in Berger/Steck/Lübbehüsen, InvG/InvStG, § 11 InvStG, Rn. 38; Kammeter, ISR 2014, 165 (167 ff.); Zetzsche, IStR 2015, 8 (12).

566 Vgl. Englisch in Berger/Steck/Lübbehüsen, InvG/InvStG, § 11 InvStG, Rn. 38.

567 Vgl. EuGH, Urt. v. 8.3.2001, C-397/98, C-410/98 – Slg. 2001, I-1727, Rnrn. 51 ff. („Metallgesellschaft").

568 Vgl. Zetzsche, IStR 2015, 8 (13).

569 Vgl. 4.2.2.2.1.1.

steht. Dies birgt, wenngleich dieses Vorgehen im Wege der Rechtsfortbildung grds. nicht sinnwidrig ist, Risiken, die dann letztlich in unwägbaren Szenarien münden könnten. Das Konfliktpotenzial besteht damit fort.[570] Darüber hinaus wird die politische Akzeptanz einer Steuerfreistellung ausländischer Fonds regelmäßig nicht gegeben sein.[571]

4.2.2.2.1.3 Modifiziertes semi-transparentes Transparenzprinzip

Ferner wurde eine Modifizierung des investmentsteuerrechtlichen Transparenzprinzips vorgeschlagen.[572] Hierbei seien systemerhaltende Nachbesserungen sowie Vereinfachungen vorzunehmen, welche die Grundkonzeption unberührt ließen. Dieses Vorgehen erfasse wenige Ansatzpunkte: (1) die Reduzierung der zu veröffentlichten Ertragskomponenten gemäß § 5 InvStG a.F. auf die zwingend notwendigen Erträge, (2) die Streichung der Ausnahmen der ausschüttungsgleichen Erträge (Thesaurierungsprivileg[573]), mit der Folge der unterschiedslosen Thesaurierungsbesteuerung auf Anlegerebene und (3) die Qualifikation der Auskehrungen eines Investmentvermögens an den Anleger als eigene Einkunftskategorie i.R.d. § 20 EStG (bspw. als Einkünfte aus Investmentvermögen), die jedoch das steuerliche Schicksal der zugrunde liegenden Einkünfte teilen.[574] Flankierend wird diesem Modell (4) eine europarechtskonforme Gestaltung des § 11 InvStG a.F. beigefügt, die entweder eine gleiche steuerliche Belastung in- und ausländischer Investmentfonds – mit gleichzeitiger Anrechnung oder Erstattung auf Anlegerebene – oder eine umfassende Steuerbefreiung beider vorsieht.[575]

Eine Besteuerung erfolgt damit ohne wirtschaftliche Doppelbelastungen und aufgrund der Streichung der Ausnahmen i.R.d. ausschüttungsgleichen Erträge und der damit einhergehenden Besteuerung aller Thesaurierungen auch ohne Steuerstundungseffekte. Eine Unterscheidung in ordentliche bzw. außerordentliche Erträge ist nicht vorgesehen.

---

570 Vgl. Anzinger, FR 2016, 101 (109).

571 Vgl. Kloster, Neukonzeption der Investmentbesteuerung, Diss., S. 557.

572 Vgl. Terhürne/Otto, DStR 2013, 2037 (2038); Trencsik, StuW 2014, 286 (296); Anzinger, FR 2016, 101 (109).

573 Vgl. 3.2.6.2.5.

574 Trencsik, StuW 2014, 286 (296).

575 Schäfer in Moritz/Jesch, FraKo Kapitalanlagerecht, Bd. 2, 1. Aufl., § 11 InvStG, Rn. 263.

Aufgrund der Tatsache, dass das semi-transparente Besteuerungssystem beibehalten wird und lediglich auf der Anlegerebene nunmehr das Thesaurierungsprivileg nicht mehr greift, gleicht dieses Modell einem Tax-Advantaged Prototype[576] mit einer Freistellung auf Investmentfondsebene sowie ohne Thesaurierungsbegünstigungen beim Anleger. In gleichem Zuge kommt dieses Konzept einem Dividendenabzugssystem[577] mit den identischen Maßgaben nahe.

Die Gleichstellung mit dem Direktanleger ist aufgrund der Versagung der steuerbegünstigten Thesaurierung auf Fondsebene durchaus realistisch. Aufgrund der ausschließlichen und vollumfänglichen Besteuerung auf der Anlegerebene wird es im Regelfall zu keiner Besserstellung kommen. Problematisch sind ggf. nur die Umqualifikation der Einkünfte und die damit einhergehenden Besteuerungsmechanismen beim Investor. Eine direkte Zurechnung originärer Einkünfte erfolgt nicht.

Der Verwaltungsaufwand ist aufgrund der Berücksichtigung nur einer steuerlich relevanten Ebene als grds. niedrig einzustufen. Gerade wegen der Herabsetzung der Veröffentlichungspflichten sowie der Streichung der Ausnahmen i.R.d. ausschüttungsgleichen Erträge könnten im Vergleich zum bisherigen Administrationsumfang des InvStG a.F. gewisse Erleichterungen erzielt werden.[578]

4.2.2.2.1.4 Cash-Flow-Besteuerung

Diskutiert wurde überdies eine Cash-Flow-Besteuerung.[579] Hiernach sei, sofern man die Investmentanlage steuerlich nicht schlechter stellen will als die Direktanlage[580], eine Ebenenbesteuerung – wie diejenige inländischer Körperschaften – nebst einer persönlichen Steuerbefreiung auf Investmentfondsebene angedacht. Die Systematik der thesaurierten Erträge werde dabei mangels Zu- und/oder Abflusses auf Investmentfondsebene ausgeklammert. Folglich käme das Cash-Flow-Modell nur i.R.v. tatsächlich getätigten Ausschüttungen und der Veräußerung bzw. Rückgabe des Investmentanteils ausschließlich auf Anlegerebene zum Tragen.

576 Vgl. 4.2.1.2.1.1.
577 Vgl. 4.1.2.2.1.1.
578 Vgl. Terhürne/Otto, DStR 2013, 2037 (2039).
579 Vgl. Bund-Länder-Arbeitsgruppe, Berichtsentwurf der Arbeitsgruppe, „Neukonzeption der Investmentbesteuerung“, 24.2.2012, S. 17 (n.v.).
580 Vgl. Trencsik, StuW 2014, 286 (296).

Damit findet auf Investorenebene die Einmalbesteuerung statt. Doppelbelastungen werden durch dieses Modell vollständig vermieden. Allerdings ergibt sich im Thesaurierungsfall ein Steuerstundungsprivileg. Eine Differenzierung nach ordentlichen bzw. außerordentlichen Erträgen erfolgt im Übrigen nicht.

Dieses Besteuerungsmodell gleicht in seiner Reinform dem Tax-Advantaged Prototype[581] und damit der Besteuerungsgrundform eines Dividendenabzugssystems[582] mit Thesaurierungsabzug auf Investmentfondsebene.

Wegen dieser steuersystematischen Besserstellung des Fondsanlegers durch die Steuerstundungseffekte wird die Marktneutralität im Vergleich zum Direktanleger verzerrt. Es gilt das zum Tax-Advantaged Prototype Gesagte entsprechend.

Wenngleich dieses Modell mit Blick auf den administrativen Aufwand die Aufzeichnungs- und Berichtspflichten minimiert, so fördert es gleichwohl Steuergestaltungen. Das Konzept stellt die – mit Blick auf die Gesetzesbegründung zum InvStG vom Gesetzgeber gefürchteten – Steuerstundungseffekte sowie die Unsicherheit des Besteuerungsmoments in den Vordergrund, welche regelmäßig steuerliche Mindereinnahmen für den Fiskus bedeuten. Ein weiteres Problem dieses Ansatzes ist, dass die inländische Steuerbefreiung auf Investmentfondsebene zudem für ausländische Fonds entsprechende Geltung beansprucht. Dies ergibt sich nicht zuletzt aus einer europarechtlichen Gebotenheit. Sind die Fondsanleger in diesem Fall aber nicht in Deutschland ansässig, besteht die Gefahr, dass inländisches Steuersubstrat unversteuert ins Ausland abfließt.[583]

4.2.2.2.1.5 End-/Schlussbesteuerung

In der Literatur wurde ferner eine ausschließliche End-/Schlussbesteuerung i.R.d. Anteilsveräußerung vorgeschlagen.[584] Dies erübrige die laufende (jährliche) Investmentertragsbesteuerung beim Anleger. Das Veräußerungsergebnis aus der Rückgabe bzw. aus dem Verkauf von Investmentanteilen, welches die in der Besitzzeit erzielten Erträge enthalte, falle im

581 Vgl. 4.2.1.2.1.1.

582 Vgl. 4.1.2.2.1.1.

583 Vgl. Trencsik, StuW 2014, 286 (297); Schäfer in Moritz/Jesch, FraKo Kapitalanlagerecht, Bd. 2, 1. Aufl., § 11 InvStG, Rn. 254.

584 Vgl. Terhürne/Otto, DStR 2013, 2037 (2040).

Vergleich zu den laufenden Erträgen zeitlich nachgelagert an.[585] Die steuerfrei abgeflossenen Ausschüttungen würden zu diesem Zeitpunkt dem Veräußerungsgewinn bzw. -verlust hinzugerechnet.[586]

Eine Einmalbesteuerung wird damit auf der Ebene des Anlegers sichergestellt und wirtschaftliche Doppelbelastungen werden unterbunden. Allerdings führt dies zu massiven Steuerstundungs- bzw. Thesaurierungseffekten zugunsten des Anlegers. Dies würde in temporären steuerlichen Mindereinnahmen münden.

Dieser Modellvorschlag kommt einem Tax-Advantaged Prototype[587] mit den entsprechenden Modifikationen bzw. einem Dividendenabzugssystem[588] oder – wohl am ehesten – einem Freistellungssystem[589] mit Steuerfreistellungen für Thesaurierungen und Ausschüttungen auf Fonds- und Anlegerebene nahe. Eine eindeutige Zuordnung zu den Besteuerungsgrundformen ist insoweit nicht möglich. Vielmehr kann dies unter Zugrundelegung einer Steuerfreistellung auf den Ebenen grds. in nahezu jedem Konzept verortet werden. Tatsächlich besteht der Unterschied nämlich darin, dass die Ausschüttungen nunmehr auch auf Investorenebene keiner Besteuerung unterliegen, sondern nur i.R.e. Realisierung. Ohne eine direkte und unmittelbare Zurechnung der Erträge beim Anleger ist jedoch grds. nicht von einem Teilhabersystem[590] auszugehen.

Eine Gleichstellung mit dem Direktanleger ist bereits unter Heranziehen der Steuerstundungseffekte abschlägig zu beurteilen. Die Steuerbegünstigungen bedeuten eine Diskrepanz zugunsten des Fondsanlegers.

Durch dieses Modell würde der administrative Aufwand in gewichtigem Umfang gesenkt. Es würden sowohl die Ermittlungs- und Veröffentlichungspflichten als auch die Erfassung der laufenden – ggf. noch nicht mit Abgeltungsteuer belasteten – Fondserträge bei der Veranlagung entfallen.[591] Gleiches gelte für die Strafbesteuerung. Da die jährliche Erfassung wegfiele, resultiere dies in der Entlastung der Finanzverwaltung.[592] Diesen Vereinfachungseffekten stünde die Verpflichtung gegenüber, bei einer späteren Veräußerung sicherzustellen, dass bei der Ermittlung des

585 Terhürne/Otto, DStR 2013, 2037 (2040).
586 Kloster, Neukonzeption der Investmentbesteuerung, Diss., S. 556.
587 Vgl. 4.2.1.2.1.1.
588 Vgl. 4.1.2.2.1.1.
589 Vgl. 4.1.2.2.2.1.
590 Vgl. 4.1.2.4.
591 Terhürne/Otto, DStR 2013, 2037 (2040).
592 Vgl. Schäfer in Moritz/Jesch, FraKo Kapitalanlagerecht, Bd. 2, 1. Aufl., § 11 InvStG, Rn. 258.

Veräußerungsergebnisses dem Rücknahme- bzw. Veräußerungspreis sämtliche während der Besitzzeit an den Anteilseigner ausgeschütteten Beträge hinzugerechnet würden.[593] Dieses Modell geht allerdings aufgrund der massiven Steuerstundungseffekte unter Umständen, d.h. in Abhängigkeit von der konkreten Ausgestaltung des Modells, mit einer erhöhten Missbrauchsgefahr einher.

4.2.2.2.1.6 Modifizierte End-/Schlussbesteuerung

Parallel zum Modell der ausnahmslosen End-/Schlussbesteuerung wurde ein Kombinationskonzept unterbreitet.[594] Bei diesem würden die Ausschüttungen bereits unmittelbar mit Zufluss in voller Höhe auf Anlegerebene besteuert werden und anschließend bei Verkauf lediglich das Veräußerungsergebnis der Besteuerung unterliegen.[595] Eine nachgelagerte Hinzurechnung der Ausschüttungen erfolge damit im Vergleich zum Grundmodell der End-/Schlussbesteuerung[596] nicht mehr.

Wie im Ausgangsmodell werden damit wirtschaftliche Doppelbelastungen vermieden. Ausschüttungen unterlägen nunmehr einer (laufenden) Besteuerung. Thesaurierungen würden allerdings weiterhin steuerlich begünstigt. Damit würde i.R.e. modifizierten Endbesteuerung jedenfalls die hinsichtlich der unversteuerten Ausschüttungen entstehenden Steuerstundungseffekte abgemildert.[597]

Der Vorschlag gleicht ebenso einem Tax-Advantaged Prototype[598] bzw. einem Dividendenabzugssystem[599] mit den ggf. notwendigen Anpassungen.

Im Übrigen gilt das zum Modell der End-/Schlussbesteuerung Gesagte mit den hiesigen Maßgaben entsprechend. Das Besteuerungssystem unterliegt im Lichte der Marktneutralität sowie des Verwaltungsaufwands den identischen Maßgaben wie das vorgenannte Grundmodell.

---

593 Terhürne/Otto, DStR 2013, 2037 (2040).
594 Vgl. Terhürne/Otto, DStR 2013, 2037 (2040).
595 Terhürne/Otto, DStR 2013, 2037 (2040).
596 Vgl. 4.2.2.2.1.5.
597 Vgl. Schäfer in Moritz/Jesch, FraKo Kapitalanlagerecht, Bd. 2, 1. Aufl., § 11 InvStG, Rn. 259.
598 Vgl. 4.2.1.2.1.1.
599 Vgl. 4.1.2.2.1.1.

4.2.2.2.2 Entlastung auf Anlegerebene

4.2.2.2.2.1 Ersatzbesteuerung auf Investmentfondsebene

Im Zuge der Diskussionen wurde eine abschließende Besteuerung auf Investmentfondsebene eruiert[600]; eine solche auf Anlegerebene entfalle. Dieses Konzept, welches letztlich eine Besteuerung für inländische Investmentfonds gewährleistet[601], meint damit eine ausschließliche und vollständige Ersatzbesteuerung.

Hierdurch werden Doppelbelastungs- sowie Steuerstundungseffekte vermieden. Eine weitergehende Ertragsdifferenzierung nach ordentlichen bzw. außerordentlichen Erträgen erfolgt nicht.

Offenkundig ist dieser Ansatz dem Surrogate Prototype[602] als internationalen Prototypen gleichzusetzen sowie – in dieser Form, d.h. ohne eine Anrechnungskonzept – an ein Freistellungssystem[603] als Besteuerungsgrundform angelehnt.

Eine Gleichstellung mit dem Direktanleger wird nur in Ausnahmefällen erreicht, wenn mit der Abschlussbesteuerung auf Fondsebene eine etwaige Anrechnung auf Anlegerebene einhergeht. Dann gilt das zum Surrogate Prototype Erörterte entsprechend. Tatsächlich ist diese Abwandlung aber in der Reinform des Modells nicht vorgesehen.

Vorteil dieses Ansatzes ist neben der einfachen Handhabbarkeit insbesondere die Sicherung des inländischen Steuersubstrats.[604] Wenngleich dieser Weg die Publizitätspflichten nach unten korrigiert, so bedingt dies kehrseitig Steuergestaltungen. Eine ausschließliche Besteuerung auf Investmentfondsebene kann nur auf in Deutschland ansässige Fonds angewandt werden, was ggf. zu Wettbewerbsverzerrungen zugunsten ausländischer, nicht besteuerter Investmentfonds und zur Schädigung der deutschen Fondsindustrie – nicht zuletzt vor dem Hintergrund zur Schaffung von Anreizen zum Kapitalexport[605] – führen würde.[606]

---

600 Vgl. Bund-Länder-Arbeitsgruppe, Berichtsentwurf der Arbeitsgruppe, „Neukonzeption der Investmentbesteuerung", 24.2.2012, S. 17 (n.v.).

601 Kloster, Neukonzeption der Investmentbesteuerung, Diss., S. 555.

602 Vgl. 4.2.1.2.2.

603 Vgl. 4.1.2.2.2.1.

604 Trencsik, StuW 2014, 286 (296).

605 Vgl. Kloster, Neukonzeption der Investmentbesteuerung, Diss., S. 555.

606 Bund-Länder-Arbeitsgruppe, Berichtsentwurf der Arbeitsgruppe, „Neukonzeption der Investmentbesteuerung", 24.2.2012, S. 17 (n.v.).

4.2.2.2.2.2 Gemäßigte Ebenenbesteuerung

Darüber hinaus wurde eine gemäßigte Ebenenbesteuerung diskutiert.[607] Dieses Modell sieht zunächst eine moderate Besteuerung auf Ebene des Investmentfonds mit einem ggf. gespaltenen Steuersatzkonzept vor. Diese nicht abschließende Besteuerung würde flankiert durch eine Anlegerbesteuerung. Dabei sollten aber die Steuersätze im Idealfall so aufeinander angepasst werden, dass hieraus dieselbe Steuerbelastung wie bei der Direktanlage resultiere.[608] Kumulativ zu der steuerlichen Belastung auf Fondseingangsseite komme unter Umständen auf Anlegerebene die Möglichkeit einer Erstattung bzw. Anrechnung der auf Fondsebene einbehaltenen Steuer – wie eine anrechenbare ausländische Quellensteuer – in Betracht.[609]

Ergänzend sieht dieses Modell ein Absenken der steuerlichen Berichtspflichten für Privatanleger auf nur noch wenige Kennzahlen vor: Neben (1) der Steuerbemessungsgrundlage, (2) der anrechenbaren ausländischen Steuer und (3) der Korrekturgröße für die Schlussbesteuerung käme bei Immobilienfonds ergänzend (4) die Kenngröße des Immobiliengewinns dazu.[610] Die Beibringung der Daten würde vor der fortbestehenden Strafbesteuerung i.S.d. § 6 InvStG a.F. schützen.

Dieses Modell klingt zunächst nach einer klassischen Besteuerungskonzeption mit steuerlicher Doppelbelastung bzw. mit einem gespaltenen Körperschaftsteuersatz. Da allerdings die auf Investmentfondsebene gezahlten Steuern ggf. beim Anleger auf dessen Steuer angerechnet werden könnten, kann dies – eine Anrechnung in voller Höhe vorausgesetzt – zu einer vollständigen Vermeidung der wirtschaftlichen Doppelbelastung

---

607 Vgl. Trencsik, StuW 2014, 286 (297); BVI/BVR/BdB/DSGV/VÖB/VDP, Stellungnahme, 1.9.2015, S. 7 ff. (Anschreiben) (abrufbar unter: www.bvi.de/fileadmin/user_upload/Regulierung/Positionen/Investmentsteuerreform/2015-09-01_BVI-DK-Stn_DiskussionsE_BMF_InvStReform.pdf – letztes Abrufdatum: 19.10.2021).

608 Vgl. Trencsik, StuW 2014, 286 (297).

609 BVI/BVR/BdB/DSGV/VÖB/VDP, Stellungnahme, 1.9.2015, S. 7 (Anschreiben) (abrufbar unter: www.bvi.de/fileadmin/user_upload/Regulierung/Positionen/Investmentsteuerreform/2015-09-01_BVI-DK-Stn_DiskussionsE_BMF_InvStReform.pdf – letztes Abrufdatum: 19.10.2021).

610 BVI/BVR/BdB/DSGV/VÖB/VDP, Stellungnahme, 1.9.2015, S. 8 (Anschreiben) (abrufbar unter: www.bvi.de/fileadmin/user_upload/Regulierung/Positionen/Investmentsteuerreform/2015-09-01_BVI-DK-Stn_DiskussionsE_BMF_InvStReform.pdf – letztes Abrufdatum: 19.10.2021).

führen. Steuerstundungseffekte entstehen in diesem Fall keine. Eine Differenzierung der Ertragsart ist nach diesem Modell nicht relevant.

Dieses Modell entspricht in seiner Reinform, d.h. eine Anrechnung beim Anleger in voller Höhe, dem Surrogate Prototype[611] in der Abwandlung einer Anrechnung auf Anlegerebene und damit einem Vollanrechnungssystem[612] als Grundform.

Im Hinblick auf die Marktneutralität ist grds. auf das beim Surrogate Prototype Gesagte zu verweisen. Eine Gleichstellung kann nur im Einzelfall entstehen.

Der administrative Aufwand, der bei einem Anrechnungskonzept aufgrund der Ermittlungs-, Erstattungs- und Anrechnungsmaßgaben ohnehin schon nicht unwesentlich ist, wird in diesem Modell noch durch das Nebeneinander von zwei Parallelsystemen künstlich verkompliziert. So würden die bekannten 33 Besteuerungskennzahlen für betriebliche Anleger – parallel zum vorgenannten Privatanlegermodell – weiterhin als relevante Größen bestehen. Dadurch würde der mit der Novelle angestrebte Vereinfachungseffekt merklich verkürzt. Die Probleme und Schwächen des InvStG a.F.[613] würden i.R.d. neuen Wirkbereichs fortgelten.

4.3 Zusammenfassende Einordnung

Die Untersuchung in diesem Kapitel hat gezeigt, dass die investmentsteuerrechtlichen internationalen Prototypen und nationalen Besteuerungsmodelle – gerade auch im Hinblick auf die Gleichstellung mit der Direktanlage – von vielen Faktoren abhängig sind und in einer unzähligen Vielfalt vorkommen können. Die Spielarten dieser Modelle sind im Hinblick auf ihre Breite und Tiefe insoweit beliebig kombinierbar. Die vorangegangene Darstellung der Prototypen und Modellvorschläge kann daher aufgrund der enormen Vielfaltsdichte nur ein sequentieller Flickenteppich im Kontext der möglichen Besteuerungssystematiken sein.

Schließlich lässt sich jedoch jedes Investmentbesteuerungskonzept auf seine Wurzeln, d.h. die grundlegenden Strukturprinzipien der Besteuerungsgrundformen in Anlehnung an die Körperschaftsteuersysteme, reduzieren. Die gewählte Bezeichnung des konkreten internationalen Prototyps bzw. nationalen Modells ist damit zunächst nichts anderes als eine

611 Vgl. 4.2.1.2.2.
612 Vgl. 4.1.2.2.2.2.
613 Vgl. 3.2.6.4.

bloße Worthülse, die – von etwaigen Anhaltspunkten abgesehen – regelmäßig keine konkreten Aussagen über die wesentlichen Besteuerungseckpunkte im Gesamten gibt. So können verschiedenste Bezeichnungen nur einen anderen Fokus der Besteuerung setzen, aber materiell-rechtlich dasselbe meinen.

Damit ist der Blickwinkel i.R.d. intransparenten Ebenenbesteuerung in jedem Fall auf die Entlastungsoptionen im gewählten Ordnungssystem zu verlagern. Dies ist der wirklich wichtige Part, um ein Investmentsteuersystem nachzeichnen zu können und in der Folge eine entsprechende Akzeptanz i.R.d. Diskussion sowie bei potenziellen Rechtsanwendern zu schaffen.

Nichtsdestotrotz bzw. gerade deshalb bringt die Einordnung der internationalen Prototypen und nationalen Modelle in die Besteuerungsgrundformen einen systematischen Mehrwert. Somit kann im Zuge einer ggf. erneuten Diskussion an das gewählte Besteuerungssystem angeknüpft und dieses in der Folge weiterentwickelt werden. Hierdurch wird ein gemeinsames Grundlagenverständnis sowie eine theoretische Durchdringung der Materie hinsichtlich der Unterschiede der einzelnen Modelle geschaffen, wenngleich die Systematik der Besteuerungsgrundformen im Lichte einer investmentsteuerrechtlichen Besteuerung noch um Thesaurierungsvarianten erweitert werden könnte. Gleichwohl sind diese der gedankliche Ausgangspunkt.

Um diesen Erkenntnisgewinn nach einheitlichen Kriterien zu gewährleisten und den Bogen zu den in diesem zu Kapitelbeginn aufgeworfenen Besteuerungsgrundformen zu schlagen, wird mithin nachfolgend eine Zuordnung der internationalen Prototypen und nationalen Modelle des Investmentsteuerrechts anhand der Besteuerungsgrundformen i.R.d. steuerlichen Intransparenzprinzips vorgenommen. Dabei wird ausschließlich auf die genannten Ausprägungen bzw. Reinformen der Konzepte eingegangen, um eine kohärente Durchdringung zu vereinfachen. Anderenfalls würde die Darstellung der verschiedensten Variationsmöglichkeiten die Gegenüberstellung verwässern.

	Umsetzung der Grundformen i.R.d. Investmentbesteuerung											
	Internationale Prototypen				Nationale Modelle							
	Entlastung: Investmentfondsebene		Entlastung: Anlegerebene	Teilhabersystem	Entlastung: Investmentfondsebene						Entlastung: Anlegerebene	
	Tax-Advantaged Prototype (Variante: Freistellung auf Fondsebene)	Distribution-Deduction Prototype	Surrogate Prototype (Variante:. Freistellung auf Anlegerebene)	Pass-Through Prototype	Wortlautanpassung im semi-transparenten Transparenzprinzip	Europarechtskonforme Auslegung im semi-transparenten Transparenzprinzip	Modifiziertes semi-transparentes Transparenzprinzip	Cash-Flow-Besteuerung	End-/Schlussbesteuerung	Modifizierte End-/Schlussbesteuerung	Ersatzbesteuerung auf Investmentfondsebene	Gemäßigte Ebenenbesteuerung (Variante: Vollanrechnung)
Investmentfondsebene	(T) (A)	(T) (A)	T A	T A	(T) (A)	(T) (A)	(T) (A)	(T) (A)	(T) (A)	(T) (A)	T A	T A
Anlegerebene												
Einmalbelastung	T A	T A	T (A)	T A	(T) A	(T) A	T A	T A	T A	T A	T (A)	T (A)
teilweise Doppelbelastung												
Doppelbelastung												
Entspricht grds. internationalem Prototyp					Tax-Advantaged Prototype (Variante: Freistellung auf Fondsebene)	Tax-Advantaged Prototype (Variante: Freistellung auf Fondsebene)	Tax-Advantaged Prototype (Variante: Freistellung auf Fondsebene)	Tax-Advantaged Prototype (Variante: Freistellung auf Fondsebene)	Tax-Advantaged Prototype (Variante: Freistellung aller Ebenen)	Tax-Advantaged Prototype (Variante: Freistellung auf Fondsebene)	Surrogate Prototype (Variante:. Freistellung auf Anlegerebene)	Surrogate Prototype (Variante:. Anrechnung auf Anlegerebene)
Entspricht grds. Besteuerungsgrundform i.R.d. Körperschaftsteuersysteme	Dividendenabzugssystem (Variante: Vollabzug auf Fondsebene)	Dividendenabzugssystem	Freistellungssystem	Teilhabersystem	Dividendenabzugssystem (Variante: Vollabzug auf Fondsebene)	Dividendenabzugssystem (Variante: Vollabzug auf Fondsebene)	Dividendenabzugssystem (Variante: Vollabzug auf Fondsebene)	Dividendenabzugssystem (Variante: Vollabzug auf Fondsebene)	Freistellungssystem (Variante: Freistellung aller Ebenen)	Dividendenabzugssystem (Variante: Vollabzug auf Fondsebene)	Freistellungssystem	Anrechnungssystem

Abkürzungen: A ≙ Ausschüttungen; T ≙ Thesaurierungen. Legende: A/T ≙ Volle Besteuerung; (A)/(T) ≙ Ermäßigte Besteuerung (durch teilweise Freistellung bzw. Anrechnung); (A)/(T) ≙ Keine Besteuerung (durch volle Freistellung bzw. Anrechnung); A/T ≙ Keine Besteuerung (originär bzw. nicht steuerbar); A/T etc. ≙ Ggf. erstmalige Besteuerung i.R.d. Realisierung (d.h. Steuerstundungseffekte).

Abbildung 8: Zusammenfassende Einordnung der Prototypen und Modelle in die Besteuerungsgrundformen. Eigene Darstellung unter Bezugnahme und Adaption einiger Elemente aus der Abbildung zur Ausprägung des Trennungsprinzips in Sigloch/Egner/Wildner, Einführung in die Betriebswirtschaftslehre, S. 274.

5 Besteuerung nach dem Investmentsteuergesetz

„Vor dem Hintergrund des Zusammenspiels von komplexer Rechtsmaterie, umfangreichen Sachverhalten und der Möglichkeit der Verschleierung bestünde die Gefahr, dass die Finanzämter die Herrschaft über das Verfahren verlören."

Matthias Hensel[614]

5.1 Besteuerungsebenen und Strukturprinzipien

5.1.1 Neukonzeption der Investmentbesteuerung

Mit der Umsetzung des InvStRefG in Gestalt eines einfachen und aufkommenssicheren Investmentbesteuerungssystems[615], für welches mehrere Jahre bis zur finalen Fassung vergingen, trat in dessen Folge das InvStG[616] in seiner ab 1. Januar 2018 geltenden Fassung in Kraft.[617] Die vielfältigen

614 Tagungs- und Diskussionsbericht zum 57. Berliner Steuergespräch „Die Reform der Investmentbesteuerung" in Richter/Welling, FR 2016, 111 (112).

615 Vgl. Bund-Länder-Arbeitsgruppe, Berichtsentwurf der Arbeitsgruppe, „Neukonzeption der Investmentbesteuerung", 24.2.2012, S. 4 ff. (n.v.); Bundesrechnungshof, „Bericht an den Finanzausschuss des Deutschen Bundestages nach § 88 Abs. 2 BHO, Dringender Reformbedarf im Investmentsteuerrecht", 24.2.2016, S. 13 ff. (abrufbar unter: https://epflicht.ulb.uni-bonn.de/download/pdf/316260?originalFilename=true – letztes Abrufdatum: 19.10.2021).
Vgl. zum Reformweg: Hahne/Völker, Investmentsteuerrecht visuell, S. 31.

616 BGBl. I 2016, 1730; vgl. BT-Drs. 18/8045, 1 ff.

617 Vgl. u.a. zum InvStRefG bzw. InvStG: Höring, DStZ 2012, 367 (367 ff.); Terhürne/Otto, DStR 2013, 2037 (2040 ff.); Bron, Stbg 2015, 391 (391 ff.); Dyckmans, Ubg 2015, 531 (531 ff.); Faller/Wolf, DB 2015, 1865 (1865 ff.); Haisch, RdF 2015, 294 (294 ff.); Höring, DStZ 2015, 835 (835 ff.); Kempf/Fischer, SteuK 2015, 339 (339 ff.); Kral/Watzlaw, BB 2015, 2198 (2198 ff.); Lüdicke, StbJb 2015/16, 519 (519 ff.); Meinert, NWB 2015, 2416 (2416 ff.); Patzner, RdF 2015, 261 (261 ff.); Rehm/Nagler, BB 2015, 1248 (1248 ff.); Rehm/Nagler, BB 2015, 2006 (2006 ff.); Roth, StBW 2015, 829 (829 ff.); Stadler/Jetter, DStR 2015, 1833 (1833 ff.); Anzinger, FR 2016, 101 (101 ff.); Behrens, SWI 2016, 460 (460 ff.); Bindl/Mager, BB 2016, 2711 (2711 ff.); Böcker, NWB 2016, 496 (496 ff.); Böcker, NWB 2016, 2789 (2789 ff.); Buge/Bujotzek/Steinmüller, DB 2016, 1594 (1594 ff.); Dyckmans, Ubg 2016, 62 (62 ff.); Elser, CF 2016, 141

Diskussionen i.R.d. Gesetzgebungsverfahrens gipfelten im Gegensatz zur 28 Paragraphen innerhalb einer Spanne von §§ 1 bis 24 InvStG a.F. umfas-

(141 ff.); Elser/Thiede, NWB-EV 2016, 51 (51 ff.); Elser/Thiede, NWB-EV 2016, 299 (299 ff.); Faller/Wolf/Brielmaier, DB 2016, 488 (488 ff.); Haisch, RdF 2016, 329 (329 ff.); Haug, IStR 2016, 597 (597 ff.); Helios/Mann, DB-S 2016, 1 (1 ff.); Hillebrand/Mattheis, StuB 2016, 895 (895 ff.); Höring, DStZ 2016, 383 (383 ff.); Höring, DStZ 2016, 727 (727 ff.); Jansen/Greger, FR 2016, 116 (116 ff.); Jetter/Mager, SteuK 2016, 23 (23 ff.); Kammeter, ISR 2016, 99 (99 ff.); Kempf/Hirtz, DStR 2016, 1 (1 ff.); Kempf/Müller, SteuK 2016, 517 (517 ff.); Kußmaul/Kloster, Ubg 2016, 672 (672 ff.); Kußmaul/Patzner/Kloster/Bui, Ubg 2016, 596 (596 ff.); Lechner, RdF 2016, 208 (208 ff.); Maier, FR 2016, 121 (121 ff.); Neumann, DB 2016, 1779 (1779 ff.); Richter, Ubg 2016, 9 (9 ff.); Richter/Welling, FR 2016, 111 (111 ff.); Roth, GWR 2016, 457 (457 ff.); Stadler/Bindl, DStR 2016, 1953 (1953 ff.); Stadler/Mager, DStR 2016, 697 (697 ff.); Warnke, EStB 2016, 305 (305 ff.); Wassermeyer, EuZW 2016, 841 (841 ff.); Behrens, RdF 2017, 297 (297 ff.); Bindl/Mager, DStR 2017, 465 (465 ff.); Bindl/Stadler, BB 2017, 1943 (1943 ff.); Burwitz, NZG 2017, 851 (851 ff.); Carlé, ErbStB 2017, 20 (20 ff.); Delp, DB 2017, 447 (447 ff.); Ebner, IWB 2017, 479 (479 ff.); Ebner, RdF 2017, 305 (305 ff.); Elser/Stiegler, IStR 2017, 567 (567 ff.); Ernst, BB 2017, 2723 (2723 ff.); Haase, jM 2017, 30 (30 ff.); Hahne, DStR 2017, 2310 (2310 ff.); Hahne/Völker, BB 2017, 858 (858 ff.); Haug, Ubg 2017, 303 (303 ff.); Höring, StBp 2017, 351 (351 ff.); Jansen/Greger, RdF 2017, 138 (138 ff.); Kelterborn/Küpper, BB 2017, 2263 (2263 ff.); Mager/Bindl, BB 2017, 2267 (2267 ff.); Schlund, DStR 2017, 2710 (2710 ff.); Stadler/Bindl, DStR 2017, 1409 (1409 ff.); Zinowsky/Grabowski, IRZ 2017, 201 (201 ff.); Zinowsky/Grabowski, IRZ 2017, 236 (236 ff.); Bindl/Leidel, BB 2018, 151 (151 ff.); Bindl/Leidel, DB 2018, 722 (722 ff.); Ebner, NWB 2018, 564 (564 ff.); Ebner, RdF 2018, 132 (132 ff.); Haase, IWB 2018, 573 (573 ff.); Hahne, DStR 2018, 557 (557 ff.); Haug, IWB 2018, 6 (6 ff.); Jansen/Greger, BB 2018, 407 (407 ff.); Jansen/Greger, BB 2018, 1243 (1243 ff.); Jansen/Greger, DStR 2018, 282 (282 ff.); Jensch/Ahrenholz/Ebner, RdF 2018, 320 (320 ff.); Klein/Hörner/Adam, ISR 2018, 216 (216 ff.); Kral/Watzlaw, BB 2018, 2717 (2717 ff.); Link, SAM 2018, 49 (49 ff.); Neumann, FR 2018, 457 (457 ff.); Patzner/Harm, BB 2018, 2711 (2711 ff.); Schwarz/Kohl, DB 2018, 1947 (1947 ff.); Stadler/Lechner, DB 2018, 218 (218 ff.); Wittnebel, CB 2018, 12 (12 ff.); Anemüller, ErbStB 2019, 87 (87 ff.); Bindl/Leidel, DStR 2019, 241 (241 ff.); Bödecker, Ubg 2019, 545 (545 ff.); Ebner, IWB 2019, 721 (721 ff.); Ebner, RdF 2019, 314 (314 ff.); Haase, IStR 2019, 616 (616 ff.); Hagen/Schober, BB 2019, 1630 (1632 ff.); Hagen/Schober, BB 2019, 1693 (1693 ff.); Hensel, RdF 2019, 204 (204 ff.); Herr/Stiefel, DStR 2019, 908 (908 ff.); Herr/Stiefel, IStR 2019, 929 (929 ff.); Höring, StBp 2019, 236 (236 ff.); Jansen/Greger, RdF 2019, 132 (132 ff.); Meinhardt/Harm, DStR 2019, 1023 (1023 ff.); Niedling/Hempelmann, RdF 2019, 41 (41 ff.); Schraufl, GStB 2019, 45 (45 ff.); Stadler/Mager, BB 2019, 1760 (1760 ff.); Bindl/Schober, BB 2020, 599 (599 ff.); Ebner, NWB 2020, 619 (619 ff.); Gamm/Holtmann/Koch, StuW 2020, 368 (368 ff.); Haug, Ubg 2020, 84 (84 ff.); Herr/Link, RdF 2020, 20 (20 ff.); Kalies, StuW 2020, 63 (63 ff.); Schäfer, StB 2020, 123 (123 ff.); Stadler/Sotta, BB 2020, 279 (279 ff.); Bödecker, Ubg 2021, 121 (121 ff.); Hahne, DStR 2021, 1137 (1137 ff.); Hahne, FR 2021,

senden Vorgängerregelung in einem regelrechten Katalog, der nunmehr mit insgesamt 58 Paragraphen im Bereich von §§ 1 bis 57 InvStG das Normenvolumen mehr als verdoppelt.

Dennoch soll das InvStG grds. ein einfaches, verständliches und gut administrierbares Gesetz darstellen, welches ohne Mitwirkung des Investmentfonds funktioniert.[618] Anstelle von 33 Besteuerungsgrundlagen kommt es daher nunmehr nur noch auf vier Kennzahlen[619] an. Dies soll grundlegende Defizite beseitigen.

5.1.2 Prägende Strukturprinzipien – Begriffe und Grundsätze

5.1.2.1 Elemente des InvStG im Vergleich zur Vorgängerregelung

Von der Grundidee der Gleichstellung des Fondsanlegers (vgl. § 2 Abs. 10 InvStG i.V.m. § 39 AO[620]) mit dem Direktanleger hat sich der Gesetzgeber tendenziell gelöst.[621] Während mit dem semi-transparenten Transparenzprinzip des InvStG a.F. bisher ein rechtliches und wirtschaftliches Ziel beschrieben wurde, reduziert sich dies mit dem InvStG auf letzteren Aspekt.[622] Im Zuge dieses grds. wettbewerbsneutralen Belastungsgleichlaufs tritt die Investmentanlage damit weiterhin – jedenfalls in ökonomischer Hinsicht – in Konkurrenz zur Direktanlage.[623]

---

415 (415 ff.); Hahne/Schober, BB 2021, 86 (86 ff.); Stadler/Mayer/Ludwig, BB 2021, 1559 (1559 ff.).
Vgl. zur Bilanzierung und Bewertung von Investmentanteilen: Köhler, DStR 2020, 1697 (1697 ff.).

618 BT-Drs. 18/8045, 2/53.

619 (1) Höhe der Ausschüttung, (2) Wert des Investmentanteils am Jahresanfang sowie (3) am Jahresende und (4) die Einordnung des Fonds i.S.d. § 20 InvStG als Aktien-, Misch- oder Immobilienfonds bzw. als sonstiger Investmentfonds. Vgl. BT-Drs. 18/8045, 53.

620 Damit ist grds. der zivilrechtliche Eigentümer des Anteils gemeint, es sei denn, es gibt einen davon abweichenden wirtschaftlichen Eigentümer i.S.d. § 39 Abs. 2 Nr. 1 AO. Vgl. BT-Drs. 18/8045, 70.

621 Vgl. Dorn, Investmentsteuerrecht, S. 3; Trencsik, StuW 2014, 286 (295); Elser/Stiegler, IStR 2017, 567 (572); Sanning, Systemgerechtigkeit im Spannungsfeld von Investmentsteuerrecht und Hinzurechnungsbesteuerung, Diss., S. 109 ff.

622 Kammeter, ISR 2016, 99 (103).

623 Vgl. Elser in Beckmann/Scholtz/Vollmer, Investment, § 20 InvStG, Rn. 7; Kammeter, ISR 2016, 99 (103).

Die Loslösung von alten Mustern erfolgt mit der Implementierung neuer Prinzipien und Regelungselementen, wenngleich das InvStG weiterhin als lex specialis[624] fungiert.[625] Die alten Systemgrundsätze werden teilweise übernommen, aber anderweitig im neuen Korsett verankert. So sind Investmentfonds rechtlich intransparent und unterliegen einer eigenständigen Besteuerung. Das Intransparenzprinzip, welches, ähnlich der Besteuerung nach dem KStG, den Fonds als Steuersubjekt der Besteuerung unterzieht, ist der Kern des InvStG. Das vielbeschworene semi-transparente Transparenzprinzip, welches der deutsche Gesetzgeber bis dato als Gral auserkoren hatte, kommt nunmehr nur noch im absoluten Ausnahmefall zum Tragen; nämlich bei Spezial-Investmentfonds mit ausgeübter Transparenzoption. Damit bestehen beide Regime nebeneinander fort (sog. Dualismus der Besteuerungsregime[626]).

Ein Thesaurierungsprivileg kommt grds. nur für Spezial-Investmentfonds zum Tragen, da auch in diesem Bereich gewisse ausschüttungsgleiche Erträge steuerfrei thesauriert werden können (vgl. § 36 Abs. 1 S. 1 Nr. 1 InvStG). Für Investmentfonds wird diese Bevorteilung im Allgemeinen nicht angewandt. Vielmehr greift in diesen Fällen die Vorabpauschale gemäß § 18 InvStG ein und versucht Steuerstundungseffekte i.S.e. pauschalen, fiktiven Mindestbesteuerung zu verhindern.[627] Allerdings treten, soweit die Vorabpauschale die tatsächliche Rendite unterschreitet, gleichwohl faktische (gemilderte) Steuerstundungseffekte ein.[628] Sofern aufgrund eines negativen Basiszinses[629] keine Vorabpauschale anzusetzen

---

624 Vgl. BT-Drs. 18/8045, 68.

625 Den Übergang zum InvStG, der eine Trennung zwischen beiden Sphären bedingt, ebnet § 56 InvStG. Vgl. Köhler, Praxisleitfaden Investmentsteuerrecht, S. 237 ff.; Schlund, DStR 2017, 2710 (2710 ff.); Stadler/Bindl, DStR 2017, 1409 (1049 ff.); Meinhardt/Harm, DStR 2019, 1023 (1023 ff.).
Volkswirtschaftliche Effekte der Reform seien gering, wie ein Gutachten – welches im Auftrag des BMF angefertigt worden ist – belegt. Vgl. Copenhagen Economics, „Volkswirtschaftliche Auswirkungen einer Reform der Investmentbesteuerung auf den Kapitalmarkt, den Finanzstandort und die Altersvorsorge in Deutschland", 17.10.2014, S. 7 ff. (abrufbar unter: www.copenhageneconomics.com/dyn/resources/Publication/publicationPDF/9/279/1428656705/volkswirtschaftlicheauswirkungeneinerreformderinvestmentbestauerungaufdenkapitalmarkt_denfinanzstandortunddiealtersvorsorgeindeutschland-2.pdf – letztes Abrufdatum: 19.10.2021).

626 Vgl. Faller/Wolf/Brielmaier, DB 2016, 488 (489).

627 Vgl. BT-Drs. 18/8045, 88.

628 Vgl. Kloster, Neukonzeption der Investmentbesteuerung, Diss., S. 630; Kalies, StuW 2020, 63 (63).

629 Vgl. 5.2.6.

ist, gelten diese Effekte uneingeschränkt.[630] D.h., dass in diesen Fällen schon keine Vorabpauschale anzusetzen ist und demnach überhaupt keine Thesaurierungsbesteuerung erfolgt.

5.1.2.2 Intransparenzprinzip

Nach dem Intransparenzprinzip werden die Sphären des Anlegers und des Investmentfonds juristisch getrennt. Damit entsteht eine Abschirmwirkung[631] des Fonds nebst drei tatsächlichen Besteuerungsebenen: (1) Anlagegegenstand (bspw. eine emittierende AG), (2) Investmentfonds und (3) Anleger.[632]

Der Fonds, welcher dem investmentsteuerrechtlichen Intransparenzprinzip unterliegt, qualifiziert mit dem InvStG für bestimmte inländische Einkünfte als originäres Steuersubjekt. Im Nachgang erfährt der Anleger ein individuelles Besteuerungsverfahren, welches grds. losgelöst von der Besteuerungsebene des Fonds durchgeführt wird. Betrachtet man nur dieses Verhältnis zwischen Fonds und Investor liegt dem als Grundmaxime grds. eine Cash-Flow-Besteuerung zugrunde. Demgegenüber bilden die Vorabpauschale gemäß § 18 InvStG sowie die Teilfreistellung nach § 20 InvStG wichtige Korrektive. Die Vorabpauschale beschränkt die Cash-Flow-Besteuerung und besteuert sukzessive auf Investmentfondsebene thesaurierte Erträge beim Anleger. Es kommt damit schließlich zu einem Hybridsystem. In gleichem Zuge würdigt die Teilfreistellung die steuerliche Vorbelastung auf Investmentfondsebene beim Anleger, um so einen entsprechenden Ausgleich zu schaffen.

Für Spezial-Investmentfonds stellt § 25 InvStG klar, dass die Vorschriften für Investmentfonds nicht auf Spezial-Investmentfonds und deren Anleger anzuwenden sind, es sei denn, es werden abweichende Bestimmungen getroffen. Über § 29 Abs. 1 InvStG wird letztlich grds. auf die §§ 6; 7 InvStG verwiesen. Demnach unterfallen Spezial-Investmentfonds, sofern

---

630 Vgl. Schraufl, GStB 2021, 82 (82 f.).

631 Vgl. Desens in Herrmann/Heuer/Raupach, EStG/KStG, Einführung zum KStG, Rnrn. 30 ff.; Rengers in Brandis/Heuermann, Ertragsteuerrecht, § 1 KStG, Rn. 10; Lampert in Gosch, KStG, § 1, Rn. 1; Streck in Streck, KStG, § 1, Rnrn. 4 ff.

632 Vgl. Grashoff/Mach, Grundzüge des Steuerrechts, Kap. 2, Rn. 291a.

sie die Transparenzoptionen nach §§ 30; 33 InvStG[633] nicht ausüben[634], grds. ebenfalls dem intransparenten Besteuerungsregime der Investmentfonds.

5.1.2.3 Transparenzprinzip i.S.v. Transparenzoptionen

Das InvStG kennt für Spezial-Investmentfonds zwei Möglichkeiten zur transparenten Besteuerung, d.h. dem Wegfall der Körperschaftsteuerpflicht auf Fondsebene, zu optieren.[635] Für (Publikums-)Investmentfonds gilt dies nicht.

Rechtsfolge der ausgeübten Transparenzoptionen ist aber nicht das uneingeschränkte Entfallen der Körperschaftsteuerpflicht auf Ebene des Spezial-Investmentfonds. Vielmehr erfolgt eine Begrenzung auf die jeweiligen Erträge, auf welche die Transparenzoptionen im Einzelnen abzielen. Einerseits handelt es sich um eine solche hinsichtlich inländischer Beteiligungseinnahmen sowie anderer inländischer Einkünfte mit Steuerabzug nach § 30 InvStG und andererseits bzgl. inländischer Immobilienerträge und sonstiger inländischer Einkünfte ohne Steuerabzug gemäß § 33 InvStG.

Diese beiden Wahlrechte müssen einheitlich in dem Sinne ausgeübt werden, dass sie für alle Fondsanleger gelten und für alle Erträge, welche unter die Option fallen.[636] Sie müssen untereinander hingegen nicht kumulativ angewandt werden. Der Fonds kann sich unabhängig entscheiden, mit der Folge, dass er steuerlich teilweise transparent und teilweise intransparent behandelt werden kann.[637] Allerdings bindet eine ausgeübte Transparenzoption den Spezial-Investmentfonds grds. dauerhaft.[638]

---

633 Vgl. 5.1.2.3.

634 I.d.R. werden Spezial-Investmentfonds jedoch zur Transparenz optieren. Vgl. Stadler/Mager, DStR 2016, 697 (702).

635 Diese Wahlrechte für Spezial-Investmentfonds schaffen Komplexität, die jedoch hingenommen werden muss, um großflächig gleiche Besteuerungstechniken bei in- und ausländischen Investmentfonds herzustellen. Dies soll europarechtliche Risiken unterbinden. Denn gerade ausländische Spezial-Investmentfonds können nicht zu einer Kapitalertragsteuererhebung zugunsten des deutschen Staats verpflichtet werden. BT-Drs. 18/8045, 97.
Vgl. zu Einzelfragen der Transparenzoption: Hahne, FR 2021, 415 (415 ff.).

636 Dorn, Investmentsteuerrecht, S. 37.

637 Vgl. Dorn, Investmentsteuerrecht, S. 178.

638 BMF, „Investmentsteuergesetz; Anwendungsfragen zum Investmentsteuergesetz in der ab dem 1. Januar 2018 geltenden Fassung (InvStG)“, 21.5.2019 – BStBl. I 2019, 527, Rnrn. 30.13/33.3.

5.1.2.3.1 Transparenzoptionen für Einkünfte mit Steuerabzug (§ 30 InvStG)

Die partielle Körperschaftsteuerpflicht für die inländischen Beteiligungseinnahmen und sonstige inländische Einkünfte mit Steuerabzug eines Spezial-Investmentfonds entfällt gemäß § 30 Abs. 1 S. 1, Abs. 5 InvStG, wenn der Spezial-Investmentfonds gegenüber dem Entrichtungspflichtigen[639] unwiderruflich erklärt, dass den Anlegern des Spezial-Investmentfonds Steuerbescheinigungen gemäß § 45a Abs. 2 EStG ausgestellt werden.[640] Der Spezial-Investmentfonds muss dabei in geeigneter Weise zum Ausdruck bringen, dass nachträgliche Änderungen ausgeschlossen sind und er auf ein Widerrufsrecht verzichtet.[641]

Rechtsfolge der wirksam ausgeübten Transparenzoption ist neben dem Wegfall der Steuerpflicht des Spezial-Investmentfonds, dass der Anleger in diesem Fall i.R.e. Fiktion selbst zum Gläubiger der inländischen Beteiligungseinnahmen und Schuldner der Kapitalertragsteuer wird (§ 30 Abs. 1 S. 2 InvStG).[642] Ihm werden die inländischen Beteiligungseinnahmen i.S.e. Volltransparenz materiell-rechtlich zugerechnet.[643] Die zugeflossenen Erträge sind damit grds. kein Bestandteil der Spezial-Investmenterträge gemäß § 34 Abs. 1 InvStG.[644] Die gleichwohl vom Spezial-Investmentfonds an den Anleger weitergeleiteten Erträge kann der Spezial-Investmentfonds – zur Vermeidung einer wirtschaftlichen Doppelbelastung – als Zurech-

---

639 Dies ist bei inländischen Spezial-Investmentfonds regelmäßig die Verwahrstelle (vgl. §§ 68 Abs. 2; 80 Abs. 2 KAGB) und bei ausländischen Spezial-Investmentfonds grds. die Clearstream Banking Frankfurt AG als inländischer Zentralverwahrer (vgl. § 44 Abs. 1 S. 4 Nr. 3 EStG) oder ein anderes inländisches Kreditinstitut als Zwischenverwahrer (vgl. § 3 Abs. 2 S. 1 DepotG). Mann in Brandis/Heuermann, Ertragsteuerrecht, § 30 InvStG, Rn. 16; vgl. BT-Drs. 18/8045, 98.

640 Insoweit kommt es auf das tatsächliche Ausstellen der Steuerbescheinigungen an. Vgl. BT-Drs. 18/8045, 97; **a.A.:** Mann in Brandis/Heuermann, Ertragsteuerrecht, § 30 InvStG, Rn. 14; Buge in Herrmann/Heuer/Raupach, EStG/KStG, § 30 InvStG, Rn. 5; Behrens, RdF 2017, 297 (298).

641 BMF, „Investmentsteuergesetz; Anwendungsfragen zum Investmentsteuergesetz in der ab dem 1. Januar 2018 geltenden Fassung (InvStG)“, 21.5.2019 – BStBl. I 2019, 527, Rn. 30.3.

642 Bei mehrstöckigen Strukturen gilt es § 30 Abs. 4 InvStG zu beachten. Vgl. Köhler, Praxisleitfaden Investmentsteuerrecht, S. 55.

643 Mann in Brandis/Heuermann, Ertragsteuerrecht, § 30 InvStG, Rn. 20; vgl. BT-Drs. 18/8045, 98.

644 Dorn, Investmentsteuerrecht, S. 180.

nungsbeträge i.S.d. § 35 Abs. 3 InvStG steuerfrei ausschütten.[645] Für die Einordnung von etwaigen ausschüttungsgleichen Erträge muss § 36 Abs. 1 S. 2 InvStG beachtet werden.

Die einkommensteuerlichen Regelungen zum Kapitalertragsteuerabzug der §§ 43 ff. EStG sind so anzuwenden, als ob dem jeweiligen Anleger die inländischen Beteiligungseinnahmen oder die sonstigen inländischen Einkünfte mit Steuerabzug unmittelbar selbst zugeflossen wären (§ 31 Abs. 1 S. 1 InvStG). Es ist insbesondere der Steuerstatus des Anlegers zu beachten. Damit sind die Regelungen zur Abstandnahme vom Steuerabzug (vgl. § 44a EStG) oder zur Erstattung von Kapitalertragsteuer (vgl. § 44b EStG) anlegerspezifisch anzuwenden.[646] Haftungsfragen regelt § 32 InvStG.

Im Übrigen wird unter Berücksichtigung der Voraussetzungen des § 31 Abs. 3 S. 1 InvStG die auf Kapitalerträge bei Ausübung der Transparenzoption tatsächlich erhobene Kapitalertragsteuer auf die Einkommen- oder Körperschaftsteuer des Anlegers angerechnet (vgl. § 36 Abs. 2 Nr. 2 EStG).

Für Zwecke der Transparenzoption werden die Anwendbarkeit des Beteiligungsprivilegs i.S.d. § 8b KStG und des Teileinkünfteverfahrens nach § 3 Nr. 40 EStG durch die Maßgaben des § 30 Abs. 2, Abs. 3 InvStG für die inländischen Beteiligungseinnahmen begrenzt, aber grds. für anwendbar erklärt. Einerseits ist § 8b KStG nur für bestimmte Fälle anwendbar und andererseits werden § 8b KStG und § 3 Nr. 40 EStG von gewisse Konstellationen wiederum ausgenommen. Die Einschränkungen betreffen etwa Anleger in Form von Lebens- oder Krankenversicherungsunternehmen sowie gewisse Kredit- und Finanzdienstleistungsinstitute oder Finanzunternehmen.[647] Damit soll die Situation i.R.d. Direktanlage – wie etwa bei § 8b Abs. 7, Abs. 8 KStG – nachempfunden und gleichzeitig Umgehungsgestaltungen vermieden werden.[648] Die Teilfreistellung für inländische Beteiligungseinkünfte kommt außer in den Fällen des § 42 Abs. 4 InvStG nicht zur Anwendung, da es an einer steuerlichen Vorbelastung fehlt.[649] Aufgrund der direkten Zurechnung der Erträge beim Anleger fehlt hin-

645 Vgl. Dorn, Investmentsteuerrecht, S. 195.

646 BT-Drs. 18/8045, 100.

647 BMF, „Investmentsteuergesetz; Anwendungsfragen zum Investmentsteuergesetz in der ab dem 1. Januar 2018 geltenden Fassung (InvStG)“, 21.5.2019 – BStBl. I 2019, 527, Rn. 30.29.

648 BT-Drs. 18/8045, 99.

649 Vgl. Dorn, Investmentsteuerrecht, S. 222.

sichtlich inländischer Dividenden für die Befreiungen des § 42 Abs. 1, Abs. 2 InvStG grds. generell der Raum.[650]

5.1.2.3.2 Transparenzoptionen für Einkünfte ohne Steuerabzug (§ 33 InvStG)

Gemäß § 33 Abs. 1, Abs. 4 S. 1 InvStG entfällt die Steuerpflicht für die inländischen Immobilienerträge und sonstigen inländischen Einkünfte ohne Steuerabzug eines Spezial-Investmentfonds, wenn dieser auf ausgeschüttete oder ausschüttungsgleiche inländische Immobilienerträge Kapitalertragsteuer gemäß § 50 InvStG erhebt, an die zuständige Finanzbehörde abführt und den Anlegern Steuerbescheinigungen gemäß § 45a Abs. 2 EStG ausstellt.[651] Um diese Rechtsfolge herbeizuführen hat die Erhebung auf alle Erträge am Geschäftsjahresende zu erfolgen.[652]

Trotz Ausübung dieses (faktischen[653]) Wahlrechts treffen den Anleger keine unmittelbaren Rechtsfolgen, insbesondere werden ihm die inländischen Immobilienerträge nicht nach § 33 Abs. 1 InvStG zugerechnet.[654] Eine vergleichbare Regelung wie § 30 Abs. 1 S. 2 InvStG gibt es für Zwecke des § 33 InvStG nicht. Auf Anlegerebene handelt es sich damit weiterhin um Spezial-Investmenterträge (vgl. § 34 Abs. 1 InvStG). Hierdurch kommt

---

650 Vgl. Lampert in Bödecker/Ernst/Hartmann, BeckOK InvStG, 10. Ed., § 42, Rn. 15.

651 Bei mehrstöckigen Strukturen gilt es insbesondere § 33 Abs. 2 S. 6, S. 7 InvStG zu beachten. Vgl. Köhler, Praxisleitfaden Investmentsteuerrecht, S. 56 ff.

652 BT-Drs. 18/8045, 101.

653 Dieses Wahlrecht wird teilweise nur als ein solches für ausländische Spezial-Investmentfonds angesehen. Inländische Spezial-Investmentfonds sind nach § 50 Abs. 1 S. 1 InvStG als Entrichtungspflichtige verpflichtet, Kapitalertragsteuer einzubehalten und abzuführen. Es besteht insoweit eine Notwendigkeit zur Kapitalertragsteuer zu optieren, was keinem echten Wahlrecht – wie es ausländische Spezial-Investmentfonds haben – gleichkommt. Vgl. Mann in Brandis/Heuermann, Ertragsteuerrecht, § 33 InvStG, Rn. 11; Mann in Weitnauer/Boxberger/Anders, KAGB, § 33 InvStG, Rn. 4; Dorn, Investmentsteuerrecht, S. 186; Buge/Bujotzek/Blischke, Private Equity und Venture Capital Fonds, 327 (384); Stadler/Bindl, DStR 2016, 1953 (1962); Haug, IWB 2018, 6 (15); **a.A.:** BMF, „Investmentsteuergesetz; Anwendungsfragen zum Investmentsteuergesetz in der ab dem 1. Januar 2018 geltenden Fassung (InvStG)", 21.5.2019 – BStBl. I 2019, 527, Rn. 33.1; Buge in Herrmann/Heuer/Raupach, EStG/KStG, § 33 InvStG, Rn. 5; Wolny in Bödecker/Ernst/Hartmann, BeckOK InvStG, 10. Ed., § 33, Rn. 30.

654 Mann in Brandis/Heuermann, Ertragsteuerrecht, § 33 InvStG, Rn. 17.

es aber auch i.R.e. Thesaurierung nicht zu einer Doppelbelastung, weil die Immobilienerträge grds. noch keinem Steuerabzug an der Quelle unterlegen haben.[655] Es gelten die allgemeinen Regelungen.[656] Bei mehrstöckigen Strukturen gilt es §§ 33 Abs. 2; 35 Abs. 3a InvStG (sog. Immobilien-Zurechnungsbeträge) zu beachten.[657]

Das Steuerabzugsverfahren mit einem Steuersatz i.H.v. 15 % zzgl. SolZ findet sich in § 50 Abs. 1 InvStG. Demnach richtet sich u.a. der Steuerabzug grds. nach den für Kapitalerträge i.S.d. § 43 Abs. 1 S. 1 Nr. 7, S. 2 EStG geltenden Bestimmungen; die Regelungen zur Abstandnahme vom Kapitalertrag nach § 44a EStG sind ebenfalls anwendbar.[658] Dem Steuerabzug kommt keine abgeltende Wirkung zu (vgl. § 34 Abs. 2 S. 1 InvStG). Die auf Fondsausgangsseite einbehaltene und abgeführte Kapitalertragsteuer kann auf die persönliche Steuer des Anlegers angerechnet werden, wenn dieser veranlagt wird.[659]

§ 8b KStG und § 3 Nr. 40 EStG sind grds. unter dem Vorbehalt des § 42 InvStG nicht anwendbar (§ 34 Abs. 2 S. 2 InvStG). § 42 InvStG regelt Spezialfälle. Allerdings ist etwa für die Teilfreistellung des § 42 Abs. 5 InvStG bzgl. inländischer Immobilienerträge Voraussetzung, dass diese vom Spezial-Investmentfonds besteuert werden; dies ist jedoch i.R.d. Transparenzoption des § 33 InvStG nicht der Fall.[660]

Ausnahmsweise gelten die vorgenannten Erträge bei vereinnahmenden Investmentfonds sowie Dach-Spezial-Investmentfonds als Investoren als inländische Immobilienerträge (vgl. § 33 Abs. 2 S. 1 InvStG[661]) und bei beschränkt steuerpflichtigen Anlegern als unmittelbar bezogene, originäre Einkünfte (vgl. § 33 Abs. 3 S. 1 InvStG). Hintergrund ist in beiden Fällen u.a. die Sicherung des inländischen Steuersubstrats.

---

655 Köhler, Praxisleitfaden Investmentsteuerrecht, S. 134.

656 Vgl. 5.1.3.2.2.1.2.

657 Vgl. BT-Drs. 19/13436, 178 f.; Dorn, Investmentsteuerrecht, S. 195.

658 BT-Drs. 18/8045, 101.

659 Dorn, Investmentsteuerrecht, S. 195.

660 Vgl. Dorn, Investmentsteuerrecht, S. 223.

661 Aufgrund der Fiktion des § 33 Abs. 2 S. 1 InvStG gelten die ausgeschütteten und ausschüttungsgleichen inländischen Immobilienerträge bei den vereinnahmenden Investmentfonds oder Dach-Spezial-Investmentfonds als inländische Immobilienerträgen gemäß § 6 Abs. 4 InvStG.
Hintergrund der Regelung ist die Sicherung des inländischen Steuersubstrats und die Vermeidung von Steuergestaltungen. Denn nur als inländische Immobilienerträge unterfallen sie in diesen Strukturen einer Besteuerung; nicht hingegen als Spezial-Investmenterträge. Vgl. zu einem Beispiel: Dorn, Investmentsteuerrecht, S. 189 f.

5.1.3 Steuertatbestände im Kontext des InvStG

Nachfolgend werden die maßgebenden Steuertatbestände i.R.d. investmentsteuerrechtlichen Vorschriften behandelt. Dabei wird sowohl die Besteuerung der Investmentfonds, d.h. der (Publikums-)Investmentfonds sowie der Spezial-Investmentfonds, als auch diejenige ihrer Anleger behandelt. Soweit es keine investmentsteuerrechtlichen Spezifika gibt, gelten im Übrigen die allgemeinen Regeln.

Die nachfolgende Darstellung zielt insbesondere auf eine kompakte Darstellung des Besteuerungssystems ab. Dies soll neben der Aufbereitung eines Querschnitts durch das InvStG hauptsächlich dazu dienen, die zwei relevanten Ausgestaltungselemente im intransparenten System des InvStG, d.h. die Vorabpauschale und die Teilfreistellung, zielgerichtet auffinden zu können.

5.1.3.1 Tatbestände der Investmentfonds – Originäre Steuertatbestände

Originär zielt das InvStG zuvörderst auf die Besteuerung der (Spezial-)Investmentfonds ab. Dabei gilt es hinsichtlich der divergierenden Rechtsfolgen den Anwendungsbereich zu klären, um anschließend die Besteuerungsgrundsätze abbilden zu können.

5.1.3.1.1 Anwendungsbereich

Das InvStG findet gemäß § 1 Abs. 1 InvStG Anwendung auf in- wie ausländische Investmentfonds (vgl. § 2 Abs. 2, Abs. 3 InvStG) und deren Anleger. Es bedarf lediglich eines Anknüpfungspunkts im Inland.[662]

Zentraler Begriff des InvStG ist der des Investmentfonds als eigenständiger Ausdruck des Steuerrechts, wenngleich der Gesetzgeber ihn inhaltlich über einen Verweis auf das KAGB definiert. Investmentfonds sind Investmentvermögen nach § 1 Abs. 1 KAGB (§ 1 Abs. 2 S. 1 InvStG). Dabei handelt es sich um Organismen für gemeinsame Anlagen, die von einer Anzahl von Anlegern Kapital einsammeln, um es gemäß einer festgelegten Anlagestrategie zum Nutzen dieser Anleger zu investieren und die keine operativ tätigen Unternehmen außerhalb des Finanzsektors sind. Die weiteren Begriffsbestimmungen des KAGB gelten entsprechend, soweit

662 Dorn, Investmentsteuerrecht, S. 4.

sich keine abweichenden Begriffsbestimmungen aus dem InvStG ergeben (§ 2 Abs. 1 InvStG).[663] Es gilt daher im Grundsatz das bereits zum Anwendungsbereich des KAGB[664] Ausgeführte.

Eine Differenzierung zwischen OGAW und AIF besteht nicht.[665] Ebenso wird bzgl. der Investmentanteile nicht auf ein Rückgaberecht der Anleger abgestellt, sodass sowohl offene wie auch geschlossene Investmentvermögen dem Grunde nach vom Anwendungsbereich des InvStG umfasst sind.[666]

In den Fokus der Besteuerung rücken die stets intransparenten Investmentfonds und die grds. intransparent zu behandelnden Spezial-Investmentfonds, als Untergruppe[667] der Investmentfonds.

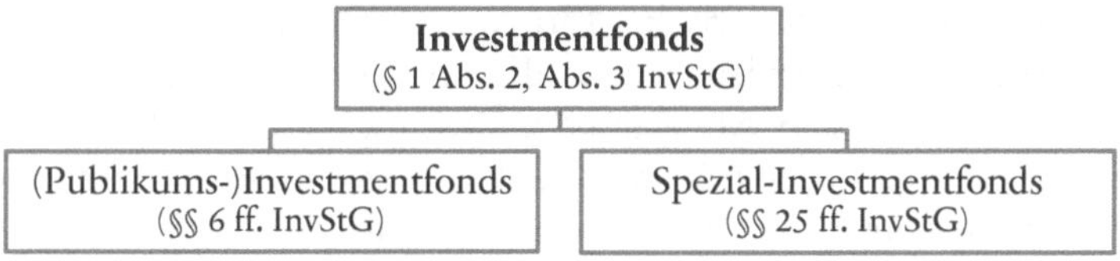

Abbildung 9: Investmentfonds im Kontext des InvStG.

Quelle: Vgl. Dorn, Investmentsteuerrecht, S. 44.

5.1.3.1.1.1 Investmentfonds (sog. Kapitel-II-Investmentfonds)

Wenngleich der Gesetzgeber einen grds. Parallellauf des InvStG zum Aufsichtsrecht durch den Verweis auf die Definitionsmaßgaben des KAGB geschaffen hat, so sieht das InvStG eigenständige Ausnahmetatbestände in § 1 Abs. 2 S. 3, Abs. 3 S. 1 InvStG in Form von Erweiterungen und

---

663 Aufgrund der grds. Gleichsetzung der Begriffe Investmentfonds und Investmentvermögen kann zur Auslegung des steuerrechtlichen Terminus auf die aufsichtsrechtlichen Verwaltungsverlautbarungen zurückgegriffen werden. Dorn, Investmentsteuerrecht, S. 71; vgl. BaFin, „Auslegungsschreiben zum Anwendungsbereich des KAGB und zum Begriff des „Investmentvermögens““, 14.6.2013 (abrufbar unter: www.bafin.de/SharedDocs/Veroeffentlichungen/DE/Auslegungsentscheidung/WA/ae_130614_Anwendungsber_KAGB_begriff_invvermoegen.html – letztes Abrufdatum: 19.10.2021).

664 Vgl. 3.2.6.3.1.1.

665 BT-Drs. 18/8045, 66.

666 Vgl. Hahne/Völker, Investmentsteuerrecht visuell, S. 36.

667 Helios/Mann, DB-S 2016, 1 (8).

Einschränkungen des aufsichtsrechtlichen Anwendungsbereichs vor.[668] Aufgrund dessen ist der investmentsteuerrechtliche Begriff des Investmentfonds teilweise weiter und teilweise enger als der aufsichtsrechtliche Terminus des Investmentvermögens.[669] Insoweit driften Steuer- und Aufsichtsrecht auseinander.[670]

Neben den Investmentfonds i.S.d. § 1 Abs. 2 S. 1 InvStG i.V.m. § 1 Abs. 1 KAGB, d.h. Investmentvermögen i.S.d. Aufsichtsrechts, gelten gemäß § 1 Abs. 2 S. 3 InvStG als Investmentfonds ebenso (1) Organismen für gemeinsame Anlagen, bei denen die Zahl der möglichen Anleger auf einen Anleger begrenzt ist, wenn die übrigen Voraussetzungen des § 1 Abs. 1 KAGB erfüllt sind, (2) Kapitalgesellschaften, denen nach dem Recht des Staates, in dem sie ihren Sitz oder ihre Geschäftsleitung haben, eine operative unternehmerische Tätigkeit untersagt ist und die keiner Ertragsbesteuerung unterliegen oder die von der Ertragsbesteuerung befreit sind[671] und (3) von AIF-Kapitalverwaltungsgesellschaften verwaltete Investmentvermögen nach § 2 Abs. 3 KAGB (sog. fiktive Investmentfonds).

Keine Investmentfonds sind gemäß § 1 Abs. 3 S. 1 InvStG (1) Gesellschaften, Einrichtungen und Organisationen nach § 2 Abs. 1, Abs. 2 KAGB, (2) Investmentvermögen in der Rechtsform einer Personengesellschaft[672] oder einer vergleichbaren ausländischen Rechtsform[673], es

---

668 Dadurch, dass keine weiteren Voraussetzungen, wie etwa Anlagebestimmungen für die Qualifikation als Investmentfonds, vorliegen müssen, schafft der Gesetzgeber erstmals gleiche Wettbewerbsbedingungen zwischen in- und ausländischen Fonds und eliminiert grds. das Steuerrecht als Kriterium bei der Wahl des Fondsvehikels. Helios/Mann, DB-S 2016, 1 (9).

669 Stadler/Bindl, DStR 2016, 1953 (1954).

670 Die fortschreitende Loslösung ist Folge der unterschiedlichen Zielsetzungen beider Materien. Helios/Mann, DB-S 2016, 1 (5); vgl. Buge/Bujotzek/Steinmüller, DB 2016, 1594 (1594).

671 Hauptanwendungsfall ist die luxemburgische Verwaltungsgesellschaft für Familienvermögen (SPF). Sie qualifizierte bislang nicht unter das Investmentsteuerrecht. Nicht von der Norm erfasst sind gGmbH i.S.d. § 5 Abs. 1 Nr. 9 KStG, da diesen unternehmerische Tätigkeiten erlaubt sind und diese partiell als wirtschaftlicher Geschäftsbetrieb oder i.R.v. Zweckbetrieben steuerpflichtig sind (vgl. §§ 64 ff. AO). BT-Drs. 18/8045, 67.

672 Diese Ausnahme wird dadurch begründet, dass Personengesellschaften international vielfach nicht als eigenständiges Besteuerungssubjekt behandelt werden, sondern die Besteuerung auf die jeweiligen Anteilseigner verlagert wird. Dieser transparente Ansatz widerspricht dem Besteuerungssystem des InvStG. BT-Drs. 18/8045, 67 f.

673 Vgl. zum Rechtstypenvergleich: BMF, „Grundsätze der Verwaltung für die Prüfung der Aufteilung der Einkünfte bei Betriebsstätten international tätiger

sei denn, es handelt sich um OGAW nach § 1 Abs. 2 KAGB oder um Altersvorsorgevermögenfonds nach § 53 InvStG[674], (3) Unternehmensbeteiligungsgesellschaften nach § 1a Abs. 1 UBGG, (4) Kapitalbeteiligungsgesellschaften, die im öffentlichen Interesse mit Eigenmitteln oder mit staatlicher Hilfe Beteiligungen erwerben und (5) REIT-AG nach § 1 Abs. 1 REITG und andere REIT-Körperschaften, -Personenvereinigungen oder -Vermögensmassen nach § 19 Abs. 5 REITG. Gemäß § 1 Abs. 3 S. 2 InvStG gelten Sondervermögen und vergleichbare ausländische Rechtsformen nicht als Personengesellschaft i.S.d. § 1 Abs. 3 S. 1 Nr. 2 InvStG.

Sofern Investmentfonds oder ihre Anleger der Besteuerung nach dem zweiten Kapitel des InvStG unterlegen[675] haben, so ist ein Wechsel zum Besteuerungsregime der Spezial-Investmentfonds ausgeschlossen (§ 24 InvStG). Dies gilt selbst dann, wenn der Investmentfonds nachträglich die Anlagevoraussetzungen des § 26 InvStG erfüllt[676] oder er den Status als Spezial-Investmentfonds nicht geltend gemacht hat[677]. Fällt ein Investmentfonds nicht mehr in den Anwendungsbereich des Gesetzes, so gelten seine Anteile gemäß § 19 Abs. 2 S. 1 InvStG als veräußert. Durch die Fiktion wird eine klare Abgrenzung zwischen dem InvStG und dem allgemeinen Steuerrecht sichergestellt.[678]

5.1.3.1.1.2 Spezial-Investmentfonds (sog. Kapitel-III-Investmentfonds)

Nach § 26 InvStG ist ein Spezial-Investmentfonds ein Investmentfonds, welcher die Voraussetzungen für eine Gewerbesteuerbefreiung nach § 15

Unternehmen (Betriebsstätten-Verwaltungsgrundsätze)", 24.12.1999 – BStBl. I 1999, 1076, insbesondere Tabellen 1 und 2; BMF, „Steuerliche Einordnung der nach dem Recht der Bundesstaaten der USA gegründeten Limited Liability Company", 19.3.2004 – BStBl. I 2004, 411 (sog. LLC-Schreiben); BMF, „Anwendung der Doppelbesteuerungsabkommen (DBA) auf Personengesellschaften", 26.9.2014 – BStBl. I 2014, 1258, Rn. 1.2.

674 Damit fallen insbesondere typische Anlagevehikel im Bereich der Alternativen Investments (z.B. Private Equity Fonds in der Rechtsform einer Personengesellschaft) aus dem Anwendungsbereich heraus. Wenzel in Brandis/Heuermann, Ertragsteuerrecht, § 1 InvStG, Rn. 26.

675 Vgl. BT-Drs. 18/8045, 94.

676 BMF, „Investmentsteuergesetz; Anwendungsfragen zum Investmentsteuergesetz in der ab dem 1. Januar 2018 geltenden Fassung (InvStG)", 21.5.2019 – BStBl. I 2019, 527, Rn. 24.1.

677 BT-Drs. 18/8045, 94.

678 BT-Drs. 18/8045, 90.

Abs. 2, Abs. 3 InvStG erfüllt und in der Anlagepraxis nicht wesentlich[679] gegen die in § 26 InvStG statuierten weiteren Voraussetzungen (sog. Anlagebestimmungen) verstößt.[680]

Die Vorschrift beinhaltet einen Katalog mit zehn Ziffern, die es kumulativ zu erfüllen gilt. So muss etwa ein Rückgaberecht bestehen (vgl. § 26 Nr. 2 InvStG), mit der Folge, dass geschlossene Investmentvermögen keine Spezial-Investmentfonds sein können. Hervorzuheben ist zudem, dass nicht mehr als insgesamt 100 Anleger unmittelbar und mittelbar über Personengesellschaften[681] an einem Spezial-Investmentfonds beteiligt sein dürfen (§ 26 Nr. 8 S. 1 InvStG). Natürliche Personen sind entsprechend § 26 Nr. 8 S. 2 InvStG grds. ausgeschlossen, sofern nicht die dortigen Ausnahmetatbestände erfüllt werden. Dieser Ausschluss soll eine einheitliche Besteuerung natürlicher Personen nach den Besteuerungsregelungen für Investmentfonds sicherstellen, denn ohne besondere Rechtfertigung wäre es nicht mit dem Grundsatz der Gleichmäßigkeit der Besteuerung vereinbar, wenn einem Teil von vergleichbaren Steuerpflichtigen die Besteuerungsregelungen für Spezial-Investmentfonds eingeräumt würden.[682]

Das Vorliegen der Voraussetzungen ist allerdings nicht nur tatsächlicher Natur, sondern muss insbesondere auch entsprechend schriftlich in den Anlagebedingungen fixiert werden (vgl. § 26 Nr. 10 InvStG).

Darüber hinaus unterliegen inländische Spezial-Investmentfonds gewissen Rechtsformvorgaben. Nach § 27 InvStG können diese nur in Form (a) eines Sondervermögens nach § 1 Abs. 10 KAGB oder (b) einer Investment-AG mit veränderlichem Kapital nach § 108 KAGB gebildet werden. Die Auflistung ist abschließend.[683] Einen Spezialfall stellt lediglich die offene Investment-KG unter den Voraussetzungen i.S.d. § 53 InvStG dar.

---

679 Das ist bspw. der Fall, wenn ein Verstoß bewusst und zweckgerichtet für missbräuchliche Steuergestaltungen herbeigeführt wird. Die Aberkennung ist dann ultima ratio. Bloße Wertveränderungen der Vermögensgegenstände genügen hingegen nicht. Vgl. BT-Drs. 18/8045, 94 f.
Die Regelungen über die Unbeachtlichkeit geringfügiger Verstöße gelten hingegen nicht für die weiteren Voraussetzungen, d.h. die Rechtsformvorgaben und die Gewerbesteuerbefreiung. Dorn, Investmentsteuerrecht, S. 80.

680 Grds. decken sich diese Maßgaben mit denen des § 1 Abs. 1b InvStG a.F. Vgl. BT-Drs. 18/8045, 94; BMF, „Auslegungsfragen zum Investmentsteuergesetz; Anlagebestimmungen, REIT-Anteile, Hinzurechnungsbesteuerung u.a.", 23.10.2014 – DStR 2014, 2346 (2346 ff.); 3.2.6.3.1.1.1.

681 I.R.d. Beteiligung von bzw. über Personengesellschaften ist § 28 InvStG zu beachten.

682 BT-Drs. 18/8045, 95.

683 Vgl. Wenzel in Brandis/Heuermann, Ertragsteuerrecht, § 27 InvStG, Rn. 7.

Soweit diese Voraussetzungen erfüllt sind, ist deren Geltendmachung für die konkreten Besteuerungsmodalitäten entscheidend. Der Investmentfonds hat es nämlich in der Hand, ob seine vertraglichen Anlagebedingungen die gesetzlichen Anlagebedingungen wiedergeben.[684] Damit bestehen für ihn drei Besteuerungsvarianten: (a) als Investmentfonds, (b) als Spezial-Investmentfonds mit Transparenzoption oder (c) als Spezial-Investmentfonds ohne Transparenzoption.[685]

Ob diese Anforderungen erfüllt sind, wird nicht förmlich festgestellt.[686] Allerdings ist eine Überprüfung seitens der zuständigen Finanzbehörden möglich (vgl. § 5 Abs. 1, Abs. 2 S. 1 Nr. 2 InvStG).

Ein Spezial-Investmentfonds gilt als aufgelöst, wenn er seine Anlagebedingungen in der Weise ändert, dass die Voraussetzungen des § 26 InvStG nicht mehr erfüllt sind oder ein wesentlicher Verstoß gegen die Anlagebestimmungen des § 26 InvStG vorliegt (§ 52 Abs. 1 S. 1 InvStG). Liegen zugleich die Voraussetzungen eines Investmentfonds vor, so gilt mit der Auflösung gemäß § 52 Abs. 1 S. 2 InvStG ein Investmentfonds als neu aufgelegt. Die Anteile am Spezial-Investmentfonds gelten zu dem Zeitpunkt als veräußert, zu dem die Voraussetzungen nach § 26 InvStG entfallen (§ 52 Abs. 2 S. 1 InvStG), und ggf. gleichzeitig als Investmentanteile eines Investmentfonds als angeschafft (§ 52 Abs. 3 S. 1 InvStG). Eine nachfolgende Wiedererlangung des Status als Spezial-Investmentfonds ist gemäß § 24 InvStG dann nicht mehr möglich.

5.1.3.1.2 Besteuerung der Investmentfonds

Das InvStG sieht für die Besteuerung der Investmentfonds bestimmte Regelungen für die Körperschaft- sowie die Gewerbesteuer vor. Ergänzend tritt die Frage der Abkommensberechtigung in den Raum.

---

684 Bödecker in Bödecker/Ernst/Hartmann, BeckOK InvStG, 10. Ed., § 26, Rn. 3; vgl. Wenzel in Brandis/Heuermann, Ertragsteuerrecht, § 26 InvStG, Rn. 2.

685 Dorn, Investmentsteuerrecht, S. 165; vgl. Wenzel in Brandis/Heuermann, Ertragsteuerrecht, § 26 InvStG, Rn. 2; Bödecker in Bödecker/Ernst/Hartmann, BeckOK InvStG, 10. Ed., § 26, Rn. 3.

686 Dorn, Investmentsteuerrecht, S. 167.

5.1.3.1.2.1 Körperschaftsteuer

5.1.3.1.2.1.1 Steuersubjekt

5.1.3.1.2.1.1.1 Unbeschränkte Steuerpflicht

Für eine unbeschränkte Körperschaftsteuerpflicht des Investmentfonds muss ein Investmentfonds, der – zumindest ausgehend vom Grundsatz des KStG – seine Geschäftsleitung oder seinen Sitz im Inland hat (vgl. §§ 10; 11 AO), vorliegen (vgl. § 1 Abs. 1 KStG i.V.m. § 6 Abs. 1 InvStG).

Allerdings gelten inländische Investmentfonds nach § 6 Abs. 1 S. 1 InvStG grds. rechtsformunabhängig[687] als Zweckvermögen i.S.d. § 1 Abs. 1 Nr. 5 KStG und damit als unbeschränkt körperschaftsteuerpflichtig. Ein Investmentfonds qualifiziert als inländischer Investmentfonds, wenn er dem inländischen Recht unterliegt (§ 2 Abs. 2 InvStG). Damit ist maßgebend, nach welchem staatlichen Recht (Privatrecht[688]) sich die Ausgestaltung des Investmentfonds sowie die Anlagebedingungen oder vergleichbare konstituierende Dokumente richten.[689] Dies entspricht der aufsichtsrechtlichen Abgrenzung (vgl. § 1 Abs. 7 bis 9 KAGB). Sie unterfallen damit bereits per gesetzlicher Fiktion der unbeschränkten Steuerpflicht, ungeachtet vom Ort der Geschäftsleitung oder des Sitzes.[690]

Haftungs- und vermögensrechtlich voneinander getrennte Teile eines Investmentfonds, d.h. Teilfonds, gelten für die Zwecke dieses Gesetzes als eigenständige Investmentfonds (§ 1 Abs. 4 InvStG) und damit als selbständige Körperschaftsteuersubjekte. Dies gilt nicht für die Unterteilung in Anteilsklassen.[691]

---

687 Vgl. BMF, „Investmentsteuergesetz; Anwendungsfragen zum Investmentsteuergesetz in der ab dem 1. Januar 2018 geltenden Fassung (InvStG)“, 21.5.2019 – BStBl. I 2019, 527, Rn. 6.1; Klein in Herrmann/Heuer/Raupach, EStG/KStG, § 6 InvStG, Rn. 5; Wolny in Bödecker/Ernst/Hartmann, BeckOK InvStG, 10. Ed., § 6, Rn. 20; **a.A.:** Mann in Brandis/Heuermann, Ertragsteuerrecht, § 6 InvStG, Rn. 18.

688 BT-Drs. 18/8045, 68; BMF, „Investmentsteuergesetz; Anwendungsfragen zum Investmentsteuergesetz in der ab dem 1. Januar 2018 geltenden Fassung (InvStG)“, 21.5.2019 – BStBl. I 2019, 527, Rn. 2.2.

689 BT-Drs. 18/8045, 68.

690 Vgl. Mann in Brandis/Heuermann, Ertragsteuerrecht, § 6 InvStG, Rn. 18.

691 BMF, „Investmentsteuergesetz; Anwendungsfragen zum Investmentsteuergesetz in der ab dem 1. Januar 2018 geltenden Fassung (InvStG)“, 21.5.2019 – BStBl. I 2019, 527, Rn. 6.2; Köhler, Praxisleitfaden Investmentsteuerrecht, S. 27 f.

Für ausländische Investmentfonds, die nach ausländischem Privatrecht ausgestaltet sind (vgl. § 2 Abs. 3 InvStG), greift damit keine unbeschränkte Steuerpflicht. Auf eine Geschäftsleitung oder Sitz im Inland kommt es für diese Belange nicht an.[692]

5.1.3.1.2.1.1.2 Beschränkte Steuerpflicht

Ausländische Investmentfonds gelten gemäß § 6 Abs. 1 S. 2 InvStG als Vermögensmassen nach § 2 Nr. 1 KStG und dadurch als beschränkt körperschaftsteuerpflichtig. Sie unterliegen mithin grds. mit all ihren inländischen Einkünften gemäß § 49 Abs. 1 EStG der beschränkten Steuerpflicht.

5.1.3.1.2.1.2 Steuerobjekt

5.1.3.1.2.1.2.1 Steuerpflichtige Einkünfte

Bemessungsgrundlage ist das zu versteuernde Einkommen (§ 7 Abs. 1 KStG). Investmentfonds unterliegen jedoch nur mit bestimmten inländischen Einkünften[693] der Körperschaftsteuer. Der sachliche Umfang der Steuerpflicht erstreckt sich nach § 6 Abs. 2 S. 2 InvStG auf inländische Beteiligungseinnahmen, inländische Immobilienerträge und sonstige inländische Einkünfte (vgl. § 6 Abs. 3 bis 5 InvStG). Die Regelung ist abschließend.[694] Regelungstechnisch erreicht dies der Gesetzgeber, indem er die in- und ausländischen Investmentfonds zunächst vollständig der Körperschaftsteuer unterwirft und anschließend gemäß § 6 Abs. 2 S. 1 InvStG grds. einheitlich von der Steuer befreit; bis auf die vorgenannten Ausnahmen.[695]

---

692 BMF, „Investmentsteuergesetz; Anwendungsfragen zum Investmentsteuergesetz in der ab dem 1. Januar 2018 geltenden Fassung (InvStG)", 21.5.2019 – BStBl. I 2019, 527, Rn. 6.1.

693 Dabei handelt es sich um Einkünfte, für die Deutschland völkerrechtlich grds. ein Besteuerungsrecht hat. Vgl. Helios/Mann, DB-S 2016, 1 (9).

694 Vgl. Köhler, Praxisleitfaden Investmentsteuerrecht, S. 28.

695 Damit wird ausgehend vom Welteinkommensprinzip eine Modifizierung vorgenommen. Vgl. Mann in Brandis/Heuermann, Ertragsteuerrecht, § 6 InvStG, Rn. 18.
Vgl. zur Einordnung als sachliche Steuerbefreiung: Mann in Brandis/Heuermann, Ertragsteuerrecht, § 6 InvStG, Rnrn. 25 ff.

Für Zwecke der beschränkten Körperschaftsteuerpflicht von ausländischen Investmentfonds sind gemäß § 6 Abs. 2 S. 3 InvStG die vorgenannten steuerpflichtigen Einkünfte zugleich inländische Einkünfte i.S.d. § 2 Nr. 1 KStG. Dabei ist zu vermerken, dass der abschließende Charakter des § 6 Abs. 2 InvStG für Zwecke der Körperschaftsbesteuerung eines ausländischen Investmentfonds einen über den Umfang des § 6 Abs. 5 S. 1 Nr. 1 InvStG hinausgehenden Rückgriff auf den vollständigen Regelungsgehalt des § 49 Abs. 1 EStG verhindert.[696] Durch die einheitliche Regelung der Steuerpflicht der inländischen Einkünfte bezweckt der Gesetzgeber von vornherein europarechtliche Risiken aus der Anwendung von unterschiedlichen Besteuerungstechniken zu vermieden.[697]

Im Übrigen sind die Investmentfonds von der Körperschaftsteuer befreit.[698] Beispielhaft können damit Zinsen, Veräußerungsgewinne aus Wertpapieren, Gewinne aus Termingeschäften, ausländische Dividenden und ausländische Immobilienerträge steuerfrei vereinnahmt werden.[699] Ein Abzug oder eine Anrechnung etwaiger ausländischer Steuern ist daher ebenso nicht möglich.[700]

Aufgrund dieser Normierung wird von einer sog. partiellen Körperschaftsteuerpflicht[701] des Investmentfonds gesprochen. Besser wäre es jedoch – gerade im Hinblick auf die Abkommensberechtigung[702] der Investmentfonds – von einer entsprechenden Steuerbefreiung i.R.e. abstrakten, unbeschränkten Körperschaftsteuerpflicht des Investmentfonds auszugehen.

---

696 BMF, „Investmentsteuergesetz; Anwendungsfragen zum Investmentsteuergesetz in der ab dem 1. Januar 2018 geltenden Fassung (InvStG)“, 21.5.2019 – BStBl. I 2019, 527, Rn. 6.4.

697 Vgl. BT-Drs. 18/8045, 72.

698 Vgl. BT-Drs. 18/8045, 72.

699 Vgl. BT-Drs. 18/8045, 72; Dorn, Investmentsteuerrecht, S. 115; Stadler/Bindl, DStR 2016, 1953 (1955 f.).

700 Vgl. Gamm/Holtmann/Koch, StuW 2020, 368 (370).

701 Vgl. Klein in Herrmann/Heuer/Raupach, EStG/KStG, § 6 InvStG, Rn. 1; Dorn, Investmentsteuerrecht, S. 31; Bindl/Mager, BB 2016, 2711 (2712); Stadler/Bindl, DStR 2016, 1953 (1953); Delp, DB 2017, 447 (448).
Hahne/Völker, Investmentsteuerrecht visuell, S. 50 bezeichnen diese Einordnung als „sachlich beschränkte Körperschaftsteuerpflicht“, was jedoch im Hinblick auf die beschränkte Steuerpflicht eines Steuerausländers ebenso zu Irritationen führen kann.

702 Vgl. 5.1.3.1.2.3.

5.1.3.1.2.1.2.1.1 Inländische Beteiligungseinnahmen

Als inländische Beteiligungseinnahmen (§ 6 Abs. 3 S. 1 InvStG) qualifizieren (1) Einnahmen nach § 43 Abs. 1 S. 1 Nr. 1, Nr. 1a EStG, d.h. insbesondere Dividenden, und (2) Entgelte, Einnahmen und Bezüge nach § 2 Nr. 2 lit. a) bis c) KStG (sog. Dividendenersatzzahlungen). Während es sich bei Ersterem im Hauptanwendungsfall um von inländischen Gesellschaften geleistete Dividendenzahlungen handelt, ersetzen die letztgenannten Einnahmen diese nur, d.h., sie müssen nicht zwangsläufig aus inländischen Quellen stammen.[703] Der Bezug zu den inländischen Beteiligungseinnahmen wird allein dadurch hergestellt, dass die Ersatzzahlung Dividenden aus inländischen Aktien zum Gegenstand hat.[704] Sinn dieses Vorgehens ist, dass hierdurch die Umgehung der Steuerpflicht von Dividenden durch eine Wertpapierleihe vermieden werden soll.[705]

Ausdrücklich nicht zu den Einnahmen gehören damit Gewinne aus der Veräußerung der Anteile an Kapitalgesellschaften.[706] Dies ergibt sich aufgrund des expliziten Verweises des § 6 Abs. 3 S. 1 Nr. 1 InvStG.

Die Steuererleichterung des § 8b KStG findet auf Investmentfondsebene keine Anwendung (§ 6 Abs. 6 InvStG).[707] Dies gilt unabhängig von der

---

703 Wolny in Bödecker/Ernst/Hartmann, BeckOK InvStG, 10. Ed., § 6, Rn. 44.

704 Wolny in Bödecker/Ernst/Hartmann, BeckOK InvStG, 10. Ed., § 6, Rn. 44; vgl. Neumann, FR 2018, 457 (459).

705 BT-Drs. 18/8045, 73.

706 Dorn, Investmentsteuerrecht, S. 117.

707 Der Ausschluss des § 8b KStG betont vor allem die steuerliche Intransparenz eines Investmentfonds bzw. begründet diese, denn zum einen führt der Kapitalertragsteuereinbehalt auf inländische Dividenden gemäß § 7 Abs. 2 InvStG zu einer Abgeltung – diese Regelung wäre überflüssig, würden bestimmte Dividenden schon gar nicht der Körperschaftsteuerpflicht unterliegen – und zum anderen wird dadurch eine teilweise Steuerfreistellung schon auf Ebene des Investmentfonds verhindert, um die bewusst pauschalierende Teilfreistellung des § 20 InvStG nicht zu verwässern. Wolny in Bödecker/Ernst/Hartmann, BeckOK InvStG, 10. Ed., § 6, Rn. 349.
Die Regelung ist daher vor dem Ziel der Vereinfachung sachgerecht, wenngleich Investmentfonds auch 10 % oder mehr des Kapitals einer Kapitalgesellschaft halten können, was aber i.d.R. nur von Fonds (bspw. Private-Equity und Venture-Capital-Fonds) realisiert wird, die aufgrund ihrer typischen Struktur als Personengesellschaft schon nicht in den Anwendungsbereich des InvStG fallen. Mann in Brandis/Heuermann, Ertragsteuerrecht, § 6 InvStG, Rn. 71; vgl. Wolny in Bödecker/Ernst/Hartmann, BeckOK InvStG, 10. Ed., § 6, Rnrn. 344 ff.; **a.A.:** Buge/Bujotzek/Steinmüller, DB 2016, 1594 (1596); Jetter/Mager, SteuK 2016, 23 (25).

Beteiligungshöhe.[708] Damit werden Investmentfonds anderen Anlegern mit Streubesitzbeteiligungen gleichgestellt[709], obwohl sie eine umfangreichere Beteiligung des Kapitals an einer Kapitalgesellschaft halten könnten. Dies ist eine Benachteiligung im Vergleich zum Direktinvestment[710], wenngleich die undifferenzierte Nichtanwendung des § 8b KStG Vereinfachungszwecken[711] dient.

5.1.3.1.2.1.2.1.2 Inländische Immobilienerträge

Zu den inländischen Immobilienerträgen (§ 6 Abs. 4 S. 1 InvStG) zählen (1) die Einkünfte aus der Vermietung und Verpachtung von im Inland belegenen Grundstücken oder grundstücksgleichen Rechten sowie (2) Gewinne aus der Veräußerung derartiger Vermögensgegenstände.

Abzustellen ist dabei allerdings nicht auf Einkünfte aus Vermietung und Verpachtung i.S.d. § 21 Abs. 1 S. 1 EStG, sondern aufgrund der konkreten, engen Fallgruppenbenennung stets auf den abstrakten Ertragstypus.[712] Vermietung und Verpachtung ist damit als zeitlich begrenzte Überlassung zur Nutzung zu verstehen.[713] So fällt bspw. nach dem Wortlaut die Veräußerung von Miet- und Pachtzinsforderungen (vgl. § 21 Abs. 1 S. 1 Nr. 4 EStG) nicht hierunter.[714]

Ferner unterwirft § 6 Abs. 4 S. 1 Nr. 2 InvStG jegliche Gewinne aus der Veräußerung von inländischen Grundstücken oder grundstücksgleichen Rechten der Steuer und weicht somit von der zehnjährigen Haltefrist des

---

Ferner ist zu beachten, dass Veräußerungsgewinne auf Investmentfondsebene grds. keiner Besteuerung unterfallen, sodass es regelmäßig nicht zu einer kumulativen Belastung kommen kann. Insoweit stehen verfassungsrechtliche Fragen des Art. 3 Abs. 1 GG im Raum, auf die jedoch vorliegend – wegen der Zielrichtung dieser Arbeit – nicht näher eingegangen wird.

708 Helios/Mann, DB-S 2016, 1 (11).

709 BT-Drs. 17/8045, 75.

710 Jetter/Mager, SteuK 2016, 23 (25).

711 Vgl. Helios/Mann, DB-S 2016, 1 (11).

712 Vgl. Klein in Herrmann/Heuer/Raupach, EStG/KStG, § 6 InvStG, Rn. 25; Mann in Brandis/Heuermann, Ertragsteuerrecht, § 6 InvStG, Rn. 47; **a.A.:** Wolny in Bödecker/Ernst/Hartmann, BeckOK InvStG, 10. Ed., § 6, Rn. 142.

713 Dorn, Investmentsteuerrecht, S. 118.

714 Mann in Brandis/Heuermann, Ertragsteuerrecht, § 6 InvStG, Rn. 47.

§ 23 Abs. 1 S. 1 Nr. 1 S. 1 EStG ab.[715] Lediglich die Gewinnermittlungsvorschrift des § 23 Abs. 3 S. 1 bis 4 EStG wird für entsprechend anwendbar erklärt (§ 6 Abs. 4 S. 2 InvStG). Damit müssen auch Veräußerungsgewinne besteuert werden, bei denen die betreffende Immobilie über einen Zehnjahreszeitraum gehalten wurde. Im Vergleich zur Direktanlage ist dies eine erhebliche Benachteiligung. Hintergrund dieser Regelung ist insbesondere, dass die auf Anlegerebene gewährte pauschalierte Teilfreistellung gemäß § 20 InvStG die steuerliche Vorbelastung auf Investmentfondsebene abbilden soll. Die Teilfreistellung ist nach dem Gesetzgeber allerdings nicht sachgerecht, wenn keine Besteuerung von Immobilienerträgen auf Fondsebene erfolgt.[716]

Die Anschaffung oder Veräußerung einer unmittelbaren oder mittelbaren Beteiligung an einer Personengesellschaft gilt gemäß § 6 Abs. 6a InvStG als Anschaffung oder Veräußerung der anteiligen Wirtschaftsgüter. Hierdurch sollen Besteuerungslücken vermieden und der Vorrang des § 6 Abs. 4 S. 1 Nr. 2 InvStG gegenüber den Tatbeständen des § 6 Abs. 5 S. 1 Nr. 1 InvStG statuiert werden.[717]

5.1.3.1.2.1.2.1.3 Sonstige inländische Einkünfte

Als Auffangtatbestand fungieren die sonstigen inländischen Einkünfte (§ 6 Abs. 5 S. 1 InvStG). Dabei handelt es sich (1) um Einkünfte nach § 49 Abs. 1 EStG mit Ausnahme der Einkünfte nach § 49 Abs. 1 Nr. 2 lit. e) EStG (Veräußerungsgewinne), soweit diese nicht schon zu inländischen Beteiligungseinnahmen bzw. Immobilienerträgen zu zählen sind und (2) bei inländischen Investmentfonds in der Rechtsform einer Investment-AG darüber hinaus um Einkünfte, welche die Investment-AG oder eines ihrer Teilgesellschaftsvermögen aus der Verwaltung ihres Vermögens und aus der Nutzung ihres Investmentbetriebsvermögens nach § 112 Abs. 2 S. 1 KAGB erzielt.

Im Lichte des Vorgenannten können insbesondere die ausgeklammerten Veräußerungsgewinne i.S.d. § 17 EStG (i.V.m. § 49 Abs. 1 Nr. 2 lit. e) EStG) grds. steuerfrei vereinnahmt werden. Hintergrund dieser Ausnahme

---

715 Vgl. Klein in Herrmann/Heuer/Raupach, EStG/KStG, § 6 InvStG, Rn. 25; Mann in Brandis/Heuermann, Ertragsteuerrecht, § 6 InvStG, Rn. 53; Wolny in Bödecker/Ernst/Hartmann, BeckOK InvStG, 10. Ed., § 6, Rn. 162.

716 BT-Drs. 18/8045, 73.

717 BT-Drs. 19/13436, 174.

ist die Erzielung eines Gleichlaufs mit ausländischen Investmentfonds, da Deutschland in Bezug auf solche Veräußerungsgewinne abkommensrechtlich regelmäßig kein Besteuerungsrecht hat.[718] Veräußerungsgewinne könnten anderenfalls durch ausländische Investmentfonds steuerfrei vereinnahmt werden, weil die von Deutschland geschlossenen DBA regelmäßig dem Quellenstaat kein Besteuerungsrecht für Veräußerungsgewinne zuweisen, wohingegen inländische Investmentfonds diese Erträge in Deutschland zu versteuern hätten.[719] Die Vorschrift dient damit der Vermeidung von Standortnachteile für deutsche Investmentfonds.[720]

5.1.3.1.2.1.2.2 Einkünfteermittlung

Hinsichtlich der Ermittlung der Einkünfte des Investmentfonds unterscheidet § 6 Abs. 7 InvStG zwischen Einkünften, die dem Steuerabzug nach §§ 43 ff. EStG unterliegen, und solchen die i.R.d. Körperschaftsteuerveranlagung zu erklären sind.[721]

5.1.3.1.2.1.2.2.1 Veranlagungseinkünfte

Für das Besteuerungsverfahren gelten grds. die allgemeinen Grundsätze (vgl. §§ 8 bis 12 EStG), soweit sie nicht durch § 6 Abs. 7 InvStG modifiziert werden.[722]

Die Einkünfte auf Investmentfondsebene sind soweit sie – wie inländische Immobilienerträge – der Veranlagung unterliegen, als Überschuss der Einnahmen über die Werbungskosten, die in einem wirtschaftlichen Zusammenhang zu den Einnahmen stehen, zu ermitteln (§ 6 Abs. 7 S. 1 InvStG). Dies gilt selbst dann, wenn ein Investmentfonds gewerbliche

---

718 Stadler/Bindl, DStR 2016, 1953 (1955).

719 Vgl. BT-Drs. 18/8045, 74.

720 BT-Drs. 18/8045, 74.

721 BMF, „Investmentsteuergesetz; Anwendungsfragen zum Investmentsteuergesetz in der ab dem 1. Januar 2018 geltenden Fassung (InvStG)“, 21.5.2019 – BStBl. I 2019, 527, Rn. 6.40.

722 BMF, „Investmentsteuergesetz; Anwendungsfragen zum Investmentsteuergesetz in der ab dem 1. Januar 2018 geltenden Fassung (InvStG)“, 21.5.2019 – BStBl. I 2019, 527, Rn. 6.42.

Einkünfte erzielt.[723] Die anderen Gewinnermittlungsmethoden scheiden aus. Das Zuflussprinzip des § 11 EStG gilt entsprechend.[724]

Maßgeblich für die Abziehbarkeit der Werbungskosten ist der wirtschaftliche Zusammenhang zu den steuerpflichtigen Einnahmen. Sofern ein diesen Konnex auslösender Moment[725] gegeben ist, erfolgt ein Abzug. Entfallen Werbungskosten auf nicht nach § 6 Abs. 2 InvStG steuerpflichtige Einkünfte kommt kein Werbungskostenabzug in Betracht.[726] Im Übrigen sind insbesondere die Abzugsverbote für Betriebsausgaben i.S.d. § 4 Abs. 5 bis 7 EStG zu beachten (vgl. § 6 Abs. 7 S. 2 InvStG).

Nicht ausgeglichene negative Einkünfte sind in den folgenden Veranlagungszeiträumen abzuziehen; § 10d Abs. 4 EStG ist sinngemäß anzuwenden (§ 6 Abs. 8 InvStG). Damit ist ein Verlustvortrag möglich, ein Verlustrücktrag in einen vorangegangenen Veranlagungszeitraum – e contrario – ausgeschlossen.[727]

5.1.3.1.2.1.2.2.2 Einkünfte mit Steuerabzug

Bei Einkünften, die einem Steuerabzug i.S.d. § 43 ff. EStG unterliegen – regelmäßig inländische Beteiligungseinnahmen –, sind der Ansatz der Werbungskosten sowie eine Verrechnung mit negativen Einkünften ausgeschlossen (§ 6 Abs. 7 S. 3 InvStG). Sie werden brutto vereinnahmt.[728] Damit soll das Besteuerungsverfahren einfach ausgestaltet sowie in- und ausländische Fonds gleichbehandelt werden.[729]

Die Verlustverrechnungsmöglichkeit des § 6 Abs. 8 InvStG kommt nur bei nicht dem Steuerabzug unterliegenden Einkünften in Betracht, denn bei den dem Steuerabzug unterliegenden Einkünften scheiden negative

---

723 Vgl. BT-Drs. 18/8045, 75.

724 Vgl. Sagasser/Leuschner, Hdb. des Kapitalanlagerechts, 1291 (1345).

725 Vgl. BFH, Beschl. v. 21.9.2009, GrS 1/06 – BStBl. II 2010, 672, Rnrn. 93 ff.; BFH, Urt. v. 28.2.2013, IV R 49/11 – BStBl. II 2013, 802, Rnrn. 17 f.; BFH, Urt. v. 17.7.2013, X R 17/11 – BStBl. II 2013, 817, Rnrn. 18 ff.

726 BMF, „Investmentsteuergesetz; Anwendungsfragen zum Investmentsteuergesetz in der ab dem 1. Januar 2018 geltenden Fassung (InvStG)“, 21.5.2019 – BStBl. I 2019, 527, Rn. 6.42.

727 Vgl. BMF, „Investmentsteuergesetz; Anwendungsfragen zum Investmentsteuergesetz in der ab dem 1. Januar 2018 geltenden Fassung (InvStG)“, 21.5.2019 – BStBl. I 2019, 527, Rn. 6.51.

728 Vgl. Dorn, Investmentsteuerrecht, S. 123.

729 BT-Drs. 18/8045, 75.

Einkünfte mangels eines möglichen Abzugs von Werbungskosten aus.[730] Die auf Ebene des Investmentfonds angefallenen Werbungskosten sind jedoch nicht für dessen Anleger verloren, sondern sie reduzieren den Wert des Investmentanteils und mindern dadurch die steuerliche Bemessungsgrundlage bei einer späteren Veräußerung des Investmentanteils.[731]

Die Steuerpflicht ist nach § 7 Abs. 2 InvStG durch den Steuerabzug an der Quelle abgegolten.[732] Eine Steuerveranlagung des Investmentfonds erfolgt grds. nicht.[733]

5.1.3.1.2.1.3 Steuersatz

Einkünfte, die keinem Steuerabzug unterfallen, sind i.R.d. Veranlagung zu erklären und unterliegen einem Körperschaftsteuersatz i.H.v. 15 % zzgl. SolZ (vgl. § 6 Abs. 1 S. 1, S. 2 InvStG i.V.m. § 23 Abs. 1 KStG). Dies gilt grds. für Einkünfte aus inländischen Immobilienerträgen und sonstige Einkünfte ohne Steuerabzug.

Demgegenüber wird im Wesentlichen bei Beteiligungseinnahmen ein Steuerabzug i.H.v. 15 % inkl. SolZ (vgl. § 7 Abs. 1 InvStG) vorgenommen, wenn eine Statusbescheinigung i.S.d. § 7 Abs. 3 bis 5 InvStG vorgelegt wird, in der die zuständige Finanzbehörde den Status als Investment-

---

730 BMF, „Investmentsteuergesetz; Anwendungsfragen zum Investmentsteuergesetz in der ab dem 1. Januar 2018 geltenden Fassung (InvStG)“, 21.5.2019 – BStBl. I 2019, 527, Rn. 6.50.

731 BT-Drs. 18/8045, 75.

732 BMF, „Investmentsteuergesetz; Anwendungsfragen zum Investmentsteuergesetz in der ab dem 1. Januar 2018 geltenden Fassung (InvStG)“, 21.5.2019 – BStBl. I 2019, 527, Rn. 6.49.
Ob ein ausländischer Investmentfonds bei einem tatsächlich erfolgten Steuerabzug auf die Leistungen i.S.d. § 6 Abs. 3 S. 1 Nr. 2 InvStG einen Erstattungsanspruch aufgrund eines DBA besitzt, hängt von den Umständen des Einzelfalls ab und ist i.R.d. Erstattungsverfahrens nach § 50d EStG durch das BZSt zu klären. Sofern kein Steuerabzug vorgenommen wurde, kann i.R.d. Nachforderung nach § 44 Abs. 5 S. 2 EStG i.V.m. §§ 167 Abs. 1; 155 AO oder i.R.d. Körperschaftsteuerveranlagung von einer Steuererhebung abgesehen werden, soweit sich bei einer Steuererhebung ein Erstattungsanspruch aufgrund eines DBA ergeben würde. BMF, „Investmentsteuergesetz; Anwendungsfragen zum Investmentsteuergesetz in der ab dem 1. Januar 2018 geltenden Fassung (InvStG)“, 21.5.2019 – BStBl. I 2019, 527, Rn. 6.26.

733 Nur wenn diese Einnahmen ausnahmsweise keinem Steuerabzug unterlegen haben, ist eine Erklärung der Einkünfte i.R.d. Körperschaftsteuerveranlagung notwendig. Dorn, Investmentsteuerrecht, S. 125.

fonds bestätigt. Dieser besondere Steuersatz wurde zur Wahrung der Wettbewerbsfähigkeit von inländischen gegenüber ausländischen Investmentfonds gewählt, da der DBA-Höchstsatz für Streubesitzdividenden i.d.R. 15 % beträgt.[734] Ohne diese Regelung wären inländische Investmentfonds mit 15,825 % belastet (entspricht 15 % zzgl. SolZ), wohingegen ausländische Fonds aufgrund der in DBA häufig vorkommenden Regelung eines Quellensteuerhöchstsatzes von 15 % eine Erstattung der 0,825 % erreichen könnten.[735]

Liegt dem Entrichtungspflichtigen hingegen keine Statusbescheinigung vor, hat er Kapitalertragsteuer nach den allgemeinen Grundsätzen i.H.v. 25 % zzgl. SolZ (vgl. §§ 43 ff. EStG) ohne Berücksichtigung der Modifikationen des § 7 Abs. 1 InvStG in Abzug zu bringen.[736] Im Zuge der nachträglichen Vorlage der Statusbescheinigung sind die Sonderregeln der §§ 7 Abs. 5; 11 Abs. 1 S. 1 Nr. 2 InvStG zu beachten. Demnach kann sich der Fonds die zu viel einbehaltene Kapitalertragsteuer wahlweise beim Entrichtungspflichtigen oder beim Betriebsstättenfinanzamt erstatten lassen. Für ausländische Investmentfonds greift zudem § 50d EStG.

Der Kapitalertragsteuerabzug hat abgeltende Wirkung (vgl. § 7 Abs. 2 InvStG).[737]

5.1.3.1.2.1.4 Besonderheiten bei steuerbegünstigten Anlegern

Steuerbegünstigte Anleger i.S.d. §§ 51 ff. AO, d.h. insbesondere gemeinnützige, mildtätige oder kirchliche Investoren, genießen eine steuerliche Sonderstellung. Gerade steuerbefreiten Anlegern würde ein steuerlicher Nachteil drohen, wenn sie über Investmentfonds in Anlagegegenstände investieren, die auf Fondsebene zu körperschaftsteuerpflichtigen Einkünften nach § 6 Abs. 2 InvStG führen, wenn sie im Fall der Direktanlage solche

734 Kral/Watzlaw, BB 2015, 2198 (2198); vgl. Sagasser/Leuschner, Hdb. des Kapitalanlagerechts, 1291 (1343 ff.).

735 Vgl. Köhler, Praxisleitfaden Investmentsteuerrecht, S. 34.

736 Vgl. BMF, „Investmentsteuergesetz; Anwendungsfragen zum Investmentsteuergesetz in der ab dem 1. Januar 2018 geltenden Fassung (InvStG)“, 21.5.2019 – BStBl. I 2019, 527, Rn. 7.11.

737 Diese Wirkung tritt auch bei fehlender Statusbescheinigung ein. BMF, „Investmentsteuergesetz; Anwendungsfragen zum Investmentsteuergesetz in der ab dem 1. Januar 2018 geltenden Fassung (InvStG)“, 21.5.2019 – BStBl. I 2019, 527, Rn. 7.13.

Einkünfte steuerfrei beziehen könnten.[738] Eine etwaige Teilfreistellungen vermag das nicht aufzufangen, da eine bloße Reduktion einer Steuer im Vergleich zur gänzlichen Steuerbefreiung stets nachteilig ist.

Aus diesem Grunde wurden die §§ 8; 10 InvStG (i.V.m. § 12 InvStG) geschaffen, welche unter bestimmten Voraussetzungen die Einkünfte von der Steuer (teilweise) ausnehmen. Der Fonds kann die Steuerbefreiung dann selbst geltend machen.[739] Damit erlangt der Investmentfonds jedenfalls partiell eine steuerliche Transparenz.[740]

So sieht § 8 InvStG auf Antrag[741] und unter weiteren Besonderheiten wie etwa Haltefristen (vgl. § 8 Abs. 4 S. 2 Nr. 1 InvStG) eine Steuerbefreiung der Einkünfte auf Investmentfondsebene vor, soweit an dem Investmentfonds steuerbefreite Anleger partizipieren. Dabei gibt es zwei Fallgruppen[742] zu unterscheiden. Eine betrifft die Freistellung sämtlicher Einkünfte auf Investmentfondsebene (vgl. § 8 Abs. 1 InvStG) und bei der anderen werden lediglich inländische Immobilienerträge auf Ebene des Investmentfonds steuerbefreit (vgl. § 8 Abs. 2 InvStG). Finden sich demgegenüber ausschließlich steuerbefreite Anleger zusammen, geht § 10 InvStG im Grundsatz von einer antragsfreien Steuerbefreiung in vollem Umfang aus.

Der Investmentfonds hat seinen steuerbegünstigten Anlegern gemäß § 12 Abs. 1 InvStG einen Betrag in Höhe der nicht erhobenen und der erstatteten Steuer (sog. Befreiungsbetrag) auszuzahlen. Die Auszahlung ist auf Anlegerebene nicht zu versteuern.[743] Hierdurch wird eine Partizipation nicht begünstigter Anleger an den Befreiungsbeträgen verhindert.[744]

---

738 Hahne/Völker, Investmentsteuerrecht visuell, S. 68.

739 Vgl. Buge/Bujotzek/Steinmüller, DB 2016, 1594 (1596).

740 Sanning, Systemgerechtigkeit im Spannungsfeld von Investmentsteuerrecht und Hinzurechnungsbesteuerung, Diss., S. 56.

741 Einen Anspruch darauf, dass der Investmentfonds die Steuerbefreiung beantragt, haben die steuerbegünstigten Anleger nicht. Köhler, Praxisleitfaden Investmentsteuerrecht, S. 35 f.

742 Vgl. im Detail zu den Fallgruppen und der jeweiligen steuerlichen Handhabung: Köhler, Praxisleitfaden Investmentsteuerrecht, S. 35 ff.

743 BMF, „Investmentsteuergesetz; Anwendungsfragen zum Investmentsteuergesetz in der ab dem 1. Januar 2018 geltenden Fassung (InvStG)“, 21.5.2019 – BStBl. I 2019, 527, Rn. 12.1.

744 Vgl. Neumann, DB 2016, 1779 (1783).
Das BMF beanstandet es nicht, wenn allein steuerbegünstigte Anleger an dem Investmentfonds beteiligt sind und der Investmentfonds im Einvernehmen mit den Anlegern auf die Auszahlung des Befreiungsbetrags verzichtet und dieser – ohne Ausgabe neuer Investmentanteile – dem Fondsvermögen zugeführt wird. BMF, „Investmentsteuergesetz; Anwendungsfragen zum Investmentsteuergesetz

5.1.3.1.2.2 Gewerbesteuer

5.1.3.1.2.2.1 Steuergegenstand

Die Gewerbesteuerpflichtigkeit ergibt sich rechtsformunabhängig[745] aus § 15 Abs. 1 InvStG. Investmentfonds gelten als sonstige juristische Personen des privaten Rechts nach § 2 Abs. 3 GewStG. Die Tätigkeit gilt als Gewerbebetrieb aufgrund gesetzlicher Fiktion, soweit ein wirtschaftlicher Geschäftsbetrieb im Inland unterhalten wird (vgl. § 2 Abs. 1 S. 1, S. 2 GewStG i.V.m. §§ 15 Abs. 1 EStG; 12; 14 AO).[746]

Investmentfonds unterliegen im Regelfall einer Gewerbesteuerbefreiung. Diese besteht, wenn (1) sein objektiver Geschäftszweck auf die Anlage und Verwaltung seiner Mittel für gemeinschaftliche Rechnung der Anleger beschränkt ist und (2) er seine Vermögensgegenstände nicht in wesentlichem Umfang aktiv unternehmerisch bewirtschaftet[747] (§ 15 Abs. 2 S. 1 InvStG). Eine Ausnahme besteht für Beteiligungen an Immobilien-Gesellschaften (vgl. § 15 Abs. 2 S. 2 InvStG).[748]

Die aktive unternehmerische Bewirtschaftung ist nicht fondsspezifisch, sondern vermögensgegenstandsbezogen zu prüfen und erfasst nur inländi-

---

in der ab dem 1. Januar 2018 geltenden Fassung (InvStG)", 21.5.2019 – BStBl. I 2019, 527, Rn. 12.4.

745 Vgl. BMF, „Investmentsteuergesetz; Anwendungsfragen zum Investmentsteuergesetz in der ab dem 1. Januar 2018 geltenden Fassung (InvStG)", 21.5.2019 – BStBl. I 2019, 527, Rn. 15.1; Klein in Herrmann/Heuer/Raupach, EStG/KStG, § 15 InvStG, Rn. 5; Schlund in Bödecker/Ernst/Hartmann, BeckOK InvStG, 10. Ed., § 15, Rn. 16; Dorn, Investmentsteuerrecht, S. 132; Buge/Bujotzek/Steinmüller, DB 2016, 1594 (1596); **a.A.:** Mann in Brandis/Heuermann, Ertragsteuerrecht, § 15 InvStG, Rn. 11; Helios/Mann, DB-S 2016, 1 (12).

746 BMF, „Investmentsteuergesetz; Anwendungsfragen zum Investmentsteuergesetz in der ab dem 1. Januar 2018 geltenden Fassung (InvStG)", 21.5.2019 – BStBl. I 2019, 527, Rn. 15.1.

747 Vgl. BMF, „Investmentsteuergesetz; Anwendungsfragen zum Investmentsteuergesetz in der ab dem 1. Januar 2018 geltenden Fassung (InvStG)", 21.5.2019 – BStBl. I 2019, 527, Rnrn. 15.7 ff.; BMF, „Investmentsteuergesetz i.d.F. des AIFM-StAnpG", 3.3.2015 – BStBl. I 2015, 227.

748 Die aktive unternehmerische Bewirtschaftung findet keine Anwendung auf Beteiligungen an Immobilien-Gesellschaften nach § 1 Abs. 19 Nr. 22 KAGB. Daher führt dies nicht zu einer Gewerbesteuerpflicht für Immobilienfonds. Diese Ausnahme berücksichtigt, dass es bei Immobilienfonds aufsichtsrechtlich zulässig und üblich ist, dass sie ihre Immobilien mittelbar über Immobilien-Gesellschaften (z.B. in der Rechtsform einer GmbH) halten. Diese Ausnahme ist insoweit gerechtfertigt, als die Immobilien-Gesellschaften ihrerseits im Wesentlichen Vermögensverwaltung betreiben. BT-Drs. 18/8045, 84.

sche Einkünfte i.S.v. § 6 Abs. 2 InvStG.[749] Dabei ist zu beachten, dass die allgemeinen Grundsätze zur Abgrenzung einer gewerblichen von einer vermögensverwaltenden Tätigkeit, die durch die Rechtsprechung und die Finanzverwaltung entwickelt wurden, bei der Beurteilung einer aktiven unternehmerischen Bewirtschaftung der Vermögensgegenstände von Investmentfonds zwar nicht unmittelbar anwendbar sind[750], allerdings indizielle Bedeutung haben. Sofern sich aus den allgemeinen Grundsätzen ergibt, dass eine Tätigkeit vermögensverwaltenden Charakter hat, dann liegt keine aktive unternehmerische Bewirtschaftung vor; umgekehrt ist trotz Vorliegens von Merkmalen einer gewerblichen Tätigkeit unter Berücksichtigung der Besonderheit der Investmentanlage zu prüfen, ob darin eine aktive unternehmerische Bewirtschaftung i.S.d. § 15 Abs. 2 S. 1 Nr. 2 InvStG zu sehen ist.[751]

Die Voraussetzungen der Steuerbefreiung gelten gleichwohl als erfüllt, wenn die Einnahmen aus einer aktiven unternehmerischen Bewirtschaftung im Geschäftsjahr weniger als 5 % der gesamten Einnahmen des Investmentfonds betragen (§ 15 Abs. 3 InvStG). Bzgl. der gesamten Einnahmen ist auf alle weltweit erzielten Einnahmen des Investmentfonds abzustellen.[752] Wenngleich es fragwürdig erscheint in diese Bagatellgrenze bewusst hinein zu gestalten[753], ist dieser Aspekt damit – retrospektiv – grds. vorrangig zu prüfen.

Erfüllt ein Fonds die Voraussetzungen der Gewerbesteuerfreiheit ausnahmsweise nicht, so bildet dessen aktive unternehmerische Tätigkeit einen wirtschaftlichen Geschäftsbetrieb (§ 15 Abs. 4 S. 1 InvStG). Dieser umfasst ausschließlich die gewerbliche Tätigkeit, aber nicht die übrigen

---

749 Stadler/Bindl, DStR 2016, 1953 (1956).

750 BMF, „Investmentsteuergesetz; Anwendungsfragen zum Investmentsteuergesetz in der ab dem 1. Januar 2018 geltenden Fassung (InvStG)“, 21.5.2019 – BStBl. I 2019, 527, Rn. 15.8.

751 BMF, „Investmentsteuergesetz; Anwendungsfragen zum Investmentsteuergesetz in der ab dem 1. Januar 2018 geltenden Fassung (InvStG)“, 21.5.2019 – BStBl. I 2019, 527, Rn. 15.8.
Problematisch sind an kurzfristigen Wertsteigerungen ausgerichtete und opportunistische Investitionsstrategien. Hahne/Völker, Investmentsteuerrecht visuell, S. 78.
Vgl. zu typischen Geschäftsvorfällen: BMF, „Investmentsteuergesetz; Anwendungsfragen zum Investmentsteuergesetz in der ab dem 1. Januar 2018 geltenden Fassung (InvStG)“, 21.5.2019 – BStBl. I 2019, 527, Rnrn. 15.9 ff.

752 BT-Drs. 18/8045, 85.

753 Vgl. Klein in Herrmann/Heuer/Raupach, EStG/KStG, § 15 InvStG, Rn. 15; Helios/Mann, DB-S 2016, 1 (13).

Tätigkeiten, zu denen insbesondere die Vermögensverwaltung gehört.[754] Eine gewerbliche Infektion erfolgt nicht.[755] Dahinter steht die Erwägung, dass Investmentfonds i.d.R. Vermögensverwaltung betreiben und es nur in Ausnahmefällen zu einer Gewerbesteuerpflicht kommen kann.[756]

5.1.3.1.2.2.2 Ermittlung und Festsetzung

Der Gewinn ist i.R.e. Einnahmenüberschussrechnung gemäß § 4 Abs. 3 EStG zu ermitteln (vgl. § 15 Abs. 4 S. 2 InvStG). Bilanzierungsgrundsätze sind nicht anzuwenden.[757] Der so ermittelte Gewinn ist der Gewinn nach § 7 S. 1 GewStG zur Ermittlung des Gewerbeertrags (§ 15 Abs. 4 S. 3 InvStG). Unter Berücksichtigung etwaiger gewerbesteuerlicher Hinzurechnungen und Kürzungen wird daraus letztlich die Gewerbesteuer ermittelt und festgesetzt (vgl. §§ 8 ff. GewStG).

5.1.3.1.2.3 Abkommensberechtigung

Im Hinblick auf die Abkommensberechtigung von inländischen Fonds kam es bis zum Inkrafttreten des JStG 2019 auf die Frage an, wie der Wortlaut des damaligen § 6 Abs. 1, Abs. 2 InvStG zu deuten war, d.h., ob daraus für Fonds eine beschränkte Steuerpflicht[758] oder eine partielle (sachliche) Steuerbefreiung bei unbeschränkter Steuerpflicht[759] resultierte.

Mit dem JStG 2019 wurde eine Wortlautanpassung vorgenommen. Nunmehr wird klargestellt, dass inländische Investmentfonds gemäß § 6 Abs. 1 S. 1 InvStG unbeschränkt körperschaftsteuerpflichtig und vorbehaltlich der in § 6 Abs. 2 S. 2 InvStG aufgezählten Erträge steuerbefreit sind. Daher wird explizit die unbeschränkte Körperschaftsteuerpflicht der inlän-

---

754 Dorn, Investmentsteuerrecht, S. 134.

755 Vgl. BT-Drs. 18/8045, 85; Köhler, Praxisleitfaden Investmentsteuerrecht, S. 49.

756 BT-Drs. 18/8045, 85.

757 Vgl. Faller/Wolf/Brielmaier, DB 2016, 488 (490).

758 Vgl. Mann in Brandis/Heuermann, Ertragsteuerrecht, § 6 InvStG, Rnrn. 90 ff.; Helios/Mann, DB-S 2016, 1 (11); Kempf/Hirtz, DStR 2016, 1 (2); Lechner, RdF 2016, 208 (211).

759 Vgl. Klein in Herrmann/Heuer/Raupach, EStG/KStG, Einführung zum InvStG, Rn. 8; Haisch, RdF 2015, 294 (295, Fn. 13); Stadler/Bindl, DStR 2016, 1953 (1956); Klein/Hörner/Adam, ISR 2018, 216 (219); Neumann, FR 2018, 457 (458 ff.).

dischen Investmentfonds angeordnet, sodass die inländischen Investmentfonds als abkommensberechtigt einzustufen sind.[760] Folglich ist es dem Investmentfonds möglich die Vorteile des jeweiligen DBA in Anspruch zu nehmen.[761]

5.1.3.1.3 Besteuerung der Spezial-Investmentfonds

Neben die Investmentfonds treten die Spezial-Investmentfonds als Sonderform der Investmentfonds. Ihre Besteuerung richtet sich im Grundsatz an derjenigen von Investmentfonds aus, wenngleich es Besonderheiten gibt.

5.1.3.1.3.1 Körperschaftsteuer

Für Spezial-Investmentfonds gibt § 25 InvStG vor, dass die Vorschriften für Investmentfonds nicht auf Spezial-Investmentfonds und deren Anleger anzuwenden sind, es sei denn, es werden abweichende Bestimmungen getroffen.

§ 29 Abs. 1 InvStG sieht eine solche grundlegende Ausnahme vor. Die Vorschrift verweist auf die §§ 6; 7 InvStG und schreibt damit den Grundsatz der intransparenten Besteuerung für Spezial-Investmentfonds nieder. Spezial-Investmentfonds unterliegen – grds. ebenfalls wie Investmentfonds – einer Körperschaftsteuerpflicht für die in § 6 Abs. 2 InvStG genannten steuerpflichtigen Einkünfte. Ebenso bleiben die Maßgaben zum Kapitalertragsteuerabzug grds. unverändert.[762] Soweit Spezial-Investmentfonds damit von ihrem Wahlrecht i.R.d. Transparenzoptionen (vgl. §§ 30; 33 InvStG) keinen Gebrauch machen, gilt insoweit das zu Investmentfonds[763]

---

760 BT-Drs. 19/13436, 173; vgl. Haug, IStR 2020, 866 (873 f.).

761 Denn die deutsche Besteuerung von Einkünften eines Investmentfonds nach § 6 Abs. 2 InvStG ist ausgeschlossen, wenn ein einschlägiges DBA eine solche Besteuerung verbietet bzw. einschränkt, was insbesondere relevant ist für (1) Dividendenersatzzahlungen gemäß § 6 Abs. 3 S. 1 Nr. 2 InvStG, (2) Zinsen aus mit inländischem unbeweglichen Vermögen besicherten Fremdkapitalfinanzierungen nach § 6 Abs. 5 Nr. 1 InvStG i.V.m. § 49 Abs. 1 Nr. 5 lit. c) lit. aa) EStG und (3) Einkünfte aus bestimmten Tafelgeschäften mit Wertpapieren inländischer Emittenten i.S.d. § 6 Abs. 5 Nr. 1 InvStG i.V.m. § 49 Abs. 1 Nr. 5 S. 1 lit. d) EStG. Hahne/Völker, Investmentsteuerrecht visuell, S. 62.

762 In der Statusbescheinigung nach § 7 Abs. 3 InvStG ist allerdings der Status als Spezial-Investmentfonds zu bestätigen (§ 29 Abs. 2 InvStG).

763 Vgl. 5.1.3.1.2.

Gesagte entsprechend. Die Sonderregelungen für steuerbegünstigte Anleger[764] können hingegen für Spezial-Investmentfonds nicht fruchtbar gemacht machen; auf diese verweist der Gesetzestext explizit nicht (vgl. §§ 25; 29 Abs. 1 InvStG).

Die Einkünfte auf Ebene des Spezial-Investmentfonds werden für die nachfolgende Anlegerbesteuerung nach § 37 Abs. 1 S. 1 InvStG ermittelt. Dabei sind der Überschuss der Einnahmen über die Werbungskosten (vgl. § 2 Abs. 2 S. 1 Nr. 2 EStG) anzusetzen und die Einkünfte nach den steuerlichen Wirkungen beim Anleger zu gliedern. Die Einkünfte werden damit zwar einheitlich ermittelt, allerdings müssen Unterschiede bei den steuerlichen Folgen einzelner Ertragsarten auf Anlegerebene (bspw. der Steuerbarkeit, der Anwendbarkeit von Steuerbefreiungsvorschriften und den Regelungen zum Steuerabzug) beachtet werden.[765]

Für diese Zwecke gilt grds. das Zuflussprinzip i.S.d. § 11 EStG. Allerdings sieht insbesondere § 38 InvStG gewisse Modifikationen vor. So gelten bspw. Dividenden bereits am Tag des Dividendenabschlags als zugeflossen (§ 38 Abs. 2 InvStG). Auf Besonderheiten beim Werbungskostenabzug (vgl. §§ 39; 40 InvStG) sowie der Verlustverrechnung (vgl. § 41 InvStG) wird hingewiesen.

Grundlage für die steuertechnische Umsetzung der Besteuerung von Spezial-Investmentfonds und den Anlegern ist gemäß § 51 Abs. 1 InvStG die gesonderte und einheitliche Feststellung (vgl. § 179 Abs. 1, Abs. 2 S. 2 AO).[766] Der in diesem Zusammenhang ergehende Feststellungsbescheid entfaltet als Grundlagenbescheid gemäß § 182 Abs. 1 S. 1 AO Bindungswirkung für die Anleger.[767]

---

764 Vgl. 5.1.3.1.2.1.4.

765 Köhler, Praxisleitfaden Investmentsteuerrecht, S. 122.

766 Hahne/Völker, Investmentsteuerrecht visuell, S. 154.
Gemäß § 51 Abs. 3 InvStG hat die Erklärung zur gesonderten und einheitlichen Feststellung abzugeben: (1) bei einem inländischen Spezial-Investmentfonds die Kapitalverwaltungsgesellschaft, die inländische Betriebsstätte oder Zweigniederlassung der ausländischen Verwaltungsgesellschaft oder die inländische Verwahrstelle oder (2) bei einem ausländischen Spezial-Investmentfonds die inländische oder ausländische Verwaltungsgesellschaft oder der inländische Anleger. Die Erklärung zur gesonderten und einheitlichen Feststellung steht einer gesonderten und einheitlichen Feststellung unter dem Vorbehalt der Nachprüfung gemäß § 164 AO gleich (§ 51 Abs. 5 S. 1 InvStG).

767 BMF, „Investmentsteuergesetz; Anwendungsfragen zum Investmentsteuergesetz in der ab dem 1. Januar 2018 geltenden Fassung (InvStG)“, 21.5.2019 – BStBl. I 2019, 527, Rn. 51.5.

Sofern die Möglichkeiten der Optierung zur Transparenz (vgl. §§ 30; 33 InvStG[768]) genutzt wird, mündet dies in einer entsprechenden Besteuerung nach den vorgestellten Transparenzprinzipien. Diese weichen von den Besteuerungsmechanismen für Investmentfonds wesentlich ab. Der Spezial-Investmentfonds unterfällt dann – in Abhängigkeit der gewählten Option für die jeweiligen Einkünfte – keiner Besteuerung.[769] Bei inländischen Beteiligungseinnahmen und sonstigen inländischen Einkünften mit Steuerabzug erfolgt eine direkte Zurechnung der Erträge an die Anleger (vgl. § 30 Abs. 1 S. 2 InvStG). Bei inländischen Immobilienerträgen und sonstigen inländischen Einkünften ohne Steuerabzug ist dies im Regelfall anders (vgl. § 33 Abs. 1 InvStG). Der Spezial-Investmentfonds wird zwar von der Steuer befreit, schüttet jedoch grds. weiterhin Spezial-Investmenterträge an die Anleger aus. Der Spezial-Investmentfonds hat gemäß §§ 33 Abs. 1; 50 Abs. 1 S. 1 InvStG Kapitalertragsteuer auf der Fondsausgangsseite einzubehalten und abzuführen.

5.1.3.1.3.2 Gewerbesteuer

Spezial-Investmentfonds sind bereits per Definition des § 26 InvStG gewerbesteuerbefreit. Die nochmalige Erwähnung der Steuerbefreiung in § 29 Abs. 4 InvStG ist deklaratorischer Natur.[770]

5.1.3.1.3.3 Abkommensberechtigung

Soweit der Spezial-Investmentfonds nicht zur Transparenz optiert, qualifiziert er als eigenständiges Körperschaftsteuersubjekt. Es gilt mithin das zu den Investmentfonds[771] Erörterte auch in diesem Belang.

Aber selbst dann, wenn der Spezial-Investment die eigene Steuerpflicht auf Grundlage der Transparenzoptionen i.S.d. §§ 30; 33 InvStG abwählt, unterliegt er immer noch einer grds. abstrakten Steuerpflicht im Inland

---

768 Vgl. 5.1.2.3.

769 Vgl. zu Vor- und Nachteilen: Köhler, Praxisleitfaden Investmentsteuerrecht, S. 51.

770 Wenzel in Brandis/Heuermann, Ertragsteuerrecht, § 29 InvStG, Rn. 20; vgl. Wolny in Bödecker/Ernst/Hartmann, BeckOK InvStG, 10. Ed., § 29, Rn. 54; Dorn, Investmentsteuerrecht, S. 174 f.

771 Vgl. 5.1.3.1.2.3.

mit einer (partiellen) Steuerbefreiung.[772] Die Wahlrechte stehen seiner Abkommensberechtigung nicht entgegen.

5.1.3.2 Besteuerung der Anleger – Derivative Steuertatbestände

Als nachfolgende Thematik zu den vordergründig der Besteuerung unterliegenden (Spezial-)Investmentfonds kommt die Frage nach der Besteuerung der Anleger auf.

Die Besteuerung der (Spezial-)Investmenterträge auf Anlegerebene wird nicht ausschließlich durch die Regelungen des InvStG bestimmt, sondern es treten anlegerindividuelle Paramater (bspw. das Halten der Beteiligung im Privat- oder Betriebsvermögen) hinzu.[773] Diese bestimmen in Abhängigkeit von ihrer Anwendbarkeit den Besteuerungsumfang. Gleichwohl liegt der Ausgangspunkt der Besteuerung im InvStG. Dabei gilt es die Besonderheiten der Besteuerungsregime der Investmentfonds sowie Spezial-Investmentfonds zu berücksichtigen, die sich über die Investmentfondsebene regelungstechnisch auch auf die Anlegerebene auswirken.

5.1.3.2.1 Steuersubjekt

5.1.3.2.1.1 Unbeschränkte Steuerpflicht

Für die Bestimmung der unbeschränkten Steuerpflicht der Anleger gelten je nach Steuersubjekteigenschaft des EStG bzw. des KStG die allgemeinen Regelungen. D.h., dass alle Steuersubjekte, die entweder ihren Wohnsitz oder gewöhnlichen Aufenthalt (§ 1 Abs. 1 S. 1 EStG i.V.m. §§ 8; 9 AO) oder ihren Geschäftsleitung oder Sitz im Inland haben (§ 1 Abs. 1 KStG i.V.m. §§ 10; 11 AO), der unbeschränkten Steuerpflicht unterfallen.

5.1.3.2.1.2 Beschränkte Steuerpflicht

Eine beschränkte Steuerpflicht, welche an Inlandseinkünfte i.S.d. § 49 Abs. 1 EStG (vgl. § 1 Abs. 4 EStG; § 2 KStG) anknüpft, existiert für Zwecke des InvStG grds. nicht. Aufgrund der Umqualifikation der originären Er-

772 Vgl. Haug, IStR 2020, 866 (873).
773 Hahne/Völker, Investmentsteuerrecht visuell, S. 110.

träge i.R.d. Investmentfondsanlage als Investmenterträge i.S.d. § 20 Abs. 1 Nr. 3 EStG auf Anlegerebene hätte es einer entsprechenden Aufnahme in § 49 Abs. 1 EStG bedurft.[774] Ein Buchstabe für Investmenterträge wurde jedoch nicht implementiert. Damit haben die Regelungen in diesen Fällen für die Investmenterträge (Kapitalertragsteuerabzug, Teilfreistellung etc.) keine Bedeutung. Dies ist folgerichtig, weil der deutsche Gesetzgeber sein Besteuerungsrecht bereits durch die Körperschaftsteuer auf Investmentfondsebene ausgeübt hat.[775]

Vergleichbares gilt im Regelfall auch für Spezial-Investmenterträge gemäß § 20 Abs. 1 Nr. 3a EStG.

Wird im Besteuerungsregime der Spezial-Investmentfonds hingegen die Transparenzoption des § 30 Abs. 1 InvStG für inländische Beteiligungseinnahmen und sonstige inländische Einkünfte mit Steuerabzug gewählt, existieren Besonderheiten. Die dem ausländischen Anleger nach § 30

---

774 Vgl. Remmel in Herrmann/Heuer/Raupach, EStG/KStG, § 16 InvStG, Rn. 9; Hahne/Völker, Investmentsteuerrecht visuell, S. 122; Helios/Mann, DB-S 2016, 1 (15); Oellerich in Musil/Weber-Grellet, Europäisches Steuerrecht, § 49 EStG, Rn. 1; BFH, Urt. v. 13.12.1989, I R 25/86 – BStBl. II 1990, 1056, Rn. 13.
Mangels sachlicher Steuerpflicht ausländischer Anleger entfällt der Kapitalertragsteuerabzug auf die Investmenterträge (vgl. § 49 Abs. 1 EStG). Denn soweit bei Kapitaleinkünften die Voraussetzungen für eine beschränkte Steuerpflicht nicht vorliegen, ist von der auszahlenden Stelle für diese Einkünfte kein Kapitalertragsteuereinbehalt vorzunehmen. BMF, „Einzelfragen zur Abgeltungsteuer; Neuveröffentlichung des BMF-Schreibens", 18.1.2016 – BStBl. I 2016, 85, Rn. 313; vgl. OFD Frankfurt am Main, „Erstattung der Kapitalertragsteuer bei Steuerausländern", 6.6.2012 – DStR 2012, 2601, Tz. 1.
Hat das Kreditinstitut bzw. die auszahlende Stelle dennoch Kapitalertragsteuer einbehalten, kann sie nach § 44b Abs. 5 EStG ihre Kapitalertragsteueranmeldung entsprechend ändern bzw. die Korrektur i.R.d. nächsten Kapitalertragsteueranmeldung vornehmen und die Kapitalertragsteuer dem Gläubiger erstatten; macht der Abzugsschuldner von dieser Möglichkeit keinen Gebrauch, führt die einbehaltene Abzugssteuer zu einer Steuerüberzahlung i.S.d. § 37 Abs. 2 AO. OFD Frankfurt am Main, „Erstattung der Kapitalertragsteuer bei Steuerausländern", 6.6.2012 – DStR 2012, 2601, Tz. 1.
Eine Anrechnung der Kapitalertragsteuer i.R.e. Veranlagung scheidet aus, da die Einkünfte nicht der beschränkten Steuerpflicht unterliegen und daher auch nicht in eine Einkommen- oder Körperschaftsteuerveranlagung einbezogen werden können; sodass der zu Unrecht einbehaltene Abzugsbetrag dem Steuerausländer auf Antrag durch das Betriebsstättenfinanzamt des Abzugsschuldners, der die Kapitalertragsteuer abgeführt hat, erstattet wird. OFD Frankfurt am Main, „Erstattung der Kapitalertragsteuer bei Steuerausländern", 6.6.2012 – DStR 2012, 2601, Tz. 1.

775 Helios/Mann, DB-S 2016, 1 (14).

Abs. 1 S. 2 InvStG materiell-rechtlich zuzurechnenden inländischen Beteiligungseinnahmen behalten ihren originären Charakter, wodurch sie – im Gegensatz zu den Spezial-Investmenterträgen – eine beschränkte Steuerpflicht generieren können (vgl. § 49 Abs. 1 Nr. 5 lit. a), Nr. 2 EStG).[776] Somit wird die inländische Besteuerung sichergestellt.

Sofern die Transparenzoption gemäß § 33 Abs. 1 InvStG für inländische Immobilienerträge und sonstige inländische Einkünfte ohne Steuerabzug ausgeübt wird, gelten diese gemäß § 33 Abs. 3 S. 1, Abs. 4 InvStG bei unbeschränkt steuerpflichtigen Anlegern ebenfalls als unmittelbar bezogene Einkünfte nach § 49 Abs. 1 Nr. 2 lit. f), Nr. 6 oder Nr. 8 EStG.

5.1.3.2.2 Steuerobjekt

Der Anleger kann in- und ausländische Einkünfte aufgrund einer Anlage in in- und ausländische Investmentfonds bzw. Spezial-Investmentfonds beziehen.

5.1.3.2.2.1 Inländische Einkünfte

5.1.3.2.2.1.1 Einkünfte aus inländischen Investmentfonds

5.1.3.2.2.1.1.1 Steuerpflichtige Investmenterträge

Das InvStG besteuert auf Anlegerebene neben Ausschüttungen ebenso Thesaurierungen (beides sind sog. laufende Erträge) sowie Veräußerungsgewinne.

5.1.3.2.2.1.1.1.1 Laufende Erträge

Auf Anlegerebene sind nicht nur bestimmte Einkunftsarten, sondern grds. jegliche Beträge steuerbar, die durch den Investmentfonds gezahlt oder gutgeschrieben werden.[777] Die Besteuerung geht damit einen Schritt weiter und zielt nicht nur auf die in § 6 Abs. 3 bis 5 InvStG gelisteten Erträge

---

776 Vgl. BT-Drs. 18/8045, 99; Mann in Brandis/Heuermann, Ertragsteuerrecht, § 30 InvStG, Rn. 20.

777 Kußmaul/Patzner/Kloster/Bui, Ubg 2016, 596 (599).

auf Investmentfondsebene ab. Vielmehr sind in den Ausschüttungen Erträge enthalten, die auf der Ebene des Investmentfonds nicht der Körperschaftbesteuerung unterliegen, aber zudem bereits ggf. als Bestandteil der Vorabpauschale besteuert wurden.[778]

Der Anleger hat innerhalb seiner Sphäre steuerpflichtige Erträge aus Investmentfonds nach § 16 Abs. 1 InvStG (sog. Investmenterträge) zu versteuern. Laufende Investmenterträge sind (1) die Ausschüttungen des Investmentfonds und (2) die Vorabpauschalen.

Ausschüttungen[779] (§ 2 Abs. 11 InvStG) gemäß § 16 Abs. 1 Nr. 1 InvStG sind die dem Anleger gezahlten oder gutgeschriebenen Beträge einschließlich des Steuerabzugs auf den Kapitalertrag. Hierunter fallen regelmäßig Barausschüttungen, die Wiederanlage der Erträge unter Ausgabe neuer Anteile und ggf. Sachausschüttungen.[780] Unter dem Steuerabzug sind insbesondere die inländische Kapitalertragsteuer sowie vergleichbare ausländische Abzugssteuern zu verstehen, sodass es sich letztlich um Bruttobeträge handelt.[781]

Steuerfreie Kapitalrückzahlungen kennt das Gesetz grds. nicht.[782] Ausschüttungen werden allerdings unter bestimmten Voraussetzungen ausnahmsweise i.R.d. Abwicklung gemäß § 17 Abs. 1 S. 1 InvStG steuerneutral behandelt, d.h. soweit sie steuerfreie Kapitalrückzahlungen darstellen. Der-

---

778 Kußmaul/Patzner/Kloster/Bui, Ubg 2016, 596 (599).

779 Für die Besteuerung der Ausschüttungen als Investmenterträge gelten bei bilanzierenden Anlegern die allgemeinen steuerbilanzrechtlichen Grundsätze (Bilanzierung mit Anspruchsentstehung) und bei allen anderen betrieblichen sowie privaten Anlegern bestimmt sich die zeitliche Zuordnung nach dem Zuflussprinzip (vgl. § 11 EStG). BMF, „Investmentsteuergesetz; Anwendungsfragen zum Investmentsteuergesetz in der ab dem 1. Januar 2018 geltenden Fassung (InvStG)", 21.5.2019 – BStBl. I 2019, 527, Rnrn. 2.46 f.

780 BMF, „Investmentsteuergesetz; Anwendungsfragen zum Investmentsteuergesetz in der ab dem 1. Januar 2018 geltenden Fassung (InvStG)", 21.5.2019 – BStBl. I 2019, 527, Rn. 2.44.

781 Vgl. Sanning, Systemgerechtigkeit im Spannungsfeld von Investmentsteuerrecht und Hinzurechnungsbesteuerung, Diss., S. 68.
Die Regelung erfasst damit alle Steuerabzugsbeträge die bei einer Ausschüttung auf der Fondsausgangsseite erhoben werden und schließt diejenigen Abzüge, die bei Vereinnahmung von Kapitalerträgen durch den Investmentfonds auf der Fondseingangsseite angefallen sind, vom Anwendungsbereich des § 2 Abs. 11 InvStG aus. Vgl. BMF, „Investmentsteuergesetz; Anwendungsfragen zum Investmentsteuergesetz in der ab dem 1. Januar 2018 geltenden Fassung (InvStG)", 21.5.2019 – BStBl. I 2019, 527, Rn. 2.45.

782 BT-Drs. 18/8045, 85; Helios/Mann, DB-S 2016, 1 (13).

artige Kapitalrückzahlungen mindern die Anschaffungskosten (vgl. § 17 Abs. 3 InvStG).

Als weiterer Investmentertrag qualifiziert die Vorabpauschale (vgl. § 18 InvStG) gemäß § 16 Abs. 1 Nr. 2 InvStG, welche die auf Investmentfondsebene thesaurierten Erträge – trotz des vorherrschenden Intransparenzprinzips – erfasst. Sie ist gemäß § 18 Abs. 1 S. 1 InvStG der Betrag, um den die Ausschüttungen eines Investmentfonds innerhalb eines Kalenderjahres den Basisertrag für dieses Kalenderjahr unterschreiten. Die Vorabpauschale durchbricht die steuerliche Intransparenz.[783] Sie wurde in das System der Investmenterträge einbezogen, um Steuerstundungseffekte i.R.d. Thesaurierung zu unterbinden.[784] Da in vielen Fällen die tatsächliche Rendite regelmäßig die Höhe der oft niedrigen Vorabpauschale in Gestalt einer fiktiven Mindestrendite übersteigen wird, ist insoweit die Erzielung von Steuerstundungseffekten wirtschaftlich möglich.[785] Die Vorabpauschale gilt am ersten Werktag des folgenden Kalenderjahres als zugeflossen (§ 18 Abs. 3 InvStG). Auf sie wird i.R.d. nachfolgenden Untersuchung[786] ausführlich eingegangen.

5.1.3.2.2.1.1.1.2 Schlussbesteuerung

Die Gewinne aus der Veräußerung von Investmentanteilen (vgl. § 19 InvStG) stellen den dritten steuerpflichtigen Investmentertrag gemäß § 16 Abs. 1 Nr. 3 InvStG dar. Der Veräußerung stehen gemäß § 2 Abs. 13 InvStG die Rückgabe der Investmentanteile, deren Abtretung, Entnahme oder verdeckte Einlage in eine Kapitalgesellschaft sowie eine beendete Abwicklung oder Liquidation des Investmentfonds gleich. Der Gewinnbegriff umfasst ebenso Verluste (§ 2 Abs. 14 InvStG).

Veräußerungsgewinne werden grds. unter Berücksichtigung der allgemeinen Regelungen besteuert. Für die Ermittlung des Gewinns aus der Veräußerung von Investmentanteilen, die nicht zu einem Betriebsvermögen gehören, ist § 20 Abs. 4 EStG entsprechend anwendbar; § 20 Abs. 4a EStG entfällt hingegen (§ 19 Abs. 1 S. 1, S. 2 InvStG). Es handelt sich damit um den Unterschiedsbetrag zwischen den Einnahmen aus der Veräußerung nach Abzug der Aufwendungen und den Anschaffungskosten. Bei

---

783 Vgl. Stadler/Bindl, DStR 2016, 1953 (1955).
784 BT-Drs. 18/8045, 88.
785 Vgl. Kloster, Neukonzeption der Investmentbesteuerung, Diss., S. 630.
786 Vgl. 5.2.

betrieblichen Anlegern sind die Besonderheiten der Einkünfteermittlung durch Betriebsvermögensvergleich nach § 5 Abs. 1 EStG bzw. Einnahmenüberschussrechnung gemäß § 4 Abs. 3 EStG zu berücksichtigen.[787]

Nach Ermittlung des Veräußerungsgewinns ist dieser um die während der Haltezeit angesetzten Vorabpauschalen, ungeachtet einer möglichen Teilfreistellung nach § 20 InvStG, zu vermindern (§ 19 Abs. 1 S. 3, S. 4 InvStG).[788] Damit soll eine Überbesteuerung, d.h. eine doppelte steuerliche Berücksichtigung der Vorabpauschalen, vermeiden werden.[789] Andernfalls würde die Vorabpauschale als Investmentertrag und dann nochmals i.R.d. Veräußerungsgewinns in Form der Wertsteigerung des Anteils der Besteuerung unterliegen.

5.1.3.2.2.1.1.2 Steuererleichterungen

Insgesamt ist zu beachten, dass wegen § 16 Abs. 3 InvStG die Beteiligungserleichterungen des § 3 Nr. 40 EStG und des § 8b KStG auf Investmenterträge keine Anwendung finden.[790] Dies ist sachgerecht, da Investmentfonds nur in beschränktem Umfang der Körperschaftbesteuerung unterliegen.[791] Dabei ist zu beachten, dass der Regelung nur ein deklaratorischer Charakter zukommt, weil durch die Qualifikation der Investmenterträge als Kapitaleinkünfte nach § 20 Abs. 1 Nr. 3 EStG die Vorschriften § 3 Nr. 40 EStG und § 8b KStG ohnehin nicht anwendbar sind.[792]

---

787 BT-Drs. 18/8045, 90; BMF, „Investmentsteuergesetz; Anwendungsfragen zum Investmentsteuergesetz in der ab dem 1. Januar 2018 geltenden Fassung (InvStG)“, 21.5.2019 – BStBl. I 2019, 527, Rn. 19.2.

788 Vgl. 5.2.3.1.2.

789 BMF, „Investmentsteuergesetz; Anwendungsfragen zum Investmentsteuergesetz in der ab dem 1. Januar 2018 geltenden Fassung (InvStG)“, 21.5.2019 – BStBl. I 2019, 527, Rn. 19.4; BT-Drs. 18/8045, 90.

790 Die Vorschrift hat einerseits deklaratorischen Charakter, weil Investmenterträge gemäß § 20 Abs. 1 Nr. 3 EStG den Einkünften aus Kapitalvermögen zugeordnet werden, sodass § 3 Nr. 40 EStG und § 8b KStG – mangels Beteiligungseinkünften an den Investmentfonds in der Rechtsform einer Kapitalgesellschaft – ohnehin nicht anwendbar sind und andererseits ist sie vor einem steuersystematischen Hintergrund sinnvoll, da Investmentfonds keiner vollumfänglichen Ertragsbesteuerung unterliegen. Wenzel in Brandis/Heuermann, Ertragsteuerrecht, § 16 InvStG, Rn. 22; vgl. BT-Drs. 18/8045, 86; Hahne/Völker, Investmentsteuerrecht visuell, S. 84; **a.A.:** Jung in Bödecker/Ernst/Hartmann, BeckOK InvStG, 10. Ed., § 16, Rnrn. 114 f.

791 Hahne/Völker, Investmentsteuerrecht visuell, S. 84.

792 BT-Drs. 18/8045, 86 f.

In diesem Zusammenhang ist allerdings die Teilfreistellung (vgl. § 20 InvStG) als pauschalierte Kompensation der steuerlichen Vorbelastung auf Investmentfondsebene zu berücksichtigen. D.h., dass Investmenterträge bestimmter Fondskategorien (Aktien-, Misch- und Immobilienfonds) teilweise von der Besteuerung bei unbeschränkt steuerpflichtigen Anlegern auszunehmen sind. Die Teilfreistellung gilt dem Grunde nach für alle Anlegergruppierungen und Anlageklassen. Im Hinblick auf ihren höhenmäßigen Ansatz sieht sie entsprechend der Einordnung allerdings einen unterschiedlichen, typisierenden Umfang vor, welcher die steuerliche Vorbelastung auf Investmentfondsebene als auch die Nichtanwendbarkeit des § 3 Nr. 40 EStG und des § 8b KStG nachempfindet.[793]

Die Typisierung ist aufgrund der Zielsetzung des Gesetzes zur Vereinfachung der Investmentbesteuerung konsequent. Insbesondere wurden auf Grundlage von wissenschaftlichen Studien die durchschnittlichen Dividendenerträge errechnet und die hierauf entfallende Vorbelastung berücksichtigt.[794] Das Resultat einer abgeleiteten, typisierenden Durchrechnung ist die sachgerechte[795] Teilfreistellung. Zudem gelten entsprechend anteilige Abzugsregelungen (vgl. § 21 InvStG) sowie Besonderheiten, sofern sich der anwendbare Teilfreistellungssatz ändert (vgl. § 22 InvStG). Eine gewisse Ähnlichkeit zum Teileinkünfteverfahren gemäß §§ 3 Nr. 40; 3c EStG[796] drängt sich auf. Weitergehende Details zur Teilfreistellung sind der nachfolgenden, separaten Prüfung[797] vorbehalten.

5.1.3.2.2.1.1.3 Besteuerungsgrundsätze

5.1.3.2.2.1.1.3.1 Privatanleger

Sofern es sich bei den Investmenterträgen um solche aus Anteilen, die im Privatvermögen gehalten werden, handelt, unterfallen diese bei natürlichen Personen den Einkünften aus Kapitalvermögen i.S.v. § 20 Abs. 1 Nr. 3 EStG und damit der Kapitalertragsteuer. Werbungskosten sind gemäß § 20

793 Vgl. Remmel in Herrmann/Heuer/Raupach, EStG/KStG, § 20 InvStG, Rn. 1; Mertesdorf-Perathoner in Bödecker/Ernst/Hartmann, BeckOK InvStG, 10. Ed., § 20, Rnrn. 6 f.; Helios/Mann, DB-S 2016, 1 (16); BT-Drs. 18/8045, 91.

794 Bund-Länder-Arbeitsgruppe, Berichtsentwurf der Arbeitsgruppe, „Neukonzeption der Investmentbesteuerung“, 24.2.2012, S. 30 (n.v.).

795 Vgl. 5.3.7.2.1.

796 Vgl. 5.3.2.5.1.1.

797 Vgl. 5.3.

Abs. 9 S. 1 EStG bei diesen Einkünften aus Kapitalvermögen nicht abziehbar. § 21 InvStG schließt das Werbungskostenabzugsverbot nicht aus.[798]

Für Ausschüttungen ist eine Kapitalertragsteuer nach § 43 Abs. 1 S. 1 Nr. 5 EStG zu erheben.[799] Veräußerungsgewinne unterliegen dem Steuerabzug gemäß § 43 Abs. 1 Nr. 9 EStG. Insofern ist die Einkommensteuer mit dem Steuerabzug abgegolten (§ 43 Abs. 5 S. 1 EStG). Die Teilfreistellungssätze für Privatanleger sind im Steuerabzugsverfahren anzuwenden (vgl. § 43a Abs. 2 S. 1 EStG).[800]

Bei Investmenterträgen nach § 16 Abs. 1 InvStG hat die Kapitalerträge auszahlende Stelle den Steuerabzug für Rechnung des Gläubigers der Kapitalerträge vorzunehmen (§ 44 Abs. 1 S. 3 EStG). Die die Kapitalerträge auszahlende Stelle ist dabei regelmäßig das verwahrende bzw. verwaltende inländische Kreditinstitut, Finanzdienstleistungsinstitut, Wertpapierhandelsunternehmen oder die Wertpapierhandelsbank (vgl. § 44 Abs. 1 S. 4 Nr. 1 lit. a) lit. aa) EStG). Für den Kapitalertragsteuerabzug aus der Vorabpauschale trifft diese Verpflichtung das Institut gemäß § 44 Abs. 1 S. 4 Nr. 4 EStG. Dabei handelt es sich grds. um die Depotbank oder Kapitalverwaltungsgesellschaft.[801]

Für die Entrichtung der Kapitalertragsteuer ist zu erwähnen, dass diese gemäß § 44 Abs. 1 S. 2 EStG grds. in dem Zeitpunkt entsteht, in dem die Kapitalerträge dem Gläubiger zufließen. Für die Vorabpauschale sind aufgrund mangelnder Ausschüttungen und aufgrund der Zuflussfiktion des § 18 Abs. 3 InvStG die besonderen Regelungen des § 44 Abs. 1b, Abs. 1 S. 7 ff. EStG zu beachten.

---

798 Vgl. 5.3.3.2.1.2.2.

799 Bei ausländischen Anlegern begründen Investmenterträge aufgrund des fehlenden Anknüpfungspunkts in § 49 Abs. 1 EStG keine sachliche Steuerpflicht, sodass im Ergebnis ein Kapitalertragsteuerabzug ausscheidet. Vgl. Hahne/Völker, Investmentsteuerrecht visuell, S. 122; BMF, „Einzelfragen zur Abgeltungsteuer; Neuveröffentlichung des BMF-Schreibens", 18.1.2016 – BStBl. I 2016, 85, Rn. 313; OFD Frankfurt am Main, „Erstattung der Kapitalertragsteuer bei Steuerausländern", 6.6.2012 – DStR 2012, 2601, Tz. 1.
Vgl. zur Kapitalertragsteuer bei ausländischen Anlegern die Randnotiz in: 5.1.3.2.1.2.

800 BMF, „Investmentsteuergesetz; Anwendungsfragen zum Investmentsteuergesetz in der ab dem 1. Januar 2018 geltenden Fassung (InvStG)", 21.5.2019 – BStBl. I 2019, 527, Rn. 20.6.

801 Vgl. Dorn, Investmentsteuerrecht, S. 143.

5.1.3.2.2.1.1.3.2 Betriebliche Anleger

Wenn es sich um Anteile an Investmentfonds handelt, die der betrieblichen Sphäre von natürlichen Personen zuzuordnen sind, gehören die Investmenterträge wegen der Subsidiaritätsklausel des § 20 Abs. 8 S. 1 EStG einkommensteuerrechtlich zu den vordergründig verwirklichten Einkünften. Das sind regelmäßig gewerbliche Einkünfte gemäß § 15 Abs. 1 EStG. Gleichwohl ist das gesamte Spektrum der §§ 13 bis 18 EStG eröffnet.

Aufgrund der Subsidiaritätsregelung erzielen die betrieblichen Anleger keine Einkünfte aus Kapitalvermögen. Folglich kommt dem Steuerabzug keine abgeltende Wirkung zu (vgl. § 43 Abs. 5 S. 2 EStG). Dementsprechend kommt es zu einer zwingenden Veranlagung der Investmenterträge und der Anwendung des progressiven Einkommensteuertarifs (vgl. § 32a Abs. 1 EStG).[802] Der ungeachtet dessen erfolgende Kapitalertragsteuerabzug nach §§ 43 Abs. 1 S. 1 Nr. 5, Abs. 4 EStG wird bei der späteren Veranlagung auf die Einkommensteuer des betrieblichen Anlegers nach § 36 Abs. 2 Nr. 2 EStG angerechnet.

Für Veräußerungsgewinne gibt es eine Ausnahme vom Kapitalertragsteuerabzug. Insofern ist, soweit die Kapitalerträge Betriebseinnahmen eines inländischen Betriebs sind und der Gläubiger der Kapitalerträge dies gegenüber der auszahlenden Stelle nach amtlich vorgeschriebenem Muster erklärt, kein Steuerabzug vorzunehmen (§§ 43 Abs. 1 S. 1 Nr. 9; Abs. 2 S. 3 Nr. 2 EStG). Die Veräußerungsgewinne unterliegen somit ausschließlich i.R.d. Steuerveranlagung der Besteuerung.[803]

Die Teilfreistellung kommt sowohl bei der Veranlagung als auch i.R.d. Kapitalertragsteuerabzugs zur Anwendung.[804] Die erhöhten Teilfreistellungssätze für einkommensteuerpflichtige Anleger, die ihre Anteile im Betriebsvermögen halten, werden erst im Veranlagungsverfahren der Besteuerung zugrunde gelegt (vgl. § 43a Abs. 2 S. 1 EStG).[805] Bis dahin gelten die Sätze für Privatanleger. Hintergrund dieses Vorgehens ist, dass die anlegerspezifischen Informationen bei den Kreditinstituten im Regelfall nicht als kapitalertragsteuerlich relevante Attribute hinterlegt sind und da-

---

802 Hahne/Völker, Investmentsteuerrecht visuell, S. 114.

803 Hahne/Völker, Investmentsteuerrecht visuell, S. 288.

804 BT-Drs. 18/8045, 91.

805 BMF, „Investmentsteuergesetz; Anwendungsfragen zum Investmentsteuergesetz in der ab dem 1. Januar 2018 geltenden Fassung (InvStG)“, 21.5.2019 – BStBl. I 2019, 527, Rn. 20.6.

mit ein zutreffender Steuerabzug im Massenverfahren nicht gewährleistet werden kann.[806]

5.1.3.2.2.1.1.3.3 Körperschaften

Da Körperschaften i.S.d. § 1 Abs. 1 Nr. 1 bis 3 KStG gewerbliche Einkünfte erzielen (vgl. § 8 Abs. 2 KStG), gilt das zu den betrieblichen Anlegern[807] Gesagte entsprechend. Im Übrigen ist dieser Gedanke für Körperschaften gemäß § 1 Abs. 1 Nr. 4 bis 6 KStG nicht uneingeschränkt fruchtbar zu machen. Bei diesen hat grds. eine separate Einkünftequalifikation erfolgen. Diesbzgl. muss i.R.d. Erzielung von Einkünften aus Kapitalvermögen § 8 Abs. 10 KStG beachtet werden.

Für körperschaftsteuerpflichtige Anleger ist unter den Maßgaben des § 43 Abs. 2 S. 3 Nr. 1 EStG kein Steuerabzug bei Veräußerungsgewinnen vorzunehmen. Die erhöhten Teilfreistellungssätze werden ebenfalls erst im Veranlagungsverfahren berücksichtigt.[808]

5.1.3.2.2.1.1.3.4 Steuerbegünstigte Anleger

Nach dem Willen des Gesetzgebers sollen steuerbegünstigte Anleger in Investmentfonds weitestgehend so behandelt werden, wie es bei der Direktanlage der Fall wäre.[809] Aus diesem Grund existieren bereits auf Investmentfondsebene entsprechende Steuerbefreiungen.[810]

Grds. sind derartige Anleger von der Körperschaftsteuer befreit (vgl. § 5 Abs. 1 KStG). Allerdings gilt diese Befreiung nicht für inländische Einkünfte, die dem Steuerabzug vollständig oder teilweise unterliegen (§ 5 Abs. 2 Nr. 1 KStG). Einem Abzug kommt dann nach § 32 Abs. 1 Nr. 1 KStG abgeltende Wirkung zu.

Zur Vermeidung einer im Vergleich zur Direktanlage ungewollten Steuerbelastung sieht § 44a Abs. 4 S. 1 EStG grds. die Abstandnahme vom Kapitalertragsteuerabzug für steuerbefreite inländische Körperschaftsteu-

806 BT-Drs. 18/8739, 116.

807 Vgl. 5.1.3.2.2.1.1.3.2.

808 BMF, „Investmentsteuergesetz; Anwendungsfragen zum Investmentsteuergesetz in der ab dem 1. Januar 2018 geltenden Fassung (InvStG)“, 21.5.2019 – BStBl. I 2019, 527, Rn. 20.6.

809 Hahne/Völker, Investmentsteuerrecht visuell, S. 122.

810 Vgl. 5.1.3.1.2.1.4.

ersubjekte und inländische juristische Personen des öffentlichen Rechts vor.[811] Voraussetzung ist, dass der Anleger seinen steuerbefreiten Status durch eine Bescheinigung nachweist (vgl. § 44a Abs. 4 S. 3 EStG). Die Bescheinigung wird gemäß § 44a Abs. 4 S. 5 EStG allerdings dann nicht erteilt, wenn die Kapitalerträge in einem wirtschaftlichen Geschäftsbetrieb anfallen, für den die Befreiung von der Körperschaftsteuer ausgeschlossen ist, oder wenn sie in einem nicht von der Körperschaftsteuer befreiten Betrieb gewerblicher Art anfallen. Die Nichterteilung der Statusbescheinigung mündet in einem Kapitalertragsteuerabzug. Derartige Steuern sind ggf. bei der Veranlagung anzurechnen (vgl. § 36 Abs. 2 Nr. 2 EStG i.V.m. § 31 Abs. 1 S. 1 KStG).

5.1.3.2.2.1.1.4 Besonderheiten i.R.d. Altersvorsorge

Investmenterträge aus Investmentanteilen die i.R.v. Altersvorsorge- oder Basisrentenverträgen oder vergleichbaren Ausgestaltungen der betrieblichen wie privaten Altersvorsorge etc. gehalten werden, sind nicht anzusetzen (§ 16 Abs. 2 S. 1 InvStG). Dem System der Alterseinkünftebesteuerung folgend, werden bei derartigen Verträgen die Erträge nur in der Auszahlungsphase besteuert.[812]

Ferner sind Vorabpauschalen gemäß § 16 Abs. 2 S. 2 InvStG nicht bei Einrichtungen der betrieblichen und privaten Altersvorsorge anzuset-

---

811 Hahne/Völker, Investmentsteuerrecht visuell, S. 122.
Wird vom Steuerabzug Abstand genommen oder wird die Steuer erstattet, hat der Spezial-Investmentfonds gemäß § 31 Abs. 2 InvStG die Beträge an diejenigen Anleger auszuzahlen, bei denen die Voraussetzungen für eine Abstandnahme oder Erstattung vorliegen. Die Beträge dürfen nicht in das Vermögen des Spezial-Investmentfonds zurückfließen, da anderenfalls hierdurch alle Anleger und nicht nur die jeweils begünstigten Anleger von der Befreiung profitieren würden. BT-Drs. 18/8045, 100.
Nur bei Spezial-Investmentfonds, an denen ausschließlich Anleger beteiligt sind, bei denen die Voraussetzungen für eine Abstandnahme vom Steuerabzug in gleicher Höhe erfüllt sind, wird es nicht beanstandet, wenn die Abstandnahme- oder Erstattungsbeträge nicht an die Anleger ausgezahlt, sondern im Einvernehmen mit allen Anlegern dem Vermögen des Spezial-Investmentfonds ohne Ausgabe neuer Spezial-Investmentanteile zugeführt werden. BMF, „Investmentsteuergesetz; Anwendungsfragen zum Investmentsteuergesetz in der ab dem 1. Januar 2018 geltenden Fassung (InvStG)“, 21.5.2019 – BStBl. I 2019, 527, Rn. 31.19.

812 BT-Drs. 18/8045, 86.

zen.[813] Hierdurch sollen ungewollte Beeinträchtigungen der Altersversorge vermieden werden, da es anderenfalls zu einer nicht sachgerechten definitiven Steuerbelastung kommen würde.[814]

5.1.3.2.2.1.2 Einkünfte aus inländischen Spezial-Investmentfonds

Auf die Einkünfte aus inländischen Spezial-Investmentfonds wird nur in groben Zügen eingegangen, da die wesentlichen Mechanismen der Vorabpauschale und der Teilfreistellung, auf denen der Fokus dieser Arbeit liegt, in dem Besteuerungsregime für Spezial-Investmentfonds der §§ 25 ff. InvStG nicht in dieser Form vorkommen. Wird zudem die Transparenzoption nicht ausgeübt, ist die Besteuerung der Spezial-Investmentfondsanleger mit derjenigen von Investmentfonds vergleichbar.[815]

Nichtsdestotrotz soll ein kurzer Aufriss der Materie erfolgen, um eine zusammenhängende Abhandlung der investmentsteuerrechtlichen Grundlagen zu gewährleisten.

5.1.3.2.2.1.2.1 Steuerpflichtige Spezial-Investmenterträge

5.1.3.2.2.1.2.1.1 Laufende Erträge

Auf der Anlegerebene werden i.R.e. Investments über einen Spezial-Investmentfonds sog. Spezial-Investmenterträge (§ 34 Abs. 1 InvStG) erzielt. Dies sind als laufende Erträge (1) die ausgeschütteten Erträge und (2) die ausschüttungsgleichen Erträge.

Ausgeschüttete Erträge sind die nach den §§ 37 bis 41 InvStG[816] ermittelten Einkünfte, die von einem Spezial-Investmentfonds zur Ausschüttung verwendet werden (§ 35 Abs. 1 InvStG). § 35 InvStG sieht zudem eine Untergliederung der Ausschüttungsbestandteile sowie eine Ausschüttungsreihenfolge vor.[817]

813 Vgl. zu Detailfragen: Köhler, Praxisleitfaden Investmentsteuerrecht, S. 110 ff.
814 BT-Drs. 18/8045, 86.
815 Sanning, Systemgerechtigkeit im Spannungsfeld von Investmentsteuerrecht und Hinzurechnungsbesteuerung, Diss., S. 67.
816 Vgl. 5.1.3.1.3.1.
817 Vgl. Stadler/Bindl, DStR 2016, 1953 (1962 f.); Sanning, Systemgerechtigkeit im Spannungsfeld von Investmentsteuerrecht und Hinzurechnungsbesteuerung, Diss., S. 91 f.

Gemäß § 36 Abs. 1 InvStG sind ausschüttungsgleiche Erträge die ebenfalls nach den §§ 37 bis 41 InvStG ermittelten positiven Einkünfte, die aber nicht zur Ausschüttung verwendet werden. Die Vorschrift sieht an dieser Stelle einen Katalog vor, der (1) Kapitalerträge nach § 20 EStG mit Ausnahme der steuerfrei thesaurierbaren Kapitalerträge i.S.d. § 36 Abs. 2 InvStG (Thesaurierungsprivileg), (2) Erträge aus der Vermietung und Verpachtung von Grundstücken und grundstücksgleichen Rechten sowie Gewinne aus der Veräußerung von Grundstücken und grundstücksgleichen Rechten[818] und (3) sonstige Erträge i.S.d. § 36 Abs. 3 InvStG umfasst. Ausschüttungsgleiche Erträge gelten gemäß § 36 Abs. 4 S. 2 InvStG mit Ablauf des Geschäftsjahres als zugeflossen, in dem sie vereinnahmt worden sind.

Keine ausschüttungsgleichen Erträge sind die inländischen Beteiligungseinnahmen und die sonstigen inländischen Einkünfte mit Steuerabzug, wenn die Transparenzoption nach § 30 Abs. 1 InvStG wahrgenommen wurde (§ 36 Abs. 1 S. 2 InvStG). Aufgrund der dann direkten Zurechnung beim Anleger erübrigt sich der Regelungsmechanismus der ausschüttungsgleichen Erträge.[819]

Zu beachten ist, dass nicht alle thesaurierten Erträge als ausschüttungsgleiche Erträge erfasst werden, sodass für bestimmte Erträge eine steuerfreie Thesaurierung auf Ebene des Spezial-Investmentfonds möglich ist.[820] Hier greift wiederum ein Thesaurierungsprivileg[821]. Dies ist allerdings nicht unbegrenzt. Denn die steuerfrei thesaurierbaren Kapitalerträge gelten mit Ablauf des 15. Geschäftsjahres nach dem Geschäftsjahr der Vereinnahmung als ausschüttungsgleiche Erträge und zu diesem Zeitpunkt als zugeflossen, soweit sie die Verluste der Vorjahre übersteigen und nicht bis

---

818 Mit Blick auf § 36 Abs. 1 S. 1 Nr. 2 InvStG behandelt die Vorschrift wiederum Veräußerungsgewinne – unabhängig von der zehnjährigen Spekulationsfrist des § 23 Abs. 1 S. 1 Nr. 1 S. 1 EStG – als steuerpflichtig. Dies wird damit gerechtfertigt, dass Privatanleger, welche diese Maßgaben beträfen, ohnehin nur in Ausnahmefällen an Spezial-Investmentfonds beteiligt sind. Vgl. BT-Drs. 18/8045, 105.

819 Vgl. BT-Drs. 18/8045, 105.

820 Dorn, Investmentsteuerrecht, S. 202.
Damit zeigt sich, dass sich das Regime der ausschüttungsgleichen Erträge in ihrer Funktion wesentlich von der Vorabpauschale unterscheidet. Anders als im Fall der Vorabpauschale, die die steuerliche Intransparenz durchbricht, wird die steuerliche Intransparenz des Investmentfonds zugunsten der Anleger – beschränkt auf gewisse Erträge – nur teilweise suspendiert. Sanning, Systemgerechtigkeit im Spannungsfeld von Investmentsteuerrecht und Hinzurechnungsbesteuerung, Diss., S. 94.

821 Vgl. hierzu im Grundsatz: 3.2.6.2.5.

zum Ende des 15. Geschäftsjahres oder in den vorherigen Geschäftsjahren ausgeschüttet wurden (§ 36 Abs. 5 S. 1 InvStG). Damit kann kein dauerhafter Ausschluss der Besteuerung auf Anlegerebene erzielt werden.[822] Ferner enthält § 36 Abs. 6 InvStG eine Thesaurierungsfiktion für nicht zur Ausschüttung verwendete Erträge. Hiermit soll ein weiteres Hinauszögern der Besteuerung der ausschüttungsgleichen Erträge vermieden werden.[823]

5.1.3.2.2.1.2.1.2 Schlussbesteuerung

Veräußerungsgewinne von Spezial-Investmentanteilen (vgl. § 49 Abs. 1 InvStG) qualifizieren ebenfalls als Spezial-Investmentertrag i.S.d. § 34 Abs. 1 Nr. 3 InvStG.

Soweit die Anteile im Privatvermögen gehalten werden gelten die einkommensteuerrechtlichen Maßgaben (vgl. § 49 Abs. 3 S. 1 InvStG i.V.m. § 20 Abs. 4 EStG). Betriebliche Anleger ermitteln das Veräußerungsergebnis nach allgemeinen Regeln, sie haben die Modifikationen des § 49 Abs. 3 S. 2 ff. InvStG zu beachten.[824] Diese stellen sicher, dass bereits steuerwirksam gewordene Ereignisse während der Besitzzeit des Anlegers berücksichtigt und zugleich Doppelbegünstigungen sowie -belastungen verhindert werden.[825] Der Gewinn aus der Veräußerung von Spezial-Investmentanteilen ist u.a. um die während der Besitzzeit bereits besteuerten ausschüttungsgleichen Erträge zu mindern (§ 49 Abs. 3 S. 2 Nr. 1 InvStG). Dasselbe gilt gemäß § 49 Abs. 3 S. 5 InvStG für Erträge, welche den Anlegern i.R.d. Transparenzoptionen nach §§ 30; 33 InvStG zugerechnet werden und nicht an den Anleger ausgeschüttet wurden, da diese bereits beim Anleger besteuert wurden.[826]

Besonders relevant für Veräußerungsgewinne ist, dass die anlegerbezogenen Besteuerungsgrößen des § 49 Abs. 2 InvStG (bspw. der Anleger-Aktiengewinn) separat ermittelt werden. Denn entgegen dem Grundsatz, dass die steuerlichen Erleichterungsvorschriften des § 3 Nr. 40 EStG und § 8b KStG für die Veräußerungsgewinne nicht gelten (vgl. § 34 Abs. 2 S. 2

822 Vgl. Hahne/Völker, Investmentsteuerrecht visuell, S. 164.
823 BT-Drs. 18/8045, 108.
824 Vgl. BT-Drs. 18/8045, 119/121; Hahne/Völker, Investmentsteuerrecht visuell, S. 166.
825 Wenzel in Brandis/Heuermann, Ertragsteuerrecht, § 49 InvStG, Rn. 23.
826 Vgl. Stadler/Bindl, DStR 2016, 1953 (1965); Faller/Wolf/Brielmaier, DB 2016, 488 (495); Sanning, Systemgerechtigkeit im Spannungsfeld von Investmentsteuerrecht und Hinzurechnungsbesteuerung, Diss., S. 100.

InvStG), finden diese Beteiligungserleichterungen etwa beim Anleger-Aktiengewinn Berücksichtigung (vgl. § 49 Abs. 1 S. 1 Nr. 1 InvStG).

5.1.3.2.2.1.2.2 Steuererleichterungen

Für die Spezial-Investmenterträge sind das Teileinkünfteverfahren gemäß § 3 Nr. 40 EStG sowie das Beteiligungsprivileg nach § 8b KStG – etwa abgesehen von vorgenannten Ausnahmen – grds. per se ausgeschlossen; allerdings nur vorbehaltlich des § 42 InvStG (§ 34 Abs. 2 S. 2 InvStG). Die Regelung ist im Hinblick auf die Qualifikation der Erträge nach § 20 Abs. 1 Nr. 3a InvStG deklaratorisch. Hintergrund ist, dass diese Vergünstigungen eine pauschale Berücksichtigung für die Vorbelastung durch die Körperschaftsteuer darstellen und bei Spezial-Investmentfonds diese nicht oder nur partiell anfällt.[827]

I.R.d. Nichtausübung der Transparenzoption entsteht allerdings aufgrund der Körperschaftsteuersubjekteigenschaft des Spezial-Investmentfonds eine steuerliche Vorbelastung auf Investmentfondsebene. Sind daher in den Erträgen inländische Beteiligungseinnahmen oder Immobilienerträge enthalten, die bereits auf Spezial-Investmentfondsebene der Besteuerung unterlegen haben, kommt es zu einer Teilfreistellung (vgl. § 42 Abs. 4, Abs. 5 InvStG). Sie beträgt bei inländischen Beteiligungseinnahmen 60 %, bei inländischen Immobilienerträgen oder sonstigen inländischen Einkünften 20 %.[828] Eine einheitliche Steuerbefreiung i.H.v. 100 % kommt nur dann in Betracht, wenn es sich um einen Anleger handelt, welcher (1) der Körperschaftsteuer unterliegt und (2) dem Spezial-Investmentfonds kein Ermäßigungsanspruch aus einem DBA aufgrund eines Quellensteuerhöchstsatzes von unter 15 % zusteht. In diesem Fall wird die Besteuerung der Erträge auf Fondsebene mit der Körperschaftsteuer als ausreichend erachtet; eine weitere Besteuerung auf Ebene des Anlegers ist nicht notwendig.[829] Die Teilfreistellung gilt konsequenterweise nicht i.R.d. Transparenzoptionen der §§ 30; 33 InvStG, da diese die für die Teilfreistellung relevante steuerliche Vorbelastung vermeiden.[830]

---

827 BT-Drs. 18/8045, 102.

828 Unterschied dieser Teilfreistellung zu derjenigen für Investmentfonds (vgl. § 20 InvStG) ist insbesondere, dass die Norm für Spezial-Investmentfonds einkunftsquellenbezogen ist und nicht sämtliche Erträge des jeweiligen Fondstyps erfasst.

829 Dorn, Investmentsteuerrecht, S. 223.

830 Vgl. Link in Herrmann/Heuer/Raupach, EStG/KStG, § 42 InvStG, Rn. 1; Faller/Wolf/Brielmaier, DB 2016, 488 (494); 5.1.2.3.

Die Behandlung nicht optierbarer Einkünfte der Spezial-Investmentfonds, die einer Doppelbelastung ausgesetzt sind regelt § 42 Abs. 1 bis 3 InvStG.[831] Insoweit sollen die Beteiligungsertragsbefreiungen grds. dann doch Anwendung finden, wenn dies bei einer Direktanlage der Fall wäre.[832] Enthalten bspw. die ausgeschütteten und ausschüttungsgleichen Erträge Kapitalerträge nach § 43 Abs. 1 S. 1 Nr. 6 EStG (ausländische Dividenden) so findet das Teileinkünfteverfahren des § 3 Nr. 40 EStG Anwendung (§ 42 Abs. 1 S. 1 InvStG). § 8b KStG ist in diesen Konstellationen lediglich dann heranzuziehen, soweit es sich neben weiteren Voraussetzungen um Gewinnausschüttungen einer Gesellschaft i.S.d. §§ 30 Abs. 2; 26 Nr. 6 S. 2 InvStG (bspw. Immobilien-Gesellschaften) handelt (§ 42 Abs. 2 S. 1 InvStG). Auf die hierfür notwendigen Ermittlungs- und Bekanntmachungserfordernisse des § 48 Abs. 2 InvStG wird hingewiesen.

5.1.3.2.2.1.2.3 Besteuerungsgrundsätze

5.1.3.2.2.1.2.3.1 Privatanleger

Privatanleger sind grds. nicht unmittelbar an Spezial-Investmentfonds beteiligt. Gleichwohl existieren Ausnahmen (vgl. § 26 Nr. 8 S. 2 InvStG) als absolute Einzelfälle.

Spezial-Investmenterträge nach § 20 Abs. 1 Nr. 3a EStG unterliegen nicht dem Kapitalertragsteuerabzug der §§ 43 ff. EStG. Eine entsprechende Ziffer wurde nicht in § 43 Abs. 1 S. 1 EStG aufgenommen. Vielmehr greift § 50 InvStG die Regelungen für das Besteuerungsverfahren bei Spezial-Investmenterträgen in Form eines Kapitalertragsteuerabzugs auf.[833] Demnach hat ein inländischer Spezial-Investmentfonds die Kapitalertragsteuer als Entrichtungspflichtiger einzubehalten und abzuführen (§ 50 Abs. 1 S. 1 InvStG). Dies betrifft die in § 50 Abs. 1 S. 2 InvStG benannten Erträge bzw. Gewinne.

---

831 Vgl. Kloster, Neukonzeption der Investmentbesteuerung, Diss., S. 685. Überschneidungen zum Anwendungsbereich der Teilfreistellung des § 42 Abs. 4, Abs. 5 InvStG bestehen nicht. Vgl. Link in Herrmann/Heuer/Raupach, EStG/KStG, § 42 InvStG, Rnrn. 8 f.

832 Vgl. Stadler/Bindl, DStR 2016, 1953 (1964); Faller/Wolf/Brielmaier, DB 2016, 488 (494).

833 Vgl. zu Ausnahmen vom Kapitalertragsteuerabzug: Hahne/Völker, Investmentsteuerrecht visuell, S. 296 ff.

Weitere Restriktionen gibt § 34 Abs. 2 S. 1 InvStG vor. Hiernach sind der Abgeltungsteuertarif sowie die abgeltende Wirkung des Steuerabzugs ausgeschlossen, dafür wird eine unbeschränkte Verlustverrechnung sowie ein Abzug der tatsächlichen Werbungskosten zugelassen.[834] Der Ausschluss soll eine unangemessene Privilegierung gegenüber den Anlegern von Investmentfonds verhindern, die durch die Möglichkeit zur steuerneutralen Thesaurierung von Veräußerungsgewinnen und Gewinnen aus Termingeschäften bei Spezial-Investmentfonds entstehen könnte.[835]

Schließlich unterfallen die Einkünfte bei Privatanlegern – auf deren Ebene – der Besteuerung nach dem progressiven Einkommensteuertarif mit den allgemeinen Maßgaben (vgl. § 32a Abs. 1 EStG). § 34 Abs. 2 S. 1 InvStG suspendiert insofern für Spezial-Investmenterträge u.a. die §§ 32d; 43 Abs. 5 S. 1 EStG. Die nach § 50 Abs. 1 S. 1 InvStG gleichwohl einbehaltene und abgeführte Kapitalertragsteuer wird auf die Einkommensteuer angerechnet (vgl. § 36 Abs. 2 Nr. 2 EStG).

5.1.3.2.2.1.2.3.2 Betriebliche Anleger

Die von natürlichen Personen im Betriebsvermögen gehaltenen Anteile an Spezial-Investmentfonds werden nach §§ 13 bis 18 EStG (i.V.m. § 20 Abs. 8 S. 1 EStG) besteuert. Es gelten die Maßgaben der tarifliche Einkommensteuer (vgl. § 32a Abs. 1 EStG). Nach § 34 Abs. 2 InvStG wird die abgeltende Wirkung u.a. auch für betriebliche Anleger ausgeschlossen.

Der Kapitalertragsteuerabzug nach § 50 Abs. 1 S. 1 InvStG wird bei der späteren Veranlagung auf die Einkommensteuer des betrieblichen Anlegers angerechnet (vgl. § 36 Abs. 2 Nr. 2 EStG).

Soweit die ausgeschütteten Erträge Kapitalerträge bspw. in Form von ausländischen Dividenden (vgl. § 43 Abs. 1 Nr. 6 EStG), Gewinne aus der Veräußerung von Anteilen an ausländischen Kapitalgesellschaften (vgl. § 43 Abs. 1 Nr. 9 EStG) oder Gewinne aus der Veräußerung sonstiger Kapitalforderungen (vgl. § 43 Abs. 1 Nr. 10 EStG) enthalten, ist vom Steuerabzug gemäß § 43 Abs. 2 S. 3 bis 8 EStG Abstand zu nehmen (§ 50 Abs. 3 InvStG).[836] Für betriebliche Anleger ist daher unter den Voraussetzungen des § 43 Abs. 2 S. 3 Nr. 2 EStG vom Steuerabzug abzusehen.

834 Vgl. BT-Drs. 18/8045, 102.
835 BT-Drs. 18/8045, 102.
836 Vgl. Hahne/Völker, Investmentsteuerrecht visuell, S. 200.

5.1.3.2.2.1.2.3.3 Körperschaften

Für Körperschaften gilt – unter Verweis auf etwaige Ausnahmen[837] – wiederum das zu betrieblichen Anlegern[838] Erörterte entsprechend (vgl. §§ 1 Abs. 1; 8 Abs. 2 KStG). Für die Abstandnahme vom Steuerabzug gilt jedoch § 43 Abs. 2 S. 3 Nr. 1 EStG.

5.1.3.2.2.1.2.3.4 Steuerbegünstigte Anleger

Für steuerbefreite Anleger ist die Steuerbefreiung nicht auf inländischen Kapitalerträge mit Steuerabzug zu beziehen (§ 5 Abs. 1, Abs. 2 Nr. 1 KStG). Dem Abzug ist eine Abgeltungswirkung beizumessen (vgl. § 32 Abs. 1 Nr. 1 KStG). Gleichwohl ist, um eine definitive Steuerbelastung zu unterbinden, nach § 44a Abs. 4 S. 1 EStG vom Kapitalertragsteuerabzug Abstand zu nehmen. Sofern es zu einem Kapitalertragsteuerabzug kommt, ist dieser i.R.d. Veranlagung anzurechnen (vgl. § 44a Abs. 4 S. 3 ff. EStG; § 36 Abs. 2 Nr. 2 EStG i.V.m. § 31 Abs. 1 KStG).

5.1.3.2.2.1.2.4 Besonderheiten i.R.d. ausgeübten Transparenzoptionen

5.1.3.2.2.1.2.4.1 Privatanleger

Im Zuge der ausgeübten Transparenzoption i.S.d. § 30 InvStG für inländische Beteiligungseinnahmen und sonstige inländische Einkünfte mit Steuerabzug gelten die Anleger als Gläubiger der inländischen Beteiligungseinnahmen und als Schuldner der Kapitalertragsteuer (§ 30 Abs. 1 S. 2, Abs. 5 InvStG). Nach § 31 Abs. 1 S. 1 InvStG sind die Regelungen des EStG zum Steuerabzug vom Kapitalertrag so anzuwenden, als ob dem jeweiligen Anleger die Einkünfte selbst zugeflossen wären. Für die Durchführung des Kapitalertragsteuerabzugs auf die betreffenden Einkünfte ist deshalb auch nicht der Spezial-Investmentfonds, sondern die auszahlende Stelle der betreffenden Einkünfte zuständig.[839]

---

837 Vgl. 5.1.3.2.2.1.1.3.3.
838 Vgl. 5.1.3.2.2.1.2.3.2.
839 Hahne/Völker, Investmentsteuerrecht visuell, S. 300.

Die dem Anleger zugerechneten inländischen Beteiligungseinnahmen behalten ihren steuerrechtlichen Charakter.[840] Um eine Doppelbesteuerung zu vermeiden werden sie investmentsteuerrechtlich als sog. Zurechnungsbeträge i.S.d. § 35 Abs. 3 InvStG behandelt. Es gilt – unter Berücksichtigung der Ausnahmen des § 32d Abs. 2 EStG – der Steuertarif des § 32d Abs. 1 S. 1 EStG. Der Abzug hat abgeltende Wirkung (vgl. § 43 Abs. 5 S. 1 EStG). Die Beschränkungen des § 34 Abs. 2 InvStG finden keine Anwendung.

Im Hinblick auf die Transparenzoption des § 33 InvStG treffen den Anleger grds. keine weiteren Rechtsfolgen, insbesondere werden ihm die inländischen Immobilienerträge nicht direkt zugerechnet.[841] Es handelt sich weiterhin um Spezial-Investmenterträge, die nach den eingangs genannten Grundsätzen der Besteuerung unterliegen und auf die persönliche Steuer anrechenbar sind.[842]

5.1.3.2.2.1.2.4.2 Betriebliche Anleger

Sofern zur Transparenz nach § 30 Abs. 1 InvStG optiert wird, werden auch betrieblichen Anlegern diese Einnahmen direkt zugerechnet. Insbesondere kommt in diesen Fällen § 3 Nr. 40 EStG über § 30 Abs. 3 InvStG zur Anwendung. § 34 Abs. 2 InvStG gilt nicht. Aber auch dann kommt es nicht zu einer Abgeltungswirkung (vgl. § 43 Abs. 5 S. 2 EStG). Im Übrigen gelten – gerade auch mit Blick auf die Transparenzoption des § 33 Abs. 1 InvStG – die Regelmaßgaben.

5.1.3.2.2.1.2.4.3 Körperschaften

Bei Körperschaften gilt grds.[843] das zu den betrieblichen Anlegern[844] Erörterte entsprechend. § 8b KStG findet unter Beachtung der Maßgaben des § 30 Abs. 2, Abs. 3 InvStG Anwendung.

---

840 Mann in Brandis/Heuermann, Ertragsteuerrecht, § 30 InvStG, Rn. 20.
841 Vgl. Mann in Brandis/Heuermann, Ertragsteuerrecht, § 33 InvStG, Rn. 17.
842 Vgl. 5.1.2.3.2.
843 Vgl. 5.1.3.2.2.1.1.3.3.
844 Vgl. 5.1.3.2.2.1.2.4.2.

5.1.3.2.2.1.2.4.4 Steuerbegünstigte Anleger

Sofern zur Transparenz über § 30 Abs. 1 InvStG optiert wird, erzielen steuerbegünstigte Anleger die Erträge direkt. Für Kapitalerträge nach § 43 Abs. 1 S. 1 Nr. 1, Nr. 1a EStG sind etwa die Sonderregelungen zur Abstandnahme vom Kapitalertragsteuerabzug für gewisse Anlegergruppen wie begünstigte Körperschaftsteuersubjekte i.S.d. § 5 Abs. 1 Nr. 9 KStG zu beachten (vgl. § 44a Abs. 7 S. 1, Abs. 10 S. 1 Nr. 3 EStG).[845] Bei anderen steuerbegünstigten Körperschaftsteuersubjekten beschränkt sich der abgeltende Steuerabzug nach § 44a Abs. 8 S. 1 EStG auf drei Fünftel (15 % zzgl. SolZ), was letztlich – im Vergleich zur Nichtausübung der Transparenzoption – eine höhere Steuerbelastung als auf Fondsebene (15 % inkl. SolZ, vgl. §§ 7 Abs. 1 S. 1; 29 Abs. 1 InvStG) bedeutet.[846] Dies zeigt die Nachteiligkeit der Transparenzoption in diesen Sonderfällen.

5.1.3.2.2.1.2.4.5 Beschränkt steuerpflichtige Anleger

Einzig i.R.e. ausgeübten Transparenzoption und der unmittelbaren Zurechnung der Erträge beim ausländischen Anleger wird eine beschränkte Steuerpflicht[847] kreiert (vgl. §§ 30 Abs. 1 S. 2; 33 Abs. 3 S. 1 InvStG i.V.m. § 49 Abs. 1 InvStG). Damit verwirklicht diese Anlegergruppe die originären Einkünftetatbestände.

Der Steuerabzug hat bei beschränkt steuerpflichtigen Anlegern grds. Abgeltungswirkung (vgl. § 50 Abs. 2 S. 1 EStG). Gemäß § 33 Abs. 3 S. 3, Abs. 4 S. 1 InvStG entfällt die abgeltende Wirkung allerdings für die in den ausgeschütteten oder ausschüttungsgleichen Erträgen enthaltenen inländischen Immobilienerträge und sonstigen inländischen Einkünfte ohne Steuerabzug. In der Folge ist der beschränkt steuerpflichtige Anleger im Inland zu veranlagen und hat die Erträge zu erklären.[848] Etwaige Ermäßigungen nach § 44a Abs. 9 EStG und nach DBA sind zu beachten.[849]

---

845 Vgl. Hahne/Völker, Investmentsteuerrecht visuell, S. 208.
846 Vgl. Hahne/Völker, Investmentsteuerrecht visuell, S. 208.
847 Vgl. 5.1.3.2.1.2.
848 Vgl. Mann in Brandis/Heuermann, Ertragsteuerrecht, § 33 InvStG, Rn. 48; Wolny in Bödecker/Ernst/Hartmann, BeckOK InvStG, 10. Ed., § 33, Rn. 202.
849 Hahne/Völker, Investmentsteuerrecht visuell, S. 210.

5.1.3.2.2.2 Ausländische Einkünfte

5.1.3.2.2.2.1 Einkünfte aus ausländischen Investmentfonds

Nach der Zielsetzung des InvStG soll es unbeachtlich sein, ob ein Anleger in einen in- oder ausländischen Investmentfonds investiert, sodass die Regelungen auf diese beiden und die der Steuerpflicht in Deutschland unterliegenden Anleger anzuwenden sind.[850] Es gilt grds. das zu den Einkünften aus inländischen Investmentfonds[851] Gesagte entsprechend. Gleichwohl existieren Besonderheiten, die es zu beachten gilt. Insbesondere ist auf die Maßgaben in DBA Rücksicht zu nehmen.

Beispielhaft ist in DBA regelmäßig die Anwendung der Freistellungsmethode für den Fall vorgesehen, dass eine inländische Kapitalgesellschaft Ausschüttungen von einer im anderen Vertragsstaat ansässigen (ausländischen) Kapitalgesellschaft erhält, an der sie eine qualifizierte Beteiligung hält (sog. Schachtelbeteiligung).[852] Vor dem Hintergrund, dass einerseits Investmentfonds in der Rechtsform einer Kapitalgesellschaft aufgelegt werden können und andererseits im Ausland typischerweise bei Investmentfonds keine Ertragsteuern erhoben werden, bedarf es einer Regelung zur Verhinderung von Gestaltungen, mit denen gänzlich unversteuerte Ausschüttungen (sog. weiße Einkünfte) aus Investmentfonds erzeugt werden können.[853]

§ 16 Abs. 4 S. 1 InvStG stellt daher Ausschüttungen[854] eines ausländischen Investmentfonds, welche wegen eines DBA von der Bemessungsgrundlage der deutschen Steuer auszunehmen wären, nur unter bestimmten, ergänzenden Voraussetzungen auf Anlegerebene frei (sog. Treaty Override).[855] Eine solche Steuerfreistellung wird ungeachtet eines DBA nur gewährt, wenn (1) der Investmentfonds in dem Staat, dem nach dem Abkommen das Besteuerungsrecht zusteht, der allgemeinen Ertragsbesteuerung[856] unterliegt und (2) die Ausschüttung zu mehr als 50 % auf

---

850 Hahne/Völker, Investmentsteuerrecht visuell, S. 282.

851 Vgl. 5.1.3.2.2.1.1.

852 BT-Drs. 18/8045, 87.

853 BT-Drs. 18/8045, 87.

854 Die Vorschrift betrifft ihrem konkreten Wortlaut nach lediglich Ausschüttungen. Vgl. Köhler, Praxisleitfaden Investmentsteuerrecht, S. 69.

855 Vgl. Rüsch, ISR 2020, 140 (140 ff.).

856 Von einer allgemeinen Ertragsbesteuerung ist auszugehen, wenn der Anleger nachweist, dass der Investmentfonds einer Ertragsbesteuerung i.H.v. mindestens 10 % unterliegt und nicht von ihr befreit ist (§ 16 Abs. 4 S. 3 InvStG). Eine

nicht steuerbefreiten Einkünften des Investmentfonds beruht. § 16 Abs. 4 S. 2 InvStG stellt klar, dass die Voraussetzungen und die Rechtsfolgen auch dann anzuwenden sind, wenn dem Staat, in dem der Investmentfonds ansässig ist, durch das DBA nur ein Quellensteuerhöchstsatz von 0 % zugestanden wird.[857]

Eine etwaige Hinzurechnungsbesteuerung für den Fall, dass der Investmentfonds zugleich als Zwischengesellschaft i.S.d. AStG qualifiziert, kommt im Regelfall nicht zum Tragen. §§ 7 bis 13 AStG[858] gewähren dem InvStG grds. den Vorrang.

Die ausländischen Kapitalerträge unterfallen grds. dem Steuerabzug. Bei der Verwahrung im Ausland unterbleibt allerdings oftmals der Kapitalertragsteuerabzug.[859] In diesen Szenarien hat insbesondere der steuerpflichtige Privatanleger Kapitalerträge, die nicht der Kapitalertragsteuer unterlegen haben, in seiner Einkommensteuererklärung zu erklären (vgl. § 32d Abs. 3 S. 1 EStG). Bei den anderen Anlegergruppen erfolgt die Besteuerung i.R.d. Veranlagung.

5.1.3.2.2.2.2 Einkünfte aus ausländische Spezial-Investmentfonds

Vielfach gelten im Hinblick auf die Einkünfte aus ausländischen Spezial-Investmentfonds vergleichbare Mechanismen wie bei solchen aus ausländischen Investmentfonds[860].

Gemäß §§ 43 Abs. 1; 34 Abs. 3 S. 1 InvStG kann für Teile der Erträge eines Spezial-Investmentfonds eine Steuerbefreiung aufgrund eines DBA zum Tragen kommen. Es handelt sich dabei grds. um Ertragsbestandteile, die tatsächlich einer Vorbelastung in dem Quellenstaat unterlegen haben (z.B. Einnahmen aus Vermietung und Verpachtung, die im Belegenheitsstaat der Immobilie besteuert wurden).[861] Derartige Steuerbefreiungen gelten hingegen nicht für Dividenden und andere Gewinnausschüttungen i.S.d. § 20 Abs. 1 Nr. 1 EStG sowie für Investmenterträge gemäß § 20 Abs. 1

---

sachliche Steuerbefreiung von einzelnen Einkunftsarten (z.B. von Beteiligungseinkünften) ist dagegen grds. unschädlich. BMF, „Investmentsteuergesetz; Anwendungsfragen zum Investmentsteuergesetz in der ab dem 1. Januar 2018 geltenden Fassung (InvStG)“, 21.5.2019 – BStBl. I 2019, 527, Rn. 16.22.

857 Jung in Bödecker/Ernst/Hartmann, BeckOK InvStG, 10. Ed., § 16, Rn. 124.

858 Vgl. 5.2.2.5.1.3.

859 Hahne/Völker, Investmentsteuerrecht visuell, S. 112.

860 Vgl. 5.1.3.2.2.2.1.

861 BT-Drs. 18/8045, 102.

Nr. 3 EStG (§ 43 Abs. 1 S. 2 InvStG). Damit sollen Steuergestaltungen zur Erzeugung von unversteuerten Einkünften unterbunden werden.[862] Auf die dafür notwendigen Ermittlungs- und Bekanntmachungserfordernisse des § 48 Abs. 2 InvStG wird hingewiesen.

Die Freistellung von Ausschüttungen ausländischer Spezial-Investmentfonds setzt nach § 34 Abs. 3 S. 2 InvStG voraus, dass die Voraussetzungen des § 16 Abs. 4 InvStG erfüllt sind, weil der Spezial-Investmentfonds im Ausland einer ausreichenden Steuerbelastung unterlegen hat.[863] Die Steuerbefreiung aufgrund eines DBA wird damit von einem bestimmten Steuerniveau in dem Ansässigkeitsstaat der ausschüttenden Gesellschaft abhängig gemacht.[864] Das soll Gestaltungsmissbräuche durch die Nutzung von Abkommensvorteilen ausschließen.[865]

5.1.3.2.3 Steuersatz

Der Steuersatz für Investmenterträge, die nicht unter die Subsidiaritätsklausel des § 20 Abs. 8 S. 1 EStG fallen, beträgt 25 % zzgl. SolZ (vgl. §§ 32d Abs. 1 S. 1; 43a Abs. 1 S. 1 Nr. 1 EStG)[866]. Der Steuerabzug hat Abgeltungswirkung gemäß § 43 Abs. 5 S. 1 EStG. Auf eine mögliche Günstigerprüfung i.S.d. § 32d Abs. 6 S. 1 EStG und den damit einhergehenden Ansatz der tariflichen Einkommensteuer wird hingewiesen.

Bei betrieblichen Anleger ist die Subsidiarität des § 20 Abs. 8 S. 1 EStG zu beachten. Aufgrund dessen ist der gesonderte Steuertarif des § 32d Abs. 1 S. 1 EStG sowie die Abgeltungswirkung gemäß § 43 Abs. 5 S. 2 EStG ausgeschlossen. Schließlich kommt es zu einer Veranlagung mit der tariflichen Einkommensteuer und einer Anrechnung des Steuerabzugs (vgl. §§ 32a Abs. 1; 36 Abs. 2 Nr. 2 EStG).

Für Körperschaften gelten grds. identische Maßgaben wie für betriebliche Anleger. Ihr Steuertarif bemisst sich am Körperschaftsteuersatz i.H.v. 15 % zzgl. SolZ (vgl. § 23 Abs. 1 KStG).

Bei Spezial-Investmenterträgen wird (zunächst) einheitlich für alle Anleger durch den Spezial-Investmentfonds eine Kapitalertragsteuer i.H.v. 15 % zzgl. SolZ abgeführt (vgl. § 50 Abs. 1 S. 1 InvStG). Der Gesetzgeber

862 BT-Drs. 18/8045, 114.
863 Dorn, Investmentsteuerrecht, S. 198.
864 BT-Drs. 18/8045, 102.
865 BT-Drs. 18/8045, 102.
866 Auf Kirchensteuer wird nicht eingegangen.

orientiert sich der Höhe nach hierbei offensichtlich am typischen Anleger eines Spezial-Investmentfonds, welcher der Besteuerung nach dem KStG unterliegt.[867] Im Weiteren ist die Abgeltungswirkung des Kapitalertragsteuerabzugs nach § 34 Abs. 2 S. 1 InvStG ausgeschlossen ist und es kommt eine diesbzgl. Anrechnung auf die jeweilige Steuer der Anleger – auf deren Ebene – in Betracht (vgl. § 36 Abs. 2 Nr. 2 EStG).

Nichts anderes gilt im Grundsatz i.R.d. Ausübung der Transparenzoption für die inländischen Immobilienerträge und sonstigen inländischen Einkünfte ohne Steuerabzug eines Spezial-Investmentfonds gemäß § 33 Abs. 1 InvStG.[868] Wird hingegen zur Transparenz i.S.d. § 30 Abs. 1 InvStG optiert gelten Besonderheiten, da dem Anleger diese Erträge direkt zuzurechnen sind.[869]

5.1.3.2.4 Gewerbesteuer

Investmenterträge sind bei gewerbesteuerpflichtigen Anlegern Teil des nach dem EStG oder KStG ermittelten Gewinns und bilden daher nach § 7 S. 1 GewStG die Ausgangsgröße für die Ermittlung des Gewerbeertrags.[870] Es gelten die allgemeinen Grundsätze (vgl. §§ 7 ff. GewStG).

Die Ermittlungsmechanismen werden jedoch i.R.d. Besteuerungsregimes der Investmenterträge durch die Teilfreistellung in Gestalt des § 20 Abs. 5 InvStG modifiziert. Demnach sind bei der Ermittlung des Gewerbeertrags nur die hälftigen Teilfreistellungssätze zu berücksichtigen.[871] Begründet wird dieser Ansatz damit, dass einerseits die Teilfreistellung ein Ausgleich für die steuerliche Vorbelastung der Investmentfonds mit Körperschaftsteuer ist und andererseits auf Ebene des Investmentfonds aufgrund der regelmäßig gegebenen Steuerbefreiung i.S.d. § 15 Abs. 2 InvStG keine Gewerbesteuer anfällt, sodass es damit an einer gewerbesteuerlichen

---

867 Vgl. Ronig in Bödecker/Ernst/Hartmann, BeckOK InvStG, 10. Ed., § 50, Rn. 20.

868 Vgl. 5.1.2.3.2 und 5.1.3.2.2.1.2.4.

869 Vgl. 5.1.2.3.1 und 5.1.3.2.2.1.2.4.

870 Hahne/Völker, Investmentsteuerrecht visuell, S. 123.

871 Nach der Ansicht des BMF sind die nicht abziehbaren Ausgaben nach § 21 InvStG bei der Ermittlung des Gewerbeertrags ebenfalls nur zur Hälfte zu berücksichtigen; dies entspricht einer sinngemäßen Anwendung des § 20 Abs. 5 InvStG. BMF, „Investmentsteuergesetz; Anwendungsfragen zum Investmentsteuergesetz in der ab dem 1. Januar 2018 geltenden Fassung (InvStG)“, 21.5.2019 – BStBl. I 2019, 527, Rn. 21.3.

Vorbelastung fehlt.[872] Aus diesem Grund ist eine verminderte Freistellung der Erträge für die Zwecke der Gewerbesteuer erforderlich, um damit eine einmalige gewerbesteuerliche Belastung dieser Erträge sicherzustellen.[873] Zudem soll die Vorschrift nicht nur dem Vorbelastungsausgleich dienen, sondern in pauschalisierter Form die steuerlichen Erleichterungsregelungen (vgl. § 3 Nr. 40 EStG; § 8b KStG) abbilden, welche i.R.d. Direktanlage ebenso die gewerbesteuerliche Bemessungsgrundlage mindern.[874]

Soweit die Erträge aus den Anteilen an Spezial-Investmentfonds der Gewerbesteuer unterfallen, ist mit § 45 InvStG eine separate Vorschrift vorgesehen. Die Regelung bestimmt, ob und in welchem Umfang bestimmte Erträge, die auf Anlegerebene von der Ertragsbesteuerung ganz oder teilweise freigestellt wurden, für die Zwecke der Gewerbesteuer hinzuzurechnen sind.[875]

5.1.4 Zusammenfassende Systematisierung und Einordnung

Nachstehend soll eine Systematisierung der beiden Besteuerungsregime des InvStG im Allgemeinen erfolgen; Sonderfälle werden grds. nicht berücksichtigt.

Wenngleich eine Einordnung in die in Kapitel 4.1 aufgezeigten Besteuerungsgrundformen, aufgrund der Vielfältigkeit der Konzeptionen und der oftmals damit einhergehenden mangelnden Nahbarkeit anhand der bloßen Systembezeichnung, regelmäßig wenig Aussagekraft besitzt, so trägt sie doch zum Herkunftsverständnis und den Folgewirkungen bei.

Das Besteuerungssystem der Investmentfonds sieht eine Ebenenbesteuerung – durch die Vorabpauschale auch für thesaurierte Erträge (ggf. mit faktischen Steuerstundungseffekten) – vor und weicht damit von einer bloßen Cash-Flow-Besteuerung ab. Das Hybridsystem ermöglicht zudem eine Teilfreistellung auf Anlegerebene, d.h. eine steuerliche Berücksichtigung der Vorbelastung auf Investmentfondsebene. Aufgrund der bloß pauschalierten Teilfreistellung kann es zu (definitiven) wirtschaftlichen Doppelbe-

---

872 BMF, „Investmentsteuergesetz; Anwendungsfragen zum Investmentsteuergesetz in der ab dem 1. Januar 2018 geltenden Fassung (InvStG)“, 21.5.2019 – BStBl. I 2019, 527, Rn. 20.19.

873 BT-Drs. 18/8045, 92.

874 Vgl. BT-Drs. 18/8045, 92.

875 Dorn, Investmentsteuerrecht, S. 229.

lastungen kommen. Dies entspricht weitestgehend einem Teilfreistellungssystem (Shareholder-Relief-System[876]) i.R.d. Besteuerungsgrundformen.

Demgegenüber steht das Besteuerungsregime der Spezial-Investmentfonds, welches sich i.R.d. ausgeübten Transparenzoptionen wesentlich unterscheidet. Soweit zur Transparenz optiert wird, entfällt die Besteuerung auf Investmentfondsebene. Die Besteuerung verschiebt sich auf die Anlegerebene. Bei der Transparenzoption des § 30 Abs. 1 InvStG erfolgt eine direkte Zurechnung der Erträge an die Anleger. Dies kommt einem Teilhabersystem[877] nahe. Bei der Transparenzoption i.S.d. § 33 Abs. 1 InvStG erzielen die Anleger weiterhin Spezial-Investmenterträge (nebst zeitlich begrenzten Thesaurierungsprivilegien). Darin ist ein Art Vollabzugssystem[878] auf Fondsebene sowohl für Ausschüttungen als auch für thesaurierte Erträge zu sehen.

876 Vgl. 4.1.2.3.2.1.
877 Vgl. 4.1.2.4.
878 Vgl. 4.1.2.2.1.1.

	Investmentsteuergesetz			
	Investmentfonds		Spezial-Investmentfonds (mit ausgeübten Transparenzoptionen)	
	Visualisierung	Erläuterung	Visualisierung	Erläuterung
Investmentfondsebene	T A	**Fondseingangsseite:** – Grds. Körperschaftsteuerpflicht – Sachlicher Umfang der Steuerpflicht beschränkt auf Investmenterträge: inländische Beteiligungseinnahmen, inländische Immobilienerträge und sonstige inländische Einkünfte – Volle Besteuerung (keine Anwendung des § 8b KStG wegen § 6 Abs. 6 InvStG) **Fondsausgangsseite:** – Kapitalertragsteuerabzug für Investmenterträge auf Anlegerebene (insbesondere für die Vorabpauschale als fiktive Mindestbesteuerung für thesaurierte Erträge i.S.d. § 18 Abs. 1 InvStG); Privatanleger: Abgeltungswirkung	(T) (A)	**Fondseingangsseite:** – Wegen ausgeübten Transparenzoptionen keine (Körperschaft-)Steuerpflicht – Inländische Beteiligungseinnahmen und sonstige inländische Einkünfte mit Steuerabzug (Option i.S.d. § 30 Abs. 1 InvStG): keine Besteuerung (transparente Behandlung des Investmentfonds, d.h. direkte Zurechnung zum Anleger wegen §§ 30 Abs. 1 S. 2; 31 Abs. 1 S. 1 InvStG); Kapitalertragsteuerabzug an der Quelle; Privatanleger: Abgeltungswirkung) **Fondsausgangsseite:** – Inländische Immobilienerträge und sonstige inländische Einkünfte ohne Steuerabzug (Option i.S.d. § 33 Abs. 1 InvStG): Kapitalertragsteuerabzug i.S.d. § 50 Abs. 1 InvStG; keine Abgeltungswirkung wegen § 34 Abs. 2 S. 1 InvStG)
Anlegerebene Einmalbelastung teilweise Doppelbelastung Doppelbelastung	(T) (A)	**Laufende Erträge:** – Ermäßigte Besteuerung (keine Anwendung von § 3 Nr. 40 EStG und § 8b KStG wegen § 16 Abs. 3 InvStG, aber pauschalierte Teilfreistellung gemäß § 20 InvStG) **Schlussbesteuerung:** – Ermäßigte Besteuerung (keine Anwendung von § 3 Nr. 40 EStG und § 8b KStG wegen § 16 Abs. 3 InvStG, aber pauschalierte Teilfreistellung gemäß § 20 InvStG) – Minderung des Veräußerungsgewinns um die während der Besitzzeit angesetzten Vorabpauschalen (§ 19 Abs. 1 S. 3, S. 4 InvStG)	(T) (A) bzw. (T) (A)	**Laufende Erträge:** – Inländische Beteiligungseinnahmen und sonstige inländische Einkünfte mit Steuerabzug: ggf. ermäßigte Besteuerung (grds. Anwendung von § 3 Nr. 40 EStG und § 8b KStG nur unter den Voraussetzungen des § 30 Abs. 2, Abs. 3 InvStG) – Inländische Immobilienerträge und sonstige inländischen Einkünfte ohne Steuerabzug: ggf. ermäßigte Besteuerung (grds. Anwendung von § 3 Nr. 40 EStG und § 8b KStG nur unter den Voraussetzungen der §§ 34 Abs. 2 S. 2; 42 InvStG) **Schlussbesteuerung:** – Ermäßigte Besteuerung (grds. Anwendung von § 3 Nr. 40 EStG und § 8b KStG nur unter den Voraussetzungen der §§ 34 Abs. 2 S. 2; 49 Abs. 1 InvStG) – Minderung u.a. um die während der Besitzzeit bereits besteuerten ausschüttungsgleichen Erträge sowie um thesaurierte Zurechnungsbeträge (§ 49 Abs. 3 S. 2 Nr. 1; S. 5 InvStG)
Entspricht grds. Besteuerungsgrundform	– Shareholder-Relief-System		– Transparenzoption i.S.d. § 30 Abs. 1 InvStG: Teilhabersystem – Transparenzoption i.S.d. § 33 Abs. 1 InvStG: Dividendenabzugssystem (Variante: Vollabzug auf Investmentfondsebene)	

Abkürzungen: A ≙ Ausschüttungen; T ≙ Thesaurierungen. Legende: A/T ≙ Volle Besteuerung; (A)/(T) ≙ Ermäßigte Besteuerung (durch teilweise Freistellung); (A)/(T) ≙ Keine Besteuerung (durch volle Freistellung); A/T etc. ≙ Ggf. erstmalige Besteuerung i.R.d. Realisierung (d.h. Steuerstundungseffekte).

Abbildung 10: Zusammenfassende Systematisierung und Einordnung des InvStG. Eigene Darstellung unter Bezugnahme und Adaption einiger Elemente aus der Abbildung zur Ausprägung des Trennungsprinzips in Sigloch/Egner/Wildner, Einführung in die Betriebswirtschaftslehre, S. 274.

5.2 Die Vorabpauschale als tragendes Element im intransparenten System

5.2.1 Gesetzeswortlaut des § 18 InvStG: Vorabpauschale

(1) [1]*Die Vorabpauschale ist der Betrag, um den die Ausschüttungen eines Investmentfonds innerhalb eines Kalenderjahres den Basisertrag für dieses Kalenderjahr unterschreiten.* [2]*Der Basisertrag wird ermittelt durch Multiplikation des Rücknahmepreises des Investmentanteils zu Beginn des Kalenderjahres mit 70 Prozent des Basiszinses nach Absatz 4.* [3]*Der Basisertrag ist auf den Mehrbetrag begrenzt, der sich zwischen dem ersten und dem letzten im Kalenderjahr festgesetzten Rücknahmepreis zuzüglich der Ausschüttungen innerhalb des Kalenderjahres ergibt.* [4]*Wird kein Rücknahmepreis festgesetzt, so tritt der Börsen- oder Marktpreis an die Stelle des Rücknahmepreises.*

(2) *Im Jahr des Erwerbs der Investmentanteile vermindert sich die Vorabpauschale um ein Zwölftel für jeden vollen Monat, der dem Monat des Erwerbs vorangeht.*

(3) *Die Vorabpauschale gilt am ersten Werktag des folgenden Kalenderjahres als zugeflossen.*

(4) [1]*Der Basiszins ist aus der langfristig erzielbaren Rendite öffentlicher Anleihen abzuleiten.* [2]*Dabei ist auf den Zinssatz abzustellen, den die Deutsche Bundesbank anhand der Zinsstrukturdaten jeweils auf den ersten Börsentag des Jahres errechnet.* [3]*Das Bundesministerium der Finanzen veröffentlicht den maßgebenden Zinssatz im Bundessteuerblatt.*

5.2.2 Überblick

Für ein gesamtheitliches Verständnis der Vorabpauschale ist es zunächst essenziell, sich einen Überblick über die Vorschrift zu verschaffen. Dies bedingt das Voranstellen des Hintergrunds, der Einordnung und Systematisierung, des Geltungsbereichs, die Frage nach der diesbzgl. Entrichtung der Kapitalertragsteuer sowie der Rechtsentwicklung der Norm.

5.2.2.1 Hintergrund

Die Vorabpauschale des § 18 InvStG basiert auf der Annahme, dass i.R.d. Investmentanlage nicht immer eine (volle) Ausschüttung der Erträge erfolgt. Diese (Teil- bzw. Voll-)Thesaurierungen können vielerlei Gründe haben, welche regelmäßig in der Anlagepolitik des Investmentfonds niedergelegt sind. Würde man insoweit während der Haltedauer nur die vorgenommenen Ausschüttungen besteuern, würde dies einer generellen Thesaurierungsbegünstigung (Steuerstundung) gleichkommen.[879] Damit würden Investoren – aufgrund des Intransparenzprinzips – grds. vergleichbar wie Gesellschafter von Körperschaften besteuert. Die Vorschrift durchbricht allerdings das Intransparenzprinzip und manifestiert bei thesaurierenden Investmentfonds, deren Ausschüttungen hinter einer sog. risikolosen Marktverzinsung[880] zurückbleiben, eine fiktive Zurechnung einer Vorabpauschale auf die jeweiligen Investmentanteile in entsprechender Höhe.

Das InvStG intendiert durch die Vorabpauschale die widerstreitenden Anforderungen der Einfachheit und der Besteuerungsgerechtigkeit sowie der Aufkommensneutralität zu lösen, indem eine pauschale Bemessungsgrundlage in Höhe dieser risikolosen Marktverzinsung angewandt wird.[881] Der Vorabpauschalenmechanismus wurde letztlich neben der Vermeidung einer zeitlich unbeschränkten Steuerstundungsmöglichkeit ebenso zur Verhinderung von Gestaltungen sowie zur Verstetigung des Steueraufkommens im Hinblick auf die Kalkulierbarkeit des öffentlichen Haushalts etabliert.[882]

Die Implementierung der Vorabpauschale geschieht ausweislich der Gesetzesmaterialien zwar zulasten der Vereinfachung des InvStG, allerdings sei dies notwendig, da anderenfalls die Fondsanlage im Vergleich zur Direktanlage aufgrund der Steuerstundung merklich besser gestellt wäre.[883] In der Direktanlage sind nämlich bspw. auch Veräußerungsgewinne von Wertpapieren steuerpflichtig, während sie auf Ebene des Investmentfonds steuerfrei thesauriert werden können; was wohlmöglich in einer Nichtausschüttungspolitik resultiert.[884] Damit sei eine eigenmächtige Verschiebung des Besteuerungszeitpunkts durch die Entscheidungshoheit des Anlegers zur Realisation und damit zur Besteuerung des Investmentanteils ebenso

879 BT-Drs. 18/8045, 88.
880 Vgl. Mann in Weitnauer/Boxberger/Anders, KAGB, § 18 InvStG, Rn. 1.
881 BT-Drs. 18/8045, 88.
882 Vgl. BT-Drs. 18/8045, 55.
883 BT-Drs. 18/8045, 88.
884 Vgl. BT-Drs. 18/8045, 88.

zu befürchten[885] wie eine zeitlich unbegrenzt abgeschirmte[886] Kapitalanlage sowie – ggf. durch den rechtzeitigen Wegzug in niedrig besteuernde ausländische Staaten – eine vollständige Vermeidung der deutschen Besteuerung.[887] Gleichzeitig soll das neue Ausgestaltungselement den Zielmaßgaben der Novelle genügen.[888]

5.2.2.2 Einordnung und Systematisierung

Die Vorabpauschale ist gemäß § 16 Abs. 1 Nr. 2 InvStG als steuerpflichtiger Investmentertrag ausgestaltet. Die Vorschrift des § 18 InvStG greift diesen spezifischen Investmentertrag auf und erläutert dessen Berechnung im Detail (Einkommensermittlungsvorschrift[889]).

Ausgangspunkt der Ermittlung ist § 18 Abs. 1 InvStG. Die Norm gibt diverse Rechenschritte und relevante Größen vor. Insbesondere ist eine Begrenzung der Vorabpauschale auf den Mehrbetrag – eine Rechengröße zur Verhinderung einer Übermaßbesteuerung[890] – verankert. § 18 Abs. 2 InvStG regelt den Fall des unterjährigen Erwerbs des Investmentanteils und die damit maßgeblichen Auswirkungen. In § 18 Abs. 3 InvStG wird der Zuflusszeitpunkt einheitlich fingiert. § 18 Abs. 4 InvStG sieht Maßgaben für den Basiszins, welcher für Berechnungszwecke der Vorabpauschale nach § 18 Abs. 1 InvStG ausschlaggebend ist, vor.

---

885 Es wäre zu erwarten, dass eine Vielzahl von Investmentfonds keine Ausschüttungen mehr vornehmen, um dem Anleger die Entscheidung über den Besteuerungszeitpunkt durch Veräußerung der Anteile zu überlassen. BT-Drs. 18/8045, 88.

886 Somit wird der wesentliche Thesaurierungsvorteil, der insoweit unmittelbar aus der Steuersubjekteigenschaft der Gesellschaft resultiert, zu großen Teilen eliminiert. Hoch, Die Besteuerungssystematik von Kapitalanlagen, Diss., S. 361.

887 Vgl. BT-Drs. 18/8045, 88; **kritisch:** Sanning, Systemgerechtigkeit im Spannungsfeld von Investmentsteuerrecht und Hinzurechnungsbesteuerung, Diss., S. 75 f.

888 BT-Drs. 18/8045, 1/49 ff.; vgl. 3.2.6.4.

889 Vgl. Kral/Watzlaw in Moritz/Jesch/Mann, FraKo Kapitalanlagerecht, Bd. 2, 2. Aufl., § 18 InvStG, Rn. 19.

890 Vgl. BT-Drs. 18/8045, 89.

5.2.2.3 Geltungsbereich

Der sachliche Geltungsbereich der Vorschrift zielt auf die auf Investmentfondsebene thesaurierten Erträge ab. Dies gilt nicht für Spezial-Investmentfonds.[891]

In persönlicher Hinsicht gilt die Norm lediglich für inländische Anleger von in- und ausländischen Investmentfonds.[892] Der Ausschluss ausländischer Anleger ist Folge der Tatsache, dass für diese Anlegergruppe grds. keine beschränkte Steuerpflicht i.R.d. Investmentfondsanlage begründet wird.[893]

5.2.2.4 Entrichtung der Kapitalertragsteuer

Die Vorabpauschale wird nach § 44 Abs. 1 S. 7 bis 11 EStG sowohl i.R.d. Anlage in einen in- als auch ausländischen Fonds einbehalten (vgl. §§ 44 Abs. 1b; 43 Abs. 1 S. 1 Nr. 5 EStG). Wenn demnach Kapitalerträge ganz oder teilweise nicht in Geld bestehen und der in Geld geleistete Kapitalertrag nicht zur Deckung der Kapitalertragsteuer ausreicht, hat der Gläubiger der Kapitalerträge dem zum Steuerabzug Verpflichteten den Fehlbetrag zur Verfügung zu stellen (§ 44 Abs. 1 S. 7 EStG). Zu diesem Zweck kann der zum Steuerabzug Verpflichtete gemäß § 44 Abs. 1 S. 8 EStG den Fehlbetrag von einem bei ihm unterhaltenen und auf den Namen des Gläubigers der Kapitalerträge lautenden Konto (Giro-, Kontokorrent- oder Tagesgeldkonto)[894], ohne Einwilligung des Gläubigers, einziehen.[895]

Soweit der Gläubiger nicht vor Zufluss der Kapitalerträge widerspricht[896], darf der zum Steuerabzug Verpflichtete auch insoweit die Geld-

---

891 Wenzel in Brandis/Heuermann, Ertragsteuerrecht, § 18 InvStG, Rn. 1.

892 Remmel in Herrmann/Heuer/Raupach, EStG/KStG, § 18 InvStG, Rn. 1.

893 Vgl. 5.1.3.2.1.2.
Vgl. zu Ausnahmen (bspw. § 33 Abs. 2 S. 4 Nr. 1 InvStG): Remmel in Herrmann/Heuer/Raupach, EStG/KStG, § 16 InvStG, Rn. 1.

894 Vgl. BMF, „Einzelfragen zur Abgeltungsteuer; Neuveröffentlichung des BMF-Schreibens", 18.1.2016 – BStBl. I 2016, 85, Rn. 251a.

895 Nach der Gesetzesbegründung könnte zusätzlich oder alternativ die Möglichkeit eingeräumt werden, in dem für die Steuererhebung erforderlichen Umfang Investmentanteile zu verkaufen. BT-Drs. 18/8045, 137.
Vgl. zu daraus folgenden Problemen: Kral/Watzlaw in Moritz/Jesch/Mann, FraKo Kapitalanlagerecht, Bd. 2, 2. Aufl., § 18 InvStG, Rn. 240.

896 Einer Einwilligung des Gläubigers bedarf es hierfür nicht, weil insbesondere in den Massenverfahren der Erhebung der Kapitalertragsteuer auf die Vorab-

beträge von einem auf den Namen des Gläubigers der Kapitalerträge lautenden Konto einziehen, wie ein mit dem Gläubiger vereinbarter Kontokorrentkredit für dieses Konto nicht in Anspruch genommen wurde (§ 44 Abs. 1 S. 9 EStG[897]). Mit dieser gesetzlichen Erweiterung soll eine große Anzahl von Veranlagungsfällen vermieden werden.[898]

Ein Zugriff auf den Kontokorrentkredit ist nur ausgeschlossen, wenn der Gläubiger vor Zufluss der Kapitalerträge widerspricht.[899] Der Widerspruch kann nur für die Zukunft getätigt werden, sodass bei einem bereits vorgenommenen Steuerabzug eine Rückerstattung ausgeschlossen ist.[900] Er kann vollumfänglich gegen die Nutzung des Kontokorrentkredites gerichtet sein oder diesen – abweichend von der vertraglichen Obergrenze des Kontokorrentkredits – auf einen niedrigeren Überziehungsbetrag begrenzen.[901] Das Widerspruchsrecht kommt allerdings ausschließlich im Fall eines unbaren Kapitalertrags zum Tragen.[902] Bei mehreren Kontoberechtigten reicht es aus, wenn ein Kontoberechtigter widerspricht.[903]

Soweit der Steuerpflichtige seiner Verpflichtung nach dem vorgenannten Prozedere nicht nachkommt, hat der zum Steuerabzug Verpflichtete dies dem für ihn zuständigen Betriebsstättenfinanzamt anzuzeigen (§ 44 Abs. 1 S. 10 EStG). Das Finanzamt hat die zu wenig erhobene Kapitalertragsteuer gemäß § 44 Abs. 1 S. 11 EStG vom Gläubiger der Kapitalerträge nachzufordern. Dabei hat der Steuerpflichtige gemäß § 32d Abs. 3 S. 1 EStG diejenigen steuerpflichtigen Kapitalerträge, die nicht der Kapitaler-

---

pauschale eine Meldung an das Betriebsstättenfinanzamt unverhältnismäßig hohen administrativen Aufwand auf Seiten der depotführenden Stellen und der Finanzverwaltung auslösen würde. BT-Drs. 18/8739, 116.

897 Bemerkenswert ist, dass § 44 Abs. 1 S. 9 EStG im Gegensatz zu § 44 Abs. 1 S. 8 EStG von „irgendeinem Konto“ spricht, dass folglich nicht beim Gläubiger unterhalten werden muss, sondern auch bei einem Dritten geführt werden kann. Vgl. BT-Drs. 18/8739, 116.
Auf das zum Depot hinterlegte Verrechnungskonto kann selbst dann zugegriffen werden, wenn Gläubiger der Kapitalerträge und Kontoinhaber nicht identisch sind. BMF, „Einzelfragen zur Abgeltungsteuer; Neuveröffentlichung des BMF-Schreibens“, 18.1.2016 – BStBl. I 2016, 85, Rn. 251a.

898 Kral/Watzlaw, BB 2018, 2717 (2721).

899 BMF, „Einzelfragen zur Abgeltungsteuer; Neuveröffentlichung des BMF-Schreibens“, 18.1.2016 – BStBl. I 2016, 85, Rn. 251a.

900 BT-Drs. 18/8739, 116.

901 BT-Drs. 18/8739, 116.

902 Kral/Watzlaw in Moritz/Jesch/Mann, FraKo Kapitalanlagerecht, Bd. 2, 2. Aufl., § 18 InvStG, Rn. 246.

903 BMF, „Einzelfragen zur Abgeltungsteuer; Neuveröffentlichung des BMF-Schreibens“, 18.1.2016 – BStBl. I 2016, 85, Rn. 251a.

tragsteuer unterlegen haben, in seiner Einkommensteuererklärung anzugeben.[904]

5.2.2.5 Rechtsentwicklung

Der Ausgangspunkt der Rechtsentwicklung ist zunächst von der Frage einer systematischen Vergleichbarkeit zu anderen Mechanismen geprägt. Hieran anknüpfend wird die historische Entwicklung der Norm des § 18 InvStG dargestellt.

5.2.2.5.1 Systematische Ursprünge und Parallelen

Die Vorabpauschale ähnelt in ihrer Ausgestaltung mehreren Besteuerungsmethoden. Diese bilden im Einzelfall die Wurzeln des Pauschalsystems. In Betracht kommen dabei insbesondere das niederländische Boxensystem, das System der ausschüttungsgleichen Erträge im InvStG a.F. sowie die Hinzurechnungsbesteuerung des AStG.

5.2.2.5.1.1 Niederländisches Boxensystem

Dem Vernehmen nach soll ein gleichgeartetes niederländisches Wirkprinzip Vorbild der deutschen Vorabpauschale gewesen sein.[905] Im Ursprungsland des Investmentfondssparens[906] gilt als Hauptbestandteil der Einkommensteuer für natürliche Personen eine sog. Boxenbesteuerung, d.h., dass die jeweiligen Einkünfte einer strikten Separierung im Hinblick auf ihre Einordnung und Besteuerung unterfallen. So kann ein Einkommensbestandteil ausschließlich zu einer der drei Gruppen, (a) Einkünfte aus Arbeit und selbstgenutztem Wohnen (Box 1), (b) Einkünfte aus wesentlicher Beteiligung (Box 2) oder (c) Einkommen aus Ersparnissen und Kapitalanlagen (Box 3), gehören (sog. Schedulensteuersystem).[907] Jede Box hat ein

904 Dies gilt ebenso in Fällen mit Auslandsbezug (bspw. einer ausländischen Depotverwahrung). Anemüller, ErbStB 2019, 87 (91).

905 Vgl. Kammeter, ISR 2016, 99 (105).

906 Vgl. 2.2.1.1.

907 Vgl. Müssener, IWB 2002, 535 (536).

eigenes zu versteuerndes Einkommen nebst Steuersatz.[908] Die entsprechenden Gewinne sind getrennt zu behandeln; eine Verlustverrechnung findet nicht statt.[909]

Besonderes Augenmerk gilt für die hiesigen Zwecke der (niederländischen) Sollertragsbesteuerung[910] des Vermögens (Box 3), d.h. dem vorbehaltlosen Anknüpfen der Besteuerung an das Halten von Vermögens- oder Kapitalbeständen unabhängig von tatsächlich erzielten Erträgen[911]. Bis 2016 wurde das diesbzgl. steuerpflichtige Einkommen[912] aus einer fiktiven, vom Gesetzgeber festgelegten, Rendite i.H.v. 4 % des durchschnittlich eingesetzten Kapitals ermittelt.[913] Auf diesen Betrag wurde pauschal ein Steuersatz i.H.v. 30 % angewandt. Hierdurch waren die tatsächlichen Einkünfte nicht maßgeblich. Erst seit 2017 gibt es eine Differenzierung nach Einkommensstufen, die dennoch weiterhin an einer pauschalierenden Ermittlung festhält.

Vergleicht man den niederländischen Mechanismus mit der Vorabpauschale des InvStG, lassen sich durchaus Parallelen erkennen. Beiden liegt eine pauschale Bemessungsgrundlage zugrunde, die als faktische gesetzgeberische Mindestwirtschaftlichkeitserwartung angesetzt wird (vgl. § 18 Abs. 1 S. 1, S. 2 InvStG). Einen weiteren Gleichklang zum vermutlich niederländischen Vorbild erkennt man daran, dass ein Nachweis der tatsächlichen Verhältnisse in Gestalt einer (Mehr- oder Minder-)Wirtschaftlichkeit, d.h. ein konkret bezifferter Gewinnbetrag, in beiden Regimen grds. obsolet ist.

Allerdings existiert bei der Vorabpauschale an dieser Stelle mit § 18 Abs. 1 S. 3 InvStG eine Begrenzung im unteren Einkommensbereich.[914] Zudem wird die Vorabpauschale i.R.d. Veräußerung auf den Veräußerungspreis gegengerechnet und somit eine Glattstellung der tatsächlichen Verlaufswerte erreicht (vgl. § 19 Abs. 1 S. 3 InvStG). Vorgenanntes verdeutlicht letztlich auch, dass die Vorabpauschale im Gegensatz zum niederländischen Schedulensteuersystem – insgesamt, d.h. vom Kauf der Invest-

908 Boer, Eigenkapital und Fremdkapital, 483 (513).

909 Kowallik, IStR 2000, 300 (301).

910 Vgl. eingehend zum Begriff: 5.2.3.2.2.1.

911 Brich/Hasenbalg, Kompakt-Lexikon Finanzwissenschaft, „Sollsteuern“, S. 179.

912 Etwaige niederländische Freibetragsregelungen werden i.R.d. Betrachtung außer Acht gelassen.

913 Kowallik, IStR 2000, 300 (305).

914 Vgl. 5.2.3.2.2.1.

mentanteile bis zum Verkauf derselben – keine echte Sollertragsbesteuerung darstellt.[915] Bereits diese Aspekte verbieten eine Gleichnisziehung.

Der bemerkenswerteste formale Unterschied – der ferner gegen weitergehende Schlussfolgerungen aus dem niederländischen Prinzip für die Vorabpauschale spricht – ist zudem die Überprüfbarkeit anhand höherrangiger Normen. In Deutschland untersteht das Steuerrecht der Verfassung und muss sich u.a. an dieser vor den Gerichten messen lassen. Die Gesetzgebung ist an die verfassungsmäßige Ordnung, die vollziehende Gewalt und die Rechtsprechung sind an Gesetz und Recht gebunden (Art. 20 Abs. 3 GG).[916] In den Niederlanden existieren hingegen andere verfassungsrechtliche Rahmenbedingungen. Art. 120 der niederländischen Verfassung sieht vor, dass der Richter nicht die Verfassungsmäßigkeit von Gesetzen und Verträgen beurteilt. Ein richterliches Prüfungsrecht, wie in Deutschland bspw. durch eine Normenkontrolle, ist insoweit grds. nicht vorgesehen. Vielmehr gilt der Grundsatz absoluter Parlamentssouveränität, wonach vom Parlament verabschiedete Gesetze aus Gründen der Volkssouveränität und der Gewaltenteilung grds. keiner nachfolgenden Kontrolle bzw. Infragestellung durch die Gerichte zugänglich gemacht werden sollen.[917]

5.2.2.5.1.2 System der ausschüttungsgleichen Erträge im InvStG a.F.

Bekanntermaßen deckt die Vorabpauschale die bislang unter den Terminus der ausschüttungsgleichen Erträge subsumierbaren Fälle im neuen System ab.[918] Gleichwohl lässt sich begrifflich daraus nicht ohne Weiteres schließen, ob es sich um eine eigenständige Fortentwicklung oder bloß um eine Neuetikettierung desselben Ausgestaltungselements des InvStG

---

915 Vgl. 5.2.3.2.2.1.

916 Die richterliche Rechtsfortbildung ist nicht ausgeschlossen. Sie unterliegt hierdurch gewissen Grenzen. Vgl. BVerfG, Beschl. v. 14.2.1973, 1 BvR 112/65 – BVerfGE 34, 269, Rnrn. 38 ff.

917 Hufen, „Beschränkung von Urteilswirkungen im Falle der Feststellung der Verfassungswidrigkeit von Rechtsnormen, Teil 1, Rechtsgutachten, Rechtsvergleichende Untersuchung über die Rechtslage in den Mitgliedstaaten der Europäischen Union, im Auftrag des Bundesministeriums der Finanzen", 10.11.2008, S. 59 (n.v.); zuletzt abrufbar unter: https://www.bundesfinanzministerium.de/Content/DE/Standardartikel/Themen/Europa/RechtsgutachtenTeil 1.pdf?__blob=publicationFile&v=3 – letztes Abrufdatum: 14.8.2020); vgl. van der Velden, Pázmány Law Review 2015, 67 (68).

918 Vgl. BT-Drs. 18/8045, 88.

a.F. handelt. Es ist konzeptionell i.S.e. logischen Schlusses nicht zwingend, dass dem eine identische Systementscheidung für die relevanten Interpretationsmaßgaben zugrunde liegt.

Die Vorabpauschale soll eine pauschal bemessene, jährliche Mindestbesteuerung i.H.d. risikolos erzielbaren Marktzinses sicherstellen, soweit diese nicht bereits über entsprechende Ausschüttungen des Investmentfonds im Kalenderjahr erreicht wurde.[919] Dabei ist sie ersichtlich nicht dazu konstruiert, die tatsächlich auf Fondsebene erzielten Erträge der Besteuerung zu unterwerfen, sondern eher um die Verzinsung der nicht auf der Fondseingangsseite besteuerten Einkünfte in Form einer Mindestverzinsung abzuschöpfen.[920] Abweichend vom alten System der ausschüttungsgleichen Erträge nimmt die Vorabpauschale – abgesehen von den Begrenzungsfällen der unteren Ertragsbereiche sowie den Veräußerungsanrechnungen gemäß §§ 18 Abs. 1 S. 3; 19 Abs. 1 S. 3 InvStG[921] – losgelöst von den tatsächlichen Ertragsverhältnissen des Investmentfonds eine Besteuerung vor.[922]

Betrachtet man die systematischen Verankerungen der beiden Regime gelangt man zu einem divergierenden Schluss. Bislang war eine umfassende Transparenz – i.S.e. juristischen und wirtschaftlichen Gleichstellung mit dem Direktanleger[923] – von der Seite des Gesetzgebers intendiert, sodass bereits keine Ausnahmeregelung einer ansonsten transparenten Besteuerung notwendig wurde. Demgegenüber ist die Vorabpauschale als Anomalie zum intransparenten System konzipiert und torpediert die Idee der Ebenenbesteuerung.[924] Eine potenzielle Gleichstellung mit dem Direktanleger ist nur noch wirtschaftlicher Natur.[925] Daher können die Hintergründe der ausschüttungsgleichen Erträge i.R.d. Vorabpauschale nicht fruchtbar gemacht werden. Diesen Weg schneidet sich der Gesetzgeber mit der Installation der rechtlichen Intransparenz als grundlegende Systementscheidung selbst ab.[926]

919 Kral/Watzlaw, BB 2018, 2717 (2717).
920 Vgl. Kloster, Neukonzeption der Investmentbesteuerung, Diss., S. 618.
921 Vgl. 5.2.3.2.2.1.
922 Vgl. Dyckmans, Ubg 2015, 531 (536).
923 Vgl. 3.2.6.2.3 und 5.1.2.1.
924 Vgl. 5.2.3.2.2.2.
925 Vgl. 5.1.2.1.
926 Kammeter, ISR 2016, 99 (105).

5.2.2.5.1.3 Hinzurechnungsbesteuerung des AStG

Systematisch erinnert die Vorabpauschale wohl am ehesten an die Hinzurechnungsbesteuerung (vgl. §§ 7 bis 13 AStG). Unter dieser Begrifflichkeit versteht man die Einkünftebesteuerung einer ausländischen Kapitalgesellschaft[927] beim inländischen Gesellschafter.

Zweck der Hinzurechnungsbesteuerung ist es, einer etwaigen Steuerflucht durch Einschaltung von sog. Zwischengesellschaften zu begegnen.[928] Es soll verhindert werden, dass inländische Anteilseigner Gewinne in niedrig besteuerten ausländischen Körperschaften – ohne zeitliche Beschränkung – thesaurieren und von der inländischen Besteuerung fernhalten können.[929] Denn die Verwirklichung des Quellenprinzips bietet aufgrund der Abschirmwirkung von Kapitalgesellschaften im Thesaurierungsfall in Kombination mit dem internationalen Steuergefälle zugunsten des Auslands einen Anreiz zur Verlagerung von insbesondere standortelastischen Einkunftsquellen auf Kapitalgesellschaften die in Steueroasen[930] domizilieren.[931] Dies unterbinden die sog. CFC-rules[932].

---

927 Vgl. zum Rechtstypenvergleich: BMF, „Grundsätze der Verwaltung für die Prüfung der Aufteilung der Einkünfte bei Betriebsstätten international tätiger Unternehmen (Betriebsstätten-Verwaltungsgrundsätze)“, 24.12.1999 – BStBl. I 1999, 1076, insbesondere Tabellen 1 und 2; BMF, „Steuerliche Einordnung der nach dem Recht der Bundesstaaten der USA gegründeten Limited Liability Company“, 19.3.2004 – BStBl. I 2004, 411 (sog. LLC-Schreiben); BMF, „Anwendung der Doppelbesteuerungsabkommen (DBA) auf Personengesellschaften“, 26.9.2014 – BStBl. I 2014, 1258, Rn. 1.2.

928 BFH, Urt. v. 3.5.2006, I R 124/04 – BStBl. II 2011, 547.

929 Haug, IStR 2016, 597 (598); vgl. BT-Drs. VI/2883, 18 ff.

930 Vgl. Vogel/Ashauer-Moll, Steueroasen, § 1, Rnrn. 6 ff.; Rat, „Schlussfolgerungen des Rates zur überarbeiteten EU-Liste nicht kooperativer Länder und Gebiete für Steuerzwecke“, 27.2.2020, Anhang 1 – ABl. EU 2020, Nr. C 64, 8; OECD, „Harmful Tax Competition, An Emerging Global Issue“, 1998, S. 21 ff. (abrufbar unter: https://read.oecd-ilibrary.org/taxation/harmful-tax-competition_9789264162945-en#page1 – letztes Abrufdatum: 19.10.2021).

931 Schmidtmann, Hinzurechnungsbesteuerung bei internationalen Umstrukturierungen, Diss., S. 60.

932 Die Regelungen der Hinzurechnungsbesteuerung werden international als CFC-rules bezeichnet. Diese CFC-Systeme gelten heutzutage als integraler Bestandteil ausdifferenzierter, moderner Steuersysteme von entwickelten Industriestaaten. Kraft in Kraft, AStG, Vorbemerkungen zu §§ 7–14, Rn. 1; vgl. Köhler in Strunk/Kaminski/Köhler, AStG/DBA, Vorbemerkungen zu §§ 7–14 AStG, Rnrn. 1 ff.

Die Regelungen wurden jüngst durch das ATADUmsG[933] geändert.[934] Die maßgeblichen §§ 7 bis 13 AStG in der novellierten Fassung sind erstmals auf Zeiträume, die nach dem 31. Dezember 2021 beginnen, anzuwenden (§ 21 Abs. 4 S. 1 AStG).

Beherrscht[935] daher gemäß § 7 Abs. 1 S. 1 AStG ein unbeschränkt Steuerpflichtiger eine Körperschaft, Personenvereinigung oder Vermögensmasse i.S.d. KStG, die weder Geschäftsleitung noch Sitz im Inland hat und die nicht gemäß § 3 Abs. 1 KStG von der Körperschaftsteuerpflicht ausgenommen ist (ausländische Gesellschaft), sind die Einkünfte, für die diese Gesellschaft Zwischengesellschaft ist, bei dem unbeschränkt Steuerpflichtigen entsprechend seiner unmittelbaren und mittelbaren Beteiligung am Nennkapital – quasi transparent – steuerpflichtig.

Bei Einkünften mit Kapitalcharakter, d.h. grds. Einkünften, einschließlich Veräußerungsgewinnen, die aus dem Halten, der Verwaltung, der Werterhaltung oder der Werterhöhung von Zahlungsmitteln, Forderungen, Wertpapieren, Beteiligungen oder ähnlichen Vermögenswerten stammen, genügt etwa auch eine bloße Streubesitzbeteiligung (vgl. § 13 Abs. 1 S. 1, S. 4, Abs. 2 AStG).[936]

Voraussetzung ist, dass die ausländische Gesellschaft als Zwischengesellschaft sog. passive Einkünfte, die einer niedrigen Besteuerung unterliegen, erzielt. § 8 Abs. 1 AStG nimmt eine enumerative Aufzählung aktiver Einkünfte vor. Alles was nicht hierunter subsumierbar ist, scheidet demnach aus und qualifiziert als schädliche passive Einkünfte. Eine niedrige Besteuerung liegt vor, wenn die Einkünfte, für die die ausländische Gesellschaft Zwischengesellschaft ist, einer Belastung durch Ertragsteuern von

933 Vgl. BGBl. I 2021, 2035.

934 Vgl. Baumgartner, IStR 2020, 524 (524 ff.); Ditz/Bärsch/Engelen/Quilitzsch, DStR 2020, 73 (73 ff.); Haase/Nürnberg, Ubg 2020, 1 (1 ff.); Haug, Ubg 2020, 84 (84 ff.); Herr/Link, RdF 2020, 20 (20 ff.); Kühn/Schienke-Ohletz, BB 2020, 1562 (1562 ff.); Jacobsen, DStZ 2020, 113 (113 ff.); Lentz/Sezer, ISR 2021, 85 (85 ff.); Linn, IStR 2020, 77 (77 ff.); Nürnberg, NWB 2020, 330 (330 ff.); Rautenstrauch, GmbHR 2020, R36 (R36 ff.); Rechid/Schäfer, BB 2020, 2071 (2071 ff.); Stadler/Sotta, BB 2020, 1943 (1943 ff.); Haug, DStZ 2021, 612 (612 ff.).
Vgl. zu einer Lösung im Spannungsfeld von InvStG und AStG: Sanning, Systemgerechtigkeit im Spannungsfeld von Investmentsteuerrecht und Hinzurechnungsbesteuerung, Diss., S. 297 ff.

935 Vgl. § 7 Abs. 2 bis 4 AStG.

936 Weitergehende Voraussetzungen und Ausnahmen normiert § 13 Abs. 1 S. 2 ff. AStG.

weniger als 25 % unterliegen, ohne dass dies auf einem Ausgleich mit Einkünften aus anderen Quellen beruht (§ 8 Abs. 5 S. 1 AStG).[937]

Werden die vorgenannten Anforderungen erfüllt vor, gilt die Gesellschaft grds. als Zwischengesellschaft. Auf Investorenebene sind die Einkünfte nach § 20 Abs. 1 Nr. 1 EStG zu versteuern (vgl. § 10 Abs. 2 S. 1 AStG).[938]

Unter gewissen Umständen kann der Status der Zwischengesellschaft über den sog. Motivtest des § 8 Abs. 2 AStG widerlegt werden. Gemäß dieser Vorschrift ist ungeachtet des Einkünftekatalogs des § 8 Abs. 1 AStG eine ausländische Gesellschaft nicht Zwischengesellschaft für Einkünfte, für die nachgewiesen wird, dass die Gesellschaft in dem Staat, in dem sie ihren Sitz oder ihre Geschäftsleitung hat, insoweit einer wesentlichen wirtschaftlichen Tätigkeit[939] nachgeht.[940] Weitergehende Detailfragen hierzu regelt § 8 Abs. 2 S. 2 ff. AStG.

---

937 Dies gilt gemäß § 8 Abs. 5 S. 3 AStG auch dann, wenn Ertragsteuern von mindestens 25 % zwar rechtlich geschuldet, jedoch nicht tatsächlich erhoben werden.

938 Der Zufluss wurde bislang auf den Zeitpunkt unmittelbar nach Ablauf des Wirtschaftsjahres der ausländischen Gesellschaft fingiert (vgl. § 10 Abs. 2 S. 1 AStG a.F.). Der Hinzurechnungsbetrag wurde nach dieser Regelungskonzeption insoweit als Quasi-Ausschüttung von Einkünften eigener Art angesehen und fiktiv entsprechenden Rechtsfolgen unterworfen. Vgl. BFH, Urt. v. 7.9.2005, I R 118/04 – BStBl. II 2006, 537, Rn. 12; BFH, Urt. v. 11.2.2009, I R 40/08 – BStBl. II 2009, 594, Rn. 6; Vogt in Brandis/Heuermann, Ertragsteuerrecht, § 10 AStG, Rnrn. 36 ff.; Wassermeyer/Schönfeld in Flick/Wassermeyer/Baumhoff/Schönfeld, Außensteuerrecht, § 10 AStG, Rn. 144; Fuhrmann in Fuhrmann, AStG, § 10, Rnrn. 74 ff.; Eicker/Rouenhoff, IStR 2005, 125 (130); **a.A.:** FG Düsseldorf, Urt. v. 28.9.2004, 6 K 5917/00 K, G, F – EFG 2005, 335, Rn. 30 (Revision: BFH, Urt. v. 7.9.2005, I R 118/04 – BStBl. II 2006, 537); Schaumburg in Schaumburg, Internationales Steuerrecht, Kap. 13, Rn. 13.197. Mit der aktuellen Fassung des § 10 Abs. 2 S. 1 AStG wird der Zufluss nunmehr in dem Veranlagungszeitraum fingiert, in dem das maßgebende Wirtschaftsjahr der ausländischen Gesellschaft endet. Diese phasengleiche Zurechnung ist neu. Vgl. Lentz/Sezer, ISR 2021, 85 (90).

939 Eine klare gesetzliche Definition der tatsächlichen wirtschaftlichen Tätigkeit existiert nicht. Gleichwohl lassen sich (1) die Teilnahme am Wirtschaftsleben des Mitgliedstaats, (2) die Ausübung der Tätigkeit auf unbestimmte Zeit sowie (3) eine feste geschäftliche Einrichtung, d.h. Geschäftsräume, Personal und Ausrüstungsgegenstände, als relevante Kriterien ins Feld führen. Vgl. BT-Drs. 16/6290, 92.

940 Diese Aspekte sowie der Motivtest beruhen auf der EuGH-Rechtsprechung. Vgl. EuGH, Urt. v. 12.9.2006, C-196/04 – Slg. 2006, I-7995, Rn. 5 („Cadbury Schweppes").

Im Hinblick auf die gesetzgeberische Intention und die Zielrichtung, ist die Vorabpauschale mit der Hinzurechnungsbesteuerung des AStG grds. vergleichbar. Es geht in beiden Fällen um die Vermeidung von Thesaurierungsbegünstigungen bzw. von Steuerstundungseffekten. Beide Elemente stehen sich zwar systematisch nahe, sodass im Grundsatz Gleichnisse gezogen werden können, jedoch bestehen diese Regelungsmaterien grds. nicht nebeneinander. Vielmehr ist das InvStG – im Regelfall – lex specialis zum AStG (vgl. §§ 7 Abs. 5 S. 1; 13 Abs. 5 S. 1 AStG).[941]

941 An die Stelle der Hinzurechnungsbesteuerung tritt im Thesaurierungsfall die Vorabpauschale. Gleichwohl sind Fälle i.R.d. Erzielung von passiven (Kapital-)Einkünften (weiterhin) denkbar, in denen der ausländische Fonds simultan als Zwischengesellschaft i.S.d. AStG qualifiziert. In diesen Situationen greift aber aufgrund des Ausschlusses schließlich grds. nur noch das InvStG.
Einerseits wird der Primat des InvStG für die Fälle des negativen Basiszinses und damit des Nichtansatzes der Vorabpauschale (vgl. 5.2.6) kritisiert. Prämisse des Vorrangs sei eine angemessene Besteuerung, welche aber in diesen Konstellationen nicht erfolge, sondern vielmehr eine (dauerhafte) Nichtbesteuerung thesaurierter Erträge auf Fondsebene bedeute. Vgl. Haug, DStZ 2021, 612 (615). Überdies ist andererseits der Motivtest gemäß § 8 Abs. 2 AStG für die passive Einkünfte erzielenden Zwischengesellschaften ausgeschlossen. Dies verlagert den europarechtlichen Sachverhalt der §§ 7 bis 13 AStG grds. in das InvStG. Hierin wird teilweise in der Literatur bzgl. des Vorabpauschalenelements – unter Rekurs auf die grds. ähnlich lautende Vorgängerregelung (vgl. § 7 Abs. 7 AStG a.F.) – eine Verletzung europäischen Rechts, insbesondere der Niederlassungs- (vgl. Art. 49 Abs. 1 S. 1 AEUV) sowie Kapitalverkehrsfreiheit (vgl. Art. 63 AEUV), unter Heranziehung des materiellen Fondsbegriffs des KAGB gesehen. Dieser wirke für in- und ausländische Fonds faktisch unterschiedlich, weil nach dem KAGB deutsche Investmentvermögen nur in gesetzlich vorgegebenen Rechtsformen gebildet werden könnten, währenddessen die Rechtsform aus deutscher Sicht bei der Beurteilung ausländischer Vehikel hinsichtlich ihres Charakters als Investmentvermögen keine Rolle spiele. Eine deutsche GmbH könne nämlich nicht als Investmentfonds gemäß § 1 Abs. 2 S. 1, S. 2 InvStG gelten, da sie aufgrund des Typenzwangs des KAGB grds. nicht als inländisches Investmentvermögen qualifiziere (vgl. § 1 Abs. 1 KAGB i.V.m. §§ 91 Abs. 1; 139 KAGB). D.h., dass eine vergleichbare ausländische GmbH grds. als Investmentvermögen subsumiert werden würde, da die Rechtsformbeschränkungen für sie nicht gelten. Sie wäre daher ein Investmentfonds i.S.d. InvStG. Vergleicht man die Gebilde, so fällt i.R.e. Beteiligung über die deutsche GmbH keine Vorabpauschale an. Bei Investments über eine vergleichbare ausländische GmbH greift § 18 Abs. 1 InvStG – aufgrund der abweichenden Einordnung – hingegen schon. Ein dem § 8 Abs. 2 AStG nachgebildeter Mechanismus existiere nicht. Vgl. Haisch, RdF 2015, 294 (302); Patzner, RdF 2015, 261 (262); Wassermeyer, EuZW 2016, 841 (842); BVI/BVR/BdB/DSGV/VÖB/VDP, Stellungnahme, 1.9.2015, S. 3 (Anlage) (abrufbar unter: www.bvi.de/fileadmin/user_upload/

Eine Rückausnahme sieht nur § 7 Abs. 5 S. 2 AStG vor, wenn die den Einkünften zugrunde liegenden Geschäfte zu mehr als einem Drittel mit dem Steuerpflichtigen oder ihm nahestehenden Personen betrieben werden. Für (Publikums-)Investmentfonds mit großem Anlegerkreis sollte dies mangels eines Beherrschung begründenden Näheverhältnisses i.d.R. keine Rolle spielen.[942]

Insoweit verbietet sich daher, aufgrund des Primats des InvStG, der Schluss von der einen auf die andere Seite. Somit kann ein im Ausland

---

Regulierung/Positionen/Investmentsteuerreform/2015-09-01_BVI-DK-Stn_DiskussionsE_BMF_InvStReform.pdf – letztes Abrufdatum: 19.10.2021).
Letztlich dürfte aber eine deutsche GmbH nicht wie eine vergleichbare ausländische Investment-GmbH auftreten. Ersterer ist es verwehrt – wie ein Investmentfonds – kollektiv Geld einzusammeln und das Vermögen zu verwalten etc. Hiergegen würde die BaFin vorgehen und die Auflösung verfügen (vgl. §§ 5 Abs. 6; 15 Abs. 1, Abs. 2 KAGB). Vgl. Zetzsche/Nast in Assmann/Wallach/Zetzsche, KAGB, § 91, Rn. 19; Zander in Weitnauer/Boxberger/Anders, KAGB, § 15, Rnrn. 4 ff.
Die einzig mögliche Vergleichsgruppe von in- und ausländischen Investmentfonds unterliegt keiner differenzierten Behandlung, die eine rechtfertigungsbedürftige Beeinträchtigung i.S.d. AEUV darstellen könnte. In- und ausländische Fonds werden gleich behandelt. Der Belastungsvergleich zeigt keine höhere Steuerbelastung in die eine oder andere Richtung. Eine unterschiedslose Gleichbehandlung kann kein Nachteil und folglich keine Beschränkung sein. Insoweit geht es im Ergebnis, anders als in der Rechtssache „Cadbury Schweppes" (vgl. EuGH, Urt. v. 12.9.2006, C-196/04 – Slg. 2006, I-7995 („Cadbury Schweppes")) zur Hinzurechnungsbesteuerung, nicht um eine durch den jeweiligen Ansässigkeitsstaat beeinträchtigende Ungleichbehandlung der divergierenden Besteuerungsniveaus, sondern um die unterschiedslose Gleichbehandlung gleicher Sachverhalte. Diese im Vergleich zur EuGH-Rechtsprechung bestehende Situation mit umgekehrten Vorzeichen ist nicht geeignet, die Teilnahme der im jeweiligen europäischen Mitgliedstaat ansässigen Gesellschaft am Wirtschaftsleben desselben Staats und damit die Grundfreiheit des Einzelnen einzuschränken.
Unter diesem Aspekt ist ebenso die Nichtgeltung des § 8 Abs. 2 AStG für die Fälle des InvStG zu sehen. Die Vorabpauschale ersetzt diesen Mechanismus und gilt uneingeschränkt. Ein Motivtest wäre dem InvStG nicht nur wesensfremd, sondern würde ebenso dem Gesetzeszweck zuwiderlaufen, sodass auch keine europarechtlichen Bedenken bestehen. So auch: Vgl. Mann in Weitnauer/Boxberger/Anders, KAGB, § 18 InvStG, Rn. 9, Fn. 48; Klein in Herrmann/Heuer/Raupach, EStG/KStG, Einführung zum InvStG, Rn. 7; Haug, IStR 2016, 597 (608); Stadler/Bindl, DStR 2016, 1953 (1961); Stadler/Mager, DStR 2016, 697 (701); Ebner, IWB 2017, 479 (486); Kloster, Neukonzeption der Investmentbesteuerung, Diss., S. 718 ff.; Sanning, Systemgerechtigkeit im Spannungsfeld von Investmentsteuerrecht und Hinzurechnungsbesteuerung, Diss., S. 241.

942 Haug, DStZ 2021, 612 (616).

ansässiger Investmentfonds – der aufgrund seiner vermögensverwaltenden Tätigkeit grds. passive Einkünfte erzielt und damit im AStG-Regime als ausländische Zwischengesellschaft qualifiziert – regelmäßig nur nach dem InvStG besteuert werden.[943]

5.2.2.5.2 Historische Entwicklungsstufen

Die Vorabpauschale hat von der ersten Idee bis zum Inkrafttreten 2018 einen langwierigen Prozess durchlebt. So bestand die Vorabpauschale des jetzigen § 18 InvStG in ihrer Ausgangsfassung[944] aus lediglich drei Absätzen und war unter einer anderen Paragraphenziffer als der heutigen anzutreffen.

Zunächst wurde die Höhe der Vorabpauschale in der Gesetzesfassung vom 1. Januar 2018 im Verhältnis zum früheren Diskussionsentwurf[945] reduziert. Anfänglich bildete sich die Vorabpauschale noch als der Betrag, der sich aus der Multiplikation des Rücknahmepreises des Investmentanteils zu Beginn des Kalenderjahres mit 80 % des Basiszinses, vermindert um die Ausschüttungen im laufenden Kalenderjahr, ergab. Bereits mit dem Referentenentwurf[946] wurde dies auf eine 70%ige Veranschlagung gesenkt. Damit finden die Werbungskosten eine tiefgreifendere Berücksichtigung.

---

943 Das AStG findet mit seinem europarechtlich geforderten Motivtest grds. keine Anwendung. I.R.e. gesetzgeberisch implementierten Rückausnahme war dies im alten Recht nach § 19 Abs. 4 S. 1 InvStG a.F. für Kapital-Investitionsgesellschaften noch anders geregelt. Der Motivtest des § 8 Abs. 2 AStG fand insoweit entsprechende Anwendung. Vgl. Mann in Brandis/Heuermann, Ertragsteuerrecht, § 19 InvStG a.F., Rnrn. 19 f.; Schmidt in Bödecker/Ernst/Hartmann, BeckOK InvStG, 18. Ed., § 19, Rnrn. 32 ff.; Patzner/Kempf in Patzner/Kempf/Nagler, InvStG, § 19 InvStG a.F., Rnrn. 22 ff.

944 Vgl. § 15 InvStG-DiskE sowie § 15 InvStG-RefE.

945 Vgl. BMF, „Diskussionsentwurf des Bundesministeriums für Finanzen, Entwurf eines Gesetzes zur Reform der Investmentbesteuerung (Investmentsteuerreformgesetz – InvStRefG)“, 21.7.2015, S. 10 f. (n.v.).

946 Vgl. BMF, „Referentenentwurf des Bundesministeriums für Finanzen, Entwurf eines Gesetzes zur Reform der Investmentbesteuerung (Investmentsteuerreformgesetz – InvStRefG)“, 16.12.2015, S. 17 (abrufbar unter: www.bundesfinanzministerium.de/Content/DE/Gesetzestexte/Gesetze_Gesetzesvorhaben/Abteilungen/Abteilung_IV/18_Legislaturperiode/Gesetze_Verordnungen/2016-07-26-Investmentsteuerreformgesetz/1-Referentenentwurf.pdf?__blob=publicationFile&v=2 – letztes Abrufdatum: 19.10.2021).

Zudem begrenzt der aktuelle § 18 Abs. 1 S. 3 InvStG den Basisertrag auf den Mehrbetrag zzgl. der Ausschüttungen innerhalb eines Kalenderjahres. Vorausgegangen war bis zum Referentenentwurf die Begrenzung auf den Mehrbetrag ohne die Berücksichtigung unterjähriger Ausschüttungen. Der Finanzausschuss monierte dies zurecht.[947] Anderenfalls käme es zu der skurrilen Situation, dass bspw. bei einer hälftigen Ausschüttung eine Vorabpauschale i.H.v. 0 € anfiele und im parallelen Vollthesaurierungsfall eine solche in voller Höhe.[948] Teilausschüttungen bzw. -thesaurierungen würden so in eine steuerliche Schieflage geraten.

Eine weitere Berechnungsproblematik beinhaltet die Gesetzesbegründung[949] zum heutigen § 18 Abs. 2 InvStG. Ausgehend vom Gesetzeswortlaut soll die Vorabpauschale i.R.e. unterjährigen Erwerbs des Investmentanteils anteilig um je ein Zwölftel gemindert werden. Abweichend hiervon sieht die Begründung vor, dass der Basisertrag – und eben nicht die Vorabpauschale – um je ein Zwölftel für jeden vollen Monat, der dem Monat des Erwerbs vorausgeht, gemindert werden soll. Ohne Ausschüttungen hat dies keine Auswirkungen, da keine Verrechnungsnotwendigkeit besteht. Dies wandelt sich jedoch im Fall der Teilthesaurierung. Nach dem Gesetzeswortlaut, welcher auf die Vorabpauschale abstellt, werden die Ausschüttungen im Wege der Saldierung im laufenden Kalenderjahr ebenfalls nur anteilig berücksichtigt. Trotz entsprechender Kritik, dass i.R.d. Kürzung der Vorabpauschale auch eine bereits besteuerte Ausschüt-

947 Vgl. BT-Drs. 18/8739, 98.

948 Vgl. das Beispiel in BT-Drs. 18/8739, 98: Zur Verdeutlichung der Problematik sei von einem Jahresanfangswert i.H.v. 100 € und ein Rücknahmewert eines vollthesaurierenden Investmentfonds am Ende des Kalenderjahres i.H.v. 100,60 € auszugehen. Parallel hierzu werden bei einem teilthesaurierenden Investmentfonds die Jahreserträge i.H.v. 0,60 € hälftig, d.h. i.H.v. 0,30 €, an die Investoren ausgeschüttet. Dies bedeutet einen Anteilswert am Jahresende für den teilthesaurierenden Investmentfonds von 100,30 €.
Unter Heranziehung des Begrenzungsbetrags auf die bloße Differenz zwischen dem ersten und dem letzten im Kalenderjahr festgesetzten Rücknahmepreis – ohne die unterjährigen Ausschüttungen – würde im vorgenannten Fall der Teilthesaurierung eine Deckelung auf den Betrag i.H.v. 0,30 € erfolgen. Dieser Betrag ist dann unter Anwendung des § 18 Abs. 1 S. 1 InvStG um die erfolgten Ausschüttungen zu kürzen, was eine Differenz von 0 € ergibt. Demnach würden nur einmalig 0,30 € im Wege der Ausschüttung besteuert werden, wenngleich die restlichen 0,30 € teilthesauriert wurden und damit eine steuerrechtlich relevante Bewegung von insgesamt 0,60 € stattfindet.
Demgegenüber würde es im Vollthesaurierungsfall bei den steuerlich verhafteten 0,60 € bleiben.

949 Vgl. BT-Drs. 18/8045, 90.

tung anteilig gekürzt und somit die anteilige Vorabpauschale zu hoch angesetzt wird[950], hat das BMF diese Problematik zugunsten der anteiligen Vorabpauschalenminderung entschärft.[951] Dieses Vorgehen trägt zur Transparenz bei und lässt sich als Vereinfachung dadurch rechtfertigen, dass die Besteuerung der Vorabpauschale bei der Ermittlung des Ergebnisses aus der späteren Veräußerung der Investmentanteile nach § 19 Abs. 1 S. 3, S. 4 InvStG ohnehin wieder rückgängig gemacht wird.[952] Die Gesetzesbegründung gibt gleichwohl eine falsche Realität wieder. Dies ist eine klare Divergenz zum Wortlaut der Norm.

Ursprünglich galt die Vorabpauschale mit Ablauf des Kalenderjahres als zugeflossen. Der Gesetzgeber erkannte, dass die Zahlung der Vorabpauschale in Anbetracht des oftmals kleinen Betrags eine müßige Last ist. Heutzutage ist die Zuflussfiktion daher auf den ersten Werktag des folgenden Kalenderjahres gelegt (§ 18 Abs. 3 InvStG). So soll das Steuerabzugsverfahren erleichtert und beschleunigt werden, da dem Steuerpflichtigen in vielen Fällen dann noch ein voller Sparer-Pauschbetrag zur Verfügung steht, mit dem die Vorabpauschale verrechnet werden kann.[953]

Darüber hinaus nahm die Vorschrift in ihrer Fassung des Diskussionssowie Referentenentwurfs im ersten Absatz noch selbst Bezug auf den Basiszins des § 203 Abs. 2 BewG. Dieser Verweis wich einer eigenständigen Regelung in § 18 Abs. 4 InvStG. Grund hierfür war eine Gesetzesänderung[954], welche die relevanten Parameter in § 203 BewG strich.

In der Diskussionsfassung hatte noch die Aussage, dass eine negative Vorabpauschale nicht anzusetzen ist, ihren Niederschlag gefunden. Im heutigen § 18 InvStG findet sich dies nicht mehr wieder. Lediglich in der Gesetzesbegründung[955] ist dieser Aspekt weiterhin verankert. Dies ist inso-

---

950 Kral/Watzlaw in Moritz/Jesch/Mann, FraKo Kapitalanlagerecht, Bd. 2, 2. Aufl., § 18 InvStG, Rn. 98; vgl. Patzner/Nagler in Patzner/Kempf/Nagler, InvStG, § 18 InvStG, Rn. 25.

951 BMF, „Investmentsteuergesetz; Anwendungsfragen zum Investmentsteuergesetz in der ab dem 1. Januar 2018 geltenden Fassung (InvStG)“, 21.5.2019 – BStBl. I 2019, 527, Rn. 18.11.

952 Kral/Watzlaw in Moritz/Jesch/Mann, FraKo Kapitalanlagerecht, Bd. 2, 2. Aufl., § 18 InvStG, Rn. 98; vgl. Kral/Watzlaw, BB 2015, 2198 (2200); 5.2.7.4.2.

953 BT-Drs. 18/8739, 99; BMF, „Investmentsteuergesetz; Anwendungsfragen zum Investmentsteuergesetz in der ab dem 1. Januar 2018 geltenden Fassung (InvStG)“, 21.5.2019 – BStBl. I 2019, 527, Rn. 18.12.

954 Vgl. Art. 18 des Gesetzes zur Umsetzung der Änderungen der EU-Amtshilferichtlinie und von weiteren Maßnahmen gegen Gewinnkürzungen und -verlagerungen, 20.12.2016 – BGBl. I 2016, 3000.

955 Vgl. BT-Drs. 18/8045, 89.

weit unbedenklich, da die derzeitigen Tatbestandsvoraussetzungen schon keine dahin gerichteten Berechnungsmöglichkeiten zulassen. Eine Erwähnung wäre somit nur deklaratorisch.

5.2.3 Ermittlung der Vorabpauschale (§ 18 Abs. 1 InvStG)

Nachfolgend wird die Ermittlung der Vorabpauschale eingehend dargestellt und gesonderte Fragestellungen hierzu werden im Anschluss besprochen.

5.2.3.1 Besteuerungskonzeption

Ausgehend vom Gesetzeswortlaut stellt die Vorabpauschale nach § 18 Abs. 1 InvStG drei wesentliche Elemente in den Vordergrund der Besteuerungskonzeption. Dies ist (1) der Grundsatz der Besteuerung des Basisertrags – als Element einer Sollertragsbesteuerung (vgl. § 18 Abs. 1 S. 1, S. 2 InvStG)[956] –, (2) die Einschränkung desselben durch den Begrenzungsbetrag (vgl. § 18 Abs. 1 S. 3 InvStG) sowie (3) die abschließende Ist-Besteuerung i.R.d. Realisation nach § 19 InvStG, welche in das zyklische Gesamtkonzept der Vorabpauschale gehört und daher ebenso in diesem Zusammenhang darzustellen ist.

Vorab sei jedoch aus Gründen der Klarstellung angemerkt, dass es sich bei dem Vorabpauschalenregime insgesamt um eine temporäre Pauschalbesteuerung mit Caps und nicht um eine echte (definitive) Sollertragsbesteuerung handelt; es wird insoweit bereits an dieser Stelle auf die Ausführungen zur systematischen Grundentscheidung verwiesen.[957]

5.2.3.1.1 Temporäre Pauschalbesteuerung mit Caps

5.2.3.1.1.1 Besteuerung des Basisertrags (Sollertragsbesteuerung)

Die Besteuerung des Basisertrags gemäß § 18 Abs. 1 S. 1, S. 2 InvStG wird nachfolgend hinsichtlich ihres Zwecks und ihrer gesetzlichen Ausgestaltung untersucht.

956 Vgl. 5.2.3.2.2.1.
957 Vgl. 5.2.3.2.2.1.

5.2.3.1.1.1.1 Zweck der Vorschrift

Mit der Vorabpauschale soll eine Besteuerung im Thesaurierungsfall grds. unabhängig davon, ob überhaupt ein Ertrag an den Anleger ausgeschüttet wird oder der tatsächlich erwirtschaftete Gewinn höher ist, erfolgen. Dieses Besteuerungsprinzip einer fiktiven Mindestausschüttung ohne einen Liquiditätszufluss ist der Direktanlage fremd.[958] Insofern wird eine Mindestwirtschaftlichkeitserwartung einer Investmentfondsanlage der Steuer unterzogen, obgleich dem Anleger nur sehr geringe oder keine Erträge zugeflossen sind (sog. dry-income-taxation).

Anleger haben damit trotz des vorherrschenden Intransparenzprinzips während der Haltedauer der Investmentanteile neben den tatsächlichen Ausschüttungen ebenso pauschalisiert (teil-)thesaurierte Erträge in Form einer jährlich zu erwarteten Mindestrendite aus der Kapitalanlage in Form des Investmentanteils (fiktive Mindestausschüttung, sog. risikolose Marktverzinsung) zu versteuern.[959] Die angewandte Pauschalierung dient dem Vereinfachungsgedanken.[960] Die Mindestrendite, d.h. der Basisertrag, orientiert sich an der Rendite, die mit einer Anlage in relativ risikolose Staatsanleihen typischerweise hätte erzielt werden können.[961] Maßgeblicher Faktor ist dabei der Basiszins gemäß § 18 Abs. 4 InvStG[962].

Aus dem pauschalierenden Ansatz folgt zugleich, dass, insoweit die tatsächliche Rendite die Höhe der Vorabpauschale übersteigt, es ebenso zur Erzielung von Steuerstundungseffekten kommen kann; nämlich in Gestalt der überschießenden Rendite.[963] Die Vorabpauschale vermeidet letztlich nur gänzliche Steuerstundungseffekte.[964] Im Zuge eines negativen Basiszinses[965] sind diese Effekte schließlich betragsmäßig unbeschränkt. Damit entstehen nicht von der Vorabpauschale erfasste Wertsteigerungen, die letztlich – bis zur Glattstellung i.R.d. Veräußerung[966] – frei thesauriert werden können. Bis

958 Vgl. zu daraus resultierenden Liquiditäts- und Zinseffekten: 5.2.3.2.1.2.
959 Vgl. BT-Drs. 18/8045, 88.
960 Vgl. Böcker, NWB 2016, 2789 (2792).
961 Warnke, EStB 2016, 305 (307); vgl. BT-Drs. 18/8045, 88.
962 Vgl. 5.2.6.
963 Vgl. Kloster, Neukonzeption der Investmentbesteuerung, Diss., S. 630; Delp, DB 2017, 447 (449); Kral/Watzlaw, BB 2018, 2717 (2718).
964 Vgl. Delp, DB 2017, 447 (449).
965 Vgl. 5.2.6.
966 Vgl. 5.2.3.1.2.

zu diesem Moment sind die thesaurierten Erträge hauptsächlich Grundlage für die Ermittlung des Wertzuwachses des Fondsanteils.[967]

5.2.3.1.1.1.2 Ausgestaltung

Die Vorabpauschale ist gemäß § 18 Abs. 1 S. 1 InvStG ausgestaltet als der Betrag, um den die Ausschüttungen eines Investmentfonds innerhalb eines Kalenderjahres den Basisertrag für dieses Kalenderjahr unterschreiten.[968]

Ausschüttungen bestimmen sich über § 2 Abs. 11 InvStG. Demnach handelt es sich um die dem Anleger gezahlten oder gutgeschriebenen Beträge einschließlich des Steuerabzugs auf den Kapitalertrag (Bruttoausschüttungen[969]).[970] Dabei sind alle Ausschüttungen des Kalenderjahres miteinzubeziehen.[971] Ein abweichendes Wirtschaftsjahr bzw. Geschäftsjahr des Investmentfonds hat auf die Berechnung der Vorabpauschale keinen Einfluss.[972]

Die Bestimmung des Basisertrags erfolgt nach § 18 Abs. 1 S. 2 bis 4 InvStG. Er ermittelt sich durch Multiplikation des Rücknahmepreises des Investmentanteils zu Beginn des Kalenderjahres[973] mit 70 % des Basiszinses, d.h. einer Werbungskostenpauschale (§ 18 Abs. 1 S. 2 InvStG).

Aufgrund des Abstellens auf den ersten Rücknahmepreis des Investmentanteils zu Beginn des Kalenderjahres tritt – vorbehaltlich nachfolgender Ausführungen – die Natur der Vorabpauschale als Element der Abschöpfung

---

967 Vgl. Sanning, Systemgerechtigkeit im Spannungsfeld von Investmentsteuerrecht und Hinzurechnungsbesteuerung, Diss., S. 72.

968 Sie wird unabhängig davon, ob es sich um einen Aktien-, Misch- oder Immobilienfonds handelt, einheitlich ermittelt. Vgl. Bund-Länder-Arbeitsgruppe, Berichtsentwurf der Arbeitsgruppe, „Neukonzeption der Investmentbesteuerung“, 24.2.2012, S. 39 (n.v.).

969 Vgl. Kral/Watzlaw in Moritz/Jesch/Mann, FraKo Kapitalanlagerecht, Bd. 2, 2. Aufl., § 18 InvStG, Rn. 20.

970 Auf die Zusammensetzung der Ausschüttungen kommt es aufgrund des Trennungsprinzips nicht an. Wenzel in Brandis/Heuermann, Ertragsteuerrecht, § 18 InvStG, Rn. 11.

971 Vgl. zur Frage, ob Ausschüttungen während der Liquidationsphase (vgl. § 17 Abs. 1 InvStG) ebenso hierunter fallen: Kral/Watzlaw in Moritz/Jesch/Mann, FraKo Kapitalanlagerecht, Bd. 2, 2. Aufl., § 18 InvStG, Rnrn. 30 ff./40 ff.

972 Remmel in Herrmann/Heuer/Raupach, EStG/KStG, § 18 InvStG, Rn. 10.

973 In der Literatur wird teilweise aus Klarstellungsgründen anstelle des bisherigen Wortlauts für die Formulierung „ersten im Kalenderjahr festgesetzten Rücknahmepreis des Investmentanteils“ plädiert. Kral/Watzlaw in Moritz/Jesch/Mann, FraKo Kapitalanlagerecht, Bd. 2, 2. Aufl., § 18 InvStG, Rn. 55; vgl. Helios/Mann, DB-S 2016, 1 (15).

einer zu erwartenden Mindestrendite deutlich zu Tage. Es kommt nämlich gemäß § 18 Abs. 1 InvStG auf die tatsächlichen Verhältnisse einer Wertsteigerung des Anteils sowohl innerhalb eines Veranlagungszeitraums als auch darüber hinaus grds. (zunächst) nicht an. Vorausgesetzt es existiert überhaupt eine Wertsteigerung, gilt dieser Aspekt jedenfalls für die oberen Ertragsbereiche. Für die unteren Ertragsbereiche greift § 18 Abs. 1 S. 3 InvStG.[974] Die pauschale Besteuerung i.R.d. Vorabpauschale wird allerdings spätestens i.R.d. Ist-Besteuerung bei der Veräußerung relevant und nivelliert faktisch entstandene Fehlbeträge.[975]

Lautet der Rücknahmepreis auf eine Fremdwährung, so sind die dahin gehenden Referenzkurse der EZB maßgebend.[976]

Anzumerken ist, dass, sofern kein Rücknahmepreis festgesetzt ist, der Börsen- oder Marktpreis an die Stelle des Rücknahmepreises tritt (§ 18 Abs. 1 S. 4 InvStG). Dies ist bereits dann der Fall, wenn der Investmentfonds nicht monatlich fortlaufend einen solchen Rücknahmepreis festsetzt.[977]

Bei einer unterjährigen Neuauflage eines Investmentfonds ist der erste festgesetzte Rücknahmepreis oder sofern dieser nicht vorhanden ist, der erste für diesen Investmentfonds ermittelte Börsen- oder Marktpreis bei der Ermittlung der Vorabpauschale zugrunde zu legen.[978]

---

974 Vgl. 5.2.3.1.1.2.

975 Vgl. 5.2.3.1.2.

976 Vgl. BMF, „Investmentsteuergesetz; Anwendungsfragen zum Investmentsteuergesetz in der ab dem 1. Januar 2018 geltenden Fassung (InvStG)“, 21.5.2019 – BStBl. I 2019, 527, Rn. 18.6.
Vgl. zum Stichtag: Kral/Watzlaw in Moritz/Jesch/Mann, FraKo Kapitalanlagerecht, Bd. 2, 2. Aufl., § 18 InvStG, Rnrn. 81 ff./46 ff.

977 BMF, „Investmentsteuergesetz; Anwendungsfragen zum Investmentsteuergesetz in der ab dem 1. Januar 2018 geltenden Fassung (InvStG)“, 21.5.2019 – BStBl. I 2019, 527, Rn. 18.8.
Das kann für ausländische Investmentfonds ein Problem darstellen, wenn nach deren investmentrechtlichen Regelungen ein jährlicher Rücknahmepreis ausreicht (bspw. in Luxemburg). Bödecker, Ubg 2019, 545 (553).
Vgl. die kritische Anmerkung zur Vermengung der verschiedenen Preisansätze: Kral/Watzlaw in Moritz/Jesch/Mann, FraKo Kapitalanlagerecht, Bd. 2, 2. Aufl., § 18 InvStG, Rn. 67.

978 BMF, „Investmentsteuergesetz; Anwendungsfragen zum Investmentsteuergesetz in der ab dem 1. Januar 2018 geltenden Fassung (InvStG)“, 21.5.2019 – BStBl. I 2019, 527, Rn. 18.7.
Werden i.R.e. Depotübergangs keine Anschaffungsdaten mitgeteilt, ist im Steuerabzugsverfahren die Vorabpauschale für das gesamte Kalenderjahr anzusetzen und die zu viel erhobene Kapitalertragsteuer ggf. im Veranlagungsverfahren zu

Soweit der Rücknahmepreis zu Beginn des Kalenderjahres bestimmt wurde, wird dieser sowohl mit dem für das Jahr geltenden Basiszins nach § 18 Abs. 4 InvStG als auch einem Quotienten i.H.v. 70 %, welcher Ausdruck einer typisierenden Werbungs- bzw. Verwaltungskostenpauschale[979] ist, multipliziert (vgl. § 18 Abs. 1 S. 2 InvStG). Demnach wird die Rendite nicht als Bruttorendite angesehen. Vielmehr werden Kosten i.R.e. eines durchschnittlichen Kostenanteils für Verwaltungskosten des Investmentfonds[980] i.H.v. 30 % in Abzug gebracht. Die Berücksichtigung der Werbungskosten ist geboten, da der Basiszinssatz als pauschale Berechnungsgrundlage unberücksichtigt lässt, dass der Anleger im Ergebnis die Fondserträge abzgl. der Verwaltungskosten des Investmentfonds erhält.[981] Dies mindert seine Steuerlast.

Um eine Doppelbelastung zu vermeiden, ist der Basisertrag in der Folge auf den Mehrbetrag zzgl. der unterjährigen Ausschüttungen begrenzt (§ 18 Abs. 1 S. 3 InvStG). Dieser Aspekt wird im nachfolgenden Schritt[982] näher untersucht. Die Nennung soll hier nur der Vollständigkeit halber erfolgen.

Weitere Voraussetzung ist, dass die Ausschüttungen des Kalenderjahres den Basisertrag unterschreiten (vgl. § 18 Abs. 1 S. 1 InvStG). Die Rechnungsgrößen werden damit in ein Verhältnis gesetzt, d.h. die Ausschüttungen werden vom Basisertrag abgezogen. Die Ausschüttungen mindern den Basisertrag und damit im Ergebnis die Vorabpauschale bis (maximal) auf null.[983] Übertreffen die Ausschüttungen die Wertsteigerung ist allerdings keine negative Vorabpauschale anzusetzen.[984] Wenn der Investmentfonds keine Ausschüttungen vorgenommen hat, entspricht die Vorabpauschale dem Basisertrag.[985] Dem Fonds ist es somit innerhalb der aufsichtsrechtlich gesteckten Grenzen möglich, die Vorabpauschale rein rechnerisch zu annullieren.

---

erstatten. Vgl. BMF, „Investmentsteuergesetz; Anwendungsfragen zum Investmentsteuergesetz in der ab dem 1. Januar 2018 geltenden Fassung (InvStG)“, 21.5.2019 – BStBl. I 2019, 527, Rn. 18.9.

979 Vgl. Kral/Watzlaw in Moritz/Jesch/Mann, FraKo Kapitalanlagerecht, Bd. 2, 2. Aufl., § 18 InvStG, Rn. 59.

980 Vgl. BT-Drs. 18/8045, 89.

981 BT-Drs. 18/8045, 89.

982 Vgl. 5.2.3.1.1.2.

983 BT-Drs. 18/8045, 89; Remmel in Herrmann/Heuer/Raupach, EStG/KStG, § 18 InvStG, Rn. 10.

984 Vgl. BT-Drs. 18/8045, 89; Bund-Länder-Arbeitsgruppe, Berichtsentwurf der Arbeitsgruppe, „Neukonzeption der Investmentbesteuerung“, 24.2.2012, S. 39 (n.v.).

985 Remmel in Herrmann/Heuer/Raupach, EStG/KStG, § 18 InvStG, Rn. 10.

Gegenstand der Ausschüttungen sind regelmäßig Gewinne, die im vorangegangenen Geschäftsjahr erwirtschaftet wurden und mithin im Wert zu Beginn des Kalenderjahres berücksichtigt sind. Die Ausschüttungen unterlagen bereits einer Besteuerung (vgl. § 16 Abs. 1 Nr. 1 InvStG), sodass keine Notwendigkeit für eine nochmalige Besteuerung besteht; dies gilt nach dem Wortlaut auch, wenn der Anleger den Investmentanteil erst nach der Ausschüttung erwirbt, sodass die (bereits erfolgte) Besteuerung daher nicht seine Besitzzeit betrifft.[986] Hierdurch wird eine steuerliche Doppelbelastung beim Anleger vermieden. Anderenfalls käme es zu einer Besteuerung einerseits als zugeflossener, d.h. in Form von tatsächlich vereinnahmten Ausschüttungen, und andererseits noch einmal als etwaig thesaurierter Investmentertrag, d.h. als Vorabpauschale.

Neben die Allgemeinregel des Nichtansatzes von Investmenterträgen, d.h. ebenso der Vorabpauschale, i.R.v. Altersvorsorge- oder Basisrentenverträgen oder vergleichbaren Ausgestaltungen der betrieblichen wie privaten Altersvorsorge[987], tritt für die Vorabpauschale eine Sonderregelung. Es erfolgt darüber hinaus auch dann kein Ansatz der Vorabpauschale gemäß § 16 Abs. 2 S. 2 InvStG, wenn die Investmentanteile (a) i.R.d. betrieblichen Altersvorsorge nach dem BetrAVG, (b) von Versicherungsunternehmen i.R.v. Versicherungsverträgen nach § 20 Abs. 1 Nr. 6 S. 1 und S. 4 EStG oder (c) von Kranken- und Pflegeversicherungsunternehmen zur Sicherung von Altersrückstellungen gehalten werden. Dies soll eine Beeinträchtigung der Altersvorsorge verhindern.[988]

5.2.3.1.1.2 Beschränkung durch den Begrenzungsbetrag (Ist-Besteuerung)

In einigen Fällen erfährt die vorgenannte Besteuerung des Basisertrags ihrerseits eine Beschränkung durch den Begrenzungsbetrag (vgl. § 18 Abs. 1 S. 3 InvStG).

5.2.3.1.1.2.1 Zweck der Vorschrift

Das Gesetz sieht mit der Beschränkung durch den Begrenzungsbetrag gemäß § 18 Abs. 1 S. 3 InvStG, d.h. den Mehrbetrag zzgl. unterjähriger Ausschüt-

---

986 Mann in Weitnauer/Boxberger/Anders, KAGB, § 18 InvStG, Rn. 4.
987 Vgl. 5.1.3.2.2.1.1.4.
988 BT-Drs. 18/8045, 86.

tungen, eine maßgebliche Schranke für die zu erwartende Mindestrendite vor, welche durch die Limitierung der Vorabpauschale auf die tatsächliche Wertsteigerung des Fondsanteils eine temporäre Übermaßbesteuerung vermeiden soll.[989] Dies gilt jedenfalls für die unteren Ertragsbereiche. Hintergrund dieser Maßgabe ist, dass in diesen Fällen anstelle einer rein fiktiven Mindestrendite nach § 18 Abs. 1 S. 1, S. 2 InvStG die tatsächlich eingetretene Rendite besteuert werden soll; unabhängig davon, ob der tatsächliche Ertrag ausgeschüttet wurde. Durch den Ansatz des Mehrbetrags zzgl. der Ausschüttungen wird die tatsächliche Wertsteigerung in das Blickfeld genommen und bildet damit den konkreten Wertverlauf des Investmentanteils vollumfänglich ab.[990] D.h., dass in dieser Hinsicht letztlich nichts der Besteuerung unterworfen wird, was im Veranlagungszeitraum – unter Einbeziehung der Investmentfondsebene – nicht auch erwirtschaftet wurde. Die Vorabpauschale übersteigt somit niemals die Ertragskraft des Investmentfonds. Dies ist als sog. Cap zu verstehen.

5.2.3.1.1.2.2 Ausgestaltung

Im Konkreten sieht § 18 Abs. 1 S. 3 InvStG vor, dass der Basisertrag auf den Mehrbetrag begrenzt ist, der sich zwischen dem ersten und dem letzten im Kalenderjahr festgesetzten Rücknahmepreis zzgl. der Ausschüttungen[991] innerhalb des Kalenderjahres ergibt (sog. Begrenzungsbetrag). Die Summe gibt schließlich die tatsächlich eingetretene Wertsteigerung des Investmentanteils wieder.

Der so ermittelte Begrenzungsbetrag ist in ein Verhältnis mit dem Basisertrag zu setzen. Ist der Begrenzungsbetrag größer oder identisch, dann bildet der errechnete Basisertrag – ggf. abzgl. unterjähriger Ausschüttungen – selbst den Vorabpauschalenbetrag. Im Zuge eines niedrigeren Werts des Begrenzungsbetrags fällt eine Vorabpauschale i.H.d. Wertsteigerung (Mehrbetrag), d.h. dem Begrenzungsbetrag unter Abzug unterjähriger Ausschüttungen, an.

Wenn der Rücknahmepreis eines Fondsanteils während des Jahres nicht gestiegen ist, folgt daraus kein Ansatz einer Vorabpauschale.[992] Es wird daher

989 Vgl. BT-Drs. 18/8045, 89; Wenzel in Brandis/Heuermann, Ertragsteuerrecht, § 18 InvStG, Rn. 12.

990 Vgl. 5.2.2.5.2.

991 Um eine Doppelberücksichtigung der Ausschüttungen zu vermeiden, ist es erforderlich den Wert des Investmentanteils am Ende des Kalenderjahres um den Betrag der Ausschüttung zu erhöhen. BT-Drs. 18/8739, 98.

992 BT-Drs. 18/8045, 89.

kein ggf. negativer Begrenzungsbetrag berücksichtigt, der in einer negativen Vorabpauschale münden könnte. Ein negativer Basisertrag ist zwar u.a. unter Hinzuziehung eines negativen Basiszinses[993] denkbar.[994] Da die unterjährigen Ausschüttungen (ggf. i.H.v. 0 €) den negativen Basiszins dann nie unterschreiten, kommt es zu keiner (negativen) Vorabpauschale.[995] Unterjährige Wertschwankungen sind irrelevant.[996]

5.2.3.1.1.3 Zusammenfassung der Pauschalbesteuerung mit Caps und Beispielsfälle

Für die Ermittlung der Vorabpauschale[997] existieren damit unterschiedliche Weichenstellungen, welche sich in einem Schaubild skizzieren lassen.

<table>
<tr><td colspan="4">Differenz Rücknahmepreis des Fondsanteils zum Jahresanfang und Jahresende (Wertsteigerung) positiv</td></tr>
<tr><td colspan="3">ja</td><td>nein</td></tr>
<tr><td colspan="3">Rücknahmepreis zum Jahresanfang x 70 % des Basiszinses (Basisertrag)
> (Gesamt-)Betrag der im Jahr erfolgten Ausschüttung(en)</td><td rowspan="5"><u>keine</u> Vorab-pauschale</td></tr>
<tr><td colspan="2">ja</td><td>nein</td></tr>
<tr><td colspan="2">Wertsteigerung des Fondsanteils (Mehrbetrag)
+ Betrag der Ausschüttung(en) (Summe = Begrenzungs-betrag)
≥ Basisertrag</td><td rowspan="3"><u>keine</u> Vorab pauschale</td></tr>
<tr><td>ja</td><td>nein</td></tr>
<tr><td>Vorabpauschale i.H.d. Basis-ertrags gemindert um Betrag der Ausschüttung(en)</td><td>Vorabpauschale i.H.d. Wertsteigerung</td></tr>
</table>

Abbildung 11: Pfade der Vorabpauschalenermittlung.

Quelle: Vgl. BT-Drs. 18/8045, 89.

993 Vgl. 5.2.6.
994 Vgl. Kral/Watzlaw in Moritz/Jesch/Mann, FraKo Kapitalanlagerecht, Bd. 2, 2. Aufl., § 18 InvStG, Rn. 90.
995 Vgl. BMF, „Basiszins zur Berechnung der Vorabpauschale gemäß § 18 Absatz 4 InvStG; Basiszins zum 4. Januar 2021", 6.1.2021 – BStBl. I 2021, 56.
996 Vgl. Remmel in Herrmann/Heuer/Raupach, EStG/KStG, § 18 InvStG, Rn. 10.
997 Vgl. zu Sonderfällen der Vorabpauschale: Kral/Watzlaw in Moritz/Jesch/Mann, FraKo Kapitalanlagerecht, Bd. 2, 2. Aufl., § 18 InvStG, Rnrn. 101 ff.

Neben den grundlegenden Mechanismen verdeutlicht dieses Abbild insbesondere die wesentlichen Maßgaben hinsichtlich der Implementierung des Caps (vgl. § 18 Abs. 1 S. 3 InvStG).

Übersetzt in ein Berechnungsschema ergibt dies die folgenden Rechenschritte.

	(Erster) Rücknahmepreis zu Beginn des Kalenderjahres
x	Basiszins (§ 18 Abs. 4 InvStG)
x	0,7 (= 30 % Werbungskostenpauschale)
=	**Basisertrag** (max. Wertsteigerung im Kalenderjahr zzgl. Ausschüttungen)
./.	Ausschüttungen während des Kalenderjahres
=	**Vorabpauschale** (***auf Investmentfondsebene***)
./.	ggf. 1/12 pro vollen Monat vor Erwerb (§ 18 Abs. 2 InvStG)
x	ggf. Teilfreistellungen (§ 20 InvStG)
=	**Vorabpauschale** (***auf Anlegerebene***)

Abbildung 12: Berechnungsschema für die Vorabpauschale.

Quelle: Vgl. Mann in Weitnauer/Boxberger/Anders, KAGB, § 18 InvStG, Rn. 5.

Die Deckelung findet sich hier im Klammerzusatz i.R.d. Ermittlung des Basisertrags. Ungeachtet dessen fließen in die Berechnung der Vorabpauschale ausschließlich Größen ein, die losgelöst von der tatsächlichen Höhe der Erträge des Investmentfonds und damit auch unabhängig von dessen Jahresabschlussprüfung zeitnah zum fingierten Zuflusstag der Vorabpauschale ermittelt werden können.[998]

Um dem theoretischen Gewand eine praktische Nahbarkeit zu verleihen, werden im Anschluss zusammenfassende Beispiele gebildet. Dabei gilt es zwischen den vorgenannten Grundkonstellationen und den Fällen mit Begrenzungsbetrag zu differenzieren.

Soweit der Basisertrag die Ausschüttungen übersteigt, kommt es grds. zur Besteuerung des Basisertrags ggf. gemindert um die Ausschüttungen. Die weitere Hürde, dass der Begrenzungsbetrag den Basisertrag übersteigt bzw. identisch mit ihm ist, ist in den nachfolgend exemplarisch dargestellten Ausgangsszenarien stets gegeben. Mithin erfolgt eine Besteuerung nach § 18 Abs. 1 S. 1, S. 2 InvStG ohne weitere Modifikationen. Diese Konstellationen werden anhand von vollthesaurierenden, teilausschüttenden

998 Kral/Watzlaw in Moritz/Jesch/Mann, FraKo Kapitalanlagerecht, Bd. 2, 2. Aufl., § 18 InvStG, Rn. 89.

(Ausschüttungen unter, identisch und über dem Basisertrag) und vollausschüttenden Investmentfonds veranschaulicht.

	Vollthesaurierender Investmentfonds	Teilthesaurierender Investmentfonds mit Ausschüttungen i.H.v.			Vollausschüttender Investmentfonds
		0,50 €	0,70 €	0,90 €	
Anteilswert A.01 (1.1.)	100 €				
Anteilswert E.01 (31.12.)	101 €	100,50 €	100,30 €	100,10 €	100 €
Basiszins	1 %				
Basisertrag	0,70 €[999] (= 100 € x 1 % x 70 %)				
Mehrbetrag	1 € (= 101 € ./. 100 €)	0,50 € (= 100,50 € ./. 100 €)	0,30 € (= 100,30 € ./. 100 €)	0,10 € (= 100,10 € ./. 100 €)	0 € (= 100 € ./. 100 €)
Ausschüttungen	0 € < Basisertrag → **Vorabpauschale**	0,50 € < Basisertrag → **Vorabpauschale**	0,70 € = Basisertrag → **keine Vorabpauschale**	0,90 € > Basisertrag → **keine Vorabpauschale**	1 € > Basisertrag → **keine Vorabpauschale**
Begrenzungsbetrag	1 € (= 1 € + 0 €)	1 € (= 0,50 € + 0,50 €)	- (fiktiv 1 €)	- (fiktiv 1 €)	- (fiktiv 1 €)
Vorabpauschale	**0,70 €** (= 0,70 € ./. 0 €)	**0,20 €** (= 0,70 € ./. 0,50 €)	-	-	-

Abkürzungen: A.01 ≙ Anfang des Jahres 01; E.01 ≙ Ende des Jahres 01.

Tabelle 1: Vorabpauschale: Begrenzungsbetrag ≥ Basisertrag. Eigene Darstellung.

999 Vgl. zu Rundungs- und Berechnungsmodalitäten: BMF, „Investmentsteuergesetz; Anwendungsfragen zum Investmentsteuergesetz in der ab dem 1. Januar 2018 geltenden Fassung (InvStG)“, 21.5.2019 – BStBl. I 2019, 527, Rn. 18.4.

Die vorgenannten Szenarien lassen sich wie folgt veranschaulichen:

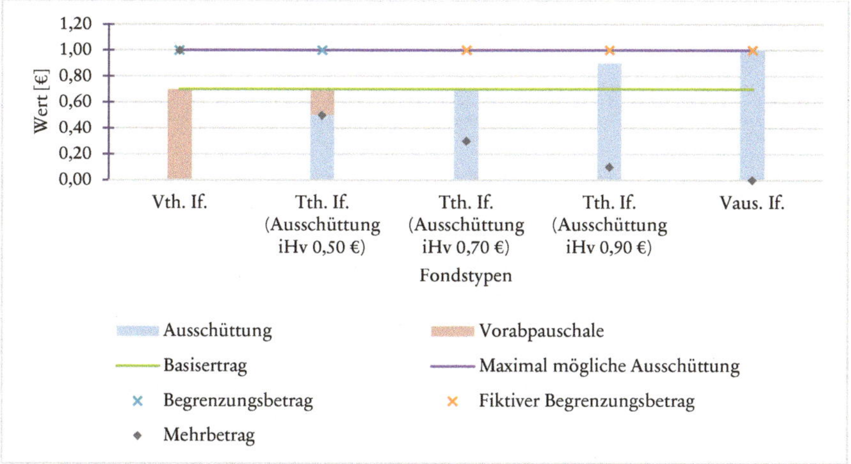

Abkürzungen: Vth. If. ≙ Vollthesaurierender Investmentfonds; Tth. If. ≙ Teilthesaurierender bzw. -ausschüttender Investmentfonds; Vaus. If. ≙ Vollausschüttender Investmentfonds.

Abbildung 13: Vorabpauschale: Begrenzungsbetrag ≥ Basisertrag. Eigene Darstellung (Daten aus Tabelle 1).

Soweit allerdings der Basisertrag den Begrenzungsbetrag übersteigt kommt es zu einer Deckelung des Basisertrags (vgl. § 18 Abs. 1 S. 3 InvStG). Es wird in der Folge nicht mehr der Basisertrag, sondern der Begrenzungsbetrag als Rechengröße angesetzt (Erster Schritt). Im Übrigen folgt die Ermittlung der Vorabpauschale grds. dem bekannten Rechnungsschema. Demnach werden vom Begrenzungsbetrag die Ausschüttungen abgezogen, um die zu leistende Vorabpauschale zu berechnen (Zweiter Schritt).

Dieser Sonderfall sei exemplarisch anhand einer Teilthesaurierung exerziert.

	Teilthesaurierender bzw. -ausschüttender Investmentfonds
Anteilswert A.01 (1.1.)	100 €
Anteilswert E.01 (31.12.)	100,50 €
Basiszins	1 %
Basisertrag	0,70 € (= 100 € x 1 % x 70 %)
Mehrbetrag	0,50 € (= 100,50 € ./. 100 €)
Ausschüttungen	0,10 €
Begrenzungsbetrag	0,60 € (= 0,50 € + 0,10 €)
Vorabpauschale	**0,50 €** (= 0,60 € ./. 0,10 €) Da Begrenzungsbetrag < Basisertrag erfolgt eine Deckelung auf den Begrenzungsbetrag *(Erster Schritt)*. Von diesem werden die unterjährigen Ausschüttungen in Abzug gebracht *(Zweiter Schritt)*.

Abkürzungen: A.01 ≙ Anfang des Jahres 01; E.01 ≙ Ende des Jahres 01.

Tabelle 2: Vorabpauschale: Begrenzungsbetrag < Basisertrag. Eigene Darstellung.

Grafisch lassen sich die Berechnungsetappen des Falls wie folgt illustrieren.

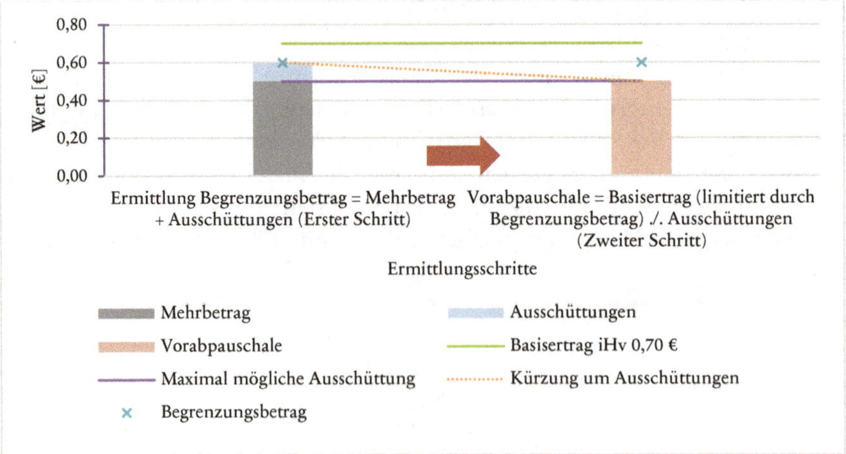

Abbildung 14: Vorabpauschale: Begrenzungsbetrag < Basisertrag. Eigene Darstellung (Daten aus Tabelle 2).

5.2.3.1.2 Realisation (Ist-Besteuerung)

In diesem Zusammenhang ist die Ist-Besteuerung i.S.d. § 19 Abs. 1 S. 3, S. 4 InvStG unter Berücksichtigung des Zwecks und der Ausgestaltung darzustellen.

5.2.3.1.2.1 Zweck der Vorschrift

Bei der späteren Realisation des Investmentanteils erfolgt nicht nur eine bloße Saldierung des Anteilswerts. Vielmehr wird – mit Blick auf die Vorabpauschale – der tatsächliche Ist-Ertrag aus dem Investmentanteil abschließend im Realisationszeitpunkt vollversteuert. Somit wird i.S.e. phasenverschobenen Verrechnung der gezahlten Vorabpauschalen einerseits eine Doppelbelastung in der Form, dass die Vorabpauschale über die Zeit und ergänzend i.R.d. Veräußerung als dem Investmentanteil immanenter Wert besteuert wird, vermieden. Andererseits erfolgt mit der Gegenrechnung eine Glattstellung des Investmentanteilswerts im Lichte der vorangegangenen Halteperiode und unter Berücksichtigung der angefallenen Vorabpauschalen.

Durch diesen Regelungsmechanismus wird die steuerliche Belastungswirkung der Vorabpauschale in der Gesamtperiode des Investmentanteils letztlich abgemildert, d.h. auf den Ist-Betrag gesenkt. Allerdings werden Wertminderungen des Investmentanteils nach anfänglichen Wertsteigerungen aber eben auch erst bei der Veräußerung realisiert, da keine negative Vorabpauschale angesetzt wird.[1000] Es handelt sich schließlich um einen temporären Aufschub bis zu diesem Moment.

5.2.3.1.2.2 Ausgestaltung

Der Anleger kann hiernach den Veräußerungsgewinn eines Anteils i.S.d. § 20 Abs. 4 EStG, der sich nicht im Betriebsvermögen[1001] befindet, um die während der Besitzzeit angelaufenen Vorabpauschalen, ungeachtet einer möglichen Teilfreistellung nach § 20 InvStG, in voller Höhe – wie nach-

1000 Vgl. Sanning, Systemgerechtigkeit im Spannungsfeld von Investmentsteuerrecht und Hinzurechnungsbesteuerung, Diss., S. 78.

1001 Vgl. 5.2.5.2.2.

trägliche Anschaffungskosten[1002] – vermindern (§ 19 Abs. 1 S. 1, S. 3, S. 4 InvStG).[1003]

Durch den Abzug der Vorabpauschalen kann es schließlich zu einem steuerwirksamen Verlust kommen oder ein bereits vorhandener Verlust kann sich erhöhen.[1004] Die Vorabpauschale mindert den Veräußerungsgewinn auch dann, wenn diese zwar angesetzt, aber z.B. aufgrund des Sparer-Pauschbetrags nicht besteuert wurde.[1005] Gleiches gilt, wenn die Vorabpauschale nach § 43a Abs. 3 S. 2, S. 3 EStG mit Verlusten des laufenden Jahres oder früherer Jahre verrechnet oder wenn aufgrund eines Freistellungsauftrags i.S.d. § 44a Abs. 1 S. 1, Abs. 2 Nr. 1 EStG oder einer Nichtveranlagungsbescheinigung keine Kapitalertragsteuer erhoben wurde.[1006]

Der Steuerpflichtige zahlt mithin während der Haltephasen in Gestalt der Vorabpauschale faktisch einen Teil der Steuer, die er i.R.d. Veräußerung abzuführen hätte, bereits sukzessive ab.[1007] Wirtschaftlich handelt es sich somit um eine jährlich vorgezogene Besteuerung der Wertsteigerungen.[1008] Im Jahr der Veräußerung der Investmentanteile kommt es zu keinem Ansatz der Vorabpauschale.[1009]

1002 Vgl. Bund-Länder-Arbeitsgruppe, Berichtsentwurf der Arbeitsgruppe, „Neukonzeption der Investmentbesteuerung“, 24.2.2012, S. 25 (n.v.).

1003 Vgl. zu Ausnahmen und Besonderheiten: BMF, „Investmentsteuergesetz; Anwendungsfragen zum Investmentsteuergesetz in der ab dem 1. Januar 2018 geltenden Fassung (InvStG)“, 21.5.2019 – BStBl. I 2019, 527, Rnrn. 19.5 ff.

1004 BMF, „Investmentsteuergesetz; Anwendungsfragen zum Investmentsteuergesetz in der ab dem 1. Januar 2018 geltenden Fassung (InvStG)“, 21.5.2019 – BStBl. I 2019, 527, Rn. 19.4.

1005 BT-Drs. 18/8045, 90.

1006 Wenzel in Brandis/Heuermann, Ertragsteuerrecht, § 19 InvStG, Rn. 11; vgl. BMF, „Investmentsteuergesetz; Anwendungsfragen zum Investmentsteuergesetz in der ab dem 1. Januar 2018 geltenden Fassung (InvStG)“, 21.5.2019 – BStBl. I 2019, 527, Rnrn. 19.5/19.8.

1007 Vgl. Remmel in Herrmann/Heuer/Raupach, EStG/KStG, § 18 InvStG, Rn. 1; Elser in Beckmann/Scholtz/Vollmer, Investment, § 19 InvStG, Rn. 17; Höring, StBp 2019, 236 (238).
Teilweise wird in der Literatur auf eine Art Verzinsungsmechanismus abgestellt. Vgl. Sanning, Systemgerechtigkeit im Spannungsfeld von Investmentsteuerrecht und Hinzurechnungsbesteuerung, Diss., S. 73.

1008 Remmel in Herrmann/Heuer/Raupach, EStG/KStG, § 18 InvStG, Rn. 1.

1009 BT-Drs. 18/8045, 90.

5.2.3.1.3 Zusammenfassung der Besteuerungskonzeption und Beispielsfälle

Den steuerlichen Gleichlauf von vollthesaurierenden und ausschüttenden Fonds unter Einbeziehung der Anteilsveräußerung nach § 19 Abs. 1 S. 3 InvStG in der Gesamtperiode sowie der davor bestehenden steuerlichen Diskrepanz zeigt nachfolgendes Beispiel eines Privatanlegers, der an einem Aktienfonds[1010] partizipiert.

	Vollthesaurierender Investmentfonds			Vollausschüttender Investmentfonds		
– Haltephase –						
Jahr	Anteilswert	Vorabpauschale	Steuer auf Vorabpauschale (Teilfreistellung i.H.v. 30 %)	Anteilswert	Ausschüttung	Steuer auf Ausschüttung (Teilfreistellung i.H.v. 30 %)
A.01 (Erwerb am 1.1.)	100 €	-	-	100 €	-	-
E.01/A.02	110 €	0,70 € (= 100 € x 1 % x 70 %)	≈ 0,12 € (= 0,70 € x 70 % x 25 %)	100 €	10 €	1,75 € (= 10 € x 70 % x 25 %)
E.02/A.03	121 €	0,77 €	≈ 0,13 €	100 €	10 €	1,75 €
Ertrag	21 €[1011]	-	-	0 €	20 €	-
Summe	-	1,47 €	-	-	-	-
Steuerlast	-	-	**0,25 €**	-	-	**3,50 €**

1010 Vgl. 5.3.3.1.1.1.

1011 I.R.d. Betrachtung der zwei Fonds – unter den entsprechenden Annahmen – mag es augenscheinlich verwundern und damit die Vergleichbarkeit der Paarung in Frage stellen, dass beim thesaurierenden Investmentfonds ein Ertrag i.H.v. 21 € und beim ausschüttenden Investmentfonds eine Dividende von 20 € entsteht. Allerdings ist gerade der Zinseszinseffekt i.R.d. Thesaurierung dafür verantwortlich, dass der thesaurierende Fonds in der Gesamtperiode ein exponentielles Wachstum aufweist, der ausschüttende Fonds hingegen ein lineares Wachstum.

– Veräußerung in 03 –		
Gewinn (ggf. abzgl. Vorabpauschale)	19,53 € (= 121 € ./. 100 € ./. 1,47 €)	0 € (= 100 € ./. 100 €; kein Veräußerungsgewinn)
Versteuert werden (Teilfreistellung i.H.v. 30 %)	≈ 13,67 € (= 19,53 € x 70 %)	0 €
Steuerlast	**≈ 3,42 €** (= 13,67 € x 25 %)	**0 €**
– Gesamtbetrachtung von Haltephase und Veräußerung –		
Gesamtsteuerlast	**3,67 €** (= 0,25 € [Haltephase] + 3,42 € [Veräußerung])	**3,50 €** (= 3,50 € [Haltephase] + 0 € [Veräußerung])
Gesamtertrag	21 € (= 21 € [Thesaurierung] + 0 € [Ausschüttung])	20 € (= 0 € [Thesaurierung] + 20 € [Ausschüttung])
Prozentuale Steuerlast	**≈ 17,5 %** (= 3,67 € / 21 €)	**17,5 %** (= 3,50 € / 20 €)

Annahmen: Jährliche Wertsteigerung des Investmentanteils i.H.v. 10 %; Basiszins i.H.v. 1 %; Steuer i.H.v. 25 % (ohne SolZ); Aktienteilfreistellung i.H.v. 30 %. Abkürzungen: A.01 ≙ Anfang des Jahres 01; E.01/A.02 ≙ Ende des Jahres 01 und Anfang des Jahres 02, usw.

Tabelle 3: Vergleich zwischen einem vollthesaurierenden und einem vollausschüttenden Aktienfonds. Eigene Darstellung.

Insoweit zeigt sich, dass es für die vollumfängliche Bewertung der Vorabpauschale relevant ist, dieses Ausgestaltungselement nicht ausschließlich isoliert zu betrachten, sondern stets in der Zusammenschau mit den Auswirkungen einer Realisationsmodalität.

5.2.3.2 Sonderprobleme

Parallel zu der Erörterung der Grundaussagen des § 18 Abs. 1 InvStG bestehen anwendungsspezifische und systematische Fragestellungen, welche nunmehr Gegenstand der Untersuchung sind.

5.2.3.2.1 Anwendungsspezifische Aspekte

Anwendungsspezifische Probleme der Vorabpauschale ergeben sich etwa aus der Erfassung und Bewertung von Ausschüttungen, Liquiditäts- und Zinseffekten sowie verfahrensrechtlichen Aspekten.

5.2.3.2.1.1 Erfassung und Bewertung von Ausschüttungen

§ 18 Abs. 1 S. 1 InvStG normiert, dass die Vorabpauschale der Betrag ist, um den die Ausschüttungen eines Investmentfonds innerhalb eines Kalenderjahres den Basisertrag für dieses Kalenderjahr unterschreiten. Fraglich ist dabei jedoch die Ansatzhöhe der Ausschüttung. Die notwendige Bewertung – exemplarisch i.R.e. Währungsumrechnung – ist dabei von vielen Faktoren, insbesondere der Zuordnung zu einem bestimmten Stichtag (bspw. dem Tag des Ausschüttungsbeschlusses, dem Ex-Tag, d.h. dem Tag nach dem Dividendenstichtag, an dem die jeweiligen Anteile am Investmentfonds ohne ein Ausschüttungsanspruch gehandelt werden können, oder dem Tag der Zahlung) abhängig.[1012] Es stellt sich mithin die Frage, auf welchen Zeitpunkt für die Bewertung der unterjährigen Ausschüttungen abzustellen ist oder ob nicht der Zahltag entscheidend ist.

5.2.3.2.1.1.1 Bezugspunkte der Betrachtung

Gemäß § 2 Abs. 11 InvStG sind Ausschüttungen die dem Anleger gezahlten oder gutgeschriebenen Beträge einschließlich des Steuerabzugs auf den Kapitalertrag. Der Gesetzeswortlaut verwendet eine finale Formulierung, wie sie ebenso in der Gesetzesbegründung zu § 18 InvStG[1013] und im BMF-Schreiben[1014] zu finden ist. Flankierend hierzu sind nach dem BMF, bei in fremden Währungen notierenden Investmentanteilen, die für die Umrechnung in Euro geltenden Referenzkurse der EZB am jeweiligen Stichtag (Jahresanfang, Ausschüttungstermin, Jahresende) zugrunde zu legen.[1015] Entsprechende Zahlungsströme müssen daher bereits geflossen sein, was einheitlich auf den Zahltag hinweist.[1016]

1012 Herr/Stiefel, DStR 2019, 908 (909); Höring, StBp 2019, 236 (238).

1013 Vgl. BT-Drs. 18/8045, 89.

1014 Vgl. BMF, „Investmentsteuergesetz; Anwendungsfragen zum Investmentsteuergesetz in der ab dem 1. Januar 2018 geltenden Fassung (InvStG)", 21.5.2019 – BStBl. I 2019, 527, Rn. 2.44.

1015 BMF, „Investmentsteuergesetz; Anwendungsfragen zum Investmentsteuergesetz in der ab dem 1. Januar 2018 geltenden Fassung (InvStG)", 21.5.2019 – BStBl. I 2019, 527, Rn. 18.6.

1016 Vgl. Kral/Watzlaw in Moritz/Jesch/Mann, FraKo Kapitalanlagerecht, Bd. 2, 2. Aufl., § 18 InvStG, Rn. 27.

Nichtsdestotrotz wird in der Literatur eine differenzierte Betrachtung erörtert.[1017] Ausgangspunkt der Überlegung sei der Gesetzeszweck, d.h. die Verhinderung einer Thesaurierungsbegünstigung und die Sicherung des Besteuerungssubstrats. Dabei gelte grds., dass – sofern tatsächlich Ausschüttungen vorgenommen und diese bereits einer Besteuerung unterzogen wurden – nach der Gesetzesbegründung keine weitere Notwendigkeit für eine fiktive Besteuerung bestehe.[1018] Dem Gesetzes- und damit dem Besteuerungszweck wäre dann hinreichend Genüge getan. Da es i.R.d. Erfassung der Ausschüttungen dann einerseits auf die Entstehung des Anspruchs i.R.d. Ausschüttungsbeschlusses (bilanzierende Anleger) und andererseits auf den Zuflusszeitpunkt (private und betriebliche Anleger) ankomme, müsse nach dem Zuordnungszeitpunkt unterschieden werden.[1019]

Indessen stelle die Begrenzung des Basisertrags auf den Begrenzungsbetrag nach § 18 Abs. 1 S. 3 InvStG auf den Tag ab, der den Rücknahmepreis mindere; dies sei regelmäßig der erste Tag, an dem die Investmentanteile ohne Ausschüttungsanspruch gehandelt werden könnten – folglich der Ex-Tag.[1020] Dass innerhalb des § 18 InvStG unterschiedliche Maßgaben Anwendung fänden, sei Folge differenzierter Regelungszwecke: § 18 Abs. 1 S. 3 InvStG wolle die wirtschaftliche Wertsteigerung des Fonds erfassen, wohingegen § 18 Abs. 1 S. 1 InvStG auf die Sicherstellung des Besteuerungssubstrats abziele.[1021]

5.2.3.2.1.1.2 Stellungnahme

Nach hiesiger Ansicht ist mit den besseren Gründen eine finale Sichtweise im Hinblick auf § 18 Abs. 1 S. 1 InvStG zu vertreten. Dafür spricht der klare, die gesetzgeberische Intention widerspiegelnde Wortlaut des Gesetzes. Die abweichende Ansicht geht insoweit fehl, als dass sie den Normzweck entgegen seiner ursprünglichen Intention über Gebühr bemüht und dessen Zielsetzung verkennt. Richtig ist, dass eine Vorabpauschale nicht anzusetzen ist, wenn Ausschüttungen vorgenommen werden. Dies

---

1017 Vgl. Herr/Stiefel, DStR 2019, 908 (909); Höring, StBp 2019, 236 (238).
1018 Herr/Stiefel, DStR 2019, 908 (909).
1019 Herr/Stiefel, DStR 2019, 908 (909).
1020 Herr/Stiefel, DStR 2019, 908 (909); Höring, StBp 2019, 236 (238); vgl. Kral/Watzlaw in Moritz/Jesch/Mann, FraKo Kapitalanlagerecht, Bd. 2, 2. Aufl., § 18 InvStG, Rn. 79.
1021 Herr/Stiefel, DStR 2019, 908 (909).

gilt jedoch nicht allumfassend, sondern ist nur dann der Fall, wenn die Ausschüttungen den Basisertrag überschreiten. Sofern gar keine Ausschüttungen vorgenommen werden oder sich der Betrag unterhalb des Basisertrags bewegt, stellt dies gerade den vom Wortlaut benannten tatbestandlichen Sachverhalt der Vorabpauschale dar. Insbesondere kommt es dem Gesetzgeber nicht darauf an, dass überhaupt irgendetwas (fiktiv) besteuert wird. Vielmehr erfolgt i.R.d. (temporären) Sollertragsbesteuerung der Vorabpauschale eine Besteuerung der Mindestwirtschaftlichkeitserwartung in Gestalt einer fiktiven Mindestrendite.

Für die Zwecke des § 18 Abs. 1 S. 3 InvStG ist mit der Literaturauffassung auf den Ex-Tag abzustellen, denn es geht nach der Vorschrift um die erste betragsmäßige Minderungsmöglichkeit, die sich am ersten Tag, an dem die Investmentanteile ohne Ausschüttungsanspruch gehandelt werden können, konkretisiert.

5.2.3.2.1.2 Liquiditäts- und Zinseffekte

5.2.3.2.1.2.1 Abbau des Zinseszinseffekts

Überdies kann sich der ergebende Zins durch die Zahlung der jährlichen Vorabpauschale – insbesondere, wenn die Zahlungen aus dem Anteilswert getätigt werden (müssen) – oftmals nicht zu einem vollständigen Zinseszinseffekt entwickeln.[1022] Im Konkreten bedeutet dies, dass grds. der akkumulierende Zins jährlich um die zu zahlende Vorabpauschale zu mindern ist. In diesen Konstellationen bedingt der Abfluss von Vermögenswerten den Verlust des Zinseszinseffekts.

Dieser Problematik lässt sich im Grundsatz entgegenhalten, dass jedenfalls am Ende der Halteperiode durch den Verkauf die entsprechende Anrechnung der gezahlten Vorabpauschale erfolgt.[1023] Damit würde dann nach diesem Vorbringen die dargelegte Situation wieder in das steuerrechtliche Lot gelangen.

1022 Vgl. Kalies, StuW 2020, 63 (63 ff.); ZIA, Stellungnahme, 1.9.2015, S. 10 (abrufbar unter: www.zia-deutschland.de/wp-content/uploads/2021/05/150901_Stellungnahme_BMF_Investmentsteuerreformgesetz_Diskussionsentwurf_eines_Gesetzes_zur_Reform_der_Investmentbesteuerung_fin1.pdf – letztes Abrufdatum: 19.10.2021).

1023 Vgl. 5.2.3.1.2.

Tatsächlich berücksichtigt dieser Ansatz aber nicht die gesamtperiodischen Verhältnisse. Zwar ist es richtig, dass die gezahlten Vorabpauschalen in die Gewinnberechnung miteinfließen und demnach entsprechende Berücksichtigung finden (vgl. § 19 Abs. 1 S. 3 InvStG), jedoch wird dem Anleger – unter der Voraussetzung, dass keine weiteren liquiden Vermögenswerte als der Investmentanteil bestehen, die den Betrag decken könnten – durch die jährliche Steuerzahlungsverpflichtung des Vorabpauschalenbetrags ein Anteil vom Wert, welcher einer Abzinsung unterliegt, gekappt und schließlich dem Zinseszinseffekt entzogen. Unter dem Strich erfolgt damit zwar eine Anrechnung der Vorabpauschale, demgegenüber steht aber eine geringere Liquidität des Investors im Verhältnis zur Direktanlage. Durch die Vorabpauschale wird grds. der Zinseszinseffekt erodiert, was in einer Benachteiligung des Investmentfondsanlegers mündet.

5.2.3.2.1.2.2 Sparer-Pauschbetrag/Nichtveranlagungsbescheinigung

Der Sparer-Pauschbetrag (vgl. § 20 Abs. 9 S. 1, S. 2 EStG) für die Einkünfte aus Kapitalvermögen – wie die Vorabpauschale – ist aus Sicht des Privatanlegers eine relevante Abzugsgröße. Insofern ist als Werbungskosten ein Betrag i.H.v. 801 € für den einzelnen Steuerpflichtigen (1.602 € für Ehegatten) abzuziehen; der Abzug der tatsächlichen Werbungskosten ist ausgeschlossen.

Bei der Direktanlage bedeutet dies für Erträge, die innerhalb dieses Pauschbetrags befindlich sind, keine steuerliche Belastung.

Das Intransparenzprinzip des InvStG i.R.d. Investmentanlage bedingt, dass der Sparer-Pauschbetrag nur für den Zufluss vom Investmentfonds zum Anleger (Fondsausgangsseite) gilt; demnach ebenso für die Vorabpauschale. Von der Quelle, d.h. dem eigentlichen Investment, zum Investmentfonds bzw. auf Investmentfondsebene selbst (Fondseingangsseite) gilt dieser nicht. Daher erfolgt in diesem Verhältnis eine definitive steuerliche Belastung. Das schlägt mittelbar auf den Anleger ohne eine weitergehende Kompensation durch.[1024] Diese Belastung kann nicht, auch nicht im Veräußerungszeitpunkt neutralisiert werden, da die Wirkung einer Teilfreistellung auf Ausgangsseite steuerpflichtige Erträge auf Ebene des Anlegers voraussetzt, die bei Erträgen innerhalb des Sparer-Pauschbetrags nicht gegeben sind.[1025] Mit anderen Worten kommen Steuerpflichtige,

1024 Vgl. Delp, DB 2017, 447 (454).
1025 Kloster, Neukonzeption der Investmentbesteuerung, Diss., S. 634.

die Erträge innerhalb der Varianz des Sparer-Pauschbetrags erzielen, nicht in den Genuss der Teilfreistellung und zeitgleich unterliegt der Gewinn auf Fondsebene einer definitiven Steuerbelastung. Dies ist die reflexartige Folge aus der intransparenten Ebenenbesteuerung, die im Fall aller Investmenterträge – wie der Vorabpauschale – eingreift.

Hierdurch kommt es zu einer übermäßigen Belastung kleinerer Vermögen.[1026] Der Kleinanleger in Investmentfonds hat nun die Möglichkeit, entweder die mangelnde Streuung und damit das erhöhte Verlustrisiko (Direktanlage) oder aber die höhere Steuerlast zu akzeptieren.[1027] Dies ist im Angesicht der gesetzgeberischen Intention der ökonomischen Gleichstellung mit der Direktanlage nicht zu befürworten und bedingt eine Schlechterstellung des Fondsstandorts Deutschland.

Diametral ist i.R.e. späteren Veräußerung an die Anrechnung der gezahlten Vorabpauschalen[1028] zu denken, die aufgrund des Sparer-Pauschbetrags[1029] nicht besteuert wurden. Obwohl die Vorabpauschale in diesen Konstellationen nicht der Besteuerung unterlegen hat, wird sie angerechnet und mindert im Ergebnis den Veräußerungsgewinn zusätzlich in nicht nachvollziehbarer Weise.[1030]

5.2.3.2.1.3 Verfahrensrechtliche Aspekte

5.2.3.2.1.3.1 Administrative Komplexität und Steuererklärungspflicht

Im Zuge der Verringerung der administrativen Komplexität der Besteuerungsmodalitäten wurden die steuerlichen Kennzahlen zur Ermittlung der Besteuerungsgrundlage auf nunmehr vier anstelle der ursprünglichen 33 verringert.[1031]

1026 Vgl. Kloster, Neukonzeption der Investmentbesteuerung, Diss., S. 634.

1027 Vgl. Höring, DStZ 2015, 835 (844); Meinert, NWB 2015, 2416 (2420); Kußmaul/Patzner/Kloster/Bui, Ubg 2016, 596 (602); Kloster, Neukonzeption der Investmentbesteuerung, Diss., S. 634 f.

1028 Vgl. 5.2.3.1.2.

1029 Vgl. zur Verfassungskonformität des Sparer-Pauschbetrags: BFH, Urt. v. 1.7.2014, VIII R 53/12 – BStBl. II 2014, 975, Rnrn. 10 ff.; BFH, Urt. v. 28.1.2015, VIII R 13/13 – BStBl. II 2015, 393, Rnrn. 28 ff.

1030 BDL, Stellungnahme, 15.1.2016, S. 3 (Anlage) (abrufbar unter: www.bvl-verband.de/fileadmin/steuerpolitik/bdl-stellungnahmen/2016/SN_16_01_15.pdf – letztes Abrufdatum: 19.10.2021).

1031 Vgl. BT-Drs. 18/8045, 2/59.

Vergegenwärtigt man sich diese – zunächst positiven – Veränderungen und zieht im Anschluss die steuerverfahrensrechtliche Konsequenz der Vorabpauschale in der Realität im Vergleich zu den ausschüttungsgleichen Erträgen des InvStG a.F. heran, so wird klar, dass dies gegenläufige Richtungen sind. Zwar wurde die Steuererklärungspflicht des Einzelnen durch die Absenkung der Besteuerungskennzahlen inhaltlich vereinfacht[1032], gleichwohl werden mit der Neuregelung der jährlich fälligen Vorabpauschale die Fälle, in denen eine Steuererklärung abzugeben ist, quantitativ drastisch erhöht.

Konnte bislang der Investmentfondsanleger eines thesaurierenden Investmentfonds ausschüttungsgleiche Erträge, die unter das Thesaurierungsprivileg fielen, ggf. erst am Ende der Halteperiode i.R.d. Verkaufs versteuern, so ist er bzw. die depotführende Stelle für ihn nunmehr gehalten, eine solche Besteuerung jährlich vorzunehmen und eine Erklärung abzugeben. Die Verringerung der Kennzahlen wird folglich mit der tatsächlichen administrativen Aufwandserhöhung erkauft.

Dabei ist zu berücksichtigen, dass der Vorabpauschalenmechanismus keine sinngemäße Anwendung des § 10d Abs. 4 EStG und damit auch keine gesonderte Feststellung des Verlusts vorsieht.[1033] Dies ist lediglich auf Investmentfondsebene über § 6 Abs. 8 InvStG möglich. Damit hat im Zweifel die Nachweisführung über die Vorabpauschalen – trotz Berücksichtigung durch die depotführenden Stellen – über die gesamte Haltezeit durch private Aufzeichnungen zu erfolgen.[1034] Es steht allerdings im Widerspruch, wenn eine Vereinfachung des Steuerverfahrens für den Steuerpflichtigen gewünscht ist, aber die stete Veranlagung – auch im Fall der Vollthesaurierung (Vorabpauschale) – als Quintessenz dem neuen System zugrunde liegt.

5.2.3.2.1.3.2 Mitwirkung der Fondsbranche i.S.e. Ausschüttungssteuerung

Die Problematik der jährlichen Steuererklärungspflicht i.R.d. Vorabpauschale wird von Gesetzes wegen nicht gemildert. Vielmehr wird dieser Konflikt in die Hände der Investmentwirtschaft gegeben. Der Berichtsentwurf der Bund-Länder-Arbeitsgruppe empfiehlt u.a. für betreffende

---

1032 BT-Drs. 18/8045, 2.

1033 Ein solcher Verweis auf § 10d Abs. 4 EStG i.V.m. § 6 Abs. 8 InvStG wurde im Gesetzgebungsverfahren i.R.d. § 19 InvStG diskutiert. BR-Drs. 119/1/16, 12.

1034 Kloster, Neukonzeption der Investmentbesteuerung, Diss., S. 629.

Investmentfonds eine Liquiditätsausschüttung i.H.d. Basisertrags bereitzustellen.[1035] Hierdurch kann die Vorabpauschale umgangen werden.

Diesem Vorschlag wohnt zugegebenermaßen ein gewisser Reiz inne. Aufgrund der Tatsache, dass für die Ermittlung des Basisertrags auf den ersten Rücknahmepreis des Kalenderjahres abgestellt wird, kann der vom Anleger maximal zu versteuernde Investmentertrag frühzeitig bestimmt werden, was eine zielgerichtete Steuerung der Ausschüttungspolitik ermöglicht.[1036]

Gleichwohl ist diese Empfehlung fragwürdig. In Anbetracht der grds. Steuererklärungspflicht ist die Anregung, den Konflikt zwischen Steuererklärungsquantität und Erleichterung an die freie Wirtschaft abzugeben, kritisch. Die Zielmaßgabenerreichung i.S.d. Vereinfachung des InvStG wird damit, abgesehen von § 44 Abs. 1 S. 7 ff. EStG[1037], grds. auf die Schultern der Fondsbranche verlagert.

Zudem ist die hierdurch generierte tatsächliche Machtstellung des Investmentfonds nicht unproblematisch. Mit dem Bewusstsein für diese Misere wird der Anleger im Zuge eines Neuinvestments grds. einen Investmentfonds wählen, der Ausschüttungen (mindestens) i.H.d. Basisertrags vornimmt, um die Thesaurierungsproblematik zu umgehen. Zudem mag es Fälle der fortbestehenden Anlage, d.h. Alt-Fälle von vollthesaurierenden Fonds, geben, deren Anteile ggf. nur unter großem Verlust verkauft werden können. Insoweit gerät der Anleger in eine Zwickmühle, die er nicht ohne Einbußen i.S.v. Opportunitätskosten lösen kann. Entweder akzeptiert er die jährliche Erklärungs- und Steuerpflicht oder verkauft verlustbringend. Sofern jedoch der Investmentfonds aufgrund der Empfehlung auf eine Ausschüttungspolitik umstellt, muss sich der Anleger – der bewusst die Vorteile der Thesaurierungen nutzen wollte – entgegen seiner ursprünglichen Anlageentscheidung im Ergebnis doch um eine Wiederanlage des ausgeschütteten Geldes kümmern.

1035 Bund-Länder-Arbeitsgruppe, Berichtsentwurf der Arbeitsgruppe, „Neukonzeption der Investmentbesteuerung", 24.2.2012, S. 33 (n.v.).

1036 Wenzel in Brandis/Heuermann, Ertragsteuerrecht, § 18 InvStG, Rn. 12.

1037 Vgl. 5.2.2.4.

5.2.3.2.2 Systematische Aspekte

5.2.3.2.2.1 Grundentscheidung zur temporären Pauschalbesteuerung mit Caps

Mit der Vorabpauschale hat sich der Gesetzgeber nicht für eine konkrete, an den tatsächlich erwirtschafteten Ertrag anknüpfende, Besteuerung entschieden. Vielmehr setzt er im Grundsatz eine Pauschale in Form einer fiktiven Mindestertragsbesteuerung an. Dies stellt den Anknüpfungspunkt der Steuer und die Frage ihrer Ausgestaltung als Substanz- oder Sollertragsteuer in den Raum.[1038]

Substanzsteuern sind Steuern, die nicht die potenzielle Ertragskraft, sondern die potenzielle Kaufkraft der Vermögenssubstanz, als Leistungsfähigkeit des Einzelnen begreifen.[1039] In Abgrenzung zu den Ertragsteuern knüpfen die Substanzsteuern daher an Roh- oder Reinvermögensgrößen, d.h. Bestandsgrößen, an.[1040] Als Bemessungsgrundlage dient folglich ein bestimmter Vermögensstamm. Dies bedeutet im Extremfall, dass grds. die Substanz für die Bewältigung der Steuerlast sukzessive angegriffen und damit verbraucht werden muss. Über kurz oder lang kann es so zu einem Steuerverzehr des Vermögens kommen, wenn etwa keine weiteren Einkunftsquellen vorhanden sind.

Demgegenüber handelt es sich bei Sollertragsteuern um Steuern, die an das Halten von Vermögens- oder Kapitalbeständen, unabhängig von tatsächlich erzielten Erträgen, anknüpfen.[1041] Der Besteuerungsidee nach „sollen" Bestände an produktiven Faktoren Erträge abwerfen.[1042] Es wird mithin auf eine Markterwartung und (vordergründig) nicht auf den Vermögensstamm abgestellt. Etwaige Limitierungen – als Begrenzungen des Sollertragsteueransatzes – sind dabei im Grundsatz nicht vorgesehen und für die entsprechende Einordnung der Steuer nicht von Nöten. Es genügt

---

1038 Vgl. insoweit etwa zu einer Vermögensteuer: BVerfG, Beschl. v. 22.6.1995, 2 BvL 37/91 – BStBl. II 1995, 655; Arndt, DStJG 1999, 25 (25 ff.); Birk, DStJG 1999, 7 (7 ff.); Leisner, NJW 1995, 2591 (2591 ff.); Möstl, DStR 2003, 720 (720 ff.); Kube, DStR-Beih. 2013, 37 (37 ff.); Siemers/Birnbaum, ZEV 2013, 8 (8 ff.); Musil, DStR 2017, 1903 (1903 ff.).

1039 Vgl. Möstl, DStR 2003, 720 (722).

1040 Brich/Hasenbalg, Kompakt-Lexikon Steuerlehre und Wirtschaftsprüfung, „Substanzsteuern", S. 424.

1041 Brich/Hasenbalg, Kompakt-Lexikon Finanzwissenschaft, „Sollsteuern", S. 179.

1042 Brich/Hasenbalg, Kompakt-Lexikon Finanzwissenschaft, „Sollertragsbesteuerung", S. 179.

ein bloß pauschaler Besteuerungsmaßstab. Dem Gesetzgeber kommt in der Ausgestaltung der Sollertragsbesteuerung ohnehin ein weiter Gestaltungsspielraum zu. So kann er typisierend anhand der regelmäßig zu erwartenden Erträge – ohne Rücksicht auf den tatsächlich erzielten Gewinn oder Ertrag – die Steuer sogar pauschalisierend auf das Gesamtvermögen beziehen.[1043] Fehlen Erträge, führen Sollertragsteuern zur Aufzehrung der Vermögens- und Kapitalsubstanz und werden in diesem Fall auch als Substanzsteuern bezeichnet.[1044]

Unter der Voraussetzung, dass eine positive Wertsteigerung des Investmentanteils im Kalenderjahr besteht sowie die unterjährigen Ausschüttungen des Investmentfonds den Basisertrag für das betreffende Kalenderjahr unterschreiten, d.h. überhaupt ein Fall der Vorabpauschale besteht, stellt sich die Sachlage wie folgt dar. Das InvStG bemisst die Vorabpauschale gemäß § 18 Abs. 1 S. 1 S. 2 InvStG zunächst pauschalierend anhand des ersten Rücknahmewerts des Investmentanteils zu Beginn des Kalenderjahres multipliziert mit dem 70%igen Basiszins. Erster Anknüpfungspunkt ist daher der Vermögensstamm, nämlich der jeweilige Anteilswert. Dabei handelt es sich gerade nicht, wie bspw. bei der Bemessung der Einkommensteuer, um die erwirtschafteten Einkünfte, die in der Folge anhand einer progressiven Abschichtung der Besteuerung unterliegen (retrospektiv). Vielmehr greift die Mindestwirtschaftlichkeitserwartung am Investmentmarkt als an der Zukunft orientierter, relevanter Gradmesser (prospektiv). Das Anknüpfen an die erwartete Marktentwicklung ist mithin zentraler Baustein des Vorabpauschalenregimes. Ohne bereits die Begrenzung des § 18 Abs. 1 S. 3 InvStG miteinzubeziehen, sieht der isoliert betrachtete Regelungsmechanismus des § 18 Abs. 1 S. 1, S. 2 InvStG mithin Elemente einer Sollertragsbesteuerung vor. Insoweit ist die Vorabpauschale als (temporäre) Sollertragsteuer konzipiert, welche dem deutschen Steuerrecht bislang fremd war.[1045]

Dank § 18 Abs. 1 S. 3 InvStG wird darüber hinaus im Normierungskonzept eine Berücksichtigung der Wertentwicklung im Jahr zzgl. der Ausschüttungen vorgenommen. Demnach ist ein vorgenannter Faktor der Vorabpauschale – der Basisertrag – auf den Mehrbetrag begrenzt, der sich zwischen dem ersten und dem letzten im Kalenderjahr festgesetzten

1043 BVerfG, Beschl. v. 22.6.1995, 2 BvL 37/91 – BStBl. II 1995, 655, Rn. 57.

1044 Piekenbrock, Gabler Kompakt-Lexikon VWL, „Sollsteuern", S. 395.

1045 Kammeter, ISR 2016, 99 (105); Hoch, Die Besteuerungssystematik von Kapitalanlagen, Diss., S. 359; vgl. Kloster, Neukonzeption der Investmentbesteuerung, Diss., S. 619; Trencsik, StuW 2014, 286 (296).

Rücknahmepreis zzgl. der Ausschüttungen innerhalb eines Kalenderjahres ergibt. Es erfolgt folglich eine Deckelung auf den Begrenzungsbetrag. Dies ist als Cap (im Folgenden: „Cap 1“) zu begreifen.

Allerdings zeichnet die Limitierung des § 18 Abs. 1 S. 3 InvStG lediglich in den Fällen Wirkung, bei denen der Begrenzungsbetrag kleiner dem Basisertrag ist. Nur dann wird der Mehr- bzw. Begrenzungsbetrag für die Wertermittlung relevant. Es erfolgt dann eine Abbildung der tatsächlichen Wertsteigerung des Investmentanteils. Demgegenüber greift dieser Mechanismus in anders gelagerten Fällen, d.h. der Begrenzungsbetrag erweist sich als größer bzw. gleich zum Basisertrag, nicht. Der Mehr- bzw. Begrenzungsbetrag ist dann eben für die Wertermittlung nicht relevant. Wertsteigerungen oberhalb des Basisertrags werden nicht abgebildet.

In der Gesamtschau des Vorabpauschalenregimes mit der Veräußerung (vgl. §§ 18 Abs. 1; 19 Abs. 1 S. 3 InvStG) kommt es zu einer weiteren Begrenzung. Hiernach wird der Gewinn um die während der Besitzzeit angesetzten Vorabpauschalen vermindert. Dies ist erneut als Cap (im Folgenden: „Cap 2“) zu verstehen.

Die Vorabpauschale ist damit – unabhängig vom Eingreifen der Begrenzung des § 18 Abs. 1 S. 3 InvStG – in jedem Fall, d.h. jedenfalls bis zu einer Veräußerung, als temporäres Pauschalbesteuerungskonzept einzuordnen. Sie liegt nie über der Ertragskraft des Fonds. Die Deckelung des Cap 1 (vgl. § 18 Abs. 1 S. 3 InvStG) sieht lediglich eine Begrenzung im unteren Ertragsbereich vor (Begrenzungsbetrag kleiner Basisertrag). Im oberen Ertragsbereich (Begrenzungsbetrag größer bzw. gleich dem Basisertrag) entsteht damit eine Sollertragsbesteuerung. In beiden Fällen wird i.R.d. Veräußerung mit dem Cap 2 eine erneute Limitierung auf die tatsächlichen Ertragsverhältnisse vorgenommen (vgl. §§ 18 Abs. 1; 19 Abs. 1 S. 3 InvStG). Aufgrund der Glattstellung i.R.d. Realisation wird die Vorabpauschale nicht definitiv. Es handelt sich insoweit um eine temporäre Pauschalbesteuerung mit Caps.[1046]

1046 Wenn gleichwohl in dieser Arbeit ggf. undifferenziert von einer Sollertragsbesteuerung gesprochen wird, so ist damit exakt diese temporäre Ausgestaltung in Bezug genommen.

<table>
<tr><td colspan="4">Differenz Rücknahmepreis des Fondsanteils zum Jahresanfang und Jahresende (Wertsteigerung) positiv</td></tr>
<tr><td colspan="3">ja</td><td>nein</td></tr>
<tr><td colspan="3">Rücknahmepreis zum Jahresanfang x 70 % des Basiszinses (Basisertrag)
> (Gesamt-)Betrag der im Jahr erfolgten Ausschüttung(en)</td><td rowspan="5"><u>keine</u> Vorabpauschale</td></tr>
<tr><td colspan="2">ja</td><td>nein</td></tr>
<tr><td colspan="2">Wertsteigerung des Fondsanteils (Mehrbetrag)
+ Betrag der Ausschüttung(en) (Summe = Begrenzungsbetrag)
≥ Basisertrag</td><td rowspan="3"><u>keine</u> Vorabpauschale</td></tr>
<tr><td>ja</td><td>nein</td></tr>
<tr><td>Vorabpauschale i.H.d. Basisertrags gemindert um Betrag der Ausschüttung(en)</td><td>Vorabpauschale i.H.d. Wertsteigerung</td></tr>
</table>

↓ ↓

<table>
<tr><td>– Sollertragselemente (+)
– Cap 1 (Begrenzungsbetrag ≥ Basisertrag): (-)
  – Mehr- bzw. Begrenzungsbetrag ist nicht für Wertermittlung relevant
  – Wertsteigerungen oberhalb des Basisertrags werden nicht abgebildet
  – → = (Temporäre) Sollertragsbesteuerung im oberen Ertragsbereich
– Cap 2: Glattstellung i.R.d. Veräußerung (+)</td><td>– Sollertragselemente (+)
– Cap 1 (Begrenzungsbetrag < Basisertrag): (+)
  – Mehr- bzw. Begrenzungsbetrag ist für Wertermittlung relevant
  – Abbildung der tatsächlichen Wertsteigerung
  – → = Begrenzung im unteren Ertragsbereich
– Cap 2: Glattstellung i.R.d. Veräußerung (+)</td></tr>
</table>

Abbildung 15: (Temporäre) Pauschalbesteuerung mit Caps i.R.d. Pfade der Vorabpauschalenermittlung.

Quelle: Vgl. BT-Drs. 18/8045, 89 unter Erweiterung eigener Ansätze und Schlussfolgerungen.

Eine Einordnung als Substanzsteuer scheidet grds. aus, da bei der Vorabpauschale maßgebliche Korrektive implementiert worden sind. So kommt es etwa nur i.R.e. positiven Wertsteigerung des Investmentanteils überhaupt zum Ansatz einer Vorabpauschale. Im gleichen Sinne ist § 18 Abs. 1 S. 3 InvStG zu verstehen. Daher kann im Grundsatz schon nicht mehr von einer Substanz aufzehrenden Steuer gesprochen werden. Dies ist allenfalls dann der Fall, wenn der Anleger mangels zugeflossener Ausschüttungen auf seine Vermögens- bzw. Anlagesubstanz zurückgreifen muss und dabei den Sparer-Pauschbetrag nicht (mehr) nutzen kann, um die entstehende Vorabpauschale zu begleichen. Eine solche Situation kann im Einzelfall durchaus zu Tage treten.

5.2.3.2.2.2 Keine systemkonforme Ausgestaltung im Intransparenzprinzip

Ferner hat sich der Gesetzgeber des InvStG für ein Intransparenzprinzip entschieden, welches aufgrund der Körperschaftsteuersubjekteigenschaft des Investmentfonds eine Abschirmwirkung für den Anleger mit sich bringt. Mit der Vorabpauschale unterläuft er diesen Effekt jedoch großflächig, indem ebenso Thesaurierungen der Besteuerung unterliegen.

Dies wirft die Frage nach der Systemkonformität der Vorabpauschale auf. Wenngleich diese Einordnung ohne weitergehende rechtliche Konsequenz wäre, so ist die Entflechtung systemimmanenter Fehler eine der wesentlichen Maßgaben der Reform. Zwar ist dem Gesetzgeber grds. zuzugestehen, gewisse Ausnahmebereiche zu regeln, die er für notwendig erachtet. Allerdings ist es fraglich, wann diese Ausnahmen nicht mehr in einem Regel-Ausnahme-Gefüge stehen, sondern in die Systemwidrigkeit kippen.

5.2.3.2.2.2.1 Maßstab der Systemwidrigkeit

5.2.3.2.2.2.1.1 Bestimmung i.R.e. Regel-Ausnahme-Schemata

Damit unterschiedliche Lebenssachverhalte einzelfallbezogen durch die Gesetze berücksichtigt werden können, sieht das (nationale) Recht häufig Regel-Ausnahme-Schemata vor. Derartige Normierungen tragen dazu bei, in spezifisch gelagerten Einzelfällen unangebrachte, vor allem ungerechte oder unzweckmäßige Entscheidungen zu vermeiden.[1047] Gleichwohl handelt es sich dann nicht mehr um eine Ausnahme, wenn es sich um eine weitere gleichberechtigte Regel für andere typische Konfliktfälle handelt.[1048] Wann dies konkret der Fall ist und damit eine systemwidrige Vorschrift vorliegt, ist grds. einzelfallabhängig.

1047 Schwacke, Juristische Methodik, S. 113.
1048 Schwacke, Juristische Methodik, S. 114.

Eine allgemeingültige, abschließende Definition für die Systemwidrigkeit einer Vorschrift ist der grds. einschlägigen Literatur[1049] nicht zu entnehmen. Diese orientieren sich vielmehr an der Systemkonformität und setzen diese i.R.d. Erörterungen als gegeben voraus. Dabei geht es stets um die Auslegung der Normen in einem systematischen Sinngefüge (innere und äußere Systematik).[1050]

Nichtsdestotrotz liegen diesen Ausführungen stets Wertungskonzepte zugrunde. Schließlich geht es darum, ob eine Norm in das innere System der Rechtsordnung passt und keine Wertungswidersprüche begründet.[1051] D.h., dass dort, wo die Kodifikation von keinem inhaltlichen Grundgedanken beherrscht wird – und nicht i.S.e. Ergänzung dieser Idee fungiert –, keine bloße systematische Ausnahme vorliegt.[1052]

Andere konkretisieren diesen Ansatz und gehen von einer Systemwidrigkeit aus, wenn entweder (a) ein bestimmtes System an höherer Stelle von Gedanken durchbrochen wird, welche einem anderen System angehören (Systemwidrigkeit im engeren Sinne) oder wenn (b) anstelle eines systematischen Aufbaus und einer systematischen Bewertung die Willkür tritt (Systemlosigkeit).[1053]

Ausweislich der steuerrechtlichen Kohärenzrechtsprechung des EuGH liegt eine Systemwidrigkeit vor, wenn die Vorschrift nicht durch die Natur oder den inneren Aufbau des Systems gerechtfertigt ist.[1054] Sie muss

---

1049 Vgl. Kramer, Juristische Methodenlehre, S. 99 ff.; Larenz/Canaris, Methodenlehre der Rechtswissenschaft, S. 145 ff.; Möllers, Juristische Methodenlehre, § 4, Rnrn. 92 ff.; Muthorst, Grundlagen der Rechtswissenschaft, § 7, Rnrn. 12 ff.; Reimer, Juristische Methodenlehre, Kap. C, Rnrn. 311 ff.; Rüthers/Fischer/Birk, Rechtstheorie, § 22, Rnrn. 744 ff.; Schwacke, Juristische Methodik, S. 93 ff.; Wank, Juristische Methodenlehre, § 9, Rnrn. 1 ff.; Zippelius, Juristische Methodenlehre, S. 36; Riesenhuber, Europäische Methodenlehre, 285 (297 ff.).

1050 Vgl. BVerfG, Beschl. v. 9.5.1978, 2 BvR 952/75 – BVerfGE 48, 246, Rn. 32.

1051 Vgl. Kramer, Juristische Methodenlehre, S. 116; Rüthers/Fischer/Birk, Rechtstheorie, § 22, Rnrn. 746 ff.; Wank, Juristische Methodenlehre, § 9, Rnrn. 7/39 ff.

1052 Vgl. Reimer, Juristische Methodenlehre, Kap. C, Rnrn. 334 ff.
Dabei ist grundlegend zu beachten, dass die systematische Auslegung den allgemeinen Gleichheitssatz (vgl. Art. 3 Abs. 1 GG) verkörpert. Wank, Juristische Methodenlehre, § 9, Rn. 26.

1053 So zum Strafrecht, welches insoweit ähnlich wie das Steuerrecht als Eingriffsrecht ausgestaltet ist: Zimmerl, Strafrechtliche Arbeitsmethode, S. 20.

1054 Vgl. EuGH, Urt. v. 2.7.1974, C-173/73 – Slg. 1974, 709, Rn. 33; EuGH, Urt. v. 29.4.2004, C-159/01 – Slg. 2004, I-4461, Rn. 43; EuGH, Urt. v. 15.12.2005, C-66/02 – Slg. 2005, I-10901, Rn. 101; EuGH, Urt. v. 15.11.2011, C-106/09 P, insoweit eine Anpassung des allgemeinen Systems an besondere Merkmale darstellen.[1055] Dabei ist eine Steuerreglung – in Ermangelung eines gemeinschaftsweit einheitlichen Steuersystems – stets am Maßstab des eigenen Steuersystems eines jeden Mitgliedstaats zu messen.[1056]

5.2.3.2.2.2.1.2 Stellungnahme

Nach hiesiger Ansicht ist der vorgenannte Konkretisierungsansatz ein Ausfluss des europäischen Kohärenzgedankens. Denn nur wenn etwas überhaupt innerhalb der Natur eines Systems befindlich ist, kann man es an den Kriterien der Willkür oder der Durchbrechung systemimmanenter Mechanismen messen.

Daher darf es sich für den Beurteilungsmaßstab der Systemwidrigkeit – unabhängig von der Systemlosigkeit – nicht nur um eine Bereichsausnahme handeln, die vom ursprünglich gewählten System gedeckt ist und eine Fortentwicklung des Ausgangsgedankens darstellt. Vielmehr muss das zentral vom Gesetzgeber gewählte Konzept durch eine Vorschrift konterkariert werden, die einen anderen systematischen Hintergrund hat und dementsprechend nur dort systematisch folgerichtig zu verorten sein darf.

5.2.3.2.2.2.2 Beurteilung für die Vorabpauschale

5.2.3.2.2.2.2.1 Ausgangspunkte der Systemwidrigkeit

Ausgangspunkte der Beurteilung für die Vorabpauschale sind das Intransparenzprinzip des KStG und das Transparenzprinzip der AO bzw. des EStG. Bei Ersterem ist die Körperschaft eigenständiges Steuersubjekt und unterfällt der Besteuerung (vgl. §§ 1 Abs. 1; 2 KStG). Ausschließlich ihr werden die Gewinne zugerechnet und die Anteilseigner insoweit abgeschirmt. Im absoluten Gegensatz hierzu steht das Transparenzprinzip bei der Besteuerung von Personengesellschaften. Dabei wird durch die personenrechtlich organisierte Gesellschaft hindurchgeschaut; sie dient lediglich der Feststellung und Zurechnung der Gewinne an die Mitgesellschaf-

C-107/09 P – Slg. 2001, I-11113, Rn. 146; EuGH, Urt. v. 18.7.2013, C-6/12 – IStR 2013, 635, Rn. 32.

1055 Vgl. EuGH, Urt. v. 15.12.2005, C-66/02 – Slg. 2005, I-10901, Rn. 101.

1056 Gross, Das Europäische Beihilferecht im Wandel, Diss., S. 92.

ter. Eigenständiges Steuersubjekt ist sie für Zwecke der Einkommen- und Körperschaftsteuer nicht.[1057]

Beide vorgenannten Regelungsregime stehen sich ohne Vinkulierungen in steuerrechtlichen Gefilden diametral gegenüber. D.h., dass es im jeweils anderen Kontext keine Ausnahmen oder Übertritte der einen Prinzipienlandschaft in die andere gibt.

Der Gesetzgeber ist mit der Implementierung des InvStG und dessen Mechanismen bewusst von einer transparenten Besteuerung abgewichen. Tatsächlich ist die intransparente Ebenenbesteuerung systematisch in größerem Umfang nahe des KStG einzuordnen. Einerseits sollen die Ebenen von Investmentfonds und Anlegern einer strikten Trennung unterfallen (körperschaftlicher Einschlag) und andererseits war – zumindest bis zum InvStG a.F. – intendiert, den Fondsanleger mit dem Direktanleger juristisch wie wirtschaftlich gleichzustellen (personengesellschaftlicher Einschlag). Hiervon hat sich der Gesetzgeber tendenziell gelöst.[1058]

Nach hiesigem Verständnis ist mithin aufgrund der Regelungsstatik, d.h. der originären Zuordnung des InvStG zu einem intransparenten Besteuerungsregime, von einem Bruch und damit – insoweit man eine gewisse Mindesterwartung an die systematische Reinheit eines Gesetzes hat – von der Systemwidrigkeit der Vorabpauschale zu sprechen.[1059] Insbe-

1057 Eine Ausnahme existiert für die Gewerbesteuer gemäß § 5 Abs. 1 S. 3 GewStG.

1058 Vgl. 5.1.2.1.

1059 So auch: Vgl. Hahne/Völker, Investmentsteuerrecht visuell, S. 86; Klapdor, FS Elschen, 113 (117/123 ff.); Trencsik, StuW 2014, 286 (296); Lüdicke, StbJb 2015/16, 519 (527); Faller/Wolf/Brielmaier, DB 2016, 488 (491); Kußmaul/Kloster, Ubg 2016, 672 (672); Kußmaul/Patzner/Kloster/Bui, Ubg 2016, 596 (600); Kral/Watzlaw, BB 2018, 2717 (2717); Hoch, Die Besteuerungssystematik von Kapitalanlagen, Diss., S. 360 ff.; Kloster, Neukonzeption der Investmentbesteuerung, Diss., S. 620 f.; Sanning, Systemgerechtigkeit im Spannungsfeld von Investmentsteuerrecht und Hinzurechnungsbesteuerung, Diss., S. 75 ff.; BVK, Stellungnahme, 1.9.2015, S. 18 (Anlage) (abrufbar unter: www.bvkap.de/sites/default/files/bvk_stellungnahme_diskussionsentwurf_invstreform_lang.pdf – letztes Abrufdatum: 19.10.2021); ZIA, Stellungnahme, 1.9.2015, S. 10 (abrufbar unter: www.zia-deutschland.de/wp-content/uploads/2021/05/150901_Stellungnahme_BMF_Investmentsteuerreformgesetz_Diskussionsentwurf_eines_Gesetzes_zur_Reform_der_Investmentbesteuerung_fin1.pdf – letztes Abrufdatum: 19.10.2021); BStBK, Stellungnahme, 3.9.2015, S. 4 (Anlage) (abrufbar unter: www.bstbk.de/downloads/bstbk/presse-und-kommunikation/stellungnahmen/BStBK_2015-022_Reform-der-Investmentbesteuerung.pdf – letztes Abrufdatum: 19.10.2021).

sondere wird durch die Vorabpauschale die Abschirmwirkung[1060], welche jedoch gerade maßgebliche Folge des Intransparenzsystems ist, großflächig torpediert.[1061] Der Gesetzgeber hat sich zwar einerseits für eine intransparente Besteuerungssystematik entschieden, andererseits schafft er die dieser Systematik zugrunde liegenden Prinzipien und Elemente offenkundig durch einen Mechanismus, der einen anderweitigen Systemursprung aufweist, wieder ab.

Gleichwohl wird innerhalb der Literatur in diesem Zuge auf die Systemnotwendigkeit der Vorabpauschale hingewiesen. Ihr stehe eine ebenfalls nicht systemkonforme, weitreichende, sachliche Steuerbefreiung des Fonds gegenüber, die, um Wettbewerbsverzerrungen bzw. -vorteile für Anleger, die anstatt der Direktanlage eine mittelbare Anlage über einen Investmentfonds gewählt haben, zu vermeiden, politisch gewollt und insoweit auch gerechtfertigt sei.[1062] Berücksichtige man dies, sei die Vorabpauschale systematisch notwendig, um Stundungseffekte zu vermeiden.[1063]

Dem ist entgegenzuhalten, dass die systematische Reinheit eines Gesetzes grds. nicht nur von der Vergleichbarkeit der wirtschaftlichen Ergebnisse herrührt. Denn insbesondere der juristische Weg unterfällt der systematischen Überprüfung. Somit müssen gesetzgeberische Entscheidungen des jeweiligen Steuernexus systematisch konsequent und nicht schlicht durch anderweitig interessengelenkte (extrinsische) Maßgaben und Verhältnisse geschaffen worden sein. Der bloße politische Wille – etwa die wirtschaftliche Gleichstellung mit der Direktanlage als etwaig über dem Intransparenzprinzip stehendes Konzept – spielt für die Kreation der Idee zwar eine gewichtige Rolle. Es ist allerdings dann i.R.d. gesetzgeberischen Umsetzung erforderlich, dass dieser eine gewisse Begrenzung erfährt. Insoweit zeichnen ausschließlich juristische Weichenstellungen im Hinblick auf die Systemreinheit des Gesetzes und nicht das wirtschaftliche Endergebnis entsprechende Wirkung. Dies gilt selbst dann, wenn sich das Ziel einer systematisch kohärenten Norm am ökonomischen Effekt orientiert und diesen anstrebt. Anderenfalls müssten unter Umständen ggf. (systemwidrige) wirtschaftliche Fehleffekte durch anderweitige fragwürdige Diskrepanzen

---

1060 Die Gesetzesmaterialien kritisieren, dass die Abschirmungswirkung zeitlich unbeschränkt und sogar generationenübergreifend genutzt werden könne. Vgl. BT-Drs. 18/8045, 88.

1061 Vgl. Remmel in Herrmann/Heuer/Raupach, EStG/KStG, § 18 InvStG, Rn. 1.

1062 Kloster, Neukonzeption der Investmentbesteuerung, Diss., S. 621.

1063 Kloster, Neukonzeption der Investmentbesteuerung, Diss., S. 621; vgl. Kußmaul/Kloster, Ubg 2016, 672 (672).

ausgeglichen werden, was letztlich zu einer (juristischen) Verrohung des Systemverständnisses und der Systemgerechtigkeit führen würde.

Ferner steht der vorgenannten Einordnung der Vorabpauschale als systematischer Störfaktor auch nicht der faktische Status als tragendes Element im intransparenten Besteuerungssystem der Investmentfonds entgegen.[1064] Diese Aussage ist dahin gehend zu verstehen, dass es sich bei dem Vorabpauschalensystem eher um eine aus fiskalischer (politischer) Perspektive herrührende Notwendigkeit zur Vermeidung von Steuerstundungseffekten handelt. Der Aufkommenssicherung kommt somit ein größerer Stellenwert zu als der bloßen Zuflussbesteuerung. Eine rechtliche Gebotenheit zur Schaffung bzw. Implementierung eines solchen Vorabpauschalensystems besteht bzw. bestand keinesfalls.

Die Vorabpauschale ist als Ausfluss des Transparenzprinzips zu werten und mithin als Fremdkörper in einem intransparenten Nexus zu verstehen.

5.2.3.2.2.2.2.2 Keine Einbettung in einem Regel-Ausnahme-Gefüge

Die Vorabpauschale ist zudem keine bloße systemkongruente Ausnahme in einem Regel-Ausnahme-Gefüge.

5.2.3.2.2.2.2.2.1 Charakteristisches Beispiel

Sie verhält sich anders als das in diesem Zusammenhang häufig verwendete Beispiel für einen solchen charakteristischen Ausnahmefall: § 935 Abs. 2 BGB. Nach § 935 Abs. 2 BGB finden die Vorschriften über den gutgläubigen Erwerb von abhanden gekommenen Sachen (vgl. § 935 Abs. 1 BGB) keine Anwendung auf Geld oder Inhaberpapiere sowie auf Sachen, die im Wege öffentlicher Versteigerung oder in einer Versteigerung nach § 979 Abs. 1a BGB veräußert werden. Die Vorschrift normiert spezifisch gelagerte Einzelfälle, die von der grds. Geltung des § 935 Abs. 1 BGB auszunehmen sind. Nur in den dort benannten Sachverhalten ist dies konkret nicht der Fall, sodass der ursprüngliche Grundgedanke fortgeführt wird.

Der systematisch dahinterstehende Gedanke des BGB ist, dass es für die Eigentumsübertragung überhaupt des Eigentums bedarf (vgl.

1064 Vgl. 5.2.

§ 929 BGB).[1065] Dies ergibt sich nicht zuletzt aus der Überlegung, dass sonst eine Ausnahmeregelung, die den Erwerb ohne das Innehaben von Eigentum ermöglicht (vgl. § 932 BGB), überflüssig wäre. Gleiches gilt für den im Grundsatz nicht möglichen Erwerb von abhanden gekommene Sachen gemäß § 935 Abs. 1 BGB, der dann ebenfalls obsolet werden würde. Dass es auf der nächsten Stufe nach § 935 Abs. 2 BGB wiederum eine Ausnahme gibt, ist ebenfalls eine weitergedachte Verästelung im Normengefüge.

Zusammenfassend wird die grundlegende Systementscheidung des Sachenrechts, dass es für den Eigentumsübergang des Eigentums bedarf, für jeden neuen Zweig innerhalb des gewählten Systems vorausgesetzt und fortentwickelt. Das Korsett des Sachenrechts – und dies ist maßgeblich für die Einordnung einer etwaigen Systemwidrigkeit –, d.h. die dahinterstehenden elementaren Prinzipien (erste Stufe), wie bspw. das Abstraktions- und Trennungsprinzip oder der Absolutheits- und der Publizitätsgrundsatz, werden nicht aufgehoben. Vielmehr bewegt sich gerade die jeweilige Ausnahme auf dem Plateau der systematischen Ausgangsentscheidung. Dass einzelne, aus diesen systematischen Grundlagenentscheidungen fortentwickelte Prinzipien auf der Folgestufe (zweite Stufe etc.) durch Ausnahmen hinterfragt werden, ist unproblematisch, solange nicht das große Gesamtbild in Form der systematischen Grundlagenentscheidungen – bereits auf der ersten Stufe – gestört bzw. vollends zerstört wird. Regelmäßig entsteht dann eine parallel laufende Verästelung, die aber gleichwohl auf den Grundentscheidungen des Gesetzes beruht. Es kann mithin in diesem Belang von einer konkreten sowie systematisch kohärenten Bereichsausnahme gesprochen werden, die seitens des Gesetzgebers in feste Konturen gegossen wurde.

5.2.3.2.2.2.2.2.2 Stellungnahme

Demgegenüber konterkariert die Vorabpauschale das gewählte Intransparenzprinzip des InvStG und schafft mit einer transparenten Durchschau die systematische Abschirmwirkung ab. Freilich zielt die Vorabpauschale nur auf bestimmte Bereiche, d.h. auf voll- bzw. teilthesaurierende Investmentfonds, die ihrerseits unterhalb des Basisertrags ausschütten, ab. Daher könnte man meinen, dass dies nur eine eng umfasste Bereichsausnahme betrifft. Maßgeblich ist jedoch, dass sie von der Grundidee (erste Stufe)

1065 Vgl. Adomeit/Hähnchen, Rechtstheorie, Teil 2, Rn. 88.

der intransparenten Besteuerung vollständig abtrünnig ist und hiervon keine Fortentwicklung darstellt. Vielmehr entstammt sie einer – im Hinblick auf das Intransparenzprinzip – systemfremden, transparenten Ordnung, welche sie zu implementieren versucht. Diese faktische Hybridgestaltung entzieht dem im Ursprung gesetzten Intransparenzsystem jedoch jegliche Bedeutung und läuft so der gesetzgeberischen Grundintention zur intransparenten Systementscheidung zuwider. Die Vorabpauschale ist schlicht von fiskalischen bzw. wirtschaftlichen Erwägungen gelenkt. Da es insbesondere kein dahinterstehendes (systematisches) Grundlagenprinzip im InvStG mehr gibt, welches das Prinzip der intransparenten wie der transparenten Besteuerung verklammern könnte, entsteht mit dem Vorabpauschalenmechanismus ein Geflecht, welches eine Systematik gänzlich missen lässt.

5.2.3.2.2.2.3 Keine Bagatellisierung als „Modifizierte Cash-Flow-Besteuerung"

Über die vorstehende Beurteilung der Systemwidrigkeit der Vorabpauschale mag auch die Bezeichnung als „modifizierte Cash-Flow-Besteuerung"[1066], wie sie teilweise verwendet wird, um einen Systemkonsens zu suggerieren, nicht hinwegzuhelfen. Die Begrifflichkeit ist nicht zielführend und daher abzulehnen.

Zwischenergebnis

Die Vorabpauschale ist systemwidrig; wenngleich damit keine wesentlichen Rechtsfolgen einhergehen. Sie konterkariert das Besteuerungssystem des InvStG und hebelt die damit einhergehenden Prinzipien ohne Not aus.

1066 Vgl. Mann in Weitnauer/Boxberger/Anders, KAGB, § 18 InvStG, Rn. 1; Kral/Watzlaw in Moritz/Jesch/Mann, FraKo Kapitalanlagerecht, Bd. 2, 2. Aufl., § 18 InvStG, Rn. 4; Köhler, Praxisleitfaden Investmentsteuerrecht, S. 60; Kühn, Die Investmentsteuerreform, Diss., S. 83 ff.

5.2.4 Unterjähriger Erwerb und zeitanteilige Kürzung (§ 18 Abs. 2 InvStG)

Im Jahr des Erwerbs[1067] der Investmentanteile vermindert sich die Vorabpauschale – pro rata temporis – ggf. um ein Zwölftel für jeden vollen Monat, der dem Monat des Erwerbs vorangeht (§ 18 Abs. 2 InvStG).[1068] Dies bedeutet, dass weiterhin auf die Gesamtperiode des Veranlagungszeitraums, d.h. damit für die Berechnung der Vorabpauschale auf den 1. Januar des Erwerbsjahres, abzustellen ist, aber je ein Zwölftel in Anerkennung des späteren Erwerbszeitpunkts rechnerisch in Abzug gebracht wird. Auf den unterjährigen Fondsanteilswert zum Erwerbszeitpunkt ist für diese Berechnung nicht abzustellen.[1069] Der generalisierte Anknüpfungspunkt der Vorabpauschalenermittlung dient der Vereinfachung und lässt eine unterjährige Ermittlung des Rücknahmepreises des Investmentanteils innerhalb des Kalenderjahres hinfällig werden.

Nach dem Gesetz sind auch i.R.d. zeitanteiligen Ermittlung der Vorabpauschale die Ausschüttungen des gesamten Kalenderjahres vom Basisertrag im Zuge der Vorabpauschalenermittlung auf Investmentfondsebene abzuziehen, unabhängig davon, ob der Anleger diese tatsächlich erhalten hat.[1070] Es ist daher irrelevant, ob die Ausschüttungen vor oder nach dem Erwerbszeitpunkt des Anlegers zufließen.[1071] Die Anknüpfung des Ausschüttungsabzugs an den ersten Stichtag des Erwerbsjahres ist im einheitlichen Gleichlauf mit der Wertbestimmung im Hinblick auf den Rücknahmepreises des Investmentanteils zu Beginn des Kalenderjahres und nur temporären Steuereffekten rechtfertigbar.[1072] Es erfolgt mithin eine Gesamtbetrachtung.

1067 Unter den Begriff des Erwerbs sollten neben den tatsächlichen Anschaffungsvorgängen auch rein für steuerliche Zwecke fingierte Erwerbe zu subsumieren sein, denen entsprechende fingierte steuerliche Veräußerungen vorangegangen sind. Kral/Watzlaw in Moritz/Jesch/Mann, FraKo Kapitalanlagerecht, Bd. 2, 2. Aufl., § 18 InvStG, Rn. 93.

1068 Vgl. BMF, „Investmentsteuergesetz; Anwendungsfragen zum Investmentsteuergesetz in der ab dem 1. Januar 2018 geltenden Fassung (InvStG)“, 21.5.2019 – BStBl. I 2019, 527, Rn. 18.11.

1069 Vgl. Elser in Beckmann/Scholtz/Vollmer, Investmentrecht, § 18 InvStG, Rn. 30.

1070 Vgl. Kral/Watzlaw, BB 2015, 2198 (2200).

1071 Remmel in Herrmann/Heuer/Raupach, EStG/KStG, § 18 InvStG, Rn. 15.

1072 Vgl. Kral/Watzlaw in Moritz/Jesch/Mann, FraKo Kapitalanlagerecht, Bd. 2, 2. Aufl., § 18 InvStG, Rnrn. 28 f.; 5.2.2.5.2 und 5.2.7.4.2.

5.2.5 Zuflussfiktion (§ 18 Abs. 3 InvStG)

5.2.5.1 Besteuerungskonzeption

Die Vorabpauschale gilt am ersten Werktag[1073] des folgenden Kalenderjahres als zugeflossen (§ 18 Abs. 3 InvStG). Das Geschäftsjahr des Investmentfonds ist hierfür unbeachtlich.[1074]

Zweck dieser Zuflussfiktion ist, dass damit das Steuerabzugsverfahren erleichtert und beschleunigt werden soll, da in vielen Fällen im Folgejahr noch ein voller Sparer-Pauschbetrag dem Steuerpflichtigen zur Verfügung steht, mit dem die Vorabpauschale verrechnet werden kann.[1075] Hierdurch soll ein bestehender Freistellungsauftrag bestmöglich genutzt und als Folge der administrative Aufwand für die depotführenden Stellen reduziert werden.[1076] Zudem braucht er insoweit keine gesonderte Liquidität zur Verfügung stellen.[1077] Dies dient der Sicherstellung der Besteuerung beim Anleger.[1078]

Die Zuflussfiktion ist als allgemeine, zeitliche Ertragsrealisationsregel zu verstehen und gilt daher ebenso für betriebliche Anleger, welche die Vorabpauschale erst zu Beginn des Folgejahres ertragswirksam zu vereinnahmen haben.[1079]

Da keine Vorabpauschale im Jahr der Veräußerung angesetzt wird, kann der Investor seinen Anteil auch noch vorher verkaufen, um der Zuflussfiktion aus dem Weg zu gehen. Dies ist sachgerecht, weil der Anleger in diesem Fall ohnehin den Gewinn aus der Veräußerung der Investmentanteile versteuert, in dem die entsprechenden Wertsteigerungen enthalten sind.[1080]

1073 Vgl. zum Zeitpunkt: Kral/Watzlaw in Moritz/Jesch/Mann, FraKo Kapitalanlagerecht, Bd. 2, 2. Aufl., § 18 InvStG, Rnrn. 188 ff.

1074 Mann in Weitnauer/Boxberger/Anders, KAGB, § 18 InvStG, Rn. 6.

1075 BT-Drs. 18/8739, 99; BMF, „Investmentsteuergesetz; Anwendungsfragen zum Investmentsteuergesetz in der ab dem 1. Januar 2018 geltenden Fassung (InvStG)", 21.5.2019 – BStBl. I 2019, 527, Rn. 18.12.

1076 Wenzel in Brandis/Heuermann, Ertragsteuerrecht, § 18 InvStG, Rn. 22.

1077 Vgl. Remmel in Herrmann/Heuer/Raupach, EStG/KStG, § 18 InvStG, Rn. 20. Gleiches gilt auch ohne Anwendung des Sparer-Pauschbetrags, wenn der Anleger über ausreichend hohe, verrechenbare Verlustvorträge verfügt. Kloster, Neukonzeption der Investmentbesteuerung, Diss., S. 628.

1078 Vgl. BT-Drs. 18/8045, 90.

1079 Elser in Beckmann/Scholtz/Vollmer, Investment, § 18 InvStG, Rn. 41; vgl. 5.2.5.2.2.

1080 Wenzel in Brandis/Heuermann, Ertragsteuerrecht, § 18 InvStG, Rn. 22.

5.2.5.2 Sonderprobleme

Diese Gesetzesausgestaltung wirft separate Fragen auf, welche insbesondere die Thematik der Zuflusszeitpunkte bei Teilthesaurierungen sowie die Berücksichtigung im Betriebsvermögen betreffen.

5.2.5.2.1 Zuflusszeitpunkte

5.2.5.2.1.1 Systematische Divergenzen

Die Zuflusszeitpunkte der Vorabpauschale sowie der Ausschüttungen sind im Verhältnis untereinander systematisch fragwürdig ausgestaltet. Die Vorabpauschale gilt einheitlich am ersten Werktag des folgenden Kalenderjahres als zugeflossen (§ 18 Abs. 3 InvStG). Ausschüttungen sind demgegenüber bei bilanzierenden Anlegern mit der jeweiligen Entstehung des Anspruchs, d.h. regelmäßig dem Ausschüttungsbeschluss, zu bilanzieren. Bei Privatanlegern oder sonstigen betrieblichen Anlegern gelten sie im Verfügungszeitpunkt beim Investor als zugeflossen (vgl. § 11 Abs. 1 S. 1 EStG). Das Auseinanderfallen der steuerlichen Zuflusszeitpunkte bei Teilthesaurierungen von ausgeschütteten und thesaurierten Erträgen stellt in diesem Bereich die systematische Reinheit des Gesetzes in ein kritisches Licht.

Vorausgeschickt sei der exemplarische Fall einer Teilausschüttung unterhalb des Basisertrags am 2. Januar an einen Privatanleger und einer gleichzeitigen Teilthesaurierung am selben Tag. Die Ausschüttung ist mit Vereinnahmung am 2. Januar zugeflossen. Die demselben Ursprungsquell entstammende Vorabpauschale gilt erst im Folgejahr, d.h. im konkreten Fall ein ganzes Kalenderjahr später, als zugeflossen. Es gibt insoweit keinen einheitlichen Zuflusszeitpunkt trotz des tatsächlich identischen Ausgangspunkts beider Investmenterträge.

Im InvStG a.F. war dies noch anders geregelt. Zwar galten grds. die ausschüttungsgleichen Erträge mit Ablauf des Geschäftsjahres, in dem sie vereinnahmt worden sind, als zugeflossen (§ 2 Abs. 1 S. 2 InvStG a.F.). Die Zuflusszeitpunkte in Fällen von Teilausschüttungen bzw. -thesaurierungen waren – aus Vereinfachungsgründen[1081] – identisch bestimmt. Nach § 2

1081 Vgl. BMF, „Investmentsteuergesetz (InvStG), Zweifels- und Auslegungsfragen; Aktualisierung des BMF-Schreibens vom 2. Juni 2005 (BStBl 2005 I S. 728)“, 18.8.2009 – BStBl. I 2009, 931, Rn. 30.

Abs. 1 S. 3 InvStG a.F. wurden die ausschüttungsgleichen Erträge dem Anleger im Zeitpunkt der Teilausschüttungen zugerechnet. Ein unsystematisches Auseinanderfallen wurde unterbunden. Dies gilt im InvStG lediglich für Spezial-Investmenterträge nach § 36 Abs. 4 S. 2, S. 4 InvStG.

5.2.5.2.1.2 Stellungnahme

Die systematische Herkunft dieser divergierenden Ausgestaltungen lässt sich nicht so hinreichend eindeutig einordnen, wie es bei den systematischen Ursprüngen der Vorabpauschale[1082] der Fall ist. Die Zuflusszeitpunkte sind von Gesetzes wegen unterschiedlich ausgestaltet. Dies ist nicht zu kritisieren, da diese Zuflussmechaniken grds. kein dahinterstehender Grundsatz umspannt, der durch eine Aufsplittung verletzt werden könnte. Einerseits handelt es sich um Ausschüttungen und andererseits um Thesaurierungen. Auch wenn es im Einzelfall merkwürdig erscheinen mag, dass Investmenterträge trotz gleich gelagerter Quelle unterschiedlich zufließen, so ist dies in Anbetracht der gesetzgeberischen Entscheidungshoheit letztlich zu akzeptieren. Systematische Ausgangsentscheidungen, die zwingend für einen Gleichlauf der Fiktion mit den tatsächlichen Zuflüssen sprechen, stehen nach hier vertretener Ansicht nicht entgegen.

Insbesondere ist nicht von Willkür auszugehen. Hierfür müsste eine amorphe Beurteilung des Gesetzgebers vorliegen. Dies ist nur dann der Fall, wenn es tatsächlich keine Gründe für die Verlegung des Zuflusszeitpunkts der Vorabpauschale gibt. Zumindest die Ausnutzung des Sparer-Pauschbetrags im Folgejahr ist ein nachvollziehbarer Grund. Ob dies aus fiskalischer bzw. ökonomischer Sicht wirklich sinnvoll ist, ist nicht Gegenstand einer Willkürkontrolle.

5.2.5.2.2 Berücksichtigung im Betriebsvermögen

5.2.5.2.2.1 Bilanzierende Anleger

Für bilanzierende Anleger ist unter Zugrundelegung einer handelsbilanziellen Betrachtungsweise[1083] die Vorabpauschale aufgrund des Realisati-

1082 Vgl. 5.2.3.2.2.2.

1083 Vgl. Lübbehüsen in Berger/Steck/Lübbehüsen, InvG/InvStG, § 2 InvStG, Rn. 91; Eibelshäuser, DStR 2002, 1426 (1426 ff.).

onsprinzips des § 252 Abs. 1 Nr. 4 HGB nicht in der Handelsbilanz zu erfassen, da sie nur für steuerliche Zwecke als zugeflossen gilt.[1084] Das Realisationsprinzip ist Ausfluss des Vorsichtsprinzips und dient der Periodenabgrenzung.[1085] Der Gewinn darf erst ausgewiesen werden, wenn er durch einen Umsatz entgeltlich am Markt realisiert wurde.

Für die Steuerbilanz, die im Regelfall dem Grundsatz der Maßgeblichkeit der Handelsbilanz (vgl. § 5 Abs. 1 S. 1 EStG) folgt, gilt ein anderer Ansatz.[1086] Entsprechend der Finanzverwaltung wird die Vorabpauschale als aktiver Ausgleichsposten in der Steuerbilanz erfasst.[1087] Der aktive Ausgleichsposten ist kein abschreibungsfähiges Wirtschaftsgut und mindert den Gewinn bei bilanzierenden Anlegern im Jahr der Veräußerung.[1088]

1084 Kral/Watzlaw, BB 2018, 2717 (2720); vgl. Schäfer, StB 2020, 123 (128).

1085 Merkt in Baumbach/Hopt, HGB, § 252, Rn. 18; vgl. Böcking/Gros/Wirth in Ebenroth/Boujong/Joost/Strohn, HGB, Bd. 1, § 252, Rnrn. 26/31 ff.; Störk/Büssow in Grottel/Schmidt/Schubert/Störk, Beck Bil-Kommentar, § 252 HGB, Rnrn. 43 ff.; Poll in Häublein/Hoffmann-Theinert, BeckOK HGB, § 252, Rnrn. 16 ff.; Tiedchen in Hennrichs/Kleindiek/Watrin, MüKo BilR, Bd. 2, § 252 HGB, Rnrn. 62 ff.; Ballwieser in Schmidt/Ebke, MüKo HGB, Bd. 4, § 252, Rnrn. 57 ff.; Hennrichs in Tipke/Lang, Steuerrecht, Kap. 9, Rn. 9.79; Birk/Desens/Tappe, Steuerrecht, § 5, Rn. 883 ff.; Winnefeld, Bilanz-Hdb., Kap. E, Rnrn. 86 ff.

1086 Dieses Ergebnis scheint zunächst mit dem handelsbilanziellen Ansatz im Widerspruch zu stehen. Gleichwohl ist ein divergierender Ansatz i.R.d. Handelsbilanz im Verhältnis zur Steuerbilanz übliche Routine. Obwohl im Steuerrecht der Grundsatz der Maßgeblichkeit der Handelsbilanz (vgl. § 5 Abs. 1 S. 1 EStG) gilt, kennt das Steuerrecht doch eigenständige Aktivierungs- und Passivierungsgebote bzw. -verbote. Bspw. sei die Drohverlustrückstellung zu nennen. Diese ist nach § 249 Abs. 1 S. 1 Alt. 1 HGB im Handelsrecht stets zu bilden und unterliegt im Steuerrecht einem Passivierungsverbot gemäß § 5 Abs. 4a S. 1 EStG. Vgl. Birk/Desens/Tappe, Steuerrecht, § 5, Rnrn. 877/908.
Hintergrund dessen sind die divergierenden Adressaten (externe Adressaten bzw. Finanzamt), die ihrerseits unterschiedliche Prinzipien bedingen.

1087 BT-Drs. 18/8045, 90; BMF, „Investmentsteuergesetz; Anwendungsfragen zum Investmentsteuergesetz in der ab dem 1. Januar 2018 geltenden Fassung (InvStG)", 21.5.2019 – BStBl. I 2019, 527, Rn. 18.5.
Auf die zusammenfassenden Beispiele sowie Buchungssätze in BMF, „Investmentsteuergesetz; Anwendungsfragen zum Investmentsteuergesetz in der ab dem 1. Januar 2018 geltenden Fassung (InvStG)", 21.5.2019 – BStBl. I 2019, 527, Rnrn. 18.3/18.5/19.10 wird verwiesen.

1088 BT-Drs. 18/8045, 90; BMF, „Investmentsteuergesetz; Anwendungsfragen zum Investmentsteuergesetz in der ab dem 1. Januar 2018 geltenden Fassung (InvStG)", 21.5.2019 – BStBl. I 2019, 527, Rnrn. 18.5/19.10; Köhler, DStR 2020, 1697 (1702 f.).

Hierdurch wird eine erneute Besteuerung i.R.d. späteren Veräußerung des Investmentanteils aufgrund eines gestiegenen Rücknahmepreises durch entsprechende Auflösung des Aktivpostens vermieden, denn dies mindert im Zeitpunkt des Zuflusses des Veräußerungserlöses das Veräußerungsergebnis.[1089] Dabei darf der über die Teilfreistellung steuerfrei gestellte Anteil der Vorabpauschale den aktiven Ausgleichsposten nicht mindern, da dies sonst zu einem überhöhten steuerbilanziellen Gewinn bzw. verminderten Verlust aus der Veräußerung oder der Rückgabe des Investmentanteils führen würde.[1090]

5.2.5.2.2.2 Betriebliche Anleger

Betriebliche Anleger, welche die Gewinnermittlung nach der Einnahmenüberschussrechnung (vgl. § 4 Abs. 3 EStG) durchführen, haben, um eine erneute Besteuerung zu vermeiden, einen Merkposten aufzuzeichnen.[1091] Der Merkposten ist kein abschreibungsfähiges Wirtschaftsgut und mindert den Gewinn im Zeitpunkt des Zuflusses des Veräußerungserlöses.[1092] Damit werden trotz des Fehlens eines tatsächlichen Liquiditätszuflusses die Gewinne als materiell steuerpflichtige Größe angesetzt.[1093]

1089 Kral/Watzlaw, BB 2018, 2717 (2720); vgl. BT-Drs. 18/8045, 90; BMF, „Investmentsteuergesetz; Anwendungsfragen zum Investmentsteuergesetz in der ab dem 1. Januar 2018 geltenden Fassung (InvStG)“, 21.5.2019 – BStBl. I 2019, 527, Rn. 19.10.

1090 Kral/Watzlaw, BB 2018, 2717 (2720).

1091 BT-Drs. 18/8045, 90; BMF, „Investmentsteuergesetz; Anwendungsfragen zum Investmentsteuergesetz in der ab dem 1. Januar 2018 geltenden Fassung (InvStG)“, 21.5.2019 – BStBl. I 2019, 527, Rn. 18.5.
Auf die zusammenfassenden Beispiele sowie Buchungssätze in BMF, „Investmentsteuergesetz; Anwendungsfragen zum Investmentsteuergesetz in der ab dem 1. Januar 2018 geltenden Fassung (InvStG)“, 21.5.2019 – BStBl. I 2019, 527, Rnrn. 18.3/18.5/19.10 wird verwiesen. Die dortigen Ausführungen gelten entsprechend für betriebliche Anleger.

1092 BT-Drs. 18/8045, 90; BMF, „Investmentsteuergesetz; Anwendungsfragen zum Investmentsteuergesetz in der ab dem 1. Januar 2018 geltenden Fassung (InvStG)“, 21.5.2019 – BStBl. I 2019, 527, Rnrn. 18.5/19.10.

1093 Kral/Watzlaw, BB 2018, 2717 (2720).

5.2.6 Ermittlung des Basiszinses (§ 18 Abs. 4 InvStG)

Die Berechnung des Basisertrags (vgl. § 18 Abs. 1 S. 2 ff. InvStG) orientiert sich am Basiszins gemäß § 18 Abs. 4 InvStG[1094]. Der Basiszins ist aus der langfristig erzielbaren Rendite öffentlicher Anleihen abzuleiten (§ 18 Abs. 4 S. 1 InvStG). Die Deutsche Bundesbank bestimmt diesen Zinssatz aus der Zinsstruktur der Renditen für Bundeswertpapiere mit jährlicher Kuponzahlung und 15-jähriger Restlaufzeit.[1095]

Die Orientierung am Basiszins bildet ein maßgebliches Korrektiv für die Wirtschaftlichkeitserwartung des Investmentanteils am Markt. Es wird damit unter Zugrundelegung eines jährlich volatilen, pauschalierenden Ansatzes eine Marktprognose – anhand von Strukturdaten und letztlich Erfahrungswerten – für die Vorabpauschalenermittlung herangezogen, welche es rechtfertigt, eine Vorabpauschale anzusetzen.

Seit der Einführung des InvStG ist der Basiszins sinkend (2018: 0,87 %[1096], 2019: 0,52 %[1097], 2020: 0,07 %[1098], 2021: -0,45 %[1099]; 2022: -0,05 %[1100]). Für das Jahr 2021 wurde erstmals ein negativer Basiszins ausgegeben. Dieser Trend setzt sich 2022 fort. Auf die Erhebung einer Vorabpauschale wird daher seitdem konsequenterweise verzichtet.[1101] Da

---

1094 Dieser Basiszins ist nicht zu verwechseln mit demjenigen des § 247 Abs. 1 S. 1 BGB.

1095 BMF, „Investmentsteuergesetz; Anwendungsfragen zum Investmentsteuergesetz in der ab dem 1. Januar 2018 geltenden Fassung (InvStG)", 21.5.2019 – BStBl. I 2019, 527, Rn. 18.13.

1096 BMF, „Basiszins zur Berechnung der Vorabpauschale gemäß § 18 Abs. 4 InvStG 2018", 4.1.2018 – BStBl. I 2018, 249.

1097 BMF, „Basiszins zur Berechnung der Vorabpauschale gemäß § 18 Abs. 4 InvStG; Basiszins zum 2. Januar 2019", 9.1.2019 – BStBl. I 2019, 58.

1098 BMF, „Basiszins zur Berechnung der Vorabpauschale gemäß § 18 Absatz 4 InvStG; Basiszins zum 2. Januar 2020", 29.1.2020 – BStBl. I 2020, 218.

1099 BMF, „Basiszins zur Berechnung der Vorabpauschale gemäß § 18 Absatz 4 InvStG; Basiszins zum 4. Januar 2021", 6.1.2021 – BStBl. I 2021, 56.

1100 BMF, „Basiszins zur Berechnung der Vorabpauschale gemäß § 18 Absatz 4 InvStG; Basiszins zum 3. Januar 2022", 7.1.2022 – BStBl. I 2022, 122.

1101 Dieser Verzicht der Vorabpauschalenerhebung hat nicht nur wirtschaftliche, sondern ebenso verfassungsrechtliche Relevanz. Mit dem Herabsetzen des Basiszinses, welcher gesetzgeberischer Ausgangspunkt der Mindestwirtschaftlichkeitserwartung ist, in den Minusbereich wird nunmehr gleichsam auch keine fiktive Mindestrendite am Investmentmarkt für diesen Veranlagungszeitraum erwartet. Dies wirft die Frage auf, ob der Gesetzgeber ergänzend eine negative Vorabpauschale – die derzeit im InvStG nicht vorgesehen ist – implementieren sollte. Vgl. 5.2.7.3.2.2.3 und 6.2.2.3.

der Basisertrag aufgrund des negativen Basiszinses im Minusbereich ist, wird der Gesamtbetrag der im Jahr erfolgten Ausschüttungen – selbst dann, wenn keine Ausschüttungen erfolgen (Ausschüttungen i.H.v. 0 €) – nie den Basisertrag unterschreiten können.[1102] Dies ist jedoch maßgebliche Voraussetzung für die Vorabpauschalenerhebung (vgl. § 18 Abs. 1 S. 1 InvStG). Ob damit derzeit der gesetzgeberischen Intention zur Vermeidung von Steuerstundungseffekten entsprochen wird, ist in dieser (Niedrigzins-)Phase zu bezweifeln.[1103]

5.2.7 Verfassungsrechtliche Würdigung

Eine wesentliche Frage der Vorabpauschale ist diejenige nach ihrer Verfassungsmäßigkeit im Lichte des allgemeinen Gleichheitsgrundsatzes. Hintergrund dieser Thematik sind ihre Auswirkungen und Ausgestaltungselemente.

5.2.7.1 Abstrakter Maßstab des Gleichheitsgrundsatzes

5.2.7.1.1 Allgemeiner Gleichheitsgrundsatz außerhalb des Steuerrechts

Unserer freiheitlich-demokratischen Grundordnung liegt die Vorstellung zugrunde, dass Freiheit und Gleichheit dauernde Grundwerte der staatlichen Einheit sind und i.S.e. wertgebenden Ordnung verstanden werden.[1104] Art. 3 Abs. 1 GG verlangt daher die Gleichbehandlung aller Menschen vor dem Gesetz und verbietet etwa jede Benachteiligung oder Bevorzugung wegen persönlichkeitsbedingter Eigenheiten.[1105] Der Gleichheitssatz ist nämlich umso strikter, je mehr er den Einzelnen als Person betrifft und umso offener für gesetzgeberische Gestaltungen, je mehr allgemeine, für rechtliche Gestaltungen zugängliche Lebensverhältnisse geregelt werden.[1106]

1102 Vgl. BMF, „Basiszins zur Berechnung der Vorabpauschale gemäß § 18 Absatz 4 InvStG; Basiszins zum 4. Januar 2021“, 6.1.2021 – BStBl. I 2021, 56.

1103 Vgl. 6.2.1.

1104 Vgl. BVerfG, Urt. v. 23.10.1952, 1 BvB 1/51 – BVerfGE 2, 1, Rn. 37.

1105 BVerfG, Beschl. v. 30.9.1998, 2 BvR 1818/91 – BVerfGE 99, 88, Rn. 22.

1106 BVerfG, Beschl. v. 10.4.1997, 2 BvL 77/92 – BStBl. II 1997, 518, Rn. 23; BVerfG, Beschl. v. 30.9.1998, 2 BvR 1818/91 – BVerfGE 99, 88, Rn. 22; vgl. BVerfG, Beschl. v. 29.5.1990, 1 BvL 20/84, 1 BvL 26/84, 1 BvL 4/86 – BStBl. II

Der Gleichheitssatz beauftragt den Gesetzgeber und den Gesetzesanwender, für Menschen in ähnlichen Lebenslagen eine gemeinsame Rechtsfolge vorzusehen, für Menschen in verschiedenen Lebenslagen verschiedene Rechtsfolgen vorzusehen sowie für Menschen in vergleichbaren Lebenslagen eine verantwortliche Entscheidung über gemeinsame oder verschiedene Rechtsfolgen zu treffen.[1107] Ein Verfassungsverstoß liegt mithin dann vor, wenn wesentlich Gleiches ohne einen sachlichen Grund ungleich und wesentlich Ungleiches gleich behandelt wird.[1108] Dies gilt sowohl für ungleiche Belastungen als auch für ungleiche Begünstigungen.[1109]

Nach ständiger Rechtsprechung des BVerfG verbietet sich eine an sachwidrigen Kriterien ausgerichtete Differenzierung.[1110] Der Gleichheitssatz ist mithin im Allgemeinen verletzt, wenn eine vom Gesetz vorgenommene Differenzierung sich nicht auf einen vernünftigen oder einleuchtenden – d.h. grds. logisch ableitbaren – Grund zurückführen lässt.[1111] Genauere Maßstäbe lassen sich lediglich dem jeweiligen Sach- und Regelungsbereich entnehmen.[1112]

5.2.7.1.2 Allgemeiner Gleichheitsgrundsatz im Steuerrecht

Der allgemeine Gleichheitssatz hat im Steuerrecht durch bestimmte Prinzipien einen bereichsspezifischen[1113] Niederschlag gefunden. Dies sind ins-

1990, 653; BVerfG, Beschl. v. 25.9.1992, 2 BvL 5/91, 2 BvL 8/91, 2 BvL 14/91 – BStBl. II 1993, 413.

1107 Kirchhof in Maunz/Dürig, GG, Bd. 1, Art. 3 Abs. 1, Rn. 73.

1108 BVerfG, Beschl. v. 26.4.1988, 1 BvL 84/86 – BVerfGE 78, 104, Rn. 47.

1109 BVerfG, Beschl. v. 11.10.1988, 1 BvR 777/85, 1 BvR 882/85, 1 BvR 1239/85 – BVerfGE 79, 1, Rn. 53; BVerfG, Beschl. v. 8.6.2004, 2 BvL 5/00 – BVerfGE 110, 412, Rn. 62; BVerfG, Beschl. v. 21.6.2006, 2 BvL 2/99 – BVerfGE 116, 164, Rn. 69; BVerfG, Beschl. v. 12.5.2009, 2 BvL 1/00 – BStBl. II 2009, 685, Rn. 25.

1110 Vgl. BVerfG, Beschl. v. 3.7.1973, 1 BvR 368/65, 1 BvR 369/85 – BVerfGE 35, 324, Rn. 27.

1111 Vgl. Kirchhof in Maunz/Dürig, GG, Bd. 1, Art. 3 Abs. 1, Rn. 299; Kischel in Epping/Hillgruber, BeckOK GG, Art. 3, Rn. 17.

1112 BVerfG, Urt. v. 6.3.2002, 2 BvL 17/99 – BStBl. II 2002, 168, Rn. 157; BVerfG, Beschl. v. 4.12.2002, 2 BvR 400/98, 2 BvR 1735/00 – BStBl. II 2003, 534, Rn. 50; BVerfG, Beschl. v. 16.3.2005, 2 BvL 7/00 – BVerfGE 112, 268, Rn. 66; vgl. BVerfG, Beschl. v. 26.1.1993, 1 BvL 38/92, 1 BvL 40/92, 1 BvL 43/92 – BVerfGE 88, 87, Rn. 34; BVerfG, Beschl. v. 8.6.2004, 2 BvL 5/00 – BVerfGE 110, 412, Rn. 63.

1113 Vgl. BVerfG, Beschl. v. 22.6.1995, 2 BvL 37/91 – BStBl. II 1995, 655, Rn. 41; Birk/Desens/Tappe, Steuerrecht, § 2, Rn. 174.

besondere im Bereich des EStG zwei eng miteinander verbundene Leitlinien: das Gebot der Ausrichtung der Steuerlast am Prinzip der finanziellen Leistungsfähigkeit und das Gebot der Folgerichtigkeit.[1114]

Das Leistungsfähigkeitsprinzip bildet das Fundamentalprinzip des deutschen Steuerrechts.[1115] Hiernach gilt der Grundsatz der Steuergerechtigkeit, sodass sich die Besteuerung grds. individuell an der wirtschaftlichen Leistungsfähigkeit[1116] zu orientieren hat.[1117] Das Leistungsfähigkeitsprin-

---

1114 Vgl. BVerfG, Urt. v. 6.3.2002, 2 BvL 17/99 – BStBl. II 2002, 618, Rnrn. 197 ff.; BVerfG, Beschl. v. 4.12.2002, 2 BvR 400/98, 2 BvR 1735/00 – BStBl. II 2003, 534, Rnrn. 51 ff.; BVerfG, Beschl. v. 21.6.2006, 2 BvL 2/99 – BVerfGE 116, 164, Rnrn. 70 f.; BVerfG, Beschl. v. 7.11.2006, 1 BvL 10/02 – BStBl. II 2007, 192, Rnrn. 94 ff.

1115 Vgl. BVerfG, Beschl. v. 23.11.1976, 1 BvR 150/75 – BStBl. II 1977, 135, Rn. 27; BVerfG, Urt. v. 3.11.1982, 1 BvR 620/78, 1 BvR 1335/78, 1 BvR 1104/79, 1 BvR 363/80 – BStBl. II 1982, 717, Rn. 75; BVerfG, Beschl. v. 22.2.1984, 1 BvL 10/80 – BStBl. II 1984, 357, Rn. 24; Tipke, Die Steuerrechtsordnung, Bd. 1, S. 491; Hey in Tipke/Lang, Steuerrecht, Kap. 3, Rn. 3.40; Birk, Das Leistungsfähigkeitsprinzip, Habil., S. 58; Lang, Die Bemessungsgrundlage der Einkommensteuer, Habil., S. 97.

1116 Vgl. Birk, FS Kirchhof, 1591 (1591 ff.); Desens, StuW 2016, 240 (240 ff.); Kirchhof, BB 2017, 662 (662 ff.); Birk, Das Leistungsfähigkeitsprinzip, Habil., S. 155 ff.
Bereits seit dem 18. Jahrhundert wird die Idee der steuerlichen Leistungsgerechtigkeit praktiziert. Vgl. Kube, Finanzgewalt, Habil., S. 56 ff.
Letztlich wurde mit Art. 134 WRV der gesetzliche Grundstein hierfür gelegt. Dieser besagte, dass alle Staatsbürger ohne Unterschied im Verhältnis ihrer Mittel zu allen öffentlichen Lasten nach Maßgaben der Gesetze beizutragen haben. Das BVerfG geht von Anfang an von der Verankerung des Leistungsfähigkeitsprinzips im Gleichheitssatz des Art. 3 Abs. 1 GG aus. Vgl. BVerfG, Beschl. v. 17.1.1957, 1 BvL 4/54 – BStBl. I 1957, 193, Rnrn. 38/80 ff.; BVerfG, Urt. v. 24.6.1958, 2 BvF 1/57 – BVerfGE 8, 51, Rn. 73; BVerfG, Beschl. v. 14.4.1959, 1 BvL 23/57, 1 BvL 34/57 – BVerfGE 9, 237, Rn. 24; BVerfG, Urt. v. 24.1.1962, 1 BvL 32/57 – BVerfGE 13, 290, Rnrn. 26 f.; BVerfG, Beschl. v. 3.4.1962, 1 BvL 35/57 – BVerfGE 14, 34, Rn. 22; BVerfG, Beschl. v. 2.10.1969, 1 BvL 12/68 – BStBl. II 1970, 140, Rnrn. 24/32; BVerfG, Beschl. v. 15.12.1970, 1 BvR 559/70, 1 BvR 571/70, 1 BvR 586/70 – BStBl. II 1971, 39, Rn. 24; BVerfG, Beschl. v. 9.2.1972, 1 BvL 16/69 – BStBl. II 1972, 408, Rn. 21; BVerfG, Beschl. v. 2.10.1973, 1 BvR 345/73 – BStBl. II 1973, 878, Rn. 27; BVerfG, Beschl. v. 11.10.1977, 1 BvR 343/73, 1 BvR 83/74, 1 BvR 183/75, 1 BvR 428/75 – BStBl. II 1978, 174, Rnrn. 69/79 ff./97; BVerfG, Urt. v. 3.11.1982, 1 BvR 620/78, 1 BvR 1335/78, 1 BvR 1104/79, 1 BvR 363/80 – BStBl. II 1982, 717, Rnrn. 67/84 ff.
Daneben existiert das sog. Äquivalenzprinzip, welches für das Investmentsteuerrecht von eher untergeordneter Bedeutung ist. Derjenige, der von staatlichen Leistungen besonders profitiert, soll eine erhöhte Steuerlast tragen. Damit ist der beiderseitige Transfer zwischen Staat und Bürger, bezogen auf eine kon-

zip fordert daher eine nach der Zahlungsfähigkeit des Steuerpflichtigen bemessene steuerliche Lastenverteilung unter Berücksichtigung der Einkommens- und Vermögensverhältnisse.[1118] Dabei hat der Gesetzgeber i.R.d. Auswahl des Steuergegenstands und bei der Bestimmung des Steuersatzes einen weitreichenden Entscheidungsspielraum.[1119] Das Einkommen ist jedenfalls ein besonders geeigneter Indikator steuerlicher Leistungsfähigkeit.[1120]

Folglich muss der wirtschaftlich leistungsfähigere Steuerpflichtige mehr zur Gemeinwesenfinanzierung aufbringen als der wirtschaftlich weniger potente (sog. vertikale Lastengleichheit). Gleichfalls unterfallen identisch Leistungsfähige in gleichem Maße der Besteuerung (sog. horizontale Lastengleichheit). Demnach müssen sowohl die steuerbegründenden Vorschriften als auch die Regelungen ihrer Anwendung dem Prinzip einer möglichst gleichmäßigen Belastung der Steuerpflichtigen besonders sorgfältig Rechnung tragen.[1121] Es muss anhand der jeweiligen Steuer idealerweise eine gerechte – in rechtlich und tatsächlich gleichmäßiger Belas-

---

kret-individuelle Gegenleistungsbeziehung und auf den Wert der Transfers als primären Maßstab der Ausgewogenheit, gemeint. Schmehl, Das Äquivalenzprinzip, Habil., S. 6.

1117 BVerfG, Beschl. v. 23.11.1976, 1 BvR 150/75 – BStBl. II 1977, 135, Rn. 27; BVerfG, Urt. v. 3.11.1982, 1 BvR 620/78, 1 BvR 1335/78, 1 BvR 1104/79, 1 BvR 363/80 – BStBl. II 1982, 717, Rn. 75; BVerfG, Beschl. v. 22.2.1984, 1 BvL 10/80 – BStBl. II 1984, 357, Rn. 24; BVerfG, Beschl. v. 28.11.1984, 1 BvR 1157/82 – BStBl. II 1985, 181, Rn. 52; BVerfG, Urt. v. 10.2.1987, 1 BvL 18/81, 1 BvL 20/82 – BStBl. II 1987, 240, Rn. 56; Kube, DStR 2011, 1781 (1781).
Vgl. zu den ökonomischen Theorien: Birk/Desens/Tappe, Steuerrecht, § 1, Rn. 35 ff.

1118 Vgl. Birk/Desens/Tappe, Steuerrecht, § 1, Rnrn. 35 ff.; Tipke, Die Steuerrechtsordnung, Bd. 1, S. 479 ff.; Birk, Das Leistungsfähigkeitsprinzip, Habil., S. 155 ff.

1119 Vgl. BVerfG, Beschl. v. 22.6.1995, 2 BvL 37/91 – BStBl. II 1995, 655, Rn. 46; BVerfG, Beschl. v. 30.9.1998, 2 BvR 1818/91 – BVerfGE 99, 88, Rn. 23; BVerfG, Beschl. v. 4.12.2002, 2 BvR 400/98, 2 BvR 1735/00 – BStBl. II 2003, 534, Rn. 51; BVerfG, Beschl. v. 7.11.2006, 1 BvL 10/02 – BStBl. II 2007, 192, Rn. 94; BVerfG, Beschl. v. 12.5.2009, 2 BvL 1/00 – BStBl. II 2009, 685, Rn. 26.

1120 Lang, Die Bemessungsgrundlage der Einkommensteuer, Habil., S. 104; vgl. Tipke, Die Steuerrechtsordnung, Bd. 1, S. 481.

1121 BVerfG, Urt. v. 20.12.1966, 1 BvR 320/57, 1 BvR 70/63 – BStBl. III 1967, 7, Rn. 58; BVerfG, Beschl. v. 3.7.1973, 1 BvR 368/65, 1 BvR 369/65 – BVerfGE 35, 324, Rn. 27; BVerfG, Urt. v. 27.6.1991, 2 BvR 1493/89 – BStBl. II 1991, 654, Rn. 105.

tungshinsicht[1122] – Steuerlastverteilung erreicht werden.[1123] Dies schützt überdies den Einzelnen vor fiskalischen Zugriffen, die seine freiheitliche Ausbreitung, Entfaltung und sein Fortkommen im Hinblick auf seine grundrechtlich geschützten Positionen beschränken könnten.

Konkret ist das Leistungsfähigkeitsprinzip etwa durch das sog. Nettoprinzip im steuerrechtlichen Rahmen formuliert. Hiernach sind einerseits die erwerbssichernden Aufwendungen (sog. objektives Nettoprinzip) und andererseits die Kosten abzuziehen, die der Steuerpflichtige zur Sicherung der Lebensgrundlage benötigt (sog. subjektives Nettoprinzip).[1124] Leistungsfähigkeit entsteht demnach erst, nachdem der Einkommensbezieher seine Erwerbsvoraussetzungen geschaffen und seine zwangsläufigen Daseinsvoraussetzungen finanziell gesichert hat.[1125]

Darüber hinaus muss der Gesetzgeber eine i.S.d. Leistungsgerechtigkeit einmal getroffene Besteuerungsgrundentscheidung folgerichtig umsetzen (sog. Gebot der Folgerichtigkeit).[1126] Die Befugnis des Steuergesetzgebers,

---

1122 Vgl. BVerfG, Beschl. v. 7.5.1968, 1 BvR 420/64 – BStBl. II 1968, 549, Rn. 42; BVerfG, Urt. v. 27.6.1991, 2 BvR 1493/89 – BStBl. II 1991, 654, Rn. 108; BVerfG, Beschl. v. 22.6.1995, 2 BvL 37/91 – BStBl. II 1995, 655, Rn. 46.

1123 Vgl. Tipke, Die Steuerrechtsordnung, Bd. 1, S. 232.

1124 Vgl. BVerfG, Beschl. v. 21.6.2006, 2 BvL 2/99 – BVerfGE 116, 164, Rnrn. 80 ff.; Hey in Tipke/Lang, Steuerrecht, Kap. 8, Rnrn. 8.54 f./8.70 ff.; Birk/Desens/Tappe, Steuerrecht, § 5, Rnrn. 609 ff./624 ff.

1125 Birk/Desens/Tappe, Steuerrecht, § 2, Rn. 175; vgl. BVerfG, Beschl. v. 11.11.1998, 2 BvL 10/95 – BStBl. II 1999, 502, Rn. 50; BVerfG, Urt. v. 7.12.1999, 2 BvR 301/98 – BStBl. II 2000, 162, Rn. 39; BFH, Beschl. v. 9.5.2001, XI B 151/00 – BStBl. II 2001, 552, Rn. 27.

1126 Vgl. BVerfG, Beschl. v. 7.5.1968, 1 BvR 420/64 – BStBl. II 1968, 549, Rn. 42; BVerfG, Urt. v. 27.6.1991, 2 BvR 1493/89 – BStBl. II 1991, 654, Rn. 108; BVerfG, Beschl. v. 22.6.1995, 2 BvL 37/91 – BStBl. II 1995, 655, Rn. 46; BVerfG, Beschl. v. 30.9.1998, 2 BvR 1818/91 – BVerfGE 99, 88, Rn. 23; BVerfG, Beschl. v. 11.11.1998, 2 BvL 10/95 – BStBl. II 1999, 502, Rn. 46; BVerfG, Beschl. v. 29.10.1999, 2 BvR 1264/90 – BStBl. II 2000, 155, Rn. 20; BVerfG, Beschl. v. 10.11.1999, 2 BvR 2861/93 – BStBl. II 2000, 160, Rn. 11; BVerfG, Urt. v. 6.3.2002, 2 BvL 17/99 – BStBl. II 2002, 618, Rnrn. 197 ff.; BVerfG, Beschl. v. 4.12.2002, 2 BvR 400/98, 2 BvR 1735/00 – BStBl. II 2003, 534, Rnrn. 51 ff.; BVerfG, Beschl. v. 8.6.2004, 2 BvL 5/00 – BVerfGE 110, 412, Rn. 66; BVerfG, Beschl. v. 21.6.2006, 2 BvL 2/99 – BVerfGE 116, 164, Rn. 70; BVerfG, Beschl. v. 15.1.2008, 1 BvL 2/04 – BVerfGE 120, 1, Rn. 82; BVerfG, Beschl. v. 17.4.2008, 2 BvL 4/05 – BVerfGE 121, 108, Rn. 43; BVerfG, Urt. v. 9.12.2008, 2 BvL 1/07, 2 BvL 2/07, 2 BvL 1/08, 2 BvL 2/08 – BVerfGE 122, 210, Rn. 57; BVerfG, Beschl. v. 12.5.2009, 2 BvL 1/00 – BStBl. II 2009, 685, Rnrn. 26 ff.; BVerfG, Beschl. v. 6.7.2010, 2 BvL 13/09 – BStBl. II 2011, 318, Rn. 36; BVerfG, Beschl. v. 7.7.2010, 2 BvL 14/02, 2 BvL 2/04, 2 BvL 13/05 – BStBl. II 2011, 76, Rnrn. 67/79;

die zentralen Fragen gerechter Belastungsverteilung weitgehend ungebunden zu entscheiden, wird mithin – anhand eines hinreichenden Maßes an Rationalität und Abgewogenheit – begrenzt.[1127]

5.2.7.2 Verfassungsrechtliche Fragestellungen der Vorabpauschale

Der Gesetzgeber hat durch die Vorabpauschale die Sicherstellung einer zeitnahen Besteuerung, d.h. die Durchbrechung einer unbegrenzten Steuerstundung bei thesaurierenden Investmentfonds, beabsichtigt. Gleichwohl zeigen sich in der konkreten Anwendung der Vorabpauschale und ihren Folgewirkungen aus der Pauschalierung verfassungsrechtliche Problematiken. Dabei handelt es sich im Speziellen um Grundsatzfragen sowie ergänzende Ausgestaltungsthematiken.

5.2.7.3 Grundsatzfragen der Vorabpauschale

Die Betrachtung der Wirkweise der Vorabpauschale wirft zwei eigenständige Grundsatzfragen auf: Ist es mit Art. 3 Abs. 1 GG vereinbar, dass (1) i.R.d. Investmentanlage die jährliche Wertsteigerung – vorübergehend, d.h. bis zu einer Veräußerung – unabhängig von der Realisation oder Ersatzrealisation besteuert wird und dass (2) die jährliche Wertsteigerung des Investmentanteils unterschiedlich erfasst wird.

5.2.7.3.1 Erste Grundsatzfrage: Besteuerung der Wertsteigerung ohne Realisation

Es ist daher zunächst zu prüfen, ob die Besteuerung der jährlichen Wertsteigerung in Gestalt der Vorabpauschale gegen verfassungsrechtliche Grundsätze verstößt.

BVerfG, Beschl. v. 13.10.2009, 2 BvL 3/05 – BVerfGE 124, 282, Rn. 34; BVerfG, Beschl. v. 12.10.2010, 1 BvL 12/07 – BVerfGE 127, 224, Rn. 51; BVerfG, Beschl. v. 15.12.2015, 2 BvL 1/12 – BVerfGE 141, 1, Rnrn. 95 f.

1127 Vgl. BVerfG, Beschl. v. 12.5.2009, 2 BvL 1/00 – BStBl. II 2009, 685, Rn. 32.

5.2.7.3.1.1 Konkretisierung der gleichheitsrechtlichen Frage

Ausgangspunkt dieser Verfassungsfrage ist, ob bzw. inwieweit die vorübergehende Besteuerung des jährlichen Wertanstiegs – unabhängig von einer Realisation oder Ersatzrealisation – i.R.d. Investmentanlage (temporäre Sollertragsbesteuerung) mit dem Gleichheitsgrundsatz vereinbar ist. Denn wie im Zusammenhang mit § 19 Abs. 1 S. 3 InvStG[1128] festgestellt, wird grds. erst im Zuge einer späteren Veräußerung die tatsächliche Ist-Besteuerung über die Haltephase hinweg vollständig berücksichtigt.

Untersucht wird daher vorliegend, ob die Thematik bereits in ihrer Grundausprägung, d.h. dem „Ob" der Besteuerung, überhaupt verfassungsrechtlichen Maßgaben standhält. Die erste Grundsatzfrage lässt insoweit noch außer Acht, dass die Vorabpauschale diverse Elemente vorhält, um mit innerperiodischen, jährlichen Wertsteigerungen im Einzelfall umzugehen. Zum Teil werden diese Wertzuwächse nämlich etwa anhand der tatsächlichen Wertsteigerung (Begrenzungsbetrag) und zum Teil gedeckelt auf den Basisertrag ermittelt (vgl. § 18 Abs. 1 S. 3 InvStG). Dies ist Inhalt der zweiten Grundsatzfrage[1129], welche sich grds. mit dem „Wie" der Besteuerung beschäftigt.

5.2.7.3.1.2 Feststellung einer Vergleichsgruppe sowie einer Ungleichbehandlung

Um eine nachfolgende Ungleichbehandlung i.R.d. ersten Grundsatzfrage festzustellen, muss zunächst eine Vergleichsgruppe gebildet werden. Ausgangspunkt für eine solche Bestimmung ist regelmäßig die im Gesetz angelegte Differenzierung.[1130] Für die Vergleichsgruppenbildung bedarf es eines Aktes wertender Erkenntnis, um den Bezugspunkt für die wesentlichen Übereinstimmungen bzw. Differenzen der zum Vergleich gestellten Sachverhalte, Gruppen oder Personen erfassen zu können.[1131] Hilfreich ist dabei das Ausfindigmachen eines gemeinsamen Oberbegriffs[1132], da sich aus Art. 3 Abs. 1 GG keine eigenen Maßstäbe für einen Vergleichsmaß-

1128 Vgl. 5.2.3.1.2.
1129 Vgl. 5.2.7.3.2.
1130 Vgl. Wollenschläger in von Mangoldt/Klein/Starck, GG, Bd. 1, Art. 3, Rn. 79.
1131 Schmidt in Müller-Glöge/Preis/Schmidt, ErfKo, Art. 3 GG, Rn. 33.
1132 Vgl. Heun in Dreier, GG, Bd. 1, Art. 3, Rn. 24.

stab entnehmen lassen.[1133] Die Feststellung einer ungleichen Behandlung lässt sich dann grds. aus der Setzung unterschiedlicher Rechtsfolgen schließen.[1134]

Die Vorabpauschale gehört als Bestandteil der Investmenterträge zu den Einkünften aus Kapitalvermögen i.S.d. § 20 Abs. 1 Nr. 3 InvStG i.V.m. § 16 Abs. 1 Nr. 2 InvStG. Anteile an thesaurierenden Investmentfonds werden auf der Grundlage einer jährlichen Wertsteigerung fiktiv, d.h. ohne tatsächlichen Zufluss und ohne (Ersatz-)Realisationstatbestand, einer pauschalen Besteuerung unterworfen. Mit anderen Worten werden nicht realisierte Wertzuwächse der Besteuerung unterzogen. Dem stehen im Fall der Vorabpauschale bereits per definitionem keine äquivalenten liquiden Mittel gegenüber, da es tatbestandliche Voraussetzung ist, dass die Ausschüttungen den Basisertrag unterschreiten (vgl. § 18 Abs. 1 S. 1 InvStG).

Im Gegensatz hierzu stehen die übrigen Kapitalanlagemöglichkeiten (vgl. § 20 Abs. 1 EStG). Gegenstand der Besteuerung sind in diesen Fällen die Erträge aus der Nutzung privaten Geldvermögens in bestimmten Anlageformen.[1135] Es handelt sich dabei um die Fruchtziehung des Kapitalvermögens i.R.e. entgeltlichen Überlassung von Kapital an Dritte.[1136] Im Unterschied zur Vorabpauschale fließt dem Anleger tatsächlich ein Mehrwert zu, d.h. sein Vermögen mehrt sich. Erst dieser tatsächliche Zufluss wird im Nachgang besteuert.

Daher bilden die vorbenannten, anderen in § 20 Abs. 1 EStG genannten, Kapitalanlagen neben der Kapitalanlage in Form des Investmentanteils die maßgeblichen Vergleichspaare für die verfassungsrechtliche Prüfung unter dem Oberbegriff der Kapitalanlage und der Besteuerung i.S.d. EStG.

5.2.7.3.1.3 Leistungsfähigkeitsprinzip: Eingriff in den Gewährleistungsinhalt

Fraglich ist, ob die grds. Wirkungsweise der Vorabpauschale in den zuvor skizzierten Gewährleistungsinhalt des Leistungsfähigkeitsprinzips eingreift oder ob die gesetzliche Ausrichtung der Vorabpauschale, d.h. die grds. pauschale (temporäre) Sollertragsbesteuerung des Einkommens i.R.d. Hal-

1133 Wollenschläger in von Mangoldt/Klein/Starck, GG, Bd. 1, Art. 3, Rn. 86.
1134 Vgl. Boysen in von Münch/Kunig, GG, Bd. 1, Art. 3, Rn. 63.
1135 Ratschow in Brandis/Heuermann, Ertragsteuerrecht, § 20 EStG, Rn. 4.
1136 Vgl. Buge in Herrmann/Heuer/Raupach, EStG/KStG, § 20 EStG, Rn. 40.

tephase und die erst nachgelagerte Ist-Besteuerung im Zuge der Realisation des Investmentanteils, verfassungsrechtlich hinreichend vertretbar ist.

5.2.7.3.1.3.1 Steigerung der Leistungsfähigkeit durch Wertsteigerung des Anteils

Betrachtet man die Normierung der Vorabpauschale, fällt auf, dass sie in der Wertsteigerung des Anteils eine gesteigerte Leistungsfähigkeit – mit dem Einkommen als Gradmesser für die Bestimmung der Leistungsfähigkeit – erblickt.

Dies bedingt seinerseits die Thematik, wie die Begrifflichkeit des Einkommens als Maßstab der Leistungsfähigkeit überhaupt zu bestimmen ist.[1137] Dabei ist neben dem finanzwissenschaftlichen bzw. ökonomischen Verständnis, wonach grds. jeder Wertzuwachs das Einkommen des Steuerpflichtigen erhöht[1138], ein juristischer Blickwinkel einzunehmen. Denn insoweit ist der rechtliche Ansatz maßgebend für die Einordnung i.R.d. Leistungsfähigkeitsprinzips.[1139]

Insoweit könnte bereits der bloße Kursanstieg des Investmentanteils (ohne Realisation) – ähnlich der Behandlung stiller Reserven[1140] – eine gesteigerte Leistungsfähigkeit als faktische Steigerung der wirtschaftlichen Möglichkeiten des Steuerpflichtigen (sog. Nichtrealisationsprinzip) begründen oder alternativ erst im Zuge einer tatsächlichen Realisation (sog. Realisationsprinzip) eintreten.

5.2.7.3.1.3.1.1 Meinungsspektrum i.R.v. stillen Reserven

Für die Behandlung stiller Reserven sehen einige Vertreter – basierend auf dem ökonomischen Verständnis des Einkommensbegriffs – den leistungsmäßigen Anknüpfungspunkt bereits in der Entstehung, d.h. unabhängig

1137 Vgl. Birk, Das Leistungsfähigkeitsprinzip, Habil., S. 32 ff./55; Lang, Die Bemessungsgrundlage der Einkommensteuer, Habil., S. 104 ff.

1138 Vgl. Birk, Das Leistungsfähigkeitsprinzip, Habil., S. 32 ff./50 ff.

1139 Vgl. Birk, Das Leistungsfähigkeitsprinzip, Habil., S. 50 ff.

1140 Als stille Reserve bezeichnet man die Differenz zwischen dem Buchwert bzw. den fortgeführten Anschaffungs-/Herstellungskosten eines Wirtschaftsguts und seinem gemeinen Wert (vgl. § 9 Abs. 2 S. 1 BewG) bzw. Teilwert (vgl. § 10 S. 2 BewG), die i.R.e. Aufdeckung (bspw. Veräußerung) zu einem Gewinn führt. Dinkelbach, Ertragsteuern, S. 76, Fn. 59.

von einer Realisation.[1141] Einkommen sei hiernach der Maßstab der für jeden Steuerpflichtigen separat geltenden individuellen Leistungsfähigkeit, welche die Veränderung von wirtschaftlich Ressourcen beachte und in der sämtliche Gewinne sowie Verluste in dem zu versteuernden Einkommen vollständig wiedergegeben würden.[1142]

Grundlage dieses Verständnisses ist, dass jegliche (faktische) Wertsteigerungen im allgemeinen Rechts- und Wirtschaftsverkehr eine tatsächliche Berücksichtigung erfahren. So richte sich etwa die Beleihungsfähigkeit eines Wirtschaftsgutes nach seinem Tageswert und nicht nach dem Buchwert.[1143] Demnach stellten unter Zugrundelegung der Reinvermögenszugangstheorie auch nichtrealisierte Zuwächse im Vermögen eine erhöhte Leistungsfähigkeit des Einzelnen dar. Nichtrealisierte Vermögensverluste begründeten eine wirtschaftliche Minderung.[1144]

Gleichwohl ist es nach dieser Sichtweise unverhältnismäßig, wenn die Besteuerung nichtrealisierter Vermögenszuwächse den Steuerpflichtigen in die wirtschaftliche Enge treibe[1145], d.h. ihn dazu bringe, durch etwaige Veräußerung der Substanz die Steuern zahlen zu müssen bzw. überhaupt

---

1141 Vgl. BMF, Gutachten der Steuerreformkommission, Bd. 17, S. 68 f.; Tipke, Die Steuerrechtsordnung, Bd. 1, S. 500 ff.; Herlinghaus, Die Personengesellschaft im Steuerrecht, 67 (71); Hey in Tipke/Lang, Steuerrecht, Kap. 3, Rn. 3.67 sowie Kap. 7, Rn. 7.30; Schön, FS Widmann, 531 (533); Lang, DStJG 1981, 45 (50 ff.); Thiel, DStJG 1981, 183 (187 ff.); Tipke, DStJG 1981, 1 (2 f.); Desens, DStJG 2020, 73 (88); Costede, StuW 1996, 19 (23); van Lishaut, DB 2000, 1784 (1788); Sonneborn, DStZ 2001, 579 (585); Lang, Die Bemessungsgrundlage der Einkommensteuer, Habil., S. 171; Meyer-Scharenberg, Steuergestaltung durch Umwandlung, Habil., S. 68; Reich, Die Realisation stiller Reserven, Habil., S. 51 ff.; Baldauf, Das innere System der einkommensteuerrechtlichen Gewinnrealisierung, Diss., S. 26 ff.; Busse, Die Besteuerung der stillen Reserven, Diss., S. 61 ff.; Danz, Das Subjektsteuerprinzip, Diss., S. 59; Fasold, Die einkommensteuerrechtliche Problematik der Buchwertfortführung, Diss., S. 145; Reinhardt, Übergang stiller Reserven, Diss., S. 64.
Dies deckt sich mit der Reinvermögenszugangstheorie. Vgl. Schanz, Finanz-Archiv 1896, 1 (1 ff.); Aufermann, Betriebswirtschaftliche Steuerlehre, S. 51 ff.; Lang, Die Bemessungsgrundlage der Einkommensteuer, Habil., S. 38; Reif, Reform der Besteuerung des Einkommens, Diss., S. 38 f.

1142 Vgl. Tipke, Die Steuerrechtsordnung, Bd. 1, S. 500 ff.; Lang, DStJG 1981, 45 (46 ff.).

1143 BMF, Gutachten der Steuerreformkommission, Bd. 17, S. 68; vgl. Tipke, DStJG 1981, 1 (3); Meyer-Scharenberg, Steuergestaltung durch Umwandlung, Habil., S. 68; Danz, Das Subjektsteuerprinzip, Diss., S. 57.

1144 Thiel, DStJG 1981, 183 (187).

1145 Vgl. zu Substanzsteuereffekten: Hey in Tipke/Lang, Steuerrecht, Kap. 7, Rn. 7.33 sowie Kap. 3, Rnrn. 3.60 ff.

zu können. Nichtsdestotrotz soll dies als ultima ratio durchgeführt werden, wenn anderenfalls durch dieses Vorgehen finale Steuerausfälle zu befürchten seien.[1146]

Andere Stimmen knüpfen ausschließlich an die Verwirklichung eines Realisationstatbestands an.[1147] Bloße, unrealisierte Wertsteigerungen begründeten keine gesteigerte Leistungsfähigkeit, sodass diese Situation nicht in einer entsprechenden Besteuerung münden dürfe. Dies fuße bereits auf dem seit 1920 geltenden Prinzip des EStG, dass nur realisierte Wertsteigerungen zu besteuern seien.[1148] Das Anschaffungskostenprinzip, welches den Ausweis nichtrealisierter Gewinne verbiete, sei somit als Ausfluss des Realisationsprinzips maßgebend.[1149]

Das Erwirtschaften und damit das Mehren von Einkünften ergebe sich hiernach aus der entgeltlichen Verwertung von Leistungen am Markt i.S.e. Teilnahme an der Bildung des Sozialprodukts.[1150] Darauf ist das Einkommen begrenzt. Unrealisierte Wertzuwächse seien demgegenüber keine Stärkung der liquiden Mittel i.S.e. Mehrung der Verfügungsmacht (sog. ability to pay) und folglich kein Maßstab der steuerlichen Leistungsfähigkeit.[1151]

Da das Ertragsteuerrecht aber zwischen einkommensteuerrechtlich relevanter Erwerbsphäre und irrelevanter Privatsphäre unterscheide und Vermögenswertsteigerungen, insbesondere Veräußerungsgewinne im Privatvermögen nicht in vollem Umfang (i.R.d. §§ 17; 20; 23 EStG) erfasse,

---

1146 Vgl. Tipke, DStJG 1981, 1 (6).

1147 Vgl. BFH, Beschl. v. 10.4.2013, I R 80/12 – BStBl. II 2013, 1004, Rnrn. 39 ff.; Musil in Herrmann/Heuer/Raupach, EStG/KStG, § 2 EStG, Rn. 12; Kirchhof in Kirchhof/Söhn/Mellinghoff, EStG, § 2, Rnrn. A 98 ff.; Becker, Die Grundlagen der Einkommensteuer, S. 231; Knobbe-Keuk, Bilanz- und Unternehmenssteuerrecht, S. 269; Graw, FS 100 Jahre BFH, Bd. 2, 1433 (1434); Schaumburg, FS Herzig, 711 (715); Trzaskalik, DStJG 1981, 145 (157 ff.); Vogel, StuW 1974, 193 (199 f.); Brandis, StuW 1987, 289 (293 f.); Elicker, StuW 2002, 217 (219 f.); Blumers/Elicker, BB 2009, 1156 (1157); Geissler, FR 2014, 152 (155); Kredig, Besteuerung stiller Reserven bei Unternehmensumstrukturierungen, Diss., S. 63 ff.; Wendt, Das Verhältnis von Entnahme/Einlage zur Anschaffung/Veräußerung, Diss., S. 48 ff.
Dies deckt sich mit der Markteinkommenstheorie. Vgl. Neumark, Theorie und Praxis der modernen Einkommensbesteuerung, S. 41; Ruppe, DStJG 1978, 7 (16); Desens, DStJG 2014, 95 (122).

1148 Knobbe-Keuk, Bilanz- und Unternehmenssteuerrecht, S. 268.

1149 Vgl. Knobbe-Keuk, Bilanz- und Unternehmenssteuerrecht, S. 268.

1150 Ruppe, DStJG 1978, 7 (16); vgl. Neumark, Theorie und Praxis der modernen Einkommensbesteuerung, S. 41.

1151 Vgl. Brandis, StuW 1987, 289 (293).

müsse das Ertragsteuerrecht ausnahmsweise sicherstellen, dass im Betriebsvermögen gebildete stille Reserven bei Übergang in das Privatvermögen aufgelöst und besteuert würden.[1152] Nichtrealisierte Vermögensmehrungen seien daher ebenfalls i.R.v. Entnahmen (vgl. §§ 4 Abs. 1 S. 2; 6 Abs. 1 Nr. 4 S. 1 EStG) oder Betriebsaufgaben (vgl. § 16 Abs. 3 EStG) anzutreffen, wenngleich kein dahin gehender allgemeiner Entstrickungsgrundsatz existiere.[1153]

Soweit ein finaler Steuerausfall zu befürchten sei, könnten als ultima ratio dennoch die stillen Reserven ohne entsprechende Gewinnrealisierung besteuert werden.[1154]

5.2.7.3.1.3.1.2 Stellungnahme

Maßgeblich für die konkrete Würdigung ist das Verständnis der Leistungsfähigkeit entweder als potenzielle – faktisch noch unsichtbare – Liquiditätssteigerung, die sich erst durch einen weiteren Akt manifestieren muss oder eben als tatsächliche, greifbare, liquide Marktmacht i.S.e. Zahlungsfähigkeit.[1155]

Gegen die Bezugnahme auf die Entstehung der stillen Reserven spricht die Tatsache, dass diese grds. nicht mit ihrer Entstehung der Besteuerung unterliegen, sondern im Zuge des Regel-Ausnahme-Verständnisses des EStG regelmäßig erst i.R.e. späteren Realisation. Nur dann lässt sich der Vermögenszuwachs konkret beziffern. Gleichwohl kann dieses Gegenargument nur dann überzeugend ins Feld geführt werden, wenn – unabhängig von sicheren, ausgeschütteten Gewinnen – der Nachweis erbracht wird, dass unrealisierte Wertsteigerungen in ihrer Existenz generell gefährdeter sind als realisierte Wertsteigerungen.[1156]

Allerdings geht dieser Besteuerungsansatz unter Anknüpfung an die Entstehung tatsächlich nicht mit einer gesteigerten Zahlungsfähigkeit einher.[1157] Dies kann im Einzelfall dazu führen, dass der Steuerpflichtige sich gezwungen sieht das Wirtschaftsgut zu veräußern oder liquide Mittel

1152 Musil in Herrmann/Heuer/Raupach, EStG/KStG, § 2 EStG, Rn. 12.
1153 Vgl. Musil in Herrmann/Heuer/Raupach, EStG/KStG, § 2 EStG, Rn. 12.
1154 Vgl. Vogel, StuW 1974, 193 (200).
1155 Vgl. Busse, Die Besteuerung der stillen Reserven, Diss., S. 61.
1156 Reich, Die Realisation stiller Reserven, Habil., S. 51 f.
1157 Vgl. Sanning, Systemgerechtigkeit im Spannungsfeld von Investmentsteuerrecht und Hinzurechnungsbesteuerung, Diss., S. 246.

bspw. durch die Aufnahme von Fremdkapital zu beschaffen, um die Steuerzahlungsverpflichtung erfüllen zu können.[1158]

Überdies kann es regelmäßig zu Bewertungsschwierigkeiten kommen, sofern das Wirtschaftsgut einer jährlichen Bewertung unterworfen werden soll.[1159]

Gegen die zweitgenannte Anknüpfung an die Realisation spricht insbesondere, dass das Anschaffungskostenprinzip zwar den bilanziellen Ansatz stiller Reserven verbietet, aber tatsächlich damit keine Aussage über die etwaige Leistungsfähigkeit des Einzelnen trifft.[1160]

Die Vertreter dieser Ansicht führen zudem die Zahlungsfähigkeit i.S.e. ability to pay als Indikator der Leistungsfähigkeit an. Allerdings kann die Frage der Liquidität erst dann ins Gewicht fallen, wenn es darum geht, den idealen Zeitpunkt der steuerlichen Abschöpfung einer Wertsteigerung zu bestimmen; nicht aber dann, wenn der unter dem Gesichtspunkt der wirtschaftlichen Leistungsfähigkeit sachlich richtige – anhand objektiver Kriterien bestimmbare – Einkommensbegriff gesucht wird.[1161] Denn auch hier ist die Steigerung der Leistungsfähigkeit i.S.e. Mehrung der Liquidität nicht unbedingt mit dem erhöhten Ausweis von Gewinnen gleichzusetzen.

Dieses Verständnis wird im Weiteren durch das Gesetz bestärkt. Denn nur wenn stille Reserven potenzielles Einkommen darstellen, ist die Existenz des Entnahme- und Betriebsaufgabentatbestands (sog. Ersatzrealisationen) hinreichend gerechtfertigt und widerspruchsfrei erklärbar.[1162] Stellt man nämlich auf die Realisation als auslösendes Moment ab, muss gerechtfertigt werden, warum bei einer Ersatzrealisation (etwa einer Entnahme nach § 4 Abs. 1 S. 2 EStG) eine Besteuerung durch den Ansatz eines Verkehrswerts (etwa der Teilwert bei der Entnahme gemäß § 6 Abs. 1 Nr. 4

1158 Vgl. Hey in Tipke/Lang, Steuerrecht, Kap. 3, Rnrn. 3.64/3.67; Lang, Die Bemessungsgrundlage der Einkommensteuer, Habil., S. 173 f.; Tipke, DStJG 1981, 1 (5); Kirchhof, StuW 1985, 319 (327); Kloster/Kloster, GmbHR 2002, 717 (719); Busse, Die Besteuerung der stillen Reserven, Diss., S. 65 f.; Danz, Das Subjektsteuerprinzip, Diss., S. 51; Sanning, Systemgerechtigkeit im Spannungsfeld von Investmentsteuerrecht und Hinzurechnungsbesteuerung, Diss., S. 244.

1159 Vgl. Lang, Die Bemessungsgrundlage der Einkommensteuer, Habil., S. 174.

1160 Vgl. Busse, Die Besteuerung der stillen Reserven, Diss., S. 60; Kempka, Gewinnrealisierung, Diss., S. 14.

1161 Reich, Die Realisation stiller Reserven, Habil., S. 52.

1162 Reinhardt, Übergang stiller Reserven, Diss., S. 64; vgl. Desens, DStJG 2020, 73 (88).

S. 1 Hs. 1 EStG) stattfinden soll.[1163] Mangels Realisation würde es unter Heranziehung dieser letztgenannten Sichtweise in diesem Fall eben nicht zu einer gesteigerten Leistungsfähigkeit kommen.

In der Gesamtschau ist folglich mit den besseren Argumenten der erstgenannten Ansicht i.R.d. Beurteilung der stillen Reserven bereits an die Entstehung anzuknüpfen. Das Mehr an wirtschaftlicher Verfügungsmacht kommt in den potenziellen, nichtrealisierten Wertsteigerungen hinreichend zum Ausdruck. Auf die Qualität des Zuwachses kann es insoweit für die Beurteilung nach dem Leistungsfähigkeitsprinzip nicht ankommen. Vielmehr muss jede Art des Leistungsfähigerwerdens eine entsprechende Berücksichtigung erfahren. Der Wertzuwachs ist mithin bereits zum Entstehungszeitpunkt hinreichend real, um die gesteigerte Leistungsfähigkeit zu begründen; ein etwaiger Bilanzausweis oder eine Realisation ändern hieran nichts.

5.2.7.3.1.3.1.3 Beurteilung für die Vorabpauschale

Diese Gedanken zu den stillen Reserven lassen sich grds. auch auf die Vorabpauschale übertragen. Dabei gilt es jedoch die Besonderheiten der investmentsteuerrechtlichen Materie zu berücksichtigen.

Grds. ist eine reine Cash-Flow-Besteuerung eine Besteuerung nach dem Realisationsprinzip.[1164] Nicht zuletzt vor dem Hintergrund, dass der Gesetzgeber selbst die Vorabpauschale an thesaurierte Erträge im aktuellen investmentsteuerrechtlichen Hybridsystem[1165] anknüpft und (seit jeher) Thesaurierungen besteuert wissen möchte, ist dem InvStG die Bezugnahme an die Entstehung der entsprechenden Wertsteigerung des Investmentanteils für diese Fälle zuzuschreiben. Methodisch wird damit das Realisationsprinzip als zentraler Bestandteil des Einkommensteuerrechts aufgegeben.[1166] Ebenso lässt sich die Existenz der Ersatzrealisationstatbestände

---

1163 Desens, DStJG 2020, 73 (86); vgl. Costede, StuW 1996, 19 (23); Crezelius, FR 2009, 881 (890).

1164 Bund-Länder-Arbeitsgruppe, Berichtsentwurf der Arbeitsgruppe, „Neukonzeption der Investmentbesteuerung“, 24.2.2012, S. 23 (n.v.).

1165 Vgl. 5.2.3.2.2.2.

1166 BAI, Stellungnahme, 2015, S. 29 (abrufbar unter: www.bundesfinanzministerium.de/Content/DE/Gesetzestexte/Gesetze_Gesetzesvorhaben/Abteilungen/Abteilung_IV/18_Legislaturperiode/Gesetze_Verordnungen/2016-07-26-Investmentsteuerreformgesetz/Stellungnahme-06-BAI.pdf?__blob=publicationFile&v=3 – letztes Abrufdatum: 19.10.2021).

(vgl. § 2 Abs. 13 InvStG) erklären. Diese Ausrichtung ist dem Besteuerungsregime immanent, genauso wie das Verständnis um die damit einhergehende gesteigerte Leistungsfähigkeit in den Haltephasen – auch ohne Ausschüttungen.[1167]

Es gibt daher nach hiesiger Ansicht für das InvStG in seiner Gänze keineswegs eine alternative Sichtweise, sondern vielmehr eine bewusst kumulative Anknüpfung an das Leistungsfähigkeitsprinzip in Thesaurierungs- und in Ausschüttungsszenarien. Im Thesaurierungsfall kommt es auf die Entstehung und im Ausschüttungsfall bzw. i.R.d. Veräußerung auf die Realisation an. Die frühestmögliche und damit generalisierende Anknüpfung an die steuerliche Leistungsfähigkeit im InvStG erfolgt damit bereits zum Entstehungszeitpunkt der Wertsteigerung.[1168]

Die Befürwortung der Anknüpfung an die bloße Entstehung im Thesaurierungsfall wird insbesondere unter Heranziehung der für die stillen Reserven genannten Gegenargumente hinreichend deutlich.

Denn ein Verstoß gegen das Leistungsfähigkeitsprinzip kann nicht schon darin gesehen werden, dass die Besteuerung des Anlegers mit der Vorabpauschale nicht mit einer gesteigerten Zahlungsfähigkeit des Anlegers einhergeht.[1169] Insoweit ist zu bedenken, dass der Steuerpflichtige – gerade im Zeitalter der schnelllebigen Finanzmärkte – jederzeit die (teilweise) Realisation nach freiem Ermessen wählen kann und so faktisch in Sekundenbruchteilen nach seiner Entscheidung – regelmäßig äquivalent zum aktuellen Investmentanteilswert – liquide wird.

1167 Tatsächlich stimmt dieses Ergebnis mit der Mindestvoraussetzung für die generelle Existenz einer leistungsgerechten Vorabpauschale überein. Eine mit einem anderen Verständnis, d.h. einem an die Realisation anknüpfenden Maßstab der Leistungsfähigkeit, vollzogene Thesaurierungsbesteuerung stünde einer verfassungskonformen Ausrichtung bereits im Grundsatz entgegen. Insoweit ist – losgelöst von den vorgenannten dogmatischen Argumenten – auch nicht davon auszugehen, dass der Gesetzgeber bereits i.R.d. Schöpfung des InvStG die Verfassungsmäßigkeit dieses Gesetzes in seinen Grundlagen sehenden Auges verkannt haben soll.

1168 Vgl. für eine ausschließliche Bezugnahme auf den Realisationszeitpunkt im InvStG und insoweit **a.A.:** Sanning, Systemgerechtigkeit im Spannungsfeld von Investmentsteuerrecht und Hinzurechnungsbesteuerung, Diss., S. 243 ff. Dieser sieht dann in der Folge den verfassungsrechtlichen Verstoß der Vorabpauschale gegen das Leistungsfähigkeitsprinzip darin, dass nicht realisierte Wertzuwächse besteuert werden und es an einer Steigerung der Zahlungsfähigkeit – als ability to pay – des Investmentanlegers fehlt.

1169 Vgl. Sanning, Systemgerechtigkeit im Spannungsfeld von Investmentsteuerrecht und Hinzurechnungsbesteuerung, Diss., S. 246.

Außerdem bestehen keine Bewertungsschwierigkeiten. Anders als bspw. im Fall etwaiger Wertsteigerungen bei Grundstücken besteht hinsichtlich der Höhe des Vorabpauschalenansatzes keine Unsicherheit, die als Argument für die Unvereinbarkeit der Besteuerung nicht realisierter Wertzuwächse mit dem Leistungsfähigkeitsprinzip ins Feld geführt werden kann.[1170] Vielmehr wird der Investmentanteilswert im Regelfall zyklisch festgesetzt. Dies geschieht grds. börsentäglich[1171], mindestens aber jährlich für die Zwecke der Vorabpauschalenbestimmung; hilfsweise unter Rückgriff auf den Börsen- oder Marktpreis (vgl. § 18 Abs. 1 S. 2, S. 4 InvStG).

Somit wird sowohl die Vorabpauschale im Zuge ihrer (fiktiven) Entstehung (temporäre Sollertragsbesteuerung) als auch der Veräußerungsgewinn i.R.d. späteren Realisation (Ist-Besteuerung) der Besteuerung – als Ausdruck der gesteigerten Leistungsfähigkeit – unterzogen. Eine Trennung dieser Mechanismen ist in Anbetracht der intendierten steuerlichen Glattstellung[1172] nicht angezeigt.

Zwischenergebnis

Die Steigerung der Leistungsfähigkeit in der Wertsteigerung des Investmentanteils ohne Realisation zu erblicken, greift nach hier vertretenem Verständnis nicht in den Gewährleistungsgehalt des Leistungsfähigkeitsprinzips (vgl. Art. 3 Abs. 1 GG) ein.

5.2.7.3.1.3.2 Ausgleich der Leistungsfähigkeit i.R.d. Gesamtperiode

Hieran anschließend stellt sich die Frage der steuerlichen Belastungsgleichheit bei einer interperiodischen Gesamtbetrachtung (Erwerb bis Veräußerung), d.h. inwieweit die Erfassung der jährlichen Steigerung der Leistungsfähigkeit vor dem Hintergrund, dass eine Ist-Besteuerung erst im Zuge einer Realisation erfolgt, eine verfassungsrechtliche Verankerung findet.

1170 Sanning, Systemgerechtigkeit im Spannungsfeld von Investmentsteuerrecht und Hinzurechnungsbesteuerung, Diss., S. 246; vgl. Lang, Die Bemessungsgrundlage der Einkommensteuer, Habil., S. 174; Leisner, Wertzuwachsbesteuerung und Eigentum, S. 103 ff.

1171 Vgl. Dorn, Investmentsteuerrecht, S. 21.

1172 Vgl. 5.2.3.1.2.

Dieser Aspekt bedingt jedoch vorab zwei weitere Themen, die aufeinander aufbauend beantwortet werden müssen: (1) den grds. Zeitraumbezug der Leistungsfähigkeit in Anbetracht der erst nachgelagerten Realisation sowie die Folgefrage bzgl. (2) der Leistungsfähigkeit in der Zeit, d.h. insbesondere der Vererblichkeit der Vorabpauschale und damit einhergehend ihrer Rechtsnatur.

5.2.7.3.1.3.2.1 Zeitraumbezug des Leistungsfähigkeitsprinzips

Problematisch ist, welcher zeitliche Bezugsrahmen dem Leistungsfähigkeitsprinzip zugrunde zu legen ist. Das freiheits- und gleichheitsgrundrechtlich fundierte Prinzip der Besteuerung nach der wirtschaftlichen Leistungsfähigkeit hat sich, einschließlich der Konkretisierungen durch das objektive und subjektive Nettoprinzip, ebenso in der Zeit zu bewähren, da sowohl die wirtschaftliche Leistungsfähigkeit als Anknüpfungspunkt der Besteuerung als auch die Besteuerung selbst eine zeitliche Dimension haben.[1173]

An diesem Punkt der Diskussion stehen sich im Hinblick auf das allgemeine Leistungsfähigkeitsprinzip die Vertreter einer lebenszeit- und die einer abschnittsbezogenen Ansicht gegenüber. Ob und in welchem Umfang interperiodische Beschränkungen im Lichte des Art. 3 Abs. 1 GG rechtfertigungsbedürftig sind, hängt entscheidend von der vorgenannten Einordnung ab.[1174]

5.2.7.3.1.3.2.1.1 Meinungsspektrum i.R.v. steuergesetzlichen Prinzipien

Die Vertreter einer lebenszeitbezogenen Perspektive gehen davon aus, dass der Mensch während seines gesamten Lebens die Stellung als Grundrechtsträger genieße und damit vollumfänglich freiheits- und gleichheitsrechtliche Positionen einnehme.[1175] Dieses Dimensionsverständnis rechtfertige

---

1173 Kube, DStR 2011, 1781 (1783).

1174 Desens, FR 2011, 745 (746); vgl. Ismer, DStJG 2011, 91 (99); Kube, DStR 2011, 1781 (1783 ff.); Heuermann, FR 2012, 435 (437 ff.).

1175 Vgl. BFH, Beschl. v. 17.12.2007, GrS 2/04 – BStBl. II 2008, 608, Rn. 65; Lindberg in Frotscher/Geurts, EStG, § 10d, Rnrn. 6 ff.; Tipke, Die Steuerrechtsordnung, Bd. 2, S. 756; Hey in Tipke/Lang, Steuerrecht, Kap. 8, Rn. 8.44; von Groll, Verluste im Steuerrecht, 23 (28); Stöcker, FS Korn, 721 (723); Lang, DStJG 1981, 45 (47); Wendt, DStJG 2005, 41 (47 ff.); Söffing, Steuerbees, das Leistungsfähigkeitsprinzip auf das allumfassende Einkommen zu Lebzeiten zu erstrecken.

Die einzelsteuerlichen Periodizitätsprinzipien – wie bspw. § 2 Abs. 7 S. 1 EStG für die Einkommensteuer – dienten nur der Praktikabilität des Steuerrechts.[1176] Das Vorhandensein dieser technischen Hilfsmittel resultiere aus dem Fakt, dass der Staat auf den sukzessiven Eingang von Steuern angewiesen sei.[1177]

Demgegenüber verstehen die Vertreter einer abschnittsbezogenen Besteuerung die Periodenbetrachtung als Referenzrahmen und gleichsam als materielles Prinzip, welches selbst leistungsfähigkeitsgerecht sei und damit die Grenzen der entsprechenden Freiheits- sowie Gleichheitsrechte einhalte.[1178] Der Steuerpflichtige agiere als Marktteilnehmer an einem Markt, den der Staat gegenwartsbezogen gewährleiste.[1179] Die aktive Partizipation an einem durch die Periodizität geprägten Markt bedinge mithin davon ausgehende Auswirkungen eines zeitlichen Periodenrahmens. Denn während die Freiheits- und Gleichheitsrechte dem Menschen als Grundrechtsträger zwar zeit seines Lebens zustehen, seien die Freiheits- und Gleichheitsrechte als Maßstäbe auf die Gegenwart und ebenso ihre Umstände auf das Leben des Menschen während des aktuellen Zeitpunkts zu beziehen.[1180]

---

raterkongress-Report 1977, 131 (132); Grotherr, BB 1998, 2337 (2341); Karrenbrock, DB 2004, 559 (560); Söffing, DStZ 2004, 795 (796); Weber-Grellet, Stbg 2004, 75 (82); Lang/Englisch, StuW 2005, 3 (6 ff.); Hackmann, Die Besteuerung des Lebenseinkommens, Habil., S. 46 ff.; Lang, Die Bemessungsgrundlage der Einkommensteuer, Habil., S. 186 ff.; Mönikes, Die Verlustverrechnungsbeschränkungen, Diss., S. 32 ff.; Röder, Das System der Verlustverrechnung, Diss., S. 240 ff.; Verfürth, Verlustausgleichsverbote, Diss., S. 13.

1176 Vgl. Tipke, Die Steuerrechtsordnung, Bd. 2, S. 756; Hey in Tipke/Lang, Steuerrecht, Kap. 8, Rn. 8.44.

1177 Vgl. Hey in Tipke/Lang, Steuerrecht, Kap. 8, Rn. 8.44.

1178 Vgl. BFH, Beschl. v. 17.2.2005, XI B 138/03 – BFH/NV 2005, 1264, Rnrn. 6 ff.; BVerfG, Beschl. v. 7.7.2010, 2 BvL 14/02, 2 BvL 2/04, 2 BvL 13/05 – BStBl. II 2011, 76, Rnrn. 71 ff.; Ratschow in Brandis/Heuermann, Ertragsteuerrecht, § 2 EStG, Rnrn. 185 f.; Kirchhof in Kirchhof, EStG, § 2, Rnrn. 18/122; Kirchhof in Kirchhof/Söhn/Mellinghoff, EStG, § 2, Rnrn. A 136/A 359 ff.; Birk, Altersvorsorge und Alterseinkünfte, S. 30; Kirchhof, Gutachten F, S. 75 ff.; Schick, Der Verlustrücktrag, S. 12 ff.; Lehner, Verluste im Steuerrecht, 1 (15); Eckhoff, DStJG 2005, 11 (32 ff.); Dötsch, DStR 2008, 641 (642); Witt, BB 2008, 1199 (1201); Drüen, Periodengewinn und Totalgewinn, Diss., S. 85 ff./126 ff.

1179 Vgl. Kirchhof in Kirchhof, EStG, § 2, Rnrn. 18/122.

1180 Kube, DStR 2011, 1781 (1783).

Zu diesem Faktum trete noch ein Grund der praktischen Anwendbarkeit des Steuerrechts. Denn die entsprechende Akkumulation i.R.d. Besteuerung am Lebensende setze voraus, dass der Steuerpflichtige noch hinreichend Mittel zur Verfügung habe, die den angestauten Steuer- und damit den Finanzierungsbedarf des Fiskus befriedigen könnten; ggf. würden damit über die Jahre aufgebaute Vermögen zerschlagen und so privatwirtschaftlich gewachsene Strukturen zerstört.[1181]

5.2.7.3.1.3.2.1.2 Stellungnahme

Richtig ist, dass der Mensch Bestandteil des Zeitflusses ist und er sich damit auf seine Freiheits- und Gleichheitsrechte sowohl in der Gegenwart wie auch in der Vergangenheit und in der Zukunft berufen kann[1182]; er ist stets Grundrechtsträger. Nichtsdestotrotz erfordern die Freiheits- und Gleichheitsrechte einen Vergleichsmaßstab in der Zeit.[1183] Denn gerade aufgrund eines zeitlichen Referenzrahmens wird das jeweilige Grundrecht überhaupt in praktikabler Weise anwendbar.

Daher dreht sich die Würdigung dieses dichotomischen[1184] Streits um die zentrale Frage der Erstreckung des Zeitraums vor dem Hintergrund des zeitraumbezogenen staatlichen Finanzierungsbedarfs (bspw. § 2 Abs. 7 S. 1 EStG) durch Steuern. Beide Ansätze stehen grds. gleichwertig nebeneinander und müssen, da eine alternative Wahl zu der einen oder anderen Möglichkeit nicht opportun ist, im Wege einer praktischen Konkordanz[1185] in einen gerechten Ausgleich gebracht werden.[1186]

Mit den Vertretern, welche die abschnittsbezogene Besteuerung befürworten, ist – und insoweit gilt es zu differenzieren – eine Besteuerung

1181 Vgl. Kirchhof in Kirchhof, EStG, § 2, Rnrn. 18/122.

1182 Vgl. Schick, Der Verlustrücktrag, S. 13 ff.; Drüen, Periodengewinn und Totalgewinn, Diss., S. 90 f.; Wagner, Steuergleichheit, Diss., S. 206 ff.

1183 Lehner, Verluste im Steuerrecht, 1 (15); vgl. Ismer, DStJG 2011, 91 (102 ff.).

1184 Vgl. Desens, FR 2011, 745 (747 f.).

1185 Vgl. Epping, Grundrechte, Kap. 2, Rnrn. 91 ff.; Hesse, Grundzüge des Verfassungsrechts, § 10, Rnrn. 317 ff.; Hufen, Staatsrecht II, § 9, Rn. 31; Kingreen/Poscher, Grundrechte, § 6, Rnrn. 381 ff.; Michael/Morlok, Grundrechte, § 23, Rnrn. 710 ff./733 ff.; Sachs, Verfassungsrecht II, Kap. 10, Rn. 46.

1186 Vgl. Hallerbach in Herrmann/Heuer/Raupach, EStG/KStG, § 10d EStG, Rn. 10; Mohr in Lüdicke/Kempf/Brink, Verluste im Steuerrecht, S. 36 ff.; Weber-Grellet, Steuern im modernen Verfassungsstaat, Habil., S. 278; Desens, FR 2011, 745 (747); Heuermann, FR 2012, 435 (439); Drüen, Periodengewinn und Totalgewinn, Diss., S. 96 ff.

innerhalb eines gewissen Zeitraums anzuerkennen. Klar herauszustellen ist, dass soweit die abschnittsweise Steuerzahlung lediglich als Steuervorauszahlung auf einen Anspruch betrachtet wird, der erst am Lebensende entsteht, der Steuerpflichtige lebenslang in einer – zumal in der Höhe ungewissen und damit im Anknüpfungspunkt willkürlich anmutenden – Schuld des Staats verbleibt.[1187] Mit der abschnittsbezogenen Perspektive, kommt der Steuerpflichtige vollumfänglich dem Steueranspruch und mithin dem Finanzierungsbedarf in einer gewissen Periode nach. Er erfüllt sein steuerhaushaltliches Soll; demnach das, was das Gemeinwesen von ihm verlangt[1188] und wird als Ausdruck der grundrechtlich geschützten Position wortwörtlich „frei". Proportional hierzu ermöglicht dieser Steuermittelzufluss die Gewährleistung anderer, insbesondere sozialer und freiheitlicher Positionen durch den Staat.

Die grds. Befürwortung einer abschnittsweisen Besteuerung lässt jedoch die Komponente der zeitlichen Erstreckung dieses Abschnitts unberührt. Teilweise wird dieser Ausschnitt in den Gesetzen – allen voran § 2 Abs. 7 S. 1 EStG i.S.e. Jahresbesteuerung für die Einkommensteuer – geregelt. Tatsächlich ist dies aber keineswegs ein unumstößliches Dogma. Vielmehr dreht es sich um ein steuertechnisches Wirkprinzip, welches das Besteuerungsverfahren in eine Taktung bringen soll und grds. wenig über den zeitlichen Referenzrahmen der Leistungsfähigkeit aussagt.[1189] Maßgebend sind vielmehr die jeweiligen Spezifika der verschiedenen Arten der Einkünfteerzielung sowie die Tatsache, dass die Besteuerung in allen Fällen der Einkünfteerzielung, unabhängig von ihrer konkreten Gestalt, die gegenwartsbezogene Finanzierung der Staatsaufgaben sicherzustellen hat.[1190]

In welcher zeitlichen Dimension diese Periode angelegt ist, bleibt der materiell-rechtlichen Ausgestaltung des Gesetzes vorbehalten. Das Jahresprinzip des § 2 Abs. 7 S. 1 EStG kann daher grds. nicht als universelles Abschnittsbesteuerungsprinzip verstanden werden. Vielmehr sind in einem abschnittsbezogenen Nexus die Besonderheiten des Normenkomplexes als Ausfluss der leistungsfähigkeitsprinzipsgerechten Verankerung im jeweiligen Gesetz zu beachten.

Für diese Schlussfolgerung spricht nach hiesiger Ansicht insbesondere die Ausprägung des Leistungsfähigkeitsprinzips in Gestalt des Netto-

---

1187 Kube, DStR 2011, 1781 (1784).
1188 Kube, DStR 2011, 1781 (1784).
1189 Vgl. Tipke, Die Steuerrechtsordnung, Bd. 2, S. 756; Kirchhof in Kirchhof, EStG, § 2, Rn. 20; Desens, FR 2011, 745 (747 f.).
1190 Kube, DStR 2011, 1781 (1785).

prinzips. Demnach erfolgt die Bestimmung der Ist-Leistungsfähigkeit, an welche die Einkommensteuerpflicht anknüpft, indem von dem erzielten Roheinkommen die erwerbs- und existenzsichernden Aufwendungen abgezogen werden.[1191] Das bedeutet aber auch, dass die Lasten gleichmäßig berücksichtigt und Gewinne des einen Jahres mit Verlusten aus anderen Jahren verrechnet werden müssen. Denn von einer vollständigen und richtigen Erfassung der objektiven Leistungsfähigkeit kann nur gesprochen werden, wenn (1) alle Teile des Erwerbseinkommens gleichwertig in die Bemessungsgrundlage eingehen, (2) grds. keine sachlichen Steuerbefreiungen bestehen, (3) der erwerbsbezogene Aufwand zutreffend und vollständig berücksichtigt wird und (4) Verluste bei Ausübung der Erwerbstätigkeit periodenübergreifend berücksichtigt werden.[1192] Dies bedingt das interperiodische Ineinandergreifen der Faktoren.

5.2.7.3.1.3.2.1.3 Beurteilung für die Vorabpauschale

Die Vorabpauschale gehört als Investmentertrag zu den Einkünften aus Kapitalvermögen. Diese Korrelation legt zunächst die einkommensteuerrechtliche (technische) Besteuerungsperiode von einem Jahr (vgl. § 2 Abs. 7 S. 1 EStG) nahe. Gleichwohl ist das InvStG lex specialis zum EStG, d.h., dass es, sofern es entsprechende Sachbereiche selbständig regelt, den allgemeinen Normen vorgeht.

Die gesetzliche Verankerung der Vorabpauschale in § 18 InvStG gibt jedoch keinen Aufschluss über eine abweichende Periodenbetrachtung. Vielmehr handelt es sich bei der Vorschrift um eine Ermittlungsvorschrift, welche isoliert betrachtet keine eigenständige Aussage über einen abweichenden zeitlichen Indikator i.S.e. Leistungsfähigkeit trifft.

Demgegenüber sieht § 19 Abs. 1 S. 3, S. 4 InvStG i.R.d. Verkaufs eines Investmentanteils eine interperiodische, gewinnmindernde Berücksichtigung der – über die gesamte Halteperiode – gezahlten Vorabpauschalen vor. Folglich werden alle akkumuliert gezahlten Steuern im Zuge eines Veräußerungsmoments retrospektiv berücksichtigt.[1193] Dies legt den Schluss nahe, dass der Gesetzgeber für das InvStG (ebenfalls) eine interperiodische Abschnittsbesteuerung i.S.d. Leistungsfähigkeitsprinzips vor-

---

1191 Birk/Desens/Tappe, Steuerrecht, § 2, Rn. 175.

1192 Birk, DStJG 2011, 11 (19); vgl. Birk/Desens/Tappe, Steuerrecht, § 5, Rnrn. 610 ff.; Hey in Tipke/Lang, Steuerrecht, Kap. 8, Rnrn. 8.60 ff.

1193 Vgl. 5.2.3.1.2.

sieht, welche durch das Halten des jeweiligen Investmentanteils bestimmt und letztlich durch die Veräußerung determiniert wird. Die gezahlten Vorabpauschalen gehen daher im Veräußerungsmoment auf und bestimmen hierdurch die gesamtsteuerliche Belastung innerhalb des konkreten Gesamtzeitraums.

Zwar lässt sich gegen ein allumfassendes interperiodisches Verständnis anführen, dass das Gesetz eine solche Sichtweise lediglich abschließend für den Verkaufsfall bestimmt. Es lässt sich jedoch kein veritabler Grund oder anders geartetes Anzeichen finden, weshalb dieses leistungsgerechte Verständnis für das InvStG in den Haltephasen keine Anwendung finden soll. Immerhin ist diese thesaurierende Halteperiode Voraussetzung für die Vorabpauschale und damit Tatbestandsmerkmal der späteren Veräußerungsanrechnung. Die Haltephase und der Veräußerungsmoment sind insoweit grds. als Einheit zu betrachten.

Selbst wenn man der Überzeugung ist, dass die vorgenannte Argumentation allein nicht genügt, schwebt über diesen Dingen – ergänzend – die Tatsache, dass es sich schließlich nur um einen temporären Effekt handelt. Denn mit der im Gesamtzyklus des Investmentanteils nachfolgenden Realisation erfolgt eine steuerliche Glattstellung des Investmentanteilwerts i.S.e. Ist-Besteuerung. Die Erfassung der jährlichen Steigerungen werden schließlich über die Gesamtperiode ausgeglichen. Dabei ist zu erwähnen, dass der Steuerpflichtige zu jederzeit nach freiem Ermessen den Investmentanteil verkaufen kann. Es handelt sich schließlich um einen verhaltensbezogenen Aspekt, dessen Heranziehung für den Zeitraumbezug der Leistungsfähigkeit spricht und letztlich in der Zusammenschau nicht über Gebühr in den Kernbereich des Leistungsfähigkeitsprinzips eingreift.[1194]

Zwischenergebnis

Für Zwecke des InvStG ist für die Zeit des Haltens des Investmentanteils eine intertemporäre Leistungsfähigkeit anzusetzen, wenngleich die Vorabpauschale im Wege des EStG einer technischen, jährlichen Besteuerung unterliegt. Die Erfassung der jährlichen Steigerung der Leistungsfähigkeit steht nicht im Widerspruch zum Leistungsfähigkeitsprinzip, zumal über

1194 Interperiodische Wertverluste und der Nichtansatz von negativen Vorabpauschalen sind für diesen Aspekt, der grds. Frage der Besteuerungselemente, auszuklammern. Diese Thematiken sind Bestandteil der zweiten Grundsatzfrage. Vgl. 5.2.7.3.2.

die Gesamtperiode etwaige Ungleichbehandlungen nivelliert werden. Es erfolgt somit eine Angleichung der Leistungsfähigkeit, sodass etwaig verzerrende Effekt letztlich nur temporärer Natur sind.

5.2.7.3.1.3.2.2 Leistungsfähigkeit in der Zeit: Rechtsnatur und Vererblichkeit der Vorabpauschale

Aus der hier vertretenen Ansicht der interperiodischen Wirkung des Leistungsfähigkeitsprinzips im investmentsteuerrechtlichen Kontext der Vorabpauschale resultiert mit Blick auf (faktisch) lebenslange Haltephasen des Investmentanteils ohne Realisation denknotwendig die Frage, was mit den über die Jahre hinweg gezahlten Vorabpauschalen, bspw. i.R.e. Erbfalls (vgl. § 1922 Abs. 1 BGB), geschieht.

5.2.7.3.1.3.2.2.1 Grundsatz der Rechtsnachfolge (§ 45 AO)

Im Grundsatz gilt, dass bei der Gesamtrechtsnachfolge alle Forderungen und Schulden aus dem Steuerschuldverhältnis auf den Rechtsnachfolger übergehen (§ 45 Abs. 1 S. 1 AO, sog. Fußstapfentheorie).[1195] Der Erbe hat gemäß § 45 Abs. 2 S. 1 AO für die aus dem Nachlass zu entrichtenden Schulden nach den Vorschriften des BGB über die Haftung des Erben für Nachlassverbindlichkeiten einzustehen. Vorschriften, durch die eine steuerrechtliche Haftung der Erben begründet wird, bleiben unberührt (§ 45 Abs. 2 S. 2 AO).

Vor diesem Hintergrund tritt der Erbe i.R.d. Anlage in einen Investmentfonds – d.h. unabhängig von etwaigen gesellschaftsrechtlichen Sonderbestimmungen, die grds. bei geschlossenen Fonds bzw. Spezial-Investmentfonds zur Anwendung kommen könnten – in die Investmentfondsbeteiligung im Wege der Gesamtrechtsnachfolge ein.[1196] Zudem gehen

---

1195 Vgl. Boeker in Hübschmann/Hepp/Spitaler, AO/FGO, § 45 AO, Rnrn. 21 ff.; Drüen in Tipke/Kruse, AO/FGO, § 45 AO, Rnrn. 7 ff.; Koenig in Koenig, AO, § 45, Rnrn. 4 ff.

1196 Vgl. Müller-Christmann in Bamberger/Roth/Hau/Poseck, BGB, Bd. 5, § 1922, Rn. 44; Große-Boymann in Burandt/Rojahn, Erbrecht, § 1922 BGB, Rn. 77; Schmidt in Herberger/Martinek/Rüßmann/Weth/Würdinger, jurisPK BGB, Bd. 5, § 1922, Rn. 38; Leipold in Säcker/Rixecker/Oetker/Limperg, MüKo BGB, Bd. 11, § 1922, Rn. 58; Kunz in von Staudinger, BGB, Buch 5, § 1922, Rn. 510; Ott-Eulberg/Schebesta in Ott-Eulberg/Schebesta/Bartsch, Erbrecht und Bandie während der Haltephase gezahlten Vorabpauschalen als Forderung gegenüber der Finanzverwaltung auf den Erben über, der diese im Veräußerungsfall vom Veräußerungserlös in Abzug bringen kann.[1197]

5.2.7.3.1.3.2.2.2 Normen (§§ 18; 19 InvStG) als Ausgangspunkt

Der Wortlaut der Vorabpauschalenregelung in § 18 InvStG formuliert keine von der Grundregel abweichende Maßgabe. In dem interperiodischen Zusammenspiel der Vorabpauschalenregelungen ist allerdings § 19 InvStG miteinzubeziehen.

§ 19 Abs. 1 S. 3 InvStG schreibt vor, dass der Gewinn um die während der „Besitzzeit" angesetzten Vorabpauschalen zu vermindern ist. Temporär gesehen stellt die Vorschrift auf ein Abstraktum als maßgebliche Komponente ab. Ob damit die bloße Besitzzeit des Erblassers gemeint ist oder ob vielmehr kumulativ auf die (Gesamt-)Haltezeit des Erblassers und des Erben, der im Wege der Gesamtrechtsnachfolge in die Rechtsstellung des Erben eintritt und damit in Zusammenschau mit dem Erblasser faktisch als eine Person gilt[1198], abgestellt wird, bleibt ungeklärt.

Unter dieser Prämisse gibt ebenso die systematische Stellung der Norm im zweiten Abschnitt des zweiten Kapitels mit dem Titel „Besteuerung des Anlegers eines Investmentfonds" keinen Aufschluss. Die Verwendung des Singulars ist insoweit keinem Ansatz zuträglich, da hierunter ebenso der Erblasser sowie der Erbe als einheitliche Person im Wege der Gesamtrechtsnachfolge verstanden werden können.

Nach der Lektüre der Vorschriften gelten mangels gesonderter Regelungen die allgemeinen Maßgaben i.R.d. Übertragung von Investmentanteilen von Todes wegen ebenso im InvStG fort.

5.2.7.3.1.3.2.2.3 Vorabpauschale als Erstattungsanspruch

Überdies ist zu statuieren, dass die Vorabpauschale die Bezeichnung für eine zu zahlende Steuer in bestimmten Thesaurierungskonstellationen ist.

---

ken, § 4, Rn. 9; Djanani/Brähler/Lösel, Erbschaftsteuerrecht, S. 17 f.; Pinkernell/Filenius, ErbR 2017, 201 (201 ff.).

1197 Kloster, Neukonzeption der Investmentbesteuerung, Diss., S. 629.

1198 Vgl. Leipold in Säcker/Rixecker/Oetker/Limperg, MüKo BGB, Bd. 11, § 1922, Rn. 16.

Erst in der Zusammenschau mit § 19 Abs. 1 InvStG und einer Realisation, der eine interperiodische Verrechnungsmöglichkeit der gezahlten Vorabpauschalen zulässt, zeigt sich ihr vollständiges Potenzial i.S.e. Anrechnungsmodalität.

Versteht man die Situation daher etwa als Erstattungsanspruch und damit die Vorabpauschale als Steuervorauszahlung i.S.d. § 37 Abs. 1 EStG, legt dies eine Parallelenziehung zum Anspruch auf Erstattung der Einkommensteuer-Vorauszahlung nahe. Obwohl die Vorabpauschale als Investmentertrag und damit als Einkünfte aus Kapitalvermögen nach § 20 Abs. 1 Nr. 3 EStG qualifiziert, so ist sie doch wesensverschieden zur Vorauszahlung der Einkommensteuer. Denn anders als bei § 37 Abs. 1 EStG wird i.R.d. Vorabpauschale ein in seiner Höhe die Steuerlast erfüllender Steuerbetrag im Nachgang gezahlt und kein solcher, der erst im Zuge einer nachträglichen Festsetzung final ermittelt werden muss und dem im Wege der Vorauszahlung eine teilweise Vorabtilgungswirkung zukommt.[1199]

5.2.7.3.1.3.2.2.4 Vorabpauschale als nachträgliche Anschaffungskosten

Darüber hinaus könnte eine Gleichnisziehung der Vorabpauschale mit nachträglichen Anschaffungskosten in Betracht kommen.[1200] Vergleicht man beide Mechanismen, zeigt sich, dass sowohl bei § 17 Abs. 2 S. 1 EStG als auch bei § 19 Abs. 1 S. 3, S. 4 InvStG die nachträglichen Anschaffungskosten i.S.d. § 255 Abs. 1 S. 2 HGB bzw. die Vorabpauschalen vom Veräußerungsgewinn abgezogen werden. Die Berechnungsmodalitäten sind vergleichbar.

§ 11d Abs. 1 S. 1 EStDV sieht für die nicht zu einem Betriebsvermögen gehörenden Wirtschaftsgüter, die der Steuerpflichtige unentgeltlich erworben hat (Erbschaft etc.), vor, dass sich die Absetzungen für Abnutzung nach den Anschaffungs- oder Herstellungskosten des Rechtsvorgängers oder dem Wert, der beim Rechtsvorgänger an dessen Stelle getreten ist oder treten würde, wenn dieser noch Eigentümer wäre, zzgl. der vom Rechtsnachfolger aufgewendeten Herstellungskosten und nach dem Pro-

---

1199 Somit kommt es auf die Streitigkeiten zwischen der formellen sowie der materiellen Rechtsgrundtheorie und das Entstehen des Anspruchs aufgrund der divergierenden Charaktere nicht an. Vgl. Frye, Die Gesamtrechtsnachfolge, Habil., S. 275 ff.

1200 Vgl. Bund-Länder-Arbeitsgruppe, Berichtsentwurf der Arbeitsgruppe, „Neukonzeption der Investmentbesteuerung“, 24.2.2012, S. 25 (n.v.).

zentsatz, der für den Rechtsvorgänger maßgebend sein würde, wenn er noch Eigentümer des Wirtschaftsguts wäre, bemessen. Mithin sind diese vererbbar.

Gegensätzlich zu den Anschaffungskosten ist jedoch die Rechtsnatur der Vorabpauschale. Sie steht im Zusammenhang mit einer an den Fiskus zu zahlenden Steuer, d.h., dass sie „weg" vom Wirtschaftsgut (Investmentanteil) gezahlt wird, wohingegen die nachträglichen Anschaffungskosten „zu" dem jeweiligen Gegenstand fließen und diesen mehren.

5.2.7.3.1.3.2.2.5 Vorabpauschale als Verlust

Die eingangs benannte Grundregel der Vererblichkeit gemäß § 45 Abs. 1 S. 1 AO gilt allerdings nicht für höchstpersönliche Verhältnisse oder Umstände, die unlösbar mit der Person des Rechtsvorgängers verbunden sind.[1201] Dies sind etwa Verluste, die grds. nicht vererbbar sind. Zwar kommt ihnen eine Vermögensqualität[1202] zu, jedoch ist nach den jeweiligen Einzelgesetzen und den damit einhergehenden maßgeblichen Steuervorschriften separat zu entscheiden.[1203]

Einen Verlustabzug (vgl. § 10d EStG) des Erblassers kann der Erbe i.R.d. Veranlagung seit einer Entscheidung des Großen Senats des BFH aus dem Jahre 2007 nicht mehr geltend machen, da er hiermit wirtschaftlich nicht selbst belastet ist.[1204]

Gleichwohl sieht der Große Senat des BFH in seiner Grundsatzentscheidung eine relevante Ausnahme vor, die bspw. für § 24 Nr. 2 Hs. 2 EStG bejaht wurde. Denn für die Fälle der sog. gespaltenen Tatbestandsverwirk-

---

1201 Vgl. Boeker in Hübschmann/Hepp/Spitaler, AO/FGO, § 45 AO, Rn. 25; Drüen in Tipke/Kruse, AO/FGO, § 45 AO, Rn. 12; Ratschow in Klein, AO, § 45, Rn. 5; Koenig in Koenig, AO, § 45, Rn. 5.

1202 Vgl. BFH, Beschl. v. 17.12.2007, GrS 2/04 – BStBl. II 2008, 608, Rnrn. 62 ff.

1203 Vgl. BFH, Urt. v. 20.3.2002, II R 53/99 – BStBl. II 2002, 441, Rn. 12; BFH, Beschl. v. 17.12.2007, GrS 2/04 – BStBl. II 2008, 608, Rn. 59.

1204 Vgl. BFH, Beschl. v. 17.12.2007, GrS 2/04 – BStBl. II 2008, 608, Rnrn. 68 ff.; **a.A.:** BMF, „§ 10d EStG; Verlustabzug in Erbfällen – Beschluss des Großen Senats des BFH vom 17. Dezember 2007 – GrS 2/04 – (BStBl 2008 II S. 608)", 24.7.2008 – BStBl. I 2008, 809.
Der BFH wandte sich gegen die jahrzehntelang bestehende Rechtsprechung und Verwaltungspraxis, wonach ein solcher Verlustabzug bei der Einkommensermittlung des Erben zu berücksichtigen war. BMF, „§ 10d EStG; Verlustabzug in Erbfällen – Beschluss des Großen Senats des BFH vom 17. Dezember 2007 – GrS 2/04 – (BStBl 2008 II S. 608)", 24.7.2008 – BStBl. I 2008, 809.

lichung, in welcher der Einkünfteerzielungstatbestand zum Teil durch den Rechtsvorgänger und zum Teil durch den Rechtsnachfolger verwirklicht werde, sei eine entsprechende Zurechnung möglich.[1205] Dies sei – wenngleich nicht verallgemeinerungsfähig[1206] – insbesondere dann der Fall, wenn der Erbe eine durch den Erblasser eingeleitete Einkünfteerzielung lediglich abschließt und es damit zu einer Verklammerung von sowohl in der Person des Erblassers als auch in derjenigen des Erben jeweils teilweise verwirklichten Besteuerungsmerkmalen komme, die es rechtfertige, die vom Erblasser verwirklichten Besteuerungsmerkmale dem Erben zuzurechnen und ihn in diesem Sinne in die steuerrechtliche Position des Erblassers eintreten zu lassen.[1207]

Die Frage der Vererblichkeit werde damit aber grds. nicht geklärt; lediglich die der Zurechnung.[1208] Stirbt der Erblasser vor dem späteren Ausgleichsmoment, so werden die Voraussetzungen für den Verlustabzug selbst vom Abzugsberechtigten (Erblasser) und diejenigen für den Ausgleich des Verlustabzugs von seinem Gesamtrechtsnachfolger verwirklicht.[1209] Die Vorschriften stellten im zu entscheidenden Fall eine geschlossene Gesamtregelung dar; dies rechtfertige eine Verklammerung.[1210]

Vorausgesetzt man möchte die Vorabpauschale als Verlust begreifen – was nach hier vertretener Ansicht abgelehnt wird – kommt die Situation der §§ 18; 19 InvStG der gespaltenen Tatbestandsverwirklichung nahe. Der Erblasser zahlt interperiodisch Vorabpauschalen, ohne aktiv eine Entscheidung zu einem Verkauf zu treffen; dies muss er nicht. Er verwirklicht mit der Vorabpauschalenzahlung i.S.d. § 18 Abs. 1 InvStG das erste Tatbestandsmerkmal des § 19 Abs. 1 InvStG. Stirbt er, bevor er den Investmentanteil veräußert, kann er – für sich – den interperiodischen, retrospektiven Korrekturmechanismus des § 19 Abs. 1 InvStG nicht in Anspruch nehmen. I.R.d. Gesamtrechtsnachfolge geht der Investmentanteil anschließend auf den Erben über, der diesen dann verkaufen kann, aber wiederum nicht muss. Der Erbe, welcher sich im Nachgang zum Erbfall und dem Ein-

1205 BFH, Beschl. v. 17.12.2007, GrS 2/04 – BStBl. II 2008, 608, Rn. 75; vgl. Musil in Herrmann/Heuer/Raupach, EStG/KStG, § 2 EStG, Rn. 136; Ratschow in Brandis/Heuermann, Ertragsteuerrecht, § 2 EStG, Rn. 107; Seer in Kirchhof/Seer, EStG, § 2, Rn. 80; Bodden in Korn, EStG, § 2, Rn. 32.2.

1206 BFH, Beschl. v. 17.12.2007, GrS 2/04 – BStBl. II 2008, 608, Rn. 75.

1207 BFH, Beschl. v. 25.8.2010, I R 13/09 – BStBl. II 2011, 113, Rn. 12; BFH, Beschl. v. 17.12.2007, GrS 2/04 – BStBl. II 2008, 608, Rnrn. 75 ff.

1208 Vgl. Seer in Kirchhof/Seer, EStG, § 2, Rn. 80.

1209 BFH, Beschl. v. 25.8.2010, I R 13/09 – BStBl. II 2011, 113, Rn. 13.

1210 BFH, Beschl. v. 25.8.2010, I R 13/09 – BStBl. II 2011, 113, Rn. 15.

tritt in die Rechtsposition des Erblassers für eine Realisation entscheidet, verwirklicht unter dieser Annahme den zweiten Tatbestandsaspekt. Er kommt in den Genuss der glattstellenden Korrektur.

Zwar geht der Korrektur i.R.d. Veräußerung die ebenfalls separat der Steuer unterfallende Vorabpauschalenkonstellation voraus, dennoch ist der Mechanismus der Vorabpauschalenzahlung und der späteren Verrechnung i.R.d. § 19 Abs. 1 InvStG als geschlossene Einheit zu betrachten. Denn nur in der Zusammenschau beider Aspekte ergibt sich die intendierte steuerliche Glattstellung.[1211] Anderenfalls würden sich gezahlte Vorabpauschalen des Erblassers in Luft auflösen und könnten niemals gegengerechnet werden. Dass die Vorabpauschale – begreift man sie entgegen dem hiesigen Verständnis als Verlust i.S.d. gespaltenen Tatbestandsmerkmale – dann zwar grds. nicht vererbbar ist, beim Erben gleichwohl abziehbar ist, ändert wirtschaftlich nichts. Lediglich die Rechtsnatur der Vorabpauschale würde in diesem Fall einen anderen Anstrich erfahren.

5.2.7.3.1.3.2.2.6 Zäsurwirkung gemäß § 2 Abs. 13 InvStG

Der nach hier vertretenen Vererblichkeit von Investmentanteil und Vorabpauschale könnte eine Zäsurwirkung des § 2 Abs. 13 InvStG entgegenstehen, indem ein Verkaufsfall mit dem Ableben des Steuerpflichtigen i.S.e. Fiktion konstruiert würde. Nach dieser Vorschrift gelten nämlich als Veräußerung von (Spezial-)Investmentanteilen „auch“[1212] (i.S.e. Fiktion) deren Rückgabe, Abtretung, Entnahme oder verdeckte Einlage in eine Kapitalgesellschaft sowie – seit dem JStG 2019 – eine beendete Abwicklung oder Liquidation des (Spezial-)Investmentfonds. Dies könnte für eine Schlussbesteuerung sprechen.

Unsicherheit für die direkte Anwendung der Vorschrift wirft die Tatsache auf, ob § 2 Abs. 13 InvStG die darin vorgesehene Abtretung als Oberbegriff versteht und damit jede Zessionsmöglichkeit (Universalsukzession u.ä.) hierunter subsumiert wissen möchte oder ob lediglich eine Auslegung im engeren Sinne (vgl. §§ 398 ff. BGB) intendiert ist. Das Gesetz gibt hierüber genauso wenig Auskunft wie die Gesetzesmaterialien oder die veröffentlichten BMF-Schreiben.

Jedoch ist im systematischen Gleichklang mit den anderen in § 2 Abs. 13 InvStG genannten (Ersatz-)Realisationstatbeständen mit den besse-

---

1211 Vgl. 5.2.3.1.2.

1212 Vgl. Link in Herrmann/Heuer/Raupach, EStG/KStG, § 2 InvStG, Rn. 24.

ren Gründen nicht von der Abtretung im weiteren Sinne auszugehen. Die Rückgabe, die Entnahme und ebenso die verdeckte Einlage in eine Kapitalgesellschaft setzen ein aktives Tätigwerden voraus, welches sich nicht in einem Vonselbsterwerb der Rechtsposition erschöpft. Das bloße Passivbleiben wird nicht erfasst. Demnach ist in der Gesamtschau der Tatbestände darauf zu schließen, dass die Abtretung i.S.d. §§ 398 ff. BGB gemeint sein muss. Eine derartige Zession steht aber der Universalsukzession nicht gleich. Anders als bei der Abtretung (vgl. §§ 398 ff. BGB) tritt der Erbe im Wege der Universalsukzession (vgl. § 1922 Abs. 1 BGB), d.h. i.S.e. Vonselbsterwerbs[1213], in die vermögensrechtlichen Positionen des Rechtsvorgängers ein. Es bedarf dafür keines zusätzlichen Aktes i.S.e. Tätigwerdens, insbesondere keiner grds. Einigung. Der Erbe wird ipso iure der Rechtsnachfolger des Erblassers.[1214]

Die Vorschrift ist mithin nach hiesigem Verständnis nicht direkt anzuwenden. Eine anderweitige Auslegung der Abtretung müsste gesondert im Gesetzeswortlaut oder zumindest den Gesetzesmaterialien zum Ausdruck kommen.

Auch eine analoge Anwendung, welche eine planwidrige Regelungslücke mit vergleichbarer Interessenlage[1215] voraussetzt, scheidet insoweit aus.

Der Gesetzgeber statuiert in der Gesetzesbegründung, dass mit § 2 Abs. 13 InvStG eine „allgemeine Definition" geschaffen werden sollte, die „alle Realisationstatbestände erfasst und einheitlich behandelt".[1216] Realisationstatbestände, die mit einer Veräußerung vergleichbar sind, werden nach dieser Vorschrift mit selbiger gleichgestellt.[1217] Ausgehend von der Erfassungsmodalität könnte die Aufzählung damit nach dem Willen des Gesetzgebers dergestalt verstanden werden, dass diese abschließend ist und es sich insoweit nicht um eine beispielhafte Regelfallaufzählung handelt. Gleichwohl verunsichert, dass die Gesetzesmaterialien von einer allgemei-

---

1213 Vgl. Lieder in Erman, BGB, Bd. 2, § 1922, Rn. 5; Weidlich in Palandt, BGB, § 1922, Rn. 6; Hoeren in Schulze/Dörner/Ebert/Hoeren/Kemper/Saenger/Scheuch/Schreiber/Schulte-Nölke/Staudinger/Wiese, BGB, § 1922, Rn. 3.

1214 Aus diesem Grunde scheidet eine Rückgabe bzw. eine Rücknahme als Vergleichsmaßstab zum Erbfall ebenso aus. Der Erbe tritt direkt in die Rechtsstellung des Erblassers ein.

1215 Vgl. Larenz/Canaris, Methodenlehre der Rechtswissenschaft, S. 202 ff.; Möllers, Juristische Methodenlehre, § 6, Rnrn. 102 ff.; Wank, Juristische Methodenlehre, § 15, Rnrn. 110 ff.; Canaris, FS Bydlinski, 47 (82 ff.).

1216 BT-Drs. 18/8045, 70; BMF, „Investmentsteuergesetz; Anwendungsfragen zum Investmentsteuergesetz in der ab dem 1. Januar 2018 geltenden Fassung (InvStG)", 21.5.2019 – BStBl. I 2019, 527, Rn. 2.50.

1217 BT-Drs. 19/13436, 173.

nen Definition sprechen. Diese Abstraktheit könnte nämlich andererseits für eine vorweggenommene Generaldefinition der Tatbestände sprechen, die anhand der gesetzlich aufgezählten Exempel lediglich umrissen werden soll.

Vergegenwärtigt man sich den Normenaufbau und Wortlaut des § 2 Abs. 13 InvStG fällt auf, dass keine Generaldefinition den fiktiven Veräußerungsfällen vorausgeht. Es dreht sich vielmehr um eine bloße rechtsfolgenseitige Regelung, die grds. keine Tatbestandsmerkmale vorschreibt. Aus diesem Grunde muss der Fingerzeig einer allgemeinen Definition als allumfassende Annahme verstanden werden, die in der Aufzählung der im Gesetz befindlichen Realisationstatbestände aufgeht und durch diese determiniert wird. Die Realisationstatbestände sind mithin abschließend. Eine Öffnungsklausel[1218] für vergleichbare weitere (Ersatz-)Realisationstatbestände existiert nicht. Es ergibt sich aufgrund des abschließenden Charakters[1219] daher sowohl keine Planwidrigkeit als auch keine Regelungslücke.

1218 Vgl. als Paradebeispiel einer Öffnungsklausel die Regelung in § 18 Abs. 1 Nr. 1 S. 2 a.E. EStG.

1219 Wenngleich die Finanzverwaltung die abschließende Eigenschaft der Norm selbst bestätigt, sah sie im BMF-Schreiben vom 21. Mai 2019 (vor dem JStG 2019) explizit zwei weitere Beendigungsfälle – im Wege einer extensiven Auslegung – von § 2 Abs. 13 InvStG als mitumfasst an. Von einer Veräußerung ist daher ebenso auszugehen bei (1) einer einseitig vom Investmentfonds herbeigeführten Rücknahme der Investmentanteile ohne vorheriges Rückgabeverlangen der Anleger und (2) einer beendeten Abwicklung eines Investmentfonds. BMF, „Investmentsteuergesetz; Anwendungsfragen zum Investmentsteuergesetz in der ab dem 1. Januar 2018 geltenden Fassung (InvStG)", 21.5.2019 – BStBl. I 2019, 527, Rn. 2.50.
Diesen Erweiterungen ist in Anbetracht des abschließenden Charakters kritisch zu begegnen. Zwar hat sich der dahin gehende gesetzgeberische Wille nicht hinreichend in der gesetzlichen Ausformulierung manifestiert. Hier hätte es eines Wortlauts bedurft, der den abschließenden Charakter bestätigt und somit einer extensiven Auslegung vorbeugt. Dies ist nicht geschehen. Gleichwohl ist dieses extensive Verständnis, mit Blick auf die Fallkonstellationen der Vorschrift, schwer zu halten. Denn wenn bereits die Rückgabe einer gesetzlichen Gleichstellung mit der Veräußerung bedarf, kann nicht eine mangels Rückgabeverlangens stattdessen erfolgende Rücknahme ohne Weiteres einer Veräußerung gleichgestellt werden. Hartmann in Bödecker/Ernst/Hartmann, BeckOK InvStG, 10. Ed., § 2, Rn. 277.
Für diese Extensionen hätte es ebenfalls einer gesetzlichen Normierung bedurft. Vgl. Link in Herrmann/Heuer/Raupach, EStG/KStG, § 2 InvStG, Rn. 24; Hartmann in Bödecker/Ernst/Hartmann, BeckOK InvStG, 10. Ed., § 2,

Das abschließende Verständnis verdeutlicht nach hiesiger Ansicht ebenso die jüngere Entwicklung des § 2 Abs. 13 InvStG. Mit der Übernahme der beendeten Abwicklung oder Liquidation des Investmentfonds durch das JStG 2019 in den Gesetzestext wird klar, dass es dem Gesetzgeber ein Bedürfnis war, auch diese Realisationstatbestände einer gesetzlichen Umsetzung zu unterwerfen und Unsicherheiten zu vermeiden. Hätte er die Vorschrift nicht als abschließend verstanden, hätte die Auslegung der Norm unter Zuhilfenahme der Richtlinien des BMF genügt.[1220]

Zwischenergebnis

Die gezahlten Vorabpauschalen gehen auf den Erben über; es gelten die allgemeinen Regelungen (vgl. § 45 AO) mangels gesonderter Maßgaben des InvStG. Daher kann dieser die vom Erblasser gezahlten Vorabpauschalen i.S.d. § 19 Abs. 1 S. 3 InvStG vom Veräußerungserlös abziehen. Eine etwaige Zäsurwirkung in Gestalt einer Schlussbesteuerung etwa i.R.e. Erbfalls folgt nicht aus § 2 Abs. 13 InvStG.[1221]

5.2.7.3.1.4 Folgerichtigkeitsgebot: Anwendung trotz Intransparenzprinzip

Wie eingangs zum allgemeinen Gleichheitsmaßstab erwähnt, muss der Gesetzgeber entsprechend dem Folgerichtigkeitsgebot eine einmal getroffene Belastungsentscheidung folgerichtig umsetzen. Für die gesetzliche Einfügung der Vorabpauschale verbleibt daher schließlich die Frage, wes-

---

Rn. 277; Patzner in Beckmann/Scholtz/Vollmer, Investmentrecht, § 2 InvStG, Rn. 66.

1220 Weshalb er die vom BMF erwähnte Rücknahmekonstellationen nicht ebenfalls mit ergänzte, bleibt unklar; dies hätte in Anbetracht des Vorgenannten erfolgen müssen. Vgl. Hartmann in Bödecker/Ernst/Hartmann, BeckOK InvStG, 10. Ed., § 2, Rn. 277; BMF, „Investmentsteuergesetz; Anwendungsfragen zum Investmentsteuergesetz in der ab dem 1. Januar 2018 geltenden Fassung (InvStG)“, 21.5.2019 – BStBl. I 2019, 527, Rn. 2.50.
Eine Zäsurwirkung geht aber jedenfalls auch unter Einschluss einer ggf. extensiveren Auslegung nicht für die Gesamtrechtsnachfolge als potenzieller Realisationstatbestand aus, da die kritischen Ergänzungen seitens der Finanzverwaltung, die nunmehr (teilweise) gesetzgeberische Realität geworden sind, die Universalsukzession nicht betreffen.

1221 Vgl. zu einem Lösungsvorschlag i.R.e. Anpassung des § 2 Abs. 13 InvStG: 6.2.2.1.

halb der Gesetzgeber die vorgenannten Mechanismen i.R.d. Thesaurierung trotz des geltenden Intransparenzprinzips vorschreibt.

Aus der Intransparenz des Investmentfonds, d.h. seiner Körperschaftsteuerpflicht gemäß § 6 Abs. 1, Abs. 2 InvStG, folgt, dass eine steuerliche Leistungsfähigkeit wie bei Kapitalgesellschaften[1222] zunächst auf Ebene des Investmentfonds entsteht.[1223] Vergleicht man daher die Einkünfte aus Kapitalvermögen i.S.d. § 20 Abs. 1 EStG miteinander, fällt auf, dass einzig für Zwecke der Vorabpauschale auf die Ebene zwischen Investmentfonds und Investmentquelle bzgl. der Anlegerbesteuerung durchgeschaut wird. Diese Einbettung steht grds. im Widerspruch zum geltenden Intransparenzprinzip.[1224] Die anderen Kapitaleinkünfte betreffen tatsächliche Zuflüsse des jeweiligen Steuerpflichtigen, bspw. bei einem Dividenden beziehenden Aktionär einer AG i.S.d. § 20 Abs. 1 Nr. 1 S. 1 EStG, und greifen daher nicht auf eine Durchschau zurück. Dieser wird erst i.R.d. Ausschüttungszeitpunkts besteuert. Die Vorabpauschale negiert daher die eigenständige Leistungsfähigkeit des Investmentfonds[1225] und durchbricht i.S.e. nicht folgerichtigen Ausgestaltung das intransparente Besteuerungsregime des InvStG.

Zwischenergebnis

Die Steigerung der Leistungsfähigkeit bereits in der bloßen Wertsteigerung ohne Realisation zu sehen, ist im Lichte des Art. 3 Abs. 1 GG hinreichend vertretbar. Dabei gilt es insbesondere zu berücksichtigen, dass es sich um einen temporären Effekt handelt, der in der Gesamtperiode des Investmentanteils vom Erwerb bis zur Realisation i.S.e. abschließenden Ist-Besteuerung wieder ausgeglichen wird.

Es verbleibt mithin einzig die rechtfertigungsbedürftige Frage der folgerichtigen Umsetzung der transparenten Thesaurierungsbesteuerung im intransparenten System des InvStG.

1222 Vgl. BVerfG, Beschl. v. 21.6.2006, 2 BvL 2/99 – BVerfGE 116, 164, Rn. 117; BVerfG, Beschl. v. 29.3.2017, 2 BvL 6/11 – BStBl. II 2017, 1082, Rn. 110.

1223 Sanning, Systemgerechtigkeit im Spannungsfeld von Investmentsteuerrecht und Hinzurechnungsbesteuerung, Diss., S. 269.

1224 Vgl. 5.2.3.2.2.2.

1225 Sanning, Systemgerechtigkeit im Spannungsfeld von Investmentsteuerrecht und Hinzurechnungsbesteuerung, Diss., S. 249.

5.2.7.3.1.5 Rechtfertigung der Ungleichbehandlungen

Der allgemeine Gleichheitssatz gemäß Art. 3 Abs. 1 GG untersagt nicht per se jede Ungleichbehandlung, sofern sie gerechtfertigt ist. Daher kommt es nicht zwangsläufig zur Verfassungswidrigkeit der Vorschrift.[1226]

Fraglich ist indes zuvörderst der Rechtfertigungsmaßstab[1227], an dem eine Ungleichbehandlung zu messen ist.

5.2.7.3.1.5.1 Rechtfertigungsmaßstab

Ursprünglich hat das BVerfG den Gleichheitssatz als Willkürverbot verstanden.[1228] Nach der sog. Willkürformel bedeutete dies, dass der Gleichheitssatz verletzt war, wenn sich ein vernünftiger, aus der Natur der Sache ergebender oder sonst wie sachlich einleuchtender Grund für die gesetzliche Differenzierung oder Gleichbehandlung nicht finden ließ, kurzum, wenn die Bestimmung als willkürlich bezeichnet werden musste.[1229] Erforderlich war somit die Evidenz der Unsachlichkeit.[1230]

Dass allerdings bei Ungleichbehandlungen von Personengruppen grds. strengere Maßstäbe galten, kam erstmals im Urteil des Ersten Senats des BVerfG vom 7. Oktober 1980[1231] auf.[1232] Nach der strengeren – die Will-

---

1226 Vgl. BVerfG, Beschl. v. 29.3.2017, 2 BvL 6/11 – BStBl. II 2017, 1082, Rn. 152.

1227 Vgl. Hey in Tipke/Lang, Steuerrecht, Kap. 3, Rnrn. 3.124 ff.

1228 Wollenschläger in von Mangoldt/Klein/Starck, GG, Bd. 1, Art. 3, Rn. 89.

1229 BVerfG, Urt. v. 23.10.1951, 2 BvG 1/51 – BVerfGE 1, 14, Rn. 139.

1230 Vgl. BVerfG, Beschl. v. 9.5.1961, 2 BvR 49/60 – BVerfGE 12, 326, Rn. 20; BVerfG, Beschl. v. 1.7.1964, 1 BvR 375/62 – BVerfGE 18, 121, Rn. 12; BVerfG, Beschl. v. 6.3.1968, 1 BvL 2/63 – BVerfGE 23, 135, Rn. 32; BVerfG, Beschl. v. 7.10.1980, 1 BvL 50/79, 1 BvL 89/79, 1 BvR 240/79 – BVerfGE, 55, 72, Rn. 50; BVerfG, Beschl. v. 26.1.1993, 1 BvL 38/92, 1 BvL 40/92, 1 BvL 43/92 – BVerfGE 88, 87, Rn. 36.

1231 BVerfG, Beschl. v. 7.10.1980, 1 BvL 50/79, 1 BvL 89/79, 1 BvR 240/79 – BVerfGE 55, 72, Rnrn. 47 ff.; vgl. BVerfG, Beschl. v. 18.11.1986, 1 BvL 29/83, 1 BvL 30/83, 1 BvL 33/83, 1 BvL 34/83, 1 BvL 36/83 – BVerfGE 74, 9, Rn. 75; BVerfG, Beschl. v. 17.10.1990, 1 BvR 283/85 – BVerfGE 83, 1, Rn. 85; BVerfG, Beschl. v. 26.1.1993, 1 BvL 38/92, 1 BvL 40/92, 1 BvL 43/92 – BVerfGE 88, 87, Rnrn. 34 ff.; BVerfG, Urt. v. 2.3.1999, 1 BvL 2/91 – BVerfGE 99, 367, Rnrn. 80 ff.; BVerfG, Beschl. v. 14.7.1999, 1 BvR 995/95, 1 BvR 2288/95, 1 BvR 2711/95 – BVerfGE 101, 54, Rn. 181; BVerfG, Beschl. v. 20.3.2001, 1 BvR 491/96 – BVerfGE 103, 172, Rn. 70; BVerfG, Urt. v. 20.4.2004, 1 BvR 905/00, 1 BvR 1748/99 – BVerfGE 110, 274, Rn. 56; BVerfG, Beschl. v. 13.6.2006, 1 BvR 1160/03 – BVerfGE 116, 135, Rn. 87; BVerfG, Urt. v. 30.7.2008, 1 BvR 3262/07, kürformel nicht verdrängenden, sondern ergänzenden[1233] – sog. Neuen Formel war das Grundrecht verletzt, wenn eine Gruppe von Normadressaten im Vergleich zu anderen Normadressaten anders behandelt wurde, obwohl zwischen beiden Gruppen keine Unterschiede von solcher Art und solchem Gewicht bestanden, dass sie die ungleiche Behandlung rechtfertigen könnten.[1234] Infolgedessen wurde nach allgemeiner Auffassung die Kontrolldichte durch einen inhaltlich klaren Maßstab erhöht, indem nämlich das Verhältnismäßigkeitsprinzip auf die Ungleichbehandlung angewandt wurde.[1235]

Sachverhalts- und verhaltensbezogene Differenzierungen waren hierunter grds. nicht einzuordnen und unterfielen weiterhin der Willkürformel.[1236] Insbesondere bei lediglich verhaltensbezogenen Unterscheidungen hing das Maß der Bindung davon ab, inwieweit die Betroffenen in der Lage waren, durch ihr Verhalten die Verwirklichung der Merkmale zu beeinflussen, nach denen unterschieden wurde.[1237]

Der Zweite Senat des BVerfG hat in der Folge die Neue Formel zunächst rezipiert, dann aber unter fortwährender Betonung der Maßgeblichkeit der Eigenart des Sachverhalts umgestaltet.[1238]

---

1 BvR 402/08, 1 BvR 906/08 – BVerfGE 121, 317, Rn. 150; BVerfG, Beschl. v. 21.7.2010, 1 BvR 611/07, 1 BvR 2464/07 – BVerfGE 126, 400, Rn. 79.

1232 Wollenschläger in von Mangoldt/Klein/Starck, GG, Bd. 1, Art. 3, Rn. 93.

1233 Vgl. Kirchhof in Maunz/Dürig, GG, Bd. 1, Art. 3 Abs. 1, Rn. 266.

1234 BVerfG, Beschl. v. 12.12.1967, 2 BvL 14/62, 2 BvL 3/64, 2 BvL 11/65, 2 BvL 15/66, 2 BvR 15/67 – BVerfGE 22, 387, Rn. 90; BVerfG, Beschl. v. 16.10.1979, 1 BvL 51/79 – BVerfGE 52, 277, Rn. 12; BVerfG, Beschl. v. 7.10.1980, 1 BvL 50/79, 1 BvL 89/79, 1 BvR 240/79 – BVerfGE 55, 72, Rn. 47.

1235 Heun in Dreier, GG, Bd. 1, Art. 3, Rn. 22.

1236 Vgl. BVerfG, Beschl. v. 7.10.1980, 1 BvL 50/79, 1 BvL 89/79, 1 BvR 240/79 – BVerfGE 55, 72, Rnrn. 49 f.

1237 BVerfG, Beschl. v. 26.1.1993, 1 BvL 38/92, 1 BvL 40/92, 1 BvL 43/92 – BVerfGE 88, 87, Rn. 35.

1238 Wollenschläger in von Mangoldt/Klein/Starck, GG, Bd. 1, Art. 3, Rn. 95 f.; Heun in Dreier, GG, Bd. 1, Art. 3, Rn. 22; vgl. BVerfG, Beschl. v. 7.12.1983, 2 BvR 282/80 – BVerfGE 65, 377, Rn. 20; BVerfG, Beschl. v. 15.10.1985, 2 BvL 4/83 – BVerfGE 71, 39, Rnrn. 50 f.; BVerfG, Beschl. v. 31.1.1996, 2 BvL 39/93, 2 BvL 40/93 – BVerfGE 93, 386, Rn. 37; BVerfG, Beschl. v. 4.12.2002, 2 BvR 400/98, 2 BvR 1735/00 – BVerfGE 107, 27, Rn. 50; BVerfG, Beschl. v. 11.1.2005, 2 BvR 167/02 – BVerfGE 112, 164, Rnrn. 31 f.; BVerfG, Beschl. v. 18.7.2005, 2 BvF 2/01 – BVerfGE 113, 167, Rn. 126; BVerfG, Urt. v. 9.12.2008, 2 BvL 1/07, 2 BvL 2/07, 2 BvL 1/08, 2 BvL 2/08 – BVerfGE 122, 210, Rn. 56; BVerfG, Beschl. v. 19.6.2012, 2 BvR 1397/09 – BVerfGE 131, 239, Rnrn. 53 ff.; BVerfG, Beschl. v. 7.5.2013, 2 BvR 909/06, 2 BvR 1981/06, 2 BvR 288/07 – BVerfGE 133, 377, Rnrn. 73 ff.

Inzwischen haben sich diese Unterschiede fast vollständig verschliffen.[1239] Heutzutage hat sich in der neueren Rechtsprechung des Ersten Senats des BVerfG eine gleitende Skala[1240] entwickelt. Daher ergeben sich aus dem allgemeinen Gleichheitssatz je nach Regelungsgegenstand und Differenzierungsmerkmalen unterschiedliche Grenzen für den Gesetzgeber, die vom bloßen Willkürverbot bis zu einer strengen Bindung an die Verhältnismäßigkeitserfordernisse reichen.[1241] Es gilt ein stufenloser am Grundsatz der Verhältnismäßigkeit orientierter verfassungsrechtlicher Prüfungsmaßstab, dessen Inhalt und Grenzen sich nicht abstrakt, sondern nur nach den jeweils betroffenen unterschiedlichen Sach- und Regelungsbereichen bestimmen lassen.[1242] Eine strengere Bindung ist etwa anzunehmen, wenn die Differenzierung an Persönlichkeitsmerkmale anknüpft.[1243] Diesen Kriterien hat sich ebenso der Zweite Senat des BVerfG angeschlossen.[1244]

Die Findung der Prüfungsformel steht damit in Abhängigkeit von der Schwere der Ungleichbehandlung. Es kommt im Wesentlichen darauf an, in welchem Maß sich die Ungleichbehandlung von Personen oder Sachverhalten auf die Ausübung grundrechtlich geschützter Freiheiten auswirken kann.[1245] D.h., dass je weniger die ungleichen Rechtsfolgen den Einzelnen als Person treffen, je beeinflussbarer bei verhaltensbezogenen Unterscheidungen das Verhalten durch den Einzelnen ist, desto weiter ist

1239 Heun in Dreier, GG, Bd. 1, Art. 3, Rn. 22.

1240 Vgl. Wollenschläger in von Mangoldt/Klein/Starck, GG, Bd. 1, Art. 3, Rn. 99.

1241 BVerfG, Beschl. v. 26.1.1993, 1 BvL 38/92, 1 BvL 40/92, 1 BvL 43/92 – BVerfGE 88, 87, Rn. 34.

1242 BVerfG, Beschl. v. 21.6.2011, 1 BvR 2035/07 – BVerfGE 129, 49, Rn. 65; BVerfG, Beschl. v. 19.12.2012, 1 BvL 18/11 – BVerfGE 133, 1, Rn. 45; BVerfG, Urt. v. 17.12.2014, 1 BvL 21/12 – BVerfGE 138, 136, Rn. 121.

1243 BVerfG, Beschl. v. 21.6.2011, 1 BvR 2035/07 – BVerfGE 129, 49, Rn. 65.

1244 Vgl. BVerfG, Beschl. v. 15.12.2015, 2 BvL 1/12 – BVerfGE 141, 1, Rnrn. 93 f.; BVerfG, Beschl. v. 29.3.2017, 2 BvL 6/11 – BStBl. II 2017, 1082, Rn. 98; BVerfG, Beschl. v. 23.5.2017, 2 BvR 883/14, 2 BvR 905/14 – BVerfGE 145, 304, Rn. 82; BVerfG, Beschl. v. 23.5.2017, 2 BvL 10/11, 2 BvL 28/14 – BVerfGE 145, 249, Rnrn. 96 f.

1245 BVerfG, Urt. v. 6.3.2002, 2 BvL 17/99 – BStBl. II 2002, 618, Rn. 157; BVerfG, Beschl. v. 11.1.2005, 2 BvR 167/02 – BVerfGE 112, 164, Rn. 32; BVerfG, Beschl. v. 12.5.2009, 2 BvL 1/00 – BStBl. II 2009, 685, Rn. 25; vgl. BVerfG, Beschl. v. 26.1.1993, 1 BvL 38/92, 1 BvL 40/92, 1 BvL 43/92 – BVerfGE 88, 87, Rn. 35; BVerfG, Urt. v. 8.4.1997, 1 BvR 48/94 – BVerfGE 95, 267, Rn. 189; BVerfG, Beschl. v. 29.10.2002, 1 BvL 16/95, 1 BvL 17/95, 1 BvL 16/97 – BVerfGE 106, 166, Rn. 39.

der Gestaltungsspielraum vor allem des Gesetzgebers und umgekehrt je stärker die Betroffenheit, umso strikter ist die Bindung.[1246]

Die Problematik der Thesaurierungsbesteuerung in Gestalt der Vorabpauschale trotz grds. Geltung des Intransparenzprinzips im InvStG ist keine Thematik, die an die Personeneigenschaft eines Einzelnen anknüpft. Vielmehr handelt es sich um eine sachverhalts- bzw. verhaltensbezogene Ungleichbehandlung. D.h., dass sich der steuerpflichtige Anleger die Fragen stellen muss, ob er einerseits über einen Investmentfonds investiert sowie andererseits den Investmentanteil veräußert oder weiterhin hält und damit ggf. die Durchbrechung des Intransparenzsystems freigiebig hinnimmt. Die Situation kann durch die Veräußerung und Wiederanschaffung des Investmentanteils umgangen werden. Der Investor begibt sich damit nach seinem Ermessen auf das Spielfeld und wird nicht – etwa vergleichbar einem zwanghaften Doktrin – der Ungleichbehandlung hilflos ausgesetzt. Er hat die Anlageentscheidung selbst in der Hand.

Darüber hinaus gilt es in diesem Zusammenhang zu berücksichtigen, dass die Ungleichbehandlung einen lediglich temporären Effekt darstellt. Dies bedeutet, dass die Ungleichbehandlung nicht nur keine Personengruppe anvisiert, sondern zudem einen zeitlich gestreckten Sachverhalt betrifft, der spätestens zum Zeitpunkt der Realisation eine entstehende Fehlgewichtung nivelliert.

Damit ist die steuergesetzliche Abweichung der vorliegenden Art von den grds. Besteuerungsmechanismen des § 20 Abs. 1 EStG folglich nur dann verletzt, wenn sich kein sachlich einleuchtender Grund für diese Abweichung finden lässt, die Ausnahmevorschrift also als willkürlich zu bewerten ist.[1247]

5.2.7.3.1.5.2 Rechtfertigung anhand der Willkürformel

Jede Abweichung vom Folgerichtigkeitsgebot bedarf eines besonderen sachlichen Grundes.[1248] Dieser kann in einer außerfiskalischen Lenkung,

1246 Heun in Dreier, GG, Bd. 1, Art. 3, Rn. 32; vgl. BVerfG, Beschl. v. 10.4.1997, 2 BvL 77/92 – BStBl. II 1997, 518, Rn. 23; BVerfG, Beschl. v. 30.9.1998, 2 BvR 1818/91 – BVerfGE 99, 88, Rn. 22; BVerfG, Urt. v. 7.12.1999, 2 BvR 301/98 – BStBl. II 2000, 162, Rn. 36.

1247 Vgl. zu Jubiläumsrückstellungen: BVerfG, Beschl. v. 12.5.2009, 2 BvL 1/00 – BStBl. II 2009, 685, Rn. 31.

1248 Vgl. BVerfG, Beschl. v. 8.10.1991, 1 BvL 50/86 – BVerfGE 84, 348, Rn. 49; BVerfG, Beschl. v. 10.4.1997, 2 BvL 77/92 – BStBl. II 1997, 518, Rn. 23;

Förderung oder vereinfachenden Typisierung liegen; nicht jedoch im rein fiskalischen Zweck staatlicher Einnahmenerhöhung.[1249] Die bloße Absicht, staatliche Mehreinkünfte zu erzielen, ist für sich genommen nämlich kein den Vertrauensschutz betroffener Steuerpflichtiger regelmäßig überwindendes Gemeinwohlinteresse, weil dieses Ziel durch jedes, auch durch sprunghaftes und willkürliches, Besteuern erreicht würde.[1250]

Allerdings ist ein qualifizierter Fiskalzweck, bei dem neben die Einnahmeerzielung etwa das Ziel der Verstetigung des Steueraufkommens infolge der Dämpfung der Steuerauswirkungen konjunktureller Schwankungen tritt, als besonderer sachlicher Rechtfertigungsgrund anzuerkennen.[1251]

BVerfG, Beschl. v. 30.9.1998, 2 BvR 1818/91 – BVerfGE 99, 88, Rn. 24; BVerfG, Beschl. v. 11.11.1998, 2 BvL 10/95 – BStBl. II 1999, 502, Rn. 49; BVerfG, Urt. v. 6.3.2002, 2 BvL 17/99 – BStBl. II 2002, 618, Rn. 198; BVerfG, Beschl. v. 4.12.2002, 2 BvR 400/98, 2 BvR 1735/00 – BStBl. II 2003, 534, Rn. 51; BVerfG, Beschl. v. 8.6.2004, 2 BvL 5/00 – BVerfGE 110, 412, Rn. 85; BVerfG, Beschl. v. 21.6.2006, 2 BvL 2/99 – BVerfGE 116, 164, Rn. 70; BVerfG, Beschl. v. 15.1.2008, 1 BvL 2/04 – BVerfGE 120, 1, Rn. 82; BVerfG, Urt. v. 9.12.2008, 2 BvL 1/07, 2 BvL 2/07, 2 BvL 1/08, 2 BvL 2/08 – BVerfGE 122, 210, Rn. 57; BVerfG, Beschl. v. 12.5.2009, 2 BvL 1/00 – BStBl. II 2009, 685, Rn. 26; BVerfG, Beschl. v. 6.7.2010, 2 BvL 13/09 – BStBl. II 2011, 318, Rnrn. 36 ff.; BVerfG, Beschl. v. 7.7.2010, 2 BvL 14/02, 2 BvL 2/04, 2 BvL 13/05 – BStBl. II 2011, 76, Rn. 79; BVerfG, Beschl. v. 13.10.2009, 2 BvL 3/05 – BVerfGE 124, 282, Rn. 34; BVerfG, Beschl. v. 12.10.2010, 1 BvL 12/07 – BVerfGE 127, 224, Rn. 51; BVerfG, Beschl. v. 15.12.2015, 2 BvL 1/12 – BVerfGE 141, 1, Rn. 96.

1249 Vgl. BVerfG, Beschl. v. 7.11.2006, 1 BvL 10/02 – BStBl. II 2007, 192, Rnrn. 97 ff.; BVerfG, Beschl. v. 15.1.2008, 1 BvL 2/04 – BVerfGE 120, 1, Rn. 83; BVerfG, Urt. v. 9.12.2008, 2 BvL 1/07, 2 BvL 2/07, 2 BvL 1/08, 2 BvL 2/08 – BVerfGE 122, 210, Rnrn. 58 ff.; BVerfG, Beschl. v. 12.5.2009, 2 BvL 1/00 – BStBl. II 2009, 685, Rn. 28; BVerfG, Beschl. v. 17.11.2009, 1 BvR 2192/05 – BVerfGE 125, 1, Rnrn. 87 ff.; BVerfG, Beschl. v. 6.7.2010, 2 BvL 13/09 – BStBl. II 2011, 318, Rnrn. 37 f.; BVerfG, Beschl. v. 29.3.2017, 2 BvL 6/11 – BStBl. II 2017, 1082, Rn. 104.

1250 BVerfG, Beschl. v. 5.2.2002, 2 BvR 305/93, 2 BvR 348/93 – BVerfGE 105, 17, Rn. 82; vgl. BVerfG, Urt. v. 9.12.2008, 2 BvL 1/07, 2 BvL 2/07, 2 BvL 1/08, 2 BvL 2/08 – BVerfGE 122, 210, Rn. 61.

1251 Vgl. BFH, Urt. v. 22.8.2002, I R 9/11 – BStBl. II 2013, 512, Rn. 23; BFH, Urt. v. 22.8.2012, I R 9/11 – BStBl. II 2013, 512, Rn. 23; BFH, Vorlagebeschluss v. 26.2.2014, I R 59/12 – BStBl. II 2014, 1016, Rn. 29 (Verfahren anhängig: BVerfG, 2 BvL 19/14 – juris); BFH, Vorlagebeschluss v. 14.10.2015, 1 R 20/15 – BStBl. II 2017, 1240, Rn. 43 (Verfahren anhängig: BVerfG, 2 BvL 1/16 – juris); BFH, Urt. v. 18.12.2019, I R 29/17 – BStBl. II 2020, 690 Rn. 12; Desens, FR 2011, 745 (749); Desens, StuW 2011, 113 (125); Kube, DStR 2011, 1781 (1789 f.); **a.A.:** Hey, StuW 2011, 131 (140); Röder, StuW 2012, 18 (25 f.); Wissenschaftlicher Beirat Steuern Ernst & Young, DB 2012, 1704 (1707).

Dabei kommt es für das Willkürverbot allerdings nicht auf einen Mangel an dogmatisch überzeugenden oder systematisch richtigen Gründen an, sondern auf den offenkundigen Mangel an jeglicher Sachlichkeit des Grundes.[1252] Es dürfen sich insoweit keine Anhaltspunkte ergeben, dass der Gesetzgeber die Grenzen seines weiten Gestaltungsspielraums überschritten hat.[1253]

Der Gesetzgeber führt in der Gesetzesbegründung zur Vorabpauschale insbesondere an, dass eine ohne die Vorabpauschale existierende reine Cash-Flow-Besteuerung durch die Abschirmwirkung des Investmentfonds einer Thesaurierungsbegünstigung gleichen und damit zu Gestaltungs- und Steuerstundungseffekten führen würde.[1254] Das Ziel des Gesetzgebers, den fiskalischen Steuerzugriff nicht gänzlich während des Haltens des Investmentanteils aufzugeben und so das Steueraufkommen zu verstetigen[1255], ist durchaus veritabel und sachlich einleuchtend i.S.d. Willkürformel. Denn gerade Steuern[1256] dienen der Finanzierung des Staatshaushalts und müssen als finanzieller Beitrag des Einzelnen zur staatlichen Gemeinschaft für den Staat eine planbare Größe zur Bestimmung des Umfangs seiner Aufgaben und zur Festlegung des finanziellen Spielraums seiner Aufgabenerfüllung sein.[1257] Von der Ausübung dieses – von der willkürlichen Erhebung geschützten – politischen Verantwortungsaspekts profitieren alle Personen als Bestandteil der Gesellschaft; bspw. in Form der Gewährleistung von Bildung.

Dies realisiert die Vorabpauschale. Eine thesaurierungsbezogene Steuererhebung in Form der Vorabpauschale verhindert grds. die Verschiebung der ausschließlichen Besteuerung auf die Veräußerung. Sie ist mithin zu Vermeidung von unkalkulierbaren Steuerausfällen sachlich geboten. Denn anderenfalls käme es regelmäßig zu übermäßig langen sowie unkalkulierbaren Steuerstundungseffekten und mithin zu staatlichen Mindereinnahmen. Dabei handelt es sich zwar grds. um Fiskalzwecke, aber die Verstetigung des Steueraufkommens im Hinblick auf die Kalkulierbarkeit des öffentlichen Haushalts ist ein qualifizierter Fiskalzweck im vorgenann-

---

1252 BVerfG, Beschl. v. 12.5.2009, 2 BvL 1/00 – BStBl. II 2009, 685, Rn. 41.

1253 Vgl. BVerfG, Beschl. v. 12.5.2009, 2 BvL 1/00 – BStBl. II 2009, 685, Rn. 42.

1254 Vgl. BT-Drs. 18/8045, 88.

1255 Vgl. BT-Drs. 18/8045, 55.

1256 Vgl. zur Abgrenzung zwischen Steuern (vgl. § 3 Abs. 1 AO), Gebühren, Beiträgen und Sonderabgaben: Birk/Desens/Tappe, Steuerrecht, § 2, Rnrn. 100 ff.

1257 Birk/Desens/Tappe, Steuerrecht, Einführung, Rn. 2; vgl. Tappe/Wernsmann, Öffentliches Finanzrecht, § 1, Rnrn. 28 ff.

ten Sinne.[1258] Eine bloße Erhöhung staatlicher Einnahmen – ohne Sinn und Verstand – ist in diesem Vorbringen nicht zu erblicken, wenngleich der Verstetigungs- und Steuersicherungsgedanke etwa bei geschlossenen Investmentfonds[1259], die regelmäßig nur für einen bestimmten (kurzen) Zeitraum aufgesetzt werden und damit bereits im Vorfeld eine steuerlich relevante Realisation für den Fiskus faktisch vorhersehbar ist (zeitlich begrenzte Steuerstundungseffekte), grds. an seine Grenzen stößt. Nichtsdestotrotz geht es um eine gleichmäßige, periodische[1260] Steuererhebung. Der Staat kann nämlich seinen gegenwärtigen Bedarf nur finanzieren, indem er am gegenwärtigen Einkommenserfolg gegenwärtig genutzter Erwerbsgrundlagen teilhat und so seine Einnahmen beständig macht.[1261] Diese Überlegungen zu den Regelungsmotiven rechtfertigen die grds. Existenz des Vorabpauschalenelements.

Allerdings trägt der Gesetzgeber diese Begründung lediglich i.R.d. Vergleichs zum Direktanleger vor, welcher keine steuerfreie Thesaurierungen vornehmen kann.[1262] Diese sind jedoch mangels steuerlicher Zwischenebene keine taugliche Vergleichsgruppe[1263], sondern vielmehr der Kapitalanleger, der an einer Körperschaft beteiligt ist (bspw. der Aktionär einer AG i.S.d. § 20 Abs. 1 Nr. 1 EStG). Insoweit ist dieser Aspekt unter Vergleichsgruppenbildungskriterien kritisch zu betrachten.

Nichtsdestotrotz sind die Besonderheiten zu berücksichtigen. Denn oftmals wird bspw. eine AG einen jährlichen Dividendenausschüttungsbeschluss fassen, sodass es turnusmäßig zu einem Zufluss beim Anteilseigner kommt, welcher der Steuer unterworfen werden kann. Dieser veranlagungsspezifische Mechanismus würde i.R.e. steuerfreien Thesaurierung bei der Investmentanlage nicht zur Geltung kommen. Es käme mithin zu einer auf unbestimmte Zeit gestreckten Nichtbesteuerung des Sachverhalts und schließlich zu einer generationenübergreifenden Abschirmwirkung, welche der Gesetzgeber aber gerade verhindern wollte. Daher ist es seitens des Gesetzgebers anzuerkennen, dass er ebenso diese Fälle im Blick hatte, wenn er die Ebenenbesteuerung explizit anspricht. Die Kontinuität des Steuerzuflusses zur Planung des öffentlichen Haushalts durch die Vorab-

---

1258 Vgl. Desens, FR 2011, 745 (749).

1259 Vgl. 2.3.2.2.2.

1260 Vgl. Heuermann in Kirchhof/Söhn/Mellinghoff, EStG, § 10d, Rn. A 85.

1261 Heuermann in Kirchhof/Söhn/Mellinghoff, EStG, § 10d, Rn. A 85.

1262 Vgl. Sanning, Systemgerechtigkeit im Spannungsfeld von Investmentsteuerrecht und Hinzurechnungsbesteuerung, Diss., S. 254.

1263 Vgl. Sanning, Systemgerechtigkeit im Spannungsfeld von Investmentsteuerrecht und Hinzurechnungsbesteuerung, Diss., S. 254 ff.

pauschale im Thesaurierungsfall stellt auch hier einen sachlich einleuchtenden Grund dar.

Die Erörterungen zeigen, dass die Vorabpauschale im Gegensatz zu sonstigen Kapitalanlagemöglichkeiten ein fiktives Besteuerungsszenario statuiert, welches in dieser Form grds. einzigartig ist. Dabei ist es hinreichend vertretbar die Steigerung der Leistungsfähigkeit bereits in der Wertsteigerung ohne Realisation zu sehen. Da sich damit die Leistungsfähigkeit des Anlegers bereits ohne eine Ausschüttung durch die Thesaurierungen steigert, ist es für eine folgerichtige Umsetzung nicht zwingend notwendig die Besteuerung erst im Zuge des tatsächlichen Zuflusses (Ausschüttung oder Realisation) vorzunehmen.[1264] In der Annahme, dass diese Besteuerung dem Leistungsfähigkeitsprinzip entspricht, schlägt keine anders geartete Beurteilung auf das Folgerichtigkeitsgebot in der vorliegenden Prüfung durch.

Diese gesetzgeberische Belastungs- und Systementscheidung zugrunde gelegt, ist zwar die systematische Stellung der Vorabpauschale und die damit einhergehende Ebenendurchschau im Lichte der systematischen Reinheit i.R.d. Existenz des Intransparenzprinzips des InvStG kritikwürdig[1265], aber letztlich rechtsfolgenlos. Denn wie ursprünglich erwähnt, kommt es im Zuge der Prüfung der Willkürformel nicht auf die systematisch richtigen Gründen an, sondern auf das Vorliegen überhaupt eines sachlich einleuchtenden Grundes. Dieser ist jedoch in hinreichendem Maße für die Vorabpauschale erkennbar. Die Einhaltung des sich damit ergebenden Gestaltungsspielraums, ist dem Gesetzgeber – gerade i.R.e. temporären, verhaltensbezogenen Ungleichbehandlung – nur schwerlich abzusprechen.

5.2.7.3.1.5.3 Spezialgesetzliche Missbrauchsvermeidungsvorschrift

Eine spezialgesetzliche Missbrauchsvermeidungsnorm (vgl. § 42 Abs. 1 S. 2 AO), die überdies die Ungleichbehandlung rechtfertigen würde[1266], ist nach hiesigem Verständnis nicht in der Vorabpauschale zu sehen.[1267]

1264 Vgl. für einen Verstoß gegen das Folgerichtigkeitsgebot aufgrund des vorangegangenen Bruchs mit dem Leistungsfähigkeitsprinzip wegen der Besteuerung von Thesaurierungen ohne Realisation und insoweit **a.A.:** Sanning, Systemgerechtigkeit im Spannungsfeld von Investmentsteuerrecht und Hinzurechnungsbesteuerung, Diss., S. 269 f.

1265 Vgl. 5.2.3.2.2.2.

1266 Vgl. BVerfG, Beschl. v. 11.7.1967, 1 BvR 495/63, 1 BvR 325/66 – BVerfGE 22, 156, Rnrn. 12 ff.; BVerfG, Beschl. v. 15.1.1969, 1 BvR 723/65 – BStBl. II 1969,

Wann eine solche Vorschrift vorliegt, ist mangels konkreter Tatbestandsvoraussetzung oder Anhaltspunkte nur durch eine Auslegung der Vorschrift zu ermitteln.[1268] Mit dem Erlass einer speziellen Missbrauchsvorschrift trifft der Gesetzgeber die Entscheidung, dass den grds. in deren Anwendungsbereich fallenden Gestaltungen nur dann die steuerliche Anerkennung zu versagen ist, wenn sämtliche Voraussetzungen der Spezialnorm erfüllt sind.[1269] Umgekehrt soll ein Verhalten, welches nicht unter die Norm subsumierbar ist, keinen Missbrauch darstellen.

Der BFH hat den spezialgesetzlichen Charakter etwa für § 50d Abs. 1a EStG a.F. bejaht.[1270] Die Vorschrift konkretisiere den OECD-Grundsatz, dass bilaterale Abkommen und Maßnahmen supranationaler Organisationen unter einem Umgehungsvorbehalt stünden.[1271] Sie bezwecke im Wege der sondergesetzlichen Konkretisierung, durch ergänzende tatbestandliche Voraussetzungen, einer möglichen Unvollständigkeit von § 42 AO zu begegnen.[1272]

Diese Zielsetzung ist der Vorabpauschale nicht eigen und kommt in ihr nicht zum Ausdruck. Anderes ergibt sich weder aus dem Wortlaut der Norm noch aus den Gesetzesmaterialien. Denn die bloße Verhinderung der Abschirmwirkung und der Steuerstundung[1273] sind zwar sinnvolle Ziele, dienen aber nicht der Missbrauchsvermeidung in diesem Sinne. Vielmehr steht die Verstetigung des Steuerzuflusses bei diesen Gesichtspunkten im Vordergrund. Zudem sind die in Bezug genommenen Aspekte einer Ebenenbesteuerung immanent und somit Ausfluss des intransparenten Systems. Die Abschwirmwirkung bedingt in der Folge grds. die vom Gesetzgeber angesprochene Steuerflucht in das Ausland.[1274] Mit der Erwähnung als Zielsetzung bringt der Gesetzgeber eine dahin gehende Missbilligung zum Ausdruck, ohne nach hier vertretenem Verständnis

253, Rnrn. 23 ff.; BVerfG, Beschl. v. 3.7.1973, 1 BvR 368/65, 1 BvR 369/65 – BVerfGE 35, 324, Rnrn. 30 ff.; Wernsmann/Desens, DStR 2008, 221 (224); **a.A.:** Hey, StuW 2008, 167 (174); Hey, DStJG 2010, 139 (167 ff.).

1267 Vgl. Sanning, Systemgerechtigkeit im Spannungsfeld von Investmentsteuerrecht und Hinzurechnungsbesteuerung, Diss., S. 256 ff.

1268 Vgl. BFH, Urt. v. 29.1.2008, I R 26/06 – BStBl, II 2008, 978, Rnrn. 11 ff.; Ratschow in Klein, AO, § 42, Rn. 92; Drüen, Ubg 2008, 31 (32 f.); Hahn, DStZ 2008, 483 (488 f.).

1269 Stöber in Gosch, AO/FGO, § 42 AO, Rn. 53.

1270 BFH, Urt. v. 29.1.2008, I R 26/06 – BStBl, II 2008, 978, Rnrn. 11 ff.

1271 Vgl. BT-Drs. 12/5764, 26.

1272 BFH, Urt. v. 29.1.2008, I R 26/06 – BStBl, II 2008, 978, Rn. 13.

1273 Vgl. 5.2.2.1.

1274 Vgl. 5.2.2.1.

eine – darüber hinausgehende – sondergesetzliche Konkretisierung eines insoweit bestehenden Grundsatzes zu treffen.[1275]

Ergebnis der ersten Grundsatzfrage

Die Besteuerung der Wertsteigerungen ohne Realisation ist nach dem hier vertretenen Verständnis verfassungskonform. Dies gilt insbesondere vor dem Hintergrund, dass über die Gesamtperiode ein entsprechender Ausgleich im Zuge der Realisation stattfindet. Gleichwohl ist darauf hinzuweisen, dass, soweit man im Speziellen eine andere Perspektive im Hinblick auf die Bestimmung einer gesteigerten Leistungsfähigkeit einnimmt, ein divergierendes Ergebnis zu Tage treten kann.

Demgegenüber wird zwar das Intransparenzprinzip i.R.d. Thesaurierungsbesteuerung durchbrochen, allerdings ist diese Durchschau mit einem vom BVerfG geforderten sachlich einleuchtenden Grund hinterlegt und damit gerechtfertigt.

5.2.7.3.2 Zweite Grundsatzfrage: Unterschiedliche Erfassung der Wertsteigerungen

Die zweite Grundsatzfrage zielt darauf ab, ob und inwieweit die unterschiedliche Erfassung der Wertänderungen mit Art. 3 Abs. 1 GG vereinbar ist.

5.2.7.3.2.1 Konkretisierung der gleichheitsrechtlichen Frage

Nachdem die erste Grundsatzfrage des „Obs“ der Besteuerung der Vorabpauschale den Maßstäben des Verfassungsrechts standhält, steht die Frage des „Wie“ der Besteuerung auf dem gleichheitsrechtlichen Prüfstand. Inso-

1275 In diesem Kontext – hierdurch ergibt sich die Divergenz zur Vorabpauschale – ist zudem zu erwähnen, dass die Hinzurechnungsbesteuerung (vgl. §§ 7 bis 13 AStG) aufgrund der unterschiedlichen Rechtsfolgen nachrangig zu § 42 AO ist. Vgl. BFH, Urt. v. 23.10.1991, I R 40/89 – BStBl. II 1992, 1026, Rnrn. 29 ff.; BFH, Urt. v. 10.6.1992, I R 105/89 – BStBl. II 1992, 1029, Rnrn. 23 ff.; BFH, Urt. v. 19.1.2000, 1 R 94/97 – BStBl. II 2001, 222, Rn. 16; BFH, Urt. v. 19.1.2000, I R 117/97 – IStR 2000, 182, Rn. 13; BFH, Urt. v. 25.2.2004, I R 42/04 – BStBl. II 2005, 14, Rn. 21; 5.2.2.5.1.3.

weit kommt es (a) zum Ansatz einer fiktiven Mindestrendite, wenn die tatsächliche Rendite höher (bzw. identisch mit ihr) ist, (b) zu einer Berücksichtigung der tatsächlichen Rendite, wenn diese unterhalb der fiktiven Mindestrendite liegt oder (c) zu überhaupt keiner Erfassung, wenn der Investmentanteil Verluste im Veranlagungszeitraum erlitten hat und damit die tatsächliche Rendite negativ ist (bzw. auch dann, wenn der Kursverlauf stagnierend verlief und keine Rendite entstanden ist).

5.2.7.3.2.2 Feststellung der Vergleichsgruppen und Ungleichbehandlungen

Dies wirft im Konkreten die gleichheitsrechtliche Frage auf, ob und inwieweit diese divergierende Behandlung – innerhalb der Untergruppen als Vergleichspaare – nach leistungsfähigkeitsgerechten Gesichtspunkten differenziert.

5.2.7.3.2.2.1 Überblick über die Fallgruppen

Als Ausfluss der Pauschalierungselemente der Vorabpauschale existieren diverse Fallgruppen, bei denen die jährliche Wertsteigerung einerseits anhand der fiktiven Wertentwicklung ermittelt wird und andererseits gedeckelt auf den Begrenzungsbetrag erfolgt. Eine negative Vorabpauschale wird nicht angesetzt. Dies führt dazu, dass es in Abhängigkeit von der Wertsteigerung eines thesaurierenden Investmentfonds zu unterschiedlichen Belastungsbereichen durch die Vorabpauschale (Durchschnittssteuerbelastungen) kommt.[1276] Bei sehr hohen Wertsteigerungen nähert sich die relative Bedeutung der Vorabpauschale null an.[1277]

Voraussetzung für diese Betrachtungsszenarien ist ein positiver Basiszins, denn bei einem negativen Basiszins[1278] stellt sich diese Problematik bereits im Ansatz nicht.

Die unterschiedlichen Erfassungen der Vorabpauschale lassen sich exemplarisch in einer Tabelle anhand eines vollthesaurierenden Investmentfonds aufzeigen.

1276 Kalies, StuW 2020, 63 (65).
1277 Kalies, StuW 2020, 63 (65).
1278 Vgl. 5.2.6.

	Vollthesaurierender Investmentfonds					
Fallgruppe	*1*	*2*	*3*	*4*	*5*	*6*
Fallkonstellation	Negative Wertentwicklung	Stagnierende Wertentwicklung	Bb. < Be.	Bb. = Be.	Bb. > Be.	
Anteilswert A.01 (1.1.)	100 €					
Anteilswert E.01 (31.12.)	95 €	100 €	100,50 €	100,70 €	110 €	200 €
Basiszins	1 %					
Basisertrag	-	-	0,70 €	0,70 €	0,70 €	0,70 €
Mehrbetrag	-	-	0,50 €	0,70 €	10 €	100 €
Ausschüttungen	0 €					
Begrenzungsbetrag	-	-	0,50 €	0,70 €	10 €	100 €
Vorabpauschale	-	-	**0,50 €**	**0,70 €**	**0,70 €**	**0,70 €**

Annahme: Investmentfonds ohne Teilfreistellung. Abkürzungen: Bb. ≙ Begrenzungsbetrag; Be. ≙ Basisertrag; A.01 ≙ Anfang des Jahres 01; E.01 ≙ Ende des Jahres 01.

Tabelle 4: Übersicht über die Fallgruppen der zweiten Grundsatzfrage. Eigene Darstellung.

5.2.7.3.2.2.2 Erste Vergleichsgruppe

5.2.7.3.2.2.2.1 Fallgruppe oberhalb der Mindestrendite

In diesem Zusammenhang entsteht eine Ungleichbehandlung im Hinblick auf die Fälle bei denen die tatsächliche Rendite exakt der fiktiven Mindestrendite entspricht (Fallgruppe 4) und denjenigen Konstellationen, bei denen die tatsächliche Rendite oberhalb der fiktiven Mindestrendite liegt (Fallgruppen 5 und 6). Bei diesen Investmentanteilen thesaurierender Investmentfonds mit gleichem Ausgangswert, aber unterschiedlich stark ansteigenden Kursverlauf, fällt die Vorabpauschale im Veranlagungszeitraum bemessen am Rücknahmepreis des Investmentanteils zu Beginn des Kalenderjahres gemäß § 18 Abs. 1 S. 1, S. 2 InvStG in identischer Höhe an.

In der Folge werden die letztgenannten Fallgruppen innerhalb dieser Vergleichspaarung bevorzugt, da (zunächst) nicht die Besteuerung des wirklichen Ist-Ertrags erfolgt, sondern lediglich ein darunter liegender, gedeckelter Betrag in Gestalt einer Mindestwirtschaftlichkeitserwartung am Investmentmarkt. Da das Verhältnis der konstanten absoluten Steuerbelastung der Vorabpauschale zur Wertsteigerung abnimmt, sinkt die temporäre Durchschnittssteuerbelastung der Vorabpauschale mit steigendem Wertzuwachs.[1279] Somit bleibt es – unabhängig von damit in Zusammenhang stehenden Steuerstundungseffekten – unberücksichtigt, dass der Anleger des oberhalb der fiktiven Mindestrendite wachsenden Investmentanteils gegen Ende der Periodenbetrachtung deutlich leistungsfähiger geworden ist. Es wird lediglich eine fiktive Mindestrendite besteuert. Erst i.R.d. Veräußerung wird dieses Missverhältnis aufgelöst.

Problematisch ist damit die sich deckende Besteuerungslast trotz unterschiedlich ausgeprägter Leistungsfähigkeit zu Beginn des folgenden Veranlagungszeitraums, d.h. am Ende der konkreten (ersten) Betrachtungsperiode.

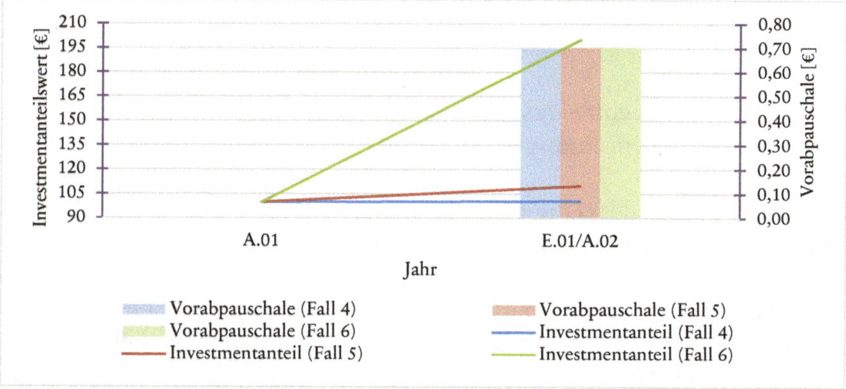

Die Werte des Investmentanteils sind an der Primärachse abzulesen, die der Vorabpauschale an der Sekundärachse. Abkürzungen: A.01 ≙ Anfang des Jahres 01; E.01/A.02 ≙ Ende des Jahres 01 und Anfang des Jahres 02.

Abbildung 16: Vorabpauschale bei unterschiedlichem Kursverlauf am Beispiel der Fallgruppen 4, 5 und 6. Eigene Darstellung.

1279 Kalies, StuW 2020, 63 (65).

5.2.7.3.2.2.2.2 Rechtfertigung

Dies wirft die Frage nach der Rechtfertigung dieser Bevorzugung auf den Plan. Infolgedessen gilt es zunächst zu klären, (1) ob die fiktive Mindestrendite als Höhenbegrenzung überhaupt eine sachgerechte Typisierung i.S.d. Art. 3 Abs. 1 GG darstellt. Erst im Anschluss ist auf (2) die darauf resultierende Besserstellung der zweiten Vergleichsgruppe einzugehen.

5.2.7.3.2.2.2.2.1 Rechtfertigungsmaßstab

Der Rechtfertigungsmaßstab ergibt sich dabei aus den vorgenannten Erwägungen[1280] und orientiert sich an der Willkürformel.

5.2.7.3.2.2.2.2.2 Rechtfertigung der Mindestrendite als sachgerechte Typisierung

Bereits die pauschale Bemessung der Vorabpauschale und damit ihre höhenmäßige Begrenzung i.S.e. fiktiven Mindestrendite könnte dem entgegenstehen.

Ausgangspunkt der Ergebnisfindung muss allerdings die Tatsache sein, dass im Steuerrecht die Typisierungs- und Pauschalierungsbefugnis des Gesetzgebers eine wesentliche Rolle spielt.[1281] Insoweit kann der Gesetzgeber zur Vereinfachung[1282] pauschalisierende Grenzen festlegen.[1283] Gerade i.R.d. Ordnung von Massenerscheinungen ist er berechtigt, die Vielzahl der Einzelfälle in einem Gesamtbild zu erfassen, welches nach den ihm vorliegenden, realitätsnahen Erfahrungen die regelungsbedürftigen Sachverhalte zutreffend wiedergibt.[1284] Auf dieser Grundlage darf er ge-

---

1280 Vgl. 5.2.7.3.1.5.1.

1281 Wollenschläger in von Mangoldt/Klein/Starck, GG, Bd. 1, Art. 3, Rn. 283.

1282 Der Gesetzgeber hat i.R.v. Pauschalierungen einfache, verständliche Regelungen zu wählen, die verlässlich und effizient vollzogen werden können. BVerfG, Beschl. v. 10.4.1997, 2 BvL 77/92 – BVerfGE 96, 1, Rn. 25; BVerfG, Beschl. v. 11.11.1998, 2 BvL 10/95 – BStBl. II 1999, 502, Rn. 47.

1283 Vgl. Wernsmann in Hübschmann/Hepp/Spitaler, AO/FGO, § 4 AO, Rnrn. 451 ff.; Hey in Tipke/Lang, Steuerrecht, Kap. 3, Rn. 3.23.

1284 Vgl. BVerfG, Beschl. v. 16.12.1958, 1 BvL 3/57, 1 BvL 4/57, 1 BvL 8/58 – BVerfGE 9, 20, Rn. 43; BVerfG, Beschl. v. 28.6.1960, 2 BvL 19/59 – BVerfGE 11, 245, Rn. 44; BVerfG, Urt. v. 24.1.1962, 1 BvR 845/58 – BVerfGE 13, 331, neralisierende, typisierende und pauschalierende Regelungen treffen und verletzt mit den damit – unvermeidlich – verbundenen Einzelfallhärten den Gleichheitssatz nicht. Allerdings dürfen die durch die Typisierung eintretenden Härten oder Ungerechtigkeiten nur eine verhältnismäßig kleine Zahl von Personen betreffen und zudem nicht sehr intensiv gegen den Gleichheitssatz verstoßen bzw. darf die entstehende Ungerechtigkeit nur unter Schwierigkeiten vermeidbar sein.[1285] Folglich darf der atypische Fall nicht zum Leitbild auserkoren werden.[1286] In der Sache erfolgt schließlich eine Abwägung zwischen der Praktikabilität und Rechtssicherheit einerseits und den durch die Ungleichbehandlung bewirkten Beeinträchtigungen andererseits.[1287]

Heutzutage ist die Investmentwirtschaft zunehmend aktiv und ihr ist in Anbetracht ihrer Wachstumsprognose – sowohl im Hinblick auf die Investmentwerte als auch den Zustrom an Anlegern – ein positives Zeugnis

---

Rn. 27; BVerfG, Urt. v. 24.7.1963, 1 BvL 11/61, 1 BvL 30/57 – BVerfGE 17, 1, Rn. 59; BVerfG, Urt. v. 20.12.1966, 1 BvR 320/57, 1 BvR 70/63 – BVerfGE 21, 12, Rn. 59; BVerfG, Beschl. v. 6.3.1968, 1 BvL 2/63 – BVerfGE 23, 135, Rn. 32; BVerfG, Beschl. v. 2.7.1969, 1 BvR 669/64 – BVerfGE 26, 265, Rn. 27; BVerfG, Beschl. v. 27.5.1970, 1 BvL 22/63, 1 BvL 27/64 – BVerfGE 28, 324, Rn. 73; BVerfG, Beschl. v. 18.6.1975, 1 BvL 4/74 – BVerfGE 40, 121, Rn. 50; BVerfG, Beschl. v. 3.4.1979, 1 BvL 30/76 – BVerfGE 51, 115, Rn. 31; BVerfG, Beschl. v. 8.2.1983, 1 BvL 28/79 – BVerfGE 63, 119, Rn. 38; BVerfG, Beschl. v. 6.11.1985, 1 BvL 47/83 – BVerfGE 71, 146, Rn. 38; BVerfG, Beschl. v. 31.5.1988, 1 BvR 520/83 – BVerfGE 78, 214, Rn. 36; BVerfG, Beschl. v. 30.5.1990, 1 BvL 2/83, 1 BvL 9/84, 1 BvL 10/84, 1 BvL 3/85, 1 BvL 11/89, 1 BvL 12/89, 1 BvL 13/89, 1 BvL 4/90, 1 BvR 764/86 – BVerfGE 82, 126, Rn. 90; BVerfG, Beschl. v. 8.10.1991, 1 BvL 50/86 – BVerfGE 84, 348, Rn. 40; BVerfG, Beschl. v. 10.4.1997, 2 BvL 77/92 – BStBl. II 1997, 518, Rn. 24; BVerfG, Beschl. v. 11.11.1998, 2 BvL 10/95 – BStBl. II 1999, 502, Rn. 47; BVerfG, Beschl. v. 28.9.2010, 1 BvR 1660/08 – DB 2010, 2343, Rn. 10.

1285 BVerfG, Beschl. v. 8.2.1983, 1 BvL 28/79 – BVerfGE 63, 119, Rn. 39; vgl. BVerfG, Beschl. v. 2.7.1969, 1 BvR 669/64 – BVerfGE 26, 265, Rn. 27; BVerfG, Beschl. v. 22.6.1977, 1 BvL 2/74 – BVerfGE 45, 376, Rn. 48.

1286 Vgl. BVerfG, Beschl. v. 7.10.1969, 2 BvR 555/67 – BVerfGE 27,142, Rn. 26; BVerfG, Beschl. v. 16.3.2005, 2 BvL 7/00 – BVerfGE 112, 268, Rn. 70; BVerfG, Beschl. v. 7.11.2006, 1 BvL 10/02 – BStBl. II 2007, 192, Rn. 96; BVerfG, Beschl. v. 15.1.2008. 1 BvL 2/04 – BVerfGE 120, 1, Rn. 83; BVerfG, Beschl. v. 12.10.2010, 1 BvL 12/07 – BVerfGE 127, 224, Rn. 52; Wernsmann in Hübschmann/Hepp/Spitaler, AO/FGO, § 4 AO, Rn. 455; Wollenschläger in von Mangoldt/Klein/Starck, GG, Bd. 1, Art. 3, Rn. 204; Nußberger in Sachs, GG, Art. 3, Rn. 108.

1287 Heun in Dreier, GG, Bd. 1, Art. 3, Rn. 34.

auszustellen.[1288] Daher ist bei Investmentfonds jedenfalls gegenwärtig definitiv von einer Massenerscheinung zu sprechen, welche im Ausgangspunkt einer Pauschalierung seitens des Gesetzgebers offensteht. Die konkrete Gewinnverwendungsart des Investmentfonds spielt für diese Einordnung keine Rolle.

Eine Pauschalierung ist vor diesem Hintergrund sachgerecht, da es für den Fiskus aufgrund der höchst unterschiedlichen Verhältnisse und dem Nichtwissen um den exakten Anstieg des Kurswerts des Investmentanteils gegen Ende des Jahres nahezu unmöglich wäre, eine Einzelfallgerechtigkeit walten zu lassen, die den jeweiligen Besonderheiten in hinreichendem Maße zeitnah gerecht wird. Denn es ist einerseits sowohl im Interesse der Steuerpflichtigen als auch der staatlichen Finanzwirtschaft einen möglichst raschen Gesetzesvollzug zu forcieren; langjährige Prüfungen der steuerpflichtigen Tatbestände müssen schon aus praktischen Gründen die Ausnahme bleiben.[1289] Andererseits ist es eine berechtigte Überlegung, dass eine Beweiserhebung im Einzelfall möglichst nicht teurer werden sollte, als der jeweils in Rede stehende Steuerbetrag.[1290] Dies wäre bei der oftmals betragsmäßig geringen Vorabpauschale wohl regelmäßig der Fall.

Ergänzend tritt ein weiterer Vereinfachungsaspekt hinzu, der sich aufgrund der Pauschalierung sowie der Anknüpfung an den Anteilswert zu Jahresbeginn ergibt. Insoweit ist es bereits vorab, d.h. zu Jahresbeginn – eine Wertsteigerung im Jahr vorausgesetzt –, möglich, eine Vorabpauschale zu ermitteln. Neben der Vereinfachung für die Finanzverwaltung bedeutet dies ggf. ebenso einen Nutzen für Fonds, welche die Vorabpauschale durch etwaige Ausschüttungen annullieren können.

Überdies nimmt die Pauschalierung der Vorabpauschale unter Zuhilfenahme einer realitätsnahen Abbildung des Lebenssachverhalts eine entsprechend sachgerechte Ertragsfähigkeitsprognose der Vermögensgegenstände vor. Die vorliegende Pauschale ist eine prozentuale, risikolose Marktverzinsung und keine betragsmäßig festgelegte Position (deren Anwendung auf die unterschiedlichen Ausgangswerte bereits neue verfassungsrechtliche Fragen aufwerfen würde). Sie basiert vielmehr auf einem Basisertrag, der sich als Produkt aus der Multiplikation diverser Faktoren ergibt. Als wesentlicher Faktor ist der Basiszins herauszustellen, der sich aus der langfristig erzielbaren Rendite öffentlicher Anleihen ableitet und vom BMF jährlich angepasst wird. Insoweit ist der Tatsache, dass eine reali-

---

1288 Vgl. 2.2.3.

1289 BVerfG, Beschl. v. 31.5.1988, 1 BvR 520/83 – BVerfGE 78, 214, Rn. 42.

1290 BVerfG, Beschl. v. 31.5.1988, 1 BvR 520/83 – BVerfGE 78, 214, Rn. 42.

tätsgerechte Berechnung über die Jahre in tatsächlicher Weise abweichen kann, hinreichend Rechnung getragen.[1291] Die Deutsche Bundesbank bestimmt den Zinssatz aus der Zinsstruktur der Renditen für Bundeswertpapiere mit jährlicher Kuponzahlung und 15-jähriger Restlaufzeit.[1292] Eine statistische Nachvollziehbarkeit ist daher gesichert und vor dem Hintergrund des Art. 3 Abs. 1 GG sachgerecht.

5.2.7.3.2.2.2.2.3 Rechtfertigung der Besserstellung als temporärer Effekt

Durch die Typisierung der Vorabpauschale kommt es in den Fällen oberhalb der fiktiven Mindestrendite zu einer Deckelung auf selbige. In gleichem Maße wie i.R.d. ersten Grundsatzfrage[1293] ist jedoch auch hier zu berücksichtigen, dass der Vorteil jedenfalls über die Gesamtperiode (Erwerb bis Realisation) wieder ausgeglichen wird. Die nachgelagerte Veräußerung bedingt durch die Anrechnung der gezahlten Vorabpauschalen eine Glattstellung in Form einer Ist-Besteuerung[1294]. D.h., dass selbst wenn man die steuerliche Typisierung kritisch beäugen würde, käme es ebenso in diesen Szenarien lediglich zu einem temporären Effekt.

Zwischenergebnis

Es ist mit Art. 3 Abs. 1 GG vereinbar, wenn die jährliche Wertänderung einheitlich mit der fiktiven Mindestrendite erfasst wird, soweit der Investmentanteilswert oberhalb der Mindestrendite angesiedelt ist.

1291 Vgl. 5.2.6.

1292 BMF, „Investmentsteuergesetz; Anwendungsfragen zum Investmentsteuergesetz in der ab dem 1. Januar 2018 geltenden Fassung (InvStG)“, 21.5.2019 – BStBl. I 2019, 527, Rn. 18.13.

1293 Vgl. 5.2.7.3.1.3.2.1.3.

1294 Vgl. 5.2.3.1.2.

5.2.7.3.2.2.3 Zweite Vergleichsgruppe

5.2.7.3.2.2.3.1 Fallgruppe unterhalb der Mindestrendite

Eine zweite maßgebliche Vergleichsgruppe ist mit gegenteiligen Vorzeichen zu erkennen. Ausgangspunkt ist erneut die Investmentanlage, bei der die tatsächliche Rendite der fiktiven Mindestrendite entspricht (Fallgruppe 4) bzw. bei der keine oder eine Wertsteigerung dergestalt eintritt, dass diese unterhalb der fiktiven Mindestrendite liegt (Fallgruppen 2 und 3). In letzteren Fällen erfolgt – sofern eine Wertsteigerung des Investmentanteilswerts besteht – eine Deckelung auf den Begrenzungsbetrag. Sofern der Investmentanteilswert stagniert, d.h. der Anteilswert zu Beginn des Kalenderjahres demjenigen am Ende entspricht, wird keine Vorabpauschale erhoben.

Demgegenüber steht die Anlage, bei der sich der Wert der Anlage im zu betrachtenden Kalenderjahr negativ entwickelt (Fallgruppe 1). D.h., dass interperiodisch Wertverluste entstehen, sodass der Investmentanteilswert im Vergleich zum Ausgangsjahr im Folgejahr unter die Anschaffungskosten bzw. den Vorjahreswert fällt. Der Ansatz einer negativen Vorabpauschale ist dann i.R.d. Minderung des Anteilswerts von Gesetzes wegen ausgeschlossen.

In diesen Zusammenhang findet das verfassungsrechtlich gewährleistete Prinzip der Besteuerung nach der Leistungsfähigkeit seinen Ausdruck im Verlustausgleich und im Verlustabzug.[1295] Bei der (interperiodischen) Verlustverrechnung kommt dem objektiven Nettoprinzip insoweit eine konkretisierende und maßstabsbildende Funktion zu.[1296]

Der ausbleibende Ansatz einer negativen Vorabpauschale ist daher defizitär und benachteiligt schließlich das letztere Vergleichsgruppenpaar. Die Wertminderung wird insoweit asymmetrisch wie eine Wertstagnation behandelt und nicht spiegelbildlich wie eine Wertsteigerung; obwohl es sich um eine wechselseitig vergleichbare Konstellation handelt.

1295 BVerfG, Beschl. v. 30.9.1998, 2 BvR 1818/91 – BVerfGE 99, 88, Rnrn. 18/31 ff.
1296 Lang/Englisch, StuW 2005, 3 (5).

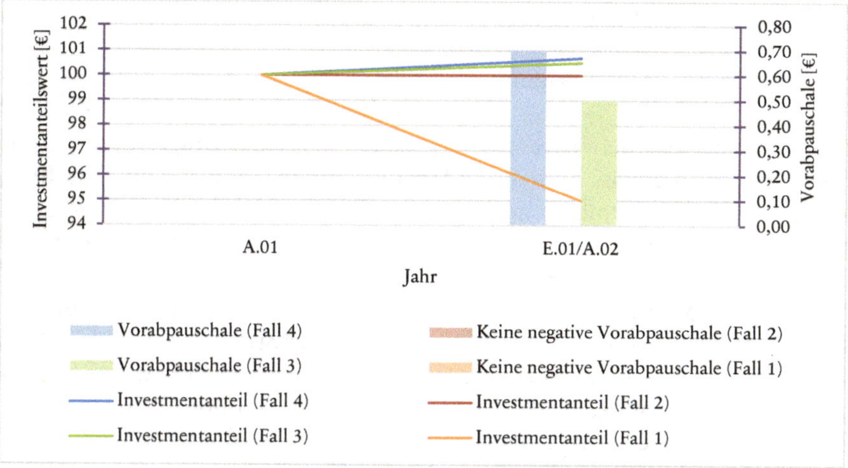

Die Werte des Investmentanteils sind an der Primärachse abzulesen, die der Vorabpauschale an der Sekundärachse. Abkürzungen: A.01 ≙ Anfang des Jahres 01; E.01/A.02 ≙ Ende des Jahres 01 und Anfang des Jahres 02.

Abbildung 17: Vorabpauschale bei unterschiedlichem Kursverlauf am Beispiel der Fallgruppen 4, 2, 3 und 1. Eigene Darstellung.

Es kommt damit perspektivisch betrachtet zu einer vergleichbaren Situation wie i.R.v. einseitigen Verlustabzugsverboten bei der interperiodischen Verlustverrechnung (vgl. § 10d Abs. 2 EStG).[1297] Der negative Ansatz wird zeitlich gestreckt, soll jedoch bis es schließlich zu einer Realisation kommt nicht untergehen. Auch i.R.e. späteren (positiven) Besteuerung, kommt es in diesem Zusammenhang bzgl. der vorangegangenen Minderung nicht auf eine Wertaufholung an.[1298]

1297 Vgl. Desens, FR 2011, 745 (745 ff.).
1298 Vgl. Behrens, SWI 2016, 460 (469).

5.2.7.3.2.2.3.2 Rechtfertigung

5.2.7.3.2.2.3.2.1 Rechtfertigungsmaßstab

Rekurrierend auf den bereits i.R.d. ersten Grundsatzfrage angeführten Streit, ob das Lebens- oder Periodeneinkommen als maßgeblicher Indikator für die Bestimmung der Leistungsfähigkeit[1299] fungiert, hängt der Rechtfertigungsmaßstab der (interperiodischen) Beschränkung eines negativen Ansatzes der Vorabpauschale vor Art. 3 Abs. 1 GG von dieser Einordnung ab.[1300] Wie bereits in diesem Zusammenhang erörtert, handelt es sich dabei um einen dichotomischen Streit dieser Strömungen, deren Auswüchse in eine praktische Konkordanz zu bringen sind. Wie es das InvStG letztlich richtigerweise versucht, werden beide Kulturen ineinander in bestmöglicher Weise und ohne Verletzung des jeweiligen Kernbereichs verwoben und schließlich keiner der beiden Ansätze in seiner bloßen Reinform realisiert.

Gleichwohl bedingt dieses diametrale[1301] Verständnis Schwierigkeiten bei der Findung eines Rechtfertigungsmaßstabs. Denn gerade die nicht vorhandene negative Vorabpauschale lässt schließlich – wie Verlustabzugsverbote – einen Ausgleich innerhalb des jeweiligen Veranlagungszeitraums missen. An dieser Stelle tritt das Gegenüberstehen der Ansichten in besonderem Maße zu Tage. Denn können (faktische) Verluste innerhalb derselben Besteuerungsperiode nicht vollständig mit positiven Einkünften aus anderen Einkunftsarten verrechnet werden, so stellt sich die Frage nach ihrer Berücksichtigung in anderen Besteuerungsabschnitten, was letztlich die zeitliche Dimension des objektiven Nettoprinzips anspricht.[1302]

Unter Zugrundelegung des Lebenseinkommens als Indikator der Leistungsfähigkeit ist dies irrelevant, da es überhaupt auf irgendeine (spätere) Verrechnung ankommt. Nichtsdestotrotz müssten einerseits Beschränkungen des interperiodischen Verlustabzugs sowie andererseits etwaige

---

1299 Vgl. 5.2.7.3.1.3.2.1.

1300 Vgl. diesbzgl. zu interperiodischen Beschränkungen des Verlustabzugs: Lang/Englisch, StuW 2005, 3 (6 ff.); Desens, FR 2011, 745 (745 f.); Ismer, DStJG 2011, 91 (98 ff.).

1301 Vgl. Desens, FR 2011, 745 (747).

1302 Lang/Englisch, StuW 2005, 3 (6).

Abzugsbeschränkungen für erwerbssichernde Aufwendungen i.R.e Ermittlungsperiode gerechtfertigt werden.[1303]

Ausgehend von einem Periodizitätsverständnis müsste die intraperiodische Untersagung einer Verlustberücksichtigung gerechtfertigt werden.[1304] Verluste des einen Veranlagungszeitraums bzw. der zugrunde gelegten Periode werden nicht verrechnet und mindern daher im Ergebnis auch nicht die (tatsächlich geminderte) Leistungsfähigkeit des Steuerpflichtigen in der betreffenden Periode. Dies gilt ebenso für die – derzeit nicht existente – negative Vorabpauschale.

Aus dem Gleichheitssatz und dem Leistungsfähigkeitsprinzip wird zwar nicht geschlussfolgert werden können, dass der Gesetzgeber einen sofortigen unbegrenzten Verlustrücktrag vorsehen müsse oder dass ein zeitlich gestreckter Verlustvortrag verfassungswidrig wäre.[1305] Solange Verluste nur überhaupt periodenübergreifend berücksichtigt werden können, ist dem objektiven Nettoprinzip bereits Genüge getan.[1306] Eine grds. zeitliche Streckung steht dem per se nicht entgegen.[1307] Es gibt nämlich keinen ver-

---

1303 Vgl. Dorenkamp, Systemgerechte Neuordnung der Verlustverrechnung, S. 12; Lang, DStJG 2001, 49 (63 ff.); Röder, Das System der Verlustverrechnung, Diss., S. 233.

1304 Vgl. Schick, Der Verlustrücktrag, S. 16 ff.; Hey, StuW 2011, 131 (140 f.); Röder, StuW 2012, 18 (22 ff.).

1305 Wernsmann, DStR-Beih. 2009, 101 (103); vgl. BVerfG, Beschl. v. 22.7.1991, 1 BvR 313/88 – DStR 1991, 1278, Rnrn. 6 f.; BVerfG, Beschl. v. 30.9.1998, 2 BvR 1818/91 – BVerfGE 99, 88, Rn. 25; BFH, Urt. v. 11.2.1998, I R 81/97 – BStBl. II 1998, 485, Rn. 17; BFH, Beschl. v. 27.1.2006, VIII B 179/05 – BFH/NV 2006, 1150, Rn. 11; BFH, Beschl. v. 26.8.2010, I B 49/10 – BStBl. II 2011, 826, Rnrn. 11 f.

1306 Wernsmann, DStR-Beih. 2009, 101 (103); vgl. Wendt, DStJG 2005, 41 (75).

1307 Vgl. BVerfG, Beschl. v. 22.7.1991, 1 BvR 313/88 – DStR 1991, 1278, Rnrn. 6 f.; BVerfG, Beschl. v. 30.9.1998, 2 BvR 1818/91 – BVerfGE 99, 88, Rn. 25; BVerfG, Beschl. v. 12.5.2009, 2 BvL 1/00 – BStBl. II 2009, 685, Rnrn. 29 ff.; BFH, Urt. v. 11.2.1998, I R 81/97 – BStBl. II 1998, 485, Rn. 17; BFH, Beschl. v. 29.4.2005, XI B 127/04 – BStBl. II 2005, 609, Rnrn. 10 f.; BFH, Beschl. v. 27.1.2006, VIII B 179/05 – BFH/NV 2006, 1150, Rnrn. 11 f.; BFH, Urt. v. 1.7.2009, I R 76/08 – BStBl. II 2010, 106, Rnrn. 36 f.; BFH, Beschl. v. 26.8.2010, I B 49/10 – BStBl. II 2011, 826, Rnrn. 11 f.; BFH, Urt. v. 22.8.2012, I R 9/11 – BStBl. II 2013, 152, Rnrn. 12 ff.; BFH, Urt. v. 20.9.2012, IV R 36/10 – BStBl. II 2013, 498, Rnrn. 28 ff.; BFH, Vorlagebeschluss v. 26.2.2014, I R 59/12 – BStBl. II 2014, 1016, Rnrn. 16 ff. (Verfahren anhängig: BVerfG, 2 BvL 19/14 – juris); BFH, Urt. v. 21.9.2016, I R 65/14 – BFH/NV 2017, 267, Rn. 29; Hallerbach in Herrmann/Heuer/Raupach, EStG/KStG, § 10d EStG, Rn. 12; Vogel in Brandis/Heuermann, Ertragsteuerrecht, § 10d EStG, Rn. 23; Pfirrmann in Kirchhof/Seer, EStG, § 10d, Rn. 3; Gassen in Littmann/Bitz/Pust, EStG, fassungsrechtlichen Grundsatz, wonach dem Steuerpflichtigen ermöglicht werden muss, Verluste zeitnah zu nutzen.[1308] Das Nettoprinzip betrifft mithin nur das „Ob“ der Besteuerung und nicht das „Wann“.[1309]

Daher ist insoweit bei der Zulässigkeit von Abzugsbeschränkungen zwischen vorläufigen, d.h. temporären, Nachteilen (einschließlich Zinseffekten) und endgültigen Nachteilen zu unterscheiden und ein zwiegespaltener Rechtfertigungsmaßstab anzusetzen.[1310] Ist es daher (aufgrund einer Sachverhaltsstreckung) möglich die Verlustverrechnung zu einem späteren Zeitpunkt gleichwohl vorzunehmen, so ist dies einzig an den Anforderungen des Willkürverbots zu messen.[1311] Eine strenger Rechtfertigungsmaßstab ist nur dann anzusetzen, wenn bspw. interperiodische Verluste überhaupt nicht verrechnet werden können.[1312]

5.2.7.3.2.2.3.2.2 Rechtfertigung einer Streckung als solche im Lichte der Realisation

Die Vorabpauschale soll insbesondere Steuerstundungseffekte verhindern und das Steueraufkommen zugunsten einer Kalkulierbarkeit des öffentlichen Haushalts verstetigen.[1313] Sie wird in den Haltephasen i.R.e. (temporären) Sollertragsbesteuerung besteuert. Der Nichtansatz einer negativen Vorabpauschale ergibt sich daraus, dass eine positive Wertsteigerung be-

---

§ 10d, Rn. 6; Wendt, DStJG 2005, 41 (75); Wernsmann, DStR-Beih. 2009, 101 (103); Desens, FR 2011, 745 (748); **a.A.:** Dorenkamp, Systemgerechte Neuordnung der Verlustverrechnung, S. 12; Hey in Tipke/Lang, Steuerrecht, Kap. 8, Rn. 8.68; Kaminski in Korn, EStG, § 10d, Rnrn. 30.9 ff.; Raupach, Verluste im Steuerrecht, 53 (60 f.); Eckhoff, DStJG 2005, 11 (34); Karrenbrock, DB 2004, 559, (563); Lang/Englisch, StuW 2005, 3 (19 ff.); Hey, StuW 2011, 131 (140); Röder, StuW 2012, 18 (22 ff.); Bareis, DB 2013, 144 (145 ff.); Mönikes, Die Verlustverrechnungsbeschränkungen, Diss., S. 223 ff.; Röder, Das System der Verlustverrechnung, Diss., S. 229 ff.
Vgl. überblicksartig: Drüen, FR 2013, 393 (393 ff.).

1308 Heuermann in Kirchhof/Söhn/Mellinghoff, EStG, § 10d, Rn. A 80.

1309 Heuermann in Kirchhof/Söhn/Mellinghoff, EStG, § 10d, Rn. A 80.

1310 Vgl. Desens, FR 2011, 745 (748); BVerfG, Beschl. v. 12.5.2009, 2 BvL 1/00 – BStBl. II 2009, 685, Rnrn. 25 ff.; BFH, Urt. v. 25.2.2010, IV R 37/07 – BStBl. II 2010, 784, Rnrn. 19 ff.; BFH, Beschl. v. 26.8.2010, I B 49/10 – BStBl. II 2011, 826, Rn. 15.

1311 Vgl. BVerfG, Beschl. v. 12.5.2009, 2 BvL 1/00 – BStBl. 2009, 685, Rnrn. 28 ff.

1312 Vgl. BVerfG, Beschl. v. 30.9.1998, 2 BvR 1818/91 – BVerfGE 99, 88, Rnrn. 25 ff.

1313 Vgl. BT-Drs. 18/8045, 55.

reits die erste maßgebliche Voraussetzung ist, um überhaupt in den Tatbestand der Vorabpauschale (vgl. § 18 Abs. 1 S. 1 InvStG) zu gelangen.

Positive wie negative Wertverläufe des Investmentanteils – und damit auch der Nichtansatz der negativen Vorabpauschale – werden im Zuge einer späteren Realisation i.S.e. Ist-Besteuerung nivelliert (vgl. § 19 Abs. 1 S. 3 InvStG).[1314] Damit ist am Ende der Gesamtperiode eine Saldierung innerhalb des Vorabpauschalenregimes mit etwaigen positiven Vorabpauschalen, künftigen Gewinnen und Wertminderungen als Ausdruck der negativen Vorabpauschalen vorzunehmen. Ein vollständiger Untergang durch den Ausschluss einer negativen Vorabpauschale war nicht bezweckt und ist nicht zu befürchten. Es handelt sich schlicht um eine zeitliche Streckung aufgrund einer faktischen betragsmäßigen Beschränkung auf einen Betrag i.H.v. 0 €. Nach Auffassung des BFH ist eine solche zeitliche Streckung auch angesichts von Zins- und Liquiditätsnachteilen noch verfassungskonform.[1315] Dies gilt insbesondere mit Blick auf die Differenzierung zwischen endgültigen und – wie vorliegend – temporären Steuereffekten.

Betrachtet man die Gesetzesbegründung zur Vorabpauschale[1316], verbleibt es zwar unklar, weshalb spiegelbildlich keine negative Vorabpauschale zugelassen wird. Man kann jedoch in der Zusammenschau der Ausgestaltung der Vorabpauschale in Gänze darauf schließen, dass die Vorabpauschale dem Vereinfachungsgedanken dienlich sein soll. Übergeordnetes Ziel ist dabei u.a. die Verstetigung des Steueraufkommens durch eine Verhinderung von zeitlich unbeschränkten Steuerstundungsmöglichkeiten.[1317] Insoweit wie die durchschauende Pauschalierungsbesteuerung diesen Bestrebungen zugänglich ist, gilt dies ebenso für den Nichtansatz einer negativen Vorabpauschale. Denn soweit eine Thesaurierungsbesteuerung, d.h. die (positive) Vorabpauschale, der Verstetigung des Steueraufkommens zuträglich ist, so ist im gleichen Zuge eine – letztlich betragsmäßige – Begrenzung in Form der nicht zugelassenen negativen Vorabpauschale zu sehen; sie wirkt einem Abfluss entgegen. Der Verstetigungszweck würde anderenfalls grds. in sein Gegenteil verkehrt und im Ergebnis unterlaufen. Insofern erscheint es aus fiskalischer Perspektive nachvollziehbar, eine negative Vorabpauschale nicht zuzulassen, obwohl es unter Zugrundelegung einer periodischen Neutralität und etwaigen potenziellen Definitiveffekten hinsichtlich des Anlegers nicht einleuchten bzw. ungerecht er-

1314 Vgl. 5.2.3.1.2.
1315 Vgl. BFH, Beschl. v. 26.8.2010, I B 49/10 – BStBl. II 2011, 826, Rn. 15.
1316 Vgl. BT-Drs. 18/8045, 88 ff.
1317 Vgl. BT-Drs. 18/8045, 55.

scheinen mag. Diese Thematik ist aber wie i.R.d. Rechtfertigungsmaßstabs eingangs herausgearbeitet allein kein maßgeblicher Indikator.

Das gesetzgeberische Ziel der Verstetigung ist vielmehr Ausdruck des Periodizitätsgrundsatzes, da der Staat seinen gegenwärtigen Bedarf nur finanzieren kann, indem er am gegenwärtigen Einkommenserfolg gegenwärtig genutzter Erwerbsgrundlagen teilhat und so seine Einnahmen beständig macht.[1318] Der Gesetzgeber hat darin eine Abwägungsentscheidung zugunsten der Thesaurierungsbesteuerung zum Ausdruck gebracht. Er hat also auf dieser Stufe nicht das objektive Nettoprinzip durchbrochen, sondern hat es mit dem Periodizitätsprinzip i.R.e. praktischen Konkordanz zum Ausgleich gebracht.[1319] Die ggf. durch eine volatile Wertentwicklung entstehenden Liquiditätsnachteile[1320] sind dann im Lichte des vorgenannten hinzunehmen.

Wenngleich dahinter ein Fiskalzweck zu erblicken ist, so ist gerade die Verstetigung des Steueraufkommens zugunsten der Kalkulierbarkeit des öffentlichen Haushalts ein maßgebender, besonderer Fiskalzweck.[1321] Dieser qualifizierte Fiskalzweck genügt für eine Rechtfertigung. Dieser Aspekt und etwaig dadurch verhinderbare Gestaltungsmöglichkeiten rechtfertigen die Streckung als solche in gerade noch erträglichem Maße.

Für die Rechtfertigung von besonderem Gewicht ist das Argument, dass diese grds. Benachteiligung wiederum nur temporärer Natur ist.[1322] Der Nach- bzw. Vorteil wird über die Gesamtperiode vom Erwerb bis zur Realisation wieder ausgeglichen, sodass aufgrund dessen die Rechtfertigungsanforderungen zusätzlich herabzusetzen sind.

In der Zusammenschau der vorgenannten Erörterungen hält dieser Aspekt damit letztlich doch noch einer Willkürprüfung i.S.d. Art. 3 Abs. 1 GG stand, wenngleich er durchaus Bedenken gegenübersteht.[1323]

1318 Vgl. Heuermann in Kirchhof/Söhn/Mellinghoff, EStG, § 10d, Rn. A 85.

1319 Vgl. zur Streckung des Verlustabzugs i.S.v. § 10d Abs. 2 EStG: Heuermann in Kirchhof/Söhn/Mellinghoff, EStG, § 10d, Rn. A 85.

1320 Vgl. Kral/Watzlaw in Moritz/Jesch/Mann, FraKo Kapitalanlagerecht, Bd. 2, 2. Aufl., § 18 InvStG, Rn. 91.

1321 Vgl. 5.2.7.3.1.5.2.

1322 Vgl. 5.2.7.3.1.3.2.1.3.

1323 Vgl. unter Verweis auf entsprechende Kritikpunkte, aber ohne einen Verfassungsverstoß festzustellen: Bund-Länder-Arbeitsgruppe, Berichtsentwurf der Arbeitsgruppe, „Neukonzeption der Investmentbesteuerung", 24.2.2012, S. 39 (n.v.); Remmel in Herrmann/Heuer/Raupach, EStG/KStG, § 18 InvStG, Rn. 1; Trencsik, StuW 2014, 286 (296); Lüdicke, StbJb 2015/16, 519 (527 f.); Behrens, SWI 2016, 460 (468 f.); Kammeter, ISR 2016, 99 (105); Kußmaul/Kloster, Ubg 2016, 672 (673); Levedag, IWB 2016, 262 (271); Kral/Watzlaw, BB 2018, 2717

5.2.7.3.2.2.3.2.3 Rechtfertigung einer ggf. zeitlich übermäßigen Streckung

Fraglich ist, ob eine zeitliche übermäßige Streckung i.R.e. interperiodischen Zeitraums an der vorgenannten Einordnung etwas ändert bzw. selbst rechtfertigbar ist. Denn gerade unter dem Aspekt der Vergleichbarkeit in der Zeit[1324] ist ein solcher Maßstab anzusetzen und die Thematik aufzuwerfen, welche diesbzgl. Abstriche im Lichte des Leistungsfähigkeitsprinzips akzeptiert und welche nicht in Kauf genommen werden können.[1325] Dabei ist vorauszuschicken, dass eine perfekte Umsetzung des

---

(2719); Hoch, Die Besteuerungssystematik von Kapitalanlagen, Diss., S. 359; Kloster, Neukonzeption der Investmentbesteuerung, Diss., S. 637 ff.; BVK, Stellungnahme, 1.9.2015, S. 18 (Anlage) (abrufbar unter: www.bvkap.de/sites/default/files/bvk_stellungnahme_diskussionsentwurf_invstreform_lang.pdf – letztes Abrufdatum: 19.10.2021); BVMW, Stellungnahme, 1.9.2015, S. 6 (abrufbar unter: www.bvmw.de/fileadmin/03-Themen/Steuern/Dateien/BVMW_Stellungnahme_Investmentsteuerreformgesetz.pdf – letztes Abrufdatum: 19.10.2021); DIHK/BDI/ZDH/BDA/BdB/GDV/HDE/BGA, Stellungnahme, 1.9.2015, S. 10 (abrufbar unter: www.einzelhandel.de/index.php?option=com_attachments&task=download&id=7060 – letztes Abrufdatum: 19.10.2021); BStBK, Stellungnahme, 14.1.2016, S. 3 (Anlage) (abrufbar unter: www.bstbk.de/downloads/bstbk/presse-und-kommunikation/stellungnahmen/BStBK_2016–001_InvStRefG.pdf – letztes Abrufdatum: 19.10.2021); BDL, Stellungnahme, 15.1.2016, S. 2 f. (Anlage) (abrufbar unter: www.bvl-verband.de/fileadmin/steuerpolitik/bdl-stellungnahmen/2016/SN_16_01_15.pdf – letztes Abrufdatum: 19.10.2021); NVL, Stellungnahme, 15.1.2016, S. 5 (abrufbar unter: www.bvl-verband.de/fileadmin/nvl-archiv/nvl-stellungnahmen/2016/SN_NVL_16_01_15.pdf – letztes Abrufdatum: 19.10.2021); DK, Stellungnahme, 4.5.2016, S. 9 (abrufbar unter: www.bankenverband.de/media/files/2016-05-04-DK-Stn-Hm-Stellungnahme_RegE.pdf – letztes Abrufdatum: 19.10.2021); **a.A.:** BR-Drs. 119/1/16, 12 f.; Sanning, Systemgerechtigkeit im Spannungsfeld von Investmentsteuerrecht und Hinzurechnungsbesteuerung, Diss., S. 241 ff.; BVI/BVR/BdB/DSGV/VÖB/VDP, Stellungnahme, 1.9.2015, S. 12 (Anlage) (abrufbar unter: www.bvi.de/fileadmin/user_upload/Regulierung/Positionen/Investmentsteuerreform/2015–09–01_BVI-DK-Stn_DiskussionsE_BMF_InvStReform.pdf – letztes Abrufdatum: 19.10.2021); IDW, Stellungnahme, 1.9.2015, S. 13 (n.v.); zuletzt abrufbar unter: www.idw.de/blob/86772/805d3141fc00f90a4d3cb97ace2f4606/down-bmf-investmentbesteuerung-diske-data.pdf – letztes Abrufdatum: 14.8.2020); IDW, Stellungnahme, 19.1.2016, S. 21 f. (abrufbar unter: www.idw.de/blob/86880/e05b5dbbfdeb237d4554bd902625d174/down-refe-investmentsteuerreformgesetz-data.pdf – letztes Abrufdatum: 19.10.2021).

Vgl. zur prozessualen Folge eines Gleichheitsverstoßes: Desens, Gleichheitssatzdogmatik, 133 (133 ff.).

1324 Vgl. Lang/Englisch, StuW 2005, 3 (8).

1325 Vgl. Hackmann, StuW 2006, 124 (124).

Leistungsfähigkeitsprinzips in Massenverfahren unter Anwendung einer Pauschalierungsregel praktisch unmöglich ist. Letztlich kann es in der Besteuerungswirklichkeit höchstens nur darum gehen, das Ausmaß an Ungleichbehandlungen Gleichsituierter, sofern nicht etwa Zweckmäßigkeitserwägungen dagegen sprechen, möglichst gering zu halten.[1326]

Der vorgenannte Ausgleich des Nichtansatzes der negativen Vorabpauschale erfolgt allerdings abweichend von Verlustabzugsverboten wie dem des § 10d Abs. 2 EStG nicht bereits in der nächsten Gewinnperiode, sondern eben erst im Fall der Realisation. Doch gerade diese ggf. enorme zeitliche Streckung der Bereinigung dieser Wertverluste (ohne eine negative Vorabpauschale) bis zu einer Veräußerung wirft ein kritisches Licht auf selbige.

Allerdings lässt sich über den konkreten Zeitpunkt bzw. Zeitraum des Verlustabzugs und damit auch über eine besondere Rechtfertigungsbedürftigkeit von bloßen Verluststreckungen erst dann eine Aussage treffen, wenn man zusätzlich ein Postulat einer zeitnahen Verlustberücksichtigung aufstellt oder – ökonomisch betrachtet – darauf hinweist, dass der „Wert" eines Verlustvortrags mit der Dauer seiner Streckung kontinuierlich abnimmt und damit langfristig in sich zerfällt.[1327] Gerade unter Heranziehung des letztgenannten Erfordernisses könnte es bei dem Nichtansatz der negativen Vorabpauschale zu zeitlich übermäßigen Streckungen kommen, die folglich wie ein Untergang derselben zu bewerten sind. Damit wäre das steuerliche Wirksamwerden vollständig ausgeschlossen und schließlich – ähnlich dem endgültigen Ausschluss von Verlustabzugsmöglichkeiten – verfassungswidrig.

Man bedenke etwa den plakativen Präzedenzfall, dass der Investmentanteilswert über mehrere Jahrzehnte gehalten wird, aber stets nur Verluste am Markt generiert. Ungeachtet der – in diesem Szenario zugespitzt formulierten – Einkünfteerzielungsabsicht, sinkt dabei die tatsächliche Leistungsfähigkeit sukzessive. Eine ausgleichende Realisation wird in diesem Beispiel vom Steuerpflichtigen freigiebig nicht ins Auge gefasst. Kommt es dann schließlich doch zu einem Anstieg, fällt eine (positive) Vorabpauschale an. Der Steuerpflichtige wird in der Folge im Umfang seiner positiven Einkünfte als leistungsfähiger angesehen, ohne dass die Verluste als Ausdruck verminderter Leistungsfähigkeit Berücksichtigung fänden.[1328] Bei einem beispielhaften interperiodischen Ergebnis i.H.v. 0 € und ent-

---

1326 Hackmann, StuW 2006, 124 (127).

1327 Desens, FR 2011, 745 (748); vgl. Hackmann, StuW 2006, 124 (128 ff.).

1328 BVerfG, Beschl. v. 30.9.1998, 2 BvR 1818/91 – BVerfGE 99, 88, Rnrn. 15/28 ff.

sprechenden Wertschwankungen über die Veranlagungszeiträume hinweg würde es trotzdem zu einer Einkommensbesteuerung der (positiven) Vorabpauschalen kommen. Vorgenanntes gilt natürlich generalisierend und unabhängig von diesem sehr akzentuiert ausgestaltetem Fall. Das dargestellte Muster soll lediglich die Wirkungsweise verdeutlichen und kommt in der Praxis viel häufiger i.R.d. Volatilität des Investmentanteilswerts zum Tragen.

Es stellt sich mithin die Frage, ob es auf eine Zeitraumbeschränkung ankommt und – falls dies zu bejahen wäre – wann ein überschaubarer Zeitraum[1329] noch anzunehmen ist. In der steuerlichen Realität, in der es faktisch eine Besteuerung von Veräußerungsgewinnen gibt, ist es allerdings durchaus für möglich zu halten, dass eine möglichst zeitnahe Verrechnung geringere Neutralitätsverletzungen bewirkt als eine weniger zeitnahe.[1330] In diesem Zusammenhang ist jedoch darauf zu verweisen, dass eine Gleichsetzung von intertemporaler Aneutralität der Besteuerung und personenbezogener gleichheitswidriger Besteuerung nicht unproblematisch ist.[1331] Während sich die – wie von Ökonomen verstandene – intertemporale Besteuerungsneutralität auf die gleichmäßige Belastung der Optionen eines früheren oder späteren Konsums eines jeden einzelnen Akteurs bezieht, kommt es bei der Steuergerechtigkeit nur auf die Gleichheit oder Ungleichheit in der steuerlichen Belastung an.[1332] Maßgeblich ist daher unter Zugrundelegung eines interperiodischen Verständnisses, dass überhaupt eine Neutralisierung stattfindet.

Anderenfalls müsste sich der Zustand grds. aus dem Normentext der Vorabpauschale erschließen und insoweit eine hinreichend deutliche Umgrenzung erfahren. Die in § 18 Abs. 1 S. 1 InvStG enthaltene Regelung gibt aber keine derartige Modifizierung vor, sodass sich die entsprechende Ausgleichsbefugnis nach den einkommensteuerrechtlichen Grundregeln als lex generalis bemisst.

Darüber hinaus gilt es im Lichte des Vorgenannten zweierlei zu berücksichtigen. Einerseits handelt es sich um eine verhaltensbezogene Ungleichbehandlung, die der Anleger durch die Veräußerung und ggf. Wiederanschaffung des Anteils – in relativ kurzer Zeit – umschiffen kann. Es ist damit insoweit kein derart strenger Maßstab anzulegen, wie er bei einer personellen Eigenschaftsbezogenheit zur Anwendung käme. Andererseits

1329 Vgl. Schick, Der Verlustrücktrag, S. 16 ff.
1330 Hackmann, StuW 2006, 124 (128).
1331 Hackmann, StuW 2006, 124 (128).
1332 Hackmann, StuW 2006, 124 (128).

ist – wenngleich sie fern scheint – die Realisation in der Gesamtperiode gleichwohl existent. Man kann diese letztlich nicht hinwegdiskutieren und die Augen davor verschließen. Die Verrechnung führt schließlich nicht zu einem Definitivwerden der Abzugsbeschränkungen.[1333] In dieses Argument spielt wiederum die Tatsache hinein, dass der Steuerpflichtige den Realisationsmoment jederzeit selbst herbeiführen kann; aber nicht muss. Aus diesem Grunde wäre es unbillig eine Verletzung des Leistungsfähigkeitsprinzips zu sehen, da ansonsten ein Verstoß gegen den allgemeinen Gleichheitssatz über Gebühr konstruiert werden würde. Auf eine (finale) Zeitraumbegrenzung, bei welcher die zeitliche Ferne der Realisation in eine Nichtberücksichtigung der negativen Vorabpauschalen umkippt, ist mithin nicht abzustellen. Es verbleibt letztlich bei der Argumentation bzgl. der zeitlichen Streckung des Nichtansatzes der negativen Vorabpauschale.[1334] Die äußere Schranke, dass überhaupt eine interperiodische Berücksichtigung erfolgt, wird hinreichend gewahrt und bildet so das verfassungsrechtliche Mindestmaß ab, welches vom Ermessensspielraum des Gesetzgebers gedeckt ist.

Dementsprechend ist – unbeeinflusst von etwaigen zeitlichen Zäsuren i.S.e. materiell-rechtlichen Periodizität der Steuererhebung – die Saldierung aus einer Gesamtperspektive zu betrachten. Allein hierdurch lässt sich die periodenübergreifende Verlustberücksichtigung des EStG herleiten. Das InvStG ist zwar lex specialis zum EStG, sieht aber insoweit keine Sonderregelungen vor. Die vorgenannten Gründe erscheinen zumindest nicht als willkürlich und lassen sich daher verfassungsrechtlich vor Art. 3 Abs. 1 GG rechtfertigen. Sie greifen – gerade noch – nicht über Gebühr in den Kernbereich des Leistungsfähigkeitsprinzips ein, wenngleich im Einzelfall insbesondere Liquiditäts- und Zinsnachteile beim Anleger entstehen können.

1333 Vgl. BFH, Urt. v. 1.7.2009, I R 76/08 – BStBl. II 2010, 1061, Rn. 36; Kube, DStR 2011, 1781 (1790).

1334 Beiläufig ist noch zu erwähnen, dass der interperiodische Nichtansatz der negativen Vorabpauschale lediglich eine Frage des InvStG ist. Dies führt zwar in diesem Zuge mangels negativem Ansatz schließlich zu nicht verrechenbaren Verlusten i.S.d. § 20 Abs. 6 EStG. Allerdings ist zu beachten, dass losgelöst von der Vorabpauschale die Vorschrift des EStG als solches nicht generalisierend ausgeschlossen wird. Eine Verlustverrechnung ist daher in diesem Zusammenhang grds. (parallel) weiterhin möglich.
Vgl. zu § 20 Abs. 6 S. 5 EStG: BFH, BVerfG-Vorlage v. 17.11.2020, VIII R 11/18 – BStBl. II 2021, 562.

Zwischenergebnis

Es steht Art. 3 Abs. 1 GG nicht entgegen, wenn Wertminderungen nicht i.S.e. negativen Vorabpauschale (interperiodisch) berücksichtigt werden. Dabei handelt es sich um einen bloß temporären Effekt, der letztlich einen noch leistungsgerechten Ausgleich i.R.d. Realisation in sich birgt.

Ergebnis der zweiten Grundsatzfrage

Die zweite Grundsatzfrage zur Vorabpauschale hält den verfassungsrechtlichen Maßstäben des Art. 3 Abs. 1 GG stand. Es ist mit dem allgemeinen Gleichheitssatz grds. noch vereinbar, wenn die jährlichen Wertsteigerungen eine unterschiedliche steuerliche Berücksichtigung finden.

5.2.7.4 Ausgestaltungsfragen der Vorabpauschale

Ergänzend zu den vorangegangenen Grundsatzdiskussionen treten davon zu differenzierende Ausgestaltungsfragen hinzu, welche sich insbesondere am Gebot der folgerichtigen Umsetzung messen lassen müssen. Dabei geht es darum, ob es dem Gleichheitssatz entgegensteht, dass (1) die Werbungs- bzw. Verwaltungskosten mit 30 % der fiktiven Mindestrendite typisierend angesetzt werden (vgl. § 18 Abs. 1 S. 2 InvStG) und dass (2) i.R.e. unterjährigen Erwerbs nicht der Wert des Investmentanteils basierend auf dem Erwerbszeitpunkt zugrunde gelegt wird, sondern der Wert zu Beginn des Kalenderjahres und im Anschluss eine entsprechende Zwölftelkürzung der Vorabpauschale erfolgt (vgl. § 18 Abs. 2 InvStG).

5.2.7.4.1 Erste Ausgestaltungsfrage: Typisierung des Werbungskostenansatzes

Der erste Gesichtspunkt der Detailausgestaltung vor dem Hintergrund des Gleichheitssatzes zielt auf den typisierenden Ansatz i.H.d. 30%igen Mindestrendite für Zwecke der Berücksichtigung der Werbungs- bzw. Verwaltungskosten im Lichte des Art. 3 Abs. 1 GG ab.

Ausgehend vom Wortlaut des § 18 Abs. 1 S. 2 InvStG ermittelt sich der Basisertrag der Vorabpauschale durch Multiplikation des Rücknahmepreises des Investmentanteils zu Beginn des Kalenderjahres mit 70 % des Basiszinses. Dies ist Ausdruck einer 30%igen Werbungskostenpauschale, die der Gesetzgeber berücksichtigt wissen möchte. Deren Gebotenheit folgt aus der Tatsache, dass der Basiszinssatz eine pauschale Berechnungsgrundlage ist und im Ergebnis unberücksichtigt lässt, dass der Anleger die Fondserträge abzgl. der Verwaltungskosten des Investmentfonds erhält.[1335] Dabei mag es gerade auch Fälle geben, bei denen die Verwaltungskosten oberhalb oder unterhalb des 30-%-Ansatzes angesiedelt sind.

Als Vergleichsgruppen lassen sich daher jeweils die Investmentfonds (im Lichte ihrer Anleger) heranziehen, welche tatsächlich Werbungskosten i.H.d. 30 % haben. Diesen sind einerseits diejenigen gegenüberzustellen, die überhaupt keinen Werbungskosten ausgesetzt sind und andererseits diejenigen, die oberhalb dieser prozentualen Grenze liegen. Mithin stellt sich – wie bei grds. jeder Werbungskostenpauschale – die Frage, inwieweit die Typisierung aus Vereinfachungsgründen hinreichend sachgerecht ist.

Ausgehend von der Ungleichbehandlung dieser beiden Vergleichspaarungen ist zunächst zu berücksichtigen, dass nach dem objektiven Nettoprinzip die erwerbssichernden Aufwendungen des Steuerpflichtigen abzuziehen sind. Allerdings muss der Gesetzgeber nicht unbedingt den tatsächlichen Aufwand zum Abzug zulassen, sondern kann auch typisieren.[1336] Denn der Gleichheitssatz – in Gestalt des objektiven Nettoprinzips – fordert nicht eine immer mehr individualisierende und spezialisierende Steuergesetzgebung, sondern die Regelung eines allgemein verständlichen und möglichst unausweichlichen Belastungsgrundes.[1337] Deshalb darf der Gesetzgeber einen steuererheblichen Vorgang um der materiellen Gleichheit willen im typischen Lebensvorgang erfassen und individuell gestaltbare Besonderheiten unberücksichtigt lassen.[1338]

So stellen etwa die Pauschbeträge des § 9a EStG für bestimmte Einkunftsbereiche geltende Mindestansätze für Werbungskosten dar, die vom Gesetzgeber aufgrund von Erfahrungswerten aus Vereinfachungszwecken unwiderleglich vermutet werden, wenn in diesem Fall nicht (als faktisches Wahlrecht) höhere Werbungskosten vom Steuerpflichtigen nachgewiesen werden.[1339] Die Pauschbeträge sollen der arbeitsökonomischen Vereinfachung des Besteuerungsverfahrens i.R.v. Massenverfahren durch

---

1335 BT-Drs. 18/8045, 89.

1336 Birk/Desens/Tappe, Steuerrecht, § 2, Rn. 175.

1337 BVerfG, Beschl. v. 10.4.1997, 2 BvL 77/92 – BStBl. II 1997, 518, Rn. 25.

1338 BVerfG, Beschl. v. 10.4.1997, 2 BvL 77/92 – BStBl. II 1997, 518, Rn. 25.

1339 Fu in Herrmann/Heuer/Raupach, EStG/KStG, § 9a EStG, Rn. 5; vgl. BFH, Urt. v. 10.6.2008, VIII R 76/05 – BStBl. II 2008, 937, Rnrn. 18 ff.

typisierende Abgeltung kleiner Werbungskosten dienen; mittelbar soll der Rechtsfrieden ohne unverhältnismäßige Verletzung des Leistungsfähigkeitsprinzips – ohne Berücksichtigung von Einzelfällen – gefördert werden.[1340] Dabei hat der Gesetzgeber anhand dieser Typisierungsnorm seinen verfassungsrechtlich eingeräumten Gestaltungsspielraum sachgerecht ausgeübt.[1341]

Eine solche Typisierungsanordnung wurde ebenso für die Vorabpauschale und die in diesem Zusammenhang zu berücksichtigende Werbungskostenpauschale gewählt, welche den durchschnittlichen Kostenanteil i.H.v. 30 %[1342] widerspiegelt.

Die Verpflichtung zur Belastungsgleichheit schließt aber nicht aus, dass das Erhebungsverfahren um der Allgemeinheit und Verlässlichkeit der Besteuerung willen je nach Einkunftsart entsprechend den typischen Lebensvorgängen – auch mit messbaren Unterschieden für Gruppen von Steuerpflichtigen – verschieden geregelt wird.[1343] Dabei kommt es im Zuge der Ordnung des Massenverfahrens auf eine sachgerechte Gewichtung der Gründe im Lichte eines realitätsnahen Falls an.[1344] Der gesetzgeberische Gestaltungsspielraum der Belastungsgleichheit ist damit grds. weit zu verstehen.

Nach diesen Maßstäben haben die erwachsenden Ungleichheiten kein derartiges Gewicht, um den Gestaltungsspielraum des typisierenden bzw. pauschalierenden Gesetzgebers als überspannt anzusehen. Insoweit ist es notwendig, die sich daraus ergeben Liquiditätsvor- und -nachteile zu bedenken. Allerdings darf sich ein dem Art. 3 Abs. 1 GG genügender Vergleich nicht nur auf diese Liquiditätsfolgen beschränken, sondern muss in einem Gesamtvergleich die steuererheblichen Unterschiede analysieren sowie bewerten und dabei die typischerweise zusammentreffenden Folgen

---

1340 Fu in Herrmann/Heuer/Raupach, EStG/KStG, § 9a EStG, Rn. 5; vgl. BFH, Urt. v. 3.4.1959, VI 329/57 U – BStBl. III 1959, 220, Rn. 8; BFH, Urt. v. 23.4.1982, VI R 30/80 – BStBl. II 1982, 500, Rnrn. 12 f.; BFH, Urt. v. 25.10.1985, VI R 15/81 – BStBl. II 1986, 200, Rnrn. 26 ff.; BFH, Urt. v. 29.10.1998, XI R 63/97 – BStBl. II 1999, 588, Rn. 14; BFH, Urt. v. 7.11.2000, III R 79/97 – BStBl. II 2001, 702, Rn. 17; BFH, Urt. v. 10.6.2008, VIII R 76/05 – BStBl. II 2008, 937, Rnrn. 18 ff.; BFH, Urt. v. 25.9.2014, III R 61/12 – BStBl. II 2015, 182, Rn. 16.

1341 Vgl. BVerfG, Beschl. v. 10.4.1997, 2 BvL 77/92 – BStBl. II 1997, 518, Rn. 34; Fu in Herrmann/Heuer/Raupach, EStG/KStG, § 9a EStG, Rn. 5; Thürmer in Brandis/Heuermann, Ertragsteuerrecht, § 9a EStG, Rn. 24.

1342 Vgl. BT-Drs. 18/8045, 89.

1343 BVerfG, Beschl. v. 10.4.1997, 2 BvL 77/92 – BStBl. II 1997, 518, Rn. 22.

1344 Vgl. 5.2.7.3.2.2.2.2.2.

beachten.[1345] Dadurch, dass der Gesetzgeber i.R.d. Pauschalierung einen typisierten Fall zugrunde gelegt hat (typischerweise Verwaltungskosten i.H.v. 30 % auf Fondsebene) und sich die tatsächlichen Kosten – und damit schließlich die Belastungsgleichheit aufgrund von grds. volatilen Werbungskosten – zudem in der Zeit häufig ausgleichen werden, wird das Leistungsfähigkeitsprinzip nur geringfügig und schließlich wiederum nur temporär tangiert.

Dass in § 18 Abs. 1 InvStG – etwa in Abweichung zu § 9a EStG – der Nachweis höherer Werbungskosten überdies ausgeschlossen ist, steht dieser Wertung grds. nicht entgegen. Denn der Gleichheitssatz fordert nicht, dass der Gesetzgeber stets den gewillkürten Aufwand berücksichtigen muss; der materiellen Gleichheit kann es auch genügen, wenn der Gesetzgeber für bestimmte Arten von Aufwendungen nur den Abzug eines typisiert festgelegten Betrags gestattet.[1346] I.R.e. solchen Typisierung ist das Existenzminimum allerdings grds. so zu bemessen, dass es in möglichst allen Fällen den existenznotwendigen Bedarf abdeckt, kein Steuerpflichtiger also infolge einer Besteuerung seines Einkommens darauf verwiesen wird, seinen existenznotwendigen Bedarf durch Inanspruchnahme von Staatsleistungen zu decken.[1347] Obwohl – soweit ersichtlich – keine empirischen Daten vorliegen, unterläuft der einheitliche 30-%-Ansatz der Werbungskosten i.R.d. § 18 Abs. 1 InvStG dieses Dogma nicht.

Über den einzelnen Betrachtungszeitraum hinaus ist ebenso die Gesamtkonzeption der Vorabpauschale nicht aus dem Auge zu verlieren. Bedeutend ist insoweit i.R.e. übergreifenden Perspektive die Tatsache, dass dem Entlastungsmechanismus auf Vorabpauschalenebene wiederum nur – im Gegensatz bspw. zur definitiven Entlastungswirkung des § 9a EStG – ein temporärer Effekt aufgrund der Kompensation i.R.d. späteren Realisationsberücksichtigung gemäß § 19 Abs. 1 S. 3 InvStG zukommt.

1345 BVerfG, Beschl. v. 10.4.1997, 2 BvL 77/92 – BStBl. II 1997, 518, Rn. 25; vgl. BVerfG, Urt. v. 21.2.1961, 1 BvL 29/57, 1 BvL 20/60 – BVerfGE 12, 151, Rnrn. 62 ff.; BVerfG, Beschl. v. 14.10.1970, 1 BvR 307/68 – BVerfGE 29, 221, Rn. 50; BVerfG, Beschl. v. 8.10.1991, 1 BvL 50/86 – BVerfGE 84, 348, Rnrn. 41 ff.

1346 BVerfG, Beschl. v. 10.4.1997, 2 BvL 77/92 – BStBl. II 1997, 518, Rn. 34; vgl. BVerfG, Beschl. v. 25.9.1992, 2 BvL 5/91, 2 BvL 8/91, 2 BvL 14/91 – BStBl. II 1993, 413, Rnrn. 70 ff.

1347 BVerfG, Beschl. v. 25.9.1992, 2 BvL 5/91, 2 BvL 8/91, 2 BvL 14/91 – BStBl. II 1993, 413, Rn. 70.

5.2.7.4.2 Zweite Ausgestaltungsfrage: Ansatz i.R.d. unterjährigen Erwerbs

Die zweite Ausgestaltungsfrage zielt auf den Ansatz i.R.d. unterjährigen Erwerbs ab, d.h. ob es mit Art. 3 Abs. 1 GG vereinbar ist, dass für die Vorabpauschalenberechnung bei einem unterjährigen Erwerb des Investmentanteils nicht der Wert zum Erwerbszeitpunkt zugrunde gelegt wird, sondern der kalendarische Anfangswert hergenommen und sich die daraus ergebende Vorabpauschale im Jahr des Erwerbs – pro rata temporis – um ein Zwölftel für jeden vollen Monat, der dem Monat des Erwerbs vorangeht, vermindert wird (§ 18 Abs. 2 InvStG)[1348].

Ausgangspunkt der Betrachtung bildet in diesem Rahmen der Anleger dessen Anteil zu Beginn des Kalenderjahres denselben Wert hatte wie zum Zeitpunkt des unterjährigen Erwerbs. Demgegenüber stehen als relevante Vergleichspaarungen diejenigen Investoren, deren Anteile zu Beginn des Kalenderjahres einen abweichenden – einerseits höheren und andererseits niedrigeren – Wert hatten als zum Zeitpunkt des unterjährigen Erwerbs. Alle Anlegergruppen werden in diesem Fall i.R.e. einheitlichen Stichtags (Erwerbszeitpunkt) trotz unterschiedlicher Einstandskurse gleich behandelt. Dies bedingt wiederum die Frage, ob und inwieweit eine sachgerechte Typisierung aus Vereinfachungsgründen vorliegt.

Betrachtet man die Gesamtlage der dargestellten Vergleichsgruppen, fördert dies eine ausschließlich wertmäßige Diskrepanz bezogen auf den Erwerbszeitpunkt zu Tage. Dabei kommt es nicht auf eine Beteiligungshöhe (wie bspw. bei Streubesitzbeteiligungen in Form der sog. Streubesitzstrafe gemäß § 8b Abs. 4 KStG[1349]) an.

Folge dieser pauschalierenden Regelung und damit Momentum der Ungleichbehandlung ist, dass bspw. bei im Jahresverlauf (temporär) sinkenden Fondsanteilswerten für die Ermittlung hohe historische Werte herangezogen werden, die vom tatsächlichen Einstandskurs ggf. signifikant abweichen und in Relation zur Wertentwicklung eine überhöhte Vorabpauschale fordern.[1350] Bezugspunkt hinsichtlich der Wertentwicklung ist

1348 Vgl. 5.2.4 und 5.2.2.5.2.

1349 Vgl. BFH, Urt. v. 18.12.2019, I R 29/17 – BStBl. II 2020, 690 (Verfassungsbeschwerde eingelegt: BVerfG, 2 BvR 1832/20 – juris); Watermeyer in Herrmann/Heuer/Raupach, EStG/KStG, § 8b KStG, Rn. 7; Rengers in Brandis/Heuermann, Ertragsteuerrecht, § 8b KStG, Rnrn. 116 ff.; Gosch in Gosch, KStG, § 8b, Rnrn. 287b f.; Kraft, BB 2017, 2135 (2135 ff.).

1350 Elser in Beckmann/Scholtz/Vollmer, Investmentrecht, § 18 InvStG, Rn. 32; **a.A.:** vgl. Kral/Watzlaw in Moritz/Jesch/Mann, FraKo Kapitalanlagerecht, Bd. 2, 2. Aufl., § 18 InvStG, Rn. 96.

insoweit die Perspektive des unterjährig – zum niedrigeren Investmentanteilswert – erwerbenden Anlegers, wobei der Investmentanteil absolut eine tatsächliche Wertsteigerung erfährt. Aufgrund der absoluten Wertsteigerung im Kalenderjahr und dem Investmentanteilswert zu Beginn des Kalenderjahres als Ausgangspunkt der Vorabpauschalenermittlung gelten mithin für alle Investoren die gleichen Regeln (vgl. § 18 Abs. 1 S. 1, S. 2 InvStG). Der unterjährige, zu einem tatsächlich niedrigeren Wert erwerbende Anleger erfährt hierdurch eine faktische (größere) Leistungssteigerung, die jedoch wegen des vorgenannten Bezugszeitpunkts zu Jahresbeginn nicht erfasst wird. Das hierdurch entstehende Missverhältnis ist i.R.d. sachverhalts- bzw. verhaltensbezogenen Ungleichbehandlung nicht von der Hand zu weisen.

Diese Argumentation greift jedoch grds. nur innerhalb des jeweiligen Veranlagungszeitraums. Gesamtperiodisch, d.h. im Zuge der späteren Veräußerung, welche bzgl. des Veräußerungsgewinns auf den Erwerbszeitpunkt abstellt und die Vorabpauschalen in Abzug bringt (vgl. § 19 Abs. 1 S. 1, S. 3 InvStG i.V.m. § 20 Abs. 4 EStG), relativiert sich die prozentuale Steuerlastverteilung wieder. Damit erfolgt auch in diesem Zusammenhang eine Glattstellung der Leistungsfähigkeit i.R.d. Realisation (Ist-Besteuerung).[1351] Dem verzerrenden Effekt kommt daher nur eine temporäre Bedeutung zu. Dies hält einer Willkürprüfung stand.

Für dieses Ergebnis spricht zudem, dass der Investmentfonds für alle Anleger, d.h. ebenso diejenigen, welche die Investmentanteile schon überjährig halten, die Ausschüttungspolitik derart steuern kann, dass die Vorabpauschale bei keinem Anleger anfällt. Insoweit bedarf es lediglich einer verhaltensbezogenen Regulierung in Form von Ausschüttung i.H.d. fiktiven Mindestrendite. Dies senkt in der Zusammenschau grds. die Schwelle der Rechtfertigung im entsprechenden Maße.

Der Gesetzgeber hat seinen Gestaltungsspielraum i.R.e. vertretbaren Typisierung ausgeübt. Dies wird anhand eines Privatanlegers, der an einem vollthesaurierenden Aktienfonds[1352] (seit Januar bzw. Juli) beteiligt ist, deutlich.

1351 Vgl. 5.2.3.1.2.
1352 Vgl. 5.3.3.1.1.1.

		Haltedauer: 12 Monate (Erwerb: 1.1.)		Haltedauer: 6 Monate			
				(Erwerb: 1.7.; Wert im Erwerbszeitpunkt: 100 €)		(Erwerb: 1.7.; Wert im Erwerbszeitpunkt: 20 €)	
– Haltephase –							
Jahr	Anteilswert	Vorabpauschale	Steuer auf Vorabpauschale (Teilfreistellung i.H.v. 30 %)	Vorabpauschale	Steuer auf Vorabpauschale (Teilfreistellung i.H.v. 30 %)	Vorabpauschale	Steuer auf Vorabpauschale (Teilfreistellung i.H.v. 30 %)
A.01	100 €	-	-	-	-	-	-
Mitte 01 (1.7.)	100 € bzw. 20 €	-	-	-	-	-	-
E.01/ A.02	110 €	0,70 € (= 100 € x 70 % x 1 %)	≈ 0,12 € (= 0,70 € x 70 % x 25 %)	0,35 € (= 100 € x 70 % x 1 % x 6/12)	≈ 0,06 € (= 0,35 € x 70 % x 25 %)	0,35 € (= 100 € x 70 % x 1 % x 6/12)	≈ 0,06 € (= 0,35 € x 70 % x 25 %)
Steuerlast		-	**0,12 €**	-	**0,06 €**	-	**0,06 €**
– Veräußerung in 02 –							
Gewinn (abzgl. Vorabpauschale)		9,30 € (= 110 € ./. 100 € ./. 0,70 €)		9,65 € (= 110 € ./. 100 €./. 0,35 €)		89,65 € (= 110 € ./. 20 €[1353] ./. 0,35 €)	
Versteuert werden (Teilfreistellung i.H.v. 30 %)		6,51 € (= 9,30 € x 70 %)		≈ 6,76 € (= 9,65 € x 70 %)		≈ 62,76 € (= 89,65 € x 70 %)	
Steuerlast		**≈ 1,63 €** (= 6,51 € x 25 %)		**1,69 €** (= 6,76 € x 25 %)		**15,69 €** (= 62,76 € x 25 %)	

1353 Würde man i.R.d. Verkaufs nicht auf die Differenz zwischen Verkaufs- und Erwerbszeitpunkt i.S.d. § 20 Abs. 4 EStG abstellen, sondern auf diejenige zwischen Veräußerungsmoment und Wert des Investmentanteils am 1.1. – wie es § 18 Abs. 2 InvStG i.R.d. unterjährigen Erwerbs macht – käme es zu einer faktischen Loslösung vom Begriff der Anschaffungskosten i.S.d. § 255 Abs. 1 HGB.

– *Gesamtbetrachtung von Haltephase und Veräußerung* –			
Gesamtsteuerlast	**1,75 €** (= 0,12 € [Haltephase] + 1,63 € [Veräußerung])	**1,75 €** (= 0,06 € [Haltephase] + 1,69 € [Veräußerung])	**15,75 €** (= 0,06 € [Haltephase] + 15,69 € [Veräußerung])
Gesamtertrag	10 € (= 110 € / 100 €)	10 € (= 110 € / 100 €)	90 € (= 110 € / 20 €)
Prozentuale Steuerlast	**17,5 %** (= 1,75 € / 10 €)	**17,5 %** (= 1,75 € / 10 €)	**17,5 %** (= 15,75 € / 90 €)

Annahmen: Thesaurierender Aktienfonds; Wertsteigerung des Investmentanteils i.H.v. 10 %; Basiszins i.H.v. 1 %; Steuer i.H.v. 25 % (ohne SolZ); Aktienteilfreistellung i.H.v. 30 %. Abkürzungen: A.01 ≙ Anfang des Jahres 01; E.01/A.02 ≙ Ende des Jahres 01 und Anfang des Jahres 02.

Tabelle 5: Zeitanteiliger Vorabpauschalenansatz. Eigene Darstellung.

Gesamtergebnis der verfassungsrechtlichen Würdigung

Die Vorabpauschale verstößt nach der hier vertretenen Auffassung mit ihrer Wirkungsweise sowie ihren Elementen – gerade noch – nicht gegen den allgemeinen Gleichheitsgrundsatz gemäß Art. 3 Abs. 1 GG.

5.3 Die Teilfreistellung als tragendes Element im intransparenten System

5.3.1 Gesetzeswortlaut des § 20 InvStG: Teilfreistellung

> *(1) [1]Steuerfrei sind bei Aktienfonds 30 Prozent der Erträge (Aktienteilfreistellung). [2]Bei natürlichen Personen, die ihre Investmentanteile im Betriebsvermögen halten, beträgt die Aktienteilfreistellung 60 Prozent. [3]Bei Anlegern, die dem KStG unterliegen, beträgt die Aktienteilfreistellung 80 Prozent. [4]Die Sätze 2 und 3 gelten nicht,*
>
> *1. wenn der Anleger ein Lebens- oder Krankenversicherungsunternehmen ist und der Investmentanteil den Kapitalanlagen zuzurechnen ist oder*
> *2. wenn der Anleger ein Institut oder Unternehmen nach § 3 Nr. 40 S. 3 EStG oder nach § 8b Abs. 7 KStG ist und der Investmentanteil dem Handelsbestand i.S.d. § 340e Abs. 3 HGB zuzuordnen oder zum Zeitpunkt des Zugangs zum Betriebsvermögen als Umlaufvermögen auszuweisen ist.*
>
> *[5]Satz 4 Nummer 1 gilt entsprechend, wenn der Anleger ein Pensionsfonds ist.*

(2) *Bei Mischfonds ist die Hälfte der für Aktienfonds geltenden Aktienteilfreistellung anzusetzen.*
(3) *[1]Bei Immobilienfonds sind 60 Prozent der Erträge steuerfrei (Immobilienteilfreistellung). [2]Bei Auslands-Immobilienfonds sind 80 Prozent der Erträge steuerfrei (Auslands-Immobilienteilfreistellung). [3]Die Anwendung der Immobilienteilfreistellung oder der Auslands-Immobilienteilfreistellung schließt die Anwendung der Aktienteilfreistellung aus.*
(3a) *Die Absätze 1 bis 3 gelten auch für Investmentanteile, die mittelbar über Personengesellschaften gehalten werden.*
(4) *Weist der Anleger nach, dass der Investmentfonds die Aktienfonds- oder Mischfonds-Kapitalbeteiligungsquote oder Immobilienfonds- oder Auslands-Immobilienfondsquote während des Geschäftsjahres tatsächlich durchgehend überschritten hat, so ist die Teilfreistellung auf Antrag des Anlegers in der Veranlagung anzuwenden.*
(5) *Bei der Ermittlung des Gewerbeertrags nach § 7 GewStG sind die Freistellungen nach den Absätzen 1 bis 3 nur zur Hälfte zu berücksichtigen.*

5.3.2 Überblick

Eine allumfassende Einschätzung der Teilfreistellung bedingt zuvörderst ein überblicksartiges Verstehen des Hintergrunds, der Einordnung und Systematisierung, des Geltungsbereichs, der Frage des Zeitpunkts der Geltendmachung sowie der Rechtsentwicklung der Vorschrift.

5.3.2.1 Hintergrund

Die intransparente Ebenenbesteuerung des InvStG bedeutet im Ausgangspunkt eine Doppelbelastung sowohl auf Investmentfonds- als auch auf Anlegerebene. Die Einführung der Steuerpflicht für bestimmte Einkünfte des Investmentfonds erfolgte zum einen (mit Blick auf die Dividendenbesteuerung) insbesondere aus europarechtlichen Aspekte, aber zum anderen ebenso zum Schutz des in § 49 EStG enthaltenen inländischen Steuersubstrats.[1354]

Durch die Teilfreistellung gemäß § 20 InvStG soll die steuerliche Vorbelastung auf Investmentfondsebene für bestimmte Fondstypen (Aktien-,

---

1354 Kloster, Neukonzeption der Investmentbesteuerung, Diss., S. 640; vgl. BT-Drs. 18/8045, 91.

Misch- und Immobilienfonds i.S.d. § 2 Abs. 6 bis 9 InvStG[1355]) eine steuerliche Berücksichtigung durch eine teilweise Steuerfreistellung der Investmenterträge beim Anleger erfahren. Doppelbelastungen sollen – etwa aufgrund der fehlenden Anrechnungsmöglichkeit ausländischer Steuern oder der Nichtanwendbarkeit der steuerlichen Erleichterungsvorschriften (vgl. § 3 Nr. 40 EStG; § 8b KStG) – vermieden werden. Ohne eine Berücksichtigung dieser Vorbelastungen wäre die Direktanlage grds. steuerlich günstiger als eine mittelbare Fondsbeteiligung.[1356]

Schließlich ist die Berücksichtigung der steuerlichen Vorbelastung aus einer Marketingperspektive notwendig. Anderenfalls würde die Wettbewerbssituation im Vergleich zur Direktanlage ohne ausreichende Neutralisierung dieser Effekte in Gefahr geraten, sich von einer vorteilhaften in eine nachteilige Situation zu verkehren.[1357] Nur so kann der steuerlichen Mehrbelastung und damit einhergehend dem negativen Abdriften der Attraktivität des Fondsstandorts Deutschland begegnet werden.

5.3.2.2 Einordnung und Systematisierung

Die Teilfreistellung gemäß § 20 InvStG sieht – dem Vereinfachungsgedanken[1358] folgend – eine typisierende Steuerfreistellung von Investmenterträgen i.S.d. § 16 Abs. 1 InvStG vor. Im Konkreten geht die Teilfreistellungsmechanik dabei einen anlagespezifischen Weg. Sie stellt Schwerpunktinvestments in einer entsprechenden Höhe bei verschiedenen Anlegertypen in unterschiedlicher Höhe frei. Dies bedeutet, dass die Vorschrift einerseits nach privaten, betrieblichen Anlegern und Körperschaften sowie andererseits nach Aktien-, Misch- und Immobilienfonds differenziert. Im gleichen Zuge sind die Werbungskosten und Betriebsausgaben ebenso nur eingeschränkt abzugsfähig (vgl. § 21 InvStG).

1355 Sofern ein Investmentfonds nicht in eine dieser drei Kategorien fällt, hat der Anleger die Erträge voll zu versteuern. Remmel in Herrmann/Heuer/Raupach, EStG/KStG, § 20 InvStG, Rn. 1.
Die sonstigen Fonds wie ETF stellen ihre Anleger im Vergleich zu Fonds, die eine Teilfreistellung vermitteln, nicht per se schlechter, denn i.d.R. erzielen diese Fonds keine Erträge, die auf Fondsebene einer Besteuerung unterliegen, sodass es auf Anlegerebene keines Ausgleichs einer steuerlichen Vorbelastung bedarf. Köhler, Praxisleitfaden Investmentsteuerrecht, S. 92.

1356 BT-Drs. 18/8045, 91.

1357 Kloster, Neukonzeption der Investmentbesteuerung, Diss., S. 639.

1358 Vgl. BT-Drs. 18/8045, 91.

Die Teilfreistellungssätze wurden anhand von wissenschaftlichen Studien entwickelt.[1359] Dabei wird i.R.d. höheren Sätze neben den vorgenannten Faktoren ebenso berücksichtigt, dass die steuerlichen Befreiungsvorschriften (vgl. § 3 Nr. 40 EStG; § 8b KStG) auf Anlegerebene wegen § 16 Abs. 3 InvStG selbst keine Anwendung finden.[1360] Mithin wird der Rechtsgedanke des Teileinkünfteverfahrens (vgl. §§ 3 Nr. 40; 3c Abs. 2 EStG) in die Teilfreistellung einbezogen.[1361]

Die Teilfreistellungen werden pauschal gewährt, sodass es unerheblich ist, ob und in welchem Ausmaß der Investmentfonds besteuert wurde.[1362] Dies bedeutet, dass der entsprechende Teilfreistellungssatz in voller Höhe für alle Erträge des Investmentfonds gilt und es keine Rolle spielt, in welche Assets der Fonds oberhalb der Beteiligungsquote – entsprechend seiner Einordnung als Aktien-, Misch- oder Immobilienfonds gemäß § 2 Abs. 6 bis 9 InvStG – investiert ist. Dies gilt selbst dann, wenn die weiteren Anlagen nicht der Besteuerung unterfallen.[1363]

Die Teilfreistellung ist zudem gleichermaßen anzuwenden, wenn negative Erträge bzw. Verluste erzielt werden, sodass sie ggf. den steuerlich anzusetzenden Verlust mindert.[1364] Weiterhin ist sie anzuwenden, wenn eine Teilwertzuschreibung (Wertaufholung) nach § 6 Abs. 1 Nr. 2 S. 3; Nr. 1 S. 4 EStG nach vorheriger Teilwertabschreibung des Investmentanteils (vgl. § 6 Abs. 1 Nr. 2 S. 2 EStG i.V.m. § 21 S. 2 InvStG) vorzunehmen ist.[1365]

Normierungstechnisch erläutert § 20 Abs. 1 InvStG die Maßgaben und Besonderheiten für Aktienfonds. Für Mischfonds werden diese Bestimmungen in § 20 Abs. 2 InvStG und für Immobilienfonds in § 20 Abs. 3 InvStG getroffen. Darüber hinaus gibt § 20 Abs. 3a InvStG vor, dass die vorangegangenen Absätze ebenso für Investmentanteile, die mittelbar über

1359 Vgl. zur verfassungsrechtlichen Einordnung der Teilfreistellungssätze: 5.3.7.2.1.

1360 Vgl. BT-Drs. 18/8045, 91; Remmel in Herrmann/Heuer/Raupach, EStG/KStG, § 20 InvStG, Rn. 1.

1361 Vgl. BT-Drs. 18/8045, 92.

1362 Remmel in Herrmann/Heuer/Raupach, EStG/KStG, § 20 InvStG, Rn. 1; Böcker, NWB 2016, 2789 (2793); vgl. Stadler/Bindl, DStR 2016, 1953 (1959, Fn. 28).

1363 Vgl. Remmel in Herrmann/Heuer/Raupach, EStG/KStG, § 20 InvStG, Rn. 5.

1364 BMF, „Investmentsteuergesetz; Anwendungsfragen zum Investmentsteuergesetz in der ab dem 1. Januar 2018 geltenden Fassung (InvStG)“, 21.5.2019 – BStBl. I 2019, 527, Rn. 20.2.

1365 BMF, „Investmentsteuergesetz; Anwendungsfragen zum Investmentsteuergesetz in der ab dem 1. Januar 2018 geltenden Fassung (InvStG)“, 21.5.2019 – BStBl. I 2019, 527, Rn. 20.3.

Personengesellschaften gehalten werden, gelten. Eine besondere Möglichkeit der Nachweisführung hinsichtlich der Beteiligungsquoten für die Fondskategorien wird in § 20 Abs. 4 InvStG für die Anleger vorgehalten. Abschließend bestimmt § 20 Abs. 5 InvStG Besonderheiten für die Gewerbeertragsermittlung bei den Investoren im Lichte der Teilfreistellung.

5.3.2.3 Geltungsbereich

Im Hinblick auf den sachlichen Geltungsbereich gewährt die Teilfreistellung eine Steuerfreistellung auf die „Erträge“ aus Investmentfonds. Wenngleich die gesetzliche Wortwahl eine gewisse Klarheit im Hinblick auf den sachlichen Anwendungsbereich vermissen lässt, so sind damit – bereits aufgrund der systematischen Stellung der Vorschrift – die Investmenterträge gemeint.[1366] Dies sind nach § 16 Abs. 1 InvStG die Ausschüttungen von Investmentfonds, die Vorabpauschalen und die Gewinne aus der Veräußerung von Investmentanteilen. Die Vorschrift ist sowohl auf positive wie auf negative Investmenterträge gleichermaßen anzuwenden.[1367]

Der persönliche Geltungsbereich der Teilfreistellung erstreckt sich nur auf inländische Anleger[1368] von in- und ausländischen Investmentfonds.[1369]

1366 Vgl. BT-Drs. 18/8045, 90 f.; BMF, „Investmentsteuergesetz; Anwendungsfragen zum Investmentsteuergesetz in der ab dem 1. Januar 2018 geltenden Fassung (InvStG)“, 21.5.2019 – BStBl. I 2019, 527, Rn. 20.1; Kloster, Neukonzeption der Investmentbesteuerung, Diss., S. 642.

1367 Kleutgens in Moritz/Jesch/Mann, FraKo Kapitalanlagerecht, Bd. 2, 2. Aufl., § 20 InvStG, Rn. 20; vgl. BMF, „Investmentsteuergesetz; Anwendungsfragen zum Investmentsteuergesetz in der ab dem 1. Januar 2018 geltenden Fassung (InvStG)“, 21.5.2019 – BStBl. I 2019, 527, Rn. 20.2.

1368 Vgl. 5.1.3.2.1.2.
Vgl. zu Ausnahmen (bspw. § 33 Abs. 2 S. 4 Nr. 1 InvStG): Remmel in Herrmann/Heuer/Raupach, EStG/KStG, § 16 InvStG, Rn. 1; Kleutgens in Moritz/Jesch/Mann, FraKo Kapitalanlagerecht, Bd. 2, 2. Aufl., § 20 InvStG, Rnrn. 13 ff.

1369 Remmel in Herrmann/Heuer/Raupach, EStG/KStG, § 20 InvStG, Rn. 1.
Aufgrund der Tatsache, dass keine beschränkte Steuerpflicht für ausländische Anleger existiert, kommt es für sie in der Folge u.a. zur Nichtanwendung der Teilfreistellung. Da Deutschland aber in vollem Umfang auf eine Besteuerung verzichtet, ist dieses Vorgehen allerdings nur folgerichtig. Die Teilfreistellung verstößt insoweit nicht gegen Europarecht; im Konkreten die Kapitalverkehrsfreiheit (vgl. Art. 63 AEUV).

5.3.2.4 Kapitalertragsteuerabzugsverfahren und Veranlagung

Die Teilfreistellung ist – sofern hinreichende Angaben in den Anlagebedingungen vorhanden sind – beim Kapitalertragsteuerabzug (vgl. § 43 Abs. 1 EStG) bzw. im Veranlagungsverfahren zu berücksichtigen. Letzteres

---

Deutsche Dividenden unterliegen auf Investmentfondsebene einer faktisch mittelbaren Steuervorbelastung. Die insoweit steuerlich relativierende Teilfreistellung findet nicht auf dieser Ebene, sondern lediglich auf die Investmenterträge Anwendung. Jedoch kommt es in Fällen von Investments in- und ausländischer Investoren in einen deutschen Investmentfonds für deutsche Anleger zu einer auf den ersten Blick augenscheinlichen Bevorzugung durch die Teilfreistellung nach § 20 InvStG. Diese gilt nämlich entsprechend ihrer Stellung ausschließlich für inländische Anleger i.S.d. § 2 Abs. 10 InvStG eines in- oder ausländischen Fonds.
Teilweise wird in der Literatur eine kumulative Ebenenbetrachtung vertreten. Insofern erkenne die Gesetzesbegründung zur Teilfreistellung eine steuerliche Vorbelastung an und versuche diese zu neutralisieren. Dabei wird vermehrt auf das Infrastrukturabgabengesetz (vgl. BGBl. I 2015, 904) in kombinierter Wirkung mit der Steuerentlastung im Kraftfahrzeugsteuergesetz (vgl. BGBl. I 2002, 3818) durch das Zweite Verkehrssteueränderungsgesetz (vgl. BGBl. I 2015, 901), unter Berücksichtigung der jeweiligen Gesetzesentwürfe (vgl. BR-Drs. 70/17, 1 ff. und BR-Drs. 57/17, 1 ff.), – sog. Pkw-Maut – verwiesen, welche in vergleichbarer Weise europarechtswidrig sei. Vgl. Patzner/Kempf/Nagler in Patzner/Kempf/Nagler, InvStG, Einleitung InvStG, Rnrn. 9 ff.; Dyckmans, Ubg 2015, 531 (542); Rehm/Nagler, BB 2015, 1248 (1250); Rehm/Nagler, BB 2015, 2006 (2006); Patzner/Nagler, IStR 2016, 725 (729); Hoch, Die Besteuerungssystematik von Kapitalanlagen, Diss., S. 372 f.; Sanning, Systemgerechtigkeit im Spannungsfeld von Investmentsteuerrecht und Hinzurechnungsbesteuerung, Diss., S. 84.
Vgl. u.a. zur Pkw-Maut: EuGH, Urt. v. 18.6.2019, C-591/17 – NVwZ 2019, 1023 („Österreich/Deutschland"); EuGH, Urt. v. 19.5.1992, C- 195/90 – Slg. 1992, I-3141.
Dieses Verständnis ist fehlgehend. Zwar ist die Teilfreistellung anhand der Vorbelastung typisierend bestimmt und entsprechend in § 20 InvStG normiert. Eine vorhergehende Belastung ist ausgehend vom Wortlaut de lege lata allerdings keine Tatbestandsvoraussetzung. Vielmehr sind die Einnahmen der verschiedenen Besteuerungsebenen aus Sicht des Anlegers vollbesteuert. Vgl. Elser in Beckmann/Scholtz/Vollmer, Investment, § 21 InvStG, Rn. 5.
Daher werden die Teilfreistellungssätze auch dann auf Anlegerebene angewandt, wenn oberhalb der Grenzen der Teilfreistellungsquoten des § 2 Abs. 6 bis 9 InvStG und der damit einhergehenden Einordnung als Aktien-, Misch- oder Immobilienfonds keine steuerliche Vorbelastung erfolgt.
Zudem obliegt die (Dividenden-)Besteuerung und die entsprechende Freistellung im inländischen Fall Deutschland und in der Konstellation eines ausländischen Investors grds. dem Sitz-/Wohnsitzstaat des (Dividenden-)Beziehers.

stellt insbesondere für Zwecke der Abgeltungsteuer sicher, dass der Steuerabzug in zutreffender Höhe erfolgt und Privatanleger nicht erst i.R.d. Veranlagungsverfahrens durch das Finanzamt von der Teilfreistellung profitieren.[1370] Erst im Veranlagungsverfahren werden die erhöhten Teilfreistellungssätze für einkommensteuerpflichtige Anleger, die ihre Anteile

---

Aufgrund der international üblichen transparenten Behandlung des Investmentfonds i.S.e. Steuerfreistellung ist grds. nicht davon auszugehen, dass der ausländische Staat entsprechende Teilfreistellungen unilateral gewährt. Die Nichtfreistellung eines nicht besteuerten Ertrags kann keinen Verstoß gegen Gemeinschaftsrecht begründen. Mann in Brandis/Heuermann, Ertragsteuerrecht, § 20 InvStG, Rn. 6; Mann in Weitnauer/Boxberger/Anders, KAGB, § 20 InvStG, Rn. 4; Helios/Mann, DB-S 2016, 1 (18); vgl. Kleutgens in Moritz/Jesch/Mann, FraKo Kapitalanlagerecht, Bd. 2, 2. Aufl., § 20 InvStG, Rn. 27; Kloster, Neukonzeption der Investmentbesteuerung, Diss., S. 721 ff.

Denn nur sobald ein Mitgliedstaat nicht nur die gebietsansässigen, sondern auch die gebietsfremden Bezieher von Dividenden, die sie von einer gebietsansässigen Gesellschaft beziehen, einseitig oder im Wege eines Abkommens der Einkommensteuer unterwirft, nimmt der EuGH überhaupt eine vergleichbare Situation an. Vgl. EuGH, Urt. v. 20.10.2011, C-284/09 – Slg. 2011, I-9879, Rn. 56.

Diese separate Betrachtungsweise unterstreicht die weitere EuGH-Rechtsprechung. Vgl. EuGH, Urt. v. 10.4.2014, C-190/12 – IStR 2014, 333, Rn. 63 („Emerging Markets Series of DFA Investment Trust Company"); EuGH, Urt. v. 10.5.2012, C-338/11, C-339/11, C-340/11, C-341/11, C-342/11, C-343/11, C-344/11, C-345/11, C-346/11, C-347/11 – DStR 2012, 1016, Rnrn. 24 ff./39 („Santander Asset Management SGIIC u.a."); EuGH, Urt. v. 12.12.2006, C-374/04 – Slg. 2006, I-11673, Rnrn. 59 f. („Test Claimants in class IV of the act group Litigation"); Kokott, Das Steuerrecht der EU, § 2, Rnrn. 155 ff.

Wesentlicher Unterschied zur Pkw-Maut ist zudem, dass der Konnex zwischen der Steuerbe- und -entlastung im InvStG in keinem personellen oder sachlichen Relationsbezug steht. D.h., dass der jeweilige Mechanismus sowohl unterschiedliche Steuersubjekte anvisiert als auch die Vorschriften untereinander keine tatbestandlichen Verschränkungen vorsehen. Insbesondere ist die Infrastrukturabgabe von den gleichen Steuerpflichtigen zu entrichten, die letztlich kehrseitig von einer entsprechenden Steuerentlastung profitieren. Es liegt damit im InvStG ein Dreipersonenverhältnis mit zwei unterschiedlichen, – dank des Intransparenzprinzips tatsächlich – eigenständigen Steuersubjekten und dem Fiskus vor und nicht wie bei der Pkw-Maut ein bloßes Zweipersonenverhältnis. Parallelen wären etwa nur dann erlaubt, wenn das InvStG eine Ausgleichsmaßnahme i.S.e. Freistellung/Rückzahlung auf die Körperschaft- bzw. Kapitalertragsteuer auf Investmentfondsebene für Inländer ermöglichen würde. Vgl. EuGH, Urt. v. 7.9.2004, C-319/02 – Slg. 2004, I-7477 („Manninen"); EuGH, Urt. v. 6.3.2007, C-292/04 – Slg. 2007, I-1835 („Meilicke"); EuGH, Urt. v. 17.9.2015, C-10/14, C-14/14, C-17/14 – IStR 2015, 921 („Miljoen").

1370 BT-Drs. 18/8045, 91.

im Betriebsvermögen halten, sowie für körperschaftsteuerpflichtige Anleger der Besteuerung zugrunde gelegt (vgl. § 43a Abs. 2 S. 1 EStG[1371]).[1372] Dieses Prozedere ist einem Hinweis der Kreditwirtschaft zu verdanken, welcher darauf abzielte, dass die anlegerspezifischen Informationen bei den Kreditinstituten im Regelfall nicht als kapitalertragsteuerlich relevante Attribute hinterlegt sind und dadurch ein zutreffender Steuerabzug im Massenverfahren nicht gewährleistet werden kann.[1373] Eine Nacherhebung der erforderlichen anlegerspezifischen Daten wäre zeit- sowie kostenaufwändig und würde die depotführenden Stellen einem Haftungsrisiko aufgrund zu Unrecht gewährter Teilfreistellungssätze aussetzen.[1374]

Da zudem ein individueller Nachweis i.S.d. § 20 Abs. 4 InvStG gegenüber den zur Erhebung der Kapitalertragsteuer verpflichteten Personen, aufgrund des unverhältnismäßigen Aufwands auf Seiten der Entrichtungspflichtigen, nicht zulässig ist[1375], ist dieser nur i.R.d. Veranlagung möglich.[1376] Die damit einhergehenden kurzfristigen Liquiditätsnachteile[1377] sind zu dulden. Diese sind bei der Einkommensteuer i.R.d. Jahressteuerprinzips (vgl. § 2 Abs. 7 S. 1 EStG) grds. ständige Begleiter.

1371 Der Wortlaut der Norm bezieht sich ausschließlich auf Aktienfonds. Allerdings ist in § 43a Abs. 2 S. 1 EStG, der lediglich die erhöhte Aktienteilfreistellung ausschließt, der Ausschluss für Mischfonds – als Unterfall – hineinzulesen. Vgl. Remmel in Herrmann/Heuer/Raupach, EStG/KStG, § 20 InvStG, Rn. 1; Mann in Brandis/Heuermann, Ertragsteuerrecht, § 20 InvStG, Rn. 12; Mertesdorf-Perathoner in Bödecker/Ernst/Hartmann, BeckOK InvStG, 10. Ed., § 20, Rn. 32; Kleutgens in Moritz/Jesch/Mann, FraKo Kapitalanlagerecht, Bd. 2, 2. Aufl., § 20 InvStG, Rn. 103; Stadler/Bindl, DStR 2016, 1953 (1960).

1372 BMF, „Investmentsteuergesetz; Anwendungsfragen zum Investmentsteuergesetz in der ab dem 1. Januar 2018 geltenden Fassung (InvStG)“, 21.5.2019 – BStBl. I 2019, 527, Rn. 20.6.

1373 BT-Drs. 18/8739, 116.

1374 BT-Drs. 18/8739, 116.

1375 BT-Drs. 18/8045, 92.

1376 Vgl. Ebner, RdF 2017, 305 (307).

1377 Vgl. IDW, Stellungnahme, 1.9.2015, S. 3 (n.v.); zuletzt abrufbar unter: www.idw.de/blob/86772/805d3141fc00f90a4d3cb97ace2f4606/down-bmf-investmentbesteuerung-diske-data.pdf – letztes Abrufdatum: 14.8.2020); IDW, Stellungnahme, 19.1.2016, S. 23 f. (abrufbar unter: www.idw.de/blob/86880/e05b5dbbfdeb237d4554bd902625d174/down-refe-investmentsteuerreformgesetz-data.pdf – letztes Abrufdatum: 19.10.2021).

5.3.2.5 Rechtsentwicklung

Die Teilfreistellung gleicht als Ausfluss eines Shareholder-Relief-Systems[1378] anderen steuerlichen Befreiungsvorschriften dieser systematischen Prägung. Hierbei gilt es die für die Rechtsentwicklung der Vorschrift relevanten Parallelen aufzuzeigen. Im Anschluss erfolgt die Darstellung der Entwicklungsstufen des § 20 InvStG.

5.3.2.5.1 Systematische Ursprünge und Parallelen

Die Gesetzesmaterialien legen nahe, dass sich die systematischen Ursprünge und Parallelen der Teilfreistellung im Teileinkünfteverfahren (vgl. §§ 3 Nr. 40; 3c EStG) bzw. im körperschaftsteuerlichen Schachtelprivileg (vgl. § 8b KStG) finden lassen.[1379]

5.3.2.5.1.1 Teileinkünfteverfahren

Systematisch und in ihrer entsprechenden Wirkweise steht das Teilfreistellungskonzept (vgl. §§ 20; 21 InvStG) dem Teileinkünfteverfahren gemäß §§ 3 Nr. 40; 3c EStG[1380] nahe[1381], wenngleich sie sich einander gemäß § 16 Abs. 3 InvStG ausschließen.

Nach beiden Systemelementen soll für den Anleger bzw. für den Anteilseigner eine kumulierte Besteuerung vermieden werden. Die Teilfreistellung gewährt unter bestimmten Voraussetzungen einen steuerfreien Teil, wie es auch für § 3 Nr. 40 EStG im einkommensteuerrechtlichen Rahmen geschieht. Im Gleichklang mit § 3c EStG gibt es gemäß § 21 S. 1 InvStG aufgrund der Teilfreistellung diametral ein anteiliges Abzugsverbot von Betriebsvermögensminderungen, Betriebsausgaben, Veräußerungs- oder Werbungskosten, die mit den Erträgen aus den teilfreigestellten Investmentfondsarten in wirtschaftlichem Zusammenhang stehen. Die Begrifflichkeit des wirtschaftlichen Zusammenhangs in § 21 S. 1 InvStG

1378 Vgl. 4.1.2.3.2.1.

1379 Vgl. BT-Drs. 18/8045, 92.

1380 Vgl. Hey in Tipke/Lang, Steuerrecht, Kap. 11, Rnrn. 11.11 ff. Vgl. zum Halbeinkünfteverfahren: Desens, Das Halbeinkünfteverfahren, Diss., S. 67 ff.

1381 Vgl. BT-Drs. 18/8045, 92; Kammeter, ISR 2016, 99 (103); Ebner, IWB 2017, 479 (479).

ist gleichermaßen wie in § 3c Abs. 2 S. 1 EStG als Veranlassungszusammenhang auszulegen.[1382]

Beim Konzept des Teileinkünfteverfahrens beziehen sich die Begrifflichkeiten – mit wenigen Ausnahmen[1383] – auf Bruttogrößen, d.h. Einnahmen und nicht Einkünfte (vgl. § 2 Abs. 2 S. 1 EStG).[1384] Gleiches gilt grds. für das Teilfreistellungskonzept. Dies folgt nicht zuletzt aus der Tatsache, dass der Gesetzgeber des InvStG das Teileinkünfteverfahren in den §§ 20; 21 InvStG aufgegriffen und in die Investmentbesteuerung implementiert wissen wollte[1385], sondern bereits aus dem Wortlaut der Vorschrift. Dieser knüpft nicht an eine vorherige Saldierung oder Abzüge an, die bspw. wegen der Ebenenbesteuerung etwaig berücksichtigt werden müssten.

Anders als ihr investmentsteuerrechtliches Pendant enthält jedoch § 3 EStG[1386] nicht nur konstitutive Befreiungen, sondern ebenso deklaratorische. Die Vorschrift umfasst damit ebenso solche, die ganz oder teilweise schon nicht unter die sieben Einkunftsarten des § 2 Abs. 1 S. 1 EStG fallen.[1387]

5.3.2.5.1.2 Körperschaftsteuerliches Schachtelprivileg

Ebenfalls vom Ausschluss des § 16 Abs. 3 InvStG ist das körperschaftsteuerliche Schachtelprivileg des § 8b KStG betroffen.

Durch die allgemeine Dividendenfreistellung i.R.d. Gewinnausschüttung zwischen Körperschaften wird vermieden, dass Gewinne, die bei einer Körperschaft bereits einer definitiven Körperschaftsteuer unterlegen haben, bei Weiterausschüttung an eine andere Körperschaft noch einmal mit der Körperschaftsteuer belastet werden.[1388] Leitmotiv war es, Wettbewerbsbenachteiligungen auszugleichen.[1389]

1382 BMF, „Investmentsteuergesetz; Anwendungsfragen zum Investmentsteuergesetz in der ab dem 1. Januar 2018 geltenden Fassung (InvStG)", 21.5.2019 – BStBl. I 2019, 527, Rn. 21.5.

1383 Vgl. Desens in Herrmann/Heuer/Raupach, EStG/KStG, § 3c EStG, Rn. 72.

1384 Vgl. Intemann in Herrmann/Heuer/Raupach, EStG/KStG, § 3 Nr. 40 EStG, Rn. 51; Desens in Herrmann/Heuer/Raupach, EStG/KStG, § 3c EStG, Rn. 51.

1385 Vgl. BT-Drs. 18/8045, 92.

1386 Vgl. überblicksartig: Handzik/Barein/Stickan in Littmann/Bitz/Pust, EStG, § 3, Rn. 10.

1387 Vgl. Bergkemper in Herrmann/Heuer/Raupach, EStG/KStG, § 3 EStG, Rn. 8.

1388 BT-Drs. 14/2683, 120; vgl. Scheffler, Besteuerung von Unternehmen, Bd. 1, Teil 2, Rn. 400.

1389 Vgl. Gosch in Gosch, KStG, § 8b, Rn. 1.

Nach § 8b Abs. 5 S. 1 KStG gelten bspw. von den Bezügen des § 8b Abs. 1 KStG (d.h. Dividenden etc.), die bei der Ermittlung des Einkommens außer Ansatz bleiben, 5 % als Ausgaben, die nicht als Betriebsausgaben abgezogen werden dürfen. Eine Ausnahme von der Steuerbefreiung des § 8b Abs. 1 KStG wird allerdings für Streubesitzdividenden gemäß § 8b Abs. 4 KStG gemacht. Der vorgenannte Grundsatz gilt auch für Veräußerungsgewinne (vgl. § 8b Abs. 2 S. 1, Abs. 3 S. 1 KStG). Dies führt zu einer Steuerbefreiung i.H.v. 95 %. Divergierend zur investmentsteuerrechtlichen Teilfreistellung ist mithin zunächst die Höhe der Steuerfreistellung.

Der erste massive Unterschied ist aber, dass das körperschaftsteuerliche Schachtelprivileg den Betriebsausgabenabzug gerade erlaubt (vgl. § 8b Abs. 3 S. 1, S. 2; Abs. 5 S. 1, S. 2 KStG). Betriebsausgaben i.R.v. steuerfreien (Dividenden-)Erträgen sind in vollem Umfang abzugsfähig, weil das Abzugsverbot des § 3c Abs. 1 EStG nicht gilt. Allerdings sind Gewinnminderungen, die im Zusammenhang mit der Veräußerung entstehen, bei der Ermittlung des Einkommens nicht zu berücksichtigen (§ 8b Abs. 3 S. 3 KStG). § 21 InvStG unterscheidet sich hiervon.

Der zweite Aspekt ist, dass bspw. § 8b Abs. 2, Abs. 3 S. 3 KStG anders als das Teileinkünfte- und Teilfreistellungsverfahren an „Gewinne“ anknüpft, d.h. an eine Nettogröße[1390]. Für Veräußerungsgewinne i.S.d. § 8b Abs. 2 S. 2 KStG wird klargestellt, dass ein Veräußerungsgewinn der Betrag ist, um den der Veräußerungspreis oder der an dessen Stelle tretende Wert nach Abzug der Veräußerungskosten den Wert übersteigt, der sich nach den Vorschriften über die steuerliche Gewinnermittlung im Zeitpunkt der Veräußerung ergibt (Buchwert). Die tatsächlichen Veräußerungskosten haben den Gewinn bereits im steuerfreien Bereich gemindert.[1391]

Mithin unterfallen diese Vorschriften zwar der Regelungssymmetrie[1392], greifen jedoch anders als die Bruttogrößenfreistellungen (vgl. §§ 3 Nr. 40; 3c EStG und §§ 20; 21 InvStG) an einem anderen Punkt i.R.d. Besteuerung an.

1390 Vgl. Watermeyer in Herrmann/Heuer/Raupach, EStG/KStG, § 8b KStG, Rnrn. 71 ff./102; Gosch in Gosch, KStG, § 8b, Rnrn. 195/267; Pung in Dötsch/Pung/Möhlenbrock, KStG, § 8b, Rnrn. 212 f.

1391 Watermeyer in Herrmann/Heuer/Raupach, EStG/KStG, § 8b KStG, Rn. 102.

1392 Vgl. Rengers in Brandis/Heuermann, Ertragsteuerrecht, § 8b KStG, Rn. 281; Gosch in Gosch, KStG, § 8b, Rn. 261; Frotscher in Frotscher/Drüen, KStG, § 8b, Rn. 347.

5.3.2.5.2 Historische Entwicklungsstufen

Im Entwicklungswandel der Vorschrift wurden die Definitionsmaßgaben als Aktien-, Misch- oder Immobilienfonds aus der Norm herausgelöst und in § 2 InvStG implementiert. Dabei ist anzumerken, dass Mischfonds erst mit dem Referentenentwurf[1393] in das Gesetz kamen.

Zudem war die heutige Fassung der Schwellenwerte des § 2 Abs. 6, Abs. 9 InvStG für die Aktien- und Immobilienfondsquoten, die einen Beteiligungssatz oberhalb einer Prozentgrenze fordern („mehr als 50 %"), bis zum Referentenentwurf als Mindestschwelle („mindestens 51 %") formuliert. Die 51-%-Grenze war am inländischen Investmentaufsichtsrecht orientiert.[1394] Dies zeichnete insoweit Auswirkungen, als dass Investmentfonds, deren Anlagebedingungen den maßgeblichen Betrag nicht wert- sondern relationsmäßig abbildeten, nicht unter die Freistellung fielen.

So war ein Investmentfonds, der nach seinen Anlagebedingungen bspw. überwiegend in börsennotierte Aktien investierte, im Ergebnis nicht unter die Aktienteilfreistellung zu subsumieren, da er dies bspw. nur zu 50,1 % tat. In Anbetracht der Tatsache, dass die Quote einer überwiegenden Anlage bereits für ausländische Investmentfonds i.R.e. Billigkeitsregelung[1395] angewandt wurde, diente diese Anpassung nicht zuletzt der Vereinheitlichung der Rechtsanwendung.[1396] Insoweit wird zudem vermieden, dass Anleger die sich aus der Nichtbeanstandungsregelung ergebende Teilfreistellung nur bei positiven Investmenterträgen in Anspruch nehmen, während Verluste in voller Höhe geltend gemacht werden.[1397]

1393 Vgl. BMF, „Referentenentwurf des Bundesministeriums für Finanzen, Entwurf eines Gesetzes zur Reform der Investmentbesteuerung (Investmentsteuerreformgesetz – InvStRefG)", 16.12.2015, S. 18 (abrufbar unter: www.bundesfinanzministerium.de/Content/DE/Gesetzestexte/Gesetze_Gesetzesvorhaben/Abteilungen/Abteilung_IV/18_Legislaturperiode/Gesetze_Verordnungen/2016-07-26-Investmentsteuerreformgesetz/1-Referentenentwurf.pdf?__blob=publicationFile&v=2 – letztes Abrufdatum: 19.10.2021).

1394 BT-Drs. 19/4455, 65.

1395 Vgl. BMF, „Anwendungsfragen zum Investmentsteuergesetz in der am 1. Januar 2008 geltenden Fassung (InvStG 2018); Bestimmung des anwendbaren Teilfreistellungssatzes", 14.6.2017 – DB 2017, 1485.

1396 BT-Drs. 19/4455, 65; vgl. Kleutgens in Moritz/Jesch/Mann, FraKo Kapitalanlagerecht, Bd. 2, 2. Aufl., § 20 InvStG, Rnrn. 35 f.

1397 BT-Drs. 19/4455, 65.

Ferner wurden die Teilfreistellungssätze in ihrer Höhe (bspw. für Aktienfonds i.H.v. 20 %, § 17 Abs. 1 S. 1 InvStG-DiskE[1398]) während des Gesetzgebungsverfahrens geändert. Grund hierfür war die Befürchtung nachteiliger Steuereffekte.[1399]

Um deutlicher zum Ausdruck zu bringen, dass die Verbindlichkeiten bei der Ermittlung der Kapitalbeteiligungsquote grds. unberücksichtigt bleiben, wurde in einer Neuformulierung auf das Aktivvermögen (vgl. § 2 Abs. 9a InvStG) – anstatt auf den Investmentfondswert – abgestellt.[1400] Dies gilt für alle Fondskategorien.[1401]

Auch auf der Investorenebene gab es Veränderungen. So sah der Diskussionsentwurf noch anlegerunabhängige und folglich allgemeingültige Teilfreistellungen vor, d.h. die dort genannten Teilfreistellungssätze galten losgelöst von der Einordnung als privater, betrieblicher Anleger oder Körperschaft. Erst mit dem Referentenentwurf begann die anlegerspezifische Differenzierung in die bekannten Klassifizierungen.

Zudem war bis zum JStG 2019 unklar, ob und wie die in § 20 Abs. 1 bis 3 InvStG genannten Teilfreistellungssätze im Fall einer mittelbaren Beteiligung über Personengesellschaften zum Tragen kamen. Mit § 20 Abs. 3a InvStG wurde dies nunmehr fixiert. Die Freistellungssätze gelten demnach ebenso für Investmentanteile, die mittelbar über Personengesellschaften gehalten werden. Laut der Gesetzesbegründung war die gesetzliche Fixierung aus systematischen Gründen sowie solchen der Rechtssicherheit notwendig und soll gleichzeitig verhindern, dass sich ein Anleger, der mittelbar Investmentanteile hält, im Fall positiver Investmenterträge auf eine Verwaltungsauslegung zur Anwendung der Teilfreistellungen beruft und im Hinblick auf den Abzug von Betriebsvermögensminderungen, Betriebsausgaben u.ä. (vgl. § 21 InvStG) einen Abzug aufgrund einer fehlenden gesetzlichen Grundlage beansprucht.[1402] Ab 2022 wird in der Vorschrift

---

1398 Vgl. BMF, „Diskussionsentwurf des Bundesministeriums für Finanzen, Entwurf eines Gesetzes zur Reform der Investmentbesteuerung (Investmentsteuerreformgesetz – InvStRefG)“, 21.7.2015, S. 10 f. (n.v.).

1399 Vgl. Böcker, NWB 2016, 496 (501 f.); Dyckmans, Ubg 2016, 62 (67); Faller/Wolf/Brielmaier, DB 2016, 488 (491 f.); Kempf/Hirtz, DStR 2016, 1 (3 f.).

1400 BT-Drs. 19/4455, 65.

1401 Vgl. BT-Drs. 19/4455, 65 ff.; BMF, „Investmentsteuergesetz; Anwendungsfragen zum Investmentsteuergesetz in der ab dem 1. Januar 2018 geltenden Fassung (InvStG)“, 21.5.2019 – BStBl. I 2019, 527, Rn. 2.42.

1402 BT-Drs. 19/13436, 177.

ebenfalls auf die Option zur Körperschaftsbesteuerung i.S.d. § 1a KStG Bezug genommen.[1403]

Darüber hinaus waren für gewerbesteuerliche Zwecke die Teilfreistellungen nach dem Diskussionsentwurf nicht anzuwenden, wenn der Investmentfonds von der Gewerbesteuer befreit war. Dies hat sich mit dem Referentenentwurf gewandelt. Der Vorbehalt wurde entfernt und durch eine hälftige Berücksichtigung des Teilfreistellungssatzes ersetzt.

Eine gesetzliche Eigenständigkeit hat im Laufe des Prozesses der anteilige Abzug i.R.d. Teilfreistellung (vgl. § 21 InvStG) sowie die Änderung des Teilfreistellungssatzes (vgl. § 22 InvStG) erfahren. Beide Thematiken wurden zuvor innerhalb der Vorschrift behandelt.

5.3.3 Teilfreistellungssystem (§ 20 Abs. 1 bis 3 InvStG)

Nachfolgend wird die Teilfreistellungskonzeption geschildert. Damit einhergehende anwendungsspezifische sowie systematische Sonderthematiken werden aufgrund der übergreifenden Bedeutung für die Investmentfondstypen im Anschluss eigenständig vorgestellt.

5.3.3.1 Besteuerungskonzeption der Teilfreistellung

Dabei gilt es, hinsichtlich der konzeptionellen Regelungssymmetrie, neben der Teilfreistellung i.S.d. § 20 InvStG auf der Einnahmenseite auch den anteiligen Abzug der Werbungskosten bzw. Betriebsausgaben gemäß § 21 InvStG i.R.d. Ausgabenseite zu umreißen.

5.3.3.1.1 Einnahmenseite: Teilfreistellung

Die Besteuerungskonzeption der Teilfreistellung differenziert zunächst anhand der Regelungstechnik zwischen Aktien- (vgl. § 20 Abs. 1 InvStG), Misch- (vgl. § 20 Abs. 2 InvStG) sowie Immobilienfonds (vgl. § 20 Abs. 3 InvStG). Diese Alternativen werden hinsichtlich ihres Zwecks und ihrer gesetzlichen Ausgestaltung untersucht.

1403 Vgl. BGBl. I 2021, 2050.

5.3.3.1.1.1 Teilfreistellung bei Aktienfonds (§ 20 Abs. 1 InvStG)

5.3.3.1.1.1.1 Zweck der Vorschrift

Aufgrund der Besteuerung sämtlicher Investmenterträge auf Anlegerebene käme es wegen der 15%igen Besteuerung der inländischen Dividenden auf Fondsebene zu einer höheren Belastung von Anlagen in inländischen Aktien im Vergleich zu Renten- und Geldmarktanlagen und es bliebe daneben unberücksichtigt, dass die meisten ausländischen Dividenden steuerlich vorbelastet sind und die DBA regelmäßig keine (vollständige) Erstattung der steuerlichen Vorbelastung vorsehen.[1404] Letztlich würde sich die steuerliche Vorbelastung mittelbar auf den Anleger auswirken.

Dem Vereinfachungsgedanken des InvStG ist es allerdings abträglich, den tatsächlichen Dividendenertrag festzustellen und dem jeweiligen Anteil des Anlegers zuzuordnen.[1405] Daher wird die Höhe des vorbelasteten (Fonds-)Dividendenertragsanteils typisiert und hiernach beim Anleger pauschal die Dividendenvorbelastung mittels des Teilfreistellungsverfahrens gemäß § 20 InvStG i.R.d. Investmenterträge (vgl. § 16 Abs. 1 InvStG) berücksichtigt.[1406]

Maßstabsbildend für die relevanten Typisierungsfaktoren und dementsprechend die Satzhöhe ist die Einordnung in die verschiedenen Anlegertypen. Diese berücksichtigen neben der Vorbelastung auf Investmentfondsebene u.a., dass steuerliche Erleichterungsvorschriften wegen § 16 Abs. 3 InvStG keine Anwendung finden.

5.3.3.1.1.1.2 Ausgestaltung

Gemäß § 20 Abs. 1 InvStG sind bei Aktienfonds Erträge in gewissem Umfang steuerfrei.

Bei den in Bezug genommenen Aktienfonds handelt es sich um Investmentfonds, die gemäß den Anlagebedingungen fortlaufend[1407] mehr als

1404 BT-Drs. 18/8045, 91.
1405 BT-Drs. 18/8045, 91.
1406 BT-Drs. 18/8045, 91.
1407 Fortlaufend meint, dass aus den Anlagebedingungen erkennbar sein muss, dass ein dauerhaftes Erreichen oder Überschreiten der Anlagegrenzen angestrebt wird. BT-Drs. 18/8045, 69.
Im Übrigen gelten die Grundsätze zum wesentlichen Verstoß. Vgl. 5.3.3.2.1.3.

50 % ihres Aktivvermögens[1408] in Kapitalbeteiligungen[1409] anlegen[1410] (§ 2 Abs. 6 S. 1 InvStG). Kapitalbeteiligungen sind dabei insbesondere (1) zum amtlichen Handel an einer Börse zugelassene oder auf einem organisierten Markt notierte Anteile an einer Kapitalgesellschaft sowie (2) sonstige Anteile an einer Kapitalgesellschaft, die keine Immobilien-Gesellschaft[1411] ist und die (a) keiner Steuerbefreiung oder (b) im Drittstaatenfall einer Ertragsbesteuerung von mindestens 15 % unterliegt und zudem nicht von dieser befreit ist (§ 2 Abs. 8 S. 1 Nr. 1, Nr. 2 InvStG). Ferner zählen (3) Investmentanteile an Aktienfonds i.H.v. 51 % des Wertes des Investmentanteils und (4) solche an Mischfonds i.H.v. 25 % des Wertes des Investmentanteils zu den Kapitalbeteiligungen (§ 2 Abs. 8 S. 1 Nr. 3, Nr. 4 InvStG).

1408 Die Höhe des jeweiligen Aktivvermögens bestimmt sich gemäß § 2 Abs. 9a S. 1 InvStG nach dem Wert der Vermögensgegenstände des Investmentfonds ohne Berücksichtigung von Verbindlichkeiten des Investmentfonds (sog. Bruttomethode). Anstelle des Aktivvermögens darf in den Anlagebedingungen auf den Wert des Investmentfonds abgestellt werden (§ 2 Abs. 9a S. 2 InvStG). Einzelheiten dieser Nettomethode folgen aus § 2 Abs. 9a S. 3, S. 4 InvStG. Vgl. BT-Drs. 19/4455, 67 f.
Vgl. zur Eigentümerstellung i.R.d. Berücksichtigung im Aktivvermögen (vgl. § 39 AO): BMF, „Investmentsteuergesetz; Anwendungsfragen zum Investmentsteuergesetz in der ab dem 1. Januar 2018 geltenden Fassung (InvStG)“, 21.5.2019 – BStBl. I 2019, 527, Rn. 2.9; Kleutgens in Moritz/Jesch/Mann, Fra-Ko Kapitalanlagerecht, Bd. 2, 2. Aufl., § 20 InvStG, Rn. 43.

1409 Vgl. BMF, „Investmentsteuergesetz; Anwendungsfragen zum Investmentsteuergesetz in der ab dem 1. Januar 2018 geltenden Fassung (InvStG)“, 21.5.2019 – BStBl. I 2019, 527, Rnrn. 2.6/2.28 ff.; Remmel in Herrmann/Heuer/Raupach, EStG/KStG, § 20 InvStG, Rn. 6; Mann in Brandis/Heuermann, Ertragsteuerrecht, § 20 InvStG, Rn. 17; Bindl/Mager, BB 2016, 2711 (2716); Hagen/Schober, BB 2019, 1630 (1632 ff.); Herr/Stiefel, DStR 2019, 908 (909 ff.).

1410 Auf die tatsächliche Anlage kommt es insoweit nicht an, sondern vielmehr auf die Maßgaben der Anlagebedingungen. Vgl. Link in Herrmann/Heuer/Raupach, EStG/KStG, § 2 InvStG, Rn. 12; Helios/Mann, DB-S 2016, 1 (16).
Dies eröffnet einen entsprechenden Gestaltungsspielraum. Trencsik, StuW 2014, 286 (295).

1411 Weshalb das Gesetz (bspw. § 2 Abs. 8 S. 1 Nr. 2, Abs. 9 S. 1, S. 3 InvStG; § 1 Abs. 19 Nr. 22 KAGB) sowie das BMF (bspw. BMF, „Investmentsteuergesetz; Anwendungsfragen zum Investmentsteuergesetz in der ab dem 1. Januar 2018 geltenden Fassung (InvStG)“, 21.5.2019 – BStBl. I 2019, 527, Rnrn. 2.34 ff.) von „Immobilien-Gesellschaften“ und demgegenüber die Gesetzesmaterialien (bspw. BT-Drs. 18/8045, 70) von „Immobiliengesellschaften“ sprechen, bleibt unklar. Dass es sich dabei um das identische Konstrukt handelt, ergibt sich aus dem jeweiligen Kontext. Im weiteren Verlauf der Arbeit wird sich allerdings, aufgrund der besseren Nachvollziehbarkeit an der Terminologie des Gesetzeswortlauts orientiert.

Beteiligungen, die keine Kapitalbeteiligungen darstellen, sind in § 2 Abs. 8 S. 4, S. 5 InvStG genannt.

Für Dach-Investmentfonds (vgl. § 2 Abs. 5 S. 1 InvStG[1412]), die nicht explizit vom Wortlaut des § 20 InvStG betroffen sind, gestaltet sich die Ermittlung der Quoten nach den in § 2 Abs. 6 bis 9 InvStG genannten Besonderheiten.[1413]

Die Aktienteilfreistellung beträgt für Privatanleger 30 %, für betriebliche Anleger 60 % und für Körperschaften 80 % (vgl. § 20 Abs. 1 S. 1 bis 3 InvStG). Basis dieser Quotenkalibrierung sind wissenschaftliche Studien, welche die durchschnittlichen Dividendenerträge errechneten und die hierauf entfallende Vorbelastung zugrunde legten.[1414] Auf Investorenebene berücksichtigen die höheren Freistellungssätze für betriebliche und bestimmte körperschaftsteuerpflichtige Anleger in pauschalierter Form die Steuerbefreiung von Veräußerungsgewinnen aus Aktien nach § 3 Nr. 40

1412 Ein Dach-Investmentfonds ist ein Investmentfonds, der Investmentanteile an einem anderen Investmentfonds (Ziel-Investmentfonds) hält (§ 2 Abs. 5 S. 1 InvStG). Für steuerrechtliche Zwecke handelt es sich bei einem (Spezial-)Investmentfonds, der Anteile an einem anderen Ziel-Investmentfonds hält, um einen Dach-Investmentfonds. BMF, „Investmentsteuergesetz; Anwendungsfragen zum Investmentsteuergesetz in der ab dem 1. Januar 2018 geltenden Fassung (InvStG)", 21.5.2019 – BStBl. I 2019, 527, Rn. 2.5.
Demgegenüber ist nach § 2 Abs. 5 S. 2 InvStG ein Dach-Spezial-Investmentfonds ein Spezial-Investmentfonds, der Spezial-Investmentanteile an einem anderen Spezial-Investmentfonds (Ziel-Spezial-Investmentfonds) hält. Ein Dach-Spezial-Investmentfonds kann gleichzeitig ein Dach-Investmentfonds sein, soweit er Anteile an einem Investmentfonds hält. BMF, „Investmentsteuergesetz; Anwendungsfragen zum Investmentsteuergesetz in der ab dem 1. Januar 2018 geltenden Fassung (InvStG)", 21.5.2019 – BStBl. I 2019, 527, Rn. 2.5.

1413 Maßgeblich sind für Aktienfonds § 2 Abs. 6 S. 2, S. 3, Abs. 8 S. 1 Nr. 3, S. 2 InvStG, für Mischfonds § 2 Abs. 7 S. 2, S. 3; Abs. 8 S. 1 Nr. 4, S. 3 InvStG und für Immobilienfonds § 2 Abs. 9 S. 4 ff. InvStG. Vgl. BT-Drs. 19/4455, 66 f.; BMF, „Investmentsteuergesetz; Anwendungsfragen zum Investmentsteuergesetz in der ab dem 1. Januar 2018 geltenden Fassung (InvStG)", 21.5.2019 – BStBl. I 2019, 527, Rnrn. 2.14 ff.; Hartmann in Bödecker/Ernst/Hartmann, BeckOK InvStG, 10. Ed., § 2, Rnrn. 111 ff.; Elser in Beckmann/Scholtz/Vollmer, Investment, § 20 InvStG, Rnrn. 21 ff.; Kleutgens in Moritz/Jesch/Mann, FraKo Kapitalanlagerecht, Bd. 2, 2. Aufl., § 20 InvStG, Rnrn. 81 ff.; Bindl/Mager, BB 2016, 2711 (2720); Dyckmans, Ubg 2016, 62 (71); Stadler/Bindl, DStR 2016, 1953 (1960); Herr/Stiefel, DStR 2019, 908 (912); Jansen/Greger, RdF 2019, 132 (134 f.).

1414 BT-Drs. 18/8045, 91.
Vgl. zur verfassungsrechtlichen Einordnung der Teilfreistellungssätze: 5.3.7.2.1.

EStG oder nach § 8b Abs. 2 KStG.[1415] Letztlich dient dies der wirtschaftlichen Annäherung an vergleichbare Anlagekonzeptionen als ökonomischer Maßstab.

Die erhöhten Aktienteilfreistellungen (vgl. § 20 Abs. 1 S. 2, S. 3 InvStG) stehen unter dem Vorbehalt der in § 20 Abs. 1 S. 4 InvStG beiden genannten Gruppen. Das bedeutet, dass sie nicht zur Anwendung kommen, wenn (a) der Anleger ein Lebens- oder Krankenversicherungsunternehmen ist und der Investmentanteil den Kapitalanlagen zuzurechnen ist oder (b) der Anleger ein Institut oder Unternehmen nach § 3 Nr. 40 S. 3 EStG oder nach § 8b Abs. 7 KStG ist und der Investmentanteil dem Handelsbestand i.S.d. § 340e Abs. 3 HGB zuzuordnen oder zum Zeitpunkt des Zugangs zum Betriebsvermögen als Umlaufvermögen auszuweisen ist. Hintergrund ist die steuerliche Gleichbehandlung mit der Direktanlage und der sinngemäßen Anwendung der entsprechenden Vorschriften (vgl. § 8b Abs. 8 KStG sowie § 8b Abs. 7 KStG; § 3 Nr. 40 EStG).[1416] Schließlich werden hierdurch die steuerlichen Erleichterungsvorschriften für den benannten Unternehmenskreis ausgeschlossen; die Anwendung erhöhter Teilfreistellungssätze wäre in diesen Fällen nicht sachgerecht, da diese in Anlehnung an die Steuerfreistellung in der Direktanlage bemessen sind.[1417] Diese Ausnahme gilt entsprechend, wenn der Anleger ein Pensionsfonds ist (§ 20 Abs. 1 S. 5 InvStG).

5.3.3.1.1.2 Teilfreistellung bei Mischfonds (§ 20 Abs. 2 InvStG)

Im Lichte der identischen Maßgaben zum Zweck der Teilfreistellung für Aktienfonds wurden die Mischfonds ausgestaltet.

Mischfonds sind gemäß § 2 Abs. 7 S. 1 InvStG Investmentfonds, die gemäß den Anlagebedingungen fortlaufend mindestens 25 % ihres Aktivvermögens in Kapitalbeteiligungen anlegen. Für sie gelten – im Vergleich zur Teilfreistellung für Aktienfonds – die hälftigen Teilfreistellungssätze. Im Übrigen gilt das zu den Aktienfonds[1418] Ausgeführte entsprechend, da es

1415 BT-Drs. 18/8045, 91.

1416 Vgl. BMF, „Investmentsteuergesetz; Anwendungsfragen zum Investmentsteuergesetz in der ab dem 1. Januar 2018 geltenden Fassung (InvStG)“, 21.5.2019 – BStBl. I 2019, 527, Rnrn. 20.8 ff.

1417 Hahne/Völker, Investmentsteuerrecht visuell, S. 118 ff.; vgl. Remmel in Herrmann/Heuer/Raupach, EStG/KStG, § 20 InvStG, Rn. 9.

1418 Vgl. 5.3.3.1.1.1.

sich gesetzestechnisch bei Mischfonds um einen Unterfall der Aktienfonds handelt.[1419]

5.3.3.1.1.3 Teilfreistellung bei Immobilienfonds (§ 20 Abs. 3 InvStG)

5.3.3.1.1.3.1 Zweck der Vorschrift

Die Teilfreistellung für Immobilienfonds ist eine ebenso die steuerlichen Belastungskomponenten berücksichtigende Größe i.R.d. Besteuerung auf Anlegerebene. Denn wie bei Dividenden wird ebenso bei inländischen Immobilienerträgen das Besteuerungsrecht Deutschlands durch eine Besteuerung auf Ebene des Investmentfonds gesichert, wohingegen es bei ausländischen Immobilienerträgen eines Investmentfonds fast ausnahmslos auch zu einer Besteuerung durch den Belegenheitsstaat der Immobilie kommt.[1420] Um diese steuerliche Vorbelastung zu berücksichtigen und die Anlage in Immobilienfonds weiterhin attraktiv zu gestalten werden die Erträge aus Immobilienfonds teilweise von der Besteuerung freigestellt.[1421]

5.3.3.1.1.3.2 Ausgestaltung

§ 20 Abs. 3 InvStG stellt bei den Anlegern Erträge aus Immobilienfonds steuerfrei.

Immobilienfonds sind Investmentfonds, die gemäß den Anlagebedingungen fortlaufend[1422] mehr als 50 % ihres Aktivvermögens[1423] in Immobilien[1424] und Immobilien-Gesellschaften[1425] anlegen (§ 2 Abs. 9 S. 1 InvStG). Für den Begriff der Immobilien-Gesellschaft ist § 1 Abs. 19 Nr. 22 KAGB maßgeblich.[1426]

1419 Vgl. Mann in Brandis/Heuermann, Ertragsteuerrecht, § 20 InvStG, Rn. 25.

1420 BT-Drs. 18/8045, 91.

1421 BT-Drs. 18/8045, 91.

1422 Insoweit gelten grds. die Ausführungen zur fortlaufenden Anlage i.R.v. Aktien- und Mischfonds entsprechend. Vgl. 5.3.3.1.1.1.2.
Im Übrigen gelten die Grundsätze zum wesentlichen Verstoß. Vgl. 5.3.3.2.1.3.

1423 Vgl. 5.3.3.1.1.1.2.

1424 Vgl. § 1 Abs. 19 Nr. 21 KAGB; Hahne/Schober, BB 2021, 86 (87).

1425 Vgl. § 1 Abs. 19 Nr. 22 KAGB; Hahne/Schober, BB 2021, 86 (88 f.); 5.3.3.1.1.1.2.

1426 BT-Drs. 18/8045, 70.

Die Immobilienteilfreistellung der Investmenterträge beträgt einheitlich 60 % (vgl. § 20 Abs. 3 S. 1 InvStG). Auf die einzelnen Anlegergruppen kommt es nicht an. Hinsichtlich des Ansatzes wird die auf Ebene des Immobilienfonds bzgl. der inländischen Einkünfte entstandene Vorausbelastung neutralisiert und eine Doppelbesteuerung hinsichtlich der ausländischen Einkünfte (DBA-Privilegien werden nicht mehr durch den Fonds gespiegelt) weitgehend abgemildert, zum Teil sogar überkompensiert.[1427]

Es ist zu beachten, dass die 60%ige Teilfreistellung i.R.e. Auslandsbezugs zu einer 80%igen wird (vgl. § 20 Abs. 3 S. 2 InvStG). Hierfür müssen gemäß § 2 Abs. 9 S. 2 InvStG entsprechend den Anlagebedingungen fortlaufend mehr als 50 % in ausländische Immobilien sowie Auslands-Immobiliengesellschaften angelegt werden. Auslands-Immobiliengesellschaften sind Immobilien-Gesellschaften, die ausschließlich[1428] in ausländische Immobilien investieren (§ 2 Abs. 9 S. 3 InvStG). Unerheblich ist, ob es sich um eine im In- oder Ausland errichtete oder ansässige Gesellschaft handelt.[1429] Hintergrund dieser Erhöhung ist, dass die Teilfreistellung für inländische Immobilienfonds nicht mehr ausreicht, um die Vorbelastung mit ausländischen Steuern hinreichend zu berücksichtigen.[1430]

Investmentanteile an (Auslands-)Immobilienfonds gelten i.H.v. 51 % des Werts des Investmentanteils als Immobilien (§ 2 Abs. 9 S. 4 InvStG).[1431]

Die Anwendung der Immobilienteilfreistellung oder der Auslands-Immobilienteilfreistellung schließt die Anwendung der Aktienteilfreistellung aus (§ 20 Abs. 3 S. 3 InvStG).

1427 BT-Drs. 18/8045, 91.

1428 Der Wortlaut „ausschließlich" legt nahe, dass eine Auslands-Immobiliengesellschaft, die zu 99 % in ausländische Immobilien investiert und zu 1 % an deutschen Immobilien beteiligt ist, grds. aus diesem Kriterium herausfällt. Vgl. Mann in Brandis/Heuermann, Ertragsteuerrecht, § 20 InvStG, Rn. 36; **a.A.:** Link in Herrmann/Heuer/Raupach, EStG/KStG, § 2 InvStG, Rn. 20a; Bindl/Mager, BB 2016, 2711 (2716); Stadler/Bindl, DStR 2016, 1953 (1959).
Dieser absolutistischen Sichtweise widerspricht das BMF. Andere Vermögensgegenstände, die im Zusammenhang mit ausländischen Immobilien stehen und im Verhältnis zu den Immobilien wirtschaftlich unbedeutend sind, verhindern nicht die Qualifikation einer Immobilien-Gesellschaft, die ansonsten ausschließlich in ausländische Immobilien investiert, als Auslands-Immobiliengesellschaft. BMF, „Investmentsteuergesetz; Anwendungsfragen zum Investmentsteuergesetz in der ab dem 1. Januar 2018 geltenden Fassung (InvStG)", 21.5.2019 – BStBl. I 2019, 527, Rn. 20.10.

1429 Link in Herrmann/Heuer/Raupach, EStG/KStG, § 2 InvStG, Rn. 20a.

1430 Vgl. BT-Drs. 18/8045, 92.

1431 Vgl. Hahne/Schober, BB 2021, 86 (89 f.).

5.3.3.1.1.4 Zusammenfassung der Teilfreistellungssätze

Überblicksartig gestalten sich die Teilfreistellungssätze (vgl. § 20 Abs. 1 bis 3 InvStG), vorbehaltlich der Ausnahme des § 20 Abs. 1 S. 4 InvStG und in Orientierung an der Fondskategorien-Richtlinie der BaFin[1432], wie nachfolgend zusammengefasst.

	Privatanleger	Betriebliche Anleger (natürliche Personen)	Körperschaften
Aktienfonds	30 %	60 %	80 %
Mischfonds	15 %	30 %	40 %
Immobilienfonds	60 %	60 %	60 %
Immobilienfonds mit überwiegend Auslandsimmobilien, Auslands-Immobiliengesellschaften	80 %	80 %	80 %

Abbildung 18: Teilfreistellungssätze.

Quelle: Vgl. BMF, „Investmentsteuergesetz; Anwendungsfragen zum Investmentsteuergesetz in der ab dem 1. Januar 2018 geltenden Fassung (InvStG)", 21.5.2019 – BStBl. I 2019, 527, Rn. 20.5.

5.3.3.1.2 Ausgabenseite: Beschränkte Abzugsfähigkeit (§ 21 InvStG)

Betriebsvermögensminderungen, Betriebsausgaben, Veräußerungskosten oder Werbungskosten, die mit den Erträgen aus Aktien-, Misch- oder Immobilienfonds in wirtschaftlichem Zusammenhang[1433] stehen, dürfen unabhängig davon, in welchem Veranlagungszeitraum die Betriebsvermögensmehrungen oder Einnahmen anfallen, bei der Ermittlung der Einkünfte in dem prozentualen Umfang nicht abgezogen werden, wie auf die Erträge eine Teilfreistellung anzuwenden ist (§ 21 S. 1 InvStG). Entspre-

1432 Vgl. Art. 2 BaFin, „Fondskategorien-Richtlinie", 22.7.2013 (abrufbar unter: www.bafin.de/SharedDocs/Veroeffentlichungen/DE/Aufsichtsrecht/Richtlinie/rl_130722_fondskategorien.html – letztes Abrufdatum: 19.10.2021); BT-Drs. 18/8045, 69.

1433 Dabei kommt es auf den Veranlassungszusammenhang an. Vgl. BMF, „Investmentsteuergesetz; Anwendungsfragen zum Investmentsteuergesetz in der ab dem 1. Januar 2018 geltenden Fassung (InvStG)", 21.5.2019 – BStBl. I 2019, 527, Rn. 21.5.

chendes gilt nach § 21 S. 2 InvStG, wenn bei der Ermittlung der Einkünfte der Wert des Betriebsvermögens oder des Anteils am Betriebsvermögen oder die Anschaffungs- oder Herstellungskosten oder der an deren Stelle tretende Wert mindernd zu berücksichtigen sind. Ausreichend für Vorgenanntes ist die Absicht zur Erzielung von Betriebsvermögensmehrungen oder von Erträgen aus Aktien-, Misch- oder Immobilienfonds (§ 21 S. 3 InvStG).

Die Vorschrift greift den Rechtsgedanken des § 3c Abs. 2 EStG auf.[1434] Sie gilt indes im Gegensatz zum Teileinkünfteverfahren nicht nur bei natürlichen Personen, sondern ebenso dann, wenn der Anleger eine Kapitalgesellschaft oder ein anderes Körperschaftsteuersubjekt ist.[1435]

5.3.3.2 Sonderprobleme

Gleichgerichtet zu den nämlichen Grundaussagen des § 20 Abs. 1 bis 3 InvStG bestehen ebenso anwendungsspezifische und systematische Fragestellungen.

5.3.3.2.1 Anwendungsspezifische Aspekte

Die Teilfreistellung wirft anwendungsspezifische Fragestellungen in den Bereichen der Erfassung und Änderung des Teilfreistellungssatzes, der Liquiditätseffekte und hinsichtlich der Wesentlichkeit von Verstößen gegen die Anlagebedingungen auf.

5.3.3.2.1.1 Erfassung und Änderung des Teilfreistellungssatzes

5.3.3.2.1.1.1 Quoteninterferenzen

Eine Kombination der verschiedenen Teilfreistellungen ist nicht vorgesehen, selbst wenn diese unter Heranziehung der Quoten rein rechnerisch möglich wären. Gedacht sei nur an einen Fonds, der zu 51 % in inländische Immobilien und zeitgleich zu 26 % in Aktien investiert ist. Dies würde grds. die kumulative Anwendung zweier Teilfreistellungsquoten

1434 BT-Drs. 18/8045, 92.
1435 BT-Drs. 18/8045, 92.

(Misch- und Immobilienfonds i.S.d. § 20 Abs. 2, Abs. 3 S. 1; 2 Abs. 7 S. 1, Abs. 9 S. 1 InvStG) bedeuten.

Das Gesetz gibt jedoch anhand der konkreten Typisierungszuordnung in diesen Interferenzfällen nur einen Teilfreistellungssatz vor. Dies zeigt sich deutlich an § 20 Abs. 3 S. 3 InvStG. Hiernach schließt die Immobilienteilfreistellung die Anwendung der Aktienteilfreistellung aus. So wird eine doppelte Berücksichtigung der Teilfreistellung ausgeschlossen, wobei die höhere Immobilienteilfreistellung den Vorrang genießt.[1436] Vergleichbares gilt ebenso für die Mischfondsteilfreistellung. Technisch versteht der Gesetzgeber die Teilfreistellung für Mischfonds nämlich nur als Unterfall der Aktienteilfreistellung.[1437]

Eine Überschneidung zwischen der Aktien- sowie der Mischfondsteilfreistellung ist daher bereits aufgrund des Regelungskonzepts ausgeschlossen. Beide knüpfen an ein quotenmäßiges Investment in Kapitalbeteiligungen an. Daraus ergibt sich, dass – alternativ – entweder nur die erstere oder letztlich beide Quoten erfüllt werden. Die jeweils höhere ist dann maßgebend, sofern die Anlagebedingungen dies konkret vorgeben bzw. der entsprechende Nachweis (vgl. § 20 Abs. 4 InvStG) gelingt.

5.3.3.2.1.1.2 Änderung des Teilfreistellungssatzes

Soweit sich der anwendbare Teilfreistellungssatz ändert oder die Voraussetzungen der Teilfreistellung wegfallen, gilt gemäß § 22 Abs. 1 S. 1 InvStG der Investmentanteil als veräußert und am Folgetag als angeschafft. Es kommt mithin zu einer fingierten steuerlich relevanten Realisation mit entsprechenden Modifikationen. Ohne die Regelung wäre es möglich, übermäßige Ausschüttungen unter Anwendung eines Teilfreistellungssatzes vorzunehmen, anschließend die Anlagebedingungen so abzuändern, dass keine Teilfreistellung mehr gewährt wird, und dann Verluste aus der Veräußerung des Investmentanteils voll steuerlich zum Abzug zu bringen.[1438]

Nach dem BMF ist unter § 22 Abs. 1 S. 1 Alt. 1 InvStG (Änderung des Teilfreistellungssatzes) die Konstellation zu subsumieren, bei welcher der

---

1436 Vgl. BT-Drs. 18/8045, 92; Mann in Brandis/Heuermann, Ertragsteuerrecht, § 20 InvStG, Rn. 31; Mann in Weitnauer/Boxberger/Anders, KAGB, § 20 InvStG, Rn. 12.

1437 Mann in Brandis/Heuermann, Ertragsteuerrecht, § 20 InvStG, Rn. 25.

1438 BT-Drs. 18/8045, 93.

Investmentfonds seine Anlagebedingungen dergestalt ändert, dass die Kapitalbeteiligungs- bzw. Immobilienfondsquote nicht mehr erreicht oder – umgekehrt – erstmalig erreicht wird.[1439] Diesem Ansatz wird in der Literatur in Bezug auf die erstmalige Quotenerfüllung widersprochen.[1440] Eine Änderung des Teilfreistellungssatzes bedinge nach dem Wortlaut das vorherige Erfüllen eines anderen Teilfreistellungssatzes. Dies ist unter Zugrundelegung des Gesetzeswortlauts zu befürworten.

Ebenso wenig sind – aufgrund der Formulierung der Vorschrift, welche von der Änderung des Teilfreistellungssatzes und nicht von derjenigen der Teilfreistellungsquoten spricht – Fälle, bei denen es zu einer Änderung der Teilfreistellungszuordnung bei gleichbleibendem Teilfreistellungssatz kommt, von § 22 Abs. 1 S. 1 Alt. 1 InvStG abgedeckt.[1441] Der Wortlaut differenziert hier klar. Daher ist es unschädlich, wenn bspw. ein betrieblicher Anleger zunächst in einen inländischen Immobilienfonds (Teilfreistellung i.H.v. 60 %) investiert und dieser im Anschluss seine Anlagebedingungen hin zu einem Aktienfonds (Teilfreistellung i.H.v. 60 %) ändert.

Zu einer entsprechenden Änderung des Teilfreistellungssatzes kann es auch i.R.e. Verschmelzung nach § 23 InvStG kommen. Voraussetzung ist, dass der anzuwendende Teilfreistellungssatz des übertragenden von demjenigen des übernehmenden Investmentfonds abweicht.[1442]

Dabei ist § 22 Abs. 1 S. 1 Alt. 1 InvStG bereits vom Wortlaut her nicht nur auf aktive Handlungen des Anlegers limitiert, sondern umfasst ebenso externe Vorgänge.[1443] Mit den besseren Argumenten – insbesondere der Tatsache, dass Merkmaländerungen regelmäßig eine Realisation (vgl.

1439 BMF, „Investmentsteuergesetz; Anwendungsfragen zum Investmentsteuergesetz in der ab dem 1. Januar 2018 geltenden Fassung (InvStG)“, 21.5.2019 – BStBl. I 2019, 527, Rn. 22.2.

1440 Vgl. Remmel in Herrmann/Heuer/Raupach, EStG/KStG, § 22 InvStG, Rn. 5; Mann in Brandis/Heuermann, Ertragsteuerrecht, § 22 InvStG, Rn. 7.

1441 Vgl. Mann in Brandis/Heuermann, Ertragsteuerrecht, § 22 InvStG, Rn. 7; Mann in Weitnauer/Boxberger/Anders, KAGB, § 22 InvStG, Rn. 3; Mertesdorf-Perathoner in Bödecker/Ernst/Hartmann, BeckOK InvStG, 10. Ed., § 22, Rn. 23; Ebner, RdF 2017, 305 (310).

1442 BMF, „Investmentsteuergesetz; Anwendungsfragen zum Investmentsteuergesetz in der ab dem 1. Januar 2018 geltenden Fassung (InvStG)“, 21.5.2019 – BStBl. I 2019, 527, Rn. 23.23.

1443 Vgl. Remmel in Herrmann/Heuer/Raupach, EStG/KStG, § 22 InvStG, Rn. 5; Mann in Brandis/Heuermann, Ertragsteuerrecht, § 22 InvStG, Rn. 7; Mann in Weitnauer/Boxberger/Anders, KAGB, § 22 InvStG, Rn. 3; Mertesdorf-Perathoner in Bödecker/Ernst/Hartmann, BeckOK InvStG, 10. Ed., § 22, Rn. 23; Elser in Beckmann/Scholtz/Vollmer, Investment, § 22 InvStG, Rn. 18; Ebner, RdF 2017, 305 (309).

§ 2 Abs. 13 InvStG) auslösen – ist bzw. war das aber im Ausgangspunkt grds. nicht auf anlegerbezogene Änderungen, insbesondere den Steuerstatuswechsel, zu beziehen.[1444] Die (ordentlichen) Realisierungstatbestände stellen eine tatsächliche Veräußerung dar und gehen der Fiktion des § 22 InvStG vor.[1445] Allerdings wurden mit § 22 Abs. 2 S. 3 bis 6 InvStG nachträglich entsprechende (Sonder-)Vorschriften geschaffen, welche dazu führen, dass auch anlegerspezifische Änderungen mitumfasst sind.

Demgegenüber sieht § 22 Abs. 1 S. 1 Alt. 2 InvStG einen vollständigen Wegfall der Voraussetzungen der Teilfreistellung vor. Dies kann entweder in einer Änderung – insoweit, dass er anschließend weder als Aktien-, Misch- noch Immobilienfonds qualifiziert – oder der Abschaffung der Anlagebedingungen begründet sein.[1446] Denkbar ist überdies, dass der Investmentfonds zwar seine Anlagebedingungen unverändert beibehält, aber tatsächlich in Vermögensgegenstände investiert, die nicht als die erforderlichen Vermögensgegenstände qualifizieren und vom Investmentfonds fälschlicherweise als solche eingeordnet wurden.[1447]

Die Veräußerungs- und Anschaffungsfiktion greift auch i.R.d. individuellen Nachweises gemäß § 20 Abs. 4 InvStG. Der Investmentanteil gilt mit Ablauf des Veranlagungszeitraums als veräußert, wenn der Anleger in dem Veranlagungszeitraum den Nachweis nach § 20 Abs. 4 InvStG erbringt und in dem folgenden Veranlagungszeitraum keinen Nachweis oder einen Nachweis für einen anderen Teilfreistellungssatz erbringt (§ 22 Abs. 1 S. 2 InvStG). Die Norm stellt jedoch kein Wahlrecht des Anlegers dar, sondern es ist vielmehr weiterhin der bisherige Teilfreistellungssatz und keine Veräußerungsfiktion anzuwenden, wenn sich aus öffentlich zugänglichen Quellen die Voraussetzungen für den bisherigen Teilfreistellungssatz feststellen lassen.[1448] In diesen Konstellationen, d.h., wenn der Anleger den

---

1444 Vgl. Remmel in Herrmann/Heuer/Raupach, EStG/KStG, § 22 InvStG, Rn. 5; Mertesdorf-Perathoner in Bödecker/Ernst/Hartmann, BeckOK InvStG, 10. Ed., § 22, Rn. 23; Ebner, RdF 2017, 305 (309); **a.A.:** Mann in Brandis/Heuermann, Ertragsteuerrecht, § 22 InvStG, Rn. 7; Mann in Weitnauer/Boxberger/Anders, KAGB, § 22 InvStG, Rn. 3; Elser in Beckmann/Scholtz/Vollmer, Investment, § 22 InvStG, Rn. 19.

1445 Ebner, RdF 2017, 305 (309).

1446 Vgl. Remmel in Herrmann/Heuer/Raupach, EStG/KStG, § 22 InvStG, Rn. 5; Mann in Brandis/Heuermann, Ertragsteuerrecht, § 22 InvStG, Rn. 9; Ebner, RdF 2017, 305 (310).

1447 Elser in Beckmann/Scholtz/Vollmer, Investment, § 22 InvStG, Rn. 21.

1448 BMF, „Investmentsteuergesetz; Anwendungsfragen zum Investmentsteuergesetz in der ab dem 1. Januar 2018 geltenden Fassung (InvStG)“, 21.5.2019 – BStBl. I 2019, 527, Rn. 22.7; vgl. Mertesdorf-Perathoner in Bödecker/Ernst/

Nachweis nach § 20 Abs. 4 InvStG im folgenden Veranlagungszeitraum erbringen kann, dies zu Gestaltungszwecken aber bewusst unterlässt, ist § 22 Abs. 1 S. 2 InvStG teleologisch zu reduzieren, denn Sinn und Zweck der Vorschrift ist gerade das Unterbinden der Teilfreistellung zu gestalterischen Zwecken.[1449]

Was Veräußerungserlös und Anschaffungskosten sind, regelt § 22 Abs. 2 InvStG für beide Sachverhaltsgruppen. Der Gewinn aus der fiktiven Veräußerung gilt in dem Zeitpunkt als zugeflossen, in dem der Investmentanteil tatsächlich veräußert wird oder als veräußert gilt (§ 22 Abs. 3 S. 1 InvStG). Damit führt § 22 InvStG nicht zu einer vorzeitigen Besteuerung, sondern nur zu einer sachgerechten Aufteilung der Bemessungsgrundlage für den Veräußerungsgewinn.[1450] Der Anleger wird damit anders als im Fall der Vorabpauschale[1451] erst dann besteuert, wenn er den Wertzuwachs durch die Veräußerung realisiert hat.[1452]

5.3.3.2.1.2 Liquiditätseffekte

5.3.3.2.1.2.1 Mehrbelastung von privaten Kleinanlegern: Sparer-Pauschbetrag

Die Intention der Teilfreistellung ist die Kompensation der steuerlichen Vorbelastung auf Investmentfondsebene beim Anleger.

Diese Rechnung des Gesetzgebers geht allerdings nur in der Konstellation auf, in welcher der Anleger Erträge oberhalb des Sparer-Pauschbetrags von 801 € bzw. 1.602 € (vgl. § 20 Abs. 9 S. 1, S. 2 EStG) erwirtschaftet. In den anderen Fällen stellt sich als Ausfluss der separaten Besteuerung auf der Investoren- sowie der Investmentfondsebene sogar eine Mehrbelastung

Hartmann, BeckOK InvStG, 10. Ed., § 22, Rn. 39; **a.A.:** Remmel in Herrmann/Heuer/Raupach, EStG/KStG, § 22 InvStG, Rn. 6.

1449 Mann in Brandis/Heuermann, Ertragsteuerrecht, § 22 InvStG, Rn. 10; vgl. BMF, „Investmentsteuergesetz; Anwendungsfragen zum Investmentsteuergesetz in der ab dem 1. Januar 2018 geltenden Fassung (InvStG)“, 21.5.2019 – BStBl. I 2019, 527, Rn. 22.8; Remmel in Herrmann/Heuer/Raupach, EStG/KStG, § 22 InvStG, Rn. 6; Mertesdorf-Perathoner in Bödecker/Ernst/Hartmann, BeckOK InvStG, 10. Ed., § 22, Rn. 39.

1450 BT-Drs. 18/8045, 93.

1451 Vgl. 5.2.7.3.1.3.1.

1452 Sanning, Systemgerechtigkeit im Spannungsfeld von Investmentsteuerrecht und Hinzurechnungsbesteuerung, Diss., S. 82.

des Steuerpflichtigen ein. Denn insoweit kommt der Anleger nicht in den Genuss der Teilfreistellung, da er i.R.d. Anlegerbesteuerung ohnehin keine Steuer zahlen müsste. Gleichwohl muss er die Besteuerung auf Investmentfondsebene – ohne eine Verrechnungsmodalität – dulden. Dies führt zu einer faktischen Steuererhöhung für den Kleinanleger.[1453]

Rechnerisch lässt sich dieses Dilemma der Ebenenbesteuerung und dem Ausbleiben der Teilfreistellung aufgrund des geringen Ertrags (unterhalb des Sparer-Pauschbetrags) etwa an einem Privatanleger, der an einem ausschüttenden Immobilienfonds[1454] beteiligt ist, verdeutlichen.

	Direktanlage	Investmentanlage
Ausschüttung des Assets	800 €	
Davon Steuer auf Investmentfondsebene	-	120 € (= 800 € x 15 %)
Verbleibender Rest für Ausschüttungen an den Anleger	800 €	680 € (= 800 € ./. 120 €)
Teilfreistellung auf Anlegerebene	-	408 € (= 680 € x 60 %) Dies ist insoweit irrelevant, da Ausschüttungen < Sparer-Pauschbetrag.
davon Steuer auf Anlegerebene	0 € (vgl. § 20 Abs. 9 S. 1 EStG)	0 € (vgl. § 20 Abs. 9 S. 1 EStG)
Faktische Gesamtsteuerlast	**0 €**	**120 €**

Annahmen: Ausschüttender Immobilienfonds; Steuer auf Fondsebene i.H.v. 15 % (ohne SolZ); Immobilienteilfreistellung i.H.v. 60 %.

Tabelle 6: Mehrbelastung privater Kleinanleger. Eigene Darstellung.

1453 Vgl. Höring, DStZ 2015, 835 (844); Meinert, NWB 2015, 2416 (2420); Maier, FR 2016, 121 (122); BVI/BVR/BdB/DSGV/VÖB/VDP, Stellungnahme, 1.9.2015, S. 17 (Anlage) (abrufbar unter: www.bvi.de/fileadmin/user_upload/Regulierung/Positionen/Investmentsteuerreform/2015-09-01_BVI-DK-Stn_DiskussionsE_BMF_InvStReform.pdf – letztes Abrufdatum: 19.10.2021); BDL, Stellungnahme, 15.1.2016, S. 1 (Anlage) (abrufbar unter: www.bvl-verband.de/fileadmin/steuerpolitik/bdl-stellungnahmen/2016/SN_16_01_15.pdf – letztes Abrufdatum: 19.10.2021); DAI, Stellungnahme, 15.1.2016, S. 6 (abrufbar unter: www.dai.de/files/dai_usercontent/dokumente/positionspapiere/2016-01-15%20Positionspapier%20DAI%20InvStRefG-E%20Referentenentwurf.pdf – letztes Abrufdatum: 19.10.2021).

1454 Vgl. 5.3.3.1.1.3.

5.3.3.2.1.2.2 Beschränkte Abzugsfähigkeit und Sparer-Pauschbetrag

§ 21 S. 1 InvStG sieht im Zuge der Teilfreistellung einen anteiligen Abzug von Werbungskosten vor. Demgegenüber statuiert § 20 Abs. 9 S. 1 EStG bei der einkommensrechtlichen Besteuerung von Privatanlegern einen Sparer-Pauschbetrag. Der Abzug der tatsächlich angefallenen Werbungskosten ist in diesen Fällen ausgeschlossen (§ 20 Abs. 9 S. 1 Hs. 2 EStG). Insoweit stellt sich die Frage, in welchem Verhältnis die beiden Normen zueinander stehen.

Im Grundsatz ist das InvStG als lex specialis zum EStG ausgestaltet, sodass es systematisch nachvollziehbar wäre, ihm auch diesbzgl. den Vorrang zu gewähren.[1455]

Demgegenüber lässt das ausdrückliche Nennen des Begriffs der Werbungskosten in § 21 S. 1 InvStG keine Rückschlüsse auf deren generelle Abzugsfähigkeit zu.[1456] Die Begrifflichkeit dient vielmehr – so wie die wortgleiche Aufzählung in § 3c Abs. 2 EStG[1457] – der Vermeidung des Ausgabenbegriffs; eine Entscheidung zur Suspendierung des § 20 Abs. 9 EStG ist dem Gesetz nicht zu entnehmen.[1458]

Das BMF hat dahin gehend eine Klarstellung getroffen, dass § 21 InvStG das Werbungskostenabzugsverbot des § 20 Abs. 9 EStG nicht ausschließt.[1459] Ferner würde die Anwendung von § 21 InvStG den Grundgedanken der Abgeltungsteuer konterkarieren und zu einer Masse an Veranlagungsfällen führen.[1460]

1455 Bindl/Mager, BB 2016, 2711 (2717); Stadler/Bindl, DStR 2016, 1953 (1960).

1456 Mann in Brandis/Heuermann, Ertragsteuerrecht, § 21 InvStG, Rn. 17; vgl. Remmel in Herrmann/Heuer/Raupach, EStG/KStG, § 21 InvStG, Rn. 5; Mann in Weitnauer/Boxberger/Anders, KAGB, § 21 InvStG, Rn. 6; Mertesdorf-Perathoner in Bödecker/Ernst/Hartmann, BeckOK InvStG, 10. Ed., § 21, Rn. 3; Dorn, Investmentsteuerrecht, S. 156.; Delp, DB 2017, 447 (449); **a.A.:** Bindl/Mager, BB 2016, 2711 (2717); Stadler/Bindl, DStR 2016, 1953 (1960).

1457 Vgl. Desens in Herrmann/Heuer/Raupach, EStG/KStG, § 3c EStG, Rn. 51.

1458 Mann in Brandis/Heuermann, Ertragsteuerrecht, § 21 InvStG, Rn. 17.

1459 BMF, „Investmentsteuergesetz; Anwendungsfragen zum Investmentsteuergesetz in der ab dem 1. Januar 2018 geltenden Fassung (InvStG)“, 21.5.2019 – BStBl. I 2019, 527, Rn. 21.2.

1460 Mertesdorf-Perathoner in Bödecker/Ernst/Hartmann, BeckOK InvStG, 10. Ed., § 21, Rn. 3.

5.3.3.2.1.3 Wesentliche Verstöße gegen die Anlagebedingungen

Nach dem Wortlaut des § 2 Abs. 6 bis 9 InvStG ist es für Aktien-, Misch- und Immobilienfonds notwendig, dass die Anlagebedingungen eine Quote vorsehen, die unter der entsprechenden Qualifikation die jeweilige Fondsquote erreicht. Die tatsächliche, durchschnittliche Anlage ist irrelevant.[1461]

Nach § 2 Abs. 6 S. 4, Abs. 7 S. 4, Abs. 9 S. 7 InvStG endet die Eigenschaft als Aktien-, Misch- bzw. Immobilienfonds aber jedenfalls dann i.S.e. ultima-ratio-Regelung, wenn wesentlich gegen die Anlagebedingungen verstoßen wird und dabei die entsprechende (Kapital-)Beteiligungsquote unterschritten wird. Wann ein solcher Verstoß wesentlich ist und etwa die Folgewirkungen des § 19 Abs. 2 S. 1 InvStG oder § 22 Abs. 1 S. 1 InvStG auslöst, hängt von der konkreten Konstellation ab.

5.3.3.2.1.3.1 Aktive Verstöße

Aktive Verstöße der Grenzen, d.h. solche, die mutwillig durch aktives Handeln des Investmentfonds verwirklicht werden, werden unter Heranziehung der Gesamtumstände des Einzelfalles beurteilt.[1462] Für die Wesentlichkeit kommt es insbesondere (1) auf den Grad des Verschuldens des Verwalters bei der Entstehung des Verstoßes, (2) die Zeitdauer des Verstoßes, (3) den wertmäßigen Umfang des Verstoßes im Verhältnis zum Gesamtwert des Fondsvermögens und (4) den Umfang der Bemühungen des Verwalters, die auf eine Beseitigung des Verstoßes gerichtet sind, an.[1463] Im Lichte dieser Kriterien wird dann je nach Schwere und Gewichtung

1461 Vgl. Link in Herrmann/Heuer/Raupach, EStG/KStG, § 2 InvStG, Rn. 12; Wenzel in Brandis/Heuermann, Ertragsteuerrecht, § 2 InvStG, Rn. 27; Mann in Weitnauer/Boxberger/Anders, KAGB, § 2 InvStG, Rn. 6; Patzner in Beckmann/Scholtz/Vollmer, Investment, § 2 InvStG, Rn. 21; Helios/Mann, DB-S 2016, 1 (16); Schwarz/Kohl, DB 2018, 1947 (1948); **a.A.:** Ebner, RdF 2017, 305 (306).

1462 Vgl. BMF, „Investmentsteuergesetz; Anwendungsfragen zum Investmentsteuergesetz in der ab dem 1. Januar 2018 geltenden Fassung (InvStG)", 21.5.2019 – BStBl. I 2019, 527, Rnrn. 2.18/2.41.

1463 BMF, „Investmentsteuergesetz; Anwendungsfragen zum Investmentsteuergesetz in der ab dem 1. Januar 2018 geltenden Fassung (InvStG)", 21.5.2019 – BStBl. I 2019, 527, Rnrn. 2.18/2.41.

der Kriterien ein wesentlicher Verstoß gegen die Anlagebedingungen festgestellt.

5.3.3.2.1.3.2 Passive Verstöße

Demgegenüber stehen die passiven Verstöße, die unabhängig vom tatsächlichen Handeln des Einzelnen eintreten können. Zu einer passiven Grenzverletzung kann es insbesondere aufgrund von Wertveränderungen der gehaltenen Vermögensgegenstände, einer unbeabsichtigten oder unverschuldeten fehlerhaften Einstufung eines Vermögensgegenstandes als Kapitalbeteiligung oder aufgrund der marktüblichen Dauer der Abwicklung des Eigentumserwerbs an Wertpapieren und deren Bezahlung kommen.[1464] Sie stellen keinen wesentlichen Verstoß i.S.d. Vorschrift dar, sofern der Investmentfonds unverzüglich, d.h. ohne schuldhaftes Zögern i.S.d. § 121 BGB[1465], nach Kenntnis der Grenzverletzung ihm mögliche und zumutbare Maßnahmen unternimmt, um die für ihn erforderliche Kapitalbeteiligungsquote wiederherzustellen.[1466]

5.3.3.2.1.3.3 Ausnahmen

Ausgehend von diesen Grundsätzen sind gewisse Ausnahmen vorgesehen.

5.3.3.2.1.3.3.1 20-Geschäftstages-Grenze

So sind aus Vereinfachungsgründen kurzfristige – aktive wie passive – Verstöße an insgesamt bis zu 20 einzelnen oder zusammenhängenden Geschäftstagen i.S.d. § 675n BGB (sog. Bankarbeitstag) innerhalb eines Ge-

1464 BT-Drs. 19/4455, 66; BMF, „Investmentsteuergesetz; Anwendungsfragen zum Investmentsteuergesetz in der ab dem 1. Januar 2018 geltenden Fassung (InvStG)“, 21.5.2019 – BStBl. I 2019, 527, Rnrn. 2.18/2.41.

1465 Vgl. Mann in Weitnauer/Boxberger/Anders, KAGB, § 2 InvStG, Rn. 8.

1466 BT-Drs. 19/4455, 66; BMF, „Investmentsteuergesetz; Anwendungsfragen zum Investmentsteuergesetz in der ab dem 1. Januar 2018 geltenden Fassung (InvStG)“, 21.5.2019 – BStBl. I 2019, 527, Rnrn. 2.18/2.41.
Vgl. zur Ausnahme aufgrund der Corona-Pandemie: BMF, „Investmentsteuerliche Maßnahmen zur Berücksichtigung der wirtschaftlichen Folgen der COVID-19-Pandemie“, 9.4.2020 – BB 2020, 921 (921).

schäftsjahres unbeachtlich; wobei jedes Geschäftsjahr separat zu betrachten ist.[1467] Verschränkungen über die Jahreswechsel hinweg finden nicht statt.

5.3.3.2.1.3.3.2 Neuauflage und Liquidation

Die gesetzlich vorgegebene Zielsetzung der fortlaufenden Anlage in Kapitalbeteiligungen wird innerhalb von sechs Monaten nach Neuauflage oder während der Abwicklung eines Investmentfonds zudem dann erfüllt, wenn der Investmentfonds innerhalb dieses Zeitraums noch nicht oder nicht mehr die vorausgesetzte tatsächliche Vermögenszusammensetzung des § 2 Abs. 6, Abs. 7 InvStG erreicht.[1468]

Bei der Neuauflage eines Immobilienfonds ist es i.d.R. ausreichend, wenn der Investmentfonds innerhalb der vierjährigen Frist des § 244 KAGB die fortlaufende Anlage seines Vermögens in Immobilien und Immobilien-Gesellschaften erfüllt; er muss jedoch bereits innerhalb von zwölf Monaten nach Auflage eine erste Immobilie oder eine erste Beteiligung an einer Immobilien-Gesellschaft sachenrechtlich erworben oder zumindest einen schuldrechtlichen Vertrag zum Erwerb abgeschlossen haben.[1469]

5.3.3.2.1.3.4 Mitteilungen an das Finanzamt bei wesentlichen Verstößen

Einen wesentlichen Verstoß gegen diese Vorgaben zur Vermögenszusammensetzung hat der Investmentfonds nach § 153 Abs. 2 AO der zuständigen Finanzbehörde anzuzeigen und gleichzeitig den Anlegern in öffentlich zugänglicher Weise mitzuteilen, wenn sich der Teilfreistellungs-

---

1467 Vgl. BMF, „Investmentsteuergesetz; Anwendungsfragen zum Investmentsteuergesetz in der ab dem 1. Januar 2018 geltenden Fassung (InvStG)“, 21.5.2019 – BStBl. I 2019, 527, Rnrn. 2.19 ff./2.41.

1468 BMF, „Investmentsteuergesetz; Anwendungsfragen zum Investmentsteuergesetz in der ab dem 1. Januar 2018 geltenden Fassung (InvStG)“, 21.5.2019 – BStBl. I 2019, 527, Rnrn. 2.8/2.21.

1469 BMF, „Investmentsteuergesetz; Anwendungsfragen zum Investmentsteuergesetz in der ab dem 1. Januar 2018 geltenden Fassung (InvStG)“, 21.5.2019 – BStBl. I 2019, 527, Rn. 2.40.

satz ändert.[1470] Darüber hinaus ist er verpflichtet, unverzüglich die früheren (unzutreffenden) Angaben gegenüber Entrichtungspflichtigen oder Finanzinformationsdienstleistern zum anwendbaren Teilfreistellungsatz zu korrigieren.[1471]

Wenn keine Korrektur durch den Entrichtungspflichtigen vorgenommen wird, der Anleger aber erkennt, dass zu seinen Gunsten ein falscher Teilfreistellungssatz angewandt wurde, ist der Anleger verpflichtet, auf diesen Umstand in seiner Steuererklärung hinzuweisen.[1472]

5.3.3.2.2 Systematischer Aspekt: Zurechnungskonzeption i.R.d. Thesaurierung

Daneben steht das Zurechnungs- und Besteuerungskonzept im Thesaurierungsfall, welches in Relation zur Teilfreistellung nach § 20 InvStG steht, auf dem Prüfstand. Hierbei muss sich zunächst die Ausgangslage der Ausschüttungen und der Thesaurierungen vergegenwärtigt werden.

Ausschüttungen werden grds. direkt zugerechnet und der dementsprechende Investmentertrag unterfällt zeitgleich dem geltenden Teilfreistellungssatz.

Unklar wird die Sachlage hingegen bei Teilfreistellung im Thesaurierungsfall. Die in diesem Zusammenhang anfallende Vorabpauschale gilt nach § 18 Abs. 3 InvStG erst im folgenden Kalenderjahr als zugeflossen. Daher ist die Frage aufzuwerfen, ob die entsprechende Teilfreistellung des § 20 InvStG, bei einem kalendergleichen[1473] Geschäftsjahr, anhand der Verhältnisse des Zurechnungszeitpunkts der Vorabpauschale (neues Geschäftsjahr) oder auf Basis des Erwirtschaftungszeitraums der Vorabpauschale (altes Geschäftsjahr) zu ermitteln ist.[1474]

1470 BMF, „Investmentsteuergesetz; Anwendungsfragen zum Investmentsteuergesetz in der ab dem 1. Januar 2018 geltenden Fassung (InvStG)", 21.5.2019 – BStBl. I 2019, 527, Rnrn. 2.22/2.41.

1471 BMF, „Investmentsteuergesetz; Anwendungsfragen zum Investmentsteuergesetz in der ab dem 1. Januar 2018 geltenden Fassung (InvStG)", 21.5.2019 – BStBl. I 2019, 527, Rnrn. 2.22/2.41.

1472 BMF, „Investmentsteuergesetz; Anwendungsfragen zum Investmentsteuergesetz in der ab dem 1. Januar 2018 geltenden Fassung (InvStG)", 21.5.2019 – BStBl. I 2019, 527, Rnrn. 2.24/2.41.

1473 Bei einem abweichenden Geschäftsjahr kommt es auf die Verhältnisse zum Zurechnungszeitpunkt i.S.d. § 18 Abs. 3 InvStG an. Herr/Stiefel, DStR 2019, 908 (908, Fn. 4).

1474 Vgl. Herr/Stiefel, DStR 2019, 908 (908).

Diese Differenzierung wird besonders dann offensichtlich, wenn etwa die Teilfreistellungsquoten zwischenzeitlich erstmalig bzw. nicht mehr erfüllt werden oder ein Wechsel von der einen in die andere Quote stattgefunden hat und zudem die Anlagebedingungen nicht schon eine Fondskategorie zwingend vorgeben. Eine Vorabpauschale ist nämlich auch dann für das gesamte Kalenderjahr anzusetzen, wenn sich der anwendbare Teilfreistellungssatz ändert und der Investmentanteil nach § 22 Abs. 1 InvStG als angeschafft und veräußert gilt.[1475]

5.3.3.2.2.1 Meinungsspektrum

Für eine Folgejahrbetrachtung spreche zunächst der fingierte Zuflusszeitpunkt der Vorabpauschale im Folgejahr.[1476] Ferner könne der Anleger nachzuweisen, dass der Investmentfonds die Anlagequoten während des Geschäftsjahres tatsächlich durchgehend überschritten hat (§ 20 Abs. 4 InvStG). Das Geschäftsjahr, auf welches Bezug genommen werde, sei aber im Zurechnungszeitpunkt gerade das neue Jahr. Aus der Nachweispflicht für das jeweilige Geschäftsjahr könne daher bei kalendergleichem Geschäftsjahr durchaus geschlossen werden, dass der Wortlaut der Vorschrift eine zurechnungszeitpunktbezogene Nachweispflicht erfordere.[1477] Dies stünde zudem im Einklang mit dem Konzept für tatsächlich vorgenommene Ausschüttungen. Mithin sei auf die Vermögensverhältnisse des Investmentfonds im laufenden Geschäftsjahr abzustellen, obwohl auch eine Ausschüttung (zumindest teilweise) wirtschaftlich die im Vorjahr erzielten Erträge des Fonds enthalte.[1478] Allerdings müsse der Zeitraum, in dem der Investmentfonds die zur Ausschüttung bzw. Thesaurierung verwendeten Erträge erzielt, für die steuerrechtliche Qualifikation der Investmenterträge aufgrund der Intransparenz des Investmentfonds unbeachtlich bleiben.[1479]

Demgegenüber steht die Bezugnahme auf den Erwirtschaftungszeitraum. Insofern soll die Teilfreistellung die Doppelbelastung für den In-

---

1475 BMF, „Investmentsteuergesetz; Anwendungsfragen zum Investmentsteuergesetz in der ab dem 1. Januar 2018 geltenden Fassung (InvStG)“, 21.5.2019 – BStBl. I 2019, 527, Rn. 20.4.

1476 Vgl. Herr/Stiefel, DStR 2019, 908 (908).

1477 Vgl. Herr/Stiefel, DStR 2019, 908 (908).

1478 Herr/Stiefel, DStR 2019, 908 (908).

1479 Kral/Watzlaw in Moritz/Jesch/Mann, FraKo Kapitalanlagerecht, Bd. 2, 2. Aufl., § 18 InvStG, Rn. 86.

vestor abmildern.[1480] Dieser auf die Vorjahresbelastung abzielende Mechanismus betreffe im besonderen Maße die Körperschaft- bzw. Kapitalertragsteuer auf Fondsebene, welche für das vorangegangene Jahr zu zahlen sei.[1481] Ergänzend galt die Vorabpauschale in ihrer Ausgangsfassung mit Ablauf des Kalenderjahres als zugeflossen.[1482] Lediglich aus Gründen der Vereinfachung, d.h. der Nutzung des Sparer-Pauschbetrags, wurde der Zuflusszeitpunkt schließlich umgelegt. Den Gesetzesmaterialien sei nicht zu entnehmen, dass sich hierdurch ebenso der Zeitraumbezug ändern solle.[1483]

5.3.3.2.2.2 Stellungnahme

Letztlich stimmt letztgenanntes – zustimmungswürdiges – Prozedere mit den Basiszinsschreiben des BMF überein, welches eine Berechnung der Vorabpauschale bspw. für den Veranlagungszeitraum 2020 (Zurechnung: Januar 2021) unter Anwendung des Basiszinses von 2020 fordert.[1484] Dies gibt einen Hinweis auf den Erwirtschaftungszeitraum als maßgeblichen Anknüpfungsabschnitt.

Erstaunlicherweise hat das BMF jüngst eine Klarstellung in die andere Richtung getroffen. Demnach soll sich die Höhe der Teilfreistellung nach dem anwendbaren Teilfreistellungssatz zum Zuflusszeitpunkt nach § 18 Abs. 3 InvStG richten.[1485] Diese – hier zunächst vom Kontext losgelöst dargestellte Aussage – trifft das BMF im Zusammenhang mit der Äußerung, dass eine Vorabpauschale auch dann für das gesamte Kalenderjahr anzusetzen ist, wenn sich der anwendbare Teilfreistellungssatz ändert und der Investmentanteil nach § 22 Abs. 1 InvStG als angeschafft und veräu-

1480 Vgl. BT-Drs. 18/8045, 91.

1481 Vgl. Herr/Stiefel, DStR 2019, 908 (908).

1482 Vgl. 5.2.2.5.2.

1483 Vgl. Herr/Stiefel, DStR 2019, 908 (908).

1484 Vgl. BMF, „Basiszins zur Berechnung der Vorabpauschale gemäß § 18 Absatz 4 InvStG; Basiszins zum 2. Januar 2020“, 29.1.2020 – BStBl. I 2020, 218.
Aufgrund des negativen Basiszinses für die Veranlagungszeiträume 2021 und 2022 werden diese Abschnitte für die hiesige Betrachtung nicht berücksichtigt.

1485 BMF, „Investmentsteuergesetz; Anwendungsfragen zum Investmentsteuergesetz in der ab dem 1. Januar 2018 geltenden Fassung (InvStG)“, 21.5.2019 – BStBl. I 2019, 527, Rn. 20.4.

ßert gilt[1486]. Ob die Folgejahrbetrachtung daher in jedem Falle gilt oder ob dies nur auf die in diesem Rahmen innerhalb der Randnummer des BMF-Schreibens erörterten Sachverhalte zutrifft, bleibt offen. Wenngleich für diese wichtige Aussage über den grundlegend anwendbaren Teilfreistellungssatz eine separate Randnummer angemessener gewesen wäre, so ist wohl dennoch von einer allgemeingültigen Aussage[1487] für alle Fallgestaltungen auszugehen.

Das Abstellen auf die Verhältnisse zum Zuflusszeitpunkt ist indes nach hier vertretener Ansicht abzulehnen. Freilich erfolgt in den Basiszinsschreiben des BMF lediglich eine Aussage über die Vorabpauschale, welche die Teilfreistellung grds. nicht inkludiert, faktisch ist dies jedoch aufgrund der Verknüpfung beider Materien ebenso eine Feststellung hierzu. Denn die Teilfreistellung macht als konsequenter Zweitschritt zur Verhinderung einer Doppelbelastung auf Anlegerebene nur dann Sinn, wenn im ersten Schritt überhaupt eine Steuer angefallen ist. Die Besteuerung bei thesaurierenden Fonds erfolgt in Form der Vorabpauschale und wird demnach im Hinblick auf den Erwirtschaftungszeitraum ermittelt.[1488] Nichts anderes kann für die Teilfreistellung als ihren Annex gelten. Alles andere würde eine Trennung der (wirtschaftlichen) Einheit von Vorabpauschale und Teilfreistellung bedeuten, die nichts mehr mit der Markt- und Besteuerungsrealität gemein hätte.

Bspw. könnte ein Anleger eines Investmentfonds, der aufgrund wechselnder Investments im Ausgangjahr als Aktien- und im Folgejahr als Immobilienfonds qualifiziert, im zweiten Abschnitt die 60%ige bzw. 80%ige Teilfreistellung für die Vorjahreserträge aus Aktien – anstelle des damit einhergehenden Teilfreistellungssatzes von 30 % – anwenden. Dieses Verständnis würde neben einem systematischen Widerspruch zudem ein massives Gestaltungspotenzial für den Steuerpflichtigen offenbaren. Dies gilt im besonderen Maße dann, wenn man sich vor Augen führt, dass die Teilfreistellungsquoten die steuerliche Vorbelastung des entsprechenden Investments abbilden sollen. Wird nunmehr auf den Zuflusszeitpunkt für die Bestimmung der Teilfreistellung abgestellt, wird dieses System vollständig konterkariert und letztlich aus sich heraus brüchig. Es kommt

---

1486 BMF, „Investmentsteuergesetz; Anwendungsfragen zum Investmentsteuergesetz in der ab dem 1. Januar 2018 geltenden Fassung (InvStG)“, 21.5.2019 – BStBl. I 2019, 527, Rn. 20.4.

1487 Vgl. Mann in Brandis/Heuermann, Ertragsteuerrecht, § 20 InvStG, Rn. 11; Mertesdorf-Perathoner in Bödecker/Ernst/Hartmann, BeckOK InvStG, 10. Ed., § 20, Rn. 31; Herr/Stiefel, DStR 2019, 908 (908).

1488 Vgl. 5.2.3.1.1.1.

ggf. zu massiven Überkompensationen. Dies wollte der Gesetzgeber aber gerade durch die Neukonzeption des InvStG unterbinden.

Zwischenergebnis

Die Teilfreistellung knüpft im Thesaurierungsfall für die Bestimmung der jeweiligen Höhe – unter Zugrundelegung der Perspektive des BMF – an den Zuflusszeitpunkt (vgl. § 18 Abs. 3 InvStG) an. Dieses Vorgehen ist vor dem Hintergrund der Offenlegung von Gestaltungsmöglichkeiten fraglich und mit der hier vertretenen Ansicht abzulehnen.

5.3.4 Anwendbarkeit i.R.d. mittelbaren Beteiligungen (§ 20 Abs. 3a InvStG)

5.3.4.1 Besteuerungskonzeption

Gemäß § 20 Abs. 3a InvStG gelten die vorgenannten Maßgaben für Aktien-, Misch- und Immobilienfonds (vgl. § 20 Abs. 1 bis 3 InvStG) auch für Investmentanteile, die mittelbar über Personengesellschaften gehalten werden. Dies bedingt schließlich, dass die ggf. höheren Teilfreistellungssätze der jeweils dahinterstehenden Anlegergruppen in diesen Konstellationen angewandt werden und hierfür nicht schlicht auf die unmittelbar beteiligte Personengesellschaft – etwa als eigenständiger Anleger – abgestellt wird.

Ab 2022 ist das allerdings nicht auf Personengesellschaften anzuwenden, die nach § 1a KStG zur Körperschaftsbesteuerung optiert haben.[1489]

5.3.4.2 Sonderproblem: Besonderheiten der Personengesellschaftstypen

Eine Differenzierung im Hinblick auf die konkrete Einordnung der Personengesellschaft als vermögensverwaltende, gewerbliche oder gewerblich geprägte Gesellschaft erfolgt im Gesetzeswortlaut des § 20 Abs. 3a InvStG allerdings nicht. Praktische Bedeutung kommt der Einordnung dagegen nur für die Aktienteilfreistellung zu, da die Höhe der Immobilien- und

1489 Vgl. BGBl. I 2021, 2050.

Auslands-Immobilienteilfreistellung nicht von der Qualifikation des Anlegers abhängen.[1490]

Das BMF statuiert hierzu, dass sich bei Mitunternehmerschaften und vermögensverwaltenden Personengesellschaften die Höhe des anwendbaren Teilfreistellungssatzes nach dem jeweiligen Beteiligten der Gesamthand richtet.[1491]

Für vermögensverwaltende Personengesellschaften ergibt dies durchaus Sinn, da sie in jedem Falle einer steuerlichen Transparenz entsprechend dem personenrechtlichen, vollständigen Transparenzprinzip unterfallen (sog. Bruchteilsbetrachtung, vgl. § 39 Abs. 2 Nr. 2 AO).[1492] Für gewerbliche und gewerblich geprägte Personengesellschaften ist dies im Grundsatz anders, da sie aufgrund ihrer Stellung selbst als Anleger gelten.[1493] § 15 Abs. 1 S. 1 Nr. 2 EStG sperrt die Zurechnung der Investmentanteile an die Anleger dieser Personengesellschaften.[1494]

Aufgrund des lex-specialis-Charakters des InvStG ist indes grds. von einem abweichenden Sonderfall auszugehen. Diese Richtungsänderung ist mit Blick auf die Anwendbarkeit der erhöhten Teilfreistellungssätze, für die es auf die dahinterstehenden Anleger ankommt, als durchaus anlegergünstig zu bezeichnen.[1495]

1490 Mann in Brandis/Heuermann, Ertragsteuerrecht, § 20 InvStG, Rn. 38d.

1491 BMF, „Investmentsteuergesetz; Anwendungsfragen zum Investmentsteuergesetz in der ab dem 1. Januar 2018 geltenden Fassung (InvStG)“, 21.5.2019 – BStBl. I 2019, 527, Rn. 20.5.

1492 Vgl. Remmel in Herrmann/Heuer/Raupach, EStG/KStG, § 20 InvStG, Rn. 16; Mann in Brandis/Heuermann, Ertragsteuerrecht, § 20 InvStG, Rn. 38a; Mann in Weitnauer/Boxberger/Anders, KAGB, § 20 InvStG, Rnrn. 6/14; Mertesdorf-Perathoner in Bödecker/Ernst/Hartmann, BeckOK InvStG, 10. Ed., § 20, Rn. 37; Ebner, RdF 2017, 305 (307); Jansen/Greger, DStR 2018, 282 (283).

1493 Vgl. Remmel in Herrmann/Heuer/Raupach, EStG/KStG, § 20 InvStG, Rn. 16; Brandis/Heuermann, Ertragsteuerrecht, § 20 InvStG, Rn. 38a; Helios/Mann, DB-S 2016, 1 (17, Fn. 254); Neumann, DB 2016, 1779 (1779); Jansen/Greger, DStR 2018, 282 (283); **a.A.:** BMF, „Investmentsteuergesetz; Anwendungsfragen zum Investmentsteuergesetz in der ab dem 1. Januar 2018 geltenden Fassung (InvStG)“, 21.5.2019 – BStBl. I 2019, 527, Rn. 20.5; Mertesdorf-Perathoner in Bödecker/Ernst/Hartmann, BeckOK InvStG, 10. Ed., § 20, Rn. 37; Kleutgens in Moritz/Jesch/Mann, FraKo Kapitalanlagerecht, Bd. 2, 2. Aufl., § 20 InvStG, Rnrn. 65 ff.

1494 Vgl. Remmel in Herrmann/Heuer/Raupach, EStG/KStG, § 20 InvStG, Rn. 16; Mann in Brandis/Heuermann, Ertragsteuerrecht, § 20 InvStG, Rn. 38a.

1495 Im Gegensatz zu § 20 Abs. 3a InvStG ist i.R.d. Ermittlung der Kapitalbeteiligungsquote von Aktien- und Mischfonds in intransparenter Weise normiert, dass Anteile an Personengesellschaften, auch wenn die Personengesellschaften Anteile an Kapitalgesellschaften halten, nicht als Kapitalbeteiligungen gelten

5.3.5 Nachweis der Teilfreistellung durch den Anleger (§ 20 Abs. 4 InvStG)

5.3.5.1 Besteuerungskonzeption

Grds. erfolgt die Quotenmitteilung hinsichtlich des Investmentfondstyps in der Praxis durch die Kapitalverwaltungsgesellschaft, welche die entsprechenden Quoten an einen Finanzinformationsdienstleister (bspw. WM-Da-

---

(§ 2 Abs. 8 S. 5 Nr. 1 InvStG). Obwohl der Gesetzeswortlaut missverständlich „Anteile an Personengesellschaften" – und nicht mittelbare Beteiligungen – nicht als Kapitalbeteiligungen einordnet, ist von einem allgemeingültigen Verständnis auszugehen. Vgl. Hartmann in Bödecker/Ernst/Hartmann, BeckOK InvStG, 10. Ed., § 2, Rn. 170.

Eine Differenzierung nach der Art der Personengesellschaft, d.h. vermögensverwaltend, gewerblich oder gewerblich geprägt, erfolgt nicht. Anteile an Investmentfonds in der Rechtsform einer Personengesellschaft sind nur unter den Voraussetzungen des § 2 Abs. 8 S. 1 Nr. 3, Nr. 4 InvStG und lediglich in dem dort bestimmten Umfang als Kapitalbeteiligung zu berücksichtigen. BMF, „Investmentsteuergesetz; Anwendungsfragen zum Investmentsteuergesetz in der ab dem 1. Januar 2018 geltenden Fassung (InvStG)", 21.5.2019 – BStBl. I 2019, 527, Rn. 2.33.

Ausweislich der Gesetzesbegründung sollen hierdurch Gestaltungen unter Ausnutzung der Aktienteilfreistellung, ohne eine entsprechende steuerliche Vorbelastung, verhindert werden, und die Überprüfbarkeit seitens der Finanzverwaltung – gerade mit Blick auf mehrstufige Personengesellschaftsstrukturen – erleichtert werden. Vgl. BT-Drs. 19/13436, 170.

Dies wird in der Literatur vehement kritisiert. Denn unabhängig von einer unmittelbaren oder mittelbaren Beteiligung eines Investmentfonds an einem Asset falle auf Investmentfondsebene eine körperschaftsteuerliche Vorbelastung an. Gerade dies versuche die Teilfreistellung abzumildern, um eine tendenzielle Gleichstellung mit der Direktanlage zu erreichen und somit den Fondsstandort Deutschland nicht zu massiv zu schwächen. Zudem würde sich anderenfalls ein merkwürdiger Kontext mit § 6 Abs. 6a InvStG ergeben, der i.R.d. Besteuerung auf die von einer Personengesellschaft gehaltenen Vermögensgegenstände durchschaut. Vgl. Link in Herrmann/Heuer/Raupach, EStG/KStG, § 2 InvStG, Rn. 12; Mann in Weitnauer/Boxberger/Anders, KAGB, § 2 InvStG, Rn. 13; Hartmann in Bödecker/Ernst/Hartmann, BeckOK InvStG, 10. Ed., § 2, Rnrn. 105 ff.; Kleutgens in Moritz/Jesch/Mann, FraKo Kapitalanlagerecht, Bd. 2, 2. Aufl., § 20 InvStG, Rn. 44; Bindl/Mager, BB 2016, 2711 (2716); Helios/Mann, DB-S 2016, 1 (17); Stadler/Bindl, DStR 2016, 1953 (1959); Ebner, RdF 2017, 305 (307); Hagen/Schober, BB 2019, 1630 (1633); Herr/Stiefel, DStR 2019, 908 (913); Stadler/Mager, BB 2019, 1760 (1762); **a.A.:** Wenzel in Brandis/Heuermann, Ertragsteuerrecht, § 2 InvStG, Rn. 48.

tenservice) weitergibt, der diese dann datenmäßig umsetzt.[1496] Gibt der Investmentfonds keine Selbstdeklaration gegenüber dem Finanzinformationsdienstleister ab, wird dieser ohne Teilfreistellung geführt.[1497]

Maßgebend für die Quoten sind die Anlagebedingungen des jeweiligen Investmentfonds. Enthalten diese keine hinreichenden Auskünfte hierüber oder fehlen gar, kann bzw. muss der Investor individuell tätig werden, um in den Genuss der Teilfreistellungen zu gelangen.[1498] Weist der Anleger dementsprechend nach, dass der Investmentfonds die Schwellenwerte während des Geschäftsjahres[1499] tatsächlich durchgehend überschritten[1500] hat, so ist die Teilfreistellung auf Antrag des Anlegers im Veranlagungsverfahren anzuwenden (§ 20 Abs. 4 InvStG). § 22 Abs. 1 S. 2 InvStG[1501] ist zu beachten.

Der Nachweis erfolgt gegenüber dem zuständigen Finanzamt (vgl. §§ 19; 20 AO).[1502] Ein solcher gegenüber den zur Erhebung der Kapitalertragsteuer verpflichteten Personen ist dagegen nicht zulässig, da dies einen unverhältnismäßigen Aufwand auf Seiten der Entrichtungspflichtigen auslösen würde.[1503]

1496 Vgl. Mertesdorf-Perathoner in Bödecker/Ernst/Hartmann, BeckOK InvStG, 10. Ed., § 20, Rn. 32; Ebner, RdF 2017, 305 (308 f.).

1497 Ebner, RdF 2017, 305 (309).

1498 BT-Drs. 18/8045, 92.

1499 Hat der Investmentfonds ein vom Kalenderjahr abweichendes Geschäftsjahr, muss der Anleger im Veranlagungsverfahren den Nachweis für das Geschäftsjahr des Investmentfonds erbringen, in dem die Investmenterträge zugeflossen sind oder als zugeflossen gelten. BMF, „Investmentsteuergesetz; Anwendungsfragen zum Investmentsteuergesetz in der ab dem 1. Januar 2018 geltenden Fassung (InvStG)“, 21.5.2019 – BStBl. I 2019, 527, Rn. 20.16.
Kann der Anleger im Zeitpunkt der Erstellung der Steuererklärung noch nicht wissen, ob der Investmentfonds im Geschäftsjahr die Anlagebedingungen erfüllen wird oder nicht, insbesondere weil das Geschäftsjahr des Investmentfonds noch nicht abgeschlossen ist oder der Investmentfonds noch keine Bestätigung ausgestellt hat, kann eine Teilfreistellung vorläufig nach § 165 Abs. 1 S. 1 AO berücksichtigt werden, wenn im vorangegangenen Veranlagungszeitraum die Nachweise nach § 20 Abs. 4 InvStG erbracht wurden. BMF, „Investmentsteuergesetz; Anwendungsfragen zum Investmentsteuergesetz in der ab dem 1. Januar 2018 geltenden Fassung (InvStG)“, 21.5.2019 – BStBl. I 2019, 527, Rn. 20.17.

1500 Vgl. zur Verwaltungspraxis, welche bereits das Erreichen der Quote als ausreichend erachtet: 5.3.5.2.2.

1501 Vgl. 5.3.3.2.1.1.2.

1502 Vgl. Mann in Brandis/Heuermann, Ertragsteuerrecht, § 20 InvStG, Rn. 41.

1503 BT-Drs. 18/8045, 92.

Als Nachweise kommen insbesondere Vermögensverzeichnisse des Investmentfonds und schriftliche Bestätigungen des Fondsverwalters in Betracht.[1504] Weiterhin soll nach einigen Literaturstimmen grds. ebenso eine Bestätigung durch einen Berufsträger i.S.d. §§ 3, 3a StBerG genügen.[1505] Nicht ausreichend für eine Nachweisführung sind grds. die Angaben zum Kapitalbeteiligungs- oder Immobilienbestand in Halbjahres- oder Jahresberichten, da diese nur zwei Zeitpunkte in einem Jahr wiedergeben.[1506] Abweichendes gilt nur dann, wenn diese Berichte eine ausdrückliche Bestätigung des Investmentfonds enthalten, dass die Quote fortlaufend eingehalten wurde.[1507]

Bestätigungen, die nach dem 31. Dezember 2019[1508] ausgestellt werden, müssen eine Auflistung enthalten, in der für sämtliche Geschäftstage des betreffenden Geschäftsjahres die jeweils tatsächlich erreichten Kapitalbeteiligungs-, Immobilien- oder Auslands-Immobilienquoten angegeben werden.[1509]

Dabei ist darauf zu achten, dass der Nachweis nur für den Einzelnen gilt. Ein weiterer Anleger kann sich nicht darauf berufen, dass bereits ein anderer Anleger den Nachweis positiv geführt hat, da dieser Nachweis im individuellen Veranlagungsverfahren zu führen ist.[1510]

Mit der in § 20 Abs. 4 InvStG geregelten Nachweismöglichkeit auf Anlegerebene werden die Anforderungen erfüllt, die sich aus dem Europä-

---

1504 BT-Drs. 18/8045, 92.

1505 Vgl. Remmel in Herrmann/Heuer/Raupach, EStG/KStG, § 20 InvStG, Rn. 20; Mann in Brandis/Heuermann, Ertragsteuerrecht, § 20 InvStG, Rn. 42; Mann in Weitnauer/Boxberger/Anders, KAGB, § 20 InvStG, Rn. 16; Mertesdorf-Perathoner in Bödecker/Ernst/Hartmann, BeckOK InvStG, 10. Ed., § 20, Rn. 68; Helios/Mann, DB-S 2016, 1 (18).

1506 BMF, „Investmentsteuergesetz; Anwendungsfragen zum Investmentsteuergesetz in der ab dem 1. Januar 2018 geltenden Fassung (InvStG)“, 21.5.2019 – BStBl. I 2019, 527, Rn. 20.12.

1507 Vgl. BMF, „Investmentsteuergesetz; Anwendungsfragen zum Investmentsteuergesetz in der ab dem 1. Januar 2018 geltenden Fassung (InvStG)“, 21.5.2019 – BStBl. I 2019, 527, Rn. 20.12.

1508 Vgl. zu Bestätigungen, die vor dem 1.1.2020 ausgestellt wurden: BMF, „Investmentsteuergesetz; Anwendungsfragen zum Investmentsteuergesetz in der ab dem 1. Januar 2018 geltenden Fassung (InvStG)“, 21.5.2019 – BStBl. I 2019, 527, Rn. 20.14.

1509 BMF, „Investmentsteuergesetz; Anwendungsfragen zum Investmentsteuergesetz in der ab dem 1. Januar 2018 geltenden Fassung (InvStG)“, 21.5.2019 – BStBl. I 2019, 527, Rn. 20.13.

1510 Remmel in Herrmann/Heuer/Raupach, EStG/KStG, § 20 InvStG, Rn. 20.

ischen Recht – insbesondere der EuGH-Rechtsprechung zu „van Caster"[1511] – ergeben.[1512]

5.3.5.2 Sonderprobleme

Die gesetzliche Ausgestaltung des § 20 Abs. 4 InvStG wirft separate Sonderprobleme auf, welche die Sachverhalte der Nachweisführung, das Überschreiten der (Kapital-)Beteiligungsquoten und schließlich die Rolle der Finanzinformationsdienstleister im Lichte der individuellen Nachweisführung berühren.

5.3.5.2.1 Sachverhalte der Nachweisführung

Der Wortlaut des § 20 Abs. 4 InvStG gibt keine Auskunft über das Vorliegen einer konkreten Ausgangssituation, die Voraussetzung für den individuellen Nachweis ist. Demgegenüber sehen die Gesetzesmaterialien sowie das BMF die Vorschrift für die Fälle vor, bei denen die Anlagebedingungen eines Investmentfonds keine hinreichenden Aussagen zum Erreichen der Quoten enthalten oder keine Anlagebedingungen existieren.[1513]

Eine abschließende Beschränkung der Norm auf diese Konstellationen lässt sich daraus – insbesondere in Anbetracht des offenen Gesetzeswortlauts – allerdings nicht entnehmen.[1514] Klar ist zwar, dass die Vorschrift nicht das Ziel hat, Verfehlungen des Fondsmanagements in der Anlagepolitik über das Veranlagungsverfahren zu korrigieren.[1515] Gleichwohl muss nach hiesiger Ansicht der Anleger, bei dem bspw. die Kapitalbeteiligungsquote von Mischfonds in den Anlagebedingungen des Investmentfonds vorgegeben ist, der Fonds jedoch in der Realität die Quote für Aktienfonds

1511 Vgl. EuGH, Urt. v. 9.10.2014, C-326/12 – IStR 2014, 808 („van Caster").

1512 BT-Drs. 18/8045, 92; vgl. 3.2.6.4.2.1.

1513 BT-Drs. 18/8045, 92; BMF, „Investmentsteuergesetz; Anwendungsfragen zum Investmentsteuergesetz in der ab dem 1. Januar 2018 geltenden Fassung (InvStG)", 21.5.2019 – BStBl. I 2019, 527, Rn. 20.11.

1514 Vgl. Remmel in Herrmann/Heuer/Raupach, EStG/KStG, § 20 InvStG, Rn. 20; Mertesdorf-Perathoner in Bödecker/Ernst/Hartmann, BeckOK InvStG, 10. Ed., § 20, Rn. 67; Kleutgens in Moritz/Jesch/Mann, FraKo Kapitalanlagerecht, Bd. 2, 2. Aufl., § 20 InvStG, Rn. 91; **a.A.:** Mann in Brandis/Heuermann, Ertragsteuerrecht, § 20 InvStG, Rn. 43; Kelterborn/Küpper, BB 2017, 2263 (2267).

1515 Mann in Brandis/Heuermann, Ertragsteuerrecht, § 20 InvStG, Rn. 43.

i.R.d. tatsächlichen, durchschnittlichen Anlage erfüllt, ebenso die individuelle Nachweismöglichkeit in Anspruch nehmen können.[1516]

Maßgebende Begründung ist, dass § 20 Abs. 4 InvStG einerseits selbst keine wortlauttechnische Begrenzung auf diese Sachverhalte vorzeichnet sowie andererseits die Vorschrift hinsichtlich ihres Wortlauts auch nur an die tatsächlich durchgehende Überschreitung der Quoten und nicht – wie § 2 Abs. 6 bis 9 InvStG – vordergründig an die Vorgaben der Anlagebedingungen anknüpft.[1517] Darüber hinaus würde eine Abstandnahme von der Vorschrift in diesen Fällen dem Anleger im Hinblick auf die Teilfreistellung, welche eine steuerliche Doppelbelastung zu vermeiden versucht, zum übermäßigen Nachteil aufgrund der Versagung der Nachweismöglichkeit gereichen und damit zudem den intendierten – europarechtskonformen – Charakter der Vorschrift konterkarieren. Der Nachweis ist daher hinsichtlich der realen Anlagemodalitäten und mithin losgelöst von den Zielmaßgaben der Anlagebedingungen zu führen.

5.3.5.2.2 Überschreiten der (Kapital-)Beteiligungsquoten

Der Anleger hat ausweislich des Wortlauts des § 20 Abs. 4 InvStG nachzuweisen, dass die Quoten während des Geschäftsjahres – so der konkrete Wortlaut – „tatsächlich durchgehend[1518] überschritten" worden sind. Eine Überschreitung setzt aber denklogisch voraus, dass die maßgeblichen Quoten nicht nur eingehalten, sondern übertroffen wurden.[1519] Weshalb der Nachweis der tatsächlichen Überschreitung notwendig ist, bleibt in Anbe-

1516 Vgl. Mertesdorf-Perathoner in Bödecker/Ernst/Hartmann, BeckOK InvStG, 10. Ed., § 20, Rn. 67.

1517 Vgl. Mertesdorf-Perathoner in Bödecker/Ernst/Hartmann, BeckOK InvStG, 10. Ed., § 20, Rn. 67; 5.3.5.2.2.

1518 Dieses Merkmal ist als „fortlaufend" i.S.d. § 2 Abs. 6 bis 9 InvStG zu verstehen. Vgl. Remmel in Herrmann/Heuer/Raupach, EStG/KStG, § 20 InvStG, Rn. 20; Mertesdorf-Perathoner in Bödecker/Ernst/Hartmann, BeckOK InvStG, 10. Ed., § 20, Rn. 65; Kleutgens in Moritz/Jesch/Mann, FraKo Kapitalanlagerecht, Bd. 2, 2. Aufl., § 20 InvStG, Rn. 88; **a.A.:** Mann in Brandis/Heuermann, Ertragsteuerrecht, § 20 InvStG, Rn. 43.
Vgl. zu Inhalt und Umfang einer fortlaufenden Anlage: 5.3.3.1.1.1.2.

1519 Vgl. Mann in Brandis/Heuermann, Ertragsteuerrecht, § 20 InvStG, Rn. 43; **a.A.:** BMF, „Investmentsteuergesetz; Anwendungsfragen zum Investmentsteuergesetz in der ab dem 1. Januar 2018 geltenden Fassung (InvStG)", 21.5.2019 – BStBl. I 2019, 527, Rn. 20.11; Mertesdorf-Perathoner in Bödecker/Ernst/Hartmann, BeckOK InvStG, 10. Ed., § 20, Rn. 63.

tracht des Wortlautes zur Einordnung der entsprechenden Fondstypen offen. Bei diesen genügt es, wenn ein Fonds „mehr als“ (vgl. § 2 Abs. 6 S. 1, Abs. 9 S. 1 InvStG) bzw. „mindestens“ (vgl. § 2 Abs. 7 S. 1 InvStG) einen bestimmten Prozentsatz in gewisse Assetklassen investiert.

Am deutlichsten wird dieses Missverhältnis beim Mischfonds. Unter Zugrundelegung der vorgenannten Sichtweise wäre einem Investmentfonds, der zu exakt 25 % in Aktien investiert, – unter Heranziehung entsprechend abbildender Anlagebedingungen – das Testat als Mischfonds nebst der Mischfondsteilfreistellung zunächst zu erteilen, wenngleich der Anleger in der konkreten Ausgestaltung den Nachweis des Überschreitens der Anlagegrenze aus § 2 Abs. 7 S. 1 InvStG von mindestens 25 % nicht erbringen kann. Der individuelle Nachweis des Überschreitens deckt sich an dieser Stelle nicht mit der entsprechenden Kapitalbeteiligungsquote. Dieses Ergebnis ist in Anbetracht des Fortbestehens der Quote und der entsprechenden Nachweismöglichkeit widersinnig und wenig konsistent. Nicht umsonst lässt daher auch das BMF bereits das bloße Erreichen der maßgeblichen Grenze[1520] als Nachweis genügen.[1521] Dem ist im Ergebnis zuzustimmen, wenngleich der Wortlaut des § 20 Abs. 4 InvStG unnötig missverständlich bzw. in Abweichung dazu ausgestaltet ist.

5.3.5.2.3 Rolle und Position der Finanzinformationsdienstleister

Neben die formellen und materiellen Anforderungen des § 20 Abs. 4 InvStG tritt die praxisrelevante Frage, ob es überhaupt in der Macht des (privaten) Anlegers liegt, diesen Nachweis tatsächlich zu erbringen. Nach dem BMF muss er hinreichende Nachweise[1522] vorlegen. Gleichwohl

---

1520 Dass mit dem JStG 2019 nunmehr das Überschreiten der Aktienfonds- oder Mischfonds-Kapitalbeteiligungsquote bzw. Immobilienfonds- oder Auslands-Immobilienfondsquote gefordert wird, ändert – nach hier vertretenem Verständnis – vom Sinngehalt nichts im Vergleich zur vorherigen Fassung, welche noch die Anlagegrenzen als Kriterium in den Raum stellte. Letztlich handelt es sich nur um eine terminologische Anpassung und Vereinheitlichung. Vgl. BT-Drs. 19/13436, 177.

1521 Vgl. BMF, „Investmentsteuergesetz; Anwendungsfragen zum Investmentsteuergesetz in der ab dem 1. Januar 2018 geltenden Fassung (InvStG)“, 21.5.2019 – BStBl. I 2019, 527, Rn. 20.11.

1522 Vgl. BMF, „Investmentsteuergesetz; Anwendungsfragen zum Investmentsteuergesetz in der ab dem 1. Januar 2018 geltenden Fassung (InvStG)“, 21.5.2019 – BStBl. I 2019, 527, Rn. 20.11.

sollten aber insgesamt keine zu hohen Anforderungen hieran gestellt werden.[1523]

Problematisch wird diese Nachweismöglichkeit, wenn bspw. der Anleger selbst nicht auf die Verzeichnisse – aus rechtlichen oder tatsächlichen Gründen – zugreifen kann oder ihm diese verwehrt werden. Dies kann bspw. der Fall sein, wenn es sich um eine ausländische Kapitalverwaltungsgesellschaft bzw. einen ausländischen Investmentfonds handelt und diese bzw. dieser für inländische Anleger keine Daten aufgrund der inländischen zum Teil komplexen Einordnung als Aktien-, Misch- oder Immobilienfonds ermittelt.[1524] Eine entsprechende Vereinbarung zur Datenbereitstellung kann dann etwa in einem Side Letter erfolgen.[1525]

Ebenso zeigen sich Schwierigkeiten aus der Verständnisperspektive. Insbesondere wird der Investor wohl kaum die entsprechenden Verästelungen der Investmentfondskonstruktionen konkret verstehen und mithin einsehen können, sodass er sich wohl überwiegend auf Finanzinformationsdienstleister verlassen muss bzw. wird.

Dadurch kommt privaten Dienstleistern als quasi kompetenteste Anlaufstelle eine übergreifende Machtposition zu. Der eigenständige Nachweis des Anlegers, der ihm die Darlegung und etwaige Einhaltung von Quotengrenzen ermöglicht, verkümmert so – im denkbar schlimmsten Fall – zu einem Verweis auf die Finanzinformationsdienstleister. Wenngleich dem Anleger die Möglichkeit des eigenständigen Erbringens der von § 20 Abs. 4 InvStG geforderten Vorgaben nicht genommen wird, so mündet er letztlich grds. genau in diesen Gefilden; und sei es nur aus Gründen der Einfachheit und Beschleunigung. Dass er dabei regelmäßig auf die mitgeteilten Daten vertrauen (können) muss, ist in Anbetracht von Abweichungen zu den im elektronischen Bundesanzeiger veröffentlichten Werten[1526], kritisch zu beäugen.

1523 Mann in Brandis/Heuermann, Ertragsteuerrecht, § 20 InvStG, Rn. 42.

1524 Remmel in Herrmann/Heuer/Raupach, EStG/KStG, § 20 InvStG, Rn. 20.

1525 Vgl. Remmel in Herrmann/Heuer/Raupach, EStG/KStG, § 20 InvStG, Rn. 20; Kleutgens in Moritz/Jesch/Mann, FraKo Kapitalanlagerecht, Bd. 2, 2. Aufl., § 20 InvStG, Rn. 86.

1526 Vgl. zu entsprechenden Aussagen i.R.d. InvStG a.F.: Bund-Länder-Arbeitsgruppe, Berichtsentwurf der Arbeitsgruppe, „Neukonzeption der Investmentbesteuerung", 24.2.2012, S. 15 (n.v.).

5.3.6 Auswirkungen auf die Gewerbesteuer (§ 20 Abs. 5 InvStG)

5.3.6.1 Besteuerungskonzeption

Nach § 20 Abs. 5 InvStG wird der Umfang der bei der Einkommen- und Körperschaftsteuer gewährten Freistellungen der Erträge aus Aktien-, Misch- oder Immobilienfonds (vgl. § 20 Abs. 1 bis 3 InvStG) für die Zwecke der Gewerbesteuer um die Hälfte reduziert.[1527] Die Teilfreistellung ist ein Ausgleich für die steuerliche Vorbelastung der Investmentfonds mit Körperschaftsteuer.[1528] Da zudem auf Ebene des Investmentfonds grds. keine Gewerbesteuer anfällt, fehlt es an einer gewerbesteuerlichen Vorbelastung, sodass lediglich eine verminderte Freistellung der Erträge für die Zwecke der Gewerbesteuer erforderlich ist.[1529] Damit wird eine einmalige gewerbesteuerliche Belastung dieser Erträge sichergestellt.[1530]

Gerade die erhöhten Teilfreistellungssätze dienen allerdings nicht nur dem Ausgleich der Vorbelastung auf Fondsebene, sondern sollen ebenso in pauschalierter Form berücksichtigen, dass etwa Veräußerungsgewinne i.R.d. Direktanlage anteilig von der Steuer freigestellt sind (vgl. § 3 Nr. 40 EStG; § 8b Abs. 2 KStG).[1531] Die Steuerfreiheit der Veräußerungsgewinne mindert in der Direktanlage auch die gewerbesteuerliche Bemessungsgrundlage.[1532] Für Dividenden gilt dies nicht (vgl. § 8 Nr. 5 GewStG). Es ist daher sachgerecht, bei betrieblichen Anlegern eine gewerbesteuerlich verminderte Freistellung nur hinsichtlich der Dividenden und sonstigen Beteiligungseinnahmen, nicht aber hinsichtlich der Veräußerungsgewinne aus Beteiligungen vorzunehmen.[1533] Dies mündet letztlich in einem hälftigen Ansatz.

Trotz des fehlenden Verweises in § 20 Abs. 5 InvStG auf § 20 Abs. 4 InvStG gilt die Nachweis- und Antragspflicht zur Geltendmachung des

---

1527 Vgl. BT-Drs. 18/8045, 92.

1528 BMF, „Investmentsteuergesetz; Anwendungsfragen zum Investmentsteuergesetz in der ab dem 1. Januar 2018 geltenden Fassung (InvStG)“, 21.5.2019 – BStBl. I 2019, 527, Rn. 20.19.

1529 BT-Drs. 18/8045, 92; **a.A.:** vgl. Elser in Beckmann/Scholtz/Vollmer, Investment, § 20 InvStG, Rnrn. 81 f.; Lüdicke, StbJb 2015/16, 519 (529).

1530 BT-Drs. 18/8045, 92.

1531 Vgl. BT-Drs. 18/8045, 92.

1532 BT-Drs. 18/8045, 92.

1533 BT-Drs. 18/8045, 92.

Freistellungssatzes auch für die Gewerbesteuer; eine gegenteilige Interpretation würde zu widersinnigen Ergebnissen führen.[1534]

5.3.6.2 Sonderproblem: Hälftiger Ansatz bei mittelbaren Beteiligungen

Fraglich ist indes, wie eine mittelbare Anlage über (vermögensverwaltende) Personengesellschaften i.S.d. § 20 Abs. 3a InvStG für die Gewerbesteuer zu handhaben ist, denn der hälftige Ansatz der Teilfreistellungssätze i.S.d. § 20 Abs. 5 InvStG tritt normierungstechnisch grds. parallel daneben.[1535] Eine Bezugnahme auf § 20 Abs. 3a InvStG sieht die Vorschrift nicht vor. Daher ist unklar, ob eine Durchschau ebenso für gewerbesteuerliche Zwecke greift.[1536]

Die Gesetzesbegründung liefert keine hinreichende Aussage. Das BMF möchte bei der Ermittlung des Gewerbeertrags einer Mitunternehmerschaft für die Berücksichtigung der Teilfreistellung nach § 20 InvStG und für die anteiligen Abzüge nach § 21 InvStG den § 7 S. 4 GewStG sinngemäß anwenden.[1537] Damit werden grds. die steuerlichen Verhältnisse des jeweiligen Anlegers in den Mittelpunkt gestellt.[1538] Sind sowohl natürliche Personen, dem KStG unterliegende Anleger sowie Kredit- und Finanzdienstleistungsinstitute oder Lebens- oder Krankenversicherungsunternehmen beteiligt, richtet sich die Teilfreistellung nach dem Verhältnis der jeweiligen Beteiligung am Gewinn der Mitunternehmerschaft.[1539]

Zwar steht dieses Verständnis dem Wortlaut, welcher explizit auf die § 20 Abs. 1 bis 3 InvStG Bezug nimmt, bislang entgegen; allerdings ist aufgrund der Verweistechnik in § 20 Abs. 5 InvStG ebenso § 20 Abs. 3a

---

1534 Kleutgens in Moritz/Jesch/Mann, FraKo Kapitalanlagerecht, Bd. 2, 2. Aufl., § 20 InvStG, Rn. 100.

1535 Vgl. Hagen/Schober, BB 2019, 1693 (1696).

1536 Vgl. 5.3.4.

1537 Vgl. BMF, „Investmentsteuergesetz; Anwendungsfragen zum Investmentsteuergesetz in der ab dem 1. Januar 2018 geltenden Fassung (InvStG)“, 21.5.2019 – BStBl. I 2019, 527, Rn. 20.20.

1538 Vgl. Mann in Brandis/Heuermann, Ertragsteuerrecht, § 20 InvStG, Rn. 45; Mertesdorf-Perathoner in Bödecker/Ernst/Hartmann, BeckOK InvStG, 10. Ed., § 20, Rn. 77; Kleutgens in Moritz/Jesch/Mann, FraKo Kapitalanlagerecht, Bd. 2, 2. Aufl., § 20 InvStG, Rn. 97; Buge/Bujotzek/Blischke, Private Equity und Venture Capital Fonds, 327 (391 f.); Jansen/Greger, DStR 2018, 282 (284).

1539 BMF, „Investmentsteuergesetz; Anwendungsfragen zum Investmentsteuergesetz in der ab dem 1. Januar 2018 geltenden Fassung (InvStG)“, 21.5.2019 – BStBl. I 2019, 527, Rn. 20.20.

InvStG – faktisch über die Ecke – inzident anzuwenden.[1540] Dieses Ergebnis ist vor dem Hintergrund der Vereinheitlichung der Quotenbestimmungen mittelbarer Beteiligungen[1541] sinnvoll.

5.3.7 Verfassungsrechtliche Würdigung

Die Teilfreistellungskonzeption des InvStG muss sich, wie die vergleichbaren steuerlichen Erleichterungsvorschriften des § 3 Nr. 40 EStG oder des § 8b KStG, insbesondere aufgrund ihrer Pauschalierung, an verfassungsrechtlichen Fragestellungen messen lassen. Dabei stehen einerseits die Grundsatzfrage der Typisierung dem Grunde nach sowie andererseits die diese Thematik abrundenden Detailausgestaltungen auf dem Prüfstand.

5.3.7.1 Grundsatzfrage der Teilfreistellung: Typisierung dem Grunde nach

Zuvörderst ist die Frage aufzuwerfen, ob man eine steuerliche Vorbelastung in einem intransparenten Ebenenbesteuerungssystem dem Grunde nach auf der Anlegerebene typisieren darf, um im Wege einer Kompensation eine – im Idealfall ausbalancierte – Einmalbesteuerung zu erreichen (Shareholder Relief-System[1542]) oder ob nicht vielmehr eine zielgenaue Berücksichtigung im Lichte des Gleichheitssatzes gemäß Art. 3 Abs. 1 GG geboten ist.

Hintergrund dieser verfassungsrechtlichen Frage ist, dass die investmentsteuerrechtliche Teilfreistellungskonzeption i.V.m. einer Definitivbelastung auf Investmentfondsebene in dieser Form im Gros der Fallkonstellationen zu einer ungleichen Behandlung der verschiedenen Anlegerklassen sowie Fondskategorien führt. Die damit einhergehende unterschiedliche Belastungswirkung resultiert mithin aus der nur pauschalen Steuerfreistellung, die keine zielgenaue Besteuerung nach dem individuellen Steuersatz ermöglicht.[1543] Soweit mitunter die Typisierung vom besteuerungskonzeptionell zugrunde gelegten Leitfall abweicht, entsteht eine Über-

---

1540 Vgl. Hagen/Schober, BB 2019, 1693 (1696); Jansen/Greger, DStR 2018, 282 (282 ff.).

1541 Vgl. 5.3.4.2.

1542 Vgl. 4.1.2.3.2.1 und 5.1.4.

1543 So zum Teileinkünfteverfahren: Intemann in Herrmann/Heuer/Raupach, EStG/KStG, § 3 Nr. 40 EStG, Rn. 16.

bzw. Unterkompensation der steuerlichen Vorbelastung. Abweichungen gehen dann entweder zulasten des Steuerpflichtigen oder des Fiskus.[1544]

Die mit der unterschiedlichen Besteuerung verbundene Ungleichbehandlung ist aber schließlich vom gesetzlichen Gestaltungsspielraum einer Typisierung bzw. Pauschalierung dem Grunde nach und mithin dem Vereinfachungsgedanken gedeckt.[1545] Prinzipiell ist die Argumentation zur typisierenden Pauschalierung i.R.d. Vorabpauschale[1546] entsprechend heranzuziehen und auf die Typisierung der steuerlichen Vorbelastung zu beziehen. Schließlich handelt es sich um einen Aspekt der erlaubten Typisierung bzw. Pauschalierung des Gesetzgebers als Ausdruck des Leistungsfähigkeitsprinzips.

5.3.7.2 Ausgestaltungsfragen der Teilfreistellung

Ferner ergeben sich u.a. aus der Typisierung der steuerlichen Vorbelastung bestimmte Ausgestaltungsfragen. Insoweit steht einerseits die Frage im Raum, (1) ob die betragsmäßige Typisierung anhand hinreichend sachgerechter Kriterien entwickelt wurde und demnach mit Art. 3 Abs. 1 GG vereinbar ist. Andererseits ist der Detailaspekt zu klären, (2) ob und inwieweit die Anwendbarkeit der Teilfreistellung im Verlustfall – d.h. wenn ebenso Veräußerungsverluste eine entsprechende Minderung erfahren – im Einklang mit dem Leistungsfähigkeitsprinzip steht.

1544 Vgl. Bron, Stbg 2015, 391 (392).
Dies eröffnet – aufgrund mangelnder Entscheidungsneutralität – kritisch zu betrachtende Möglichkeiten der Steueroptimierung. Vgl. Remmel in Herrmann/Heuer/Raupach, EStG/KStG, § 20 InvStG, Rn. 5; Mertesdorf-Perathoner in Bödecker/Ernst/Hartmann, BeckOK InvStG, 10. Ed., § 20, Rn. 10; Elser in Beckmann/Scholtz/Vollmer, Investment, § 20 InvStG, Rn. 10; Elser, CF 2016, 141 (142 ff.); Kalies, StuW 2020, 63 (63 ff.).
Insoweit legitimiert die Typisierung zugleich den Spielraum, der sich aus einer steueroptimalen Anlagestruktur ergibt. Kloster, Neukonzeption der Investmentbesteuerung, Diss., S. 650.

1545 So zum Teileinkünfteverfahren: Intemann in Herrmann/Heuer/Raupach, EStG/KStG, § 3 Nr. 40 EStG, Rn. 16; vgl. BFH, Urt. v. 27.10.2005, IX R 15/05 – BStBl. II 2006, 171, Rnrn. 11 ff.; Tormöhlen/Korn in Korn, EStG, § 3 Nr. 40, Rnrn. 17 f.; **kritisch:** Hey in Tipke/Lang, Steuerrecht, Kap. 11, Rnrn. 11.20 f.

1546 Vgl. 5.2.7.3.2.2.2.2.2.

5.3.7.2.1 Erste Ausgestaltungsfrage: Sachgerechte Typisierung der Höhe nach

Die Teilfreistellungssätze werfen die gleichheitsrechtlich relevante Frage des Ansatzes der Höhe nach auf, d.h. nach welchen Maßgaben die Feinkalibrierung anhand der jeweiligen Anlagegegenstände, -quoten und -klassen sowie Anlegertypen festgelegt worden ist. Denn die vorgenannte Ungleichbehandlung findet letztlich gerade in der unterschiedlichen Satzhöhe ihren Ausdruck. Eine derartige belastungsverzerrende Typisierung lässt sich allerdings nur rechtfertigen, wenn sie sich an einem typischen Fall orientiert.[1547]

In der Gesetzesbegründung führt der Gesetzgeber zur Aktienteilfreistellung aus, dass es dem Vereinfachungsgedanken abträglich wäre, den tatsächlichen Dividendenertragsanteil zu ermitteln und dem konkreten Investor zuzuordnen.[1548] Hierfür wurden auf Grundlage wissenschaftlicher Studien die durchschnittlichen Dividendenerträge errechnet und die darauf entfallende Vorbelastung zugrunde gelegt.[1549] Dabei geht es grds. um die Berücksichtigung der Gesamtrendite[1550]. Vergleichbares gilt für Mischfonds, die im Konnex mit den Voraussetzungen der Teilfreistellungen für Aktienfonds stehen.[1551] Lediglich zu den Immobilienteilfreistellungen werden in der Gesetzesbegründung keine weitergehenden Zuordnungen im Hinblick auf die Quotenfindung und die daraus resultierenden empirischen Teilfreistellungen getätigt. Gleichwohl wird im Allgemeinen davon auszugehen sein, dass auch diese Pauschalierung auf dem reichhaltigen, realitätsabbildenden gesetzgeberischen Erfahrungsschatz basiert.[1552]

1547 Desens, Das Halbeinkünfteverfahren, Diss., S. 107; vgl. BVerfG, Beschl. v. 7.10.1969, 2 BvR 555/67 – BVerfGE 27,142, Rn. 26; BVerfG, Beschl. v. 16.3.2005, 2 BvL 7/00 – BVerfGE 112, 268, Rn. 70; BVerfG, Beschl. v. 7.11.2006, 1 BvL 10/02 – BStBl. II 2007, 192, Rn. 96; BVerfG, Beschl. v. 15.1.2008. 1 BvL 2/04 – BVerfGE 120, 1, Rn. 83; BVerfG, Beschl. v. 12.10.2010, 1 BvL 12/07 – BVerfGE 127, 224, Rn. 52; Wernsmann in Hübschmann/Hepp/Spitaler, AO/FGO, § 4 AO, Rn. 455; Wollenschläger in von Mangoldt/Klein/Starck, GG, Bd. 1, Art. 3, Rn. 204; Nußberger in Sachs, GG, Art. 3, Rn. 108; 5.2.7.3.2.2.2.2.2.

1548 BT-Drs. 18/8045, 91.

1549 BT-Drs. 18/8045, 91.

1550 Vgl. Bund-Länder-Arbeitsgruppe, Berichtsentwurf der Arbeitsgruppe, „Neukonzeption der Investmentbesteuerung", 24.2.2012, S. 30, Fn. 7 (n.v.).

1551 Vgl. Mann in Brandis/Heuermann, Ertragsteuerrecht, § 20 InvStG, Rn. 25.

1552 Vgl. Mertesdorf-Perathoner in Bödecker/Ernst/Hartmann, BeckOK InvStG, 10. Ed., § 20, Rn. 9; Meinert, NWB 2015, 2416 (2419).

Die konkreten (sechs) wissenschaftlichen Studien[1553] werden allerdings in der Gesetzesbegründung nicht genannt, sondern tauchen namentlich ausschließlich in unveröffentlichten Dokumenten – dem Berichtsentwurf der Arbeitsgruppe – auf.[1554] Dieses Vorgehen wird zurecht moniert.[1555] Gleichwohl zeigt die Gesetzesbegründung vier Grunderwägungen auf, die i.R.d. Findung der Teilfreistellungssätze miteinbezogen wurden:

„(1) Bei Aktienfonds werden auf Fondsebene nur die Dividenden, aber nicht die Veräußerungsgewinne aus Aktien besteuert.
(2) Bei Immobilienfonds werden auf Fondsebene sowohl die Mieten und Pachten als auch die Gewinne aus der Veräußerung der Immobilie besteuert. Das heißt, die Besteuerungslast der Immobilienfonds ist höher als bei Aktienfonds, sodass eine höhere Freistellung zu gewähren ist.
(3) Bei inländischen Immobilien erfolgt eine Besteuerung der Fondsebene mit 15 % Körperschaftsteuer. Diese deckt aber nicht vollumfänglich den Besteuerungsanspruch auf der Anlegerebene ab. Dagegen erfolgt bei ausländischen Immobilien i.d.R. eine umfassendere Besteuerung des Investmentfonds in dem ausländischen Staat, in dem die Immobilie liegt. Zudem werden im gegenwärtigen Recht die ausländischen Immobilienerträge aufgrund der umfänglichen ausländischen Besteuerung i.d.R. von der deutschen Besteuerung freigestellt. Bei einer überwiegenden Investition in ausländische Immobilien ist daher

1553 Vgl. Stehle/Hartmond, KuK 1991, 371 (371 ff.); Rottmann/Walter, WiSt 2004, 603 (603 ff.); Stehle/Huber/Maier, „Rückberechnung des DAX für die Jahre 1955 bis 1987“, 1.1996, S. 1 ff. (abrufbar unter: https://edoc.hu-berlin.de/bitstream/handle/18452/4516/7.pdf?sequence=1&isAllowed=y – letztes Abrufdatum: 19.10.2021); Stehle, „Renditevergleich von Aktien und festverzinslichen Wertpapieren auf Basis des DAX und des REXP“, 4.1999, S. 1 ff. (abrufbar unter: www.econbiz.de/archiv/b/hub/bank/renditevergleich.pdf – letztes Abrufdatum: 19.10.2021); Hillebrand, Erklärung der Varianz fundamentaler Kennzahlen und Renditeprognosen deutscher Aktien, Diss., S. 51 ff.; Schulz, Der Einfluss von Dividenden auf Aktienrenditen, Diss., S. 9 ff.

1554 Die wissenschaftlichen Studien werden in BT-Drs. 18/8045, 91 kurz angesprochen. Jedoch sind die Studien nur i.R.d. Bund-Länder-Arbeitsgruppe, Berichtsentwurf der Arbeitsgruppe, „Neukonzeption der Investmentbesteuerung“, 24.2.2012, S. 30, Fn. 6 (n.v.), namentlich aufgezählt.

1555 Vgl. Anzinger, Stellungnahme, 6.5.2016, S. 8 (abrufbar unter: www.bundestag.de/resource/blob/422134/cb374a55b2bc8c76b80b63ee2cf58005/01-anzinger--prof--dr--iur--heribert-m---data.pdf – letztes Abrufdatum: 19.10.2021); Sanning, Systemgerechtigkeit im Spannungsfeld von Investmentsteuerrecht und Hinzurechnungsbesteuerung, Diss., S. 82 f.

eine höhere Freistellung angemessen als bei einer überwiegenden Investition in inländische Immobilien.
(4) Aktien- und Immobilienfonds investieren meist nicht ausschließlich in Aktien oder Immobilien. Typischerweise werden auch andere Kapitalanlagen, insbesondere zinstragende Forderungen, im Vermögen gehalten. Die aus diesen anderen Kapitalanlagen resultierenden Erträge sind regelmäßig nicht steuerlich vorbelastet, profitieren aber gleichermaßen von der Teilfreistellung. Typisierend wurde bei der Ermittlung der Freistellungshöhen das anteilige Halten von derartigen Kapitalanlagen unterstellt.“[1556]

Damit ist das gesetzgeberische Ziel[1557] umrissen. Eine tatsächliche Offenlegung des Berechnungsmodells ersetzt dies hingegen nicht. Daher soll dieser Aspekt vorliegend exemplarisch nachgeholt und die notwendige Zusammensetzung des Investmentfondsportfolios aufgezeigt werden, sodass es – unter Berücksichtigung der Vorbelastung auf Investmentfondsebene und der Nachbelastung auf Anlegerebene – zu einer faktischen Einmalbesteuerung kommt. Maßstabsbildend ist dabei der Direktanleger.[1558] Es soll in der Gesamtschau nicht zu einer höheren Steuerlast kommen. Voraussetzung zur Verwirklichung dieses Ziels ist, dass die Teilfreistellung jeweils so bemessen ist, dass die Besteuerung von Investmentfonds- und Direktanleger annähernd gleich ist.[1559]

5.3.7.2.1.1 Teilfreistellung für Aktienfonds

Annahmegemäß soll dies für die Aktienteilfreistellung anhand eines Privatanlegers (Anteile im Privatvermögen), der in einen ausschüttenden Aktienfonds[1560] investiert, verdeutlicht werden. Aus dieser Anlage bezieht er Investmenterträge gemäß § 20 Abs. 1 Nr. 3 EStG. Der Investmentfonds er-

---

1556 BT-Drs. 18/8045, 55.
Vgl. kritisch zur Herleitung der Teilfreistellungssätze: Kleutgens in Moritz/Jesch/Mann, FraKo Kapitalanlagerecht, Bd. 2, 2. Aufl., § 20 InvStG, Rnrn. 48 f./69 ff.

1557 Vgl. Kleutgens in Moritz/Jesch/Mann, FraKo Kapitalanlagerecht, Bd. 2, 2. Aufl., § 20 InvStG, Rn. 29; 5.3.2.1.

1558 Vgl. BT-Drs. 18/8045, 91.

1559 Sanning, Systemgerechtigkeit im Spannungsfeld von Investmentsteuerrecht und Hinzurechnungsbesteuerung, Diss., S. 82.

1560 Vgl. 5.3.3.1.1.1.
Vergleichbares gilt für Mischfonds. Vgl. 5.3.3.1.1.2.

zielt inländische Beteiligungseinnahmen in Form von Dividenden gemäß § 6 Abs. 3 S. 1 Nr. 1 InvStG sowie zu einem entsprechenden Anteil steuerfreie Erträge. Vergleichend wird ein Direktanleger hinzugezogen, welcher hieraus Einkünfte aus Kapitalvermögen i.S.d. § 20 Abs. 1 Nr. 1 S. 1 EStG generiert. Diese unterliegen bei ihm der Kapitalertragsteuer.

Die angefügte Beispielberechnung zeigt, dass beim Direktanleger der in seiner Höhe fixe[1561] Kapitalertragsteuerabzug i.H.v. 25 % im Vergleich zur Investmentanlage und der Hinzuziehung einer Teilfreistellung, d.h. einer Anlage über einen Aktienfonds, im Einzelfall steuerliche Vor- und Nachteilen haben kann. Die Direktanlage befindet sich typisierungstechnisch bzgl. der steuerlichen Gesamtbelastung inmitten der durch die Beteiligungsstufen möglichen Steuerlast. Der individuelle Einkommensteuertarif findet auch i.R.d. Direktanlage – ungeachtet einer etwaigen Günstigerprüfung gemäß § 32d Abs. 6 S. 1 EStG – keine Anwendung. Es verbleibt bei der Kapitalertragsteuer i.H.v. 25 %.

Daher kann eine vollständige steuerliche Vorbelastung im Zuge einer 100%igen Beteiligung steuerliche Nachteile mit sich bringen, wohingegen etwa eine der Quote des § 2 Abs. 6 S. 1 InvStG entsprechende Beteiligung von knapp über 50 % des Aktivvermögens vorteilhaft wäre. Unter der Voraussetzung, dass das Portfolio und damit schließlich der Anleger einer effektiven Steuerbelastung von durchgerechnet 25 % unterfällt, kommt es mithin grds. zu einer zielgenauen Gesamtsteuerlast im Vergleich zum privaten Direktanleger.

1561 Eine mögliche Günstigerprüfung i.S.d. § 32d Abs. 6 S. 1 EStG ist bei dieser Betrachtung grds. ebenfalls zu berücksichtigen. Auf Antrag des Steuerpflichtigen werden – bei Ausübung dieses Optionsrechts – die ermittelten Kapitaleinkünfte der tariflichen Einkommensteuer unterworfen, wenn dies zu einer niedrigeren Einkommensteuer einschließlich Zuschlagsteuern führt.
Aus Gründen der Vereinfachung sowie der besseren Darstellbarkeit der Berechnungsproblematik hinsichtlich der Teilfreistellungssätze in diesem Kapitel wird im Folgenden diese zusätzliche Modalität allerdings nicht mit einbezogen.

	Direktanlage (Einkünfte i.S.d. § 20 Abs. 1 Nr. 1 S. 1 EStG)	Aktienfonds (Einkünfte i.S.d. § 6 Abs. 3 S. 1 Nr. 1 InvStG; ausschüttend) Kapitalbeteiligungen i.H.v.		
		100 % (0 % steuerfreie Erträge bzw. Assets)	60,6 % (39,4 % steuerfreie Erträge bzw. Assets)	50,1 % (49,9 % steuerfreie Erträge bzw. Assets; vgl. § 2 Abs. 6 S. 1 InvStG)
– Ebene der ausschüttenden Gesellschaft –				
Ertrag	100 €			
– Investmentfondsebene –				
Einkommen	-	100 €		
Steuerfrei	-	-	39,40 €	49,90 €
Bemessungsgrundlage	-	100 €	60,60 € (= 100 € ./. 39,40 €)	50,10 € (= 100 € ./. 49,90 €)
Steuerlast	-	**15 €** (KapESt i.H.v. 15 % auf 100 % der Beteiligung)	**9,09 €** (KapESt i.H.v. 15 % auf 60,6 % der Beteiligung)	**≈ 7,52 €** (KapESt i.H.v. 15 % auf 50,1 % der Beteiligung)
Es verbleiben	-	85 € (= 100 € ./. 15 €)	90,91 € (= 100 € ./. 9,09 €)	92,48 € (= 100 € ./. 7,52 €)
– Anlegerebene –				
Ausschüttung	100 €	85 €	90,91 €	92,48 €
Teilfreistellung i.H.v. 30 %	-	25,50 € (= 85 € x 30 %)	≈ 27,27 € (= 90,91 € x 30 %)	≈ 27,74 € (= 92,48 € x 30 %)
Steuerpflichtig	100 €	59,50 € (= 85 € ./. 25,50 €)	63,64 € (= 90,91 € ./. 27,27 €)	64,74 € (= 92,48 € ./. 27,74 €)
Steuerlast	25 € (= 100 € x 25 % KapESt)	**≈ 14,88 €** (= 59,50 € x 25 % KapESt)	**15,91 €** (= 63,64 € x 25 % KapESt)	**≈ 16,19 €** (= 64,74 € x 25 % KapESt)
Es verbleiben	75 € (= 100 € ./. 25 €)	70,12 € (= 85 € ./. 14,88 €)	75 € (= 90,91 € ./. 15,91 €)	76,29 € (= 92,48 € ./. 16,19 €)
– Gesamtbetrachtung von Investmentfonds- und Anlegerebene –				
Gesamtsteuerlast	25 €	29,88 € (= 15 € + 14,88 €)	25 € (= 9,09 € + 15,91 €)	23,71 € (= 7,52 € + 16,19 €)
Prozentuale Steuerlast	**25 %** (= 25 € / 100 €)	**29,88 %** (= 29,88 € / 100 €)	**25 %** (= 25 € / 100 €)	**23,71 %** (= 23,71 € / 100 €)
Belastung im Vergleich zur Direktanlage		**4,88 €** (= 29,88 € ./. 25 €)	**0 €** (= 25 € ./. 25 €)	**- 1,29 €** (= 23,71 € ./. 25 €)

Annahmen: Ausschüttender Aktienfonds; Erträge i.H.v. 100 €; Steuern ohne SolZ; Berechnung erfolgt ohne Berücksichtigung des Sparer-Pauschbetrags.

Tabelle 7: Sachgerechte Typisierung der Teilfreistellungssätze für Aktienfonds. Eigene Darstellung.

Praktisch gesehen bedeutet dies, dass der Anleger eines Aktienfonds die jeweilige Portfoliozusammensetzung selbständig gegeneinander abwägen muss. Demnach können etwa Aktieninvestmentfonds, die unter die Aktienteilfreistellung fallen, ihr Portfolio mit weiteren Beteiligungen (bspw. Dividenden) bestücken, die nicht bzw. in geringem Maße steuerlich verstrickt sind. Im Ergebnis führt dieses Vorgehen gleichwohl zu einer Teilfreistellung in entsprechender Höhe. Die Freistellung liegt dann regelmäßig unterhalb der typisierend angenommenen Grenze, da die Gesetzesbegründung bereits auf eine steuerliche Vorbelastung etwa ausländischer Dividenden hinweist, welche durch die entsprechenden DBA regelmäßig keine Steuernivellierung erfahren[1562]. Das Resultat ist ein Steuervorteil, da eine steuerliche Vorbelastung insoweit weder vom Tatbestand gesetzlich gefordert wird, noch im Einzelfall tatsächlich stattfindet. Diametral hierzu kann es etwa im Nicht-DBA-Fall mangels Anrechnungsmöglichkeit zu einer höheren Belastung mit ausländischer Kapitalertragsteuer kommen, als diese in dem pauschalen Freistellungssatz von 30 % berücksichtigt worden ist.[1563] Derartige Verschiebungen zollen dem Vereinfachungsgedanken der Typisierung entsprechenden Tribut.[1564]

5.3.7.2.1.2 Teilfreistellung für Immobilienfonds

Ferner soll die Immobilienteilfreistellung i.R.d. Immobilienfondsanlage[1565] eines Privatanlegers (Anteile im Privatvermögen) untersucht werden. Die gehaltenen inländischen Immobilien generieren in diesem Beispiel ausschließlich Mieterträge (vgl. § 6 Abs. 4 S. 1 Nr. 1 InvStG). Diese werden ausgeschüttet. Hierzu wird im Vergleich ein Direktanleger mit einem gemittelten individuellen Einkommensteuersatz i.H.v. 21 % auf die Einkünfte aus Vermietung und Verpachtung i.S.d. § 21 Abs. 1 S. 1 Nr. 1 EStG herangezogen.

1562 Vgl. BT-Drs. 18/8045, 91.

1563 Kleutgens in Moritz/Jesch/Mann, FraKo Kapitalanlagerecht, Bd. 2, 2. Aufl., § 20 InvStG, Rn. 48.

1564 Vgl. Bund-Länder-Arbeitsgruppe, Berichtsentwurf der Arbeitsgruppe, „Neukonzeption der Investmentbesteuerung“, 24.2.2012, S. 31 (n.v.).

1565 Vgl. 5.3.3.1.1.3.

	Direktanlage (Einkünfte i.S.d. § 21 Abs. 1 S. 1 Nr. 1 EStG)	Immobilienfonds (Einkünfte i.S.d. § 6 Abs. 4 S. 1 Nr. 1 InvStG; ausschüttend) Beteiligungen an Immobilien bzw. Immobilien-Gesellschaften i.H.v.		
		100 % (0 % steuerfreie Erträge bzw. Assets)	81,45 % (18,55 % steuerfreie Erträge bzw. Assets)	50,1 % (49,9 % steuerfreie Erträge bzw. Assets; vgl. § 2 Abs. 9 S. 1 InvStG)
– Ebene der Immobilien bzw. Immobilien-Gesellschaft –				
Ertrag	100 €			
– Investmentfondsebene –				
Einkommen	-	100 €		
Steuerfrei	-	-	18,55 €	49,90 €
Bemessungs-grundlage	-	100 €	81,45 € (= 100 € ./. 18,55 €)	50,10 € (= 100 € ./. 49,90 €)
Steuerlast	-	**15 €** (Körperschaftsteuer i.H.v. 15 % auf 100 % der Beteiligung)	**≈ 12,22 €** (Körperschaftsteuer i.H.v. 15 % auf 81,45 % der Beteiligung)	**≈ 7,52 €** (Körperschaftsteuer i.H.v. 15 % auf 50,1 % der Beteiligung)
Es verbleiben	-	85 € (= 100 € ./. 15 €)	87,78 € (= 100 € ./. 12,22 €)	92,48 € (= 100 € ./. 7,52 €)
– Anlegerebene –				
Ausschüttung	100 €	85 €	87,78 €	92,48 €
Teilfreistellung i.H.v. 60 %	-	51 € (= 85 € x 60 %)	≈ 52,67 € (= 87,78 € x 60 %)	≈ 55,49 € (= 92,48 € x 60 %)
Steuerpflichtig	100 €	34 € (= 85 € ./. 51 €)	35,11 € (= 87,78 € ./. 52,67 €)	36,99 € (= 92,48 € ./. 55,49 €)
Steuerlast	21 € (Einkommensteuer-tarif i.H.v. 21 %)	**8,50 €** (= 34 € x 25 % KapESt)	**≈ 8,78 €** (= 35,11 € x 25 % KapESt)	**≈ 9,25 €** (= 36,99 € x 25 % KapESt)
Es verbleiben	79 € (= 100 € ./. 21 €)	76,50 € (= 85 € ./. 8,50 €)	79 € (= 87,78 € ./. 8,78 €)	83,23 € (= 92,48 € ./. 9,25 €)
– Gesamtbetrachtung von Investmentfonds- und Anlegerebene –				
Gesamtsteuerlast	21 €	23,50 € (= 15 € + 8,50 €)	21 € (= 12,22 € + 8,78 €)	16,77 € (= 7,52 € + 9,25 €)
Prozentuale Steuerlast	**21 %** (= 21 € / 100 €)	**23,50 %** (= 23,50 € / 100 €)	**21 %** (= 21 € / 100 €)	**16,77 %** (= 16,77 € / 100 €)
Belastung im Vergleich zur Direktanlage		**2,50 €** (= 23,50 € ./. 21 €)	**0 €** (= 21 € ./. 21 €)	**- 4,23 €** (= 16,77 € ./. 21 €)

Annahmen: Ausschüttender Immobilienfonds; Erträge i.H.v. 100 €; Steuern ohne SolZ; Berechnung erfolgt ohne Berücksichtigung der Werbungskosten und des Sparer-Pauschbetrags.

Tabelle 8: Sachgerechte Typisierung der Teilfreistellungssätze für Immobilienfonds. Eigene Darstellung.

Die tabellarische Berechnungsübersicht zeigt letztlich einen wesentlichen Unterschied auf, welcher für die steuerliche Einmalbelastung des Gesamtkonstrukts aus Anlegerperspektive relevant ist. I.R.d. Investmentanlage wird kein progressiver Steuertarif angewandt, sondern lediglich die Körperschaftsteuer auf Investmentfondsebene und – durch die Umqualifikation als Investmenterträge gemäß § 16 Abs. 1 InvStG – die Kapitalertragsteuer auf Anlegerebene. Im Vergleich zur vorher dargestellten Direktanlage in Aktien[1566], bei der i.R.d. unmittelbaren Beteiligung eine Kapitalertragsteuer i.H.v. 25 % zum Tragen kommt, besteht in der vorliegenden Konstellation kein Steuersatzfixum. Aufgrund dieser zusätzlichen Variable im Immobiliensachverhalt wird ein feststehender Vergleich zusätzlich erschwert.

Allerdings verbleiben bei der Investmentfondsanlage die Grenzen für eine Berücksichtigung der steuerlichen Vorbelastung i.R.d. Immobilienanlage – wie schon im Zuge der Investition in Aktien – faktisch starr; innerhalb selbiger ist allerdings weiterhin eine Varianz durch die Beteiligungsquoten möglich. Sie bewegt sich am oberen Ende mit einer 100%igen und einer vollständigen steuerlichen Vorbelastung aller Erträge auf Investmentfondsebene sowie am unteren Ende mit einer knapp über 50 % liegenden Beteiligung des Aktivvermögens i.S.d. § 2 Abs. 9 S. 1 InvStG und einer entsprechenden Vorbelastung. Die Spanne der gesamtsteuerlichen Belastung der Investmentfondsanlage weicht mithin vom umfangreicheren Einkommensteuertarif (vgl. § 32a Abs. 1 S. 1, S. 2 EStG) ab und bildet diesen nicht in seiner vollständigen Breite ab. Demnach ist die zielgenaue, effektive Gesamtsteuerbelastung, um eine gleiche Belastung zum Direktanleger aufzuzeigen, nicht derart generalisierend bestimmbar wie i.R.d. Aktienfondsanlage. Es kommt vielmehr auf den Einzelfall und damit den individualisierten Einkommensteuertarif an.

Folge dessen ist, dass sofern der individuelle Einkommensteuersatz oberhalb bzw. unterhalb dieser grds. Berücksichtigungsspanne liegt, die Investmentfondsanlage dementsprechend vorteilhaft bzw. nachteilig sein kann. Man denke etwa nur an Anleger mit dem Höchststeuersatz, die dadurch in jedem Fall mit einer Investmentanlage – aufgrund der Umqualifikation der Einkünfte – steuerlich bessergestellt wären. Dies gilt für jeden Steuerpflichtigen oberhalb der aufgezeigten Varianz. Nichtsdestoweniger sollten insbesondere auch Steuerpflichtige, die sich mit ihrem individuellen Steuersatz innerhalb des fondsspezifischen Besteuerungsspektrums befinden, einen Blick auf die Zusammensetzung des Portfolios werfen. Im Einzelfall kann sich nämlich eine (positive) Abweichung zur Direktanlage ergeben.

1566 Vgl. 5.3.7.2.1.1.

5.3.7.2.1.3 Stellungnahme zur Sachgerechtheit der Typisierung

Ausgangspunkt der zusammenfassenden Bewertung ist, dass die Teilfreistellung zur Vereinfachung Prozentsätze verwendet, die typisierend die Ertragssituation auf der Fondsebene sowie persönliche Steuerfreistellungen des Anlegers berücksichtigen[1567]. Eine zielgenaue Kompensation wird dadurch nur im absoluten Ausnahmefall erreicht werden können.

Hinsichtlich der Sachgerechtheit der Typisierung ist festzuhalten, dass die konkreten Annahmen des Gesetzgebers, welche schließlich die Belastungsentscheidung begründen, zwar verbal umrissen, aber nicht in einer numerischen Rechnung umgesetzt werden. Dies ist hinsichtlich der Nachprüfbarkeit rechtsstaatlich bedenklich und bringt Zweifel mit sich, die auch anhand der vorgenannten Beispielsfälle nicht vollständig ausgeräumt werden können. Nichtsdestotrotz erzeugen die Beispielsfälle gewisse Konturen, obwohl sie nur exemplarische Ausschnitte aus den mannigfaltigen Anlagevarianten eines Investmentfonds abbilden können. Dies verdeutlicht nicht zuletzt die ergänzende Option einer Günstigerprüfung i.S.d. § 32d Abs. 6 S. 1 EStG, auf deren Berücksichtigung in diesem Kapitel verzichtet wurde.

Für Aktienfonds ist der Ankerpunkt anhand der höhenmäßig feststehenden Kapitalertragsteuer i.H.v. 25 % i.R.d. Direktanlage erkennbar. Allerdings geht der Gesetzgeber bei der Fondsanlage bspw. von einer entsprechenden Vorbelastung ausländischer Dividendenerträge[1568] aus, sodass man unter einer entsprechenden Portfoliogestaltung eine deutlich geringere Gesamtbelastung erzielen kann. Insoweit erfolgt die Zeichnung des gesetzgeberischen Leitbilds auch und gerade vor dem Hintergrund, dass Aktienfonds oberhalb der Mindestquote ebenso in andere Kapitalanlagen investieren, deren Erträge regelmäßig nicht steuerlich vorbelastet sind, aber gleichermaßen von der Teilfreistellung profitieren.[1569] Da insoweit die zugrunde liegenden Annahmen nicht zutreffen würden, wäre die typisierte Aktienteilfreistellung grds. zu hoch.[1570] Das Gegenteil und damit eine Unterkompensation ist jedoch ebenso denkbar, wie das vorangegangene Berechnungsbeispiel zeigt.

1567 Kleutgens in Moritz/Jesch/Mann, FraKo Kapitalanlagerecht, Bd. 2, 2. Aufl., § 20 InvStG, Rn. 2.

1568 Vgl. BT-Drs. 18/8045, 91.

1569 Vgl. BT-Drs. 18/8045, 55.

1570 Vgl. Kloster, Neukonzeption der Investmentbesteuerung, Diss., S. 650.

Demnach befindet sich derjenige Standardfall der Einmalbesteuerung, welcher ausweislich der vorgenannten Konstellationen wohl zur Findung der Teilfreistellungssätze diente, regelmäßig innerhalb der Varianz der Berücksichtigung der steuerlichen Vorbelastungen. Mithin ist von einem hinreichend vertretbaren Mittelweg hinsichtlich der Aktienteilfreistellung auszugehen.

Bei der Immobilienteilfreistellung kommt es für eine Bewertung aufgrund des progressiven Einkommensteuertarifs i.R.d. Direktanlage, welche zu Vergleichszwecken heranzuziehen ist, auf den Einzelfall an. Allerdings dürfte die steuerliche Berücksichtigungsspanne insbesondere Anleger mit geringerem Einkommen und Steuersatz grds. hinreichend sachgerecht abbilden; bei einem höherem Steuersatz sieht dies hingegen anders aus. Steuerpflichtige die bspw. dem Spitzensteuersatz unterfallen werden durch eine Fondsanlage bevorteilt. Ursache dessen ist, dass weder die Besteuerung auf Investmentfondsebene noch die auf Anlegerebene einem (variablen) progressiven Tarif folgen. Vielmehr werden die Erträge als Investmenterträge umqualifiziert und unterfallen der Kapitalertragsteuer. Damit tendieren die Teilfreistellungssätze für Immobilienfonds wohl im Grundsatz zu einer faktischen Überkompensation.[1571]

Gleichwohl ist zu beachten, dass etwa der gebildete Beispielsfall der Mindestbeteiligungsquote auf eine im Übrigen bestehende, volle Steuerbefreiung der Erträge abzielt und der Gesetzgeber jedoch die eingangs genannten steuerlichen Erwägungen für Immobilienfonds[1572] bei der Freistellungssatzfindung ebenso miteinbezogen hat. Dies gilt es zusätzlich zum exemplarisch dargestellten Szenario i.R.d. Sachgerechtheit der Typisierung zu berücksichtigen, wenngleich konkrete empirische Daten fehlen. Somit sind bspw. bei Immobilienfonds ebenso Veräußerungsgewinne zu versteuern, bei Aktienfonds hingegen nicht.[1573] Zudem werden etwa die Privilegien aus DBA grds. nicht mehr durch den Investmentfonds an die Anleger vermittelt, sodass die erhöhte Immobilienteilfreistellung die Doppelbesteuerung hinsichtlich der ausländischen Einkünfte weitgehend abmildert.[1574] Mithin ist die Besteuerungslast der Immobilienfonds im Ausgangspunkt höher als bei Aktienfonds, sodass eine höhere Freistellung gerechtfertigt ist.[1575]

1571 Vgl. Kloster, Neukonzeption der Investmentbesteuerung, Diss., S. 651.
1572 Vgl. 5.3.7.2.1.
1573 Vgl. BT-Drs. 18/8045, 55.
1574 Köhler, Praxisleitfaden Investmentsteuerrecht, S. 82 f.
1575 BT-Drs. 18/8045, 55.

Ergänzend ist festzuhalten, dass – abweichend vom dargestellten Exempel eines Privatanlegers – etwa ein körperschaftsteuerpflichtiger Direktanleger keinem progressiven Einkommensteuertarif unterliegt, sondern vielmehr einer fixen Körperschaftsteuer i.H.v. 15 % zzgl. SolZ (vgl. § 23 Abs. 1 KStG). Der Steuersatz gilt sowohl als Direktanleger als auch als Anleger eines Investmentfonds. Insoweit gleicht die Situation i.R.d. Immobilienfondsanlage – mangels zusätzlicher Variable – dann derjenigen von Aktienfonds[1576]. Es gelten mithin die entsprechenden Überlegungen.

Daran anknüpfend ist auf die erhöhten Teilfreistellungssätze hinzuweisen. Diese haben im Allgemeinen ebenso mannigfaltige, belastungsspezifische Anknüpfungspunkte. Maßgebend ist die Tatsache, dass die steuerlichen Erleichterungsvorschriften (vgl. § 3 Nr. 40 EStG; § 8b KStG) auf Anlegerebene keine Anwendung finden (vgl. § 16 Abs. 3 InvStG). Die Erhöhung des Teilfreistellungssatzes soll einen diesbzgl. Ausgleich schaffen. Hieraus folgt aber auch, dass Steuerpflichtige, die ohnehin die Steuerfreistellungen nicht in Anspruch nehmen können, lediglich die reguläre Teilfreistellung erhalten, die im Wesentlichen die steuerliche Vorbelastung sowie die Nichtanrechenbarkeit von ausländischen Steuern kompensieren soll.[1577] Dies illustriert letztlich ein breitgefächertes Bild von Berücksichtigungsparametern; wenngleich sich der Standardfall ggf. am unteren Ende der Spanne befindet. Dahin gehende Bedenken werden insbesondere i.R.d. Immobilienteilfreistellung durch die einheitlichen Teilfreistellungssätze i.H.v. 60 % bzw. 80 % für alle Anlegertypen genährt (vgl. § 20 Abs. 3 S. 1, S. 2 InvStG), welche mithin ohne eine spezifische Feintypisierung auskommen.

Die nach hier vertretenem Verständnis gebildeten Leitbilder befinden sich mit Abstrichen zulasten der Einzelfallgerechtigkeit als Ausfluss einer Typisierung gerade noch im Rahmen dessen, was von der vom Gleichheitssatz gedeckten Typisierungsbefugnis umfasst ist. Der jeweilige Standardfall geht offensichtlich im Leitbild auf. Dies gilt schließlich auch – wenngleich negative Tendenzen mangels konkreter Daten zu den Grunderwägungen erkennbar sind – gerade noch für die Teilfreistellungssätze für Immobilienfonds. Es ist nicht erkennbar, dass die Teilfreistellungssätze derart von der Besteuerungsrealität abweichen, dass die Kompensation der wirtschaftlichen Doppelbelastung über die Ebenen hinweg zu einer nicht mehr tragbaren, unsachgerechten Situation führt. Insoweit steht das Ausmaß der Ungleichbehandlung im Einzelfall in angemessenem Verhältnis zum

1576 Vgl. 5.3.7.2.1.1.
1577 Köhler, Praxisleitfaden Investmentsteuerrecht, S. 84.

Zweck der Vereinfachung und der Reduzierung der Gestaltungsanfälligkeit.[1578] Etwaige Verzerrungen müssen als Ausfluss einer regelkonformen Typisierung des Gesetzgebers hingenommen werden.

Demgegenüber ist der Einwand gerechtfertigt, dass die Angleichung an den jeweiligen Individualsteuersatz nach den vorgenannten Beispielsfällen nur eine Annäherung darstellt und keinen generalisierenden Ansatz – i.S.e. typischen Falls – für alle Einkommensteuertarife verfolgt.[1579] D.h., dass es i.R.d. Varianz dann doch auf den Einzelfall ankommt. Tatsächlich ist diese Mittelung jedoch Ausfluss einer gesetzlichen Typisierung dem Grunde und der Höhe nach. Wenn sich der Gesetzgeber für einen solchen Mechanismus entscheidet, kann es ihm nicht zum Vorwurf gereichen, dass damit einhergehende Härtefälle existieren. Denn eine Typisierung legt naturgemäß einen Anknüpfungspunkt, idealiter den typischen Fall, zugrunde.

Für die Aktienfondsanlage ist das Abstellen auf die Kapitalertragsteuer ein Szenario, dass zumindest alle Privatanleger betrifft und damit von möglichst vielen Steuersachverhalten gespeist wird. Daher kann man es durchaus als Regelfall bezeichnen. Mit Blick auf Immobilienfonds ist dies offensichtlich nach dem gebildeten Beispielsfall anhand eines grds. mittleren Steuersatzes geschehen, der wohl etwas unterhalb des Durchschnitts liegen dürfte. Allerdings spielen in die konkrete Berechnung im Einzelfall weitere Faktoren der Portfoliozusammensetzung hinein, welche schließlich den gleichzusetzenden Individualsteuersatz entsprechend erhöhen. Damit werden zunehmend mehr Steuerpflichtige typischerweise vom Leitbild erfasst.

Zutreffend ist das Argument, dass die Teilfreistellungssätze i.R.d. Gesetzgebungsverfahrens erhöht wurden. Dem Vernehmen nach sei dies nur aufgrund des Drucks der Wirtschaft geschehen, ohne dass ein wissenschaftlicher Konnex erkennbar gewesen wäre.[1580] Ein solcher Vorwurf lässt sich mangels Einsicht in interne Dokumente nicht überprüfen. Nichtsdestotrotz ist aufgrund der vorangegangenen Erörterungen davon auszugehen, dass sich die Satzerhöhungen innerhalb der Varianz abspielten. Es ist da-

1578 Mann in Brandis/Heuermann, Ertragsteuerrecht, § 20 InvStG, Rn. 7; vgl. Kleutgens in Moritz/Jesch/Mann, FraKo Kapitalanlagerecht, Bd. 2, 2. Aufl., § 20 InvStG, Rn. 26.

1579 Vgl. etwa i.R.d. Halbeinkünfteverfahrens: Hey, DStJG 2001, 155 (197 f.); Nacke/Intemann, DB 2002, 756 (756 f.); Desens, Das Halbeinkünfteverfahren, Diss., S. 107.

1580 Kleutgens in Moritz/Jesch/Mann, FraKo Kapitalanlagerecht, Bd. 2, 2. Aufl., § 20 InvStG, Rn. 26.

mit – auch unter Zugrundelegung der aktuellen Teilfreistellungssätze – nicht von einem atypischen Leitfall auszugehen.

Überdies liegen den Teilfreistellungssätzen gewisse Parameter zugrunde, die sich im Laufe der Zeit verändern können. Die Perspektive eines solchen Untersuchungsansatzes ist regelmäßig ein retrospektiver. Gleichwohl sollte die zukünftige Situation nicht außer Acht gelassen und sukzessive in Etappen bewertet werden. Insoweit ist es gutzuheißen, dass eine Evaluierung der Teilfreistellungssätze im Hinblick auf ihre Angemessenheit bereits nach Ablauf der drei ersten Anwendungsjahre des seit 2018 geltenden InvStG stattfinden soll.[1581] Ein Validierungsturnus sollte in der Folgezeit beibehalten werden, um etwaigen Fehlentwicklungen entgegenwirken und besondere Tendenzen berücksichtigen zu können.

Zwischenergebnis

Die konkreten Teilfreistellungssätze verstoßen noch nicht gegen den Gleichheitsgrundsatz des Art. 3 Abs. 1 GG.

5.3.7.2.2 Zweite Ausgestaltungsfrage: Teilfreistellung im Verlustfall

Zudem könnte die Teilfreistellung im Verlustfall gegen verfassungsrechtliche Prinzipien verstoßen. Fundament der Überlegung bildet die Tatsache, dass die Teilfreistellung gleichermaßen anzuwenden ist, wenn negative Gewinne erzielt werden; somit mindert sie den steuerlich anzusetzenden Verlust.[1582] Das bedeutet, dass entgegen dem (Wert-)Verlust ein pauschaler Anteil – mit positiver Wirkrichtung und damit im Verlustfall faktisch gewinnerhöhend – in Abzug zu bringen ist. Dies bedingt eine Ungleichbehandlung von Investmentfondsanlegern zum Nachteil derjenigen Investoren, deren Investmentanteile Verluste erwirtschaften.

Eine hinreichende Rechtfertigung dieser Fallbeileffekte als hinzunehmender Härtefall ergibt sich allerdings nicht zuletzt als Ausfluss der Typisierung.[1583] Deutlich wird dies dann, wenn man das Teileinkünfteverfah-

1581 Vgl. BT-Drs. 18/8739, 90.

1582 BMF, „Investmentsteuergesetz; Anwendungsfragen zum Investmentsteuergesetz in der ab dem 1. Januar 2018 geltenden Fassung (InvStG)“, 21.5.2019 – BStBl. I 2019, 527, Rn. 20.2.

1583 Vgl. 5.2.7.3.2.2.2.2.2.

ren und das körperschaftsteuerliche Schachtelprivileg als Vergleichsmaßstäbe heranzieht.

Das systematisch vergleichbare Teileinkünfteverfahren (vgl. §§ 3 Nr. 40; 3c EStG[1584]) ist das Teilfreistellungspendant des Direktanlegers, der nicht der Abgeltungsteuer unterliegt. Mit diesem soll eine steuerliche Doppelbelastung vermieden werden, welche anderenfalls auf Gesellschafts- und Gesellschafterebene entstehen würde.[1585] Insbesondere werden auch hier (Brutto-)Veräußerungsgewinne i.S.d. §§ 16 Abs. 2; 17 Abs. 2 EStG zu 40 % steuerfrei gestellt. Mehrheitlich wird in der Rechtsprechung in diesem Zusammenhang der Standpunkt vertreten, dass das verfassungsgemäße[1586] Teileinkünfteverfahren (vgl. §§ 3 Nr. 40 lit. c); 3c Abs. 2 EStG) i.R.v. Veräußerungsverlusten grds. entsprechend anzuwenden ist.[1587] Anders war

---

1584 Vgl. 5.3.2.5.1.1.

1585 Vgl. BT-Drs. 14/2683, 94 ff.; BT-Drs. 16/4841, 46.

1586 Vgl. BFH, Urt. v. 19.6.2007, VIII R 69/05 – BStBl. II 2008, 551, Rnrn. 9 ff.; BFH, Urt. v. 16.10.2007, VIII R 51/06 – juris, Rn. 6; BFH, Beschl. v. 5.2.2009, VIII B 59/08 – DStRE 2009, 641, Rn. 2; BFH, Urt. v. 6.4.2011, IX R 40/10 – BStBl. II 2011, 785, Rn. 15; BFH, Urt. v. 20.4.2011, I R 97/10 – BStBl. II 2011, 815, Rn. 25; BFH, Urt. v. 7.2.2012, IX R 1/11 – BFH/NV 2012, 937, Rn. 14; BFH, Urt. v. 18.7.2012, X R 28/10 – BStBl. II 2013, 444, Rn. 26; BFH, Urt. v. 2.9.2014, IX R 43/13 – BStBl. II 2015, 257, Rn. 20; BFH, Urt. v. 3.11.2015, VIII R 37/13 – BStBl. II 2016, 273, Rnrn. 11 f.
Die hiergegen erhobenen Verfassungsbeschwerden wurden nicht zur Entscheidung angenommen. Vgl. BVerfG, Beschl. v. 9.2.2010, 2 BvR 2221/07 – juris; BVerfG, Beschl. v. 9.2.2010, 2 BvR 2659/07 – juris; BVerfG, Beschl. v. 8.7.2010, 2 BvR 727/09 – juris.
Die verfassungskonforme Einordnung ist auf Kritik gestoßen. Vgl. überblicksartig: Desens in Herrmann/Heuer/Raupach, EStG/KStG, § 3c EStG, Rn. 10.

1587 Vgl. BFH, Urt. v. 27.10.2005, IX R 15/05 – BStBl. II 2006, 171, Rnrn. 10 ff.; BFH, Urt. v. 6.4.2011, IX R 29/10 – BFH/NV 2011, 2025, Rnrn. 28 ff.; BFH, Urt. v. 6.4.2011, IX R 40/10 – BStBl. II 2011, 785, Rnrn. 15 f.; BFH, Urt. v. 20.4.2011, I R 97/10 – BStBl. II 2011, 815, Rnrn. 21 ff.; BFH, Urt. v. 7.2.2012, IX R 1/11 – BFH/NV 2012, 937, Rn. 14; BFH, Urt. v. 6.5.2014, IX R 19/13 – BStBl. II 2014, 682, Rnrn. 15 ff.; BFH, Urt. v. 3.11.2015, VIII R 37/13 – BStBl. II 2016, 273, Rn. 12; **a.A.:** FG Düsseldorf, Urt. v. 10.5.2007, 11 K 2363/05 E – EFG 2007, 1239, Rn. 35 (Revision: BFH, Urt. v. 20.1.2009, IX R 98/07 – BFH/NV 2009, 1248); FG Thüringen, Urt. v. 8.10.2008, 4 K 1058/07 – juris, Rn. 12 (Revision: BFH, Urt. v. 14.7.2009, IX R 8/09 – BFH/NV 2010, 399).
Hiergegen erging zunächst ein sog. Nichtanwendungserlass. Vgl. BMF, „Abzugsverbot § 3c Absatz 2 EStG bei Aufgabeverlusten i.S.v. § 17 EStG; BFH-Urteil vom 25. Juni 2009 – IX R 42/08 (BStBl 2010 II S. 220)“, 15.2.2010 – BStBl. I 2010, 181.

dies bis zum Inkrafttreten des JStG 2010[1588] nur dann, wenn den Verlusten überhaupt keine Betriebsvermögensmehrungen oder Einnahmen gegenüberstanden bzw. diese bloß symbolischer Natur (bspw. Kaufpreis i.H.v. 1 €) waren.[1589]

Für Veräußerungsverluste schreibt demgegenüber § 8b Abs. 3 S. 3 KStG in verfassungskonformer[1590] Weise vor, dass (Netto-)Gewinnminderungen, die im Zusammenhang mit der Beteiligung i.S.d. § 8b Abs. 2 KStG entstehen, bei der Ermittlung des Einkommens nicht zu berücksichtigen sind. Dies entspricht grds. der Regelungssymmetrie, wonach Aufwendungen sich nur dann steuerlich auswirken sollen, wenn zudem die entsprechenden Einnahmen bzw. Gewinne steuerlich erfasst werden.[1591] Derartige Gewinne werden im KStG weit überwiegend freigestellt (vgl. § 8b Abs. 2 S. 1, Abs. 3 S. 1 KStG), sodass die Entsprechung auf der Abzugsseite konsequent ist. Folglich kann das Abzugsverbot im Veräußerungsfall dazu führen, dass sich wirtschaftlich entstandene Verluste steuerlich bei niemandem auswirken.[1592]

Dieser wurde später wiederum aufgehoben. Vgl. BMF, „Teilabzugsverbot des § 3c Absatz 2 EStG; Aufhebung des Nichtanwendungsschreibens vom 15. Februar 2010 (BStBl I S. 181)“, 28.6.2010 – BStBl. I 2010, 599.
Vgl. zur Bindung der Finanzverwaltung an die Rechtsprechung: Desens, Bindung der Finanzverwaltung an die Rechtsprechung, Habil., S. 96 ff.

1588 Vgl. BGBl. I 2010, 1768.

1589 Vgl. BFH, Urt. v. 25.6.2009, IX R 42/08 – BStBl. II 2010, 220, Rn. 25; BFH, Urt. v. 14.7.2009, IX R 8/09 – BFH/NV 2010, 399, Rn. 12; BFH, Beschl. v. 18.3.2010, IX B 227/09 – BStBl. II 2010, 627, Rn. 3; BFH, Urt. v. 9.6.2010, IX R 52/09 – BStBl. II 2010, 1102, Rn. 29; BFH, Urt. v. 6.4.2011, IX R 28/10 – BStBl. II 2011, 814, Rn. 12; BFH, Urt. v. 6.4.2011, IX R 31/10 – BFH/NV 2011, 2028, Rn. 14; BFH, Urt. v. 6.4.2011, IX R 49/10 – BFH/NV 2012, 13, Rn. 14; BFH, Urt. v. 6.4.2011, IX R 61/10 – BStBl. II 2012, 8, Rn. 11; BFH, Beschl. v. 6.10.2011, I S 22/11 – BFH/NV 2012, 207, Rn. 12; BFH, Urt. v. 24.1.2012, IX R 34/10 – DStR 2012, 854, Rn. 18; BFH, Urt. v. 1.10.2014, IX R 13/13 – BFH/NV 2015, 198, Rnrn. 18 ff.

1590 Eine hiergegen erhobene Verfassungsbeschwerde wurde nicht zur Entscheidung angenommen. Vgl. BVerfG, Beschl. v. 23.10.2011, 2 BvR 1098/11 – juris. Die verfassungskonforme Einordnung ist auf Kritik gestoßen. Vgl. überblicksartig: Watermeyer in Herrmann/Heuer/Raupach, EStG/KStG, § 8b KStG, Rn. 106.

1591 Rengers in Brandis/Heuermann, Ertragsteuerrecht, § 8b KStG, Rn. 281; vgl. Gosch in Gosch, KStG, § 8b, Rn. 261; Frotscher in Frotscher/Drüen, KStG, § 8b, Rn. 347.

1592 Rengers in Brandis/Heuermann, Ertragsteuerrecht, § 8b KStG, Rn. 281; vgl. BFH, Urt. v. 13.10.2010, I R 79/09 – BStBl. II 2014, 943, Rn. 33; BFH, Urt. v. 12.3.2014, I R 78/12 – BStBl. II 2014, 859, Rn. 12.

Durch diese Parallelthematiken wird die rechtfertigende Würdigung der Teilfreistellung hinsichtlich der vorgenannten Ungleichbehandlung manifestiert. Der gesetzgeberische Gestaltungsspielraum wurde i.R.e. vertretbaren Typisierung ausgeübt.

Einerseits spiegelt das Teileinkünfteverfahren den investmentsteuerrechtlichen Standpunkt in nahezu perfektem Abbild wider. Für eine ggf. verfassungskonforme Einschränkung bei der Behandlung von Verlusten bleibt kein Raum. Der konkrete Gesetzeszweck wirtschaftliche Doppelbelastungen abzumildern ist in typisierender Weise umgesetzt worden. Die damit entstehenden Fallbeileffekte sind vom BFH als i.R.d. Typisierung des Teileinkünfteverfahrens verfassungsrechtlich gerechtfertigt angesehen worden. Nichts anderes kann für die Konzeption des InvStG gelten. Andererseits bestätigt das körperschaftsteuerliche Schachtelprivileg die vorgenannte Einschätzung. Das strikte Festhalten an den Komplementärmechanismen muss in beiden Fällen der gesetzgeberischen Pauschalierung – als Ausfluss derselben – folgen und letztlich ebenso Einzelfallhärten akzeptieren.

Insoweit zielt § 21 InvStG darauf ab, dass die Aufwendungen, die mit steuerfreien Einkünften in Zusammenhang stehen, steuerlich nicht berücksichtigt werden dürfen, sondern nur in Höhe des steuerpflichtigen Anteils.[1593] Dieses Korrespondenzprinzip ist aus systematischer Perspektive sinnvoll, da der Anleger damit im Verlustfall nicht zu Lasten des Fiskus in voller Höhe spekuliert, wohingegen er sich im Erfolgsfall auf die Teilfreistellung, d.h. letztlich die faktische Berücksichtigung der steuerlichen Gesamtsituation durch den Staat, berufen kann. Die Norm bezweckt mithin die Vermeidung etwaiger Inkongruenzen.

Ergebnis der verfassungsrechtlichen Würdigung

Die Teilfreistellung begründet (noch) keinen Verstoß gegen das Verfassungsrecht.

1593 Dorn, Investmentsteuerrecht, S. 155; vgl. Mann in Brandis/Heuermann, Ertragsteuerrecht, § 21 InvStG, Rn. 2.

6 Lösungsorientierte Ansätze einer Nachbesserung

„Eine Steuer ist nur gerecht, wenn der Steuerpflichtige den Belastungsgrund erkennen und verstehen kann."

Paul Kirchhof[1594]

6.1 Schwächen der Neukonzeption im Raster der Reformzielerfüllung

Zu Beginn der Arbeit[1595] wurde die Frage aufgeworfen, ob der Gesetzgeber mit dem InvStG seinen in der Gesetzesbegründung benannten Zielen gerecht geworden ist. Er wollte durch die Umsetzung des InvStG eine europarechtskonforme Ausgestaltung, eine Komplexitätsverringerung, die Korrektur von Systemfehlern sowie die Unterbindung der Gestaltungsanfälligkeit herbeiführen.[1596]

Die vorangegangenen Darstellungen dieser Arbeit, d.h. insbesondere die Prüfung des Kapitels 5[1597], haben vor dem eingeschränkten Untersuchungsgegenstand und -maßstab dieser Arbeit auf die Vorabpauschale und die Teilfreistellung gezeigt, dass der aktuelle Zustand des intransparenten Systems des InvStG zwar durchaus Bedenken ausgesetzt ist, aber letztlich in weiten Teilen gerade noch i.R.d. gesetzgeberischen Gestaltungsspielraums liegt; insbesondere hinsichtlich seiner verfassungsrechtlichen Verankerung.

6.1.1 Herstellung einer Europarechtskonformität

Den europarechtlichen Schwächen[1598] wurde im Wege der Neukonzeption mit einer steuerlichen Gleichbehandlung von in- und ausländischen Fonds begegnet (vgl. § 11 Abs. 1 InvStG a.F.). Die Pauschalbesteuerung wurde abgeschafft.

1594 Kirchhof, Stbg 1995, 68 (68).
1595 Vgl. 1.2.
1596 Vgl. 3.2.6.4.
1597 Vgl. 5.2 und 5.3.
1598 Vgl. 3.2.6.4.2.

Betrachtet man isoliert die Vorabpauschale und die Teilfreistellung, ist festzustellen, dass es sich lediglich um Nebenschauplätze – als Ausfluss des gewählten investmentsteuerrechtlichen Systems – europarechtlicher Fragestellungen handelt. Auf diese wurde daher in den entsprechenden Randnotizen dieser Arbeit eingegangen. Einerseits dreht es sich um den grds. lex-specials-Charakter des InvStG gegenüber dem AStG, was eine Anwendung der Vorabpauschale in diesen Fällen und eine damit in Zusammenhang stehende unterschiedslose Gleichbehandlung der Investmentanlage in in- und ausländische Investmentfonds bedeutet.[1599] Andererseits ist der grds. Ausschluss einer beschränkten Steuerpflicht der Grund für die Nichtanwendung der Teilfreistellung für ausländische Anleger.[1600] Allerdings kann die Nichtfreistellung eines nicht besteuerten Ertrags keinen Verstoß gegen Gemeinschaftsrecht begründen.[1601]

6.1.2 Verringerung der Komplexität des Systems und des administrativen Aufwands

Die Vereinfachung des Systems[1602] sollte dadurch erreicht werden, dass der Anleger nur noch vier Kennzahlen[1603] anstelle der ursprünglichen 33 i.R.d. Steuererklärung angeben muss[1604]; nur eine davon muss seitens des Fonds beigetragen werden. Der Investor kann sich daher fast ohne externe Mitwirkung dem Besteuerungsverfahren stellen. Zudem sind sowohl die Vorabpauschale als auch die Teilfreistellung, als pauschale Elemente des InvStG, dem Vereinfachungsgedanken zuträglich.

Dieser augenscheinlichen Besteuerungsvereinfachung stehen die Anwendungskomplexität des InvStG mit ihren mannigfaltigen Verästelungen und der – im Lichte des Vereinfachungsgedanken zweifelhafte – Dualismus der Besteuerungsregime[1605] von Investmentfonds und Spezial-Invest-

---

1599 Vgl. die Randnotiz in: 5.2.2.5.1.3.

1600 Vgl. die Randnotiz in: 5.3.2.3.

1601 Vgl. Mann in Brandis/Heuermann, Ertragsteuerrecht, § 20 InvStG, Rn. 6; Mann in Weitnauer/Boxberger/Anders, KAGB, § 20 InvStG, Rn. 4; Helios/Mann, DB-S 2016, 1 (18).

1602 Vgl. 3.2.6.4.3.

1603 Vgl. 5.1.1.

1604 Vgl. BT-Drs. 18/8045, 2/59.

1605 Vgl. 5.1.2.1.
Ergänzend tritt die transparente Besteuerung von Personengesellschaften als kollektive Anlagevehikel hinzu.

mentfonds gegenüber. Dieses Nebeneinander beider Regelungskomplexe mit allen (administrativen) Einzelheiten bedingt eine vielschichtige Parallelwelt.

Insbesondere ist mit der Neukonzeption ein Anstieg von ursprünglich 28 Paragraphen innerhalb einer Spanne von §§ 1 bis 24 InvStG a.F. auf nunmehr 58 Paragraphen zu verzeichnen. Zudem gibt es eine Vielzahl an BMF-Schreiben, die nicht nur qualitativ in hochkomplexer Art und Weise an die speziellen Regelungsmaterien anknüpfen, sondern auch Unklarheiten oftmals im Wege einer kasuistischen Vorgehensweise zu beseitigen versuchen. Daher ist es nicht verwunderlich, dass die Einwürfe der Finanzverwaltung ebenso quantitativ ein enormes Ausmaß aufweisen. Dies zeigt allein das mehrere 100 Seiten umfassende (konsolidierte) BMF-Schreiben vom 21. Mai 2019[1606], welches stetigen Erweiterungen und Ausbesserungen unterliegt. Inwieweit diese Fülle zu einer Vereinfachung der Anwendung des InvStG sowie des administrativen Systems beiträgt, ist durchaus fraglich.

6.1.3 Korrektur von Systemfehlern

Die Systemfehler[1607] wurden mit dem neuen System grds. korrigiert. Gleichwohl kamen durch die Neukonzeption der Investmentbesteuerung neue Schwachstellen in das Gesetz. So wurde im Zuge der Implementierung einer Cash-Flow-Besteuerungsidee eine systemwidrige[1608] Vorabpauschale (vgl. § 18 Abs. 1 InvStG) eingeführt. Diese bedingt ihrerseits gewisse Sonderproblematiken, die teilweise kritisch zu betrachten sind.[1609] Insbesondere sind die Zuflusszeitpunkte – gerade i.R.v. Teilthesaurierungen bzw. -ausschüttungen – äußerst fragwürdig.[1610] Diese werden nicht auf einen identischen Tag verlagert. Kein anderes Zeugnis kann der Teilfreistellung (vgl. § 20 InvStG) ausgestellt werden.[1611] Besonders unklar ist, weshalb der Teilfreistellungssatz im Vorabpauschalenfall abweichend

1606 Vgl. BMF, „Investmentsteuergesetz; Anwendungsfragen zum Investmentsteuergesetz in der ab dem 1. Januar 2018 geltenden Fassung (InvStG)“, 21.5.2019 – BStBl. I 2019, 527.

1607 Vgl. 3.2.6.4.4.

1608 Vgl. 5.2.3.2.2.2.

1609 Vgl. 5.2.3.2 und 5.2.5.2.

1610 Vgl. 5.2.5.2.1.

1611 Vgl. 5.3.3.2, 5.3.4.2, 5.3.5.2 und 5.3.6.2.

vom Erwirtschaftungszeitraum bestimmt werden soll und eine Folgejahrbetrachtung bevorzugt wird.[1612]

6.1.4 Unterbinden der Gestaltungsanfälligkeit

Die Gestaltungsanfälligkeit[1613] wollte der Gesetzgeber mithilfe einer intransparenten Ebenenbesteuerung sowie durch Pauschalierungen – insbesondere i.R.d. Vorabpauschale sowie der Teilfreistellung – reduzieren. Gleichwohl ist im Umkehrschluss anzumerken, dass Pauschalierungen per se gestaltungsanfällig sind. So sind bspw. die Teilfreistellungsquoten und -sätze prädestiniert für die steuerliche Beratung.

Ob und inwieweit die investmentsteuerrechtliche Reform die bekannten Gestaltungskonzeptionen entschärfen konnte, bleibt offen. Anzumerken ist insoweit, dass keines dieser Steuergestaltungsmodelle seinen Ursprung im InvStG a.F. hatte.[1614]

Zeitgleich ist zu statuieren, dass sich (neue) Gestaltungsmodelle mit gewisser Vorlaufzeit erst in naher Zukunft zeigen werden. Der Weg ist jedoch insbesondere in Gestalt der Teilfreistellungskonzeption hierfür geebnet. Das InvStG erweist sich daher gerade nicht mehr als entscheidungsneutral hinsichtlich der Direkt- und der Investmentfondsanlage sowie der Fondstypen untereinander. Zukünftige Anlageentscheidungen werden daher mit großer Sicherheit massiv steuergetrieben sein. Es wird versucht werden, die Assets quantitativ (ggf. künstlich) aufzublähen, um – aus der Anlegerperspektive – mit der Vorsteuerrendite unter die jeweilige Teilfreistellungsquote zu gelangen.

Ergebnis

Das InvStG hat in seiner Gänze und im Speziellen hinsichtlich der Vorabpauschale und Teilfreistellung neue Problemfelder eröffnet.

1612 Vgl. 5.3.3.2.2.

1613 Vgl. 3.2.6.4.5.
Vgl. zur Forderung das Kapitalertragsteuersystem zu reformieren: Klapdor, FS Elschen, 113 (115); Anzinger, FR 2016, 101 (110); Anzinger, Stellungnahme, 6.5.2016, S. 5 (abrufbar unter: www.bundestag.de/resource/blob/422134/cb374a55b2bc8c76b80b63ee2cf58005/01-anzinger--prof--dr--iur--heribert-m---data.pdf – letztes Abrufdatum: 19.10.2021).

1614 Vgl. Kloster, Neukonzeption der Investmentbesteuerung, Diss., S. 714.

Vor dem Hintergrund der in dieser Arbeit gefundenen Ergebnisse ist es daher fraglich, ob der Systemwechsel tatsächlich eine lediglich minimalinvasive Wirkung zeichnet, wie es das Gutachten von Copenhagen Economics[1615] – welches im Auftrag des BMF angefertigt wurde – konstatiert. Wenngleich diese ökonomischen Folgewirkungen nicht abschließend beurteilt werden können, mag dies unter Zugrundelegung der vorgenannten Resultate indes bezweifelt werden.

Dabei reicht die Palette der nachteiligen Wirkungen i.R.d. Neukonzeption von der tendenziellen Loslösung der (juristischen) Gleichstellung mit dem Direktanleger[1616] über die Außerachtlassung der zehnjährigen Haltefrist des § 23 Abs. 1 S. 1 Nr. 1 S. 1 EStG (vgl. § 6 Abs. 4 S. 1 Nr. 2 InvStG) bis hin zu den Folgewirkungen der Vorabpauschale sowie der Teilfreistellung. Insbesondere sind die nachteiligen Liquiditäts- und Zinseffekte sowie die Schlechterstellung von privaten Kleinanlegern ins Feld zu führen. Ob das Vorhandensein von Gestaltungsmöglichkeiten, d.h. insbesondere das Spiel der Assets, um unter die entsprechende Teilfreistellungsquote zu gelangen, zur Stabilität der Finanzmärkte beiträgt, bleibt überdies fraglich. Dies bedingt gleichsam volkswirtschaftliche Auswirkungen auf den Staat in seiner Gesamtheit. Unter diesem Blickwinkel sind Ausweichinvestitionen außerhalb Deutschlands denkbar, was schließlich den nationalen Fondsstandort beeinträchtigen würde.

6.2 Vorabpauschale und Teilfreistellung im lex ferenda

6.2.1 Keine grundlegenden Änderungen notwendig

Ausgehend von den in dieser Arbeit unter dem Untersuchungsansatz und -gegenstand gefundenen Ergebnissen ist zuvörderst festzuhalten, dass es grds. – insbesondere unter Zugrundelegung eines verfassungsrechtlichen Blickwinkels – keines Eingriffs in das investmentsteuerrechtliche Besteuerungskonzept hinsichtlich der Vorabpauschale und der Teilfreistellung

---

1615 Vgl. Copenhagen Economics, „Volkswirtschaftliche Auswirkungen einer Reform der Investmentbesteuerung auf den Kapitalmarkt, den Finanzstandort und die Altersvorsorge in Deutschland", 17.10.2014, S. 7 ff. (abrufbar unter: www.copenhageneconomics.com/dyn/resources/Publication/publicationPDF/9/279/1428656705/volkswirtschaftlicheauswirkungeneinerreformderinvestmentbestauerungaufdenkapitalmarkt_denfinanzstandortunddiealtersvorsorgeindeutschland-2.pdf – letztes Abrufdatum: 19.10.2021).

1616 Vgl. 5.1.2.1.

bedarf. Die politische Grundsatzentscheidung zu einem intransparenten System ist per se nicht zu kritisieren.[1617] Zugleich ist die Konzeption – abgesehen von der systematischen Stellung der Vorabpauschale – im hinreichend sachgerechten Gestaltungsspielraum des Gesetzgebers angesiedelt.

Gleichwohl könnten idealiter gewisse Parameter unter Beibehaltung des steuerrechtlichen Nexus ausgemerzt werden, welche insbesondere die zeitweilig benachteiligenden Liquiditätseffekte der Vorabpauschale – so die unterschiedliche Erfassung der Wertänderungen[1618] – und die damit diametral in Zusammenhang stehenden steuerlichen Stundungs- bzw. Aufschubeffekte betreffen. Diese sind vielfach der Kritik im Lichte des allgemeinen Gleichheitsgrundsatzes (vgl. Art. 3 Abs. 1 GG) ausgesetzt, wenngleich sie nach hiesiger Ansicht (teilweise gerade noch) verfassungsrechtlichen Gesichtspunkten standhalten.[1619]

Voraussetzung ist jedoch, dass der Gesetzgeber perspektivisch am Vorabpauschalenregime festhält. Ein Abweichen hiervon ist allerdings in Anbetracht des möglicherweise fortdauernden negativen Basiszinses[1620] und des damit einhergehenden Nichtansatzes der Vorabpauschale im Lichte der Gründe für die Einfügung der Vorabpauschale – insbesondere der Verhinderung von Steuerstundungseffekten zur Verstetigung des Steueraufkommens und damit zur Kalkulierbarkeit des öffentlichen Haushalts[1621] – nicht außerhalb des Bereichs des Möglichen. Für eine Abkehr sprechen zudem die Systemwidrigkeit der Vorabpauschale[1622] sowie die Bedenken hinsichtlich ihres Sinn und Zwecks; gerade bei zeitlich befristet aufgesetzten geschlossenen Investmentfonds[1623].

1617 Dieser drastische Schritt war nach den Gesetzesmaterialien zu den vorhergehenden Reformen bis dahin unvorstellbar. Die Grundprinzipien des InvStG a.F. bestanden seit den Anfängen des Investmentsparens in Deutschland und wurden trotz kontinuierlicher Kritik nie aufgegeben. Trencsik, StuW 2014, 286 (297); vgl. Terhürne/Otto, DStR 2013, 2037 (2039).
Vgl. kritisch zur Gesamtlage: Kloster, Neukonzeption der Investmentbesteuerung, Diss., S. 709 ff.; Kohl, Das Investmentsteuerreformgesetz, Diss., S. 282 ff.

1618 Vgl. 5.2.7.3.2.

1619 Vgl. 5.2.7.

1620 Vgl. 5.2.6.

1621 Vgl. zu alternativen Besteuerungskonzepten im Thesaurierungsfall aufgrund der Kollision des InvStG mit dem AStG: Haug, DStZ 2021, 612 (620 f.).

1622 Vgl. 5.2.3.2.2.2.

1623 Vgl. 5.2.7.3.1.5.2.

6.2.2 Möglichkeiten zur Beseitigung nachteiliger Liquiditätseffekte i.R.d. Pauschalierung der Vorabpauschale

Die Beseitigung dieser nachteiligen Effekte kann auf mehreren Ebenen geschehen. In Betracht kommen etwa die Ergänzung der Ersatzrealisationstatbestände, die Nachjustierung der Vorabpauschale und die Einführung einer negativen Vorabpauschale. Die nachfolgend erörterten Vorschläge sollen nicht als abschließendes Instrumentarium verstanden werden, sondern vielmehr Anregungen für eine Debatte liefern.

6.2.2.1 Ergänzung der Ersatzrealisationstatbestände

Im Wege der Nachbesserung des Vorabpauschalenkonzepts könnte der Tatbestand der Gesamtrechtsnachfolge in den Katalog der Realisationstatbestände des § 2 Abs. 13 InvStG aufgenommen werden.[1624] Hierdurch würde die Universalsukzession als Veräußerungstatbestand gelten und die retrospektiv heilende Veräußerung gemäß § 19 Abs. 1 InvStG jedenfalls mit dem Ableben des Erblassers (für ihn) eintreten. Damit würde die steuerliche Glattstellung jedenfalls nicht bis in die Unendlichkeit aufgeschoben, sondern in einem gewissen Zyklus in Form einer Schlussbesteuerung – die im geltenden Recht grds. völlig atypisch ist – durchgeführt werden. Negative Effekte würden dann spätestens zu diesem Zeitpunkt gekappt.

Allerdings ist dabei eine offenkundige Schwäche dem Vorschlag bereits immanent, welche zeigt, dass eine derartige konzeptionelle Anregung nicht als alleiniges Heilmittel fruchtbar gemacht werden sollte. So kann es nämlich i.R.d. fiktiven Veräußerung ebenso zu Verlusten kommen, die dann nach den allgemeinen Regeln für Verlustvorträge grds. nicht vererbbar sind (vgl. § 45 Abs. 1 S. 1 AO).[1625] Dies würde dann seinerseits die Idee der Aufnahme der Gesamtrechtsnachfolge in § 2 Abs. 13 InvStG konterkarieren und negative Folgewirkungen bedingen.

6.2.2.2 Nachjustierung der Vorabpauschale

Zudem sind Varianten einer Nachjustierung der bereits gesetzlich geregelten Vorabpauschale zur Vermeidung der Liquiditätseffekte vorstellbar. Die

---

1624 Vgl. 5.2.7.3.1.3.2.2.6.
1625 Vgl. 5.2.7.3.1.3.2.2.5.

Spanne reicht dabei von der ersatzlosen Streichung der Vorabpauschale über die Erweiterung des Betrachtungszeitraums für die Vorabpauschale bis hin zum Ansatz der tatsächlichen Wertsteigerung i.R.d. Thesaurierungsbesteuerung.

6.2.2.2.1 Ersatzlose Streichung der Vorabpauschale

Einer ersatzlosen Streichung der Vorabpauschale ist allerdings mit der Tatsache zu begegnen, dass der Gesetzgeber aufgrund haushalterischer Aspekte die Entscheidung zugunsten einer solchen Eliminierung und damit für eine vollumfängliche Steuerstundung thesaurierter Erträge nicht hinnehmen wird. Mit steigendem Basiszins wird einer anders lautenden Argumentation zunehmend die Grundlage entzogen. Identisches gilt wohl ebenso für eine entsprechende Freibetragsregelung. Gleichwohl wäre diese Möglichkeit neben der Vermeidung vorgenannter Bedenken und Effekte[1626] zudem im Hinblick auf die Vereinfachung des Systems durchaus empfehlenswert.

6.2.2.2.2 Erweiterung des Betrachtungszeitraums für die Vorabpauschale

Der federführende Finanzausschuss und der Wirtschaftsausschuss, welche in der Vorabpauschalenkonzeption eine Problematik des Art. 3 Abs. 1 GG erkannten, empfahlen dem Bundesrat i.R.d. Gesetzesvorhabens eine Erweiterung des Betrachtungszeitraums für die Vorabpauschale.[1627] Mithin soll spätestens nach dem Ablauf von drei Kalenderjahren nach dem Kalenderjahr des Ansatzes der Vorabpauschale die Vorabpauschale als zugeflossen gelten, soweit die tatsächlichen Ausschüttungen des dritten Kalenderjahres sowie der Vorjahre die Basiserträge des dritten Kalenderjahres sowie der Vorjahre unterschreiten.[1628] Dies schaffe einen Ausgleich zwischen dem steuerlichen Haushaltsbedarf und den nämlichen Liquiditätseffekten.

Hierdurch käme es allerdings nur zu einer minimalen Verbesserung der Situation. Der Steuerpflichtige würde nicht mehr jährlich eine Steuer auf die Thesaurierungen zahlen müssen, sodass etwaige Verzerrungen im Vergleich zur Ursprungskonzeption der Vorabpauschale jedenfalls zeitlich

1626 Vgl. 6.2.1.
1627 Vgl. BR-Drs. 119/1/16, 12.
1628 BR-Drs. 119/1/16, 12.

verzögert, d.h. – einen Dreijahreszeitraum betreffend – faktisch saldierend einträten. Negative Wertentwicklungen würden über diesen Zeitraum hinaus weiterhin i.R.d. Haltephasen interperiodisch unberücksichtigt bleiben und erst im Zuge der Realisation eine steuerliche Glattstellung erfahren.[1629]

6.2.2.2.3 Nachweismöglichkeit der tatsächlichen Wertsteigerung

In Betracht kommt ferner ein Nachweis der tatsächlichen Wertsteigerung. D.h., dass der Anleger nicht pauschal anhand des Rücknahmepreises zu Beginn des Kalenderjahres unter Berücksichtigung einer positiven Wertentwicklung zum Ende des Kalenderjahres besteuert werden würde, sondern vielmehr anhand der tatsächlichen Wertentwicklung. Diese Besteuerung, vergleichbar mit derjenigen bei Ausschüttungen, würde eine Pauschalierung entfallen lassen.

Allerdings würde dieser Vorschlag dem Vereinfachungsgedanken des InvStG zuwiderlaufen, zumal die vorgenommene Pauschalierung der Handhabbarmachung von Massenverfahren dient und grds. nur ein Teilaspekt der nachteiligen Liquiditätseffekte ist.

6.2.2.3 Einführung eines negativen Vorabpauschalenkonzepts

Nach hiesigem Verständnis ist die Nichtberücksichtigung einer negativen Vorabpauschale beim Zusammentreffen der Faktoren von Vorabpauschale, Nichtansetzung einer negativen Vorabpauschale und fehlender Glattstellung i.R.d. Veräußerung hauptsächlich für die nachteiligen Liquiditätseffekte verantwortlich.

Ein relevanter Stellhebel ist es daher, nicht nur die am Markt pauschal zu erwartenden Mindestrendite Niederschlag finden zu lassen, sondern ebenso das mit negativem Vorzeichen ausgerichtete Pendant. Dies ist in unterschiedlichsten Ansatz- und Verrechnungsmodalitäten vorstellbar.[1630]

1629 Vgl. 5.2.3.1.2.

1630 Die nachfolgenden Ausführungen zeigen einen möglichen Referenzrahmen für die verschiedensten Modellkonzeptionen auf. Sie erheben jedoch keinen Anspruch auf Vollständigkeit.

6.2.2.3.1 Separate Berücksichtigung des einzelnen Veranlagungszeitraums

Denkbar ist die Berücksichtigung einer negativen Vorabpauschale innerhalb eines jeden Kalenderjahres in Form eines pauschalen oder betragsmäßigen Ansatzes.

6.2.2.3.1.1 Pauschaler Ansatz

Sobald der Anteilswert, d.h. der Rücknahmepreis am Ende des Kalenderjahres, sinkt, würde das pauschale Negativkonzept zur Anwendung kommen. Insoweit wäre sie – mit umgekehrtem Vorzeichen – systemgleich zur Vorabpauschale ausgestaltet und würde ebenso in Abhängigkeit zum Basiszins (vgl. § 18 Abs. 4 InvStG) stehen. Eine Anknüpfung an den Anteilswert zum Jahresbeginn, wie i.R.d. Vorabpauschale, wäre dem Vereinfachungsgedanken dabei wohl am zuträglichsten.

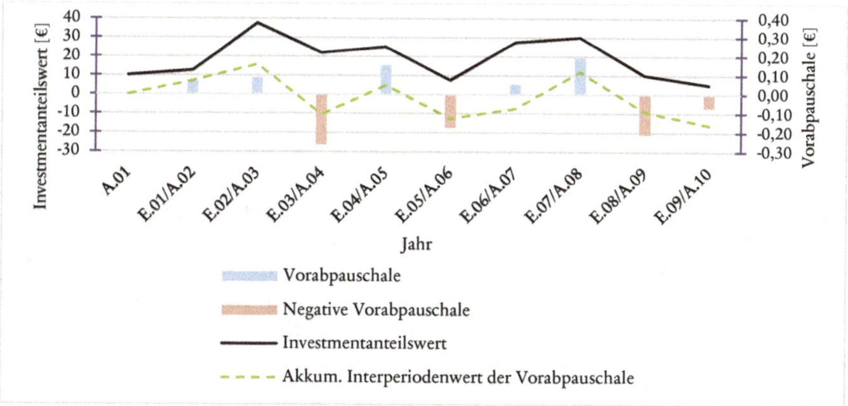

Die Werte des Investmentanteils sind an der Primärachse abzulesen, die der Vorabpauschale an der Sekundärachse. Annahmen: Fluktuierender Kursverlauf eines Investmentanteils; vollthesaurierender Investmentfonds; gesamtperiodischer Verlust; Basiszins i.H.v. 1 %. Abkürzungen: A.01 ≙ Anfang des Jahres 01; E.01/A.02 ≙ Ende des Jahres 01 und Anfang des Jahres 02, usw.

Abbildung 19: Pauschaler Ansatz einer negativen Vorabpauschale. Eigene Darstellung.

6.2.2.3.1.2 Betragsmäßiger Ansatz

Alternativ bestünde die Möglichkeit, die negative Vorabpauschale betragsmäßig auszugestalten. Der Subtrahend würde sich am Wertverlust zwischen dem Wert am Beginn und am Ende des verlustbringenden Veranlagungszeitraums orientieren. Daraus würde sich ein systematischer und anwendungsspezifischer Unterschied zur (positiven) Vorabpauschale ergeben.

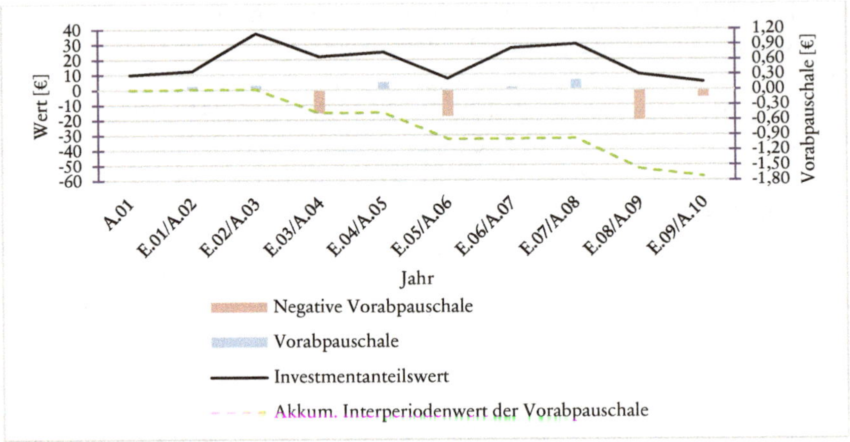

Die Werte des Investmentanteils sowie – aus Gründen der Darstellbarkeit – die negative Vorabpauschale und der akkumulierte Interperiodenwert der Vorabpauschale sind an der Primärachse abzulesen, die der (positiven) Vorabpauschale an der Sekundärachse. Annahmen: Fluktuierender Kursverlauf eines Investmentanteils; vollthesaurierender Investmentfonds; gesamtperiodischer Verlust; Basiszins i.H.v. 1 %. Abkürzungen: A.01 ≙ Anfang des Jahres 01; E.01/A.02 ≙ Ende des Jahres 01 und Anfang des Jahres 02, usw.

Abbildung 20: Betragsmäßiger Ansatz einer negativen Vorabpauschale. Eigene Darstellung.

6.2.2.3.2 Interperiodische Berücksichtigung der Veranlagungszeiträume

Daneben tritt eine mögliche interperiodische Berücksichtigung über die Jahre hinweg und eine damit in Zusammenhang stehende, die interperiodischen Verhältnisse abbildende, negative Vorabpauschale.

6.2.2.3.2.1 Erstattungsmodell

Denkbar ist in diesem Zusammenhang etwa ein Erstattungsmodell. D.h., dass die bislang gezahlten Vorabpauschalen aus der jeweiligen Periode erstattet würden, sofern innerhalb eines Veranlagungszeitraums ein Wertverlust des Investmentanteils einträte. Insoweit würde der Wertverlust innerhalb eines Zeitraums eine Zäsur statuieren. Ausgehend von diesem zeitlichen Endpunkt wären zurückblickend alle vorherigen Zeiträume[1631], bei denen eine Vorabpauschale zu zahlen war, i.R.e. Saldierung von einer solchen negativen Vorabpauschale mitumfasst.

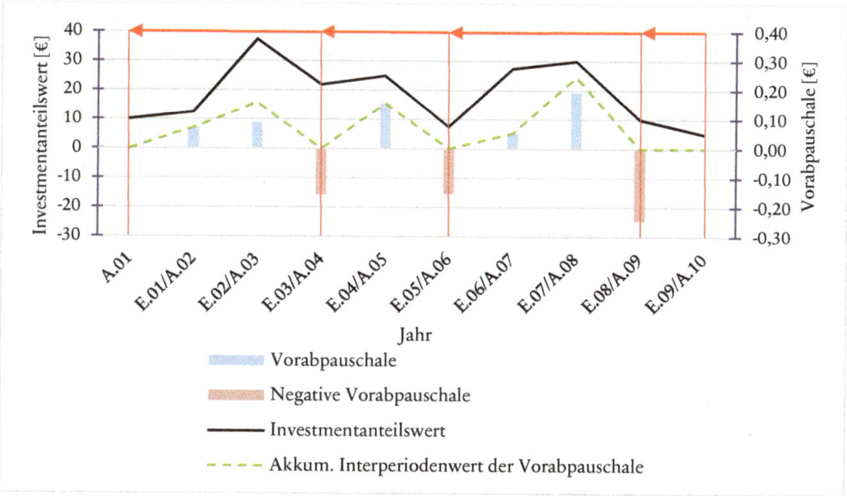

Die Werte des Investmentanteils sind an der Primärachse abzulesen, die der Vorabpauschale an der Sekundärachse. Annahmen: Fluktuierender Kursverlauf eines Investmentanteils; vollthesaurierender Investmentfonds; gesamtperiodischer Verlust; Basiszins i.H.v. 1 %. Abkürzungen: A.01 ≙ Anfang des Jahres 01; E.01/A.02 ≙ Ende des Jahres 01 und Anfang des Jahres 02, usw.

Abbildung 21: Erstattungsmodell. Eigene Darstellung.

1631 Wenngleich Zwischenmodelle, welche eine andere Periodenbetrachtung bevorzugen, im Spektrum des Möglichen liegen, sind diese aus hiesiger Perspektive nicht überzeugend.

6.2.2.3.2.2 Modifiziertes Erstattungsmodell

Das Erstattungsmodell[1632] könnte insofern modifiziert werden, dass anstelle einer bloß aufsummierten Rückerstattung eine Verrechnung unter Ansatz einer neu berechneten interperiodischen Vorabpauschale[1633], die entsprechend eines fiktiven linearen Verlaufs zu diesem Stichtag gezahlt oder ggf. erstattet werden müsste, zugrunde gelegt würde. Folglich gäbe es auch in diesem Fall eine Zäsur. Dabei könnte sich die negative Vorabpauschale am Rücknahmepreis am Ende des jeweiligen verlustbringenden Veranlagungszeitraums und dem Rücknahmepreis zu Beginn des Periodenzeitraums orientieren. Mit anderen Worten überlagert ein fiktiver Linearverlauf eine tatsächliche Fluktuation und gleicht diese – unter Abzug der aufsummierten, gezahlten Vorabpauschalen – etappenweise aus.

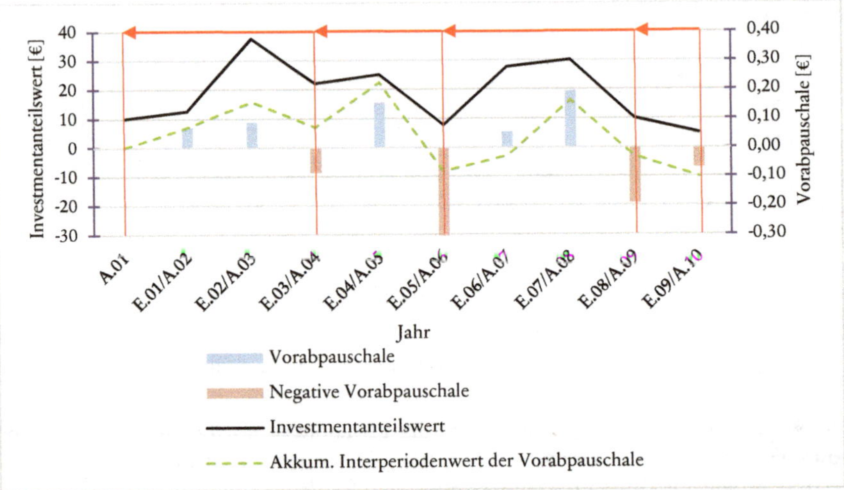

Die Werte des Investmentanteils sind an der Primärachse abzulesen, die der Vorabpauschale an der Sekundärachse. Annahmen: Fluktuierender Kursverlauf eines Investmentanteils; vollthesaurierender Investmentfonds; gesamtperiodischer Verlust; Basiszins i.H.v. 1 %. Abkürzungen: A.01 ≙ Anfang des Jahres 01; E.01/A.02 ≙ Ende des Jahres 01 und Anfang des Jahres 02, usw.

Abbildung 22: Modifiziertes Erstattungsmodell. Eigene Darstellung.

1632 Vgl. 6.2.2.3.2.1.
1633 Vgl. 6.2.2.3.1.1.

6.2.2.3.2.3 Modell einer Ersatzrealisation

Daneben wäre ein Modell einer Ersatzrealisation anzudenken. Dem Wertverlust läge eine Zäsurwirkung zugrunde. Dabei müsste begrifflich beachtet werden, dass die „negative Vorabpauschale“ aufgrund des fiktiven Veräußerungsansatzes wie ein Veräußerungsgewinn negativ oder positiv sein kann (vgl. § 2 Abs. 14 InvStG). Die Berechnungsmodalitäten wären an die Glattstellung i.S.d. § 19 Abs. 1 InvStG angelehnt, was insbesondere die Verrechnung der Vorabpauschale mit sich bringt (vgl. § 19 Abs. 1 S. 3 InvStG).

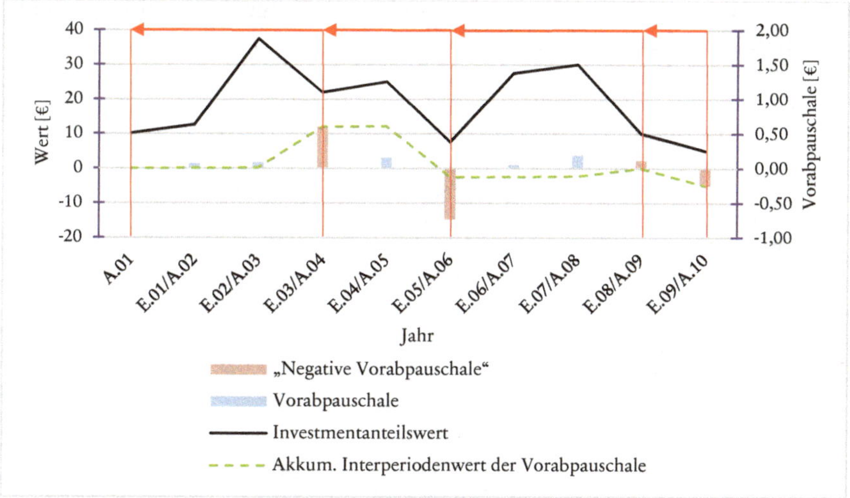

Die Werte des Investmentanteils sowie – aus Gründen der Darstellbarkeit – die negative Vorabpauschale und der akkumulierte Interperiodenwert der Vorabpauschale sind an der Primärachse abzulesen, die der (positiven) Vorabpauschale an der Sekundärachse. Annahmen: Fluktuierender Kursverlauf eines Investmentanteils; vollthesaurierender Investmentfonds; gesamtperiodischer Verlust; Basiszins i.H.v. 1 %. Abkürzungen: A.01 ≙ Anfang des Jahres 01; E.01/A.02 ≙ Ende des Jahres 01 und Anfang des Jahres 02, usw.

Abbildung 23: Modell einer Ersatzrealisation. Eigene Darstellung.

6.2.2.3.2.4 Modell einer bereinigten, fortlaufenden Pauschalierung

Konzeptionell ist überdies ein Modell einer bereinigten, fortlaufenden Pauschalierung möglich. Anknüpfend an die Idee der Zäsur durch den Wertverlust würde sich dieses Modell grds. am Vorbild der Ersatzrealisation[1634] und der interperiodischen „negativen Vorabpauschale" orientieren. Abweichend hiervon wäre nicht der tatsächliche Differenzwert des Anteilswerts als Ausgangspunkt der Subtraktion zugrunde zu legen. Vielmehr würde dieser Periodendifferenzwert des Investmentanteils – in Gestalt des zyklischen Mittelwerts – mit den Berechnungsmodalitäten der Vorabpauschale verknüpft. Der Differenzwert wäre daher ebenso mit dem 70%igen Basiszins zu multiplizieren. Hiervon sind in der Folge die gezahlten Vorabpauschalen in Abzug zu bringen.

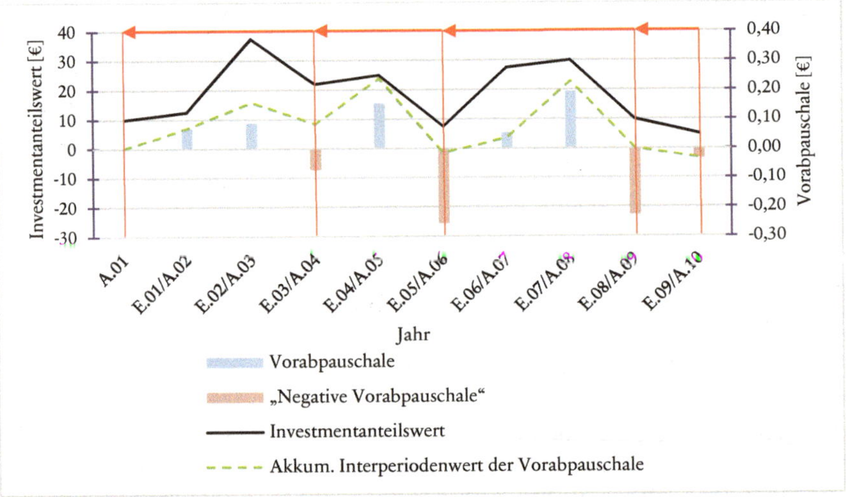

Die Werte des Investmentanteils sind an der Primärachse abzulesen, die der Vorabpauschale an der Sekundärachse. Annahmen: Fluktuierender Kursverlauf eines Investmentanteils; vollthesaurierender Investmentfonds; gesamtperiodischer Verlust; Basiszins i.H.v. 1 %. Abkürzungen: A.01 ≙ Anfang des Jahres 01; E.01/A.02 ≙ Ende des Jahres 01 und Anfang des Jahres 02, usw.

Abbildung 24: Modell einer bereinigten, fortlaufenden Pauschalierung. Eigene Darstellung.

1634 Vgl. 6.2.2.3.2.3.

6.2.2.3.3 Stellungnahme

Betrachtet man die hier vorgestellten – nicht abschließenden – Konzeptionsvarianten, mit denen eine negative Vorabpauschale implementiert werden könnte, zeigen sich Vor- und Nachteile der einzelnen Ansätze. Stellen die einen Modelle unter Berücksichtigung eines einzelnen Veranlagungszeitraums die Einfachheit in den Vordergrund, so ist es bei den interperiodischen Kategorisierungen das Mehr an Leistungs- und Systemgerechtigkeit, welche die nämlichen negativen Effekte zulasten des Vereinfachungsgedankens ausgleichen könnten.

Die Modelle des pauschalen[1635] und betragsmäßigen[1636] Ansatzes innerhalb eines Veranlagungszeitraums kranken am Problem einer Über- bzw. Unterkompensation. Dies könnte ein exorbitantes Gestaltungspotenzial ergeben und insbesondere die Verstetigung des Steueraufkommens im Hinblick auf die Kalkulierbarkeit des öffentlichen Haushalts[1637] nahezu vollständig aushöhlen. Zudem würde ein betragsmäßiger Ansatz ohnehin im Widerspruch zur Vereinfachung des InvStG sowie zur Senkung des administrativen Aufwands und damit dem Ansatz einer spiegelbildlichen positiven Vorabpauschale stehen.

Die Modelle der interperiodischen Berücksichtigung haben den Charme, dass die gezahlten Vorabpauschalen grds. nicht bis zum schlussendlichen Verkauf dokumentiert werden müssten, denn i.R.d. Wertverlusts würden diese dann bereits aufgrund der Zäsurwirkung verrechnet bzw. erstattet.

Kritisch am Erstattungsmodell[1638] ist, dass dieses nur die vorab gezahlten Vorabpauschalen zurückerstattet. Dies bedeutet aber auch das eine weitergehende Kompensation eines negativen Verlaufs nicht abgebildet werden kann. Die Gesamtsteuerlast bliebe dann letztlich bei 0 € und würde mithin dann doch erst i.R.d. Realisation nivelliert.

Nachteilig am Modell einer Ersatzrealisation[1639] ist, dass der Steuerpflichtige aufgrund der Etappensichtweise trotz des Haltens des Investmentanteils – wie ein Verkäufer – zeitweilig einen Veräußerungsgewinn zu versteuern hat. Demnach würden die Anteile als veräußert und gleichzeitig wieder angeschafft behandelt. Wenngleich dies nachteilige Liquidi-

1635 Vgl. 6.2.2.3.1.1.
1636 Vgl. 6.2.2.3.1.2.
1637 Vgl. BT-Drs. 18/8045, 55.
1638 Vgl. 6.2.2.3.2.1.
1639 Vgl. 6.2.2.3.2.3.

tätseffekte zureichend abbilden würde, wäre dies insbesondere im Hinblick auf den administrativen Aufwand bedenklich.

Die zwei verbleibenden Modelle, d.h. das modifizierte Erstattungsmodell[1640] und das Modell einer bereinigten, fortlaufenden Pauschalierung[1641], bilden die negativen Effekte der Vorabpauschale wohl am besten ab und versuchen die nachteiligen Liquiditätseffekte hinreichend sachgerecht zu bereinigen.

Welchem Modell der Vorzug zu geben ist, hängt von vielen Faktoren ab und liegt im Gestaltungsspielraum des Gesetzgebers. Es gibt gute Gründe für die eine oder andere Ausgestaltung, wenngleich es im Einzelfall nicht nur auf das gewählte Besteuerungsmodell der negativen Vorabpauschale, sondern ebenso auf die folgerichtige Ausgestaltung i.R.d. Gesamtkonzeption, d.h. Vorabpauschale, negative Vorabpauschale und Realisation, ankommt. Eventuelle Ausnahmen der Modelle, die der Denklogik etwa in Form einer Überkompensation gegenüberstünden, wären i.R.e. neuen negativen Vorabpauschalenkonzepts in jedem Fall zu berücksichtigen.[1642]

Ergebnis

Wie eingehend erwähnt, ist der Gesetzgeber grds. nicht gezwungen Änderungen am bestehenden investmentsteuerrechtlichen Konzept hinsichtlich der Vorabpauschale und der Teilfreistellung vorzunehmen. Gleichwohl stehen ihm verschiedenste Instrumente zur Verfügung, um insbesondere die benachteiligenden Liquiditätseffekte aufgrund der unterschiedlichen Erfassung der Wertänderungen des Investmentanteils abzumildern. Damit würden schließlich auch die Kritiker verstummen, die einen verfassungsrechtlichen Verstoß monieren. Es steht dem Gesetzgeber insoweit offen, diesen Argumenten, bspw. mit einer Kombination der vorangestellten Varianten, gegenüberzutreten.

1640 Vgl. 6.2.2.3.2.2.

1641 Vgl. 6.2.2.3.2.4.

1642 Dies ist aus dem Vorabpauschalenregime bereits in Form des Mehr- bzw. Begrenzungsbetrags (vgl. § 18 Abs. 1 S. 3 InvStG) bekannt.

6.3 Stellungnahme und Ausblick

Die vorliegende Arbeit hat bzgl. ihres Untersuchungsansatzes und -gegenstands gezeigt, dass die Ausgestaltung der Vorabpauschale sowie die der Teilfreistellung in ihren jetzigen Erscheinungen durchaus Schwachstellen haben, die aber insbesondere im Zuge einer Typisierung bzw. Pauschalierung als zu akzeptierende Härtefälle einzuordnen sind und einer verfassungsrechtlichen Prüfung standhalten. Die damit verbundenen Ziele der Reform wurden allerdings nicht derart konsequent umgesetzt, sodass sich vergleichbare Problemfelder nun nicht mehr im neuen System finden lassen würden. Es ergeben sich vielmehr neue Aspekte.

Eine dahin gehende Evaluation sowohl über die Zielerreichung durch die Neukonzeption als auch über die fiskalischen Auswirkungen – insbesondere der Höhe der Vorabpauschale und der Teilfreistellungssätze – soll entsprechend dem Wunsch der Koalitionsfraktionen CDU, CSU und SPD nach Ablauf der ersten drei Anwendungsjahre des seit 2018 geltenden InvStG erfolgen.[1643] Erste Ergebnisse sind dem Vernehmen nach – unter Berücksichtigung entsprechender Vorlaufzeiten – wohl 2023 bzw. 2024 zu erwarten. Dies ist zu begrüßen.

Die Kritik, die gegenüber dem InvStG besteht, kann einen ersten Schritt darstellen, sich mit den benannten Schwachstellen zu beschäftigen. Insoweit würde die Umsetzung der vorgenannten Erwägungen in die Richtung einer besseren Zukunftsprognose und Akzeptanz des Gesetzes gehen. Ob und inwieweit diese Nachbesserungsvorschläge mit dem Willen des Gesetzgebers übereinstimmen, bleibt der kommenden Zeit vorbehalten. Dies gilt insbesondere für das Festhalten am Vorabpauschalenregime in der aktuellen Gestalt.

Eine Beschäftigung mit der Materie könnte zum Vorteil für den Fondsstandort Deutschland sein und diesen attraktiver gestalten. Um dieses Ziel zu erreichen, wurden jüngst sowohl durch das FoStoG[1644], das AbzStEntModG[1645] als auch das StAbwG[1646] Grundlagen geschaffen, welche im Grundsatz u.a. eine Entbürokratisierung und schließlich Liberalisierung des nationalen Investmentmarkts anvisieren. Daneben tritt der Zweck, etwaige Gestaltungsmöglichkeiten bereits im Vorfeld zu unterbinden.

1643 Vgl. BT-Drs. 18/8739, 90.
1644 Vgl. BGBl. I 2021, 1498.
1645 Vgl. BGBl. I 2021, 1259.
1646 Vgl. BGBl. I 2021, 2056.

Nichtsdestotrotz werden die in dieser Arbeit genannten Problemfelder hierdurch nicht tangiert.

Insgesamt ist überdies die Rückkehr zu einem transparenten System nicht ausgeschlossen.[1647] Dabei ist nämlich zu berücksichtigen, dass mit der Ebenenbesteuerung des InvStG ein Akzeptanzproblem auf europäischer Ebene existiert. Da die meisten Staaten den Anleger eines Investmentfonds mit seinen Erträgen und ggf. Gewinnen aus dem Investmentfonds besteuern, liegt die umfassende Steuerbefreiung von Investmentfonds allen Steuersystemen zugrunde, die eine relevante Investmentindustrie aufweisen (bspw. Luxemburg und Irland).[1648] Eine gewisse Überzeugungsarbeit gegenüber (ausländischen) Anlegern ist daher für das Besteuerungskonzept des InvStG notwendig.[1649]

Möglicherweise wäre es mit Blick auf die Systemakzeptanz angebracht gewesen, das InvStG a.F. beizubehalten und die Risikostellen nachzubessern. Ob ein Ausmerzen der kritischen Punkte eine Vereinfachung mit sich gebracht hätte, erscheint fraglich, da jeder Nachbesserung grds. eine Einzelfallgeneigtheit immanent ist. Gleichwohl dürfte der Rechtsanwender, der sich über Jahre an das Transparenzprinzip gewöhnen durfte, unproblematischer mit diesem und den Anpassungen umzugehen wissen. Dann erscheint die Ausbesserung eines bestehenden Gesetzes für die Rechtsanwender weniger komplex, als ein unvollständig formuliertes, neues Regelungswerk mit vielen offenen Fragestellungen, deren Lösungen sich nicht aus der Gesetzeslektüre ergeben und erst nachträglich durch BMF-Schreiben abgebildet werden (müssen). Dieser Zustand zeigt sich aber in Teilen beim InvStG.

Streng genommen war das neue Gesetz – abgesehen von der Paragraphenanzahl – dann zwar zunächst auf dem Papier strukturell simpel, wird indes in der Zusammenschau mit den Ausbesserungen des BMF unübersichtlich und anwenderunfreundlich. Zugleich entstehen in diesen Verflechtungen oft Gestaltungsanfälligkeiten, die weder vom Gesetzgeber noch von den nur punktuell nachbessernden BMF-Schreiben bedacht wurden. Letztere beantworten nämlich oftmals nur die aufgeworfenen Fragen. Selbstverständlich versuchen sie dabei die Systematik zu wahren. Das kann bei einer zunehmend komplexen Materie wie dem InvStG jedoch kaum mehr ohne Fehler gewährleistet werden.

1647 Nach Höring, DStZ 2015, 835 (845), wäre dies das mildere und ökonomischere Mittel gewesen.

1648 Rehm/Nagler, BB 2015, 1248 (1250).

1649 Vgl. Kloster, Neukonzeption der Investmentbesteuerung, Diss., S. 554.

Gesamtergebnis in Thesen

Nachfolgend sollen die wesentlichen Ergebnisse dieser Arbeit in Gestalt einer thesenförmigen Zusammenfassung resümiert und so die Materie für einen Diskurs aufbereitet werden.

- Dem InvStG liegt ein intransparentes System für Investmentfonds und grds. ebenso für Spezial-Investmentfonds zugrunde. Spezial-Investmentfonds können allerdings für bestimmte Erträge zur Transparenz optieren.
- Neben dem Anleger sind auch die (Spezial-)Investmentfonds grds. eigenständige Steuersubjekte.
- Das InvStG kennt eine Durchbrechung der intransparenten Ebenenbesteuerung: die Vorabpauschale (vgl. §§ 16 Abs. 1 Nr. 2; 18 InvStG). Sie bildet gemeinsam mit der Teilfreistellung (vgl. § 20 InvStG), welche auf alle Investmenterträge gemäß § 16 Abs. 1 InvStG Anwendung findet, das Rückgrat der Besteuerung für die Investmentfondsanlage.
- Das InvStG gleicht im Hinblick auf die Besteuerung von Investmentfonds und ihren Anlegern konzeptionell am ehesten einem Shareholder-Relief-System.
- Die Vorabpauschale (vgl. § 18 Abs. 1 InvStG) statuiert bei thesaurierenden Investmentfonds, deren Ausschüttungen hinter einer sog. risikolosen Marktverzinsung zurückbleiben und dessen Wertentwicklung im Jahr positiv ist, eine fiktive Zurechnung einer pauschal bemessenen Vorabpauschale auf die jeweiligen Investmentanteile in entsprechender Höhe (fiktive Mindestrendite). Sie wird unabhängig von der Performance und dem Investmentfondstyp erhoben. Eine Begrenzung findet lediglich unter Berücksichtigung der tatsächlichen Wertsteigerung statt. I.R.d. Veräußerung des Investmentanteils werden die während der Haltephase gezahlten Vorabpauschalen – ungeachtet einer Teilfreistellung – in voller Höhe mindernd berücksichtigt (§ 19 Abs. 1 S. 3, S. 4 InvStG). Die Vorabpauschale ist insgesamt als eine temporäre Pauschalbesteuerung mit Caps ausgestaltet und stellt keine (definitive) Sollertragsbesteuerung dar.
- Die Vorabpauschale ist systemwidrig, wenngleich diese Einordnung weitgehend ohne rechtliche Konsequenz ist. Sie entstammt einem transparenten System wie demjenigen für Personengesellschaften und wird im intransparenten Ebenenbesteuerungskonzept des InvStG – ver-

gleichbar dem für Körperschaften – angewandt. Sie konterkariert damit das Intransparenzprinzip und schafft mit einer faktisch transparenten Durchschau die systematisch konsequente Abschirmwirkung ab.

- Die Vorabpauschale verstößt – gerade noch – nicht gegen das Leistungsfähigkeitsprinzip (vgl. Art. 3 Abs. 1 GG). Sowohl die Besteuerung der Wertsteigerung ohne Realisation als auch die unterschiedliche Erfassung der Wertänderungen sind letztlich doch noch vom gesetzgeberischen Gestaltungsspielraum umfasst. Die Pauschalierung ist ebenso wie die Ausgestaltung der Vorabpauschale grds. nicht zu kritisieren. Zeitweilige, nachteilige Liquiditätseffekte durch die unterschiedliche Erfassung der Wertänderungen i.R.d. Pauschalierung der Vorabpauschale sind – mit einem kritischen Blick – als hinzunehmende Härtefälle zu akzeptieren.
- Die Teilfreistellung wurde zur Verhinderung einer wirtschaftlichen Doppelbelastung implementiert, sodass es unter Berücksichtigung der Vorbelastung auf Investmentfondsebene und der Nachbelastung auf Anlegerebene zu einer faktischen Einmalbesteuerung kommt. Sie sieht insoweit für die Investmenterträge des § 16 Abs. 1 InvStG auf Anlegerebene eine gestaffelte, anlagespezifische Steuerteilfreistellung für gewisse Schwerpunktinvestments vor (vgl. § 20 Abs. 1 bis 3 InvStG). Sofern der Investmentfonds demnach die Qualifikationsmaßgaben als Aktien-, Misch- oder Immobilienfonds erfüllt, findet der für den jeweiligen Anleger relevante Teilfreistellungssatz Anwendung. In der entsprechenden Höhe des Teilfreistellungssatzes wird neben dem Ausgleich der steuerlichen Vorbelastung sowie der Nichtanrechenbarkeit ausländischer Steuern u.a. ebenso berücksichtigt, dass die steuerlichen Erleichterungsvorschriften (vgl. § 3 Nr. 40 EStG; § 8b KStG) auf Anlegerebene keine Anwendung finden (vgl. § 16 Abs. 3 InvStG).
- Die Teilfreistellung ist letztlich noch verfassungskonform. Einerseits ist die grds. Pauschalierung gerechtfertigt und andererseits erfolgt die Bestimmung der Höhe des Teilfreistellungssatzes grds. an einem typischen Standardfall, der nicht in dem Maße vom Leitbild abweicht, als dass es eine nicht mehr tragbare Reichweite bedingen würde. Vielmehr befindet sich der jeweilige Satz gerade noch innerhalb der Varianz. Etwaige weitere Ausgestaltungsaspekte der Teilfreistellung stehen diesem Ergebnis nicht entgegen.
- In der Zusammenschau besteht daher hinsichtlich der Vorabpauschale und der Teilfreistellung im InvStG als lex ferenda grds. keine Notwendigkeit grundlegende Änderungen vorzunehmen.

- Im Idealfall kann jedoch an den in dieser Arbeit aufgezeigten Stellschrauben gearbeitet werden, um den Beweggründen für den Wandel vom alten zum neuen System, d.h. (1) der Ausräumung europarechtlicher Risiken, (2) der Verringerung des Aufwands für die Ermittlung der Besteuerungsgrundlagen auf Seiten der Wirtschaft und der Bürger einerseits sowie des Kontrollaufwands der Verwaltung in Massenverfahren bei Investmentfonds und deren Anlegern andererseits, (3) der Korrektur von Systemfehlern des geltenden Rechts und (4) der Verhinderung einzelner erkannter aggressiver Steuergestaltungen sowie der Reduzierung der Gestaltungsanfälligkeit des Investmentsteuerrechts insgesamt, (noch besser) zu entsprechen.
- Insbesondere nachteilige Liquiditätseffekte, welche aus der unterschiedlichen Erfassung der Wertänderungen i.R.d. Pauschalierung durch die Vorabpauschale resultieren und damit eine Argumentationsfläche für eine verfassungsrechtliche Beanstandung der Kritiker liefern, könnten in vielfältiger Weise beseitigt bzw. jedenfalls abgemildert werden. Eine Nachbesserung könnte bspw. durch (1) die Erweiterung des § 2 Abs. 13 InvStG um die Gesamtrechtsnachfolge als Ersatzrealisationstatbestand, (2) die Nachjustierung der Vorabpauschale und/oder (3) die Einführung eines negativen Vorabpauschalenkonzepts erfolgen. Alle Aspekte sind unter Zuhilfenahme der in dieser Arbeit gefundenen Ergebnisse gegeneinander abzuwägen. Ob und inwieweit diese Nachbesserungsvorschläge vom Gesetzgeber – ggf. kumulativ – aufgegriffen werden, wird sich in der Zukunft zeigen.

Literaturverzeichnis

Achterberg, Erich/Lanz, Karl, Enzyklopädisches Lexikon für das Geld-, Bank- und Börsenwesen, Band 2, I–Z, 3. Auflage, Frankfurt am Main 1968 (zitiert als: Bearbeiter in Achterberg/Lanz, Lexikon für das Geld-, Bank- und Börsenwesen, Bd. 2)

Adomeit, Klaus/Hähnchen, Susanne, Rechtstheorie mit Juristischer Methodenlehre, 7. Auflage, Heidelberg 2018 (zitiert als: Adomeit/Hähnchen, Rechtstheorie)

Albrecht, Peter, Finanzmathematik für Wirtschaftswissenschaftler, Grundlagen, Anwendungsbeispiele, Fallstudien, Aufgaben und Lösungen, 4. Auflage, Stuttgart 2019 (zitiert als: Albrecht, Finanzmathematik für Wirtschaftswissenschaftler)

Altvater, Christian/Buchholz, Felix, „Steueranrechnung aus belieferten Aktiengeschäften über den Dividendenstichtag („Cum/Cum")", in Recht der Finanzinstrumente 2016, S. 132–140 (zitiert als: Altvater/Buchholz, RdF 2016, 132)

Altvater, Christian/Buchholz, Felix, „Steuerliche Behandlung von Kombinationsgeschäften", in Recht der Finanzinstrumente 2015, S. 132–139 (zitiert als: Altvater/Buchholz, RdF 2015, 132)

Andres, Volker/Heuft, Christoph, Vermögensverwaltung mit Fondspicking, Aussichtsreiche Perspektive für Ihre Geldanlage, Wiesbaden 1995 (zitiert als: Andres/Heuft, Vermögensverwaltung mit Fondspicking)

Anemüller, Christian, „Die ertragsteuerliche Behandlung der Vorabpauschale i.S.d. § 18 InvStG beim Privatanleger", in Der Erbschaft-Steuerberater 2019, S. 87–91 (zitiert als: Anemüller, ErbStB 2019, 87)

Angsten, Stefan, „Praxisfälle des Investmentsteuerrechts und der Hinzurechnungsbesteuerung – Abgrenzung der beiden Rechtsbereiche im Anwendungsbereich des AIFM-StAnpG", in Internationale Wirtschafts-Briefe 2015, S. 199–206 (zitiert als: Angsten, IWB 2015, 199)

Angsten, Stefan, Die Besteuerung von Erträgen aus ausländischen Investmentfonds unter besonderer Berücksichtigung der Doppelbesteuerungsabkommen, Dissertation, Universität Trier, Frankfurt am Main 2005 (zitiert als: Angsten, Die Besteuerung von Erträgen aus ausländischen Investmentfonds, Diss.)

Anzinger, Heribert, „Wesen, Reformbedürfnis und Reformoptionen des Investmentsteuerrechts", in Finanz-Rundschau 2016, S. 101–111 (zitiert als: Anzinger, FR 2016, 101)

Arndt, Hans-Wolfgang, „Rechtfertigung der Besteuerung des Vermögens aus steuersystematischer Sicht", in Deutsche Steuerjuristische Gesellschaft 1999, Band 22, „Steuern auf Erbschaft und Vermögen", Hrsg. Birk, Dieter, S. 25–37 (zitiert als: Arndt, DStJG 1999, 25)

Assmann, Heinz-Dieter/Schlitt, Michael/von Kopp-Colomb, Wolf, Kommentar zum Wertpapierprospektgesetz und zum Vermögensanlagengesetz, 3. Auflage, Köln 2017 (zitiert als: Bearbeiter in Assmann/Schlitt/von Kopp-Colomb, WpPG/VermAnlG)

Assmann, Heinz-Dieter/Wallach, Edgar/Zetzsche, Dirk, Kommentar zum Kapitalanlagegesetzbuch, Mit europäischen und nationalen Begleitverordnungen, insbesondere ELTIF-VO, EuSEF-VO, EuVECA-VO, MMF-VO, PRIIP-VO, DerivateV, Köln 2019 (zitiert als: Bearbeiter in Assmann/Wallach/Zetzsche, KAGB)

Auer, Benjamin/Seitz, Franz, Grundkurs Wirtschaftsmathematik, Prüfungsrelevantes Wissen, Praxisnahe Aufgaben, Komplette Lösungswege, 4. Auflage, Wiesbaden 2013 (zitiert als: Auer/Seitz, Grundkurs Wirtschaftsmathematik)

Aufermann, Ewald, Betriebswirtschaftliche Steuerlehre, Wiesbaden 1951 (zitiert als: Aufermann, Betriebswirtschaftliche Steuerlehre)

Ax, Rolf/Große, Thomas/Melchior, Jürgen/Lotz, Anja/Ziegler, Christian, Abgabenordnung und Finanzgerichtsordnung, 21. Auflage, Stuttgart 2017 (zitiert als: Bearbeiter in Ax/Große/Melchior/Lotz/Ziegler, AO/FGO)

Baas, Volker/Buck-Heeb, Petra/Werner, Stefan, Anlegerschutzgesetze, Kunden- und Anlegerschutz im Bank- und Investmentrecht, Kommentar, Berlin 2019 (zitiert als: Bearbeiter in Baas/Buck-Heeb/Werner, Anlegerschutzgesetze)

Bacmeister, Friedrich, „Erfahrungen rund um die Bescheinigung von Investmentfonds", in Internationales Steuerrecht 2007, S. 169–174 (zitiert als: Bacmeister, IStR 2007, 169)

Baehring, Bernd, Investment in Deutschland, Schrift zum 25-jährigen Jubiläum der Union-Investment-Gesellschaft mbH, Frankfurt am Main 1980 (zitiert als: Baehring, Investment in Deutschland)

Baldauf, Sina, Das innere System der einkommensteuerrechtlichen Gewinnrealisierung, Unter besonderer Berücksichtigung der unentgeltlichen Übertragung von Sachgesamtheiten nach § 6 Abs. 3 EStG, Dissertation, Universität Leipzig, Frankfurt am Main 2009 (zitiert als: Baldauf, Das innere System der einkommensteuerrechtlichen Gewinnrealisierung, Diss.)

Bamberger, Heinz Georg/Roth, Herbert/Hau, Wolfgang/Poseck, Roman, Kommentar zum Bürgerlichen Gesetzbuch, Band 5, §§ 1922–2385, IPR, EGBGB, CISG, 4. Auflage, München 2020 (zitiert als: Bearbeiter in Bamberger/Roth/Hau/Poseck, BGB, Bd. 5)

Ban, Blaženka, Harmonisierung der Unternehmensbesteuerung in der EU, Notwendigkeit, Umfang und Grenzen einer positiven Integration, Dissertation, Friedrich-Alexander-Universität Erlangen-Nürnberg, Hamburg 2007 (zitiert als: Ban, Harmonisierung der Unternehmensbesteuerung, Diss.)

Bannes, Maximilian/Holle, Florian, „Kapitalertragsteuererstattung ausländischer Investmentfonds? – Eine Frage der steuerlichen Kohärenz", in Finanz-Rundschau 2016, S. 661–667 (zitiert als: Bannes/Holle, FR 2016, 661)

Bannes, Maximilian/Holle, Florian, „Kapitalverkehr mit Drittstaaten – die Bedeutung der Stand-Still-Klausel des Art. 64 Abs. 1 AEUV am Beispiel des deutschen Investmentsteuerrechts", in Steuer und Wirtschaft 2017, S. 112–125 (zitiert als: Bannes/Holle, StuW 2017, 112)

Bär, Nicolas, „Vor- und Nachteile einer indirekten Diversifikation für den einzelnen Anleger durch Beteiligung an Investmentfonds", in Handbuch der Wertpapieranlage, Hrsg. Verlag Moderne Industrie, Zürich 1974, S. 667–678 (zitiert als: Bär, Hdb. der Wertpapieranlage, 667)

Bardmann, Manfred, Grundlagen der Allgemeinen Betriebswirtschaftslehre, Geschichte, Konzepte, Digitalisierung, 3. Auflage, Wiesbaden 2019 (zitiert als: Bardmann, Grundlagen der Allgemeinen Betriebswirtschaftslehre)

Bareis, Peter, „Ist die Mindestbesteuerung verfassungsgemäß? – Zugleich Anm. zu den BFH-Urteilen vom 22.8.2012 (I R 9/11, DB 2012 S. 2785) und 20.9.2012 (IV R 29/10, DB 2012 S. 2789; IV R 36/10, DB0560646)", in Der Betrieb 2013, S. 144–148 (zitiert als: Bareis, DB 2013, 144)

Barocka, Egon, Investment-Sparen und Investment-Gesellschaft, Eine volkswirtschaftliche und rechtspolitische Betrachtung, Stuttgart 1956 (zitiert als: Barocka, Investment-Sparen und Investment-Gesellschaft)

Baum, Günter, Schutz und Sicherung des Investmentsparers bei Kapitalanlage-Gesellschaften und Investment-Trusts, Dissertation, Johannes-Gutenberg-Universität Mainz, Mainz 1959 (zitiert als: Baum, Schutz und Sicherung des Investmentsparers, Diss.)

Baumbach, Adolf/Hopt, Klaus, Kommentar zum Handelsgesetzbuch, mit GmbH & Co., Handelsklauseln, Bank- und Kapitalmarktrecht, Transportrecht (ohne Seerecht), 40. Auflage, München 2021 (zitiert als: Bearbeiter in Baumbach/Hopt, HGB)

Baumgartner, Raphael, „Mögliche Änderungen der Hinzurechnungsbesteuerung durch den zweiten Referentenentwurf eines ATADUmsG", in Internationales Steuerrecht 2020, S. 524–529 (zitiert als: Baumgartner, IStR 2020, 524)

Bäuml, Swen, „Ausgewählte Fragestellungen aus der Praxis des Investmentsteuergesetzes", in Finanz-Rundschau 2008, S. 174–178 (zitiert als: Bäuml, FR 2008, 174)

Baur, Jürgen, Investmentgesetze, Kommentar zum Gesetz über Kapitalanlagegesellschaften (KAGG) und zum Gesetz über den Vertrieb ausländischer Investmentanteile (AuslInvestmG), 1. Auflage, Berlin 1970 (zitiert als: Baur, Investmentgesetze, 1. Aufl.)

Baur, Jürgen, Investmentgesetze, Kommentar zum Gesetz über Kapitalanlagegesellschaften (KAGG) und zum Gesetz über den Vertrieb ausländischer Investmentanteile und über die Besteuerung der Erträge aus ausländischen Investmentanteilen (AuslInvestment-Gesetz – AuslInvestmG), Band 1, Einleitung nebst Länderübersicht, §§ 1–25j KAGG, 2. Auflage, Berlin 1997 (zitiert als: Baur, Investmentgesetze, Bd. 1, 2. Aufl.)

Baur, Jürgen/Tappen, Falko, Investmentgesetze, Kommentar, Band 2, §§ 273–355 KAGB, InvStG, 3. Auflage, Berlin 2015 (zitiert als: Bearbeiter in Baur/Tappen, Investmentgesetze, Bd. 2)

Baur, Jürgen/Ziegler, Thorsten, Das Investmentgeschäft, 2. Auflage, Köln 2008 (zitiert als: Baur/Ziegler, Das Investmentgeschäft)

Becht, Marco, „Belgium – the disappearance of large diversified business groups“, in Business Groups in the West, Origins, Evolution, and Resilience, Hrsg. Colpan, Asli/Hikino, Takashi, Oxford 2018, S. 147–164 (zitiert als: Becht, Business Groups in the West, 147)

Becker, Enno, Die Grundlagen der Einkommensteuer, München 1940 (zitiert als: Becker, Die Grundlagen der Einkommensteuer)

Becker-Pennrich, Christian, „Bond Stripping nach Einführung der Abgeltungsteuer“, in Finanz-Rundschau 2017, S. 7–14 (zitiert als: Becker-Pennrich, FR 2017, 7)

Beckmann, Klaus/Scholtz, Rolf-Detlev/Vollmer, Lothar, Investment, Handbuch für das gesamte Investmentwesen, Ergänzungslieferung 4/2021, Berlin, Stand: Mai 2021 (zitiert als: Bearbeiter in Beckmann/Scholtz/Vollmer, Investment)

Behrens, Stefan, „Die Investmentsteuerreform in Deutschland: Trennungsprinzip und partielle Steuerpflicht von Investmentfonds“, in Steuer und Wirtschaft International 2016, S. 460–473 (zitiert als: Behrens, SWI 2016, 460)

Behrens, Stefan, „Neuregelung der Besteuerung der Einkünfte aus Kapitalvermögen ab 2009 nach dem Regierungsentwurf eines Unternehmenssteuerreformgesetzes vom 14.3.2007“, in Betriebs-Berater 2007, S. 1025–1032 (zitiert als: Behrens, BB 2007, 1025)

Behrens, Stefan, „Transparenz- und Immobilien-Transparenzoption nach dem InvStG 2018“, in Recht der Finanzinstrumente 2017, S. 297–304 (zitiert als: Behrens, RdF 2017, 297)

Behrenwaldt, Udo, „Aktienfonds: Erfahrungen und Empfehlungen zum 5. Vermögensbildungsgesetz“, in Zeitschrift für Bankpolitik und Bankpraxis 1991, S. 489–492 (zitiert als: Behrenwaldt, Die Bank 1991, 489)

Bentlage, Carsten, Betriebswirtschaftliche und steuerrechtliche Analyse von Zero-Bonds, Dissertation, Martin-Luther-Universität Halle-Wittenberg, Wiesbaden 1996 (zitiert als: Bentlage, Analyse von Zero-Bonds, Diss.)

vom Berge und Herrendorff, Hans-Siegmund, Der Schutz des Investmentsparers, Darstellung unter Berücksichtigung des Gesetzes über Kapitalanlagegesellschaften vom 16.4.1957, Dissertation, Universität Köln, Köln 1962 (zitiert als: vom Berge und Herrendorff, Der Schutz des Investmentsparers, Diss.)

Berger, Hanno/Steck, Kai-Uwe/Lübbehüsen, Dieter, Kommentar zum Investmentgesetz und Investmentsteuergesetz, München 2010 (zitiert als: Bearbeiter in Berger/Steck/Lübbehüsen, InvG/InvStG)

Berndt, Lothar, Strukturen und Funktionen des Marktes für Investmentzertifikate in der Bundesrepublik Deutschland, Eine Marktanalyse unter besonderer Berücksichtigung des Wettbewerbsaspektes, Dissertation, Technische Hochschule Aachen, Köln 1975 (zitiert als: Berndt, Strukturen und Funktionen des Marktes für Investmentzertifikate, Diss.)

Bieling, Björn, „Besteuerung von Investmenterträgen“, in Handbuch privater Kapitaleinkünfte, Abgeltungsteuer, Investmentsteuergesetz, Internationales Steuerrecht, Erbschaft- und Schenkungsteuer, Hrsg. Anemüller, Christian/Zöller, Stefan, 2. Auflage, Herne 2018, S. 293–344 (zitiert als: Bieling, Hdb. privater Kapitaleinkünfte, 293)

Bindl, Elmar/Haisch, Martin, „Rückforderungsansprüche bei Cum/Cum-Geschäften – Gleichzeitig ein Beitrag zur Dogmatik des § 37 Abs. 2 AO“, in Deutsches Steuerrecht 2021, S. 1520–1525 (zitiert als: Bindl/Haisch, DStR 2021, 1520)

Bindl, Elmar/Leidel, Sebastian, „Änderungen im Investmentsteuerrecht durch das „Jahressteuergesetz 2018“ (UStAVermG)“, in Deutsches Steuerrecht 2019, S. 241–244 (zitiert als: Bindl/Leidel, DStR 2019, 241)

Bindl, Elmar/Leidel, Sebastian, „Die Steuerbefreiungen nach § 42 Abs. 4 und 5 InvStG 2018 bei mehrstufigen Fondsstrukturen“, in Betriebs-Berater 2018, S. 151–157 (zitiert als: Bindl/Leidel, BB 2018, 151)

Bindl, Elmar/Leidel, Sebastian, „Immobilieninvestments über Spezial-Investmentfonds nach dem InvStG 2018“, in Der Betrieb 2018, S. 722–728 (zitiert als: Bindl/Leidel, DB 2018, 722)

Bindl, Elmar/Mager, Martin, „Ausgewählte Zweifelsfragen und Lösungsvorschläge zum InvStG n.F.“, in Betriebs-Berater 2016, S. 2711–2722 (zitiert als: Bindl/Mager, BB 2016, 2711)

Bindl, Elmar/Mager, Martin, „Besteuerung von Dachfonds nach dem InvStG 2018 – Stellungnahme zum Entwurf eines Reparaturgesetzes und Alternativvorschlag“, in Deutsches Steuerrecht 2017, S. 465–469 (zitiert als: Bindl/Mager, DStR 2017, 465)

Bindl, Elmar/Schober, Franz, „Investmentsteuererlass-Entwurf zu Spezial-Investmentfonds – Darstellung und kritische Würdigung ausgewählter Aspekte“, in Betriebs-Berater 2020, S. 599–611 (zitiert als: Bindl/Schober, BB 2020, 599)

Bindl, Elmar/Stadler, Rainer, „Die Immobilientransparenz gem. § 33 Abs. 2 InvStG 2018 bei Dach- und Masterfonds-Strukturen“, in Betriebs-Berater 2017, S. 1943–1947 (zitiert als: Bindl/Stadler, BB 2017, 1943)

Birk, Dieter, „Einkommen, Einkunftsarten und Einkünfteermittlung“, in Deutsche Steuerjuristische Gesellschaft 2011, Band 34, „Einkünfteermittlung“, Hrsg. Hey, Johanna, S. 11–29 (zitiert als: Birk, DStJG 2011, 11)

Birk, Dieter, „Leistungsfähigkeitsprinzip“, in Festschrift für Paul Kirchhof zum 70. Geburtstag, „Leitgedanken des Rechts“, Hrsg. Kube, Hanno/Mellinghoff, Rudolf/Morgenthaler, Gerd/Palm, Ulrich/Puhl, Thomas/Seiler, Christian, Heidelberg 2013, S. 1591–1599 (zitiert als: Birk, FS Kirchhof, 1591)

Birk, Dieter, „Rechtfertigung der Besteuerung des Vermögens aus verfassungsrechtlicher Sicht“, in Deutsche Steuerjuristische Gesellschaft 1999, Band 22, „Steuern auf Erbschaft und Vermögen“, Hrsg. Birk, Dieter, S. 7–24 (zitiert als: Birk, DStJG 1999, 7)

Birk, Dieter, Altersvorsorge und Alterseinkünfte im Einkommensteuerrecht, Verfassungsrechtliche Vorgaben, gesetzliche Regelungen, Neuordnungsmodelle, Köln 1987 (zitiert als: Birk, Altersvorsorge und Alterseinkünfte)

Birk, Dieter, Das Leistungsfähigkeitsprinzip als Maßstab der Steuernormen, Ein Beitrag zu den Grundfragen des Verhältnisses Steuerrecht und Verfassungsrecht, Habilitation, Ludwig-Maximilians-Universität München, Köln 1983 (zitiert als: Birk, Das Leistungsfähigkeitsprinzip, Habil.)

Birk, Dieter/Desens, Marc/Tappe, Henning, Steuerrecht, 24. Auflage, Heidelberg 2021 (zitiert als: Birk/Desens/Tappe, Steuerrecht)

Blumenwitz, Dieter, Einführung in das anglo-amerikanische Recht, 7. Auflage, München 2003 (zitiert als: Blumenwitz, Einführung in das anglo-amerikanische Recht)

Blumers, Wolfgang/Elicker, Michael, „Realisierungszeitpunkt und Bewertung beim Anteilstausch im Rahmen der Einkünfte aus § 17 EStG", in Betriebs-Berater 2009, S. 1156–1161 (zitiert als: Blumers/Elicker, BB 2009, 1156)

Böcker, Thomas, „Der Referentenentwurf zur Investmentsteuerreform – Neues Besteuerungssystem für Investmentfonds", in Neue Wirtschafts-Briefe 2016, S. 496–505 (zitiert als: Böcker, NWB 2016, 496)

Böcker, Thomas, „Die neue Fondsbesteuerung im Zuge der Investmentsteuerreform – Vereinfachung und europarechtskonforme Ausgestaltung der Investmentbesteuerung", in Neue Wirtschafts-Briefe 2016, S. 2789–2798 (zitiert als: Böcker, NWB 2016, 2789)

Böckli, Peter, „Die Verweigerung der Steuergutschrift gegenüber Steuerausländern nach der deutschen Körperschaftsteuerreform 1977 aus Sicht eines Vertragsstaates", in Steuer und Wirtschaft 1979, S. 1–15 (zitiert als: Böckli, StuW 1979, 1)

Bödecker, Carsten, „Anwendungsschreiben zum Investmentsteuergesetz", in Die Unternehmensbesteuerung 2019, S. 545–555 (zitiert als: Bödecker, Ubg 2019, 545)

Bödecker, Carsten, „Anwendungsschreiben zum Investmentsteuergesetz für Spezial-Investmentfonds", in Die Unternehmensbesteuerung 2021, S. 121–129 (zitiert als: Bödecker, Ubg 2021, 121)

Bödecker, Carsten/Ernst, Carsten/Hartmann, Holger, Beck'scher Onlinekommentar zum Investmentsteuergesetz 2004, 18. Edition (InvStG a.F.), München, Stand: Januar 2021 (zitiert als: Bearbeiter in Bödecker/Ernst/Hartmann, BeckOK InvStG, 18. Ed.)

Bödecker, Carsten/Ernst, Carsten/Hartmann, Holger, Beck'scher Onlinekommentar zum Investmentsteuergesetz 2018, 10. Edition, München, Stand: Juli 2021 (zitiert als: Bearbeiter in Bödecker/Ernst/Hartmann, BeckOK InvStG, 10. Ed.)

Boer, Martin, „Eigen- und Fremdkapital im Steuer- und Gesellschaftsrecht der Niederlande", in Eigenkapital und Fremdkapital, Steuerrecht, Gesellschaftsrecht, Rechtsvergleich, Rechtspolitik, Hrsg. Schön, Wolfgang, Heidelberg 2013, S. 483–540 (zitiert als: Boer, Eigenkapital und Fremdkapital, 483)

Brandis, Peter, „Einkommen als Rechtsbegriff", in Steuer und Wirtschaft 1987, S. 289–301 (zitiert als: Brandis, StuW 1987, 289)

Brandis, Peter/Heuermann, Bernd, Ertragsteuerrecht, Kommentar zum Einkommensteuergesetz, Körperschaftsteuergesetz, Gewerbesteuergesetz, Außensteuergesetz, Investmentsteuergesetz, Umwandlungssteuergesetz und Nebengesetze, 158. Ergänzungslieferung, München, Stand: August 2021 (zitiert als: Bearbeiter in Brandis/Heuermann, Ertragsteuerrecht)

Braus, Benedict, „Kundenschutz und Regulierung der Fondsbranche – Aktuelle Rahmenbedingungen und Entwicklungen“, in Investmentfonds – eine Branche positioniert sich, Hrsg. Gehwald, Markus/Naumann, Stefan, Wiesbaden 2011, S. 61–84 (zitiert als: Braus, Investmentfonds, 61)

Brich, Stefanie/Hasenbalg, Claudia, Kompakt-Lexikon Finanzwissenschaft, 750 Begriffe nachschlagen, verstehen, anwenden, Wiesbaden 2013 (zitiert als: Brich/Hasenbalg, Kompakt-Lexikon Finanzwissenschaft)

Brich, Stefanie/Hasenbalg, Claudia, Kompakt-Lexikon Steuerlehre und Wirtschaftsprüfung, 2.400 Begriffe nachschlagen, verstehen, anwenden, Wiesbaden 2013 (zitiert als: Brich/Hasenbalg, Kompakt-Lexikon Steuerlehre und Wirtschaftsprüfung)

Brielmaier, Bernhard/Wünsche, Sybille, „Europarechtswidrigkeit des § 6 InvStG? – Eine europarechtliche Würdigung der Pauschalbesteuerung vor dem Hintergrund der aktuellen Rechtsprechung deutscher Finanzgerichte und der Literaturdiskussion“, in Internationales Steuerrecht 2013, S. 731–738 (zitiert als: Brielmaier/Wünsche, IStR 2013, 731)

Briese, André, „Das Investmentmodernisierungsgesetz“, in Steuern und Bilanzen 2003, S. 1089–1091 (zitiert als: Briese, StuB 2003, 1089)

Brinkhaus, Josef/Scherer, Peter, Kommentar zum Gesetz über Kapitalanlagegesellschaften und das Auslandinvestment-Gesetz, München 2003 (zitiert als: Bearbeiter in Brinkhaus/Scherer, KAGG/AuslInvestmG)

von Brocke, Klaus/Wohlhöfler, Andreas, „Quellenbesteuerung vis-a-vis Portfolio-Kapitalanleger und Investmentfonds mit Sitz in Drittländern – EuGH, Urteil vom 10.4.2014 – Rs. C-190/12“, in Internationale Wirtschafts-Briefe 2014, S. 468–472 (zitiert als: von Brocke/Wohlhöfler, IWB 2014, 468)

Bron, Jan, „Diskussionsentwurf eines Gesetzes zur Reform der Investmentbesteuerung – Zusätzliche Besteuerung auf Fondsebene und Steuerverstrickung von Altfonds, Steuerpflicht von Streubesitzveräußerungsgewinnen sowie Auswirkungen auf die Umwandlung von Kapitalgesellschaften in Personenunternehmen“, in Die Steuerberatung 2015, S. 391–395 (zitiert als: Bron, Stbg 2015, 391)

Bruppacher, Carl Rudolf, Investment Trusts, Dissertation, Universität Zürich, Zürich 1933 (zitiert als: Bruppacher, Investment Trusts, Diss.)

Buck-Heeb, Petra, Kapitalmarktrecht, 11. Auflage, Heidelberg 2020 (zitiert als: Buck-Heeb, Kapitalmarktrecht)

Buge, Ronald/Bujotzek, Peter/Blischke, André, „Steuerliche Struktur des AIF“, in Private Equity und Venture Capital Fonds, Hrsg. Pöllath, Reinhard/Rodin, Andreas/Wewel, Uwe, München 2018, S. 327–399 (zitiert als: Buge/Bujotzek/Blischke, Private Equity und Venture Capital Fonds, 327)

Buge, Ronald/Bujotzek, Peter/Steinmüller, Jens, „Die InvSt-Reform ist verabschiedet“, in Der Betrieb 2016, S. 1594–1600 (zitiert als: Buge/Bujotzek/Steinmüller, DB 2016, 1594)

Bundesministerium der Finanzen, Gutachten der Steuerreformkommission, Schriftenreihe des Bundesministeriums der Finanzen, Band 17, Bonn 1971 (zitiert als: BMF, Gutachten der Steuerreformkommission, Bd. 17)

Burandt, Wolfgang/Rojahn, Dieter, Erbrecht, BGB, FamFG, ZPO, BeurkG, GBO, EGBGB, EStG, ErbStG, EuErbVO, Kommentar, 3. Auflage, München 2019 (zitiert als: Bearbeiter in Burandt/Rojahn, Erbrecht)

Burwitz, Gero, „Neuere Entwicklungen im Steuerrecht – Reform des Investmentsteuerrechts", in Neue Zeitschrift für Gesellschaftsrecht 2017, S. 851–853 (zitiert als: Burwitz, NZG 2017, 851)

Busse, Christian, Die Besteuerung der stillen Reserven durch einen allgemeinen Steuerentstrickungstatbestand, Dissertation, Westfälische Wilhelms-Universität Münster, Köln 2009 (zitiert als: Busse, Die Besteuerung der stillen Reserven, Diss.)

Busse, Franz-Joseph, „Geschlossene Fondsbeteiligungen – Ökonomische Grundsätze", in Deutsches und europäisches Bank- und Kapitalmarktrecht, Band 2, Hrsg. Derleder, Peter/Knops, Kai-Oliver/Bamberger, Heinz Georg, 3. Auflage, Heidelberg 2017, S. 897–949 (zitiert als: Busse, Bank- und Kapitalmarktrecht, Bd. 2, 897)

von Caemmerer, Ernst, „Kapitalanlage- oder Investmentgesellschaften", in Juristenzeitung 1958, S. 41–50 (zitiert als: von Caemmerer, JZ 1958, 41)

von Campenhausen, Otto/Grawert, Achim, Steuerrecht im Überblick, Zusammenfassungen und Grafiken, 6. Auflage, Stuttgart 2021 (zitiert als: von Campenhausen/Grawert, Steuerrecht im Überblick)

Canaris, Claus-Wilhelm, „Die richtlinienkonforme Auslegung und Rechtsfortbildung im System der juristischen Methodenlehre", in Festschrift für Franz Bydlinski zum 70. Geburtstag, „Im Dienste der Gerechtigkeit", Hrsg. Koziol, Helmut/Rummel, Peter, Wien 2002, S. 47–103 (zitiert als: Canaris, FS Bydlinski, 47)

Canaris, Claus-Wilhelm, Bankvertragsrecht, 2. Auflage, Berlin 1981 (zitiert als: Canaris, Bankvertragsrecht)

Carlé, Thomas, „Änderungen im Bereich des Investmentrechts durch das AIFM-StAnpG", in Der Erbschaft-Steuerberater 2014, S. 80–84 (zitiert als: Carlé, ErbStB 2014, 80)

Carlé, Thomas, „Das Verfahrensrecht im Investmentsteuergesetz", in Der AO-Steuerberater 2007, S. 44–46 (zitiert als: Carlé, AO-StB 2007, 44)

Carlé, Thomas, „Die Besteuerung von Kapitalerträgen nach dem Investmentsteuergesetz", in Kölner Steuerdialog 2004, S. 14300–14309 (zitiert als: Carlé, KÖSDI 2004, 14300)

Carlé, Thomas, „Die Reform der Investmentbesteuerung ab dem 1.1.2018", in Der Erbschaft-Steuerberater 2017, S. 20–23 (zitiert als: Carlé, ErbStB 2017, 20)

Chambers, David/Dimson, Elroy, Financial Market History, Reflections on the Past for Investors Today, Cambridge 2016 (zitiert als: Chambers/Dimson, Financial Market History)

Chromek, Thomas, „Investmentgeschäft im Sinne des KAGB", in Bank- und Kapitalmarktrecht, Hrsg. Kümpel, Siegfried/Mülbert, Peter/Früh, Andreas/Seyfried, Thorsten, 5. Auflage, Köln 2019, S. 2129–2184 (zitiert als: Chromek, Bank- und Kapitalmarktrecht, 2129)

Clouth, Elmar, „Überlegungen zur Reform der Körperschaftsteuer – Plädoyer für einen einheitlichen Steuersatz“, in Deutsches Steuerrecht 1986, S. 752–753 (zitiert als: Clouth, DStR 1986, 752)

Corsten, Martina/Corsten, Hans, Betriebswirtschaftslehre, 2. Auflage, München 2019 (zitiert als: Corsten/Corsten, Betriebswirtschaftslehre)

Costede, Jürgen, „Gewinn und Gewinnrealisierung im Einkommensteuerrecht“, in Steuer und Wirtschaft 1996, S. 19–25 (zitiert als: Costede, StuW 1996, 19)

Crezelius, Georg, „Systeminkonsequenzen und Rückausnahmen“, in Finanz-Rundschau 2009, S. 881–890 (zitiert als: Crezelius, FR 2009, 881)

Danz, Daniela, Das Subjektsteuerprinzip in der Einkommensteuer, Dissertation, Rheinische Friedrich-Wilhelms-Universität Bonn, Göttingen 2017 (zitiert als: Danz, Das Subjektsteuerprinzip, Diss.)

Daragan, Hanspeter, „Trusts und gespaltenes Eigentum“, in Zeitschrift für Erbrecht und Vermögensnachfolge 2007, S. 204–208 (zitiert als: Daragan, ZEV 2007, 204)

Dautzenberg, Norbert, Unternehmensbesteuerung im EG-Binnenmarkt, Problembereiche und Perspektiven, Dissertation, Universität Köln, Lohmar 1997 (zitiert als: Dautzenberg, Unternehmensbesteuerung im EG-Binnenmarkt, Diss.)

Debatin, Helmut, „Abgrenzung der Besteuerungskompetenzen in der WEG“, in Recht der Internationalen Wirtschaft 1967, S. 249–254 (zitiert als: Debatin, RIW 1967, 249)

Delp, Udo, „Investmentsteuerreform aus privater Anlegersicht“, in Der Betrieb 2017, S. 447–457 (zitiert als: Delp, DB 2017, 447)

Dembowski, Anke, Profi-Handbuch Investmentfonds, Grundlagen, Auswahl, Anlagestrategien, 5. Auflage, Regensburg 2012 (zitiert als: Dembowski, Hdb. Investmentfonds)

Demuth, Michael/Bustorf, Henrik/Thiel, Olaf, Investmentfonds, Produkte, Fakten, Strategien, Wiesbaden 1995 (zitiert als: Demuth/Bustorf/Thiel, Investmentfonds)

Desens, Marc, „Anrechnung der Kapitalertragsteuer nach Leerverkäufen über den Dividendenstichtag – Zum Beschluss des Hessischen FG vom 8.10.2012, 4 V 1661/11, DStR 2012, 2381“, in Deutsches Steuerrecht 2012, S. 2473–2477 (zitiert als: Desens, DStR 2012, 2473)

Desens, Marc, „Arbitragen und Gestaltungsmissbräuche durch Aktiengeschäfte über den Dividendenstichtag (Teil I) – Arbitragen und Maßstab des § 42 AO bei cum/ex-Gestaltungen“, in Finanz-Rundschau 2014, S. 265–274 (zitiert als: Desens, FR 2014, 265)

Desens, Marc, „Arbitragen und Gestaltungsmissbräuche durch Aktiengeschäfte über den Dividendenstichtag (Teil II) – Anwendung des § 42 AO auf cum/ex-Gestaltungen“, in Finanz-Rundschau 2014, S. 305–313 (zitiert als: Desens, FR 2014, 305)

Desens, Marc, „Der Verlust von Verlustvorträgen nach der Mindestbesteuerung“, in Finanz-Rundschau 2011, S. 745–751 (zitiert als: Desens, FR 2011, 745)

Desens, Marc, „Die neue Vertrauensschutzdogmatik des Bundesverfassungsgerichts für das Steuerrecht", in Steuer und Wirtschaft 2011, S. 113–130 (zitiert als: Desens, StuW 2011, 113)

Desens, Marc, „Die Verwirklichung des Leistungsfähigkeitsprinzips als Maßstab der Steuernormen in der Rechtsprechung des BVerfG", in Steuer und Wirtschaft 2016, S. 240–255 (zitiert als: Desens, StuW 2016, 240)

Desens, Marc, „Dividendenkompensationsleistungen nach Leerverkäufen – zugleich eine Replik zur Erwiderung von Stephan Rau", in Deutsche Steuer-Zeitung 2012, S. 246–252 (zitiert als: Desens, DStZ 2012, 246)

Desens, Marc, „Einkommensbegriffe und Einkunftsarten – Wie kann eine Reform gelingen?", in Deutsche Steuerjuristische Gesellschaft 2014, Band 37, „Erneuerung des Steuerrechts", Hrsg. Jachmann, Monika, S. 95–135 (zitiert als: Desens, DStjG 2014, 95)

Desens, Marc, „Erhebung und Bescheinigung der Kapitalertragsteuer als Voraussetzungen für ihre Anrechnung nach Aktiengeschäften über den Dividendenstichtag (cum/ex-trades)", in Deutsche Steuer-Zeitung 2014, S. 154–165 (zitiert als: Desens, DStZ 2014, 154)

Desens, Marc, „Kapitaleinkünfte bei Leerverkäufen über den Dividendenstichtag („cum/ex"-Geschäfte) – Systemhistorie und normatives Verständnis", in Deutsche Steuer-Zeitung 2012, S. 142–155 (zitiert als: Desens, DStZ 2012, 142)

Desens, Marc, „Übergang des wirtschaftlichen Eigentums im Aktienhandel – Schlussfolgerungen aus BFH (I R 2/12, DStR 2014, 2012)", in Deutsches Steuerrecht 2014, S. 2317–2323 (zitiert als: Desens, DStR 2014, 2317)

Desens, Marc, „Verfassungsrechtliche Rahmenbedingungen und ertragsteuerrechtliche Grundprinzipien von Umstrukturierungen", in Deutsche Steuerjuristische Gesellschaft 2020, Band 43, „Umstrukturierung und Steuerrecht", Hrsg. Hennrichs, Joachim, S. 73–143 (zitiert als: Desens, DStjG 2020, 73)

Desens, Marc, „Was folgt prozessual aus dem Verstoß gegen den allgemeinen Gleichheitssatz (Art. 3 Abs. 1 GG) durch Gesetze?", in Gleichheitssatzdogmatik heute, Hrsg. Kempny, Simon/Reimer, Philipp, Tübingen 2017, S. 133–168 (zitiert als: Desens, Gleichheitssatzdogmatik, 133)

Desens, Marc, Bindung der Finanzverwaltung an die Rechtsprechung, Bedingungen und Grenzen für Nichtanwendungserlasse, Habilitation, Westfälische Wilhelms-Universität Münster, Tübingen 2011 (zitiert als: Desens, Bindung der Finanzverwaltung an die Rechtsprechung, Habil.)

Desens, Marc, Das Halbeinkünfteverfahren, Eine theoretische, historische, systematische und verfassungsrechtliche Würdigung, Dissertation, Westfälische Wilhelms-Universität Münster, Köln 2004 (zitiert als: Desens, Das Halbeinkünfteverfahren, Diss.)

Desens, Marc/Hummel, David, „Rechtliche Stellung und Rechtsverhältnisse gegenüber dem Finanzamt und dem inländischen Investmentvermögen", in Finanz-Rundschau 2012, S. 605–616 (zitiert als: Desens/Hummel, FR 2012, 605)

Dinkelbach, Andreas, Ertragsteuern, Einkommensteuer, Körperschaftsteuer, Gewerbesteuer, 8. Auflage, Wiesbaden 2019 (zitiert als: Dinkelbach, Ertragsteuern)

Ditz, Xaver/Bärsch, Sven-Eric/Engelen, Christian/Quilitzsch, Carsten, „Unternehmenssteuerrechtliche Änderungen im AStG – Ein erster Überblick über den Referentenentwurf des ATAD-Umsetzungsgesetzes v. 10.12.2019“, in Deutsches Steuerrecht 2020, S. 73–81 (zitiert als: Ditz/Bärsch/Engelen/Quilitzsch, DStR 2020, 73)

Djanani, Christiana/Brähler, Gernot/Lösel, Christian, Erbschaftsteuerrecht, Grundlagen für Studium und Steuerberaterprüfung, Wiesbaden 2006 (zitiert als: Djanani/Brähler/Lösel, Erbschaftsteuerrecht)

Dorenkamp, Christian, Systemgerechte Neuordnung der Verlustverrechnung, Haushaltsverträglicher Ausstieg aus der Mindestbesteuerung, Bonn 2010 (zitiert als: Dorenkamp, Systemgerechte Neuordnung der Verlustverrechnung)

Dorn, Katrin, Investmentsteuerrecht, Einführung, 4. Auflage, Wiesbaden 2021 (zitiert als: Dorn, Investmentsteuerrecht)

Dornemann, Richard, „Reformfragen der Unternehmungsbesteuerung“, in FinanzArchiv 1949, S. 355–385 (zitiert als: Dornemann, FinanzArchiv 1949, 355)

Dötsch, Ewald/Pung, Alexandra/Möhlenbrock, Rolf, Die Körperschaftsteuer, Kommentar zum Körperschaftsteuergesetz, Umwandlungssteuergesetz und zur internationalen Gewinnabgrenzung, 102. Lieferung, Stuttgart, Stand: Juni 2021 (zitiert als: Bearbeiter in Dötsch/Pung/Möhlenbrock, KStG)

Dötsch, Franz, „Zur (Nicht-)Vererblichkeit des Verlustabzugs nach § 10d EStG – Anmerkungen zum Beschluss des Großen Senats des BFH vom 17.12.2007, GrS 2/04“, in Deutsches Steuerrecht 2008, S. 641–646 (zitiert als: Dötsch, DStR 2008, 641)

Dreier, Horst, Kommentar zum Grundgesetz, Band 1, Präambel, Artikel 1–19, 3. Auflage, Tübingen 2013 (zitiert als: Bearbeiter in Dreier, GG, Bd. 1)

Drüen, Klaus-Dieter, „„Präzisierung“ und „Effektuierung“ des § 42 AO durch das Jahressteuergesetz 2008?“, in Die Unternehmensbesteuerung 2008, S. 31–38 (zitiert als: Drüen, Ubg 2008, 31)

Drüen, Klaus-Dieter, „Verfassungsrechtliche Positionen zur Mindestbesteuerung“, in Finanz-Rundschau 2013, S. 393–402 (zitiert als: Drüen, FR 2013, 393)

Drüen, Klaus-Dieter, Periodengewinn und Totalgewinn, Zum Einfluß des Totalgewinngedankens auf die steuerrechtliche Gewinnermittlung, Dissertation, Ruhr-Universität Bochum, Berlin 1999 (zitiert als: Drüen, Periodengewinn und Totalgewinn, Diss.)

Dyckmans, Jan, „Der Diskussionsentwurf des BMF zum Investmentsteuerreformgesetz: Ende der eingeschränkten Transparenz?“, in Die Unternehmensbesteuerung 2015, S. 531–542 (zitiert als: Dyckmans, Ubg 2015, 531)

Dyckmans, Jan, „Die Novellierung des Investmentsteuergesetzes durch das AIFM-Steueranpassungsgesetz“, in Die Unternehmensbesteuerung 2014, S. 217–230 (zitiert als: Dyckmans, Ubg 2014, 217)

Dyckmans, Jan, „Grundlegende Neukonzeption der Investmentbesteuerung – Überblick über die wesentlichen Änderungen durch den Referentenentwurf zum Investmentsteuerreformgesetz“, in Die Unternehmensbesteuerung 2016, S. 62–71 (zitiert als: Dyckmans, Ubg 2016, 62)

Ebenroth, Carsten Thomas/Boujong, Karlheinz/Joost, Detlev/Strohn, Lutz, Kommentar zum Handelsgesetzbuch, Band 1, §§ 1–342e, 4. Auflage, München 2020 (zitiert als: Bearbeiter in Ebenroth/Boujong/Joost/Strohn, HGB, Bd. 1)

Ebner, Christian, „Änderungen des Investmentsteuergesetzes durch das sog. JStG 2019 – Neuregelungen für Investmentfonds und Spezial-Investmentfonds", in Neue Wirtschafts-Briefe 2020, S. 619–627 (zitiert als: Ebner, NWB 2020, 619)

Ebner, Christian, „Belastungsvergleiche bei (Spezial-)Investmentfonds", in Recht der Finanzinstrumente 2018, S. 132–140 (zitiert als: Ebner, RdF 2018, 132)

Ebner, Christian, „Dach-Investmentfonds im ausländischen Kontext – Aktuelle Aspekte unter Berücksichtigung des neuen BMF-Schreibens vom 21.5.2019", in Internationale Wirtschafts-Briefe 2019, S. 721–733 (zitiert als: Ebner, IWB 2019, 721)

Ebner, Christian, „Das neue InvStG: Anwendungs- und Übergangsregelungen – Der Übergang zu den neuen Besteuerungsregelungen unter Berücksichtigung der Verwaltungsauffassung", in Neue Wirtschafts-Briefe 2018, S. 564–569 (zitiert als: Ebner, NWB 2018, 564)

Ebner, Christian, „Investmentfonds im ausländischen Kontext – Reform der Investmentbesteuerung soll Besteuerung vereinfachen und Steuerschlupflöcher schließen", in Internationale Wirtschafts-Briefe 2017, S. 479–487 (zitiert als: Ebner, IWB 2017, 479)

Ebner, Christian, „Investmentsteuererlass vom 21.5.2019 und JStG 2019 unter besonderer Berücksichtigung von Spezial-Investmentfonds", in Recht der Finanzinstrumente 2019, S. 314–320 (zitiert als: Ebner, RdF 2019, 314)

Ebner, Christian, „Teilfreistellung bei Investmentfonds in der Praxis", in Recht der Finanzinstrumente 2017, S. 305–312 (zitiert als: Ebner, RdF 2017, 305)

Ebner, Christian/Helios, Marcus, „Kritische Kommentierung ausgewählter Aspekte des aktualisierten BMF-Schreibens zum InvStG vom 18.8.2009 (BStBl. I 2009, 931) unter Berücksichtigung des Regierungsentwurfs für ein JStG 2010", in Betriebs-Berater 2010, S. 1565–1578 (zitiert als: Ebner/Helios, BB 2010, 1565)

Ebner, Christian/Meinert, Matthias, „Unionsrechtswidrigkeit der Pauschalbesteuerung von Investmentfondserträgen – Konsequenzen des EuGH-Urteils C-326/12", in Neue Wirtschafts-Briefe 2015, S. 416–426 (zitiert als: Ebner/Meinert, NWB 2015, 416)

Eckhoff, Rolf, „Verluste im Einkommensteuerrecht", in Deutsche Steuerjuristische Gesellschaft 2005, Band 28, „Verluste im Steuerrecht", Hrsg. von Groll, Rüdiger, S. 11–39 (zitiert als: Eckhoff, DStJG 2005, 11)

Eckhold, Thomas/Balzer, Peter, „Investmentgeschäft und -vertrieb", in Handbuch des Kapitalanlagerechts, Hrsg. Assmann, Heinz-Dieter/Schütze, Rolf/Buck-Heeb, Petra, 5. Auflage, München 2020, S. 1061–1130 (zitiert als: Eckhold/Balzer, Hdb. des Kapitalanlagerechts, 1061)

Egner, Thomas/Wölfert, Jessica, „Pauschalbesteuerung von Investmenterträgen i. S. des § 6 InvStG", in Deutsches Steuerrecht 2013, S. 381–388 (zitiert als: Egner/Wölfert, DStR 2013, 381)

Eibelshäuser, Manfred, „Wirtschaftliche Betrachtungsweise im Steuerrecht – Herkunft und Bedeutung“, in Deutsches Steuerrecht 2002, S. 1426–1432 (zitiert als: Eibelshäuser, DStR 2002, 1426)

Eicker, Klaus, „Pauschalbesteuerung der Zwischengewinne aus ausländischen Investmentfonds mit Europarecht nicht vereinbar“, in Internationales Steuerrecht 2005, S. 342–346 (zitiert als: Eicker, IStR 2005, 342)

Eicker, Klaus/Rouenhoff, André, „Europarechtskonforme Auslegung des § 3c EStG in Bezug auf den Hinzurechnungsbetrag nach §§ 7, 10 AStG“, in Internationales Steuerrecht 2005, S. 125–131 (zitiert als: Eicker/Rouenhoff, IStR 2005, 125)

Elicker, Michael, „Darf der Steuerzugriff ein Unternehmen zahlungsunfähig machen?“, in Steuer und Wirtschaft 2002, S. 217–234 (zitiert als: Elicker, StuW 2002, 217)

Eller, Roland/Heinrich, Markus/Perrot, René/Reif, Markus, Kompaktwissen Risikomanagement, Nachschlagen, verstehen und erfolgreich umsetzen, Wiesbaden 2010 (zitiert als: Eller/Heinrich/Perrot/Reif, Kompaktwissen Risikomanagement)

Elser, Thomas, „Corporate Asset Management nach Reform der Investmentbesteuerung“, in Corporate Finance 2016, S. 141–145 (zitiert als: Elser, CF 2016, 141)

Elser, Thomas/Gütle-Kunz, Jasmin, „Anwendung des InvStG bei Beteiligung an ausländischen Fonds unter Berücksichtigung des neuen Investmentsteuererlasses“, in Betriebs-Berater 2010, S. 414–420 (zitiert als: Elser/Gütle-Kunz, BB 2010, 414)

Elser, Thomas/Stadler, Rainer, „Der Referentenentwurf zum AIFM-Steuer-Anpassungsgesetz – Ausweitung und Verschärfung der Besteuerung nach dem InvStG“, in Deutsches Steuerrecht 2012, S. 2561–2569 (zitiert als: Elser/Stadler, DStR 2012, 2561)

Elser, Thomas/Stadler, Rainer, „Einschneidende Änderungen der Investmentbesteuerung nach dem nunmehr in Kraft getretenen AIFM-Steuer-Anpassungsgesetz“, in Deutsches Steuerrecht 2014, S. 233–241 (zitiert als: Elser/Stadler, DStR 2014, 233)

Elser, Thomas/Stiegler, Thomas, „Inbound-Investments in deutsche Vermögensgegenstände nach dem Investmentsteuerreformgesetz“, in Internationales Steuerrecht 2017, S. 567–572 (zitiert als: Elser/Stiegler, IStR 2017, 567)

Elser, Thomas/Thiede, Frank, „Das Investmentsteuerreformgesetz (InvStRefG) – Auswirkungen auf private Kapitalanleger“, in Neue Wirtschafts-Briefe Erben und Vermögen 2016, S. 299–304 (zitiert als: Elser/Thiede, NWB-EV 2016, 299)

Elser, Thomas/Thiede, Frank, „Der Referentenentwurf zur Reform der Investmentbesteuerung (InvStRefG) – Analyse der Auswirkungen für private und institutionelle Investoren“, in Neue Wirtschafts-Briefe Erben und Vermögen 2016, S. 51–57 (zitiert als: Elser/Thiede, NWB-EV 2016, 51)

Elsner, Ben, Das Recht der Wertpapier-Investmentunternehmen in den Ländern der Europäischen Gemeinschaft, Dissertation, Universität Köln, Köln 1980 (zitiert als: Elsner, Das Recht der Wertpapier-Investmentunternehmen, Diss.)

Emde, Thomas/Dornseifer, Frank/Dreibus, Alexandra, Kommentar zum Kapitalanlagegesetzbuch, 2. Auflage, München 2019 (zitiert als: Bearbeiter in Emde/Dornseifer/Dreibus, KAGB)

Emde, Thomas/Dornseifer, Frank/Dreibus, Alexandra/Hölscher, Luise, Kommentar zum Investmentgesetz, mit Bezügen zum Kapitalanlagegesetzbuch, München 2013 (zitiert als: Bearbeiter in Emde/Dornseifer/Dreibus/Hölscher, InvG)

Engels, Wolfram/Stützel, Wolfgang, Teilhabersteuer, Ein Beitrag zur Vermögenspolitik, zur Verbesserung der Kapitalstruktur und zur Vereinfachung des Steuerrechts, Frankfurt am Main 1968 (zitiert als: Engels/Stützel, Teilhabersteuer)

Engl, Dominik, Erträge aus Investmentvermögen, Verfassungs- und Europarechtskonforme Besteuerung nach dem Transparenzprinzip, Dissertation, Universität Siegen, Baden-Baden 2009 (zitiert als: Engl, Erträge aus Investmentvermögen, Diss.)

Englisch, Joachim, „Wirtschaftliches Eigentum beim Kauf girosammelverwahrter Aktien", in Finanz-Rundschau 2010, S. 1023–1031 (zitiert als: Englisch, FR 2010, 1023)

Epping, Volker, Grundrechte, 9. Auflage, Berlin 2021 (zitiert als: Epping, Grundrechte)

Epping, Volker/Hillgruber, Christian, Beck'scher Onlinekommentar zum Grundgesetz, 48. Edition, München, Stand: August 2021 (zitiert als: Bearbeiter in Epping/Hillgruber, BeckOK GG)

Erman, Walter Alexander, Kommentar zum Bürgerlichen Gesetzbuch, Band 2, 16. Auflage, Köln 2020 (zitiert als: Bearbeiter in Erman, BGB, Bd. 2)

Ernst, Markus, „Reform der Investmentbesteuerung und Auswirkungen auf die Durchführung der betrieblichen Altersvorsorge", in Betriebs-Berater 2017, S. 2723–2727 (zitiert als: Ernst, BB 2017, 2723)

Faller, Patrick/Wolf, Frederik, „BMF veröffentlicht Diskussionsentwurf zur „Großen InvSt-Reform"", in Der Betrieb 2015, S. 1865–1867 (zitiert als: Faller/Wolf, DB 2015, 1865)

Faller, Patrick/Wolf, Frederik/Brielmaier, Bernhard, „Der Regierungsentwurf zur Reform der Investmentbesteuerung vom 24.02.2016", in Der Betrieb 2016, S. 488–496 (zitiert als: Faller/Wolf/Brielmaier, DB 2016, 488)

Farkas-Richling, Dirk/Fischer, Thomas/Richter, Andreas, Private Banking und Family Office, Geschäftsmodelle, Produkte, Recht und Steuern, 2. Auflage, Stuttgart 2012 (zitiert als: Bearbeiter in Farkas-Richling/Fischer/Richter, Private Banking und Family Office)

Fasold, Frauke, Die einkommensteuerrechtliche Problematik der Buchwertfortführung, Dissertation, Georg-August-Universität Göttingen, Frankfurt am Main 2005 (zitiert als: Fasold, Die einkommensteuerrechtliche Problematik der Buchwertfortführung, Diss.)

Feierabend, Arlett/Ernst, Markus, „Besteuerung von Investmentanteilen", in Besteuerung privater Kapitalanlagen, Hrsg. Moritz, Joachim/Strohm, Joachim, Frankfurt am Main 2017, S. 459–646 (zitiert als: Feierabend/Ernst, Besteuerung privater Kapitalanlagen, 459)

Feyerabend, Hans-Jürgen/Vollmer, Thorsten, „Investmentfondsbesteuerung und Abgeltungsteuer", in Betriebs-Berater 2008, S. 1088–1097 (zitiert als: Feyerabend/Vollmer, BB 2008, 1088)

Fiand, Andreas, „Die neuen Besteuerungssysteme im aktuellen Investmentsteuergesetz – Grundlegende Änderungen durch das AIFM-StAnpG“, in Neue Wirtschafts-Briefe 2014, S. 500–507 (zitiert als: Fiand, NWB 2014, 500)

Fischer, Edwin, Finanzwirtschaft für Fortgeschrittene, 3. Auflage, München 2002 (zitiert als: Fischer, Finanzwirtschaft für Fortgeschrittene)

Flach, Uwe/Schwarz, Michaela, „Kleinanleger etablieren sich am Aktienmarkt“, in Börsen-Zeitung 1998, Nr. 79, 25.4.1998, Sonderbeilage, S. B1 (zitiert als: Flach/Schwarz, BZ 1998, B1)

Flick, Hans/Wassermeyer, Franz/Baumhoff, Hubertus/Schönfeld, Jens, Kommentar zum Außensteuerrecht, 98. Ergänzungslieferung, Köln, Stand: Juli 2021 (zitiert als: Bearbeiter in Flick/Wassermeyer/Baumhoff/Schönfeld, Außensteuerrecht)

Fock, Till, „Ausländische Investmentvermögen und deutsches Transparenzprinzip“, in Finanz-Rundschau 2006, S. 369–372 (zitiert als: Fock, FR 2006, 369)

Fock, Till, „Investmentbesteuerung im künftigen Recht“, in Betriebs-Berater 2003, S. 1589–1593 (zitiert als: Fock, BB 2003, 1589)

Fock, Till, „Investmentsteuerrecht und Außensteuergesetz“, in Internationales Steuerrecht 2006, S. 734–739 (zitiert als: Fock, IStR 2006, 734)

Foitzik, Rainer/Schmidt, Wolfgang/Schwarz, Hans-Joachim, Finanzdienstleistungen für Privat- und Gewerbekunden, Fach- und Führungskompetenz für die Assekuranz, 1. Auflage, Karlsruhe 2011 (zitiert als: Foitzik/Schmidt/Schwarz, Finanzdienstleistungen)

Foley, Bernard, Capital Markets, Houndmills 1991 (zitiert als: Foley, Capital Markets)

Forst, Paul/Frings, Thomas, „Das neue Investmentsteuergesetz – Abgrenzungsprobleme bei ausländischen Private Equity Fonds bestehen fort“, in Der Ertrag-Steuerberater 2004, S. 85–88 (zitiert als: Forst/Frings, EStB 2004, 85)

Fragos, Nikolaos, Das neue europäische und deutsche Investmentrecht, Die Änderungen in Folge der neuen OGAW-Richtlinie und des Investmentgesetzes, Dissertation, Universität Köln, Frankfurt am Main 2006 (zitiert als: Fragos, Das europäische und deutsche Investmentrecht, Diss.)

Franke, Günter/Hax, Herbert, Finanzwirtschaft des Unternehmens und Kapitalmarkt, 6. Auflage, Heidelberg 2009 (zitiert als: Franke/Hax, Finanzwirtschaft)

Frotscher, Gerrit/Drüen, Klaus-Dieter, Kommentar zum Körperschaftsteuergesetz, Gewerbesteuergesetz und Umwandlungssteuergesetz, 159. Ergänzungslieferung, Freiburg, Stand: Juli 2021 (zitiert als: Bearbeiter in Frotscher/Drüen, KStG)

Frotscher, Gerrit/Geurts, Matthias, Kommentar zum Einkommensteuergesetz, 223. Ergänzungslieferung, Freiburg, Stand: Juni 2021 (zitiert als: Bearbeiter in Frotscher/Geurts, EStG)

Frye, Bernhard, Die Gesamtrechtsnachfolge im Verwaltungsrecht, insbesondere im Einkommensteuerrecht, Habilitation, Universität Leipzig, Leipzig 2016 (zitiert als: Frye, Die Gesamtrechtsnachfolge, Habil.)

Fuhrmann, Sven, Kommentar zum Außensteuergesetz, 3. Auflage, Herne 2017 (zitiert als: Bearbeiter in Fuhrmann, AStG)

Gamm, Markus/Holtmann, Svea/Koch, Reinald, „Die Besteuerung von Immobilien-Publikumsfonds nach dem InvStRefG", in Steuer und Wirtschaft 2020, S. 368–380 (zitiert als: Gamm/Holtmann/Koch, StuW 2020, 368)

Geibel, Stefan, „Investmentgeschäft", in Deutsches und europäisches Bank- und Kapitalmarktrecht, Band 2, Hrsg. Derleder, Peter/Knops, Kai-Oliver/Bamberger, Heinz Georg, 3. Auflage, Heidelberg 2017, S. 649–781 (zitiert als: Geibel, Bank- und Kapitalmarktrecht, Bd. 2, 649)

Geissler, Michael, „Die verbilligte Übertragung betrieblicher Sachgesamtheiten – Anwendung der Einheitstheorie bei § 16 EStG und § 24 UmwStG", in Finanz-Rundschau 2014, S. 152–158 (zitiert als: Geissler, FR 2014, 152)

Geißelmeier, Werner/Gemmel, Heiko, „Neuerungen des Investmentsteuergesetzes im Rahmen des Richtlinienumsetzungsgesetzes", in Deutsches Steuerrecht 2005, S. 45–49 (zitiert als: Geißelmeier/Gemmel, DStR 2005, 45)

Gemmel, Heiko/Schierle, Anja, „Ausländische Investmentanteile – Kleine Änderung des Investmentgesetzes mit großer Auswirkung auf das (Investment-)Steuerrecht?", in Betriebs-Berater 2008, S. 1144–1147 (zitiert als: Gemmel/Schierle, BB 2008, 1144)

Gesellschaft für Fondsanalyse, FondsGuide Deutschland, Ratgeber Investmentfonds, 1999, Wiesbaden 1999 (zitiert als: Gesellschaft für Fondsanalyse, FondsGuide Deutschland)

Geurts, Matthias, „Erneut auf dem europa- und verfassungsrechtlichen Prüfstand: Die Pauschalbesteuerung sog. intransparenter Investmentvermögen", in Internationales Steuerrecht 2012, S. 953–957 (zitiert als: Geurts, IStR 2012, 953)

Geurts, Matthias/Jacob, Friedhelm, „Französische SICAV: Ansässigkeit nur bei Steuerpflicht – und was ist mit dem deutschen REIT?", in Internationales Steuerrecht 2007, S. 737–740 (zitiert als: Geurts/Jacob, IStR 2007, 737)

Glasner, David, Business Cycles and Depressions, An Encyclopedia, Abingdon 1997 (zitiert als: Bearbeiter in Glasner, Business Cycles and Depressions)

Goldschmidt, Rudolf, Investment Trusts in Deutschland, Mannheim 1932 (zitiert als: Goldschmidt, Investment Trusts in Deutschland)

Gondring, Hanspeter/Wagner, Thomas, Real Estate Asset Management, Handbuch für Studium und Praxis, 2. Auflage, München 2016 (zitiert als: Gondring/Wagner, Real Estate Asset Management)

Görg, Hans-Peter, Das Wichtigste über Investmentfonds, 3. Auflage, Stuttgart 1995 (zitiert als: Görg, Das Wichtigste über Investmentfonds)

Görlich, Wolfgang, „Ausländerdiskriminierung im Körperschaftsteuerrecht", in Finanz-Rundschau 1978, S. 367–371 (zitiert als: Görlich, FR 1978, 367)

Gosch, Dietmar, Kommentar zum Körperschaftsteuergesetz, 4. Auflage, München 2020 (zitiert als: Bearbeiter in Gosch, KStG)

Gosch, Dietmar, Kommentar zur Abgabenordnung und zur Finanzgerichtsordnung, 162. Ergänzungslieferung, Bonn, Stand: August 2021 (zitiert als: Bearbeiter in Gosch, AO/FGO)

Gottschling, Carolin/Schatz, Christian, „Investmentbesteuerung: Praktische Auswirkungen des AIFM-StAnpG insbesondere hinsichtlich ausländischer geschlossener Private Equity-, Immobilien- und Infrastrukturfonds“, in Internationale Steuer-Rundschau 2014, S. 30–35 (zitiert als: Gottschling/Schatz, ISR 2014, 30)

Götz, Ulrike, Offene Investmentfonds: Eintrittskarte in die Finanzmarktanlage, Karlsruhe 2016 (zitiert als: Götz, Offene Investmentfonds)

Götz, Ulrike, Sachkunde Finanzanlagen, Fachwissen zur Vorbereitung auf die IHK-Sachkundeprüfung für die Finanzanlagenvermittlung nach § 34f GewO, 3. Auflage, Karlsruhe 2021 (zitiert als: Götz, Sachkunde Finanzanlagen)

Grabbe, Jan/Behrens, Stefan, „Investmentsteuerrecht: Einführung der Abgeltungsteuer und andere aktuelle Änderungen“, in Deutsches Steuerrecht 2008, S. 950–957 (zitiert als: Grabbe/Behrens, DStR 2008, 950)

Gramlich, Ludwig/Gluchowski, Peter/Horsch, Andreas/Schäfer, Klaus/Waschbusch, Gerd, Gabler Banklexikon, Bank, Börse, Finanzierung, Band 1, A–J, 15. Auflage, Wiesbaden 2020 (zitiert als: Bearbeiter in Gramlich/Gluchowski/Horsch/Schäfer/Waschbusch, Banklexikon, Bd. 1)

Grashoff, Dietrich/Mach, Holger, Grundzüge des Steuerrechts, Alle wichtigen Steuerarten, Verfahrensrecht, Internationales Steuerrecht, 15. Auflage, München 2021 (zitiert als: Grashoff/Mach, Grundzüge des Steuerrechts)

Graw, Christian, „Stille Reserven und Buchwertfortführung“, in 100 Jahre Steuerrechtsprechung in Deutschland 1918–2018, Festschrift für den Bundesfinanzhof, Band 2, Hrsg. Drüen, Klaus-Dieter/Hey, Johanna/Mellinghoff, Rudolf, Köln 2018, S. 1433–1455 (zitiert als: Graw, FS 100 Jahre BFH, Bd. 2, 1433)

von Groll, Rüdiger, „Die Verlustkompensation im System des deutschen Einkommensteuerrechts“, in Verluste im nationalen und internationalen Steuerrecht, Hrsg. Lehner, Moris, München 2004, S. 23–36 (zitiert als: von Groll, Verluste im Steuerrecht, 23)

Gross, Ivo, Das Europäische Beihilferecht im Wandel, Probleme, Reformen und Perspektiven, Dissertation, Universität St. Gallen, Baden-Baden 2004 (zitiert als: Gross, Das Europäische Beihilferecht im Wandel, Diss.)

Grotherr, Siegfried, „Steht der Verlustvor- und -rücktrag steuerpolitisch zur Disposition? (Teil I) – Kritische Beurteilung der Veränderungsvorschläge zu § 10d EStG“, in Betriebs-Berater 1998, S. 2337–2346 (zitiert als: Grotherr, BB 1998, 2337)

Grottel, Bernd/Schmidt, Stefan/Schubert, Wolfgang/Störk, Ulrich, Beck'scher Bilanz-Kommentar, Handelsbilanz, Steuerbilanz, 12. Auflage, München 2020 (zitiert als: Bearbeiter in Grottel/Schmidt/Schubert/Störk, Beck Bil-Kommentar)

Groves, Francis, Exchange Traded Funds, A Concise Guide to ETFs, Petersfield 2011 (zitiert als: Groves, Exchange Traded Funds)

Gygax, Fred, „Die Anlagepolitik der Investmentfonds“, in Handbuch der Wertpapieranlage, Hrsg. Verlag Moderne Industrie, Zürich 1974, S. 578–594 (zitiert als: Gygax, Hdb. der Wertpapieranlage, 578)

Haase, Florian, „Eine Einführung in das Investmentsteuergesetz 2018 – Zentrale Punkte des neuen Besteuerungssystems“, in Internationale Wirtschafts-Briefe 2018, S. 573–575 (zitiert als: Haase, IWB 2018, 573)

Haase, Florian, „Einführung in das Investmentsteuerrecht“, in Steuer und Studium 2012, S. 266–274 (zitiert als: Haase, SteuerStud 2012, 266)

Haase, Florian, „Generalthema II: Investmentfonds“, in Internationales Steuerrecht 2019, S. 616–628 (zitiert als: Haase, IStR 2019, 616)

Haase, Florian, „InvStG-alt und InvStG-neu im Vergleich: Was ändert sich bei einem typischen Immobilien-Investment?“, in juris, Die Monatszeitschrift 2017, S. 30–36 (zitiert als: Haase, jM 2017, 30)

Haase, Florian, Kommentar zum Investmentsteuergesetz, 2. Auflage, Stuttgart 2015 (zitiert als: Bearbeiter in Haase, InvStG)

Haase, Florian/Dorn, Katrin, Investmentsteuerrecht, Einführung, 2. Auflage, Wiesbaden 2015 (zitiert als: Haase/Dorn, Investmentsteuerrecht)

Haase, Florian/Nürnberg, Philip, „Hinzurechnungsbesteuerung im Fokus: Der Referentenentwurf eines Gesetzes zur Umsetzung der Anti-Steuervermeidungsrichtlinie“, in Die Unternehmensbesteuerung 2020, S. 1–5 (zitiert als: Haase/Nürnberg, Ubg 2020, 1)

Hackmann, Johannes, „Verfassungswidrigkeit der neuen Mindestbesteuerung?, Anmerkungen zur Abhandlung von J. Lang und J. Englisch, StuW 2005, 3“, in Steuer und Wirtschaft 2006, S. 124–133 (zitiert als: Hackmann, StuW 2006, 124)

Hackmann, Johannes, Die Besteuerung des Lebenseinkommens: Ein Vergleich von Besteuerungsverfahren, Habilitation, Freie Universität Berlin, Tübingen 1979 (zitiert als: Hackmann, Die Besteuerung des Lebenseinkommens, Habil.)

Hagen, Alexander/Schober, Franz, „Referentenentwurf eines Gesetzes zur weiteren Förderung der Elektromobilität – Auswirkungen auf die Besteuerung von Kapitalanlagen und (Spezial-)Investmentfonds – Teil I“, in Betriebs-Berater 2019, S. 1630–1636 (zitiert als: Hagen/Schober, BB 2019, 1630)

Hagen, Alexander/Schober, Franz, „Referentenentwurf eines Gesetzes zur weiteren Förderung der Elektromobilität – Auswirkungen auf die Besteuerung von Kapitalanlagen und (Spezial-)Investmentfonds – Teil II“, in Betriebs-Berater 2019, S. 1693–1698 (zitiert als: Hagen/Schober, BB 2019, 1693)

Hahn, Hartmut, „Wie effizient ist § 42 AO neuer Fassung? – Praktische, dogmatische und rechtspolitische Beobachtungen“, in Deutsche Steuer-Zeitung 2008, S. 483–494 (zitiert als: Hahn, DStZ 2008, 483)

Hahn, Hartmut, Die Grundsätze der Gesetzmäßigkeit der Besteuerung und der Tatbestandsmäßigkeit der Besteuerung in rechtsvergleichender Sicht, Dissertation, Eberhard-Karls-Universität Tübingen, Berlin 1980 (zitiert als: Hahn, Die Grundsätze der Gesetzmäßigkeit der Besteuerung, Diss.)

Hahne, Klaus, „Ausübung, Abwicklung und Anwendungsfragen nach dem finalen BMF-Anwendungsschreiben, FR 2021, 425“, in Finanz-Rundschau 2021, S. 415–424 (zitiert als: Hahne, FR 2021, 415)

Hahne, Klaus, „Die steuerliche Behandlung von Infrastruktur-Investmentfonds – Bestandsaufnahme und gesetzgeberischer Handlungsbedarf“, in Deutsches Steuerrecht 2021, S. 1137–1146 (zitiert als: Hahne, DStR 2021, 1137)

Hahne, Klaus, „FG Münster zur Besteuerung ausländischer Sondervermögen: Eine erste Analyse“, in Betriebs-Berater 2017, S. 2010–2015 (zitiert als: Hahne, BB 2017, 2010)

Hahne, Klaus, „Geplante BMF-Regelungen zur Besteuerung von Dividendenersatzzahlungen an Investmentfonds nach dem InvStG 2018“, in Deutsches Steuerrecht 2018, S. 557–560 (zitiert als: Hahne, DStR 2018, 557)

Hahne, Klaus, „Unterschiedliche Behandlung der an gebietsfremde OGAW gezahlten Dividenden in Frankreich unionsrechtswidrig“, in Deutsches Steuerrecht 2012, S. 1016–1022 (zitiert als: Hahne, DStR 2012, 1016)

Hahne, Klaus, „Zur Besteuerung inländischer Beteiligungseinnahmen von Investmentfonds nach der Investmentsteuerreform 2018“, in Deutsches Steuerrecht 2017, S. 2310–2317 (zitiert als: Hahne, DStR 2017, 2310)

Hahne, Klaus/Schober, Franz, „Zweifelsfragen bezüglich der Berechnung der Immobilieninvestitionsquote bei steuerbegünstigten Immobilienfonds“, in Betriebs-Berater 2021, S. 86–94 (zitiert als: Hahne/Schober, BB 2021, 86)

Hahne, Klaus/Völker, Christian, „Anwendungsfragen des § 36a EStG bei Investmentfonds nach geltendem und künftigem Recht“, in Betriebs-Berater 2017, S. 858–866 (zitiert als: Hahne/Völker, BB 2017, 858)

Hahne, Klaus/Völker, Christian, Investmentsteuerrecht visuell, Besteuerung von Investmentfonds und ihrer Anleger in strukturierten Übersichten, Stuttgart 2020 (zitiert als: Hahne/Völker, Investmentsteuerrecht visuell)

Haisch, Martin, „Abzugsverbot bei den Teilfreistellungen nach § 20 InvStG n.F. im Lichte des BFH-Urteils I R 61/14“, in Recht der Finanzinstrumente 2016, S. 329–335 (zitiert als: Haisch, RdF 2016, 329)

Haisch, Martin, „Führt die Bekämpfung von „Cum/Cum“ zu Kollateralschäden beim deutschen Aktienhandel?“, in Recht der Finanzinstrumente 2016, S. 85–86 (zitiert als: Haisch, RdF 2016, 85)

Haisch, Martin, „Investmentsteuerreform – Wird jetzt alles gut?“, in Recht der Finanzinstrumente 2015, S. 294–302 (zitiert als: Haisch, RdF 2015, 294)

Haisch, Martin/Helios, Marcus, „Investmentsteuerrechtsreform aufgrund AIFMD und KAGB“, in Betriebs-Berater 2013, S. 23–33 (zitiert als: Haisch/Helios, BB 2013, 23)

Haisch, Martin/Helios, Marcus, „Investmentsteuerreform aufgrund KAGB und AIFM-StAnpG – Änderungen noch möglich“, in Betriebs-Berater 2013, S. 1687–1700 (zitiert als: Haisch/Helios, BB 2013, 1687)

Haisch, Martin/Helios, Marcus, „Steuerliche Produktregulierung durch das AIFM-StAnpG – Antworten und Zweifelsfragen“, in Finanz-Rundschau 2014, S. 313–325 (zitiert als: Haisch/Helios, FR 2014, 313)

Hammer, Thomas, Fondsindustrie in Deutschland, Eine Branche im Umbruch, Ein Blick hinter die Kulissen von Anbietern, Produkten und Nachfragern, Hamburg 2012 (zitiert als: Hammer, Fondsindustrie in Deutschland)

Harbeck, Otto Hellmuth, Geldanlage mit Investmentfonds, München 1971 (zitiert als: Harbeck, Geldanlage mit Investmentfonds)

Haslem, John, Mutual Funds, Risk and Performance Analysis for Decision Making, Malden 2003 (zitiert als: Haslem, Mutual Funds)

Häublein, Martin/Hoffmann-Theinert, Roland, Beck'scher Onlinekommentar zum Handelsgesetzbuch, 33. Edition, München, Stand: Juli 2021 (zitiert als: Bearbeiter in Häublein/Hoffmann-Theinert, BeckOK HGB)

Haug, Felix, „Abkommensberechtigung und Quellensteuerentlastung bei Outbound-Investments inländischer (Spezial-)Investmentfonds – Zugleich Besprechung BFH v. 23.10.2019 – I R 51/16“, in Internationales Steuerrecht 2020, S. 866–874 (zitiert als: Haug, IStR 2020, 866)

Haug, Felix, „Abgrenzung zwischen Außen- und Investmentsteuerrecht nach dem ATADUmsG“, in Deutsche Steuer-Zeitung 2021, S. 612–623 (zitiert als: Haug, DStZ 2021, 612)

Haug, Felix, „Besteuerung von Spezial-Investmentfonds nach dem InvStG 2018 – Aktuelle Einzelfragen und erste Lösungsansätze“, in Die Unternehmensbesteuerung 2017, S. 303–311 (zitiert als: Haug, Ubg 2017, 303)

Haug, Felix, „Inbound-Investitionen in inländischen Grundbesitz nach dem InvStG 2018 – Steuerliche Behandlung und verbleibende Zweifelsfragen“, in Internationale Wirtschafts-Briefe 2018, S. 6–17 (zitiert als: Haug, IWB 2018, 6)

Haug, Felix, „Investmentfonds und Außensteuerrecht: Abgrenzungsfragen nach dem InvStRefG“, in Internationales Steuerrecht 2016, S. 597–608 (zitiert als: Haug, IStR 2016, 597)

Haug, Felix, „Konsequenzen für die Investmentbesteuerung aufgrund „ATADUmsG“ und „JStG 2019““, in Die Unternehmensbesteuerung 2020, S. 84–95 (zitiert als: Haug, Ubg 2020, 84)

Hay, Peter, US-Amerikanisches Recht, 7. Auflage, München 2020 (zitiert als: Hay, US-Amerikanisches Recht)

Heeb, Karlheinz, Hermann Zickert, Der deutsche Börsenpionier, München 2009 (zitiert als: Heeb, Der deutsche Börsenpionier Zickert)

Heibel, Reinhold, „Die Ausschüttung von Auslandseinkünften – Ein latentes strategisches Problem für international erfolgreiche Unternehmen“, in Der Betrieb 1984, S. 2060–2068 (zitiert als: Heibel, DB 1984, 2060)

Helios, Marcus/Gstädtner, Thomas, „Besteuerung und Bilanzierung von Investmentvermögen und Investmentanteilen“, in Rechtshandbuch Finanzinstrumente, Hrsg. Haisch, Martin/Helios, Marcus, München 2011, S. 367–477 (zitiert als: Helios/Gstädtner, Hdb. Finanzinstrumente, 367)

Helios, Marcus/Lenz, Thomas, „Steuerliche Behandlung von Cum/Cum-Transaktionen nach dem BMF-Schreiben vom 17.07.2017“, in Der Betrieb 2017, S. 1738–1744 (zitiert als: Helios/Lenz, DB 2017, 1738)

Helios, Marcus/Link, Mathias, „Zweifelsfragen der Abgeltungsteuer auf Kapitalerträge aus Finanzinnovationen und offenen Fonds“, in Deutsches Steuerrecht 2008, S. 386–392 (zitiert als: Helios/Link, DStR 2008, 386)

Helios, Marcus/Mann, Alexander, „Das Gesetz zur Reform der Investmentbesteuerung – Darstellung, Meinung und Handlungsempfehlungen“, in Der Betrieb 2016, Sonderausgabe Nr. 1, S. 1–31 (zitiert als: Helios/Mann, DB-S 2016, 1)

Henke, Stefan, Investmentfonds in der privaten und betrieblichen Altersversorgung, Dissertation, Rheinische Friedrich-Wilhelms-Universität Bonn, Baden-Baden 2004 (zitiert als: Henke, Investmentfonds in der Altersversorgung, Diss.)

Hennrichs, Joachim/Kleindiek, Detlef/Watrin, Christoph, Münchener Kommentar zum Bilanzrecht, Band 2, §§ 238–342e HGB, München 2013 (zitiert als: Bearbeiter in Hennrichs/Kleindiek/Watrin, MüKo BilR, Bd. 2)

Hensel, Matthias, „Zehn Highlights aus dem ersten Teil des BMF-Schreibens zur Anwendung des InvStG 2018“, in Recht der Finanzinstrumente 2019, S. 204–211 (zitiert als: Hensel, RdF 2019, 204)

Herberger, Maximilian/Martinek, Michael/Rüßmann, Helmut/Weth, Stephan/Würdinger, Markus, juris Praxiskommentar BGB, Band 5, Erbrecht, 9. Auflage, Saarbrücken 2020 (zitiert als: Bearbeiter in Herberger/Martinek/Rüßmann/Weth/Würdinger, jurisPK BGB, Bd. 5)

Herbert, Ulrich, Geschichte Deutschlands im 20. Jahrhundert, 2. Auflage, München 2017 (zitiert als: Herbert, Geschichte Deutschlands im 20. Jh.)

Herlinghaus, Andreas, „Umstrukturierungen bei Personengesellschaften“, in Die Personengesellschaft im Steuerrecht, Gedächtnissymposium für Brigitte Knobbe-Keuk, Hrsg. Dötsch, Franz/Herlinghaus, Andreas/Hüttemann, Rainer/Lüdicke, Jürgen/Schön, Wolfgang, Köln 2011, S. 67–94 (zitiert als: Herlinghaus, Die Personengesellschaft im Steuerrecht, 67)

Herr, Stefan/Link, Mathias, „Verhältnis zwischen InvStG und AStG – Ende der Sperrwirkung aufgrund der ATAD I-Richtlinie?“, in Recht der Finanzinstrumente 2020, S. 20–26 (zitiert als: Herr/Link, RdF 2020, 20)

Herr, Stefan/Stiefel, Dirk, „Europarechtliche Diskriminierung ausländischer Investmentfonds auch unter dem InvStG 2018?“, in Internationales Steuerrecht 2019, S. 929–933 (zitiert als: Herr/Stiefel, IStR 2019, 929)

Herr, Stefan/Stiefel, Dirk, „Vorabpauschale und Teilfreistellung – Praktische Anwendungsfragen bei der Besteuerung von Investmentfonds nach dem JStG 2018“, in Deutsches Steuerrecht 2019, S. 908–913 (zitiert als: Herr/Stiefel, DStR 2019, 908)

Herrmann, Carl/Heuer, Gerhard/Raupach, Arndt, Kommentar zum Einkommensteuergesetz und Körperschaftsteuergesetz, 306. Ergänzungslieferung, Köln, Stand: September 2021 (zitiert als: Bearbeiter in Herrmann/Heuer/Raupach, EStG/KStG)

Hertz-Eichenrode, Albert/Illenberger, Stephan/Jesch, Thomas/Keller, Harald/Klebeck, Ulf/Rocholl, Jörg, Private-Equity-Lexikon, Stuttgart 2008 (zitiert als: Hertz-Eichenrode/Illenberger/Jesch/Keller/Klebeck/Rocholl, Private-Equity-Lexikon)

Herzig, Norbert, „Körperschaftsteuerguthaben oder verwendbares Eigenkapital – Überlegungen zur Vereinfachung des körperschaftsteuerlichen Anrechnungsverfahrens“, in GmbH-Rundschau 1985, S. 37–42 (zitiert als: Herzig, GmbHR 1985, 37)

Herzig, Norbert, „Nationale und internationale Aspekte einer Reform der Körperschaftsteuer“, in Steuer und Wirtschaft 1990, S. 22–39 (zitiert als: Herzig, StuW 1990, 22)

Herzig, Norbert/Dötsch, Ewald, „Körperschaftsteuer 2000“, in Der Betrieb 1998, S. 15–20 (zitiert als: Herzig/Dötsch, DB 1998, 15)

Hesse, Konrad, Grundzüge des Verfassungsrechts der Bundesrepublik Deutschland, 20. Auflage, Heidelberg 1999 (zitiert als: Hesse, Grundzüge des Verfassungsrechts)

Heuermann, Bernd, „System- und Prinzipienfragen beim Verlustabzug – Zugleich zur Verfassungsmäßigkeit der Mindestbesteuerung“, in Finanz-Rundschau 2012, S. 435–442 (zitiert als: Heuermann, FR 2012, 435)

Hey, Johanna, „Besteuerung von Unternehmensgewinnen und Rechtsformneutralität“, in Deutsche Steuerjuristische Gesellschaft 2001, Band 24, „Besteuerung von Einkommen“, Hrsg. Ebling, Iris, S. 155–223 (zitiert als: Hey, DStJG 2001, 155)

Hey, Johanna, „Perspektiven der Unternehmensbesteuerung – Gewerbesteuer, Gruppenbesteuerung, Verlustverrechnung, Gewinnermittlung“, in Steuer und Wirtschaft 2011, S. 131–143 (zitiert als: Hey, StuW 2011, 131)

Hey, Johanna, „Spezialgesetzgebung und Typologie zum Gestaltungsmissbrauch“, in Deutsche Steuerjuristische Gesellschaft 2010, Band 33, „Gestaltungsfreiheit und Gestaltungsmissbrauch im Steuerrecht“, Hrsg. Hüttemann, Rainer, S. 139–176 (zitiert als: Hey, DStJG 2010, 139)

Hey, Johanna, „Spezialgesetzliche Missbrauchsgesetzgebung aus steuersystematischer, verfassungs- und europarechtlicher Sicht“, in Steuer und Wirtschaft 2008, S. 167–183 (zitiert als: Hey, StuW 2008, 167)

Hey, Johanna, Harmonisierung der Unternehmensbesteuerung in Europa, Dissertation, Universität Köln, Köln 1997 (zitiert als: Hey, Harmonisierung der Unternehmensbesteuerung, Diss.)

Hillebrand, Dietmar, Erklärung der Varianz fundamentaler Kennzahlen und Renditeprognosen deutscher Aktien, Dissertation, Technische Universität Berlin, Baden-Baden 2007 (zitiert als: Hillebrand, Erklärung der Varianz fundamentaler Kennzahlen und Renditeprognosen deutscher Aktien, Diss.)

Hillebrand, Timo/Mattheis, Milla, „Grundlegende Reform der Investmentbesteuerung – Überblick über die wesentlichen Änderungen und ausgewählten Problemfelder für die Praxis“, in Steuer- und Bilanzpraxis 2016, S. 895–902 (zitiert als: Hillebrand/Mattheis, StuB 2016, 895)

Hinz, Holger Clemens/Schmeisser, Wilhelm, „Bedeutung der Financial Public Relations für ein erfolgreiches Initial Public Offering am Neuen Markt“, in Vom Gründungsmanagement zum Neuen Markt, Strategien für technologieorientierte kleine und mittlere Unternehmen, Hrsg. Schmeisser, Wilhelm/Krimphove, Dieter, Wiesbaden 2001, S. 323–366 (zitiert als: Hinz/Schmeisser, Vom Gründungsmanagement zum Neuen Markt, 323)

Hoch, Veronica, Die Besteuerungssystematik von Kapitalanlagen, Geltendes Recht und Reformvorschlag für eine kohärente Kapitalanlagenbesteuerung, Dissertation, Universität Bayreuth, Tübingen 2019 (zitiert als: Hoch, Die Besteuerungssystematik von Kapitalanlagen, Diss.)

Hoch, Veronica/Preller, Florian, „Die zivilrechtsdogmatischen Beziehungen innerhalb des Investmentvielecks“, in Zeitschrift für Bank- und Kapitalmarktrecht 2019, S. 22–29 (zitiert als: Hoch/Preller, BKR 2019, 22)

Höring, Johannes, „Das Gesetz zur Reform der Investmentbesteuerung („Investmentsteuerreformgesetz – InvStRefG“)“, in Deutsche Steuer-Zeitung 2016, S. 727–736 (zitiert als: Höring, DStZ 2016, 727)

Höring, Johannes, „Das Investmentsteuergesetz ab dem 1.1.2018 („InvStG 2018“)“, in Die steuerliche Betriebsprüfung 2017, S. 351–358 (zitiert als: Höring, StBp 2017, 351)

Höring, Johannes, „Der Diskussionsentwurf zum Investmentsteuerreformgesetz („InvStRefG“)“, in Deutsche Steuer-Zeitung 2015, S. 835–848 (zitiert als: Höring, DStZ 2015, 835)

Höring, Johannes, „Die Auswirkungen des EuGH-Urteils zur Unionsrechtswidrigkeit der Pauschalbesteuerung von Investmentfondserträgen“, in Die steuerliche Betriebsprüfung 2015, S. 295–299 (zitiert als: Höring, StBp 2015, 295)

Höring, Johannes, „Die Neukonzeption der Investmentbesteuerung“, in Deutsche Steuer-Zeitung 2012, S. 367–375 (zitiert als: Höring, DStZ 2012, 367)

Höring, Johannes, „Die Vorabpauschale nach dem Investmentsteuergesetz 2018“, in Die steuerliche Betriebsprüfung 2019, S. 236–243 (zitiert als: Höring, StBp 2019, 236)

Höring, Johannes, „Entwurf eines Gesetzes zur Reform der Investmentbesteuerung („Investmentsteuerreformgesetz – InvStRefG“)“, in Deutsche Steuer-Zeitung 2016, S. 383–392 (zitiert als: Höring, DStZ 2016, 383)

Höring, Johannes, Die Pauschalbesteuerung im Investmentsteuerrecht, EuGH-Rechtsprechung in der Praxis, Wiesbaden 2016 (zitiert als: Höring, Die Pauschalbesteuerung im Investmentsteuerrecht)

Höring, Johannes, Investmentrecht, Rechtliche Grundlagen für die Anlageberatung, Wiesbaden 2013 (zitiert als: Höring, Investmentrecht)

Houtman-De Smedt, Helma, „The banking system in Belgium through the centuries“, in Handbook on the History of European Banks, Hrsg. Pohl, Manfred, Aldershot 1994, S. 47–55 (zitiert als: Houtman-De Smedt, Handbook on the History of European Banks, 47)

Hübschmann, Walter/Hepp, Ernst/Spitaler, Armin, Kommentar zur Abgabenordnung und zur Finanzgerichtsordnung, 264. Ergänzungslieferung, Köln, Stand: September 2021 (zitiert als: Bearbeiter in Hübschmann/Hepp/Spitaler, AO/FGO)

Hudson, Alastair, Principles of Equity and Trusts, Abingdon 2016 (zitiert als: Hudson, Principles of Equity and Trusts)

Hufen, Friedhelm, Staatsrecht II, Grundrechte, 9. Auflage, München 2021 (zitiert als: Hufen, Staatsrecht II)

Ilg, Rainer, Die private und betriebliche Altersversorgung, Riester, Rürup, Entgeltumwandlung, in der Beratungspraxis, Karlsruhe 2010 (zitiert als: Ilg, Die Altersversorgung)

Immenga, Ulrich/Mestmäcker, Ernst-Joachim, Kommentar zum Wettbewerbsrecht, Band 3, Fusionskontrolle, Kommentar zum Europäischen und Deutschen Kartellrecht, 6. Auflage, München 2020 (zitiert als: Bearbeiter in Immenga/Mestmäcker, Wettbewerbsrecht, Bd. 3)

Ismer, Roland, „Prinzipien der Einkünfteermittlung – Periodizitätsprinzip", in Deutsche Steuerjuristische Gesellschaft 2011, Band 34, „Einkünfteermittlung", Hrsg. Hey, Johanna, S. 91–120 (zitiert als: Ismer, DStJG 2011, 91)

Jäckel, Michael/Kochhan, Christoph, „Notwendigkeit und Luxus. Ein Beitrag zur Geschichte des Konsums", in Konsum, Soziologische, ökonomische und psychologische Perspektiven, Hrsg. Rosenkranz, Doris/Schneider, Norbert, Opladen 2000, S. 73–93 (zitiert als: Jäckel/Kochhan, Konsum, 73)

Jacob, Michael, Asset Management, Anlageinstrumente, Marktteilnehmer und Prozesse, Wiesbaden 2012 (zitiert als: Jacob, Asset Management)

Jacob, Werner/Geese, Thomas/Ebner, Christian, Handbuch für die Besteuerung von Fondsvermögen, 3. Auflage, Neuwied 2007 (zitiert als: Jacob/Geese/Ebner, Hdb. für die Besteuerung von Fondsvermögen)

Jacobs, Otto, Internationale Unternehmensbesteuerung, Deutsche Investitionen im Ausland, Ausländische Investitionen im Inland, 8. Auflage, München 2016 (zitiert als: Jacobs, Internationale Unternehmensbesteuerung)

Jacobs, Otto/Scheffler, Wolfram/Spengel, Christoph, Unternehmensbesteuerung und Rechtsform, Handbuch zur Besteuerung deutscher Unternehmen, 5. Auflage, München 2015 (zitiert als: Jacobs/Scheffler/Spengel, Unternehmensbesteuerung und Rechtsform)

Jacobsen, Hendrik, „Reform des deutschen Hinzurechnungsbesteuerungsrechts", in Deutsche Steuer-Zeitung 2020, S. 113–125 (zitiert als: Jacobsen, DStZ 2020, 113)

Jaeger, Claudia, Die Körperschaftsteuersysteme in Europa, Eine europarechtliche und betriebswirtschaftliche Analyse, Dissertation, Universität Mannheim, Köln 2001 (zitiert als: Jaeger, Die Körperschaftsteuersysteme, Diss.)

Jansen, Bela/Greger, Veronika, „Änderungen im Investmentsteuergesetz aufgrund des „JStG 2018"", in Recht der Finanzinstrumente 2019, S. 132–139 (zitiert als: Jansen/Greger, RdF 2019, 132)

Jansen, Bela/Greger, Veronika, „Investmentsteuerreformgesetz – Folgen für betriebliche Anleger und die betriebliche Altersversorgung", in Recht der Finanzinstrumente 2017, S. 138–145 (zitiert als: Jansen/Greger, RdF 2017, 138)

Jansen, Bela/Greger, Veronika, „InvStG 2018 – erste Praxis- und Anwendungsfragen – Teil II", in Betriebs-Berater 2018, S. 1243–1248 (zitiert als: Jansen/Greger, BB 2018, 1243)

Jansen, Bela/Greger, Veronika, „InvStG 2018 – im Fokus: Personengesellschaften als Anleger", in Deutsches Steuerrecht 2018, S. 282–287 (zitiert als: Jansen/Greger, DStR 2018, 282)

Jansen, Bela/Greger, Veronika, „InvStG 2018: Übergang zum neuen Recht, erste Praxis- und Anwendungsfragen", in Betriebs-Berater 2018, S. 407–411 (zitiert als: Jansen/Greger, BB 2018, 407)

Jansen, Bela/Greger, Veronika, „Reform der Investmentbesteuerung – erste Analyse des Referentenentwurfs", in Finanz-Rundschau 2016, S. 116–121 (zitiert als: Jansen/Greger, FR 2016, 116)

Jansen, Bela/Lübbehüsen, Dieter, „Neues Investmentsteuergesetz doch noch im Jahr 2013 – auch der Steuergesetzgeber bescherte uns zu Weihnachten", in Recht der Finanzinstrumente 2014, S. 28–37 (zitiert als: Jansen/Lübbehüsen, RdF 2014, 28)

Janssen, Sven, British and German Banking Strategies, Houndmills 2009 (zitiert als: Janssen, British and German Banking Strategies)

Janssens, Wilfried, „Die Bankautonomie", in Zeitschrift für das gesamte Kreditwesen 1977, S. 1161–1162 (zitiert als: Janssens, ZfgK 1977, 1161)

Jensch, Philip/Ahrenholz, Marco/Ebner, Christian, „Anwendungsfragen zum InvStG für Spezial-Investmentfonds: Anmerkungen zum BMF-Schreiben vom 28.8.2018", in Recht der Finanzinstrumente 2018, S. 320–327 (zitiert als: Jensch/Ahrenholz/Ebner, RdF 2018, 320)

Jesch, Thomas/Haug, Felix, „Das neue Investmentsteuergesetz: Nach der Reform ist vor der Reform", in Deutsche Steuer-Zeitung 2014, S. 345–352 (zitiert als: Jesch/Haug, DStZ 2014, 345)

Jesch, Thomas/Haug, Felix, „Das neue Investmentsteuerrecht", in Deutsche Steuer-Zeitung 2013, S. 771–781 (zitiert als: Jesch/Haug, DStZ 2013, 771)

Jesch, Thomas/Klebeck, Ulf/Dobrauz, Günther, Investmentrecht, Handbuch zum Investmentrecht in Deutschland, Österreich, Schweiz, Luxemburg und Liechtenstein, München 2014 (zitiert als: Bearbeiter in Jesch/Klebeck/Dobrauz, Investmentrecht)

Jetter, Jann/Mager, Martin, „Der Referentenentwurf eines Gesetzes zur Reform der Investmentbesteuerung", in Steuerrecht kurzgefaßt 2016, S. 23–30 (zitiert als: Jetter/Mager, SteuK 2016, 23)

Johannemann, Ulf/Herr, Stefan, „Europarechtswidrigkeit der deutschen Dividendenbesteuerung und Drittstaatensachverhalte", in Internationale Steuer-Rundschau 2012, S. 94–100 (zitiert als: Johannemann/Herr, ISR 2012, 94)

Jones, Christopher, Das krisensichere Portfolio, Die erfolgreichsten Investmentregeln der Profis, München 2010 (zitiert als: Jones, Das krisensichere Portfolio)

de Jong, Abe/Jonker, Joost/Röell, Alisa, „Dutch Corporate Finance, 1602–1850", in Handbook of Key Global Financial Markets, Institutions and Infrastructure, Hrsg. Caprio, Gerard, London 2013, S. 73–83 (zitiert als: de Jong/Jonker/Röell, Handbook of Key Global Financial Markets, 73)

Jörgens, Max, Finanzielle Trustgesellschaften, Stuttgart 1902 (zitiert als: Jörgens, Finanzielle Trustgesellschaften)

Kaderli, Rudolph, Das Geheimnis der Börse: Die Anlagestrategie, Das Handbuch des Investors, 2. Auflage, Wiesbaden 1978 (zitiert als: Kaderli, Das Geheimnis der Börse)

Kahn, Ronald, The Future of Investment Management, Charlottesville 2018 (zitiert als: Kahn, The Future of Investment Management)

Kalies, Kristin, „Ertragsteuerliche Vorteilhaftigkeit der Aktienfondsanlage im Vergleich zur Aktiendirektanlage im Privatvermögen unter Unsicherheit“, in Steuer und Wirtschaft 2020, S. 63–77 (zitiert als: Kalies, StuW 2020, 63)

Kammeter, Susann, „Änderungen durch die geplante Reform der Investmentbesteuerung – vom Referentenentwurf (18.12.2015) bis zum Regierungsentwurf (24.2.2016) des InvStRefG“, in Internationale Steuer-Rundschau 2016, S. 99–106 (zitiert als: Kammeter, ISR 2016, 99)

Kammeter, Susann, „DBA als Rechtsquelle eines – möglichen – Informationsaustausches kann der Rechtfertigung einer Ungleichbehandlung (hier: Verweigerung der Steuerbefreiung für einen im Drittstaat ansässigen Investmentfonds) entgegenstehen“, in Internationale Steuer-Rundschau 2014, S. 165–170 (zitiert als: Kammeter, ISR 2014, 165)

Kanzler, Hans-Joachim/Kraft, Gerhard/Bäuml, Swen Oliver/Marx, Franz Jürgen/Hechtner, Frank/Geserich, Stephan, Kommentar zum Einkommensteuergesetz, 6. Auflage, Herne 2021 (zitiert als: Bearbeiter in Kanzler/Kraft/Bäuml/Marx/Hechtner/Geserich, EStG)

Karrenbrock, Holger, „Wider die Aushöhlung des Leistungsfähigkeitsprinzips durch die Mindestbesteuerung – Stellungnahme zu den BFH-Beschlüssen vom 6.3.2003 und zur Neuregelung der Mindestbesteuerung durch das ProtErklG“, in Der Betrieb 2004, S. 559–564 (zitiert als: Karrenbrock, DB 2004, 559)

Kaune, Clemens/Oulds, Mark, „Das neue Investmentgesetz“, in Zeitschrift für Bankrecht und Bankwirtschaft 2004, S. 114–126 (zitiert als: Kaune/Oulds, ZBB 2004, 114)

Kayser, Joachim/Bujotzek, Peter, „Die steuerliche Behandlung offener Immobilienfonds und ihrer Anleger“, in Finanz-Rundschau 2006, S. 49–66 (zitiert als: Kayser/Bujotzek, FR 2006, 49)

Kayser, Joachim/Steinmüller, Jens, „Die Besteuerung von Investmentfonds ab 2004“, in Finanz-Rundschau 2004, S. 137–146 (zitiert als: Kayser/Steinmüller, FR 2004, 137)

Kelterborn, Lars/Küpper, Volker, „Investmentsteuerreform: Praxishinweise und Erleichterungen aus dem BMF“, in Betriebs-Berater 2017, S. 2263–2267 (zitiert als: Kelterborn/Küpper, BB 2017, 2263)

Kempf, Arno, Novellierung des Investmentrechts 2007, Ein Praxishandbuch, Frankfurt am Main 2008 (zitiert als: Kempf, Novellierung des Investmentrechts)

Kempf, Tillman/Fischer, Marcus, „Erster Überblick über den Diskussionsentwurf eines Gesetzes zur Reform der Investmentbesteuerung“, in Steuerrecht kurzgefaßt 2015, S. 339–343 (zitiert als: Kempf/Fischer, SteuK 2015, 339)

Kempf, Tillman/Hirtz, Julius, „Schwerpunkte des Referentenentwurfs eines Gesetzes zur Reform der Investmentbesteuerung“, in Deutsches Steuerrecht 2016, S. 1–8 (zitiert als: Kempf/Hirtz, DStR 2016, 1)

Kempf, Tillman/Müller, Sebastian, „Überblick über das neue Investmentsteuergesetz“, in Steuerrecht kurzgefaßt 2016, S. 517–521 (zitiert als: Kempf/Müller, SteuK 2016, 517)

Kempka, Bettina, Gewinnrealisierung bei der Überführung von Wirtschaftsgütern zwischen Stammhaus und Betriebsstätte, Dissertation, Universität Mannheim, Frankfurt am Main 1995 (zitiert als: Kempka, Gewinnrealisierung, Diss.)

Kilgus, Egon, Kapitalanlage-Gesellschaften, Investment Trusts, Berlin 1929 (zitiert als: Kilgus, Kapitalanlage-Gesellschaften)

King, John, „Securities Companies, Investment Funds, and Pension Funds", in Taxing the Financial Sector, Concepts, Issues, and Practices, Washington D.C. 2004, Hrsg. Zee, Howell, S. 32–44 (zitiert als: King, Taxing the Financial Sector, 32)

Kingreen, Thorsten/Poscher, Ralf, Grundrechte, Staatsrecht II, 37. Auflage, Heidelberg 2021 (zitiert als: Kingreen/Poscher, Grundrechte)

Kirchhof, Ferdinand, „Das Leistungsfähigkeitsprinzip nach dem Grundgesetz – Zustand und Zukunft", in Betriebs-Berater 2017, S. 662–667 (zitiert als: Kirchhof, BB 2017, 662)

Kirchhof, Paul, „Der Einfluß des Verfassungsrechts auf die Entwicklung des Steuerrechts", in Die Steuerberatung 1995, S. 68–78 (zitiert als: Kirchhof, Stbg 1995, 68)

Kirchhof, Paul, „Der verfassungsrechtliche Auftrag zur Besteuerung nach der finanziellen Leistungsfähigkeit", in Steuer und Wirtschaft 1985, S. 319–329 (zitiert als: Kirchhof, StuW 1985, 319)

Kirchhof, Paul, Empfiehlt es sich, das Einkommensteuerrecht zur Beseitigung von Ungleichbehandlungen und zur Vereinfachung neu zu ordnen?, Gutachten F zum 57. Deutschen Juristentag Mainz 1988, München 1988 (zitiert als: Kirchhof, Gutachten F)

Kirchhof, Paul, Kommentar zum Einkommensteuergesetz, 19. Auflage, Köln 2020 (zitiert als: Bearbeiter in Kirchhof/Seer, EStG)

Kirchhof, Paul/Seer, Roman, Kommentar zum Einkommensteuergesetz, 20. Auflage, Köln 2021 (zitiert als: Bearbeiter in Kirchhof, EStG)

Kirchhof, Paul/Söhn, Hartmut/Mellinghoff, Rudolf, Kommentar zum Einkommensteuergesetz, 315. Ergänzungslieferung, Heidelberg, Stand: Juni 2021 (zitiert als: Bearbeiter in Kirchhof/Söhn/Mellinghoff, EStG)

Kirchler, Erich, Wirtschaftspsychologie, Individuen, Gruppen, Märkte, Staat, 4. Auflage, Göttingen 2011 (zitiert als: Kirchler, Wirtschaftspsychologie)

Kirchmayr, Sabine, „Besteuerung von kollektiven Vermögensanlagen", in Deutsche Steuerjuristische Gesellschaft 2007, Band 30, „Einkommen aus Kapital", Hrsg. Schön, Wolfgang, S. 235–255 (zitiert als: Kirchmayr, DStJG 2007, 235)

Kirchmayr, Sabine, „Seminar G: Collective Investment Vehicles", in Internationales Steuerrecht 2011, S. 673–677 (zitiert als: Kirchmayr, IStR 2011, 673)

Klapdor, Ralf, „Neue Varianten zur institutionalen vs. personalen Besteuerung durch das InvStRefG", in Festschrift für Rainer Elschen zum 66. Geburtstag, „Betriebswirtschaftliche Fragen zu Steuern, Finanzierung, Banken und Management", Hrsg. Kaluza, Bernd/Braun, Klaus Dieter/Beschorner, Harald/Rolfes, Bernd, Wiesbaden 2017, S. 113–127 (zitiert als: Klapdor, FS Elschen, 113)

Klein, Franz, Kommentar zur Abgabenordnung, 15. Auflage, München 2020 (zitiert als: Bearbeiter in Klein, AO)

Klein, Manfred, „Testamentary Trust nach Common Law und funktionsverwandte deutsche Zivilrechtsinstitute – ein Rechtsvergleich", in Zeitschrift für Vergleichende Rechtswissenschaft 2002, S. 175–199 (zitiert als: Klein, ZVglRWiss 2002, 175)

Klein, Martin/Hörner, Steffen/Adam, Sebastian, „Ausgewählte internationale Aspekte des InvStG 2018", in Internationale Steuer-Rundschau 2018, S. 216–224 (zitiert als: Klein/Hörner/Adam, ISR 2018, 216)

Kleinert, Jens, „Dividendenkapitalertragsteuer für beschränkt steuerpflichtige Investmentfonds unionsrechtskonform? – Kritische Würdigung der Urteile des FG Hessen v. 21.8.2019 – 4 K 2079/16 und 4 K 999/17 am Maßstab des EuGH-Urteils v. 30.1.2020 – C-156/17, Köln-Aktienfonds Deka", in Internationales Steuerrecht 2020, S. 210–222 (zitiert als: Kleinert, IStR 2020, 210)

Klenk, Friedrich Ernst, Die rechtliche Behandlung des Investmentanteils, unter Berücksichtigung der Anteilberechtigung des Investmentsparers, Dissertation, Universität Köln, Köln 1967 (zitiert als: Klenk, Die rechtliche Behandlung des Investmentanteils, Diss.)

Klett, Jan-Michael, Die Trust-Struktur im Vertragsmodell des Investmentrechts, Dissertation, Albert-Ludwigs-Universität Freiburg, Berlin 2016 (zitiert als: Klett, Die Trust-Struktur im Vertragsmodell des Investmentrechts, Diss.)

Kleutgens, Ingo/Geißler, Cornelia, „Internationale Aspekte des Investmentsteuergesetzes auf der Grundlage des AIFM-Steueranpassungsgesetzes", in Internationales Steuerrecht 2014, S. 280–286 (zitiert als: Kleutgens/Geißler, IStR 2014, 280)

Kloster, Anja/Kloster, Lars, „Auslegungs- und Anwendungsprobleme bei der Restrukturierung von Mitunternehmerschaften – Die „Reform der Reform" des § 6 Abs. 5 EStG durch das UntStFG", in GmbH-Rundschau 2002, S. 717–732 (zitiert als: Kloster/Kloster, GmbHR 2002, 717)

Kloster, Florian, Neukonzeption der Investmentbesteuerung, im Kontext einer defizitären Kapitaleinkommensbesteuerung, Dissertation, Universität des Saarlandes, Berlin 2018 (zitiert als: Kloster, Neukonzeption der Investmentbesteuerung, Diss.)

Klug, Walter, Offene Immobilienfonds, Zeit für stabile Werte, 2. Auflage, Frankfurt am Main 2008 (zitiert als: Klug, Offene Immobilienfonds)

Kluge, Friedrich, Etymologisches Wörterbuch der deutschen Sprache, 25. Auflage, Berlin 2011 (zitiert als: Kluge, Etymologisches Wörterbuch)

Knobbe-Keuk, Brigitte, Bilanz- und Unternehmenssteuerrecht, 9. Auflage, Köln 1993 (zitiert als: Knobbe-Keuk, Bilanz- und Unternehmenssteuerrecht)

Knoblich, Georg, Die Rechtsverhältnisse bei den Investment-Gesellschaften, insbesondere die rechtliche Stellung der Inhaber von Anteilscheinen, Dissertation, Friedrich-Alexander-Universität Erlangen, Erlangen 1953 (zitiert als: Knoblich, Die Rechtsverhältnisse bei den Investment-Gesellschaften, Diss.)

Koenig, Ulrich, Kommentar zur Abgabenordnung, 4. Auflage, München 2021 (zitiert als: Bearbeiter in Koenig, AO)

Kohl, Benedikt, Das Investmentsteuerreformgesetz (InvStRefG) – Eine steuerliche Wirkungsanalyse zum Systemwechsel im Investmentsteuerrecht am Beispiel privater Kapitalanleger, Dissertation, Otto-Friedrich-Universität Bamberg, Düren 2019 (zitiert als: Kohl, Das Investmentsteuerreformgesetz, Diss.)

Kohl, Michael, „Die Fondsbesteuerung in Deutschland – Entwicklungslinien vom KAGG 1957 bis zum InvStRefG 2018“, in Die Unternehmensbesteuerung 2017, S. 643–652 (zitiert als: Kohl, Ubg 2017, 643)

Köhler, Birgit, „Bilanzierung und Bewertung von Investmentanteilen“, in Deutsches Steuerrecht 2020, S. 1697–1705 (zitiert als: Köhler, DStR 2020, 1697)

Köhler, Birgit, Praxisleitfaden Investmentsteuerrecht, Steuerliche Behandlung von Anteilen an Investmentfonds im Betriebs- und Privatvermögen, Stuttgart 2019 (zitiert als: Köhler, Praxisleitfaden Investmentsteuerrecht)

Kokott, Juliane, Das Steuerrecht der Europäischen Union, München 2018 (zitiert als: Kokott, Das Steuerrecht der EU)

Köndgen, Johannes/Schmies, Christian, „Investmentgeschäft“, in Bankrechts-Handbuch, Band 2, Hrsg. Schimansky, Herbert/Bunte, Hermann-Josef/Lwowski, Hans-Jürgen, 5. Auflage, München 2017, S. 1566–1651 (zitiert als: Köndgen/Schmies, BankR-Hdb., Bd. 2, 1566)

Korn, Klaus, Kommentar zum Einkommensteuergesetz, 131. Ergänzungslieferung, Bonn, Stand: September 2021 (zitiert als: Bearbeiter in Korn, EStG)

Kosiol, Erich, Finanzmathematik, Zinseszins-, Renten-, Tilgungs-, Kurs- und Rentabilitätsrechnung, 10. Auflage, Wiesbaden 1966 (zitiert als: Kosiol, Finanzmathematik)

Kosmetatos, Paul, The 1772–73 British Credit Crisis, Cham 2018 (zitiert als: Kosmetatos, The British Credit Crisis)

Kowallik, Andreas, „Die niederländische Einkommensteuerreform 2001 („Wet Inkomstenbelasting 2001“) und ihre Auswirkungen auf das „Holland-Fonds“-Modell“, in Internationales Steuerrecht 2000, S. 300–305 (zitiert als: Kowallik, IStR 2000, 300)

Kraft, Gerhard, „Belastungswirkungen repatriierter Dividenden im kapitalgesellschaftlichen Outbound-Beteiligungsverbund bei nicht beherrschenden Beteiligungsquoten“, in Betriebs-Berater 2017, S. 2135–2140 (zitiert als: Kraft, BB 2017, 2135)

Kraft, Gerhard, Kommentar zum Außensteuergesetz, 2. Auflage, München 2019 (zitiert als: Bearbeiter in Kraft, AStG)

Kral, André/Watzlaw, Anne-Kathrin, „Die geplante Reform der Investmentbesteuerung – Praxishinweise und Handlungsbedarf aus Sicht einer depotführenden Stelle“, in Betriebs-Berater 2015, S. 2198–2204 (zitiert als: Kral/Watzlaw, BB 2015, 2198)

Kral, André/Watzlaw, Anne-Kathrin, „Die Vorabpauschale nach Einführung der Investmentsteuerreform“, in Betriebs-Berater 2018, S. 2717–2722 (zitiert als: Kral/Watzlaw, BB 2018, 2717)

Kramer, Ernst, Juristische Methodenlehre, 6. Auflage, München 2019 (zitiert als: Kramer, Juristische Methodenlehre)

Krawitz, Norbert, „Aktuelle Änderungen der einkommensteuerlichen Behandlung des sog. Dividenden-Stripping", in Deutsches Steuerrecht 1994, S. 881–889 (zitiert als: Krawitz, DStR 1994, 881)

Krebs, Hans-Joachim, „Überlegungen zur Vereinfachung des Körperschaftsteuer-Anrechnungsverfahrens", in Betriebs-Berater 1984, S. 1862–1873 (zitiert als: Krebs, BB 1984, 1862)

Krebühl, Hans-Herbert, „Das körperschaftsteuerliche Anrechnungsverfahren – Ein Modell für die zukünftige Unternehmensbesteuerung?", in Festschrift für Lutz Fischer zum 60. Geburtstag, „Unternehmenspolitik und Internationale Besteuerung", Hrsg. Kleineidam, Hans-Jochen, Berlin 1999, S. 137–158 (zitiert als: Krebühl, FS Fischer, 137)

Kredig, Alexander, Das System der Besteuerung stiller Reserven bei Unternehmensumstrukturierungen, Dissertation, Universität Bayreuth, Berlin 2013 (zitiert als: Kredig, Besteuerung stiller Reserven bei Unternehmensumstrukturierungen, Diss.)

Kreuzberg, Klaus, Offenlegungspolitik von Investmentfonds, Fondsrisiko, Portfoliooptimalität und Performance, Dissertation, Universität Köln, Wiesbaden 2006 (zitiert als: Kreuzberg, Offenlegungspolitik von Investmentfonds, Diss.)

Kronat, Oliver, Die internationale Besteuerung von Wertpapier-Investmentfonds, Der Widerspruch von Transparenzgrundsatz und Abkommenszugang, Dissertation, Universität Osnabrück, Frankfurt am Main 2002 (zitiert als: Kronat, Die Besteuerung von Wertpapier-Investmentfonds, Diss.)

Kruschwitz, Lutz, Finanzmathematik, Lehrbuch der Zins-, Renten-, Tilgungs-, Kurs- und Renditesicherung, 6. Auflage, Berlin 2018 (zitiert als: Kruschwitz, Finanzmathematik)

Kube, Hanno, „Die intertemporale Verlustverrechnung – Verfassungsrechtlicher Rahmen und legislativer Gestaltungsraum", in Deutsches Steuerrecht 2011, S. 1781–1792 (zitiert als: Kube, DStR 2011, 1781)

Kube, Hanno, „Verfassungsrechtlicher Rahmen von Vermögensteuer und Vermögensabgabe", in Deutsches Steuerrecht 2013, Beihefter, S. 37–51 (zitiert als: Kube, DStR-Beih. 2013, 37)

Kube, Hanno, Finanzgewalt in der Kompetenzordnung, Habilitation, Ruprecht-Karls-Universität Heidelberg, Tübingen 2004 (zitiert als: Kube, Finanzgewalt, Habil.)

Kühn, Axel, „Diversifikationsansätze zur Risikoreduktion von Dachfonds", in Private Equity Investments, Praxis des Beteiligungsmanagements, Hrsg. Jugel, Stefan, 2. Auflage, Wiesbaden 2008, S. 29–39 (zitiert als: Kühn, Private Equity Investments, 29)

Kühn, Klaus, „Ungelöste steuerliche Probleme und wirtschaftliche Aspekte der Körperschaftsteuerreform", in Finanz-Rundschau 1979, S. 313–319 (zitiert als: Kühn, FR 1979, 313)

Kühn, Markus, Die Investmentsteuerreform 2018, Steuerliche Wirkungsanalyse und Möglichkeit zur Optimierung der Portfoliostruktur, Dissertation, Technische Universität Chemnitz, Wiesbaden 2019 (zitiert als: Kühn, Die Investmentsteuerreform, Diss.)

Kühn, Michal/Schienke-Ohletz, Tanja, „Die geplante Reform der Hinzurechnungsbesteuerung nach §§ 7 ff. AStG unter Beachtung europarechtlicher Vorgaben", in Betriebs-Berater 2020, S. 1562–1570 (zitiert als: Kühn/Schienke-Ohletz, BB 2020, 1562)

Kußmaul, Heinz, „Finanzierung über Zero-Bonds und Stripped Bonds", in Betriebs-Berater 1998, S. 1868–1871 (zitiert als: Kußmaul, BB 1998, 1868)

Kußmaul, Heinz, „Gestaltungsmöglichkeiten im Zusammenhang mit Zero-Bonds und Stripped Bonds", in Betriebs-Berater 1998, S. 2236–2240 (zitiert als: Kußmaul, BB 1998, 2236)

Kußmaul, Heinz, „Investition eines Privatanlegers in Zero-Bonds und Stripped-Bonds", in Betriebs-Berater 1998, S. 2083–2086 (zitiert als: Kußmaul, BB 1998, 2083)

Kußmaul, Heinz/Kloster, Florian, „Bondstripping-Gestaltungen im Einkommen- und Investmentsteuerrecht", in Der Steuerberater 2017, S. 22–28 (zitiert als: Kußmaul/Kloster, StB 2017, 22)

Kußmaul, Heinz/Kloster, Florian, „Historisch bedingte Gegenwart der Pauschalbesteuerung von Erträgen aus intransparenten Investmentfonds nach dem InvStRefG", in Die Unternehmensbesteuerung 2016, S. 527–533 (zitiert als: Kußmaul/Kloster, Ubg 2016, 527)

Kußmaul, Heinz/Kloster, Florian, „Konzeptionelle Zukunft ausschüttungsgleicher Erträge sowie der Pauschalbesteuerung bei Publikums-Investmentfonds nach dem 31.12.2017", in Die Unternehmensbesteuerung 2016, S. 672–678 (zitiert als: Kußmaul/Kloster, Ubg 2016, 672)

Kußmaul, Heinz/Knobloch, Alois Paul/Kloster, Florian, „Steuerliche Aufarbeitung von Cum/Cum-Transaktionen (im Zeitraum 1.3.2013 – 31.12.2015) – Kritische Würdigung des BMF-Schreibens vom 17.7.2017 – IV C 1-S 2252/15/10030 :005)", in Der Steuerberater 2018, S. 254–261 (zitiert als: Kußmaul/Knobloch/Kloster, StB 2018, 254)

Kußmaul, Heinz/Patzner, Andreas/Kloster, Florian/Bui, Tu Minh, „Investmentbesteuerung vor der Zeitenwende – Grundlegende Systemänderungen in der konzeptionellen Besteuerung von Publikums-Investmentfonds", in Die Unternehmensbesteuerung 2016, S. 596–602 (zitiert als: Kußmaul/Patzner/Kloster/Bui, Ubg 2016, 596)

Landes, Miriam/Spörrle, Matthias/Steiner, Eberhard, „Emotionen: Überblick und Darstellung ihrer Relevanz für wirtschaftliche Prozesse", in Psychologie der Wirtschaft, Hrsg. Landes, Miriam/Steiner, Eberhard, Wiesbaden 2013, S. 71–102 (zitiert als: Landes/Spörrle/Steiner, Psychologie der Wirtschaft, 71)

Lang, Joachim, „Gewinnrealisierung – Rechtsgrundlagen, Grundtatbestände und Prinzipien im Rahmen des Betriebsvermögensvergleichs nach § 4 Abs. 1 EStG", in Deutsche Steuerjuristische Gesellschaft 1981, Band 4, „Gewinnrealisierung im Steuerrecht", Hrsg. Ruppe, Hans Georg, S. 45–96 (zitiert als: Lang, DStJG 1981, 45)

Lang, Joachim, „Prinzipien und Systeme der Besteuerung von Einkommen", in Deutsche Steuerjuristische Gesellschaft 2001, Band 24, „Besteuerung von Einkommen", Hrsg. Ebling, Iris, S. 49–153 (zitiert als: Lang, DStJG 2001, 49)

Lang, Joachim, Die Bemessungsgrundlage der Einkommensteuer, Rechtssystematische Grundlagen steuerlicher Leistungsfähigkeit im deutschen Einkommensteuerrecht, Habilitation, Universität Köln, Köln 1988 (zitiert als: Lang, Die Bemessungsgrundlage der Einkommensteuer, Habil.)

Lang, Joachim/Englisch, Joachim, „Zur Verfassungswidrigkeit der neuen Mindestbesteuerung", in Steuer und Wirtschaft 2005, S. 3–24 (zitiert als: Lang/Englisch, StuW 2005, 3)

Lang, Norbert, „Das Investmentgesetz – Kein großer Wurf, aber ein Schritt in die richtige Richtung", in Wertpapier-Mitteilungen 2004, S. 53–59 (zitiert als: Lang, WM 2004, 53)

Langenbucher, Katja/Bliesener, Dirk/Spindler, Gerald, Bankrechts-Kommentar, 3. Auflage, München 2020 (zitiert als: Bearbeiter in Langenbucher/Bliesener/Spindler, Bankrecht)

Larenz, Karl/Canaris, Claus-Wilhelm, Methodenlehre der Rechtswissenschaft, 3. Auflage, Berlin 1995 (zitiert als: Larenz/Canaris, Methodenlehre der Rechtswissenschaft)

Lau, Detlef, Ratgeber Investmentfonds, Anlage in Hedgefonds und andere Fondsarten, 2. Auflage, Köln 2004 (zitiert als: Lau, Ratgeber Investmentfonds)

Laux, Manfred/Päsler, Rüdiger, Wertpapier-Investmentfonds, Frankfurt am Main 1992 (zitiert als: Laux/Päsler, Wertpapier-Investmentfonds)

Lechner, Florian, „(Erneute) Reform der Investmentbesteuerung – ein Überblick", in Recht der Finanzinstrumente 2016, S. 208–217 (zitiert als: Lechner, RdF 2016, 208)

Lehmann, Matthias, Grundriss des Bank- und Kapitalmarktrechts, Heidelberg 2016 (zitiert als: Lehmann, Grundriss des Bank- und Kapitalmarktrechts)

Lehner, Moris, „Verfassungsrechtliche Vorgaben für die Verlustberücksichtigung", in Verluste im nationalen und internationalen Steuerrecht, Hrsg. Lehner, Moris, München 2004, S. 1–22 (zitiert als: Lehner, Verluste im Steuerrecht, 1)

Leisner, Walter, „Kein Anrechnungsverfahren für Steuerbefreite?", in Steuer und Wirtschaft 1984, S. 244–254 (zitiert als: Leisner, StuW 1984, 244)

Leisner, Walter, „Steuer- und Eigentumswende die Einheitswert-Beschlüsse des Bundesverfassungsgerichts", in Neue Juristische Wochenschrift 1995, S. 2591–2596 (zitiert als: Leisner, NJW 1995, 2591)

Leisner, Walter, Wertzuwachsbesteuerung und Eigentum, Zugleich ein Beitrag zur Lehre vom Leistungseigentum, Berlin 1978 (zitiert als: Leisner, Wertzuwachsbesteuerung und Eigentum)

Leistikow, Michael/Ellerkmann, Dirk, „BB-Gesetzgebungsreport: Neuerungen nach dem Investmentgesetz", in Betriebs-Berater 2003, S. 2693–2701 (zitiert als: Leistikow/Ellerkmann, BB 2003, 2693)

Lenenbach, Markus, Kapitalmarkt- und Börsenrecht, Köln 2002 (zitiert als: Lenenbach, Kapitalmarkt- und Börsenrecht)

Lentz, Karsten/Sezer, Mustafa, „Beteiligungserträge und Hinzurechnungsbesteuerung nach ATADUmsG-E", in Internationale Steuer-Rundschau 2021, S. 85–96 (zitiert als: Lentz/Sezer, ISR 2021, 85)

Levedag, Christian, „Besteuerung der Erträge privater Anleger aus schwarzen und intransparenten Investmentfonds", in Internationale Wirtschafts-Briefe 2016, S. 262–272 (zitiert als: Levedag, IWB 2016, 262)

Levedag, Christian, „Steuerliche Hinweise zur Publikums-KG", in Münchener Handbuch des Gesellschaftsrechts, Band 2, Kommanditgesellschaft, GmbH & Co. KG, Publikums-KG, Stille Gesellschaft, Hrsg. Gummert, Hans/Weipert, Lutz, 5. Auflage, München 2019, S. 1823–1905 (zitiert als: Levedag, Münchener Hdb. des Gesellschaftsrechts, Bd. 2, 1823)

Liefmann, Robert, Beteiligungs- und Finanzierungsgesellschaften, Eine Studie über den Effektenkapitalismus, 5. Auflage, Jena 1931 (zitiert als: Liefmann, Beteiligungs- und Finanzierungsgesellschaften)

Lindemann, Alexander, „Anmerkungen zum Diskussionsentwurf eines modernen Investmentsteuergesetzes", in Finanz-Rundschau 2003, S. 890–903 (zitiert als: Lindemann, FR 2003, 890)

Linhardt, Hanns, Die Britischen Investment Trusts, Berlin 1935 (zitiert als: Linhardt, Die Britischen Investment Trusts)

Link, Mathias, „Grundzüge der beschränkten Steuerpflicht bei Investmentfonds – Zugleich ein Vergleich zwischen altem und neuem Recht", in Steueranwaltsmagazin 2018, S. 49–58 (zitiert als: Link, SAM 2018, 49)

Linn, Alexander, „Änderungen in der Hinzurechnungsbesteuerung durch das ATADUmsG?", in Internationales Steuerrecht 2020, S. 77–83 (zitiert als: Linn, IStR 2020, 77)

Linn, Alexander, „Quellensteuererstattungsansprüche ausländischer Investmentfonds in Deutschland – Zugleich Anmerkung zu EuGH, Urt. v. 10.5.2012, verb. Rs. C-338/11 bis C-347/11, FIM Santander u.a.", in Internationales Steuerrecht 2012, S. 455–459 (zitiert als: Linn, IStR 2012, 455)

van Lishaut, Ingo, „Steuersenkungsgesetz: Mitunternehmerische Einzelübertragungen i. S. des § 6 Abs. 5 Satz 3 ff. EStG n. F.", in Der Betrieb 2000, S. 1784–1789 (zitiert als: van Lishaut, DB 2000, 1784)

Littmann, Eberhard/Bitz, Horst/Pust, Hartmut, Das Einkommensteuerrecht, Kommentar, 151. Ergänzungslieferung, Stuttgart, Stand: Juni 2021 (zitiert als: Bearbeiter in Littmann/Bitz/Pust, EStG)

Loistl, Otto, Grundzüge der betrieblichen Kapitalwirtschaft, Berlin 1986 (zitiert als: Loistl, Grundzüge der betrieblichen Kapitalwirtschaft)

Loritz, Karl-Georg, „Die Realität des Aktientransfers in Zeiten der Dauerglobalurkunde – Sachgerechtes Verständnis des Zivilrechts als Grundlage zur Vermeidung steuerlicher Irrwege – Teil I", in Betriebs-Berater 2017, S. 2327–2339 (zitiert als: Loritz, BB 2017, 2327)

Loritz, Karl-Georg, „Die Realität des Aktientransfers in Zeiten der Dauerglobalurkunde – Sachgerechtes Verständnis des Zivilrechts als Grundlage zur Vermeidung steuerlicher Irrwege – Teil II", in Betriebs-Berater 2017, S. 2394–2403 (zitiert als: Loritz, BB 2017, 2394)

Lübbehüsen, Dieter/Schmitt, Rainer, „Geplante Änderungen bei der Besteuerung der Investmentanlage nach dem Referentenentwurf zum neuen Investmentsteuergesetz“, in Der Betrieb 2003, S. 1696–1701 (zitiert als: Lübbehüsen/Schmitt, DB 2003, 1696)

Lübbehüsen, Dieter/Walter, Andreas/Sotta, Christian, „(Immobilien-)Investmentfonds nach der Reform des Investmentsteuergesetzes i.d.F. des AIFM-StAnpG“, in Die steuerliche Betriebsprüfung 2016, S. 10–14 (zitiert als: Lübbehüsen/Walter/Sotta, StBp 2016, 10)

Lüdicke, Jochen, „Neues Investmentsteuerrecht – Besteuerung von Investmentfonds gemäß dem Gesetzentwurf der Bundesregierung des InvStRefG v. 24. Februar 2016“, in Steuerberater-Jahrbuch 2015/16, zugleich Bericht über den 67. Fachkongress der Steuerberater, Köln, 27. und 28. Oktober 2015, Hrsg. Rödder, Thomas/Hüttemann, Rainer, Köln 2016, S. 519–531 (zitiert als: Lüdicke, StbJb 2015/16, 519)

Lüdicke, Jürgen/Kempf, Andreas/Brink, Thomas, Verluste im Steuerrecht, Baden-Baden 2010 (zitiert als: Bearbeiter in Lüdicke/Kempf/Brink, Verluste im Steuerrecht)

Maas, Ernst, „Überlegungen zur Vereinfachung des körperschaftsteuerlichen Anrechnungsverfahrens“, in Betriebs-Berater 1985, S. 45–47 (zitiert als: Maas, BB 1985, 45)

Mager, Martin/Bindl, Elmar, „Die steuerliche Behandlung von Teilfonds bei AIF in der Rechtsform einer Personengesellschaft“, in Betriebs-Berater 2017, S. 2267–2271 (zitiert als: Mager/Bindl, BB 2017, 2267)

Maier, Peter, „Investmentsteuerreform 2018 – Steuererhöhungen vermeiden/keine administrativen Hürden aufbauen“, in Finanz-Rundschau 2016, S. 121–123 (zitiert als: Maier, FR 2016, 121)

von Mangoldt, Hermann/Klein, Friedrich/Starck, Christian, Kommentar zum Grundgesetz, Band 1, Präambel, Art. 1–19, 7. Auflage, München 2018 (zitiert als: Bearbeiter in von Mangoldt/Klein/Starck, GG, Bd. 1)

Markowitz, Harry, „Portfolio Selection“, in The Journal of Finance 1952, S. 77–91 (zitiert als: Markowitz, The Journal of Finance 1952, 77)

Maunz, Theodor/Dürig, Günter, Kommentar zum Grundgesetz, Band 1, Art. 1–5, 94. Lieferung, München, Stand: Januar 2021 (zitiert als: Bearbeiter in Maunz/Dürig, GG, Bd. 1)

Mauser, Johannes, Anlegerschutzlücken in den Investmentrichtlinien und den umsetzenden Inlandsgesetzen, Dissertation, Eberhard-Karls-Universität Tübingen, Tübingen 1999 (zitiert als: Mauser, Anlegerschutzlücken, Diss.)

Meinert, Matthias, „BMF zu Einkünften aus sog. intransparenten Investmentfonds – Hohe Hürden für die Nachweispflichten zur Vermeidung der Pauschalbesteuerung“, in Neue Wirtschafts-Briefe 2015, S. 1325–1329 (zitiert als: Meinert, NWB 2015, 1325)

Meinert, Matthias, „Investmentsteuerreform: Diskussionsentwurf des BMF zur intransparenten Besteuerung von Investmentfonds“, in Neue Wirtschafts-Briefe 2015, S. 2416–2420 (zitiert als: Meinert, NWB 2015, 2416)

Meinhardt, Sebastian, „Quellensteuerbelastung ausländischer Zinserträge trotz Doppelbesteuerungsabkommen beim Direkt- und Investmentfondsanleger“, in Deutsches Steuerrecht 2003, S. 1780–1783 (zitiert als: Meinhardt, DStR 2003, 1780)

Meinhardt, Sebastian, „Steuerliche Gestaltungsmöglichkeiten bei Investmentfonds“, in Deutsches Steuerrecht 2003, S. 1234–1239 (zitiert als: Meinhardt, DStR 2003, 1234)

Meinhardt, Sebastian/Harm, Stefan, „Zweifelsfragen und Gesetzesänderungen zu § 56 InvStG“, in Deutsches Steuerrecht 2019, S. 1023–1030 (zitiert als: Meinhardt/Harm, DStR 2019, 1023)

Merkt, Hanno/Göthel, Stephan, US-amerikanisches Gesellschaftsrecht, 2. Auflage, Frankfurt am Main 2006 (zitiert als: Merkt/Göthel, US-amerikanisches Gesellschaftsrecht)

Mersmann, Wolfgang, „Diskriminierung ausländischer Beteiligungen bei der Körperschaftsteuerreform?“, in Deutsche Steuer-Zeitung, Ausgabe A 1971, S. 310–313 (zitiert als: Mersmann, DStZ/A 1971, 310)

Meyer-Scharenberg, Dirk, Steuergestaltung durch Umwandlung, Habilitation, Ludwig-Maximilians-Universität München, Herne 1990 (zitiert als: Meyer-Scharenberg, Steuergestaltung durch Umwandlung, Habil.)

Michael, Lothar/Morlok, Martin, Grundrechte, 7. Auflage, Baden-Baden 2020 (zitiert als: Michael/Morlok, Grundrechte)

Möllers, Thomas, Juristische Methodenlehre, 3. Auflage, München 2020 (zitiert als: Möllers, Juristische Methodenlehre)

Mönikes, Cordula, Die Verlustverrechnungsbeschränkungen des Einkommensteuergesetzes im Lichte der Verfassung, Dissertation, Westfälische Wilhelms-Universität Münster, Aachen 2006 (zitiert als: Mönikes, Die Verlustverrechnungsbeschränkungen, Diss.)

Monopolkommission, Hauptgutachten, Wettbewerb 2018, XXII. Hauptgutachten der Monopolkommission gemäß § 44 Abs. 1 Satz 1 GWB, Baden-Baden 2018 (zitiert als: Monopolkommission, XXII. Hauptgutachten, Wettbewerb 2018)

Morecroft, Nigel Edward, The Origins of Asset Management from 1700 to 1960, Towering Investors, Cham 2017 (zitiert als: Morecroft, The Origins of Asset Management)

Moritz, Joachim/Jesch, Thomas, Frankfurter Kommentar zum Kapitalanlagerecht, Band 2, Investmentsteuergesetz, 1. Auflage, Frankfurt am Main 2015 (zitiert als: Bearbeiter in Moritz/Jesch, FraKo Kapitalanlagerecht, Bd. 2, 1. Aufl.)

Moritz, Joachim/Jesch, Thomas/Mann, Alexander, Frankfurter Kommentar zum Kapitalanlagerecht, Band 2, Investmentsteuergesetz, 2. Auflage, Frankfurt am Main 2020 (zitiert als: Bearbeiter in Moritz/Jesch/Mann, FraKo Kapitalanlagerecht, Bd. 2, 2. Aufl.)

Möstl, Markus, „Verfassungsrechtliche Grenzen der Besteuerung – Dargestellt am Beispiel der Vermögensteuer, Veräußerungsgewinnbesteuerung und Abgeltungsteuer“, in Deutsches Steuerrecht 2003, S. 720–726 (zitiert als: Möstl, DStR 2003, 720)

Müller, Martin, „Why were there no investment trusts in Germany? An analysis of an anomaly in the German financial industry from 1870 to 1957", in History of Financial Institutions, Essays on the history of European finance, 1800–1950, Hrsg. Hofmann, Carmen/Müller, Martin, Abingdon 2017, S. 142–160 (zitiert als: Müller, History of Financial Institutions, 142)

Müller-Glöge/Preis, Ulrich/Schmidt, Ingrid, Erfurter Kommentar zum Arbeitsrecht, 21. Auflage, München 2021 (zitiert als: Bearbeiter in Müller-Glöge/Preis/Schmidt, ErfKo)

von Münch, Ingo/Kunig, Philip, Kommentar zum Grundgesetz, Band 1, Präambel bis Art. 69, 7. Auflage, München 2021 (zitiert als: Bearbeiter in von Münch/Kunig, GG, Bd. 1)

Musil, Andreas, „Verfassungsrechtliche Leitplanken einer Vermögensbesteuerung", in Deutsches Steuerrecht 2017, S. 1903–1907 (zitiert als: Musil, DStR 2017, 1903)

Musil, Andreas/Weber-Grellet, Heinrich, Europäisches Steuerrecht, Kommentar, München 2019 (zitiert als: Bearbeiter in Musil/Weber-Grellet, Europäisches Steuerrecht)

Müssener, Ingo, „Das Steuersystem der Niederlande im Überblick", in Internationale Wirtschafts-Briefe 2002, S. 535–554 (zitiert als: Müssener, IWB 2002, 535)

Muthorst, Olaf, Grundlagen der Rechtswissenschaft, Methode, Begriff, System, 2. Auflage, München 2019 (zitiert als: Muthorst, Grundlagen der Rechtswissenschaft)

Nacke, Aloys/Intemann, Jens, „Ausgewählte Probleme des Halbeinkünfteverfahrens", in Der Betrieb 2002, S. 756–762 (zitiert als: Nacke/Intemann, DB 2002, 756)

Nagler, Jürgen/Niedling, Dirk/Patzner, Andreas, „Cum/Cum-Gestaltungen und die Erstattung unionsrechtswidrig erhobener Kapitalertragsteuern", in Recht der Finanzinstrumente 2017, S. 289–296 (zitiert als: Nagler/Niedling/Patzner, RdF 2017, 289)

Natter, Alexander, Grundwissen Investmentfonds, Die intelligente Finanzplanung für jedermann, Arten und Funktionsweisen, Vergleich der verschiedenen Angebote, München 1993 (zitiert als: Natter, Grundwissen Investmentfonds)

Natter, Alexander, Investmentfonds, Vermögensaufbau mit System, München 2002 (zitiert als: Natter, Investmentfonds)

Neiße, Thomas, „Der deutsche institutionelle Fondsmarkt im Wandel", in Handbuch Investmentfonds für institutionelle Anleger, Hrsg. Heinke, Volker/Krämer, Werner/Nürk, Bettina, Bad Soden 2011, S. 3–32 (zitiert als: Neiße, Hdb. Investmentfonds, 3)

Neu, Leonie-Pascale, Der Trust im italienischen Recht, Dissertation, Max-Planck-Institut für ausländisches und internationales Privatrecht, Tübingen 2018 (zitiert als: Neu, Der Trust im italienischen Recht, Diss.)

Neudecker, Daniel, Die deutsche REIT-AG im Kreis der Immobilieninvestmentformen, Faktische Transparenz als steuerlicher Leitgedanke, Dissertation, Freie Universität Berlin, Baden-Baden 2012 (zitiert als: Neudecker, Die deutsche REIT-AG, Diss.)

Neumann, Steffen, „Abkommensberechtigung inländischer Investmentfonds ab 2018", in Finanz-Rundschau 2018, S. 457–461 (zitiert als: Neumann, FR 2018, 457)

Neumann, Steffen, „Investmentsteuerreformgesetz: Ausgewählte Problemfelder", in Der Betrieb 2016, S. 1779–1783 (zitiert als: Neumann, DB 2016, 1779)

Neumark, Fritz, Theorie und Praxis der modernen Einkommensbesteuerung, Bern 1947 (zitiert als: Neumark, Theorie und Praxis der modernen Einkommensbesteuerung)

Niedling, Dirk/Hempelmann, Jan, „Private Equity Fonds und das seit 2018 geltende Investmentsteuerrecht – praktische (Anwendungs-)Fragen", in Recht der Finanzinstrumente 2019, S. 41–48 (zitiert als: Niedling/Hempelmann, RdF 2019, 41)

Nürnberg, Philip, „Entwurf eines ATAD-Umsetzungsgesetzes – BMF veröffentlicht Referentenentwurf", in Neue Wirtschafts-Briefe 2020, S. 330–339 (zitiert als: Nürnberg, NWB 2020, 330)

Oestreicher, Andreas/Hammer, Markus, Taxation of Income from Domestic and Cross-border Collective Investment, A Qualitative and Quantitative Comparison, Cham 2014 (zitiert als: Oestreicher/Hammer, Taxation of Income from Collective Investment)

von Oetinger, Nikolaus-Alexander, Amerikanische Investmentgesellschaften, Eine Erfolgsanalyse, Wiesbaden 1972 (zitiert als: von Oetinger, Amerikanische Investmentgesellschaften)

Offner, Max, Die kapitalwirtschaftliche Funktion der Holdinggesellschaften und Investment Trusts unter besonderer Berücksichtigung ihrer Besteuerung, Dissertation, Johann-Wolfgang-Goethe-Universität Frankfurt am Main, Köln 1933 (zitiert als: Offner, Die kapitalwirtschaftliche Funktion der Holdinggesellschaften und Investment Trusts, Diss.)

Ohl, Karl, Die Rechtsbeziehungen innerhalb des Investment-Dreiecks, Dissertation, Johannes-Gutenberg-Universität Mainz, Berlin 1989 (zitiert als: Ohl, Die Rechtsbeziehungen innerhalb des Investment-Dreiecks, Diss.)

Oldenburg, Alexander, Ein Marktprozeßansatz in der Analyse des Gesetzes über Kapitalanlagegesellschaften (KAGG) – insbesondere bei Publikums-Immobilienfonds, Dissertation, Technische Universität Berlin, Berlin 1999 (zitiert als: Oldenburg, Ein Marktprozeßansatz in der Analyse des KAGG, Diss.)

Ordelheide, Dieter, Transnational Accounting, Band 1, 2. Auflage, Houndmills 2001 (zitiert als: Bearbeiter in Ordelheide, Transnational Accounting, Bd. 1)

Ossenbühl, Fritz, „Gesetz und Recht – Die Rechtsquellen im demokratischen Rechtsstaat", in Handbuch des Staatsrechts der Bundesrepublik Deutschland, Band 5, Rechtsquellen, Organisation, Finanzen, Hrsg. Isensee, Josef/Kirchhof, Paul, 3. Auflage, Heidelberg 2007, S. 135–182 (zitiert als: Ossenbühl, Hdb. des Staatsrechts, Bd. 5, 135)

Ott-Eulberg, Michael/Schebesta, Michael/Bartsch, Herbert, Erbrecht und Banken, 3. Auflage, Herne 2018 (zitiert als: Bearbeiter in Ott-Eulberg/Schebesta/Bartsch, Erbrecht und Banken) *den Otter, Matthäus*, Investmentfonds, Grundlagen, Risiken, Chancen, 2. Auflage, Zürich 2003 (zitiert als: den Otter, Investmentfonds)

Otterbach, Armin, Verwaltung und Besteuerung von Spezialfonds nach dem KAGG, Dissertation, Eberhard-Karls-Universität Tübingen, Tübingen 2004 (zitiert als: Otterbach, Verwaltung und Besteuerung von Spezialfonds, Diss.)

Palandt, Otto, Kommentar zum Bürgerlichen Gesetzbuch, 80. Auflage, München 2021 (zitiert als: Bearbeiter in Palandt, BGB)

Palyi, Melchior/Quittner, Paul, Handwörterbuch des Bankwesens, Berlin 1933 (zitiert als: Palyi/Quittner, Handwörterbuch des Bankwesens)

Päsler, Rüdiger, „Investmentsparen", in Handbuch Vermögensanlage, Hrsg. Sieper, Hartmut, Wiesbaden 1992, S. 339–377 (zitiert als: Päsler, Hdb. Vermögensanlage, 339)

Päsler, Rüdiger, Handbuch des Investmentsparens, Wiesbaden 1991 (zitiert als: Päsler, Hdb. des Investmentsparens)

Patzner, Andreas, „Investmentanteile (Wertpapier- und Immobilieninvestitionen)", in Besteuerung privater Kapitalanlagen, Finanzinstrumente, Investmentanteile, Immobilieninvestitionen, Veräußerungsgeschäfte, Altersvorsorge, Hrsg. Feyerabend, Hans-Jürgen, München 2009, S. 121–201 (zitiert als: Patzner, Besteuerung privater Kapitalanlagen, 121)

Patzner, Andreas, „Lässt das angedachte Investmentsteuerreformgesetz das Außensteuergesetz leerlaufen?", in Recht der Finanzinstrumente 2015, S. 261–262 (zitiert als: Patzner, RdF 2015, 261)

Patzner, Andreas/Döser, Achim/Kempf, Ludger, Investmentrecht, Kommentar zum Kapitalanlagegesetzbuch sowie zu den Investmentsteuergesetzen geltend bis zum 31.12.2017 sowie ab dem 1.1.2018, 3. Auflage, Baden-Baden 2017 (zitiert als: Bearbeiter in Patzner/Döser/Kempf, Investmentrecht)

Patzner, Andreas/Harm, Stefan, „Steuerliche Behandlung von Spezial-Investmentfonds nach dem Investmentsteuerreformgesetz ab 2018", in Betriebs-Berater 2018, S. 2711–2716 (zitiert als: Patzner/Harm, BB 2018, 2711)

Patzner, Andreas/Kempf, Ludger/Nagler, Jürgen, Investmentsteuergesetz, Kommentar, In zwei Fassungen – geltend bis zum 31.12.2017 und geltend ab dem 01.01.2018, Baden-Baden 2018 (zitiert als: Bearbeiter in Patzner/Kempf/Nagler, InvStG)

Patzner, Andreas/Nagler, Jürgen, „§ 11 InvStG gilt nur für inländische Investmentfonds", in Internationales Steuerrecht 2020, S. 143–155 (zitiert als: Patzner/Nagler, IStR 2020, 143)

Patzner, Andreas/Nagler, Jürgen, „Die EuGH-Verfahren in den Rechtssachen C-338/11 bis C-347/11 FIM Santander u.a. als Wegbereiter für die Kapitalertragsteuererstattung an Investment-Fonds?", in Internationales Steuerrecht 2012, S. 255–257 (zitiert als: Patzner/Nagler, IStR 2012, 255)

Patzner, Andreas/Nagler, Jürgen, „Die Konsequenzen des EuGH-Urteils vom 9.10.2014 in der Rs. C-326/12, Rita und Patrick van Caster sowie des anhängigen EuGH-Verfahrens in der Rs. C-560/13, Wagner-Raith für die Ertragsbesteuerung intransparenter gebietsfremder Investmentfonds", in Internationales Steuerrecht 2014, S. 848–855 (zitiert als: Patzner/Nagler, IStR 2014, 848)

Patzner, Andreas/Nagler, Jürgen, „Nur auf Ausschüttungen an Auslandsfonds erhobene Dividendenkapitalertragsteuer verstößt gegen Kapitalverkehrsfreiheit – Fidelity Funds ua/Skatteministeriet", in Internationales Steuerrecht 2018, S. 590–602 (zitiert als: Patzner/Nagler, IStR 2018, 590)

Patzner, Andreas/Nagler, Jürgen, „Zum Seminar I: Kernpunkte des ab 2018 in Deutschland geltenden deutschen Investmentsteuerregimes", in Internationales Steuerrecht 2016, S. 725–729 (zitiert als: Patzner/Nagler, IStR 2016, 725)

Patzner, Andreas/Wiese, Frank, „Neuordnung der Investmentbesteuerung bei der Umsetzung der AIFM-Richtlinie durch das AIFM-Steueranpassungsgesetz", in Internationales Steuerrecht 2013, S. 73–76 (zitiert als: Patzner/Wiese, IStR 2013, 73)

Perridon, Louis/Steiner, Manfred/Rathgeber, Andreas, Finanzwirtschaft der Unternehmung, 17. Auflage, München 2017 (zitiert als: Perridon/Steiner/Rathgeber, Finanzwirtschaft der Unternehmung)

Petersen, Sven, „Ausschüttungsgleiche Erträge nach dem Investmentsteuergesetz", in Finanz-Rundschau 2006, S. 1065–1071 (zitiert als: Petersen, FR 2006, 1065)

Pflaum, Rainer, „Investmentfonds in Frankreich und Aspekte ihres Einsatzes in der französischen Versicherungswirtschaft", in Versicherungswirtschaft 1992, S. 40–49 (zitiert als: Pflaum, VW 1992, 40)

Pflaum, Rainer, Wertpapier-Investmentfonds in Lebensversicherungsunternehmen, Ein Leitfaden für Praktiker, Dissertation, Universität Mannheim, Wiesbaden 1993 (zitiert als: Pflaum, Wertpapier-Investmentfonds in Lebensversicherungsunternehmen, Diss.)

Piekenbrock, Dirk, Gabler Kompakt-Lexikon Volkswirtschaftslehre, 4.200 Begriffe nachschlagen, verstehen, anwenden, 3. Auflage, Wiesbaden 2009 (zitiert als: Piekenbrock, Gabler Kompakt-Lexikon VWL)

Pinkernell, Heinz-Gerd/Filenius, Torsten, „Das Vererben von Fondsbeteiligungen: Rechte und Pflichten für Erben und Erblasser", in Zeitschrift für die gesamte erbrechtliche Praxis 2017, S. 201–203 (zitiert als: Pinkernell/Filenius, ErbR 2017, 201)

Plenge, Johann, Gründung und Geschichte des Crédit Mobilier, Tübingen 1903 (zitiert als: Plenge, Gründung und Geschichte des Crédit Mobilier)

Podewils, Max, Investmentgesellschaften in der Bundesrepublik, Dissertation, Universität Köln, Köln 1960 (zitiert als: Podewils, Investmentgesellschaften, Diss.)

Pöllath, Reinhard, „Die Behandlung ausländischer Einkünfte im körperschaftsteuerlichen Anrechnungsverfahren – Anrechnung ausländischer Steuern und Körperschaftsteueranrechnung in verschiedenen Staaten", in Recht der Internationalen Wirtschaft 1979, S. 757–764 (zitiert als: Pöllath, RIW 1979, 757)

Polzer, Reiner, „Entwicklungstendenzen der Körperschaftsteuer“, in Aktuelle Herausforderungen der Betriebswirtschaft, Jahrbuch des Instituts für Betriebswirtschaft der Westsächsischen Hochschule Zwickau, Hrsg. Baier, Gundolf/Günther, Gabriele/Janke, Günter/Muschol, Horst, Frankfurt am Main 2008, S. 123–138 (zitiert als: Polzer, Aktuelle Herausforderungen der Betriebswirtschaft, 123)

Postert, Andreas, Der Anlagestil deutscher Aktienfonds, Eine portfoliobasierte Analyse mittels style-identifizierender Fundamentalfaktoren, Dissertation, Universität Duisburg-Essen, Wiesbaden 2007 (zitiert als: Postert, Der Anlagestil deutscher Aktienfonds, Diss.)

Raab, Wolfgang, Grundlagen des Investmentfondsgeschäftes, 7. Auflage, Wiesbaden 2019, (zitiert als: Raab, Grundlagen des Investmentfondsgeschäftes)

Rapp, Benjamin, Private-Equity nach Inkrafttreten der Unternehmensteuerreform 2008, Hamburg 2009 (zitiert als: Rapp, Private-Equity)

Rau, Stephan, „„Cum/Cum“ Geschäfte über Repros- und Wertpapierdarlehen nach dem BMF-Schreiben v. 17.7.2017, FR 2017, 891“, in Finanz-Rundschau 2017, S. 1043–1047 (zitiert als: Rau, FR 2017, 1043)

Rau, Stephan, „„Cum/Ex“ und „Cum/Cum“ abgeschlossene Aktiengeschäfte über den Dividendenstichtag“, in Deutsches Steuerrecht 2021, S. 6–13 (zitiert als: Rau, DStR 2021, 6)

Rau, Stephan, „Bondstripping und Steuergestaltungen im Investmentbereich“, in Finanz-Rundschau 2019, S. 511–516 (zitiert als: Rau, FR 2019, 511)

Rau, Stephan, „Leerverkäufe und doppelte Anrechnung von Kapitalertragsteuer“, in Deutsches Steuerrecht 2010, S. 1267–1271 (zitiert als: Rau, DStR 2010, 1267)

Rau, Stephan, „Leerverkäufe und mehrfache Anrechnung von Kapitalertragsteuer und Solidaritätszuschlag“, in Finanz-Rundschau 2011, S. 366–373 (zitiert als: Rau, FR 2011, 366)

Rau, Stephan, „Wandelanleihen auf Aktien im Wirkungskreis von Bulle und Bär – Die Ausübung des Wandlungsrechts als Tausch i. S. von § 6 Abs. 1 S. 1 EStG“, in Deutsches Steuerrecht 2014, S. 2201–2208 (zitiert als: Rau, DStR 2014, 2201)

Rau, Stephan, „Wirtschaftliches Eigentum beim Kauf girosammelverwahrter Aktien über den Dividendenstichtag („cum/ex“-Geschäfte) – Eine kurze Erwiderung zu Englisch, FR 2010, 1023“, in Deutsches Steuerrecht 2011, S. 510–512 (zitiert als: Rau, DStR 2011, 510)

Raupach, Arndt, „Außensteuerrechtliche Wirkungen der Steuerreformgesetze“, in Jahrbuch der Fachanwälte für Steuerrecht, Aktuelle steuerrechtliche Beiträge, Referate und Diskussionen der 28. Steuerrechtlichen Jahresarbeitstagung, Wiesbaden, 9. bis 11. Mai 1977, Hrsg. Institut für Steuerrecht der Rechtsanwaltschaft e.V., Herne 1977, S. 424–443 (zitiert als: Raupach, JbFfSt 1977/78, 424)

Raupach, Arndt, „Das körperschaftsteuerliche Anrechnungsverfahren – Bestandsaufnahme und Kritik“, in Deutsche Steuerjuristische Gesellschaft 1997, Band 20, „Besteuerung der GmbH und ihrer Gesellschafter“, Hrsg. Widmann, Siegfried, S. 21–56 (zitiert als: Raupach, DStJG 1997, 21)

Raupach, Arndt, „Mindestbesteuerung im Einkommen- und Körperschaftsteuerrecht“, in Verluste im nationalen und internationalen Steuerrecht, Hrsg. Lehner, Moris, München 2004, S. 53–61 (zitiert als: Raupach, Verluste im Steuerrecht, 53)

Rautenstrauch, Gabriele, „Referentenentwurf eines ATAD-Umsetzungsgesetzes – (k)eine Reform der Hinzurechnungsbesteuerung?“, in GmbH-Rundschau 2020, S. R36–R38 (zitiert als: Rautenstrauch, GmbHR 2020, R36)

Rechid, Salar/Schäfer, Peter, „ATAD-Umsetzungsgesetz: Reform der Hinzurechnungsbesteuerung – Mögliche Konsequenzen in der Praxis von deutschen Kreditinstituten – Teil I“, in Betriebs-Berater 2020, S. 2071–2080 (zitiert als: Rechid/Schäfer, BB 2020, 2071)

Recker, Thomas Fabian, Direkte Unternehmenssteuern in der Europäischen Union, Dissertation, Universität Bremen, Marburg 2009, (zitiert als: Recker, Direkte Unternehmenssteuern, Diss.)

Rehm, Helmut/Nagler, Jürgen, „Der jüngste Diskussionsentwurf eines Investmentsteuerreformgesetzes im Fokus des Unionsrechts“, in Betriebs-Berater 2015, S. 2006–2009 (zitiert als: Rehm/Nagler, BB 2015, 2006)

Rehm, Helmut/Nagler, Jürgen, „Fallstricke bei der geplanten Reform der Investment-Besteuerung“, in Betriebs-Berater 2015, S. 1248–1252 (zitiert als: Rehm/Nagler, BB 2015, 1248)

Reich, Markus, Die Realisation stiller Reserven im Bilanzsteuerrecht, Habilitation, Universität Zürich, Zürich 1983 (zitiert als: Reich, Die Realisation stiller Reserven, Habil.)

Reif, Christian, Reform der Besteuerung des Einkommens, Notwendigkeit, Anforderungen und Möglichkeiten, Dissertation, European Business School Oestrich-Winkel, Wiesbaden 2005 (zitiert als: Reif, Reform der Besteuerung des Einkommens, Diss.)

Reimer, Franz, Juristische Methodenlehre, 2. Auflage, Baden-Baden 2020 (zitiert als: Reimer, Juristische Methodenlehre)

Reiner, Fabienne Stephanie, „Zur Pauschalbesteuerung von Erträgen „schwarzer“ bzw. „intransparenter“ Investmentfonds mit Sitz im Ausland“, in Gesellschafts- und Wirtschaftsrecht 2016, S. 269–272 (zitiert als: Reiner, GWR 2016, 269)

Reinhardt, Isabel, Übergang stiller Reserven im Steuerrecht der Kapitalgesellschaft, Dissertation, Otto-Friedrich-Universität Bamberg, Frankfurt am Main 1998 (zitiert als: Reinhardt, Übergang stiller Reserven, Diss.)

Remmel, Matthias, Besteuerung von Finanzinnovationen im Privatvermögen, Dissertation, Justus-Liebig-Universität Gießen, Wiesbaden 2001 (zitiert als: Remmel, Besteuerung von Finanzinnovationen, Diss.)

Reuter, Gerhard, Investmentfonds und die Rechtsstellung der Anteilinhaber, Dissertation, Johann-Wolfgang-Goethe-Universität Frankfurt am Main, Frankfurt am Main 1964 (zitiert als: Reuter, Investmentfonds und die Rechtsstellung der Anteilinhaber, Diss.)

Reuter, Hans Peter, „Internationale Steuerpolitik im Unternehmen“, in Die Aktiengesellschaft 1978, S. 228–232 (zitiert als: Reuter, AG 1978, 228)

Rhodius, Oliver/Lofing, Johannes, Kapitalertragsteuer und Abgeltungsteuer verstehen, Besteuerung von Kapitalerträgen im Privatvermögen, 5. Auflage, Wiesbaden 2019 (zitiert als: Rhodius/Lofing, Kapitalertragsteuer und Abgeltungsteuer)

Richter, Andreas/Welling, Berthold, „Tagungs- und Diskussionsbericht zum 57. Berliner Steuergespräch „Die Reform der Investmentbesteuerung““, in Finanz-Rundschau 2016, S. 111–115 (zitiert als: Richter/Welling, FR 2016, 111)

Richter, Konrad, „Die Auswirkungen der geplanten Reform der Investmentbesteuerung auf das Verhältnis zur Hinzurechnungsbesteuerung nach den §§ 7 bis 14 AStG“, in Die Unternehmensbesteuerung 2016, S. 9–14 (zitiert als: Richter, Ubg 2016, 9)

Riesenhuber, Karl, „Die Auslegung“, in Europäische Methodenlehre, Handbuch für Ausbildung und Praxis, Hrsg. Riesenhuber, Karl, 4. Auflage, Berlin 2021, S. 285–321 (zitiert als: Riesenhuber, Europäische Methodenlehre, 285)

Rinsoz, Arthur, Zur Rechnungsführung der Investment Trusts, Dissertation, Universität Zürich, Zürich 1952 (zitiert als: Rinsoz, Zur Rechnungsführung der Investment Trusts, Diss.)

Ritter, Wolfgang, „Ausländische Einkünfte und ausländischer Streubesitz unter dem Regime der Körperschaftsteuerreform“, in Betriebs-Berater 1983, S. 325–327 (zitiert als: Ritter, BB 1983, 325)

Röder, Erik, „Zur Verfassungswidrigkeit der Mindestbesteuerung (§ 10d Abs. 2 EStG) und der Beschränkung des Verlustabzugs nach § 8c KStG“, in Steuer und Wirtschaft 2012, S. 18–32 (zitiert als: Röder, StuW 2012, 18)

Röder, Erik, Das System der Verlustverrechnung im deutschen Steuerrecht, Verfassungsrechtliche Vorgaben und Ausgestaltung de lege ferenda, Dissertation, Universität Bayreuth, Köln 2010 (zitiert als: Röder, Das System der Verlustverrechnung, Diss.)

Rödig, Jürgen, Einführung in eine analytische Rechtslehre, Berlin 1986 (zitiert als: Rödig, Einführung in eine analytische Rechtslehre)

Rohde, Konrad, „Auswirkungen des Urteils des EuGH vom 9.10.2014 in der Rs. van Caster“, in Deutsches Steuerrecht 2014, S. 2494–2498 (zitiert als: Rohde, DStR 2014, 2494)

Rohde, Konrad/Neumann, Steffen, „Beschränkt die Besteuerung intransparenter Investmentfonds die Kapitalverkehrsfreiheit?“, in Internationales Steuerrecht 2012, S. 663–667 (zitiert als: Rohde/Neumann, IStR 2012, 663)

Rohde, Konrad/Neumann, Steffen, „Besteuerung von Erträgen aus intransparenten Publikums-Investmentvermögen bei Privatanlegern“, in Finanz-Rundschau 2012, S. 247–254 (zitiert als: Rohde/Neumann, FR 2012, 247)

Roth, Hans-Peter, „Gesetz zur Reform der Investmentbesteuerung“, in Gesellschafts- und Wirtschaftsrecht 2016, S. 457–463 (zitiert als: Roth, GWR 2016, 457)

Roth, Hans-Peter, „Neuer Diskussionsentwurf des BMF zur Reform der Investmentbesteuerung“, in Steuerberater Woche 2015, S. 829–833 (zitiert als: Roth, StBW 2015, 829)

Rottmann, Horst/Walter, Christian, „Performancemessung der Dividendenstrategie“, in Wirtschaftswissenschaftliches Studium 2004, S. 603–608 (zitiert als: Rottmann/Walter, WiSt 2004, 603)

Ruppe, Hans Georg, „Möglichkeiten und Grenzen der Übertragung von Einkunftsquellen als Problem der Zurechnung von Einkünften“, in Deutsche Steuerjuristische Gesellschaft 1978, Band 1, „Übertragung von Einkunftsquellen“, Hrsg. Tipke, Klaus, S. 7–40 (zitiert als: Ruppe, DStJG 1978, 7)

Rüsch, Gary, „Die Subject-to-Tax-Klausel des § 16 Abs. 4 InvStG für Ausschüttungen ausländischer Investmentfonds“, in Internationale Steuer-Rundschau 2020, S. 140–144 (zitiert als: Rüsch, ISR 2020, 140)

Rüthers, Bernd/Fischer, Christian/Birk, Axel, Rechtstheorie, mit Juristischer Methodenlehre, 11. Auflage, München 2020 (zitiert als: Rüthers/Fischer/Birk, Rechtstheorie)

Sachs, Michael, Kommentar zum Grundgesetz, 9. Auflage, München 2021 (zitiert als: Bearbeiter in Sachs, GG)

Sachs, Michael, Verfassungsrecht II, Grundrechte, 3. Auflage, Berlin 2017 (zitiert als: Sachs, Verfassungsrecht II)

Sachtleber, Ole, Zivilrechtliche Strukturen von open-end-Investmentfonds in Deutschland und England, Dissertation, Christian-Albrechts-Universität Kiel, Göttingen 2011 (zitiert als: Sachtleber, Zivilrechtliche Strukturen von open-end-Investmentfonds, Diss.)

Säcker, Franz Jürgen/Rixecker, Roland/Oetker, Hartmut/Limperg Bettina, Münchener Kommentar zum Bürgerlichen Gesetzbuch, Band 1, Allgemeiner Teil, §§ 1–240, AllgPersönlR, ProstG, AGG, 9. Auflage, München 2021 (zitiert als: Bearbeiter in Säcker/Rixecker/Oetker/Limperg, MüKo BGB, Bd. 1)

Säcker, Franz Jürgen/Rixecker, Roland/Oetker, Hartmut/Limperg Bettina, Münchener Kommentar zum Bürgerlichen Gesetzbuch, Band 11, Erbrecht, §§ 1922–2385, §§ 27–35 BeurkG, 8. Auflage, München 2020 (zitiert als: Bearbeiter in Säcker/Rixecker/Oetker/Limperg, MüKo BGB, Bd. 11)

Sagasser, Bernd/Leuschner, Sabine, „Die Besteuerung von Kapitalanlagevermögen“, in Handbuch des Kapitalanlagerechts, Hrsg. Assmann, Heinz-Dieter/Schütze, Rolf/Buck-Heeb, Petra, 5. Auflage, München 2020, S. 1291–1534 (zitiert als: Sagasser/Leuschner, Hdb. des Kapitalanlagerechts, 1291)

Salzmann, Stephan/Heufelder, Sarah, „Ist die weitere Bekämpfung von „Cum/Cum-Geschäften“ im grenzüberschreitenden Kontext durch den Gesetzgeber gerechtfertigt?“, in Internationales Steuerrecht 2017, S. 125–129 (zitiert als: Salzmann/Heufelder, IStR 2017, 125)

Sanning, Dajo Ee, Systemgerechtigkeit im Spannungsfeld von Investmentsteuerrecht und Hinzurechnungsbesteuerung, Dissertation, Bucerius Law School Hamburg, Frankfurt am Main 2020 (zitiert als: Sanning, Systemgerechtigkeit im Spannungsfeld von Investmentsteuerrecht und Hinzurechnungsbesteuerung, Diss.)

Sapusek, Annemarie, Ökonomische und juristische Analyse der Steuerharmonisierung in der Europäischen Union, Dissertation, Wirtschaftsuniversität Wien, Frankfurt am Main 1997 (zitiert als: Sapusek, Ökonomische und juristische Analyse der Steuerharmonisierung, Diss.)

Schäcker, Hanns-Erhard, Entwicklung und System des Investmentsparens, Frankfurt am Main 1961 (zitiert als: Schäcker, Entwicklung und System des Investmentsparens)

Schäfer, Peter, „InvStG 2018: Fragen zur Vorabpauschale i.S.d. § 18 InvStG – Privatanleger: Steuererklärungspflicht im Einzelfall – Betriebliche Anleger: Drohende Doppelbesteuerung“, in Der Steuerberater 2020, S. 123–130 (zitiert als: Schäfer, StB 2020, 123)

Schaller, Anton, „Wer sind die Vertragspartner des Generationenvertrags? – Mit Hinweisen auf die Altersorganisationen in der Schweiz“, in Der neue Generationenvertrag, Hrsg. Bachmaier, Helmut, Göttingen 2005, S. 70–76 (zitiert als: Schaller, Der neue Generationenvertrag, 70)

Schanz, Georg, „Der Einkommensbegriff und die Einkommensteuergesetze“, in Finanz-Archiv 1896, S. 1–87 (zitiert als: Schanz, Finanz-Archiv 1896, 1)

Schaumburg, Harald, „Die Entstrickungsklauseln im Umwandlungssteuerrecht“, in Festschrift für Norbert Herzig zum 65. Geburtstag, „Unternehmensbesteuerung“, Hrsg. Kessler, Wolfgang, München 2010, S. 711–728 (zitiert als: Schaumburg, FS Herzig, 711)

Schaumburg, Harald, Internationales Steuerrecht, 4. Auflage, Köln 2017 (zitiert als: Bearbeiter in Schaumburg, Internationales Steuerrecht)

Scheffler, Wolfram, Besteuerung von Unternehmen I, Band 1, Ertrag-, Substanz- und Verkehrsteuern, 14. Auflage, Heidelberg 2020 (zitiert als: Scheffler, Besteuerung von Unternehmen, Bd. 1)

Scheurle, Florian, „„Stripped Bonds“ – Getrennte Kapital- und Zinsansprüche aus Anleihen“, in Der Betrieb 1997, S. 1839–1840 (zitiert als: Scheurle, DB 1997, 1839)

Schick, Rainer/Bickert, Cora, „Besteuerung des negativen Aktiengewinns – Inkonsistenz oder Umsetzung des Transparenzprinzips?“, in Betriebs-Berater 2006, S. 1999–2004 (zitiert als: Schick/Bickert, BB 2006, 1999)

Schick, Walter, Der Verlustrücktrag, München 1976 (zitiert als: Schick, Der Verlustrücktrag)

Schlund, Albert, „Die Anwendungs- und Übergangsvorschriften des neuen InvStG – Was passiert zum Jahreswechsel eigentlich genau?“, in Deutsches Steuerrecht 2017, S. 2710–2719 (zitiert als: Schlund, DStR 2017, 2710)

Schmehl, Arndt, Das Äquivalenzprinzip im Recht der Staatsfinanzierung, Habilitation, Justus-Liebig-Universität Gießen, Tübingen 2004 (zitiert als: Schmehl, Das Äquivalenzprinzip, Habil.)

von Schmettow, Carola/Brückner, Daniel/Stabenow, Norbert, „Die Depotbank – Gesetzliche Aufgaben und Anforderungen institutioneller Anleger“, in Handbuch Investmentfonds für institutionelle Anleger, Hrsg. Heinke, Volker/Krämer, Werner/Nürk, Bettina, Bad Soden 2011, S. 407–440 (zitiert als: von Schmettow/Brückner/Stabenow, Hdb. Investmentfonds, 407)

Schmidt, Karsten/Ebke, Werner, Münchener Kommentar zum Handelsgesetzbuch, Band 4, Bilanzrecht, §§ 238–342e, 4. Auflage, München 2020 (zitiert als: Bearbeiter in Schmidt/Ebke, MüKo HGB, Bd. 4)

Schmidt, Ludwig, Kommentar zum Einkommensteuergesetz, 40. Auflage, München 2021 (zitiert als: Bearbeiter in Schmidt, EStG)

Schmidt, Reinhard, Präferenzbasierte Segmentierung von Fondskäufern, Verbesserung der Kundenorientierung im Fondsvertrieb, Dissertation, Technische Universität Berlin, Wiesbaden 2006 (zitiert als: Schmidt, Präferenzbasierte Segmentierung von Fondskäufern, Diss.)

Schmidtmann, Dirk, Hinzurechnungsbesteuerung bei internationalen Umstrukturierungen, Dissertation, Heinrich-Heine-Universität Düsseldorf, Berlin 2007 (zitiert als: Schmidtmann, Hinzurechnungsbesteuerung bei internationalen Umstrukturierungen, Diss.)

Schmitt, Bernd/Hagen, Alexander, „Steuerliche Aspekte von Hedgefonds“, in Deutsches Steuerrecht 2004, S. 837–841 (zitiert als: Schmitt/Hagen, DStR 2004, 837)

Schmitz, Holger, Individuelle Depotverwaltung mit Investmentfonds, Dissertation, Universität Leipzig, Frankfurt am Main 2009 (zitiert als: Schmitz, Individuelle Depotverwaltung, Diss.)

Schmitz, Volker, Private Altersvorsorge, Langfristige Finanzplanung für die eigene Zukunft, Wiesbaden 2003 (zitiert als: Schmitz, Private Altersvorsorge)

Schnitger, Arne/Schachinger, Oliver, „Das Transparenzprinzip im Investmentsteuergesetz und seine Bedeutung für das Zusammenwirken mit den Vorschriften über die Hinzurechnungsbesteuerung nach den §§ 7 ff. AStG“, in Betriebs-Berater 2007, S. 801–810, (zitiert als: Schnitger/Schachinger, BB 2007, 801)

Schnitter, Georg, Europatauglichkeit des deutschen Körperschaftsteuersystems, Dissertation, Universität Köln, Köln 1996 (zitiert als: Schnitter, Europatauglichkeit des deutschen Körperschaftsteuersystems, Diss.)

Schöffel, Bernd, „Offene Immobilienfonds in Deutschland“, in Praxishandbuch Immobilieninvestments, Anlagevehikel, Märkte, Strategien in Deutschland und Österreich, Hrsg. Trübestein, Michael, Wiesbaden 2012, S. 253–280 (zitiert als: Schöffel, Hdb. Immobilieninvestments, 253)

Schön, Wolfgang, „Betriebliche Einzelwirtschaftsgüter bei Einbringung, Realteilung und Erbauseinandersetzung – eine Gedankenskizze“, in Festschrift für Siegfried Widmann zum 65. Geburtstag, „Umwandlungen im Zivil- und Steuerrecht“, Hrsg. Wassermeyer, Franz, Bonn 2000, S. 531–538 (zitiert als: Schön, FS Widmann, 531)

Schön, Wolfgang, „Cum-/Ex-Geschäfte – materiell-rechtliche und verfahrensrechtliche Fragen“, in Recht der Finanzinstrumente 2015, S. 115–131 (zitiert als: Schön, RdF 2015, 115)

Schönfeld, Jens, „Investmentbesteuerung und EU-Recht“, in Internationales Steuerrecht 2015, S. 671–675 (zitiert als: Schönfeld, IStR 2015, 671)

Schönle, Herbert, Bank- und Börsenrecht, 2. Auflage, München 1976 (zitiert als: Schönle, Bank- und Börsenrecht)

Schraufl, Martin, „Die Besteuerung der Vorabpauschale ab dem 1.1.19“, in Gestaltende Steuerberatung 2019, S. 45–48 (zitiert als: Schraufl, GStB 2019, 45)

Schraufl, Martin, „Investmentfonds: Keine Vorabpauschale im VZ 2022“, in Gestaltende Steuerberatung 2021, S. 82–83 (zitiert als: Schraufl, GStB 2021, 82)

Schraufl, Martin, Körperschaftsteuersysteme im internationalen Rahmen unter Effizienzkriterien, Dissertation, Ludwig-Maximilians-Universität München, München 2004 (zitiert als: Schraufl, Körperschaftsteuersysteme im internationalen Rahmen, Diss.)

Schultz, Florian/Halbig, Uwe, „Steuerliche Behandlung von Teilwertabschreibungen auf Aktienfondsanteile“, in Deutsches Steuerrecht 2005, S. 1669–1672 (zitiert als: Schultz/Halbig, DStR 2005, 1669)

Schulz, Anja, Der Einfluss von Dividenden auf Aktienrenditen, Dissertation, Humboldt-Universität Berlin, Wiesbaden 2006, (zitiert als: Schulz, Der Einfluss von Dividenden auf Aktienrenditen, Diss.)

Schulze zur Wiesche, Dieter, „Kritische Anmerkungen zu den Brühler Empfehlungen zur Reform der Unternehmensbesteuerung (FR 1999, 580)“, in Finanz-Rundschau 1999, S. 698–701 (zitiert als: Schulze zur Wiesche, FR 1999, 698)

Schulze, Reiner/Dörner, Heinrich/Ebert, Ina/Hoeren, Thomas/Kemper, Rainer/Saenger, Ingo/Scheuch, Alexander/Schreiber, Klaus/Schulte-Nölke, Hans/Staudinger, Ansgar/Wiese, Volker, Kommentar zum Bürgerlichen Gesetzbuch, 10. Auflage, Baden-Baden 2019 (zitiert als: Bearbeiter in Schulze/Dörner/Ebert/Hoeren/Kemper/Saenger/Scheuch/Schreiber/Schulte-Nölke/Staudinger/Wiese, BGB)

Schuster, Leo, „Grundlagen des Investmentwesens“, in Handbuch der Wertpapieranlage, Hrsg. Verlag Moderne Industrie, Zürich 1974, S. 563–577 (zitiert als: Schuster, Hdb. der Wertpapieranlage, 563)

Schwacke, Peter, Juristische Methodik, mit Technik der Fallbearbeitung, 5. Auflage, Stuttgart 2011 (zitiert als: Schwacke, Juristische Methodik)

Schwalbe, Ulrich, „Common Ownership und Wettbewerb – der aktuelle Stand der Diskussion – Teil 1 – Bedeutung von Minderheitsbeteiligungen, theoretische Analysen der Auswirkungen von Common Ownership“, in Wirtschaft und Wettbewerb 2020, S. 130–137 (zitiert als: Schwalbe, WuW 2020, 130)

Schwalbe, Ulrich, „Common Ownership und Wettbewerb – der aktuelle Stand der Diskussion – Teil 2 – Empirische Analysen und wettbewerbspolitische Folgerungen“, in Wirtschaft und Wettbewerb 2020, S. 191–196 (zitiert als: Schwalbe, WuW 2020, 191)

Schwarz, Daniel/Kohl, Benedikt, „Qualifikation investmentsteuerlicher Fondstypen nach dem InvStG 2018 – Ausgewählte Zweifelsfragen und geplante Änderungen“, in Der Betrieb 2018, S. 1947–1951 (zitiert als: Schwarz/Kohl, DB 2018, 1947)

Schwarz van Berk, Philip/Euhus, Fabian, „Lebenszyklus eines Private Equity-Fonds", in Private Equity und Venture Capital Fonds, Hrsg. Pöllath, Reinhard/Rodin, Andreas/Wewel, Uwe, München 2018, S. 7–10 (zitiert als: Schwarz van Berk/Euhus, Private Equity und Venture Capital Fonds, 7)

Schwarzkopf, Oliver, Die Problematik unterschiedlicher Körperschaftsteuersysteme innerhalb der EG, Dissertation, Albert-Ludwigs-Universität Freiburg, Frankfurt am Main 1993 (zitiert als: Schwarzkopf, Die Problematik unterschiedlicher Körperschaftsteuersysteme, Diss.)

Seegebarth, Nils, Stellung und Haftung der Depotbank im Investment-Dreieck, Dissertation, Universität Hamburg, Frankfurt am Main 2004 (zitiert als: Seegebarth, Stellung und Haftung der Depotbank im Investment-Dreieck, Diss.)

Seeger, Matthias/Thielking, Bernd-Friedrich, Geld verdienen mit Investmentfonds, Bewertungskriterien, Depotzusammenstellung, Versteuerung, Landsberg am Lech 2001 (zitiert als: Seeger/Thielking, Geld verdienen mit Investmentfonds)

Seip, Stefan, „Der Nutzen von Investmentfonds für Anleger, Wirtschaft und Gesellschaft", in Investmentfonds – eine Branche positioniert sich, Hrsg. Gehwald, Markus/Naumann, Stefan, Wiesbaden 2011, S. 13–37 (zitiert als: Seip, Investmentfonds, 13)

Seitz, Natalie, „Common Ownership: Zeit für eine europäische Debatte?", in Neue Zeitschrift für Kartellrecht 2021, S. 225–230 (zitiert als: Seitz, NZKart 2021, 225)

Senn, Wendelin, Die westdeutschen Investmentgesellschaften als Mittel zur Förderung der Kapitalmarktpolitik, Dissertation, Hochschule für Wirtschafts- und Sozialwissenschaft Nürnberg, Stuttgart 1959 (zitiert als: Senn, Die westdeutschen Investmentgesellschaften, Diss.)

Siemers, Lothar/Birnbaum, Mathias, „Rückkehr der Vermögensteuer? – Wesentliche Regelungsinhalte und verfassungsrechtliche Aspekte", in Zeitschrift für Erbrecht und Vermögensnachfolge 2013, S. 8–13 (zitiert als: Siemers/Birnbaum, ZEV 2013, 8)

Sieper, Hartmut, Geldanlage professionell, Wiesbaden 1991 (zitiert als: Sieper, Geldanlage)

Sigloch, Jochen/Egner, Thomas/Wildner, Stephan, Einführung in die Betriebswirtschaftslehre, 5. Auflage, Stuttgart 2015 (zitiert als: Sigloch/Egner/Wildner, Einführung in die Betriebswirtschaftslehre)

Simonis, Marco/Faller, Patrick/Oehlschlägel, Maximilian, „Die Pauschalbesteuerung nach § 6 InvStG verstößt gegen Europarecht – EuGH vom 09.10.2014 – Rs. C-326/12, van Caster, DB0681342", in Der Betrieb 2014, S. 2855–2860 (zitiert als: Simonis/Faller/Oehlschlägel, DB 2014, 2855)

Simonis, Marco/Grabbe, Jan/Faller, Patrick, „Neuregelungen der Fondsbesteuerung durch das AIFM-StAnpG", in Der Betrieb 2014, S. 16–22 (zitiert als: Simonis/Grabbe/Faller, DB 2014, 16)

Söffing, Günter, „Vererblichkeit des Verlustabzugs", in Deutsche Steuer-Zeitung 2004, S. 795–796 (zitiert als: Söffing, DStZ 2004, 795)

Söffing, Günter, „Verlustabzug", in Steuerberaterkongress-Report 1977, S. 131–152 (zitiert als: Söffing, Steuerberaterkongress-Report 1977, 131)

Söhnholz, Dirk/Rieken, Sascha/Kaiser, Dieter, Asset Allocation, Risiko-Overlay und Manager-Selektion, Das Diversifikationsbuch, Wiesbaden 2010 (zitiert als: Söhnholz/Rieken/Kaiser, Asset Allocation)

Sonneborn, Andrea, „Realteilung einer Personengesellschaft nach dem Steuersenkungsgesetz", in Deutsche Steuer-Zeitung 2001, S. 579–585 (zitiert als: Sonneborn, DStZ 2001, 579)

Spengel, Christoph, „Dringender Handlungsbedarf bei Cum/Cum-Geschäften", in Der Betrieb 2016, S. 2988–2995 (zitiert als: Spengel, DB 2016, 2988)

Spengel, Christoph/Eisgruber, Thomas, „Die nicht vorhandene Gesetzeslücke bei Cum/Ex-Geschäften", in Deutsches Steuerrecht 2015, S. 785–801 (zitiert als: Spengel/Eisgruber, DStR 2015, 785)

Spilker, Bettina/Kremer, Kai, „Cum/Cum-Bankgeschäfte unter dem Radar der Gerichte und Behörden", in Betriebs-Berater 2018, S. 2775–2780 (zitiert als: Spilker/Kremer, BB 2018, 2775)

Sradj, Martina/Mertes, Horst, „Neuregelungen bei der Besteuerung von Investmentvermögen", in Deutsches Steuerrecht 2004, S. 201–207 (zitiert als: Sradj/Mertes, DStR 2004, 201)

Sradj, Martina/Mertes, Horst, „Steuerliche Aspekte des Investmentmodernisierungsgesetzes", in Deutsches Steuerrecht 2003, S. 1681–1686 (zitiert als: Sradj/Mertes, DStR 2003, 1681)

Stadler, Rainer, „Ausgewählte Aspekte der Besteuerung von Kapital-Investitionsgesellschaften und deren Anteilseignern", in Festschrift für Wilhelm Haarmann zum 65. Geburtstag, Hrsg. Blumenberg, Jens, Düsseldorf 2015, S. 891–926 (zitiert als: Stadler, FS Haarmann, 891)

Stadler, Rainer/Bindl, Elmar, „Das neue InvStG – Überblick und Korrekturbedarf", in Deutsches Steuerrecht 2016, S. 1953–1966 (zitiert als: Stadler/Bindl, DStR 2016, 1953)

Stadler, Rainer/Bindl, Elmar, „Die Übergangsvorschriften zum neuen InvStG – Überblick und Handlungsempfehlungen", in Deutsches Steuerrecht 2017, S. 1409–1415 (zitiert als: Stadler/Bindl, DStR 2017, 1409)

Stadler, Rainer/Jetter, Jann, „Der Diskussionsentwurf zum Investmentsteuerreformgesetz (InvStRefG)", in Deutsches Steuerrecht 2015, S. 1833–1844 (zitiert als: Stadler/Jetter, DStR 2015, 1833)

Stadler, Rainer/Lechner, Florian, „Erwerbbarkeit von Wertpapieren durch Spezial-Investmentfonds nach dem InvStG 2018", in Der Betrieb 2018, S. 218–223 (zitiert als: Stadler/Lechner, DB 2018, 218)

Stadler, Rainer/Mager, Martin, „Der neue Investmentsteuererlass zu Anwendungsfragen zum Investmentsteuergesetz vom 21.5.2019 – Vergleich zum Entwurf vom 15.6.2018", in Betriebs-Berater 2019, S. 1760–1766 (zitiert als: Stadler/Mager, BB 2019, 1760)

Stadler, Rainer/Mager, Martin, „Der Regierungsentwurf des Gesetzes zur Reform der Investmentbesteuerung", in Deutsches Steuerrecht 2016, S. 697–704 (zitiert als: Stadler/Mager, DStR 2016, 697)

Stadler, Rainer/Mayer, Andreas/Ludwig, Marius, „Das BMF-Schreiben zu Spezial-Investmentfonds vom 20.1.2021 – eine kritische Analyse“, in Betriebs-Berater 2021, S. 1559–1566 (zitiert als: Stadler/Mayer/Ludwig, BB 2021, 1559)

Stadler, Rainer/Sotta, Christian, „Das Entwurf-Schreiben des BMF zu Spezial-Investmentfonds vom 16.12.2019 – erste Anmerkungen“, in Betriebs-Berater 2020, S. 279–283 (zitiert als: Stadler/Sotta, BB 2020, 279)

Stadler, Rainer/Sotta, Christian, „Investmentfonds und Hinzurechnungsbesteuerung nach dem ATAD-UmsG – eine kritische Analyse des Referentenentwurfs vom 24.3.2020“, in Betriebs-Berater 2020, S. 1943–1952 (zitiert als: Stadler/Sotta, BB 2020, 1943)

Staehle, Walter, Die Schuldscheindarlehen, Wesen, Systematik und betriebswirtschaftliche Probleme aus der Sicht der Darlehensnehmer, Kapitalsammelstellen und Kreditinstitute, Wiesbaden 1965 (zitiert als: Staehle, Die Schuldscheindarlehen)

von Staudinger, Julius, Kommentar zum Bürgerlichen Gesetzbuch, Buch 1, Allgemeiner Teil, §§ 90–124, 130–133, Sachen und Tiere, Geschäftsfähigkeit, Willenserklärung, Neubearbeitung, Berlin 2017 (zitiert als: Bearbeiter in von Staudinger, BGB, Buch 1)

von Staudinger, Julius, Kommentar zum Bürgerlichen Gesetzbuch, Buch 5, Erbrecht, Einleitung zum Erbrecht, §§ 1922–1966, Erbfolge, Neubearbeitung, Berlin 2017 (zitiert als: Bearbeiter in von Staudinger, BGB, Buch 5)

Stehle, Richard/Hartmond, Anette, „Durchschnittsrenditen deutscher Aktien 1954–1988“, in Kredit und Kapital 1991, S. 371–411 (zitiert als: Stehle/Hartmond, KuK 1991, 371)

Steinberg, Wilhelm, „Die steuerrechtlichen Vorschriften des Gesetzes über Kapitalanlagegesellschaften“, in Der Betrieb 1957, S. 196–199 (zitiert als: Steinberg, DB 1957, 196)

Steiner, Manfred/Bruns, Christoph/Stöckl, Stefan, Wertpapiermanagement, Professionelle Wertpapieranalyse und Portfoliostrukturierung, 11. Auflage, Stuttgart 2017 (zitiert als: Steiner/Bruns/Stöckl, Wertpapiermanagement)

Stöcker, Ernst Erhard, „Verfahrensrechtliche Fragen beim Verlustabzug nach § 10d EStG“, in Festschrift für Klaus Korn zum 65. Geburtstag, „Gestaltung und Abwehr im Steuerrecht“, Hrsg. Carlé, Dieter/Stahl, Rudolf/Strahl, Martin, Bonn 2005, S. 721–754 (zitiert als: Stöcker, FS Korn, 721)

Stotz, Jörg, Besteuerung von Wertpapier-Investmentfonds, Dissertation, Georg-August-Universität Göttingen, Bielefeld 1998 (zitiert als: Stotz, Besteuerung von Wertpapier-Investmentfonds, Diss.)

Streck, Michael, Kommentar zum Körperschaftsteuergesetz, 9. Auflage, München 2018 (zitiert als: Bearbeiter in Streck, KStG)

Strothenke, Stephan, „Abschaffung des „Bond-Stripping“ im Privatvermögen – Änderung im Investmentsteuerreformgesetz verhindert künftig Steuergestaltungen“, in Deutsches Steuerrecht 2016, S. 2893–2895 (zitiert als: Strothenke, DStR 2016, 2893)

Strunk, Günther/Kaminski, Bert/Köhler, Stefan, Kommentar zum Außensteuergesetz und zu den Doppelbesteuerungsabkommen, 57. Ergänzungslieferung, Bonn, Stand: Juli 2020 (zitiert als: Bearbeiter in Strunk/Kaminski/Köhler, AStG/DBA)

Tappe, Henning/Wernsmann, Rainer, Öffentliches Finanzrecht, 2. Auflage, Heidelberg 2019 (zitiert als: Tappe/Wernsmann, Öffentliches Finanzrecht)

Tappen, Falko, „Investmentfonds – Grundlagen und praktische Gestaltungen (Teil I)", in Steuerrecht kurzgefaßt 2011, S. 55–58 (zitiert als: Tappen, SteuK 2011, 55)

Tappen, Falko, „Investmentfonds – Grundlagen und praktische Gestaltungen (Teil II)", in Steuerrecht kurzgefaßt 2011, S. 278–281 (zitiert als: Tappen, SteuK 2011, 278)

Täske, Jochen, „Zu einigen Steuerfragen im Umfeld der Investmentfonds", in Festschrift für Hans Flick zum 70. Geburtstag, „Unternehmen Steuern", Hrsg. Klein, Franz, Köln 1997, S. 587–600 (zitiert als: Täske, FS Flick, 587)

Tepper, Jürgen, Die drei Säulen der Altersvorsorge, Konzepte auf dem Prüfstand, Wiesbaden 2003 (zitiert als: Tepper, Die drei Säulen der Altersvorsorge)

Terhürne, Markus/Otto, Frank, „Reformansätze zur Weiterentwicklung des InvStG im Rahmen der privaten Kapitalanlage", in Deutsches Steuerrecht 2013, S. 2037–2041 (zitiert als: Terhürne/Otto, DStR 2013, 2037)

Thiel, Jochen, „Aufschub der Gewinnrealisierung durch §§ 6b, 6c EStG sowie durch das Auslandsinvestitionsgesetz und das Entwicklungsländersteuergesetz – Eine systemkritische Untersuchung", in Deutsche Steuerjuristische Gesellschaft 1981, Band 4, „Gewinnrealisierung im Steuerrecht", Hrsg. Ruppe, Hans Georg, S. 183–205 (zitiert als: Thiel, DStJG 1981, 183)

Thiems, Stefan, Die Verwirklichung des Transparenzprinzips im deutschen und österreichischen Investmentsteuerrecht, Dissertation, Universität Ulm, Ulm 2013 (zitiert als: Thiems, Die Verwirklichung des Transparenzprinzips, Diss.)

Thießen, Friedrich/Troschke, Alexander, Die Geschichte der Diversifikation bis Markowitz, Chemnitz 2010 (zitiert als: Thießen/Troschke, Die Geschichte der Diversifikation)

Thommen, Jean-Paul/Achleitner, Ann-Kristin/Gilbert, Dirk Ulrich/Hachmeister, Dirk/Jarchow, Svenja/Kaiser, Gernot, Allgemeine Betriebswirtschaftslehre, Umfassende Einführung aus managementorientierter Sicht, 9. Auflage, Wiesbaden 2020 (zitiert als: Thommen/Achleitner/Gilbert/Hachmeister/Jarchow/Kaiser, Allgemeine Betriebswirtschaftslehre)

Tipke, Klaus, „Rechtfertigung des Themas; Ziel der Tagung", in Deutsche Steuerjuristische Gesellschaft 1981, Band 4, „Gewinnrealisierung im Steuerrecht", Hrsg. Ruppe, Hans Georg, S. 1–12 (zitiert als: Tipke, DStJG 1981, 1)

Tipke, Klaus, Die Steuerrechtsordnung, Band 1, Wissenschaftsorganisatorische, systematische und grundrechtlich-rechtsstaatliche Grundlagen, 2. Auflage, Köln 2000 (zitiert als: Tipke, Die Steuerrechtsordnung, Bd. 1)

Tipke, Klaus, Die Steuerrechtsordnung, Band 2, Steuerrechtfertigungstheorie, Anwendung auf alle Steuerarten, sachgerechtes Steuersystem, 2. Auflage, Köln 2003 (zitiert als: Tipke, Die Steuerrechtsordnung, Bd. 2)

Tipke, Klaus/Kruse, Heinz Wilhelm, Kommentar zur Abgabenordnung und Finanzgerichtsordnung inklusive Steuerstrafrecht, 167. Ergänzungslieferung, Köln, Stand: September 2021 (zitiert als: Bearbeiter in Tipke/Kruse, AO/FGO)

Tipke, Klaus/Lang, Joachim, Steuerrecht, 24. Auflage, Köln 2021 (zitiert als: Bearbeiter in Tipke/Lang, Steuerrecht)

Tormann, Wolfgang, „Investment behebt drei Hindernisse beim Wertpapiererwerb“, in Das Wertpapier 1956, S. 206–208 (zitiert als: Tormann, Das Wertpapier 1956, 206)

Trencsik, Stefan, „Was von einer Idee übrig blieb – Analyse systematischer Defizite der Investmentbesteuerung vor dem Hintergrund aktueller Reformüberlegungen“, in Steuer und Wirtschaft 2014, S. 286–297 (zitiert als: Trencsik, StuW 2014, 286)

Trenner, Dieter, Aktienanalyse und Anlegerverhalten, Wiesbaden 1988 (zitiert als: Trenner, Aktienanalyse und Anlegerverhalten)

Troschke, Alexander, Strategien der Diversifikation vor Markowitz, Dissertation, Technische Universität Chemnitz, Köln 2011 (zitiert als: Troschke, Strategien der Diversifikation, Diss.)

Trzaskalik, Christoph, „Gewinnrealisierung bei unentgeltlichen Übertragungen (Erbfall, Schenkung) von Betrieben, Teilbetrieben und Mitunternehmeranteilen auf andere Steuerrechtssubjekte – § 7 EStDV im System des Einkommensteuerrechts“, in Deutsche Steuerjuristische Gesellschaft 1981, Band 4, „Gewinnrealisierung im Steuerrecht“, Hrsg. Ruppe, Hans Georg, S. 145–161 (zitiert als: Trzaskalik, DStJG 1981, 145)

Tsourouflis, Andreas, Die Harmonisierung der Körperschaftsteuer in der Europäischen Union, Dissertation, Universität Osnabrück, Frankfurt am Main 1997 (zitiert als: Tsourouflis, Die Harmonisierung der Körperschaftsteuer, Diss.)

van der Velden, Bastiaan David, „Die Niederlande, Ein Land ohne Verfassungsgericht“, in Pázmány Law Review 2015, S. 67–72 (zitiert als: van der Velden, Pázmány Law Review 2015, 67)

Velladics, Katalin, Generationenvertrag und demographischer Wandel, Konsequenzen des aktiven Alterns für den Arbeitsmarkt am Beispiel Deutschlands und Ungarns, Dissertation, Freie Universität Berlin, Wiesbaden 2004 (zitiert als: Velladics, Generationenvertrag und demographischer Wandel, Diss.)

Verfürth, Frank, Verlustausgleichsverbote im Einkommensteuerrecht, Dissertation, Universität Köln, Köln 2002 (zitiert als: Verfürth, Verlustausgleichsverbote, Diss.)

Vogel, Henrik/Ashauer-Moll, Ellen, Steueroasen, Lohnende Wege in die Steuerehrlichkeit, Wiesbaden 2010 (zitiert als: Vogel/Ashauer-Moll, Steueroasen)

Vogel, Klaus, „Bemerkungen zur Gewinnverwirklichung und Gewinnberichtigung im deutschen Außensteuerrecht“, in Steuer und Wirtschaft 1974, S. 193–203 (zitiert als: Vogel, StuW 1974, 193)

Vogel, Klaus/Lehner, Moris, Doppelbesteuerungsabkommen, der Bundesrepublik Deutschland auf dem Gebiet der Steuern vom Einkommen und Vermögen, Kommentar auf Grundlage der Musterabkommen, 7. Auflage, München 2021 (zitiert als: Bearbeiter in Vogel/Lehner, DBA)

Völker, Christian, „Optimierung des Fonds-Aktiengewinns durch „Kopplungsgeschäfte"? (Teil I)", in Deutsches Steuerrecht 2016, S. 265–269 (zitiert als: Völker, DStR 2016, 265)

Völker, Christian, „Optimierung des Fonds-Aktiengewinns durch „Kopplungsgeschäfte"? (Teil II)", in Deutsches Steuerrecht 2016, S. 334–339 (zitiert als: Völker, DStR 2016, 334)

de Vries, Jan/van der Woude, Ad, The First Modern Economy, Success, Failure, and Perseverance of the Dutch Economy, 1500–1815, Cambridge 1997 (zitiert als: de Vries/van der Woude, The First Modern Economy)

Wagner, Christoph, Steuergleichheit unter Standortvorbehalt?, Verfassungsrechtliche Grenzen einer ungleichen Einkommensbesteuerung von Kapital und Arbeit, Dissertation, Johannes-Gutenberg-Universität Mainz, Frankfurt am Main 2010 (zitiert als: Wagner, Steuergleichheit, Diss.)

Wagner, Matthias, „Investmentmodernisierungsgesetz – Überblick und Neuerungen für Immobilienfonds", in Zeitschrift für Immobilienrecht 2004, S. 399–404 (zitiert als: Wagner, ZfIR 2004, 399)

Wagner, Siegfried, „Bilanzielle und steuerliche Behandlung von Investmentanteilen nach dem InvStG", in Die Information für Steuerberater und Wirtschaftsprüfer 2005, S. 420–424 (zitiert als: Wagner, Information StW 2005, 420)

Wagner, Siegfried, „Die formellen und materiellen Neuerungen bei der Investmentbesteuerung", in Die Steuerberatung 2005, S. 298–312 (zitiert als: Wagner, Stbg 2005, 298)

Walter, Helmut, Die Entwicklung der Investment-Gesellschaften in der Bundesrepublik Deutschland, der Schweiz, den Niederlanden und den Vereinigten Staaten von Amerika, Eine Untersuchung des Jahrzehnts 1950–1960 unter besonderer Berücksichtigung der Formen der Anlagevermögen, Dissertation, Albert-Ludwigs-Universität Freiburg, Freiburg 1961 (zitiert als: Walter, Die Entwicklung der Investment-Gesellschaften, Diss.)

Wank, Rolf, Juristische Methodenlehre, Eine Anleitung für Wissenschaft und Praxis, München 2020 (zitiert als: Wank, Juristische Methodenlehre)

Warnke, Karsten, „Gesetz zur Reform der Investmentbesteuerung beschlossen", in Der Ertrag-Steuerberater 2016, S. 305–310 (zitiert als: Warnke, EStB 2016, 305)

Wassermeyer, Franz, „Investmentsteuerreform", in Europäische Zeitschrift für Wirtschaftsrecht 2016, S. 841–842 (zitiert als: Wassermeyer, EuZW 2016, 841)

Wassermeyer, Wolf, „Ausländische Investmentfonds im Internationalen Steuerrecht", in Internationales Steuerrecht 2001, S. 193–203 (zitiert als: Wassermeyer, IStR 2001, 193)

Wassermeyer, Wolf, „Der zweite Entwurf des Investmentsteuergesetzes vom 20.8.2003", in Der Betrieb 2003, S. 2085–2090 (zitiert als: Wassermeyer, DB 2003, 2085)

Weber, Frank, Alle Tage Feiertage, Allerlei Anlässe zum Feiern und Gedenken, Norderstedt 2014 (zitiert als: Weber, Alle Tage Feiertage)

Weber-Grellet, Heinrich, „Mindestbesteuerung/Verlustverrechnung – Teil 2“, in Die Steuerberatung 2004, S. 75–84 (zitiert als: Weber-Grellet, Stbg 2004, 75)

Weber-Grellet, Heinrich, Steuern im modernen Verfassungsstaat, Funktionen, Prinzipien und Strukturen des Steuerstaats und des Steuerrechts, Habilitation, Westfälische Wilhelms-Universität Münster, Köln 2001 (zitiert als: Weber-Grellet, Steuern im modernen Verfassungsstaat, Habil.)

Wehler, Hans-Ulrich, Deutsche Gesellschaftsgeschichte, Band 5, Bundesrepublik und DDR, 1949–1990, München 2008 (zitiert als: Wehler, Deutsche Gesellschaftsgeschichte, Bd. 5)

Wehrheim, Michael/Fross, Ingo, Grundzüge der Unternehmensbesteuerung, 3. Auflage, München 2019 (zitiert als: Wehrheim/Fross, Grundzüge der Unternehmensbesteuerung)

Weisser, Karl, Bargeldlose Lohn- und Gehaltszahlung, Ihre Durchführung in der Praxis, 2. Auflage, Wiesbaden 1960 (zitiert als: Weisser, Bargeldlose Lohn- und Gehaltszahlung)

Weitnauer, Wolfgang, Handbuch Venture Capital, Von der Innovation zum Börsengang, 6. Auflage, München 2019 (zitiert als: Weitnauer, Hdb. Venture Capital)

Weitnauer, Wolfgang/Boxberger, Lutz/Anders, Dietmar, Kommentar zum Kapitalanlagegesetzbuch, mit Investmentsteuergesetz, EuVECA-VO, EuSEF-VO und ELTIF-VO, 3. Auflage, München 2021 (zitiert als: Bearbeiter in Weitnauer/Boxberger/Anders, KAGB)

Welling, Berthold/Kayser, Joachim, „10. Berliner Steuergespräch: Investmentmodernisierungsgesetz“, in Finanz-Rundschau 2004, S. 435–439 (zitiert als: Welling/Kayser, FR 2004, 435)

Wendt, Michael, „Prinzipien der Verlustberücksichtigung“, in Deutsche Steuerjuristische Gesellschaft 2005, Band 28, „Verluste im Steuerrecht“, Hrsg. von Groll, Rüdiger, S. 41–80 (zitiert als: Wendt, DStJG 2005, 41)

Wendt, Volker, Das Verhältnis von Entnahme/Einlage zur Anschaffung/Veräußerung im Einkommensteuerrecht, Dissertation, Ruhr-Universität Bochum, Köln 2003 (zitiert als: Wendt, Das Verhältnis von Entnahme/Einlage zur Anschaffung/Veräußerung, Diss.)

Werner, Thomas, Ökologische Investments, Chancen und Risiken grüner Geldanlagen, Wiesbaden 2009 (zitiert als: Werner, Ökologische Investments)

Wernsmann, Rainer, „Einkommensteuer und objektives Nettoprinzip“, in Deutsches Steuerrecht 2009, Beihefter, S. 101–106 (zitiert als: Wernsmann, DStR-Beih. 2009, 101)

Wernsmann, Rainer/Desens, Marc, „Gleichheitswidrige Gewerbesteuernachbelastung durch ein Nichtanwendungsgesetz – Zur Verfassungswidrigkeit des § 18 Abs. 3 UmwStG i.d.F. JStG 2008“, in Deutsches Steuerrecht 2008, S. 221–228 (zitiert als: Wernsmann/Desens, DStR 2008, 221)

Wichmann, Erich, „Die Rolle der Aktienfonds im Investment-Sortiment“, in Zeitschrift für das gesamte Kreditwesen 1993, S. 854–857 (zitiert als: Wichmann, ZfgK 1993, 854)

Wienbracke, Mike, Trusts in Deutschland, Zivilrecht, Steuerrecht, Wiesbaden 2012 (zitiert als: Wienbracke, Trusts in Deutschland)

Willnow, Joachim, Derivative Finanzinstrumente, Vom Europäischen zum Exotischen, Wiesbaden 1996 (zitiert als: Willnow, Derivative Finanzinstrumente)

Winnefeld, Robert, Bilanz-Handbuch, Handels- und Steuerbilanz, Rechtsformspezifisches Bilanzrecht, Bilanzielle Sonderfragen, Sonderbilanzen, IFRS/IAS, 5. Auflage, München 2015 (zitiert als: Winnefeld, Bilanz-Hdb.)

Wissenschaftlicher Beirat Steuern der Ernst & Young GmbH, „Notwendige Reform der Verlustverrechnung – Plädoyer für eine ersatzlose Abschaffung der Mindestbesteuerung und eine Neukonzeption der Mantelkaufregelung des § 8c KStG“, in Der Betrieb 2012, S. 1704–1711 (zitiert als: Wissenschaftlicher Beirat Steuern Ernst & Young, DB 2012, 1704)

Witt, Carl-Heinz, „Keine Vererblichkeit von Verlustvorträgen – Der Beschluss des Großen Senats und seine Folgen“, in Betriebs-Berater 2008, S. 1199–1204 (zitiert als: Witt, BB 2008, 1199)

Wittnebel, Paul Bernd, „Investmentsteuerreformgesetz“, in Compliance Berater 2018, S. 12–16 (zitiert als: Wittnebel, CB 2018, 12)

Wohlschlägl-Aschberger, Doris, Praxiswissen Finanzinstrumente, Eine grundlegende Einführung, Frankfurt am Main 2013 (zitiert als: Wohlschlägl-Aschberger, Praxiswissen Finanzinstrumente)

Wollenhaupt, Markus/Beck, Rocco, „Das neue Kapitalanlagegesetzbuch (KAGB) – Überblick über die Neuregelung des deutschen Investmentrechts nach der Umsetzung der AIFM-RL“, in Der Betrieb 2013, S. 1950–1959 (zitiert als: Wollenhaupt/Beck, DB 2013, 1950)

Wünsche, Sybille/Brielmaier, Bernhard, „Erhebung von Quellensteuern auf Dividenden bei Investmentfonds – insbesondere Analyse des EuGH-Urteils vom 10.5.2012 in den verbundenen Rs. FIM Santander u.a.“, in Betriebs-Berater 2012, S. 2467–2473 (zitiert als: Wünsche/Brielmaier, BB 2012, 2467)

Zajicek, Stephanie Alexandra, Körperschaftsteuersysteme in der Europäischen Union, Möglichkeiten und Grenzen einer Harmonisierung, Dissertation, Georg-August-Universität Göttingen, Baden-Baden 2017 (zitiert als: Zajicek, Körperschaftsteuersysteme, Diss.)

Zeller, Florian, „Einkünfteermittlung bei Investmentfonds“, in Deutsches Steuerrecht 2005, S. 899–902 (zitiert als: Zeller, DStR 2005, 899)

Zetzsche, Dirk, „Aktivlegitimation gemäß §§ 78, 89 KAGB im Investment-Drei- und -Viereck“, in Festschrift für Johannes Köndgen zum 70. Geburtstag, Hrsg. Casper, Matthias/Klöhn, Lars/Roth, Wulf-Henning/Schmies, Christian, Köln 2016, S. 677–699 (zitiert als: Zetzsche, FS Köndgen, 677)

Zetzsche, Dirk, „Analoge Anwendung von § 11 InvStG auf ausländische Investmentfonds wegen ungleichen Quellensteuerabzugs auf inländische Dividenden! – Eine Nachlese zum Emerging Markets-Urteil des EuGH“, in Internationales Steuerrecht 2015, S. 8–14 (zitiert als: Zetzsche, IStR 2015, 8)

Zetzsche, Dirk, Prinzipien der kollektiven Vermögensanlage, Habilitation, Heinrich-Heine-Universität Düsseldorf, Tübingen 2015 (zitiert als: Zetzsche, Prinzipien der kollektiven Vermögensanlage, Habil.)

Zickert, Hermann, Die acht Gebote der Finanzkunst, Alles, was jeder wissen muß, der ein Vermögen erwerben oder vermehren will, Berlin 1924 (zitiert als: Zickert, Die acht Gebote der Finanzkunst)

Zimmerl, Leopold, Strafrechtliche Arbeitsmethode de lege ferenda, Berlin 1931 (zitiert als: Zimmerl, Strafrechtliche Arbeitsmethode)

Zinkeisen, Klaus/Walter, Andreas, „Seminar F: Abkommensberechtigung von Investmentfonds“, in Internationales Steuerrecht 2007, S. 583–587 (zitiert als: Zinkeisen/Walter, IStR 2007, 583)

Zinowsky, Tim/Grabowski, Paul, „Auswirkungen des InvStRefG auf die Steuerabgrenzung von Fondsanlegern“, in Zeitschrift für Internationale Rechnungslegung, S. 236–238 (zitiert als: Zinowsky/Grabowski, IRZ 2017, 236)

Zinowsky, Tim/Grabowski, Paul, „Steuerabgrenzung für Investmentfonds unter Berücksichtigung des neuen Investmentsteuerrechts“, in Zeitschrift für Internationale Rechnungslegung, S. 201–207 (zitiert als: Zinowsky/Grabowski, IRZ 2017, 201)

Zippelius, Reinhold, Juristische Methodenlehre, 12. Auflage, München 2021 (zitiert als: Zippelius, Juristische Methodenlehre)

Zolt, Eric, „Taxation of Investment Funds“, in Tax Law, Design and Drafting, Band 2, Washington D.C. 1998, Hrsg. Thuronyi, Victor, S. 969–985 (zitiert als: Zolt, Tax Law, Bd. 2, 969)

FSC
www.fsc.org
MIX
Papier | Fördert
gute Waldnutzung
FSC® C083411

Kolibri 360 GmbH
Ferdinand-Jühlke-Straße 7
99095 Erfurt, Deutschland
produktsicherheit@kolibri360.de